KB158506

2024년판

임금설계를 통한

급여와 4대보험 실무

김경하(세무사 · 공인노무사) 저

SAMIL | 삼일인포마인

www.samili.com 사이트 **제품몰** 코너에서 본 도서 **수정사항**을 클릭하시면
정오표 및 중요한 수정 사항이 있을 경우 그 내용을 확인하실 수 있습니다.

머리말

현재 기업체에서 급여관리는 그 중요성이 갈수록 커지고 있으며, 단순히 인사・노무의 관점에서뿐만 아니라 4대보험, 원천징수의 처리에 있어서 종합적인 의사결정을 통한 최적의 방안을 도출할 수 있는 업무 분야입니다.

따라서 실무담당자들이 급여관리 업무를 수행하는 데 있어서 조금이나마 도움을 주고 싶어, 급여관리 업무를 수행함에 있어서 꼭 알아야 하는 노동법, 4대보험, 세법의 내용을 One-Stop으로 찾아서 볼 수 있으면 좋겠다는 마음으로 이 책을 발간하게 되었습니다.

본서를 집필함에 있어 다음과 같이 중점을 두었습니다.

첫째, 제1장 임금관리실무편에서 급여업무를 처리함에 있어서 노동관계 법령의 기본 개념인 임금, 평균임금, 통상임금, 최저임금 등과 노동법상 임금과 관련한 준수사항에 대해 다뤘습니다.
또한, 2021년 11월 19일부터 시행된 임금명세서 교부의무에 대한 내용을 자세하게 설명하였습니다.

둘째, 제2장 근태관리실무편에서는 급여를 산정하는 데 기본이 되는 근로시간, 휴일, 휴가 등과 관련된 근태관리실무와 법정가산수당의 산정에 대해 설명하였습니다.
또한, 주 52시간 근무제에 따른 주 52시간 근로를 초과하여 근로할 수 있는 유연근로 시간제에 대한 활용 방법 등에 대해서 자세히 설명하였습니다.

셋째, 제3장 임금설계 및 계산 실무편에서는 임금체계의 결정기준과 임금 계산방법, 연봉제를 좀 더 쉽게 이해할 수 있게끔 하였으며, 실무에서 많이 활용되고 있는 포괄산정임금제의 요건 등에 대해 설명하였습니다.

넷째, 제4장 4대보험 관리실무편에서는 입사자・퇴사자의 4대보험 신고・납부 업무와 4대보험료의 정산 등에 대해 다뤘습니다. 특히 최근에 이슈되는 일용근로자의 4대보험에 대해서 자세하게 설명하였습니다.

다섯째, 제5장 근로소득 원천징수 관리실무편에서는 원천징수제도의 이해 및 근로소득의 범위와 비과세 근로소득의 요건, 원천징수이행상황신고서의 작성요령 등 구체적인 원천징수세액의 신고・납부 업무를 습득할 수 있게끔 하였습니다. 특히 4대보험 절세 전략에 꼭 필요한 비과세 근로소득에 대해서는 예규 등도 많이 설명하였습니다.

여섯째, 제6장 주민세(종업원분) 처리실무편에서는 월평균급여가 1억 5천만원을 초과하는 경우에 신고·납부의무가 주어지는 지방세인 주민세(종업원분)의 처리실무에 대해 설명하였습니다.

일곱째, 제7장 고용지원을 위한 조세특례편에서는 직원의 채용·유지 등과 관련된 세액공제 등이 확대되고 있는 상황에서 본 장의 조세특례제도를 적극적으로 활용하여 절세를 도모할 수 있도록 하였습니다.

마지막으로 각 장의 내용과 관련된 법정서식과 예규·판례 등을 많이 실었으므로 적극적으로 활용하였으면 하는 마음입니다.

아무쪼록 급여업무를 처음 접하는 기초자뿐 아니라 실무경력자들도 본서를 통해 급여업무를 정확히 이해하여 실무에 조금이나마 도움이 되었으면 하는 것이 필자의 바람입니다.

이 책이 나오기까지 도와주신 삼일인포마인의 관계자 여러분께 감사드립니다.

끝으로 이 책을 집필하는 동안 시간을 양보해 준 나의 사랑하는 아들, 딸에게 미안함과 고마움을 표하며, 항상 격려와 지지를 아낌없이 해 주는 인생의 동반자인 홍영호 세무사님에게도 감사의 마음을 전합니다.

2024년 3월

세무사·공인노무사 김 경 하

차례

차 례

차 례

제3장 임금설계 및 계산실무 / 209

차례

제 1 장

임금관리실무

근로자와 사용자의 이해

1 근로기준법상 근로자

(1) 의의

「근로기준법」 제2조 제1항 제1호에서는 “직업의 종류와 관계없이 임금을 목적으로 사업이나 사업장에 근로를 제공하는 사람”을 근로자로 정의하고 있다.

「근로기준법」상 근로자로 인정되어야만 「근로기준법」의 보호대상이 될 수 있다. 또한 「근로기준법」상의 근로자에 해당하면 최저임금법, 임금채권보장법, 산업안전보건법, 산업재해보상보험법 등에서도 보호를 받을 수 있다. 따라서 「근로기준법」상의 근로자에 해당되는지 여부가 중요하다.

즉 「근로기준법」상의 근로자는 직업의 종류와 관계 없으므로 근로의 내용이 정신노동, 육체노동 여부를 불문하며, 근로형태가 상용직, 임시직, 일용직, 단시간 근로자 여부도 불문한다. 또한 임금을 목적으로 근로를 제공하는 자이므로 불법체류 외국인이더라도 사실상 사업장에서 근로를 제공하고 임금을 지급받았다면 「근로기준법」상 근로자에 해당한다(대법원 1995.9.15. 선고, 94누12067 판결).

「근로기준법」상 근로자 ○	「근로기준법」상 근로자 ×
• 무급으로 휴직 · 정직 중인 자[주1)] • 무급의 노조전임자 • 불법체류 외국인[주2)]	• 실업자 • 해고자

주1) 현재 근로를 제공하지 않더라도 근로계약관계는 유지되고 있음.
주2) 사실상 사업장에서 근로를 제공하고 임금을 지급받는 경우

(2) 근로자성 판단기준

고용형태의 다양화로 인해 근로자성의 판단이 쉽지 않지만, 판례는 실질적인 사용종속관계에서 근로를 제공하는지 여부로 판단한다.

즉, 계약의 형식에 관계없이 실질에 있어서 근로자가 임금을 목적으로 실질적인 사용종속관계에서 사용자에게 근로를 제공하였는지 여부에 따라 판단한다. 판례에 따른 구체적인 적용기준은 다음과 같다.

구 분	세부내용
① 종속노동성	• 업무의 내용이 사용자에 의하여 정해지는지 여부 • 업무수행과정에서 사용자로부터 상당한 지휘[주1] · 감독을 받는지 여부 • 근무시간과 근무장소가 지정되고 이에 구속을 받는지 여부
② 독립사업자성	• 업무의 대체성 유무 • 비품, 원자재 등 작업도구의 소유관계
③ 보수의 근로대가성	• 보수의 성격이 근로 자체의 대상적 성격 여부
④ 계약관계의 계속성과 전속성	• 근로제공관계의 계속성 여부 • 사용자에의 전속성의 유무와 정도
⑤ 부차적 요소[주2]	• 기본급이나 고정급이 정하여져 있는지 여부 • 근로소득세의 원천징수 여부 • 사회보장제도에 관한 법령 등에 의한 근로자 지위 인정 여부

주1) 상당한 지휘 · 감독이란 구체적 · 직접적인 수준이 아닌 '상당한' 수준이면 족함.
주2) 부차적 요소는 사용자가 경제적으로 우월한 지위를 이용하여 임의로 정할 여지가 크다는 점에서 그러한 점들이 인정되지 않는다는 것만으로 근로자성을 쉽게 부정해서는 안됨(대법원 2006.12.7. 선고, 2004다29736 판결).

(3) 근로자성 판단 사례

① 법인의 대표이사 등

❑ **주식회사 대표이사는 근로기준법과 근로자퇴직급여보장법상의 근로자에 해당하지 않음**
(전주지법 2014가단12715, 2015.5.20.)

요지 원고 A는 오랜 기간 한우○○의 대표이사로 재직하였고, 한우○○가 이 사건 퇴직연금에 가입할 때에는 등기부상 대표이사는 아니었으나 그 가입신청서에 대표자로 기재되어 있었는바, 그 대표이사로서의 지위가 형식적 · 명목적인 것에 불과하여 실제 경영자로부터 구체적 · 개별적인 지휘 · 감독을 받아 근로를 제공하고 근로 자체의 대상적 성격으로 보수를 지급받았음에 그쳤다는 등의 특별한 사정을 인정할 만한 증거가 없으므로, 원고 A를 근로자퇴직급여보장법의 적용대상이 되는 근로기준법상의 근로자로 볼 수 없다.

[근로자가 아닌 자가 퇴직연금제도의 수익자인 경우 퇴직연금채권 전액에 대한 압류를 금지한 근로자퇴직급여보장법의 적용을 받지 않는다고 판단한 사례]

② 사업소득자

❑ **야쿠르트 위탁판매원은 근로기준법상의 근로자에 해당하지 않음**(대법원 2015다253986, 2016.8.24.)

사건개요 위탁판매원인 소위 '야쿠르트 아주머니'는 회사의 근로자로 볼 수 없다는 법원의 판단이 나왔다. 대법원 제3부(주심 박보영)는 8월 24일, 정 모 씨가 한국야쿠르트를 상대로 청구한 퇴직금 지급 청구의 소에서 상고를 기각하고 원심을 확정지었다.
정 씨는 야쿠르트 아주머니로 2002년부터 2014년까지 부산에서 야쿠르트의 유제품 등을 고객에게 배달하고 대금을 수령하는 배달 및 위탁판매 일을 했다. 정해진 출퇴근 시간은 없었지만 오전 8시경 배달할 제품을 관리점에서 수령해, 4시경까지 배달을 마치고 남은 제품은 일반 고객에게 판매했다.
정 씨는 퇴직하면서 자신이 주식회사 야쿠르트의 근로자에 해당하니 퇴직금을 지급해 달라는 소송을 제기했다. 정 씨는 '회사가 구체적으로 관리점 게시판에 일정표를 부착하는 등 구체적인 업무지시를 했고, 고객관리, 영업지침에 대한 서약서도 받았다'며 '배달원에게 수수료 명목으로 매월 급여도 지급하는 등 근로를 제공한 종속적 관계이므로, 근무기간 동안 연차수당과 퇴직금을 지급해 달라'고 주장했다.
하지만 법원은 이를 받아들이지 않았다. 1심과 2심 법원은 '수수료는 판매실적에 따라 결정됐을 뿐, 용역(근로)의 내용이나 시간과 비례한다고 볼 수 없다'며 '서약서를 받은 것도 그 내용이 업무지시와 감독에 관한 것이라고 볼 수 없다'고 판단해 회사의 손을 들어줬다. 재판부는 이어 '회사가 보험료나 상조회비를 일부 지원했다지만 판매 장려 차원이었으며, 교육을 제공한 것도 최소한의 업무 안내 및 판촉 독려에 불과하다'고 판단해 이런 사정이 있다는 이유로 정 씨가 회사의 지시나 통제를 받았다고 볼 수 없다고 판시했다.
대법원도 '원심의 판단은 정당해 법리를 오해한 잘못이 없다'고 확인했다.

주문 상고를 기각한다.
상고비용은 원고가 부담한다.

이유 상고이유를 판단한다.
원심은 제1심판결 이유를 인용하여, 원고와 같은 위탁판매원들이 업무수행 과정에서 피고로부터 구체적인 지휘·감독을 받았다고 볼 수 없고, 피고가 위탁판매원들에게 근무복을 제공하거나 적립형 보험의 보험료 및 상조회비 중 일부를 지원하였다 하더라도 이는 판매활동을 장려하기 위한 배려 차원에서 이루어진 것일 뿐이므로 근무상의 어떠한 지시나 통제를 받은 것으로 볼 수 없다는 등의 이유로, 원고는 종속적인 관계에서 임금을 목적으로 피고에게 근로를 제공한 것이라고 볼 수 없어 근로기준법상의 근로자에 해당하지 않는다고 판단하였다.
관련 법리와 기록에 비추어 살펴보면 원심의 위와 같은 판단은 정당한 것으로 수긍할 수 있고, 거기에 상고이유 주장과 같이 근로기준법상 근로자에 관한 법리를 오해하거나 논리와 경험의 법칙에 반하여 자유심증주의의 한계를 벗어나는 등의 잘못이 없다.

❑ **신용카드 카드론 전화상담원(텔레마케터)은 근로기준법상 근로자에 해당함**(대법원 2016다29890, 2016.10.27.)

요지 1. 근로기준법상의 근로자에 해당하는지는 계약의 형식보다 근로제공관계의 실질이 근로제공자가 사업 또는 사업장에 임금을 목적으로 종속적인 관계에서 사용자에게 근로를 제공하였는지 여부에 따라 판단하여야 한다. 여기에서 종속적인 관계인지 여부는 업무 내용을 사용자가 정하고 취업규칙 또는 복무규정 등의 적용을 받으며 업무수행과정에서 사용자가 상당한 지휘 · 감독을 하는지, 사용자가 근무시간과 근무장소를 지정하고 근로제공자가 이에 구속을 받는지, 근로제공자가 스스로 비품 · 원자재나 작업도구 등을 소유하거나 제3자를 고용하여 업무를 대행하게 하는 등 독립하여 자신의 계산으로 사업을 영위할 수 있는지, 근로제공을 통한 이윤의 창출과 손실의 초래 등 위험을 스스로 안고 있는지, 보수의 성격이 근로 자체의 대상적 성격인지, 기본급이나 고정급이 정하여졌고 근로소득세를 원천징수하였는지, 그리고 근로제공관계의 계속성과 사용자에 대한 전속성의 유무와 그 정도, 사회보장제도에 관한 법령에서 근로자로서 지위를 인정받는지 등의 경제적 · 사회적 여러 조건을 종합하여 판단하여야 한다. 다만 기본급이나 고정급이 정하여졌는지, 근로소득세를 원천징수하였는지, 사회보장제도에 관하여 근로자로 인정받는지 등의 사정은 사용자가 경제적으로 우월한 지위를 이용하여 임의로 정할 여지가 크다는 점에서 그러한 점들이 인정되지 않는다는 것만으로 근로자성을 쉽게 부정하여서는 안 된다.

2. 피고의 업무운용수칙과 스크립트 등 가이드라인에는 관련 법령을 준수하기 위한 내용뿐만 아니라, 피고를 위한 업무수행의 내용과 방법 등에 관한 지침으로서의 성격도 함께 포함되어 있는 점, 섭외영업위촉계약서에는 원고들의 업무운용수칙 위반 시 징계해고에 상응하는 계약해지의 불이익이 규정되어 있는 점, 피고는 업무수행 불량으로 평가할 수 있는 경우를 분류하여 '통보서 유형별 등급표'를 마련하여 두고, 위 등급표에서 통보서 발부 횟수에 따라 생산성 인센티브에서 일정금액 차감 또는 미지급, 해당 실적 커미션에서 차감, 계약해지 등 제재수단을 규정하여 이를 적용하였으며, 이를 위하여 필요한 경우 통화녹음내용 등을 모니터링한 점, 피고의 정규직 직원인 매니저들은 원고들과 같은 시간, 같은 장소에서 근무하면서 원고들의 출근 여부, 통화 여부, 통화 횟수 등을 알 수 있었고, 실제로 일별로 목표 통화 횟수나 실적에 따른 추가 데이터베이스 제공 등의 각종 프로모션을 진행하기도 하는 등 전화권유판매원들의 업무수행이나 실적을 관리하였고, 전화권유판매원별로 일정한 양의 고객 데이터베이스를 제공하는 것이 아니라 09:30경부터 18:30경까지의 근무시간 중 30분 내지 1시간 단위로 고객 데이터베이스를 분배하므로, 지각, 조퇴, 무단이탈, 결근 등의 경우 고객 데이터베이스를 적게 분배받게 되고 이는 실적으로 이어지게 되므로, 실질적으로 불이익을 받는 결과가 되는 점, 원고들은 내근직으로서 피고로부터 받은 고객 데이터베이스에 피고로부터 받은 업무운용수칙과 스크립트에 따라 전화를 하는 업무의 성격상 피고가 제공한 사무실, 전화, 컴퓨터 등의 물품 외에 업무수행에 추가로 드는 상당한 비용이 들 여지가 없고, 전문성이 요구된다고 보기도 어

려운 점, 원고들은 계약상 '은행의 신용카드상품 내용을 홍보함으로써 은행상품에 관한 약정이 체결되도록 하여야 하는 업무'를 담당하고 업무의 대행이 금지되었는데, 원고들은 피고의 지시에 따라 계약상의 업무 외에 고객정보 변경, 캐시백서비스 안내, 일시불의 할부전환 업무 등을 수행하기도 하였고, 실적에 따른 수수료 외에 생산성수당 등 명목의 돈이 지급되기도 한 점 등 실적이나 업무수행 불량 또는 업무운용수칙 등 위반 시 부과된 제재 또는 불이익, 업무의 성격과 내용, 근무장소가 정해져 있고 근무시간을 지키지 않을 경우 얻게 되는 실질적 불이익 등 여러 사정을 종합하면, 원고들이 피고회사에 근로에 대한 대가를 목적으로 종속적인 관계에서 근로를 제공하였다고 볼 여지가 충분하다.

 근로자의 구분

실무적으로 노동법상 근로자를 정규직 근로자와 비정규직 근로자로 구분할 수 있다.

(1) 정규직 근로자

정규직 근로자란 근로계약기간의 정함이 없고, 소정근로시간이 법정근로시간인 주 40시간이며, 사용사업주에게 직접 고용되어 있는 자를 말한다. 따라서 채용 후에는 정당한 사유 없이 함부로 해고하지 못하며, 비정규직 근로자와 비교 기준이 되는 통상근로자라 할 수 있다.

(2) 비정규직 근로자

정규직 근로자와 비교한 다음의 자를 비정규직 근로자라 한다.

구 분	내 용
단시간 근로자	통상근로자보다 근로시간이 짧은 근로자
기간제(계약직) 근로자	근로계약기간의 정함이 있는 근로자
파견근로자	근로계약 체결 사업주와 사용사업주가 다른 근로자

① 단시간 근로자

1주 동안의 소정근로시간이 그 사업장에서 같은 종류의 업무에 종사하는 통상근로자의 1주 동안의 소정근로시간에 비하여 짧은 근로자를 말한다(근로기준법 제2조 제8호).

단시간근로자의 근로조건은 그 사업장의 같은 종류의 업무에 종사하는 통상근로자의 근로시간을 기준으로 산정한 비율에 따라 결정한다.

② 기간제(계약직) 근로자

근로계약 체결 시 근로계약 기간을 정한 근로자를 말하며, 근로계약기간의 만료로써 근로관계는 자동으로 종료된다. 근로계약기간은 2년을 초과할 수 없으며, 2년 초과 시에는 무기계약으로 전환된다.

단, 사업의 완료 또는 특정한 업무의 완성에 필요한 기간을 정한 경우, 휴직 · 파견 등으로 결원이 발생하여 그 업무를 대신하는 경우 등 「기간제 및 단시간근로자 보호 등에 관한 법률」(이하 '기간제법'이라 함) 제4조 제1항 단서 각 호의 특례에 해당하는 계약은 2년을 초과하여 계약할 수 있다.

기간제법 제4조 제1항 단서 조항

1. 사업의 완료 또는 특정한 업무의 완성에 필요한 기간을 정한 경우
2. 휴직 · 파견 등으로 결원이 발생하여 해당 근로자가 복귀할 때까지 그 업무를 대신할 필요가 있는 경우
3. 근로자가 학업, 직업훈련 등을 이수함에 따라 그 이수에 필요한 기간을 정한 경우
4. 「고령자고용촉진법」 제2조 제1호의 고령자와 근로계약을 체결하는 경우
5. 전문적 지식 · 기술의 활용이 필요한 경우[주1)]와 정부의 복지정책 · 실업대책 등에 따라 일자리를 제공하는 경우로서 대통령령[주2)]이 정하는 경우
6. 그 밖에 제1호 내지 제5호에 준하는 합리적인 사유가 있는 경우로서 대통령령[주3)]이 정하는 경우

주1) 전문적 지식 · 기술의 활용이 필요한 경우로서 대통령령이 정하는 경우"란 다음 각 호의 어느 하나에 해당하는 경우를 말한다.
  (1) 박사 학위(외국에서 수여받은 박사 학위 포함)를 소지하고 해당 분야에 종사하는 경우
  (2) 「국가기술자격법」 제9조 제1항 제1호에 따른 기술사 등급의 국가기술자격을 소지하고 해당 분야에 종사하는 경우
  (3) [별표 2]에서 정한 전문자격을 소지하고 해당 분야에 종사하는 경우

주2) 정부의 복지정책 · 실업대책 등에 의하여 일자리를 제공하는 경우로서 대통령령이 정하는 경우"란 다음 각 호의 어느 하나에 해당하는 경우를 말한다.
  (1) 「고용정책 기본법」, 「고용보험법」 등 다른 법령에 따라 국민의 직업능력 개발, 취업 촉진 및 사회적으로 필요한 서비스 제공 등을 위하여 일자리를 제공하는 경우
  (2) 「제대군인 지원에 관한 법률」 제3조에 따라 제대군인의 고용증진 및 생활안정을 위하여 일자리를 제공하는 경우
  (3) 「국가보훈기본법」 제19조 제2항에 따라 국가보훈대상자에 대한 복지증진 및 생활안정을 위하여 보훈도우미 등 복지지원 인력을 운영하는 경우

주3) 대통령령은 다음과 같다.

(1) 다른 법령에서 기간제근로자의 사용 기간을 법 제4조 제1항과 달리 정하거나 별도의 기간을 정하여 근로계약을 체결할 수 있도록 한 경우
(2) 국방부장관이 인정하는 군사적 전문적 지식·기술을 가지고 관련 직업에 종사하거나 「고등교육법」 제2조 제1호에 따른 대학에서 안보 및 군사학 과목을 강의하는 경우
(3) 특수한 경력을 갖추고 국가안전보장, 국방·외교 또는 통일과 관련된 업무에 종사하는 경우
(4) 「고등교육법」 제2조에 따른 학교(같은 법 제30조에 따른 대학원대학을 포함한다)에서 다음 각 목의 업무에 종사하는 경우
가. 「고등교육법」 제14조에 따른 조교의 업무
나. 「고등교육법 시행령」 제7조에 따른 겸임교원, 명예교수, 시간강사, 초빙교원 등의 업무
(5) 「통계법」 제22조에 따라 고시한 한국표준직업분류의 대분류 1과 대분류 2 직업에 종사하는 자의 「소득세법」 제20조 제1항에 따른 근로소득(최근 2년간의 연평균근로소득을 말한다)이 고용노동부장관이 최근 조사한 고용형태별 근로실태조사의 한국표준직업분류 대분류 2 직업에 종사하는 자의 근로소득 상위 25%에 해당하는 경우
(6) 「근로기준법」 제18조 제3항에 따른 1주 동안의 소정근로시간이 뚜렷하게 짧은 단시간근로자를 사용하는 경우[4주 동안(4주 미만으로 근로하는 경우에는 그 기간)을 평균하여 1주 동안의 소정근로시간이 15시간 미만인 근로자]
(7) 「국민체육진흥법」 제2조 제4호에 따른 선수와 같은 조 제6호에 따른 체육지도자 업무에 종사하는 경우
(8) 다음 각 목의 연구기관에서 연구업무에 직접 종사하는 경우 또는 실험·조사 등을 수행하는 등 연구업무에 직접 관여하여 지원하는 업무에 종사하는 경우
가. 국공립연구기관
나. 「정부출연연구기관 등의 설립·운영 및 육성에 관한 법률」 또는 「과학기술분야 정부출연연구기관 등의 설립·운영 및 육성에 관한 법률」에 따라 설립된 정부출연연구기관
다. 「특정연구기관 육성법」에 따른 특정연구기관
라. 「지방자치단체출연 연구원의 설립 및 운영에 관한 법률」에 따라 설립된 연구기관
마. 「공공기관의 운영에 관한 법률」에 따른 공공기관의 부설 연구기관
바. 기업 또는 대학의 부설 연구기관
사. 「민법」 또는 다른 법률에 따라 설립된 법인인 연구기관

③ 파견근로자

「파견근로자보호 등에 관한 법률」(이하 '파견법'이라 함)에 따라 파견사업주가 고용한 후 그 고용관계를 유지하면서 사용사업주의 지휘·명령을 받아 사용사업주를 위한 근로에 종사하는 근로자를 말한다. 따라서 파견근로자는 사용사업주의 근로자가 아니고 파견사업주의 근로자이다.

3 근로기준법상 사용자

(1) 사용자의 범위

'사용자'란 사업주 또는 사업경영담당자, 그 밖에 근로자에 관한 사항에 대하여 사업주를

위하여 행위하는 자를 말한다(근로기준법 제2조 제2호).

① 사업주

사업주란 근로자를 사용하여 사업을 행하는 자를 말한다. 개인기업의 경우에는 그 기업의 경영주 개인을 말하고, 법인기업의 경우에는 법인 그 자체를 말한다.

② 사업경영담당자

사업경영담당자란 사업주로부터 사업경영의 전부 또는 일부에 대하여 포괄적 위임을 받고 권한을 행사하거나 책임을 부담하는 자를 말한다. 즉 주식회사의 대표이사, 합명·합자회사의 업무집행사원, 유한회사의 이사 등이 해당한다.

③ 사업주를 위하여 행위하는 자

근로자의 채용·인사관리·급여와 노무관리·재해방지 등 근로조건의 결정, 업무명령의 발동, 구체적인 지휘·감독권의 행사 등 근로자에 대한 사항에 대하여 사업주를 위하여 행위하는 자를 말한다.

(2) 근로기준법상 임원

「근로기준법」에서 임원은 회사의 임원이라는 명칭만으로 판단하지 않고, 임원이 실질적으로 사용자의 지휘·감독 아래에서 노무를 담당하고 그 대가로 보수를 지급받았는지가 중요한 판단기준이 된다. 즉 사용종속관계의 판단은 업무대표권 또는 업무집행권을 가지고 있는지가 중요한 판단기준이 된다.

따라서 대표이사 등의 지휘·감독 아래 일정한 노무를 담당하고 그 대가로 일정한 보수를 지급받아 왔다면 그러한 임원은 「근로기준법」상의 근로자에 해당한다(대법원 2003.9.26. 선고, 2002다64681 판결).

제2절 임금의 이해

1 임금의 개념

(1) 임금의 의의

「근로기준법」 제2조 제1항 제5호에서 "임금이란 사용자가 근로의 대가로 근로자에게 임금, 봉급, 그 밖에 어떠한 명칭으로든지 지급하는 모든 금품을 말한다"고 규정하고 있다. 즉 근로자에게 근로의 대가로 지급되는 것이면 그 명칭이나 형식에 불구하고 임금에 해당한다.

즉 근로자에게 지급하는 금품 등이 임금에 해당하기 위해서는 ① 근로의 대가성이 있어야 하며, ② 사용자에게 그 지급의무가 있어야 하고, ③ 그 명칭이나 형식은 불문한다.

(2) 임금의 종류

실무에서는 임금이라는 용어보다는 평균임금, 통상임금, 최저임금, 가산임금의 용어를 더 많이 사용한다. 임금이라는 총체적인 개념과 달리 각각의 임금들은 그 목적에 따라 사용되고 있으며, 각각의 임금에 대한 정의와 그 사용처 등에 대한 이해가 필요하다.

종 류	의 의	사용되는 곳
평균임금	이를 산정하여야 할 사유가 발생한 날 이전의 3개월 동안에 그 근로자에게 지급된 임금의 총액을 그 기간의 총일수로 나눈 금액	퇴직금, 휴업수당, 연차유급휴가수당, 재해보상금, 감급의 제한과 산재보험법상의 보험급여와 고용보험법상의 구직급여
통상임금	근로자에게 정기적·일률적으로 소정근로 또는 총근로에 대하여 지급하기로 정한 시간급 금액·일급 금액·주급 금액·월급 금액 또는 도급 금액	해고예고수당, 연장·야간 및 휴일근로에 대한 가산임금, 연차유급휴가수당, 출산전후 휴가급여, 육아휴직급여
최저임금	근로자의 생존권을 보장하기 위해 지급해야 할 최소한의 임금	고시된 최저임금 위반 여부 확인
가산임금	연장근로·야간근로·휴일근로에 대하여 통상임금의 50% 이상을 가산하여 지급하는 임금	-

2 임금성의 판단기준

(1) 근로의 대가성

임금 해당 여부의 판단 기준이 바로 '근로의 대가성'이다. 즉, 임금 지급의 목적이 근로에 대한 대가로서 사용자의 지휘 · 감독하에 제공하는 사용종속관계에서의 근로에 대한 대가여야 한다.

판례는 사용자가 지급하는 금품이 근로의 대가인지의 여부는 형식적인 계약내용 뿐만 아니라 임금실태, 지급관행 등의 실태적 측면을 고려하여 종합적으로 판단할 것을 기본전제로 삼고 있다. 즉 '지급의무의 예정 유무'와 '지급형태의 고정성 · 정기성'에 따라 근로의 대가성 유무를 판단한다.

따라서 근로의 대가가 아닌 호의적 · 은혜적, 실비변상적 급여는 임금이 아니다. 경조금이나 장려금과 같은 은혜적인 급여와 영업활동비나 출장비와 같은 '실비변상적 급여'는 임금이 아니다.

(2) 사용자가 지급하는 금품

임금성이 인정되기 위해서는 근로관계가 선행되어야 한다. 이는 사용자가 근로의 대가로 지급하는 것으로 사용종속관계가 성립하여야 함을 말한다.

즉 지급의 주체는 사용자가 되어야 하며, 이는 사용자에게 지급의무가 있어야 함을 말한다. 따라서 지급의무의 발생근거는 단체협약이나 취업규칙, 급여규정, 근로계약에 의한 것이든 사용자의 방침이나 관행에 따라 계속적으로 이루어져 노사 간에 그 지급이 당연한 것으로 여겨질 정도의 관계가 형성된 경우처럼 노동관행에 의한 것이든 상관없다.

또한 사용자가 지급한 것이 아닌 손님으로부터 받은 팁과 같은 금품은 임금에 포함되지 않는다. 단, 사용자가 고객으로부터 대금의 일정비율을 봉사료 명목으로 받아 두었다가 전체 근로자에게 그 총액을 균등분배하는 경우에는 임금에 해당한다.

그러나 사용자가 지급하는 경우라도 근로기준법에 의해 그 지급이 강제되는 해고예고수당, 재해보상, 귀향여비 등은 손해보상의 성격을 가진 것으로 임금이 아니다.

(3) 명칭 여하를 불문한 일체의 금품

급료, 보수, 봉급, 수당, 장려금 등의 명칭에 구애됨이 없이 사용종속관계에서 근로의 대가로 지급된 것이면 임금이다.

③ 임금성의 판단사례

임금성의 판단기준은 주로 근로의 대가성 유무에 따라 판단한다. 따라서 사용자가 지급하는 것은 일단 임금으로 인정하되 은혜적·호의적 성격으로 지급하는 금품, 실비변상적 성질의 금품, 복리후생적 성격의 금품, 성과변동적 금품, 개별근로자의 특수하고 우연적인 사정에 의하여 좌우되는 금품 등은 임금의 범위에서 제외하고 있다.

(1) 은혜적·호의적 성격의 금품

경조사비, 상병위로금, 사택, 통근차량, 주택자금 또는 학자금의 대여 등은 근로의 대가로 볼 수 없어 원칙적으로 임금이 아니다. 즉, 근로관계의 계속성과 근로자의 동기 부여를 위해 지급하는 의례적·은혜적·호의적 금품은 임금으로 보기 어렵다. 그러나 이런 금품이 단체협약이나 취업규칙에 정기적·일률적으로 모든 근로자에게 지급하도록 규정하고 있다면 임금으로 볼 수도 있다.

예를 들어, 호텔에서 직원의 어학능력을 향상시킬 목적으로 어학시험을 실시하고 성적 우수자에게 어학수당 명목으로 지급한 것은 포상을 목적으로 은혜적으로 지급한 금품이므로 임금에 해당하지 않는다(임금근로시간정책팀-1820, 2007.5.14.).

(2) 실비변상적 성질의 금품

출장비, 작업용품 구입비, 업무추진비, 정보활동비, 판공비, 접대비, 해외주재수당 등은 실제로 소요된 비용을 변상하는 성격의 금품이므로 임금이 아니다. 즉, 업무수행 과정에서 발생한 비용을 보전해주는 명목으로 지급하는 것은 단체협약 또는 취업규칙에 명시되어 있다고 하더라도 임금으로 보기 어렵다.

(3) 복리후생적 성격의 금품

단순한 생활보조적·복리후생적 금품은 배려차원에서 지원하는 것이므로 임금으로 보기 어렵지만, 이는 명칭만으로 임금성을 부정해서는 안 되며 실제 지급하는 급여의 성격에 따라 임금성 유무를 종합적으로 판단해야 한다.

노동부 행정해석은 전체 근로자에게 일률적·계속적으로 지급되는 경우에는 임금에 해당되지만, 일부 근로자에게만 지급되거나 또는 일시적으로 지급되는 경우에는 임금이 아니라고 해석하고 있다.

그러나 최근 판례는 가족수당, 통근수당, 식비, 체력단련비, 하계휴가비, 차량유지비 등을 임금에 해당하는 것으로 보고 있으며, 더 나아가 통상임금의 범위에도 포함시키고 있다.

(4) 상여금과 성과급

상황에 따라 변동하는 성과급이나 이윤배분금 등은 예측가능성이 낮고 근로자의 형평성을 찾기 어렵기 때문에 임금으로 해석하지 않는다.

즉 취업규칙 등에 지급조건, 지급금액, 지급시기가 정해져 있거나 관행상 전체 종업원에게 일정 금액을 지급한 경우에는 임금으로 인정되고 있고, 구체적인 지급기준 없이 그 지급이 사용자의 재량에 맡겨져 있거나 경영의 성과에 따라 일시적 · 불확정적으로 지급되는 경우에는 임금이 아니다.

예를 들어, 자산운용 결과 평균수익률을 초과하는 경우 그 초과이익의 일정비율을 성과급 형태로 지급하기로 정한 경우 그 지급사유의 발생이 불확정적이고 일시적인 것이므로 임금이 아니다(임금 68207-78, 2002.2.5.).

(5) 리텐션보너스 · 사이닝보너스

① 리텐션보너스

리텐션보너스란 중요한 비즈니스 기간 동안 그 주요 직원들을 고용하기 위해 지급되는 인센티브를 말한다. 이것은 인수, 합병같이 생산성을 확보하고 중요한 목표를 달성키 위한 과도기에 직원들을 회사에 붙잡아 두기 위한 좋은 설득용 도구로 활용되는 보너스다.

② 사이닝보너스

사이닝보너스란 유능한 인재를 채용하기 위해 스카우트하면서 고액의 금액을 지급하는 계약금의 일종인데 회사와 일정기간 근무해 줄 것을 약속하고, 스카우트하면서 지급하는 금액을 말한다.

세무 Tip **반환조건부 사이닝 보너스의 소득구분 등**(소득세법 기본통칙 20－0…5)

① 특별한 능력 또는 우수한 능력이 있는 근로자가 기업과 근로계약을 체결하면서 지급받는 사이닝보너스는 소득세법 제20조에 따른 근로소득으로 한다.

② 제1항에 의한 사이닝보너스를 근로계약체결 시(계약기간 내 중도퇴사 시 일정금액을 반환하는 조건) 일시에 선지급하는 경우에는 당해 사이닝보너스를 계약조건에 따른 근로기간 동안 안분하여 계산한 금액을 각 과세연도의 근로소득 수입금액으로 한다.

③ 임금성 판단

「근로기준법」 및 판례 등을 통한 임금은 근로의 대가로서 소정 근로의 양 또는 질과 관련이 있으며, 근로자에게 계속적·정기적으로 지급된다는 주된 특징을 가지고 있다.

또한 퇴직금 산정에 포함되는 상여금은 취업규칙 등에 지급조건, 금액, 지급시기가 정해져 있거나 전 근로자에게 관례적으로 지급하여 사회통념상 근로자가 당연히 지급받을 수 있다는 기대를 갖추어야 평균임금으로 인정받을 수 있다.

따라서 리텐션보너스나 사이닝보너스는 임금의 범위에 포함된다고 보기 어렵다(근로기준과-883, 2010.4.27.).

(6) 해고예고수당 등

사용자가 근로자를 해고하고자 할 때에는 적어도 30일 전에 그 예고를 하여야 하며 30일 전에 예고를 하지 아니한 때에는 30일분 이상의 통상임금을 지급해야 한다(근로기준법 제26조). 여기서, 30일분 이상의 통상임금을 지급하는 것을 '해고예고수당'이라 한다.

해고예고수당은 근로제공에 대한 반대급부가 아니므로 「근로기준법」상의 임금에 해당하지 않는다. 또한 재해보상금의 법정수당과 노조전임자급여 역시 임금으로 보지 않고 있다.

실무 Tip

[소득세 집행기준 22-0-1 해고예고수당의 소득구분]
사용자가 30일 전에 예고를 하지 아니하고 근로자를 해고하는 경우 근로자에게 지급하는 「근로기준법」 제26조에 따른 해고예고수당은 퇴직소득으로 본다.

(7) 4대보험의 사용자부담금

사용자가 부담하는 국민연금, 건강보험, 고용보험, 산재보험료는 임금이 아니다.

평균임금

1 평균임금의 개념

(1) 평균임금이란

"평균임금"이란 이를 산정하여야 할 사유가 발생한 날 이전의 3개월 동안에 그 근로자에게 지급된 임금의 총액을 그 기간의 총일수로 나눈 금액을 말한다. 근로자가 취업한 후 3개월 미만인 경우도 이에 준한다(근로기준법 제2조 제1항 제6호).

이는 퇴직금 등을 계산하기 위하여 실제로 제공된 근로에 대해 실제로 지급받은 임금을 기준으로 산정하는 것을 말한다.

(2) 평균임금이 사용되는 곳(산정사유)

「근로기준법」상의 퇴직금, 휴업수당, 연차유급휴가수당, 재해보상금, 감급의 제한과 「산재보험법」상의 보험급여와 「고용보험법」상의 구직급여 계산 시 평균임금을 기초로 산정한다.

2 평균임금의 산정방법

(1) 1일 평균임금

1일 평균임금은 다음과 같이 계산한다.

$$1일\ 평균임금 = \frac{산정사유발생일\ 이전\ 3개월\ 동안\ 지급된\ 임금총액}{산정사유발생일\ 이전\ 3개월\ 동안의\ 총\ 일수}$$

여기서 '지급된' 임금이란 근로자에게 실제 지급된 임금과 당연히 지급되어야 할 임금 중 지급되지 않은 임금도 포함된다. 또한 평균임금에는 연장근로수당, 야간근로수당, 휴일근로수당, 연차수당 등의 법정수당이 포함된다.

평균임금 계산 시 소수점 이하까지 나오더라도 계산하여야 하며, 다만, 계산 편의상 노사가 협의하여 소수점 이하 첫째자리 또는 둘째자리까지 산정할 수 있으나, 이 경우에도 평균임금은 근로자에게 불이익이 없도록 소수점 둘째자리 또는 셋째자리에서 올림을 하는 것이 타당하다(퇴직연금복지과-777, 2009.4.1.).

3개월 동안 지급된 임금총액과 3개월 동안의 총일수의 범위에 대해서 살펴보기로 한다.

(2) 3개월 동안의 임금총액

① 일반적인 경우

3개월 동안의 임금총액은 「근로기준법」 제2조 제1항 제5호의 임금을 말하므로 임금성에 해당되면 평균임금의 산정기초가 되는 임금에 해당된다.

따라서 사용자가 지급한 모든 금품 중에서 임금에 해당하지 않는 은혜적・호의적 성격의 금품, 실비변상적 성질의 금품, 복리후생적 성격으로 지급되는 금품, 성과에 따라 변동되는 성과보상상여금 등은 포함되지 않는다.

② 의도적으로 높인 성과급

택시업체 등 성과급제를 시행하는 사업장에서 근로자가 퇴직하기 전 3개월간 보통 때보다 월등히 많은 성과를 올려 의도적으로 평균임금을 상승시켜 높은 퇴직금을 받으려 한 경우에는 그 3개월을 제외하고 이전 3개월의 수입을 기준으로 평균임금을 산정해야 한다(대법원 94다8631, 1995.2.28.).

판례사례

❑ 근로자에게 지급된 임금이 여러 항목으로 구성되어 있고 그 중 일부 항목의 퇴직 전 3개월간 임금이 특별한 사유로 인해 통상의 경우보다 현저하게 많은 경우, 평균임금의 산정방법
(대법원 2007다72519, 2009.10.15.)

1. 근로자가 의도적으로 현저하게 평균임금을 높이기 위한 행위를 함으로써 근로기준법에 의하여 그 평균임금을 산정하는 것이 부적당한 경우에 해당하게 된 때에는 근로자가 그러한 의도적인 행위를 하지 않았더라면 산정될 수 있는 평균임금 상당액을 기준으로 하여 퇴직금을 산정하여야 한다. 이러한 경우 근로자에게 지급된 임금이 여러 항목으로 구성되어 있어 그러한 임금항목들 가운데 근로자의 의도적인 행위로 현저하게 많이 지급된 것과 그와 관계없이 지급된 임금항목이 혼재되어 있다면, 그 중 근로자의 의도적인 행위로 현저하게 많이 지급된 임금항목에 대해서는 그러한 의도적인 행위를 하기 직전 3개월 동안의 임금을 기준으로 하여 근로기준법이 정하는 방식에 따라 평균임금을 산정하여야 할 것이지만, 그와 무관한 임금항목에 대해서는 근로기준법에 정한 원칙적인 산정방식에 따라 퇴직 이전 3개월 동안의 임금을 기준으로 평균임금을 산정하여야 할 것이다. 나아가

근로자의 의도적인 행위로 현저하게 많이 지급된 임금항목에 대하여 위와 같이 그러한 의도적인 행위를 하기 직전 3개월 동안의 임금을 기준으로 하더라도, 만약 근로자가 이처럼 퇴직 직전까지 의도적인 행위를 한 기간 동안에 동일한 임금항목에 관하여 근로자가 소속한 사업 또는 사업장에서 동일한 직종의 근로자에게 지급된 임금수준이 변동되었다고 인정할 수 있는 경우에는 특별한 사정이 없는 한 이를 평균임금의 산정에 반영하는 것이 근로자의 퇴직 당시 통상의 생활임금을 사실대로 반영할 수 있는 보다 합리적이고 타당한 방법이다.

2. 택시기사인 근로자가 퇴직금을 더 많이 받기 위하여 의도적으로 퇴직 직전 5개월 동안 평소보다 많은 사납금 초과 수입금을 납부한 사안에서, 근로자가 지급받은 임금의 항목들 중 평균임금을 높이기 위한 행위로 통상의 경우보다 현저하게 많아진 것은 사납금 초과 수입금 부분에 그치므로, 그 부분에 대하여는 의도적인 행위를 하기 직전 3개월 동안의 임금을 기준으로 평균임금을 산정하되 '의도적인 행위를 한 기간 동안의 동종 근로자들의 평균적인 사납금 초과 수입금의 증가율'을 곱하여 산출하고, 이를 제외한 나머지 임금항목들에 대하여는 퇴직 전 3개월 동안 지급받은 임금총액을 기준으로 평균임금을 산정함이 적절하다.

③ 퇴직 후 소급인상된 임금

임금교섭 결과 타결된 임금인상률이 퇴직일 이전으로 소급하여 적용되는 경우라 하더라도 그러한 임금협약 또는 단체협약은 재직 중인 근로자에 대하여만 효력이 있는 것으로 특별한 정함이 없다면 임금교섭 타결 이전에 퇴직한 근로자에게는 인상된 임금이 적용되지 않는다(대법원 91다34073, 1992.7.24.).

④ 4대보험과 원천징수세액

임금 중 법령에 근거하여 그 일부를 공제하는 국민연금 · 건강보험(장기요양보험 포함) · 고용보험료와 근로소득세 · 지방소득세 원천징수세액은 평균임금 산정 시에도 모두 포함된다. 즉 공제 전 금액이 임금총액이 된다.

다만, 사용자가 부담하는 사회보험료나 근로자 부담분을 사용자가 대신 부담하기로 한 금액은 임금이라고 보기 어려우므로 임금총액에 포함시키지 않는다(임금근로시간정책팀-120, 2007.1.9.).

그러나 판례에서는 공제 전 금액으로 평균임금을 계산하여 퇴직금을 지급한 사례가 있다(서울북부지법 2014가단116285, 2015.7.1.). 또한 이 판례 이후의 고용노동부 행정해석은 회사의 취업규칙에 근거해 근로자의 건강보험료를 대납해 온 사업장에 대해 취업규칙에 의해 근로자가 부담해야 하는 건강보험료를 회사가 납부하고 그에 해당하는 금액을 계속적 · 정기적으로 근로자에게 지급해 온 경우라면 이는 근로의 대가로서 임금에 해당한다고 판단했다(근로기준정책과-3623, 2015.8.10.).

결국 고용노동부 행정해석에 따르면 보험료 대납이 근로계약 · 취업규칙 · 단체협약 또는 노사관행에 따라 계속적이고 정기적으로 이루어지는 경우에는 대납된 보험료 역시 임금에 해당되어 퇴직금 계산시 반영해야 하는 것으로 판단된다.

[예규사례]

건강보험료 근로자부담분을 회사가 납부하는 경우, 평균임금 해당 여부 등(고용노동부-근로기준정책과-3623, 2015.8.10.)

[질의]

○ 건강보험료 중 회사가 납부해 준 근로자부담분이 평균임금에 해당하는지요?
○ 건강보험료 부담금 상당액이 명예퇴직금 계산에도 포함되는지요?

[사실관계]

- 당사의 취업규칙은 회사가 국민건강보험제도에 따른 건강보험료의 100%를 납부하도록 규정하고 있고, 그에 따라 당사는 건강보험료 회사부담분뿐만 아니라 근로자들의 본인부담액까지 납부하고 있음.
- 그런데 위와 같이 당사가 취업규칙에 따라 근로자들이 부담하여야 하는 건강보험료까지 회사가 납부해 온 경우에 회사가 부담하여 온 근로자부담분 건강보험료가 「근로기준법」 상 퇴직금 산정을 위한 평균임금에 포함되는지 여부에 관하여 견해가 대립하고 있음.

[회시]

○ 평균임금 포함 관련

가. 「근로기준법」 제2조 제1항 제6호의 규정에 따라 '평균임금'이란 이를 산정하여야 할 사유가 발생한 날 이전 3개월 동안에 그 근로자에게 지급된 임금의 총액을 그 기간의 총일수로 나눈 금액을 말하며,

- 상기의 '임금'이란 같은 법 제2조 제1항 제5조의 규정에 따라 사용자가 근로의 대가로 근로자에게 임금, 봉급, 그 밖에 어떠한 명칭으로든지 지급하는 일체의 금품을 말함.

나. 귀 질의만으로 구체적인 사실관계를 알 수 없어 명확한 답변은 드리기 어려우나, 취업규칙에 의해 법령상 근로자가 부담하여야 하는 건강보험료를 회사가 납부하고 그에 해당하는 금액을 계속적 · 정기적으로 근로자에게 지급해 온 경우라면 이는 근로의 대가로서 임금에 해당할 것으로 사료됨.

○ 명예퇴직금 포함 관련

- 귀 질의만으로 구체적인 사실관계를 알 수 없어 명확한 답변은 드리기 어려우나, 명예퇴직금과 관련한 사항은 법에 정함이 없으므로 노사 간에 정하면 될 것임.

판례사례

❑ **병원과 근무 의사 사이에 네트연봉 계약을 했더라도 병원은 퇴직한 의사에게 퇴직금을 지급하여야 함**(서울북부지법 2014가단116285, 2015.7.1.)

1. 피고는 A병원을 운영하는 재단이고, 원고는 A병원에서 신경과 과장으로 근무하다가 2011.8.31. 퇴직하였다. 피고는 원고에게 2010.1.부터 2011.7.까지 매월 1,150만원과 100만원 상당 기프트카드를 지급하였고, 2011.8.에는 1,250만원을 지급하였다. 원고와 피고는 원고가 실제 수령할 총급여액을 정하여 이를 보장하여 주면서 원고가 납부할 근로소득세, 주민세, 국민연금보험료, 건강보험료, 고용보험료를 피고가 대신 부담하기로 하였다.
2. 피고는 원고와 사이에 피고가 제세공과금을 대납하는 대가로 원고가 퇴직금을 청구하지 않기로 하는 '네트제'로 근로계약을 체결한 점, 피고가 대납한 금액이 원고의 미지급 퇴직금보다 많은 점, 퇴직 후 2년 3개월 지나 퇴직금 청구를 한 점 등에 비추어 원고의 청구가 신의칙에 반한다고 주장하나, 원고가 퇴직금을 청구하지 않기로 하였다는 점을 인정하기 부족하고, 그 밖의 사정만으로 신의칙에 반한다고 할 수 없다. 따라서 피고는 원고가 퇴직 전 3개월 동안 지급받은 월 14,485,610원(실수령액 1,150만원 + 기프트카드 100만원 + 피고가 대납한 근로소득세 등 1,985,610원)을 기준으로 계산한 퇴직금 63,826,295원과 연차휴가수당 2,517,772원을 지급할 의무가 있다.
   피고는 대납한 제세공과금 168,053,110원을 부당이득으로 반환하여야 한다고 주장하나, 위 금액을 원고가 부당이득하였다고 볼 수도 없다.

(3) 3개월 동안의 총일수

① 일반적인 경우

「민법」상의 초일불산입 원칙이 적용되어 산정사유 발생일은 포함하지 않는다. 또한 3개월은 90일을 말하는 것이 아니고, 산정사유 발생일 전일로부터 소급하여 역월상의 3개월에 해당하는 일수를 말하므로 89일~92일이 된다.

예를 들어, 퇴사일(마지막 근로제공일 다음 날)이 8월 16일인 경우 3월 동안에 해당하는 기간은 5월 16일부터 8월 15일까지를 말한다.

퇴사 일자	3개월 동안의 총일수
2월 28일	11월 28일 ~ 2월 27일 (92일)
2월 29일	11월 29일 ~ 2월 28일 (92일)
3월 1일	12월 1일 ~ 2월 28일 (90일)주)

주) 2024년은 2월이 29일까지 있으므로 91일(12월 1일~2월 29일)이 됨.

② 산정대상 기간에 제외되는 기간

다음에 해당하는 기간과 그 기간 중에 지급된 임금은 평균임금 산정기준이 되는 기간과 임금의 총액에서 각각 제외한다(근로기준법 시행령 제2조 제1항). 다음의 사유는 대체로 근로자의 귀책사유 없이 근로를 제대로 제공하지 못하거나 정당하게 권리행사를 한 경우에 해당한다.

이런 기간이 평균임금 산정대상 기간에 포함되면 평균임금이 부당하게 낮아질 우려가 있으므로 이 기간을 제외하고 평균임금을 산정하는 것은 근로자에게 유리하게 적용하기 위한 것이다.

- 수습 사용 중인 기간
- 사용자의 귀책사유로 휴업한 기간
- 출산전후 휴가기간 및 유산·사산 휴가기간
- 업무상 부상 또는 질병으로 요양하기 위하여 휴업한 기간
- 육아휴직기간
- 정당한 쟁의행위기간
- 「병역법」, 「예비군법」 또는 「민방위기본법」에 따른 의무를 이행하기 위하여 휴직하거나 근로하지 못한 기간. 다만, 그 기간 중 임금을 지급받은 경우에는 그러하지 아니함.
- 업무 외 부상이나 질병, 그 밖의 사유로 사용자의 승인을 받아 휴업한 기간

③ 산정대상 기간에 포함되는 기간

다음의 기간은 평균임금 산정기초에서 제외되지 않는 것으로 판례는 해석하므로 평균임금 계산 시 이 기간이 포함되면 평균임금은 적게 계산되며, 이는 근로자에게 불리하게 적용되는 내용이다.

- 근로자의 귀책사유에 의한 직위해제
- 사용자의 승인을 받지 못한 휴직 등의 기간
- 위법한 쟁의행위기간

그러나 직위해제기간 등의 기간을 제외하고 평균임금을 산정하도록 판단한 판례도 있다(대법원 98다49357, 1999.11.12.).

(4) 평균임금의 최저보장

근로자의 귀책사유에 의한 직위해제, 불법 쟁의행위기간, 기본급이 월급여 총액으로 구된 경우 등으로 인해 평균임금 산정 시 평균임금이 통상임금보다 더 적어지는 경우가 발생할 수 있다.

이와 같이 평균임금이 통상임금보다 적으면 그 통상임금을 평균임금으로 하도록 규정하고 있다(근로기준법 제2조 제2항). 이는 최소한 통상임금을 평균임금으로 보장하기 위한 것이다.

(5) 상여금의 평균임금 산정방법

상여금이 단체협약, 취업규칙, 그 밖에 근로계약에 미리 지급되는 조건 등이 명시되어 있거나 관례로 계속 지급된 사실이 인정되는 경우 그 상여금의 지급이 법적인 의무로서 구속력을 가지게 되어, 이때는 근로제공의 대가로 인정되는 것이므로 이는 임금으로 취급하여야 할 것이다. 그러므로 이런 상여금은 지급 횟수(예를 들어, 연 1회 또는 4회 등)를 불문하고 평균임금 산정기초에 산입한다.

① 근무기간이 1년 이상인 경우

상여금은 근로자가 지급받았을 해당 임금지급기간의 임금으로 취급하여 일시에 전액을 평균임금 산정기초에 산입할 것이 아니고, 평균임금을 산정하여야 할 사유가 발생한 때 이전 12개월 중에 지급받은 상여금 전액을 그 기간 동안의 근무개월수로 분할 계산하여 평균임금 산정기초에 산입한다. 즉, 상여금은 12개월 동안 받은 총액 중에서 3개월분만 산입하여 계산한다.

② 근무기간이 1년 미만인 경우

근로자가 근로를 제공한 기간이 1년 미만인 경우에는 그 기간 동안 지급받은 상여금 전액을 해당 근무개월수로 분할 계산하여 평균임금 산정기초에 산입한다.

(6) 연차수당의 평균임금 산정방법

① 퇴직하기 전 이미 발생한 연차유급휴가미사용수당

퇴직 전전년도 출근율에 의하여 퇴직 전년도에 발생한 연차유급휴가 중 미사용하고 근로한 일수에 대한 연차유급휴가미사용수당액의 3/12을 평균임금에 포함한다(임금근로시간정책팀-2820, 2006.9.21.).

예를 들어, 회계연도 기준으로 연차를 계산하는 경우에 2024년 9월에 퇴사하는 근로자가

2022년의 출근율에 의하여 2023년에 발생한 연차휴가 중 2023년에 미사용한 연차휴가일수 10일이 있고, 미사용연차휴가수당으로 2,000,000원을 2024. 1월에 지급받았다면 2,000,000원의 3/12에 해당하는 500,000원은 3개월 동안에 받은 임금총액에 포함하여 1일 평균임금을 산정한다.

② 퇴직으로 인해 비로소 지급사유가 발생한 연차유급미사용수당

퇴직 전년도 출근율에 의하여 퇴직연도에 발생한 연차유급휴가를 미사용하고 퇴직함으로써 비로소 지급사유가 발생한 연차유급휴가미사용수당은 평균임금의 정의상 산정사유 발생일 이전에 그 근로자에 대하여 지급된 임금이 아니므로 평균임금에 포함되지 아니한다(임금근로시간정책팀-2820, 2006.9.21.).

예를 들어, 회계연도 기준으로 연차를 계산하는 경우에 2024년 9월에 퇴사하는 근로자가 2023년 출근율에 의하여 2024년에 발생한 연차휴가 중 10일을 미사용하여 지급받은 미사용연차휴가수당 2,000,000원은 퇴직 시 연차수당으로 지급해야 하지만, 평균임금 계산 시에는 산입하지 않는다.

(7) 출산휴가 · 육아휴직자의 퇴직금 산정방법

① 평균임금의 계산에서 제외되는 기간이 3개월 이상인 경우

「근로기준법 시행령」 제2조 제1항에 따라 평균임금의 계산에서 제외되는 기간이 3개월 이상인 경우에 제외되는 기간의 최초일을 평균임금의 산정사유가 발생한 날로 보아 평균임금을 산정한다.

예를 들어, 출산휴가기간과 육아휴직기간 종료 후 바로 퇴사하는 경우 퇴직금 산정을 위한 평균임금은 출산휴가 시작일 전일부터 역월상 3개월을 계산한다.

② 육아휴직 후 바로 퇴사하는 경우

육아휴직기간은 퇴직금 산정의 기초가 되는 근속기간에는 반드시 포함되어야 하며, 육아휴직기간은 평균임금 산정대상 기간에서 제외되므로 육아휴직기간 중에 평균임금 산정사유가 발생한 경우에는 육아휴직한 날 이전 3개월간의 임금총액을 그 기간의 총일수로 나누어 산정하여야 한다(감독 68213-98, 1995.3.3.).

③ 육아휴직 후 복직하여 3개월 미만 근무 후 퇴사하는 경우

예를 들어, 육아휴직 후 1개월 반만 근무하고 퇴직하였을 경우 퇴직금 계산을 위한 평균

임금 산정은 「근로기준법」 제19조 제1항의 "취업 후 3월 미만도 이에 준한다."는 규정을 감안하여 실제 근로를 제공한 1개월 반 동안의 임금을 그 기간의 일수로 나누어 산정하는 것이 타당할 것이다(부소 68247-112, 1993.4.10.).

(8) 휴직기간의 평균임금 산정방법

업무 외 부상이나 질병, 그 밖의 사유로 사용자의 승인을 받아 휴업한 기간일 경우에는 동 기간을 제외한 나머지 일수 및 임금을 대상으로 평균임금으로 산정하여야 하며, 휴직한 기간이 3개월을 초과하여 평균임금 산정기간이 없게 되는 경우에는 휴직한 첫날을 평균임금 산정 사유 발생일로 보아 이전 3월간을 대상으로 평균임금을 산정하여야 한다. 아울러 이와 같은 방법으로 산출된 평균임금액이 당해 근로자의 통상임금보다 저액일 경우에는 그 통상임금액을 평균임금으로 하여야 한다(퇴직연금복지과-518, 2008.10.21.).

(9) 평균임금 산정 특례

① 근로제공의 초일에 평균임금 산정사유가 발생한 경우

근로를 제공한 첫날(근로기준법 제35조 제5호에 따라 수습기간 종료 후 첫 날을 포함)에 평균임금 산정사유가 발생한 경우에는 그 근로자에게 지급하기로 한 임금의 1일 평균액으로 평균임금을 추산한다.

② 임금이 근로자 2명 이상 일괄하여 지급되는 경우

근로자 2명 이상을 1개조로 하여 임금을 일괄하여 지급하는 경우 개별 근로자에 대한 배분방법을 미리 정하지 않았다면 근로자의 경력, 생산실적, 실근로일수, 기술 · 기능, 책임, 배분에 관한 관행 등을 감안하여 근로자 1명당 임금액을 추정하여 그 금액으로 평균임금을 추산한다.

③ 임금총액의 일부가 명확하지 아니한 경우

평균임금의 산정기간 중에 지급된 임금의 일부를 확인할 수 없는 기간이 포함된 경우에는 그 기간을 빼고 남은 기간에 지급된 임금의 총액을 남은 기간의 총일수로 나눈 금액을 평균임금으로 본다.

(10) 평균임금 계산 사례

문제 **다음과 같은 조건일 때 근로자 갑의 퇴직금은?**

입사일자 : 2021년 10월 1일
퇴사일자 : 2024년 9월 16일
재직일수 : 1081일
월기본급 : 4,000,000원
월기타수당 : 500,000원(임금에 해당함)
연간 상여금 : 4,000,000원
연차수당 지급기준액 : 100,000원 / 1일
연차수당은 퇴직 전전년도(2022년)의 출근율에 의해 발생한 휴가 중 퇴직 전년도(2023년)에 미사용한 휴가일수분의 합계 : 12일

해답

(1) 퇴직 전 3개월간 임금총액

기 간	기간별 일수	기본급	기타수당
2024.6.16. ~ 2024.6.30.	15일	2,000,000원	250,000원
2024.7.1. ~ 2024.7.31.	31일	4,000,000원	500,000원
2024.8.1. ~ 2024.8.31.	31일	4,000,000원	500,000원
2024.9.1. ~ 2024.9.15.	15일	2,000,000원	250,000원
합계	92일	12,000,000원	1,500,000원

(2) 평균임금의 산정 연간 상여금과 연차수당

- 총액 : 4,000,000원
- 연차수당 : 1,200,000원 (100,000원 × 12일)

① 3개월간 임금총액 : 13,500,000원 = 12,000,000원 + 1,500,000원
② 상여금 가산액 : 1,000,000원 = 4,000,000원 × (3/12)
③ 연차수당 가산액 : 300,000원 = (100,000원×12일) × (3/12)
④ 1일 평균임금 = 퇴직일 이전 3개월간에 지급받은 임금총액/퇴직일 이전 3개월간의 총일수
= (①+②+③)/92일
= (13,500,000원+1,000,000원+300,000원)/92
= 160,869.57원

(3) 퇴직금 = 1일 평균임금 × 30(일) × (근속일수/365)
= 160,869.57원 × 30(일) × (1081일/365일) = 14,293,151원

3 평균임금의 판단 사례

(1) 무단결근기간의 평균임금 산정기간 포함 여부

❏ **행정해석**(임금복지과-2531, 2010.12.27.)

[질 의]

퇴직금 산출 시 무단결근기간도 평균임금 산정기간에 포함해야 하는지 여부

[회 시]

「근로자퇴직급여 보장법」 제2조 제4호 및 「근로기준법」 제2조 제6호에 따라 퇴직금 산정을 위한 '평균임금'은 퇴직일 이전 3개월 동안에 그 근로자에게 지급된 임금의 총액을 그 기간의 총일수로 나누어 계산하며, 무단결근기간도 평균임금 산정기간에 포함하여 산정하여야 한다.

- 다만, 위 절차에 따라 산출된 평균임금이 그 근로자의 통상임금보다 적으면 그 통상임금액을 평균임금으로 하여 퇴직금을 산정하여야 한다.

(2) 경영성과급의 평균임금 산입 여부

① 평균임금에 포함하는 것으로 본 사례

경영평가성과급이 계속적·정기적으로 지급되고 지급대상, 지급조건 등이 확정되어 있어 사용자에게 지급의무가 있다면, 이는 근로의 대가로 지급되는 임금의 성질을 가지므로 평균임금 산정의 기초가 되는 임금에 포함된다고 보아야 한다. 경영실적 평가결과에 따라 그 지급 여부나 지급률이 달라질 수 있다고 하더라도 그러한 이유만으로 경영평가성과급이 근로의 대가로 지급된 것이 아니라고 볼 수 없다.

한편 2012년부터는 공공기관 경영평가성과급의 최저지급률과 최저지급액이 정해져 있지 않아 소속 기관의 경영실적 평가결과에 따라서는 경영평가성과급을 지급받지 못할 수도 있다. 이처럼 경영평가성과급을 지급받지 못하는 경우가 있다고 하더라도 성과급이 전체 급여에서 차지하는 비중, 그 지급 실태와 평균임금 제도의 취지 등에 비추어 볼 때 근로의 대가로 지급된 임금으로 보아야 한다(대법 2018다231536, 2018.12.13.).

평균임금 산정의 기초가 되는 임금은 사용자가 근로의 대가로 근로자에게 지급하는 금품으로서, 근로자에게 계속적·정기적으로 지급되고 단체협약, 취업규칙, 급여규정, 근로계약, 노동관행 등에 의하여 사용자에게 그 지급의무가 지워져 있는 것을 말한다.

경영평가성과급이 계속적·정기적으로 지급되고 지급대상, 지급조건 등이 확정되어 있어 사용자에게 지급의무가 있다면, 이는 근로의 대가로 지급되는 임금의 성질을 가지므로 평균임금 산정의 기초가 되는 임금에 포함된다고 보아야 한다. 경영실적 평가결과에 따라 그 지급 여부나 지급률이 달라질 수 있다고 하더라도 그러한 이유만으로 경영평가성과급이 근로의 대가로 지급된 것이 아니라고 볼 수 없다(대법 2015두36157, 2018.10.12.).

② 평균임금에 포함하지 않는 것으로 본 사례

평균임금 산정의 기초가 되는 임금은 사용자가 근로의 대가로 근로자에게 지급하는 금품으로서, 근로자에게 계속적·정기적으로 지급되고 단체협약, 취업규칙, 급여규정, 근로계약, 노동관행 등에 의하여 사용자에게 그 지급의무가 지워져 있는 것을 말한다.

경영평가성과급이 계속적·정기적으로 지급되고 지급대상, 지급조건 등이 확정되어 있어 사용자에게 지급의무가 있다면, 이는 근로의 대가로 지급되는 임금의 성질을 가지므로 평균임금 산정의 기초가 되는 임금에 포함된다고 보아야 한다. 경영실적 평가결과에 따라 그 지급 여부나 지급률이 달라질 수 있다고 하더라도 그러한 이유만으로 경영평가성과급이 근로의 대가로 지급된 것이 아니라고 볼 수 없다(대법 2015두36157, 2018.10.12.).

PI(생산성 격려금) 및 PS(초과이익 분배금)를 포함한 경영 성과급이 근로의 대상으로 지급된 것으로서 근로자에게 계속적·정기적으로 지급되어 왔다거나 단체협약, 취업 및 급여규칙, 근로계약, 노동 관행 등에 의해 피고 회사에 그에 대한 지급의무가 지워져 있다고 보기 어렵다. 따라서 이 사건 PI 및 PS는 평균임금 산정의 기초가 되는 임금에 해당하지 않는다고 봄이 타당하다.

① 이 사건 PI 및 PS를 포함한 경영 성과급은 지급기준과 조건 등은 동종 업계의 동향, 전체 시장 상황, 피고 회사의 영업상황과 재무상태, 경영자의 경영 판단 등과 같이 개별 근로자가 통제할 수 없는 불확정적, 외부적 요인에 의해 좌우된다. 따라서 이 사건 PI 및 PS를 포함한 경영 성과급은 근로의 제공과 직접적이거나 밀접하게 관련되어 있다고 볼 수 없다.

② 피고 회사에 경영 성과급의 지급의무가 확정되어 있다고 볼 수 없다.

③ 이 사건 노사합의안이 이 사건 PI 및 PS를 포함한 경영 성과급의 지급기준, 지급률 등을 구체적으로 정하고 있기는 하나 구체적인 지급 조건 등은 매년 피고 회사의 경영 상황에 따라 달라졌다. 따라서 이 사건 노사합의안의 존재만으로는 경영 성과급의 지급기준 등이 확정되어 피고 회사에 이를 지급할 의무가 있다거나, 노사 간에 그 지급이 당연한 것으로 여겨질 정도로 관례가 형성되었다고 보기 어렵다.

④ 이 사건 PI 및 PS를 포함한 경영 성과급은 매년 노사 간 합의에 따라 구체적인 지급 조건이 정해지고, 그 해의 생산량 또는 영업실적에 따라 지급 여부나 지급률도 달라지므로, 이러한 사정과 무관하게 근로자에게 정기적, 계속적으로 지급되는 금원이라고 볼 수 없다(수원지법 여주지원 2019가단50590, 2020.1.21.).

❏ **행정해석**(근로기준과-1038, 2010.9.30.) **: 인센티브 성과급의 평균임금 산입 여부**

[질 의]

○ 성과급 지급기준 변경

○ 우리 공사는 보수규정에 성과상여(기본급의 300%)를 규정하고 있고 매년 행정안전부 경영평가 결과를 기준으로 지급되는 기관성과급을 성과상여로 지급하고 평균임금에 산입하여 왔음.

① 2010년 지방공기업 예산편성지침상 시행되는 인센티브 성과급이 근로의 대가로 지급되는 임금으로써 평균임금에 산입할 수 있는지?

② 변경된 성과급이 평균임금에 산입할 수 없다면 기존 보수규정에 규정되어 있는 성과상여(기본급의 300%)를 평균임금에 반영하지 못해 퇴직금이 감소하게 되는데, 정부의 예산편성지침 변경을 근거로 근로자의 동의없이 보수규정상 성과상여(기본급의 300%)를 평균임금에서 제외할 수 있는지?

③ 보수규정상 성과상여(기본급의 300%)를 평균임금에서 근로자의 동의없이 제외하는 것이 불이익 변경에 해당되어 「근로기준법」 제94조 위반이라면, 공사가 변경된 성과급 지급액 중에서 종전 수준 정도(기본급의 300%)를 한도로 평균임금을 인정하는 것이 가능한지?

[회 시]

1. 귀 질의 '인센티브 성과급의 평균임금 산입 여부'에 대하여

가. 「근로기준법」 제2조 제1항 제5호의 규정에 의거 '임금'이라 함은 사용자가 근로의 대가로 근로자에게 임금, 봉급, 그 밖에 어떠한 명칭으로든지 지급하는 일체의 금품을 말하는 것으로 임금의 범위에 포함되는지 여부는 그 명칭만으로 판단하여서는 아니되며, 단체협약 · 취업규칙 등의 내용, 근무형태, 지급 관행 등을 종합적으로 고려하여야 할 것임.

나. 또한, 성과급의 지급 등에 대해서는 노동관계법에 따로 규정되어 있지 아니하나, 만일 회사의 단체협약 · 취업규칙 등에 지급조건, 금액, 지급시기를 미리 정하여 지급하거나 전 근로자에게 관례적으로 지급하여 사회통념상 근로자가 당연히 지급받을 수 있다는 기대를 갖게 되는 경우에는 임금성이 인정된다고 할 수 있으며, 반면에 단체협약 · 취업규칙 등에 지급기준, 지급액수, 지급시기 등에 관하여 아무런 규정없이 사용자의 재량에 의해 매년 그 지급시기 및 지급액을 달리하거나 지급되지 아니하는 경우라면 이는 그 지급이 계속적 · 정기적으로 이루어져 사용자에게 그 지급의무가 확정되는 임금성을 갖는다고 보기 어려울 것임.

다. 귀 질의의 인센티브 성과급이 단체협약, 취업규칙 등에 미리 지급조건 등을 정하여 계속적 · 정기적으로 지급되는 것이 아니라 각 공기업의 전년도 경영실적 평가결과에 따라 비로소 지급 여부 및 지급액이 결정(300~0%)되는 등 그 지급사유가 불확정적인 경우라면 이는 개별 근로자의 근로의 대가와 무관하게 지급되는 것으로 처음부터 사용자에게 그 지급의무가 부과되는 「근로기준법」상의 임금으로 보기는 어렵다고 사료됨(근로조건지도과-3655, 2008.9.8. ; 근로조건지도과-206, 2008.3.11. ; 임금근로시간정책팀-432, 2005.11.11. 참조).

2. 귀 질의 '보수규정상 성과상여의 평균임금 제외'에 대해서

가. 취업규칙 등에 '성과급을 평균임금에 포함한다'고 명시적으로 규정하고 있는 경우에는 그에 따라야 할 것이고, 이를 변경하고자 하는 경우 그 변경이 근로자에게 불이익하게 변경된 경우에는 「근로기준법」 제94조 제1항의 규정에 따라 근로자의 과반수로 조직된 노동조합이 있는 경우에는 그 노동조합, 근로자의 과반수로 조직된 노동조합이 없는 경우에는 근로자의 과반수의 동의를 받아야 할 것임.

나. 다만, 취업규칙이 근로자에게 불이익하게 변경된 경우라도 그 변경에 "사회 통념상 합리성"이 인정되는 경우에는 근로자의 과반수의 동의가 없다고 하더라도 취업규칙 변경의 효력이 인정될 수 있을 것인바,

- 사회통념상 합리성의 유무는 ① 취업규칙의 변경에 의하여 근로자가 입게 되는 불이익의 정도, ② 사용자측의 변경 필요성의 내용과 정도, ③ 변경 후의 취업규칙 내용의 상당성, ④ 대상조치 등을 포함한 다른 근로조건의 개선상황, ⑤ 노동조합 등과의 교섭 경위 및 노동조합이나 다른 근로자의 대응, ⑥ 동종 사항에 관한 국내의 일반적인 상황 등을 종합적으로 고려하여 판단하여야 할 것임(대법원 2001.1.5. 선고, 99다70846 판결 참조).

3. 귀 질의 '성과급의 평균임금 인정'에 대하여

가. '평균임금'은 평상시에 근로자에게 지급하고 있던 임금의 산정기준으로서 산정하여야 할 사유가 발생한 날 이전 3개월 동안에 그 근로자에게 지급된 임금의 총액을 그 기간의 총일수로 나눈 금액을 말하는 것인바,

- 취업규칙, 단체협약 등에 의해 「근로기준법」상 임금에 해당되지 않은 성과급을 평균임금 산정을 위한 임금총액에 포함시키기로 하는 경우라면 이는 「근로기준법」에서 정한 근로조건을 상회하는 것으로 위법하거나 무효로 볼 수 없음.

나. 다만, 임금으로 볼 수 없는 성과급은 평균임금 산정을 위한 임금총액에 포함할 의무가 없는 것으로서 공공기관에서 이를 평균임금 산정을 위한 임금총액에 포함하는 것은 바람직하지 않다고 사료됨.

(3) 반납한 임금의 평균임금 산입 여부

기왕의 근로에 대하여 이미 발생된 임금채권(연차휴가미사용수당 등)의 반납이 개별근로자의 진의에 의한 자유의사에 따라 이루어진 경우라도 반납된 금액은 평균임금 산정 시 임금총액에 산입해야 한다(근기 68207-1875, 2002.5.9.).

(4) 선물 및 유류티켓의 평균임금 산입 여부

❑ 행정해석(근로기준과-4188, 2009.10.22.) : 선물 및 유류티켓의 평균임금 산입 여부

[질 의]

○ 사실관계

- 당 회사는 전국에 걸쳐 ○○여 개의 영업장에서 단체 급식 및 외식사업을 운영하고 있는 법인임.
- 추석과 설에 직원 선물로 온라인 쇼핑몰에 직원 전용 창구를 마련하고, 사이버 머니로 150,000원씩 충전해 주어 직원들이 직접 물건을 구매토록 운영하고 있고, 미사용 사이버 머니는 별도 현금으로 환급하지는 않고 있음.
- 또한 추석에 유류상품권 10만원권을 구매하여 직원에게 직접 지급함.

○ 참고사항

단체협약 제○○조 [상여금 지급률] ④ 설날, 추석 각 15만원 상당의 선물을 지급한다(세부사항은 별도 운영규정에 따른다).

⑤ 추석에 유류티켓 10만원을 지급한다.

○ 질의사항

- 상기 회사가 운영하고 있는 명절선물, 유류티켓이 평균임금에 산입되는지 여부

〈갑설〉「근로기준법」 제2조 제1항 제6호에 의하면 "평균임금"이란 이를 산정하여야 할 사유가 발생한 날 이전 3개월 동안에 그 근로자에게 지급된 임금의 총액을 그 기간의 총일수로 나눈 금액을 말하고, 이때 "임금"이란 사용자가 근로의 대가로 근로자에게 임금, 봉급, 그 밖에 어떠한 명칭으로든지 지급하는 일체의 금품을 말하며, 같은 법 제43조 제1항의 단서에서 단체협약에 특별한 규정이 있는 경우 임금을 통화 이외의 것으로 지급할 수 있다고 규정하고 있으므로 "상여금 지급률"로서 단체협약에 규정된 사실에 의거 사이버 머니와 유류티켓은 평균임금에 산입되어야 함.

〈을설〉"임금"이란 사용자가 근로의 대가로 근로자에게 임금, 봉급, 그 밖의 어떠한 명칭으로든지 지급하는 일체의 금품을 말하고 있는바, 사이버 머니와 유류티켓에 대한 당 회사의 그간의 지급관행을 알 수는 없으나 설날, 추석 등 명절선물로 지급한 일응 떡값의 성격을 띠는 은혜적인 금품에 해당되므로 이를 근로의 대가로 지급한 것으로 보기 어려워 평균임금에 산입될 수 없음.

[회 시]

○ 「근로기준법」 제2조 제1항 제5호 규정에 의하여 「임금」이라 함은 사용자가 근로의 대가로 근로자에게 임금, 봉급, 그 밖에 어떠한 명칭으로든지 지급하는 일체의 금품을 말함.
  - 즉, 「임금」에 해당하기 위해서는 ① 근로의 대상이 있고, ② 사용자에게 지급의무가 있는 금품이라는 요건을 충족하여야 함.

○ 귀 질의의 15만원 상당의 선물과 10만원 유류티켓이 근로의 대상으로 근로자에게 지급하는 금품으로서 단체협약 등에 의하여 사용자에게 지급의무가 지워져 있다고 보여지는바, 귀 지청의 "갑설"이 타당하다고 사료됨.

통상임금

1 통상임금의 개념

(1) 통상임금

통상임금이란 근로자에게 정기적·일률적으로 소정근로 또는 총 근로에 대하여 지급하기로 정한 시간급 금액·일급 금액·주급 금액·월급 금액 또는 도급 금액을 말한다.

따라서 통상임금에 해당하려면 정기적·일률적으로 지급되는 고정적인 임금이어야 하며, 정기적·일률적인 지급이 아니거나 실제의 근무성적에 따라 지급 여부 및 지급액이 달라지는 것은 통상임금에 해당하지 않는다.

(2) 통상임금이 사용되는 곳(산정사유)

통상임금은 해고예고수당, 연장·야간 및 휴일근로에 대한 가산임금, 연차유급휴가수당, 출산전후 휴가급여, 육아휴직급여 등의 산정기초로 사용되고 있다.

2 통상임금의 판단기준

최근 대법원 전합 판결(2013.12.18. 선고, 2012다89399 판결)에 의하면 통상임금이란 "근로계약에서 정한 근로를 제공하면 확정적으로 지급되는 임금이며, 통상임금 여부는 임금의 명칭이나 지급주기의 장단 등 형식적인 기준이 아니라 임금의 객관적 성질이 통상임금의 법적인 요건을 갖추었는지 여부"에 따라 판단하고 있다.

또한 통상임금은 초과근로수당 산정 등을 위한 기초임금이므로 근로계약에 따른 소정근로시간에 통상적으로 제공하는 근로의 가치를 금전적으로 평가한 것이어야 하며, 근로자가 실제로 초과근로를 제공하기 전에 미리 확정되어 있어야 한다.

이를 자세히 살펴보면 다음과 같다.

(1) 소정근로의 대가

소정근로의 대가는 "근로자가 소정근로시간에 통상적으로 제공하기로 정한 근로에 관하여 사용자와 근로자가 지급하기로 약정한 금품"을 말한다.

즉, 어떤 금품이 근로의 대상으로 지급된 것이냐를 판단함에 있어서는 그 금품지급의무의 발생이 근로제공과 직접적으로 관련되거나 그것과 밀접하게 관련된 것으로 볼 수 있어야 할 것이고, 이러한 관련 없이 그 지급의무의 발생이 개별 근로자의 특수하고 우연한 사정에 의하여 좌우되는 경우에는 그 금품의 지급이 단체협약 · 취업규칙 · 근로계약 등이나 사용자의 방침 등에 의하여 이루어진 것이라 하더라도 그러한 금품은 근로의 대상으로 지급된 것으로 볼 수 없다(대법원 1995.5.12. 선고, 94다55934 판결).

다음에 해당하는 임금 등은 소정근로의 대가로 볼 수 없는 임금이지만 약정한 금품이 소정근로시간에 근무한 직후나 그로부터 가까운 시일 내에 지급하지 아니하였다고 하여 소정근로의 대가가 아니라고 할 수는 없다.

- 근로자가 소정근로시간을 초과하여 근로를 제공하여 지급받는 임금
- 근로계약에서 제공하기로 정한 근로 외의 근로를 특별히 제공함으로써 사용자로부터 추가로 지급받는 임금
- 소정근로시간의 근로와는 관련 없이 지급받는 임금

(2) 정기성

정기성은 미리 정해진 일정한 기간마다 정기적으로 지급되는지 여부에 관한 것으로서 1개월을 초과하는 기간마다 지급되더라도 일정한 간격을 두고 계속적으로 지급되는 것이면 통상임금이 될 수 있다. 따라서 1개월을 넘어 2개월, 분기, 반기, 연 단위로 지급되더라도 정기적으로 지급되는 것이면 '정기성' 요건은 충족된다.

판례는 '1임금지급주기'를 통상임금의 요건으로 볼 수 없는 근거를 다음과 같이 제시하고 있다.

- 「근로기준법」 제43조 제2항[주)]의 정기불 지급원칙은 근로자의 생활안정을 도모하려는 것이므로 이를 근거로 1개월 넘는 기간마다 지급되는 임금을 통상임금에서 제외된다고 해석할 수 없음.
- 「근로기준법 시행령」 제6조 제1항의 정의규정 중 시간급 · 일급 · 주급 · 월급 금액 등은 다양한 기간을 단위로 산정 · 지급되는 임금의 형태를 예시한 것에 불과함.
- 최저임금은 근로자의 생활안정 등을 위하여 매월 1회 이상 정기적으로 지급하는 임금 이외의 임금은 최저임금 비교대상 임금에서 제외하고 있으나 이를 근거로 통상임금을 1임금지급주기로 한정하여야 한다고 볼 수 없음.

주) 「근로기준법」 제43조 제2항 : 임금은 매월 1회 이상 일정한 날짜를 정하여 지급하여야 한다. 다만, 임시로 지급하는 임금, 수당, 그 밖에 이에 준하는 것 또는 대통령령으로 정하는 임금에 대하여는 그러하지 아니하다.

(3) 일률성

일률성은 '모든 근로자'에게 지급되는 것뿐만 아니라 '일정한 조건 또는 기준에 달한 모든 근로자'에게 지급되는 것도 포함하는 개념으로서 일률적으로 지급되어야 통상임금이 될 수 있다.

여기서 '일정한 조건 또는 기준'은 작업 내용이나 기술, 경력 등과 같이 소정근로의 가치 평가와 관련된 조건이어야 한다. 즉 일정한 조건이란 시시때때로 변동되지 않는 고정적인 조건이어야 한다.

일률성 요건의 구체적 적용

- 단체협약이나 취업규칙 등에서 휴직이나 복직자, 징계대상자에 대한 지급제한 사유를 규정한 임금이라도 이는 해당 근로자의 개인적 특수성을 고려한 것일 뿐이므로 정상적인 근로관계를 유지하고 있는 근로자에 대하여 그 해당 임금의 일률성이 부정되지 아니함.
- 가족수당
  - 부양가족 수에 따라 차등 지급되는 경우는 근로와 관련된 일정한 조건 또는 기준에 따른 것이라 할 수 없어 일률성이 부정됨.
  - 다만, 기본금액을 동일하게 지급하면서 부양가족 수에 따라 추가적으로 지급하는 경우 그 기본금액은 통상임금에 해당함.
  - 모든 근로자에게 일정금액을 기본금액으로 지급하는 가족수당은 통상임금에 포함됨.

(4) 고정성

고정성은 초과근로를 제공할 당시에 그 지급 여부가 업적, 성과 기타 추가적인 조건과 관계없이 사전에 이미 확정되어 있는 것이어야 인정된다. 고정적 임금은 명칭을 묻지 않고 소정근로시간을 근무한 근로자가 그 다음 날에 퇴직한다 하더라도 근로의 대가로 당연하고도 확정적으로 지급받게 되는 최소한의 임금을 말한다.

즉 고정성은 사전확정성이 있어야 하며, '추가적 조건'이란 초과근무를 제공하는 시점에 성취 여부가 불분명한 조건을 의미한다. 따라서 근로제공 이외에 추가적인 조건이 충족되어야 지급되는 임금이나 그 충족 여부에 따라 지급액이 달라지는 임금 부분은 고정성이 결여되었다고 본다. 단, 지급액 중 추가적인 조건에 따라 달라지지 않는 부분만큼은 고정성을 인정한다.

예를 들어, 실제 근무성적에 따라 지급 여부나 지급액이 달라지는 성과급과 같은 임금은 고정성이 없어 통상임금이 될 수 없는 대표적인 경우이다. 단, 이 경우에도 최소한도로 보장되는 부분만큼은 근무성적과 무관하게 누구나 받을 수 있는 고정적인 것이므로 통상임금이 될 수 있다.

또한 판례는 지급일 기타 특정 시점에 재직 중인 근로자에게만 지급하는 임금은 고정성을 결여한 것으로 판단하고 있다. 예를 들어, 부산고법(2014.1.8. 선고, 2012나7816 판결)은 입사 1년 이상 근속해 지급기준일에 재직하고 있는 근로자에 한해 월 만근임금의 380%(연 4회 95%씩 분할지급)를 지급하는 상여금에 대해 고정성이 없어 통상임금이 아니라고 판시하였다.

❸ 통상임금의 판단 사례

(1) 근속기간에 따라 달라지는 임금

어떠한 임금이 일정 근속기간 이상을 재직할 것을 지급조건으로 하거나, 또는 일정 근속기간을 기준으로 하여 임금의 계산방법을 달리하거나 근속기간별로 지급액을 달리하는 경우와 같이 지급 여부나 지급액이 근속기간에 연동하는 임금 유형이 있다.

근속기간은 근로자의 숙련도와 밀접한 관계가 있으므로 소정근로의 가치 평가와 관련이 있는 '일정한 조건 또는 기준'으로 볼 수 있고, 일정한 근속기간 이상을 재직한 모든 근로자에게 그에 대응하는 임금을 지급한다는 점에서 일률성을 갖추고 있다고 할 수 있다. 또한 근속기간은 근로자가 임의의 날에 연장・야간・휴일 근로를 제공하는 시점에서는 그 성취 여부가 불확실한 조건이 아니라 그 근속기간이 얼마인지가 확정되어 있는 기왕의 사실이므로, 일정 근속기간에 이른 근로자는 임의의 날에 근로를 제공하면 다른 추가적인 조건의 성취 여부와 관계없이 근속기간에 연동하는 임금을 확정적으로 지급받을 수 있어 고정성이 인정된다. 따라서 임금의 지급 여부나 지급액이 근속기간에 연동한다는 사정은 그 임금이 통상임금에 속한다고 보는 데 장애가 되지 않는다(대법원 2012다89399, 2013.12.18.).

<table>
<tr><th>구 분</th><th>통상임금 여부</th><th>근 거</th></tr>
<tr><td rowspan="2">지급 여부나 지급금액이 근속기간에 따라 달라지는 경우
(예) 몇 년 이상 근속해야 지급하거나 근속기간에 따라 임금 계산방법이 다르거나 지급액이 달라지는 근속수당 등</td><td rowspan="2">○</td><td>일률성 인정
➡ 근속기간은 일률성 요건 중 '근로와 관련된 일정한 조건 또는 기준'에 해당</td></tr>
<tr><td>고정성 인정
➡ 초과근로를 제공하는 시점에서 보았을 때 그 근로자의 근속기간이 얼마나 되는지는 이미 확정되어 있음.</td></tr>
</table>

(2) 근속일수에 따라 달라지는 임금

매 근무일마다 일정액의 임금을 지급하기로 정함으로써 근무일수에 따라 일할계산하여 임금이 지급되는 경우에는 실제 근무일수에 따라 그 지급액이 달라지기는 하지만, 근로자가 임의의 날에 소정근로를 제공하기만 하면 그에 대하여 일정액을 지급받을 것이 확정되어 있으므로, 이러한 임금은 고정적 임금에 해당한다.

그러나 일정 근무일수를 충족하여야만 지급되는 임금은 소정근로를 제공하는 외에 일정 근무일수의 충족이라는 추가적인 조건을 성취하여야 비로소 지급되는 것이고, 이러한 조건의 성취 여부는 임의의 날에 연장 · 야간 · 휴일 근로를 제공하는 시점에서 확정할 수 없는 불확실한 조건이므로 고정성을 갖춘 것이라 할 수 없다.

한편 일정 근무일수를 기준으로 계산방법 또는 지급액이 달라지는 경우에도 소정근로를 제공하면 적어도 일정액 이상의 임금이 지급될 것이 확정되어 있다면 그와 같이 최소한도로 확정되어 있는 범위에서는 고정성을 인정할 수 있다. 예를 들어, 근무일수가 15일 이상이면 특정 명목의 급여를 전액 지급하고, 15일 미만이면 근무일수에 따라 그 급여를 일할계산하여 지급하는 경우, 소정근로를 제공하기만 하면 최소한 일할계산되는 금액의 지급은 확정적이므로, 그 한도에서 고정성이 인정된다. 다른 한편, 근무일수를 기준으로 계산방법을 달리 정하지 않고, 단순히 근무일수에 따라 일할계산하여 지급하는 경우도 앞서 본 매 근무일마다 지급하는 경우와 실질적인 차이가 없어 고정성을 인정할 수 있다(대법원 2012다89399, 2013.12.18.).

구 분	통상임금 여부	근 거
매 근무일마다 일정액을 지급하기로 한 임금 (예) 근무일수에 따라 일할계산해서 지급되는 임금	○	고정성 인정 ➡ 근로자가 임의의 날에 소정근로를 제공하기만 하면 그에 대하여 일정액을 지급받을 것이 확정되어 있음.
일정 근무일수를 채워야만 지급되는 임금 (예) 월 15일 이상 근무해야만 지급되는 임금	×	고정성 부정 ➡ 소정근로 제공 외에 일정 근무일 충족이라는 추가적 조건을 성취하여야 하는바, 연장・야간・휴일 근로를 제공하는 시점에서 금액을 확정할 수 없기 때문에 고정성을 부정
일정 근무일수에 따라 계산방법 또는 지급액이 달라지는 임금 (예) 근무일수가 15일 이상이면 특정명목의 급여를 전액 지급하고, 15일 미만이면 근무일수에 따라 그 급여를 일할계산하여 지급하는 경우	△ (예시에서 최소한 일할계산되는 금액 한도는 통상임금에 해당함)	고정성 일부 인정 ➡ 소정근로를 제공하면 적어도 일정액 이상의 임금이 지급될 것이 확정되어 있는 최소한도의 범위에서는 고정성을 인정함.

(3) 특정 시점에 재직 중인 근로자에게만 지급되는 임금

근로자가 소정근로를 했는지 여부와는 관계없이 지급일 기타 특정 시점에 재직 중인 근로자에게만 지급하기로 정해져 있는 임금은 그 특정 시점에 재직 중일 것이 임금을 지급받을 수 있는 자격요건이 된다. 그러한 임금은 기왕에 근로를 제공했던 사람이라도 특정 시점에 재직하지 않는 사람에게는 지급하지 아니하는 반면, 그 특정 시점에 재직하는 사람에게는 기왕의 근로 제공 내용을 묻지 아니하고 모두 이를 지급하는 것이 일반적이다.

그와 같은 조건으로 지급되는 임금이라면, 그 임금은 이른바 '소정근로'에 대한 대가의 성질을 가지는 것이라고 보기 어려울 뿐 아니라 근로자가 임의의 날에 근로를 제공하더라도 그 특정 시점이 도래하기 전에 퇴직하면 당해 임금을 전혀 지급받지 못하여 근로자가 임의의 날에 연장・야간・휴일 근로를 제공하는 시점에서 그 지급조건이 성취될지 여부는 불확실하므로, 고정성도 결여한 것으로 보아야 한다.

그러나 근로자가 특정 시점 전에 퇴직하더라도 그 근무일수에 비례한 만큼의 임금이 지급되는 경우에는 앞서 본 매 근무일마다 지급되는 임금과 실질적인 차이가 없으므로, 근무

일수에 비례하여 지급되는 한도에서는 고정성이 부정되지 않는다(대법원 2012다89399, 2013. 12.18.).

구 분	통상임금 여부	근 거
소정근로를 했는지 여부와는 관계없이 지급일 기타 특정 시점에 재직 중인 근로자에게만 지급하기로 정해져 있는 임금	×	소정근로의 대가 부정 ➡ 근로와 무관하게 재직만이 지급 조건임. 고정성 부정 ➡ 초과근로를 제공하는 시점에서 보았을 때 그 근로자가 그 특정 시점에 재직하고 있을지 여부는 불확실함.
특정 시점에 퇴직하더라도 그 근무일수에 따라 달라지는 임금 (예) 퇴직 시 일할계산하여 지급하기로 한 경우	○ (근무일수에 비례하여 지급되는 한도에서 인정)	고정성 인정 ➡ 특정 시점 전에 퇴직하더라도 그 근무일수에 비례한 만큼의 임금이 지급되는 경우에는 근무일수에 비례하여 지급되는 한도에서는 고정성 인정

(4) 근무실적에 좌우되는 임금

지급대상 기간에 이루어진 근로자의 근무실적을 평가하여 이를 토대로 지급 여부나 지급액이 정해지는 임금은 일반적으로 고정성이 부정된다고 볼 수 있다. 그러나 근무실적에 관하여 최하 등급을 받더라도 일정액을 지급하는 경우와 같이 최소한도의 지급이 확정되어 있다면, 그 최소한도의 임금은 고정적 임금이라고 할 수 있다.

근로자의 전년도 근무실적에 따라 당해 연도에 특정 임금의 지급 여부나 지급액을 정하는 경우, 당해 연도에는 그 임금의 지급 여부나 지급액이 확정적이므로 당해 연도에 있어 그 임금은 고정적인 임금에 해당하는 것으로 보아야 한다. 그러나 보통 전년도에 지급할 것을 그 지급 시기만 늦춘 것에 불과하다고 볼 만한 특별한 사정이 있는 경우에는 고정성을 인정할 수 없다. 다만 이러한 경우에도 근무실적에 관하여 최하 등급을 받더라도 일정액을 최소한도로 보장하여 지급하기로 한 경우에는 그 한도 내에서 고정적인 임금으로 볼 수 있다(대법원 2012다89399, 2013.12.18.).

구 분	통상임금 여부	근 거
근무실적을 평가하여 이를 토대로 지급여부나 지급액이 정해지는 임금 (예) A등급 300만원, B등급 200만원, C등급 0원인 경우	×	고정성 부정 ➡ C등급을 받을 경우 성과급이 없기 때문
무실적에 관하여 최하등급을 받더라도 지급받을 수 있는 그 최소한도의 임금 (예) A등급 300만원, B등급 200만원, C등급 100만원인 경우	○ (최소 100만원만)	고정성 인정 ➡ 최소 100만원은 보장되므로 100만원은 통상임금에 해당하고 나머지는 아님.
근로자의 전년도 업무실적에 따라 당해 연도에 지급 여부나 지급액을 정하는 임금 (예) 성과연봉	○	고정성 인정 ➡ 초과근무를 제공하는 시점인 당해 연도에는 그 성과급 등의 지급 여부나 지급액이 확정되어 있으므로 고정성 인정
	×	고정성 부정 ➡ 보통 전년도에 지급할 것을 그 지급시기만 늦춘 것에 불과하다고 볼 만한 특별한 사정이 있는 경우에는 일반적인 성과급과 마찬가지로서 고정성 부정

(5) 특수한 기술, 경력 등을 조건으로 하는 임금

특수한 기술의 보유나 특정한 경력의 구비 등이 임금 지급의 조건으로 부가되어 있는 경우, 근로자가 임의의 날에 연장 · 야간 · 휴일 근로를 제공하는 시점에서 특수한 기술의 보유나 특정한 경력의 구비 여부는 그 성취 여부가 불확실한 조건이 아니라 기왕에 확정된 사실이므로, 그와 같은 지급조건은 고정성 인정에 장애가 되지 않는다(대법원 2012다89399, 2013.12.18.).

구 분	통상임금 여부	근 거
특수한 기술의 보유나 특정한 경력의 구비 등이 지급의 조건으로 부가되어 있는 경우 (예) 특정 자격증 또는 기술을 보유한 경우 지급하는 수당	○	고정성 인정 ➡ 초과근로를 제공하는 시점에서 보았을 때, 특수한 기술의 보유나 특정한 경력의 구비 여부는 기왕에 확정된 사실임.

4 통상임금의 쟁점사항

(1) 정기상여금

정기상여금이 통상임금에 속하는지 여부는 정기상여금이 소정근로의 대가로 근로자에게 지급되는 금품으로서 정기적 · 일률적 · 고정적으로 지급되는 것인지를 기준으로 그 객관적인 성질에 따라 판단하여야 하고 임금의 명칭이나 그 지급주기의 장단 등 형식적 기준에 의해 정할 것인 아닌바, 일정한 대상기간에 제공되는 근로에 대응하여 1개월을 초과하는 일정기간마다 지급되는 정기상여금은 통상임금에 해당한다. 단, 특정시점 재직자에게만 지급이 약정된 정기상여금은 통상임금이 아니다. 즉 근로자가 임의의 날에 연장 · 야간 · 휴일근로 등을 제공하는 시점에서 재직 중이라는 그 지급조건이 성취될지 여부가 불확실하기 때문이다(대법원 2012다89399, 2013.12.18.). (고정성 결여)

또한 근로자가 특정 시점 전에 퇴직하더라도 그 근무일수에 비례한 만큼의 임금이 지급되는 경우에는 근무일마다 지급되는 임금과 실질적인 차이가 없으므로, 근무일수에 비례하여 지급되는 한도에서는 고정성이 부정되지 않는다(대법원 2012다89399, 2013.12.18.).

(2) 연봉제와 통상임금

연봉제를 실시하더라도 연장 · 야간 · 휴일근로에 대한 임금 및 가산 수당은 지급되어야 한다. 그러나 포괄임금제가 유효하게 도입된 경우에는 연봉액에 이러한 임금 및 가산수당이 포함되어 있는 것으로 볼 수 있지만, 이 경우에도 미리 예정된 연장 · 야간 · 휴일근로를 초과하여 근로한 경우에는 임금 및 가산수당이 정산 · 지급되어야 한다.

기존에 지급되던 상여금과 각종 수당들이 통 · 폐합되어 연봉액이 책정된 경우 통상임금이 증가하는 효과가 발생할 수 있다. 그러나 연봉제 실시 이후 개별적 임금항목이 통상임금 또는 평균임금에 해당되는지 여부는 새로운 임금체계하에서 각 개별 임금 항목이 갖는 성격에 따라 별도로 판단되어야 한다.

(3) 통상임금 제외하기로 한 노사합의의 효력

근기법상의 통상임금에 속하는 임금을 통상임금에서 제외하기로 노사간에 합의하였다 하더라도 그 합의는 효력이 없다. 연장・야간・휴일 근로에 대하여 통상임금의 50% 이상을 가산하여 지급하도록 한 근기법의 규정은 각 해당 근로에 대한 임금산정의 최저기준을 정한 것이므로, 통상임금의 성질을 가지는 임금을 일부 제외한 채 연장・야간・휴일 근로에 대한 가산임금을 산정하도록 노사 간에 합의한 경우 그 노사합의에 따라 계산한 금액이 근기법에서 정한 위 기준에 미달할 때에는 그 미달하는 범위 내에서 노사합의는 무효이다(대법원 1993.5.11. 선고, 93다4816 판결 ; 대법원 2009.12.10. 선고, 2008다45101 판결 등 참조).

5 근로자유형별 통상임금 계산방법

(1) 원칙 : 시간급통상임금(통상시급)

통상임금은 시간급으로 산정하는 것이 원칙이다. 시간급통상임금이란 1시간에 대해 지급하기로 정한 통상임금에 포함되는 임금을 말한다.

따라서 급여가 일급・주급・월급으로 정해진 경우에는 다음과 같이 시간급통상임금으로 환산하여야 한다.

$$\text{시간급 통상임금} = \frac{\text{일급・주급・월급 금액}}{\text{1일・1주・1월의 소정근로시간}}$$

여기서 1일・1주・1월의 소정근로시간은 통상임금 산정기준시간이라 한다.

(2) 월급근로자

월급으로 정해진 임금에 대해서는 그 금액을 월통상임금 산정기준시간으로 나눈 금액이 시간급통상임금이다. 월의 통상임금 산정기준시간은 토요일이 무급인 경우에는 209시간이고, 토요일 4시간이 유급인 경우에는 226시간이 된다.

예를 들어, 1일 8시간, 1주 40시간(토요일 무급), 월통상임금이 209만원인 근로자의 경우

월통상임금 산정기준시간인 209시간으로 나누면 시간급통상임금은 1만원이 된다. 또한 일급통상임금은 1만원 × 8시간 = 80,000원이다.

(3) 일용근로자

일급금액으로 정해진 임금에 대해서는 1일통상임금을 1일의 소정근로시간수로 나눈 금액이 시간급통상임금이다. 소정근로시간은 법정근로시간의 범위 내에서 정한 시간이므로 실제로 지급된 1일 일당과는 차이가 발생할 수 있다.

예를 들어, 1일 10시간 근무에 법정수당을 포함하여 110,000원을 받은 경우 1시간 통상임금은 110,000원 ÷ (8시간 + 2시간 × 1.5) = 10,000원이며 1일 통상임금은 80,000원(10,000원 × 8시간)이 된다. 즉, 1일 일당은 11만원으로 1일 통상임금과 차이가 발생한다.

(4) 단시간근로자

단시간근로자의 임금산정 단위는 시간급을 원칙으로 하며, 시간급 임금을 일급 통상임금으로 산정할 경우에는 다음에 따른 1일 소정근로시간 수에 시간급 임금을 곱하여 산정한다.

$$\text{단시간근로자의 1일 소정근로시간 수} = \frac{\text{단시간근로자의 4주 동안의 소정근로시간}}{\text{그 기간의 통상 근로자의 총소정근로일수}}$$

정규직 근로자를 통상근로자로 볼 경우 통상근로자의 총소정근로일수는 주40시간제에서 4주(20일)가 된다.

① 1주당 평균 소정근로시간이 15시간 미만인 경우

1주 15시간 미만인 단시간근로자는 주휴일을 부여할 필요가 없으므로 유급 주휴일을 반영하지 않는다.

예를 들어, 주40시간제 사업장에서 1주 동안 1일 4h씩 3일을 근무하는 갑의 시급이 10,000원인 경우 1일 소정근로시간수와 일급 통상임금은 다음과 같다.

- 1일 소정근로시간수 = 12h × 4주 ÷ 20일 = 2.4h
- 일급 통상임금 = 2.4h × 10,000원 = 24,000원

② 1주당 평균 소정근로시간이 15시간 이상인 경우

1주 15시간 이상인 단시간근로자는 유급주휴일을 부여하여야 하므로 소정근로시간을 산출할 때 주휴일 시간을 합산하여야 한다.

예를 들어, 주40시간제 사업장에서 1주 동안 1일 5h씩 4일을 근무하는 갑의 월급이 1,043,000원인 경우 1일 소정근로시간수와 시간급 통상임금은 다음과 같다.

- 1일 소정근로시간수 = 20h(5h × 4일) × 4주 ÷ 20일 = 4h
- 1월 소정근로시간수 = {(20h + 4h) × 52주 + 4h} ÷ 12월[주)] = 104.3h
- 시간급 통상임금 = 1,043,000원 ÷ 104.3h = 10,000원

주) (20h + 4h) ÷ 7 × 365 ÷ 12 = 104.3h

③ 주마다 근로시간이 불규칙한 경우

매주 근로시간이 불규칙한 경우에는 4주의 근로시간을 모두 합한 전체 근로시간수를 4로 나눠 1주의 평균 소정근로시간을 계산한다.

❑ **행정해석 (근로기준과－5085, 2009.12.1.) : 단시간근로자의 초과근무시간을 소정근로시간에 포함하여야 하는지 여부**

[질 의]

○○시는 단시간근로자와 “1일 2시간(주당 14시간) 정상근무하고, 1일(토요일제외) 2시간 초과근무(주간 12시간)를 한다”라고 근로계약을 체결하였음.

- 이 경우 주 12시간의 초과근로시간을 소정근로시간에 포함하여야 하는지?
- 소정근로시간에 포함 할 경우 주당 소정근로시간이 26시간이 되어 근로기준법 제55조(주차)와 제60조(월차)에 의하여 주차와 월차 지급대상인지?
- 근로자퇴직급여보장법 제3조와 제4조에 의하여 퇴직금 지급대상인지?

[회 시]

○ 근로기준법 제18조 제3항에 따라 4주 동안을 평균하여 1주 동안의 소정근로시간이 15시간 미만인 근로자에 대하여는 휴일, 연차유급휴가, 퇴직급여제도가 적용되지 않으며,
  - 이때 소정근로시간이라 함은 동법 제2조 제1항 제7호에 따라 동법 제50조에 따른 법정근로시간의 범위에서 근로자와 사용자 사이에 정한 근로시간을 말함.

○ 귀 질의와 같이 근로계약 체결 시 ‘1일 2시간(주당 14시간) 정상 근무하고, 1일(토요일제외) 2시간 초과근무(주당 12시간)를 한다’고 정한 경우
  - 근로계약 체결 당시 토요일을 제외한 1일 2시간의 초과근무를 의무적으로 하도록 한 점, 필요에 따라 연장근로를 실시하기로 정하였다고 보기는 어려운 점 등으로 보아 달

리 볼 사정이 없는 한 당사자 간 근로하기로 미리 정한 근로시간으로 보아서 주 26시간을 소정근로시간으로 하는 근로계약을 체결하였다고 볼 수 있는바, 동법 제55조 및 제60조, 근로자퇴직급여보장법 제4조 및 제8조에 따른 법적 지급요건 발생 시 지급대상 근로자임.

- 다만, 당사자의 진정한 의사가 토요일을 제외한 1일 2시간에 대해 초과근무를 하기로 정하였다고 볼 수 있거나, 해당 근로자의 근무실태가 매일 4시간(토요일은 2시간)으로 고정되어 있는 것이 아니라 1일 2시간에 대하여는 의무적으로 근로하고 나머지 근로시간은 일시적 필요에 따라 연장근로가 이루어진 경우라면 소정근로시간에서 제외될 수 있다고 사료됨.

최저임금제도

① 최저임금의 개념

(1) 의의

「최저임금법」에 의한 최저임금보다 적은 금액으로 체결한 근로계약에서 임금 부분은 무효이며, 최저임금액을 지급하기로 정한 것으로 본다.

최저임금은 매년 8월 5일까지 고용노동부장관이 결정하고 결정 후 고시된 최저임금은 다음 연도 1월 1일부터 효력이 발생한다. 2024년의 최저임금은 시간당 9,860원이다. 따라서 시간당 9,860원보다 적은 금액으로 근로계약을 맺더라도 최저임금 이상으로 임금을 지급하여야 한다.

(2) 적용범위

① 적용대상

근로자를 사용하는 모든 사업 또는 사업장에 적용된다(최저임금법 제3조).

따라서 최저임금법의 적용을 받는 사업장의 "근로자"는 「근로기준법」 제2조의 "근로자"를 말하므로, 상용근로자뿐만 아니라 임시직·일용직·시간제 근로자, 외국인 근로자 등 고용형태나 국적에 관계없이 「근로기준법」상 근로자이면 모두 포함된다.

② 적용 제외대상

다만, 동거의 친족만을 사용하는 사업과 가사사용인(최저임금법 제3조 제1항 단서), 「선원법」의 적용을 받는 선원 및 선원을 사용하는 선박소유자(최저임금법 제3조 제2항)에 대하여는 이를 적용하지 않는다.

그러나 어선 또는 선박이라 하더라도 다음의 선박, 어선은 「최저임금법」이 적용된다(선원법 제3조 제1항).

- 총톤수 5톤 미만의 선박으로서 항해선이 아닌 선박
- 호수, 강 또는 항내(港內)만을 항행하는 선박(「선박의 입항 및 출항 등에 관한 법률」 제24조에 따른 예선은 제외한다)
- 총톤수 20톤 미만인 어선으로서 해양수산부령으로 정하는 선박
- 「선박법」 제1조의2 제1항 제3호에 따른 부선(艀船). 다만, 「해운법」 제24조 제1항 또는 제2항에 따라 해상화물운송사업을 하기 위하여 등록한 부선은 제외한다.

(3) 최저임금 효력

최저임금의 효력은 다음과 같다(최저임금법 제6조).

① 사용자는 최저임금의 적용을 받는 근로자에게 최저임금액 이상의 임금을 지급하여야 한다.

② 사용자는 이 법에 따른 최저임금을 이유로 종전의 임금수준을 낮추어서는 아니된다.

③ 최저임금의 적용을 받는 근로자와 사용자 사이의 근로계약 중 최저임금액에 미치지 못하는 금액을 임금으로 정한 부분은 무효로 하며, 이 경우 무효로 된 부분은 이 법으로 정한 최저임금액과 동일한 임금을 지급하기로 한 것으로 본다.

④ 다음에 해당하는 사유로 근로하지 아니한 시간 또는 일에 대하여 사용자가 임금을 지급할 것을 강제하는 것은 아니다.

- 근로자가 자기의 사정으로 소정근로시간 또는 소정의 근로일의 근로를 하지 아니한 경우
- 사용자가 정당한 이유로 근로자에게 소정근로시간 또는 소정의 근로일의 근로를 시키지 아니한 경우

⑤ 도급으로 사업을 행하는 경우 도급인이 책임져야 할 사유로 수급인(또는 하수급인)이 근로자에게 최저임금액에 미치지 못하는 임금을 지급한 경우 도급인(또는 직상 수급인)은 해당 수급인(또는 하수급인)과 연대하여 책임을 진다. 도급인이 책임져야 할 사유의 범위는 다음과 같다.

- 도급인이 도급계약 체결 당시 인건비 단가를 최저임금액에 미치지 못하는 금액으로 결정하는 행위
- 도급인이 도급계약 기간 중 인건비 단가를 최저임금액에 미치지 못하는 금액으로 낮춘 행위

❷ 최저임금 산입 범위

(1) 최저임금에 산입하는 임금의 범위

최저임금에는 매월 1회 이상 정기적으로 지급하는 임금을 산입한다. 다만, 다음의 금액은 최저임금에 산입하지 아니한다.

① 「근로기준법」에 따른 소정근로시간 또는 소정의 근로일에 대하여 지급하는 임금 외의 임금으로서 다음에 정하는 임금

1. 연장근로 또는 휴일근로에 대한 임금 및 연장·야간 또는 휴일 근로에 대한 가산임금 2. 「근로기준법」 제60조에 따른 연차유급휴가의 미사용수당 3. 유급으로 처리되는 휴일(유급주휴일은 제외)에 대한 임금 4. 그 밖에 명칭에 관계없이 제1호부터 제3호까지의 규정에 준하는 것으로 인정되는 임금

② 상여금, 그 밖에 이에 준하는 것으로서 다음에 정하는 임금의 월 지급액 중 해당연도 시간급 최저임금액을 기준으로 산정된 월 환산액의 0%에 해당하는 부분

1. 1개월을 초과하는 기간에 걸친 해당 사유에 따라 산정하는 상여금, 장려가급, 능률수당 또는 근속수당 2. 1개월을 초과하는 기간의 출근성적에 따라 지급하는 정근수당

③ 식비, 숙박비, 교통비 등 근로자의 생활 보조 또는 복리후생을 위한 성질의 임금으로서 다음에 해당하는 것

1. 통화 이외의 것으로 지급하는 임금 2. 통화로 지급하는 임금의 월 지급액 중 해당 연도 시간급 최저임금액을 기준으로 산정된 월 환산액의 0%에 해당하는 부분

(2) 상여금과 복리후생비

① 연도별 미산입 비율

2019.1.1.부터 시행되는 최저임금법에 따르면, 매월 1회 이상 정기적으로 지급하는 상여금과 현금으로 지급하는 복리후생비의 경우 해당연도 시간급 최저임금액을 기준으로 산정

된 월 환산액의 0%와 0%를 초과하는 부분은 최저임금에 산입한다.

다만, 미산입 비율은 단계적으로 축소되어 2024년 이후에는 전부 최저임금에 산입된다.

연 도	2019년	2020년	2021년	2022년	2023년	2024년
정기상여금	25%	20%	15%	10%	5%	0%
현금성 복리후생비	7%	5%	3%	2%	1%	0%

따라서 2024년 최저임금 기준으로 상여금과 복리후생비에 해당하는 금액은 최저임금에 모두 포함되며, 식대(20만원)와 육아수당(20만원)의 비과세가 있는 경우 기본급이 1,660,740원 이상이면 최저임금 위반이 아니다.

2024년 최저임금(월 소정근로시간 209시간 기준)	2,060,740원

월급여 총액	기본급	식대	육아수당
2,060,740원	**1,660,740원**	200,000	200,000원

② 취업규칙 변경절차의 특례

사용자가 최저임금법 개정에 따라 산입되는 임금을 포함시키기 위해 1개월을 초과하는 주기로 지급하는 임금을 총액의 변동 없이 매월 지급하는 것으로 취업규칙을 변경할 경우에는 근로기준법 제94조 제1항에도 불구하고 과반수 노동조합 또는 과반수 근로자의 의견을 들어야 한다는 취업규칙 변경절차의 특례를 규정하고 있다.

그러나, 취업규칙 변경 시에 의견을 듣지 않으면 500만원 이하의 벌금을 부과한다.

3 최저임금 적용을 위한 임금의 환산방법

(1) 일 · 주 · 월 단위로 정해진 임금

근로자의 임금을 정하는 단위가 된 기간이 그 근로자에게 적용되는 최저임금액을 정할 때의 단위가 된 기간과 다른 경우에는 그 근로자에 대한 임금을 다음과 같이 시간급으로 환산한다.

구 분	환산 방법
① 일 단위로 정해진 임금	그 금액을 1일의 소정근로시간 수(일에 따라 소정근로시간 수가 다른 경우에는 1주간의 1일 평균 소정근로시간 수)로 나눈 금액
② 주 단위로 정해진 임금	그 금액을 1주의 소정근로시간 수(주에 따라 소정근로시간 수가 다른 경우에는 4주간의 1주 평균 소정근로시간 수)로 나눈 금액
③ 월 단위로 정해진 임금[주)]	그 금액을 1개월의 소정근로시간 수(월에 따라 소정근로시간 수가 다른 경우에는 1년간의 1개월 평균 소정근로시간 수)로 나눈 금액

주) 9,860원 × 209h = 2,060,740원

(2) 그 외의 일정 기간을 단위로 정해진 임금

시간·일·주 또는 월 외의 일정 기간을 단위로 정해진 임금은 다음과 같이 시간급으로 환산한다.

구 분	환산 방법
① 시간·일·주 또는 월 외의 일정 기간을 단위로 정해진 임금	일·주 또는 월 단위로 정해진 임금의 환산방법에 준하여 산정한 금액
② 생산고에 따른 임금지급제나 그 밖의 도급제로 정해진 임금	시간급=그 임금 산정기간[주)]의 임금 총액 ÷ 그 임금 산정기간 동안의 총근로시간 수
③ 근로자가 받는 임금이 둘 이상의 임금으로 되어 있는 경우	해당 부분을 대하여 각각 해당 규정에 따라 환산한 금액의 합산액을 그 근로자의 시간에 대한 임금으로 한다.

주) 임금 마감일이 있는 경우에는 임금 마감기간

근로자의 임금을 정한 단위가 된 기간의 소정근로시간 수가 그 근로자에게 적용되는 최저임금액을 정할 때의 단위가 된 기간의 근로시간 수와 다른 경우에는 상기의 구분에 따라 그 근로자의 임금을 시간에 대한 임금으로 환산한다.

4 최저임금의 적용 제외

(1) 최저임금 적용 제외자

정신장애나 신체장애로 근로능력이 현저히 낮은 자로서 고용노동부장관의 인가를 받은 자는 최저임금의 적용을 제외할 수 있다(최저임금법 제7조). 이때 적용 제외대상이라고 하더

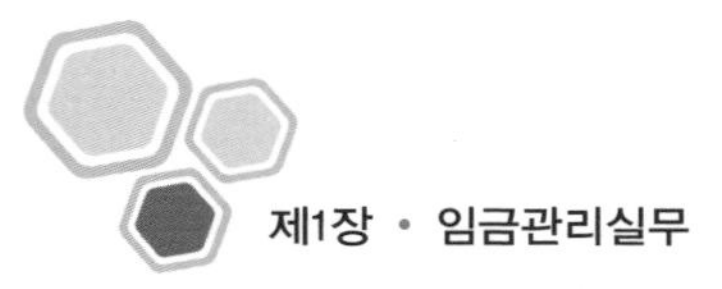

라도 당연히 적용 제외되는 것은 아니며 반드시 고용노동부장관의 인가를 받은 경우에 한하여 적용 제외된다.

인가를 함에 있어 사업체가 임금을 낮추는 수단으로 이용되지 않도록 필요한 최소한의 인가만 인정되고, 인가 후 요건을 충족지 못하게 되는 경우에는 인가처분이 취소된다. 또한 인가기간은 1년을 초과할 수 없다.

> 근로자의 지적장애가 업무수행에 직접적으로 현저한 지장을 주는 것이 명백하다고 인정되지는 않으므로 이를 이유로 한 최저임금 적용제외인가 거부처분은 정당하다(중앙행심 2013-8560, 2013.7.23.).

(2) 최저임금 적용 제외 인가기준

최저임금 적용 제외의 인가기준은 다음과 같다.

구 분	인가 기준
근로자의 정신 또는 신체의 장애가 그 근로자를 종사시키려는 업무를 수행하는 데에 직접적으로 현저한 지장을 주는 것이 명백하다고 인정되는 사람	1. 정신 또는 신체 장애인으로서 담당하는 업무를 수행하는 경우에 그 정신 또는 신체의 장애로 같거나 유사한 직종에서 최저임금을 받는 다른 근로자 중 가장 낮은 근로능력자의 평균작업능력에도 미치지 못하는 사람(작업능력은 「장애인고용촉진 및 직업재활법」 제43조에 따른 한국장애인고용공단의 의견을 들어 판단하여야 한다)을 말한다. 2. 인가기간은 1년을 초과할 수 없다.

5 최저임금 감액대상자

(1) 수습근로자

수습근로자란 정식의 근로계약을 체결한 후 근로자의 업무능력, 적응능력 등을 향상시키기 위해 일정기간을 두고 근로를 제공하는 자를 말한다. 수습기간은 사회통념상 인정되는 범위 내에서 취업규칙 · 근로계약서 등에서 정하면 되고, 통상적으로 3개월로 많이 정한다.

(2) 수습근로자의 법적 지위

① 즉시해고대상자

계속 근로한 기간이 3개월 미만인 근로자는 「근로기준법」 제26조의 해고예고를 적용하지 않는다(근기법 제26조). 따라서 정당한 사유가 있다면 30일 전 해고예고 없이 즉시 해고를 할 수 있으며, 30일분 이상의 통상임금에 해당하는 해고예고수당을 지급하지 않아도 된다.

② 수습근로자 해고의 정당한 사유 범위

수습기간 중 또는 만료 후에 본 채용을 거부하는 것은 사용자에게 유보된 해약권의 행사로서 당해 근로자의 업무능력, 자질, 인품, 성실성 등 업무적격성을 관찰하고 판단하려는 취지에 비추어 볼 때 보통의 해고보다는 그 정당성이 넓게 인정된다.
단, 이 경우에도 객관적으로 합리적인 이유가 존재해 사회통념상 상당하다고 인정되는 사유이어야 한다(대법원 2003.7.22. 선고, 2003다5955 판결).

그리고 정당한 사유가 있어서 수습근로자에 대한 본 채용을 거부하는 경우 이는 징계가 아니므로 징계위원회 개최 등 징계절차를 거쳐야 하는 것은 아니다(서울행정법원 2002.12.6. 선고, 2002구합18180 판결).

③ 평균임금 산정 제외기간

수습 사용 중인 기간은 평균임금의 계산에서 제외되는 기간과 임금에 해당된다. 따라서 평균임금 산정기간 중에 수습 사용 중인 기간이 있는 경우에는 그 기간과 그 기간 중에 지급된 임금은 평균임금 산정기준이 되는 기간과 임금의 총액에서 각각 빼고 계산한다(근기법 시행령 제2조 제1항 제1호).

판례사례

- ❑ 수습사원으로 근무하는 동안 다른 수습사원에 비해 업무실적이 현저히 저조하고, 근무태도가 불성실했으며 동료 직원이나 상급자 및 관련업체 직원들과도 제대로 융화하지 못했으며, 이러한 이유로 구체적 자료를 기초로 팀장이 해당 수습사원에게 낮은 근무평가를 했고 그에 대한 검증과 인사위원회의 심의를 거쳐 채용거절이 이루어졌다면 해고의 정당성이 다소 용이하게 입증될 수 있을 것이다(서울행정법원 2005.3.22. 선고, 2004구합30122 판결).
- ❑ 수습사원에 대한 평가를 다른 일반 직원들과의 비교를 통해 상대적으로 평가하거나 평가표의 기재가 구체적이지 못해 수습사원의 업무수행능력이 어느 정도, 어떻게 부족했는지 또 그로 인해 업무수행에 어떠한 차질이 있었는지를 알 수 없다면 본채용을 거부(해고)한 것에 정당한 이유가 있다고 보기 어려울 것이다(대법원 2006.2.24. 선고, 2002다62432 판결).

(3) 수습근로자의 최저임금 감액

① 최저임금 감액대상자

수습 사용 중에 있는 자로서 수습 사용한 날부터 3개월 이내인 자(1년 미만의 기간을 정하여 근로계약을 체결한 근로자는 제외)는 최저임금의 10%를 차감할 수 있다(최저임금법 제5조 제2항). 즉 근로계약기간을 1년 이상으로 체결한 경우 3개월의 수습기간을 정한 수습근로자는 최저임금에서 10%를 감액하여 근로계약을 할 수 있다.

② 감액대상 기간

이는 장래 정식 채용을 목적으로 근로를 제공하고 근로자로서 숙련수준이 일반 근로자에 비해 상대적으로 낮은 점을 고려한 것으로, 근로계약이나 취업규칙, 단체협약 등에 "수습으로 한다"는 명시적 근거가 있어야 하고 감액 적용기준은 3개월을 초과할 수 없다.

따라서 수습근로자의 3개월 동안 임금은 시간급 최저임금의 90%에 해당하는 금액으로 지급해도 최저임금 위반이 아니다.

2024년 최저임금(9,860원) × 90% = 8,874원

☞ 저자주 : 감시(監視) 또는 단속적(斷續的)으로 근로에 종사하는 자(예: 경비원, 보일러수리공 등)로서 고용노동부장관의 승인을 받은 사람은 2015.1.1.부터 10% 감액 적용하지 않음.

③ 수습근로자의 감액 적용 제외

그러나 2018.3.20. 이후 최초로 체결하는 근로계약부터는 3개월 이내 수습근로자라 하더라도 단순노무업무로 고용노동부장관이 정하여 고시한 직종에 종사하는 근로자(한국표준직업분류상 대분류 9(단순노무 종사자)에 해당하는 사람)는 제외되므로 최저임금의 10%를 감액하지 못한다.

[*Practical Advice*]

한국표준직업분류상 대분류 9(단순노무 종사자)에 해당하는 사람

9. 단순노무 종사자
 91. 건설 및 관업 단련 단순노무직
  -910.건설 및 광업 단순 종사원
 92. 운송관련 단순노무직
  -921.하역 및 적재 단순 종사원
  -922.배달원
 93. 제조관련 단순노무직
  -930.제조관련 단순 종사원
 94. 청소 및 경비 관련 단순노무직
  -941.청소원 및 환경 미화원
  -942.경비원 및 검표원
 95. 가사/음식 및 판매 관련 단순노무직
  -951.가사 및 육아 도우미
  -952.음식관련 단순 종사원
  -953.판매관련 단순 종사원
 99. 농립어업 및 기타 서비스 단순노무직
  -991.농림어업관련 단순 종사원
  -992.계기검침/수금 및 주차 관련 종사원
  -999.기타 서비스관련 단순 종사원

6 최저임금 관련 벌칙

(1) 최저임금 위반에 대한 벌칙

사용자는 최저임금의 적용을 받는 근로자에게 최저임금액 이상의 임금을 지급하여야 하며, 최저임금을 이유로 종전의 임금수준을 낮추어서는 아니 된다.

이를 위반하여 최저임금액보다 적은 임금을 지급하거나 최저임금을 이유로 종전의 임금을 낮춘 자는 3년 이하의 징역 또는 2천만원 이하의 벌금에 처한다. 이 경우 징역과 벌금은 병과(倂科)할 수 있다(최저임금법 제28조 제1항).

(2) 사용자의 주지의무

최저임금의 적용을 받는 사용자는 해당 최저임금을 그 사업의 근로자가 쉽게 볼 수 있는 장소에 게시하거나 그 외의 적당한 방법으로 근로자에게 널리 알려야 한다(최저임금법 제11조). 이는 최저임금의 효력발생일 전날까지 근로자에게 주지시켜야 한다(최저임금법 시행령 제11조 제2항).

사용자가 근로자에게 알려주어야 할 내용은 다음과 같다.

- 적용을 받는 근로자의 최저임금액
- 최저임금법 제6조 제4항에 따라 최저임금에 산입하지 아니하는 임금
- 최저임금법 제7조에 따라 해당 사업에서 최저임금의 적용을 제외할 근로자의 범위
- 최저임금의 효력발생 연월일

또한 이를 위반한 경우에는 100만원 이하의 과태료를 부과한다(최저임금법 제31조 제1항 제1호).

제6절 임금지급 원칙

1 임금지급의 4대원칙

(1) 통화지급의 원칙

① 은행계좌로 이체

법령 또는 단체협약에 특별한 규정이 있는 경우를 제외하고는 통화로 지급하여야 한다. 이는 현물급여를 막기 위한 것이며 근로자가 안전하게 임금을 수령하게 하기 위한 것이다.

그러나 대부분의 기업에서 본인명의 은행계좌로 입금하는 형태를 취하고 있으며, 이는 근로자의 동의를 얻어서 근로자가 지정하는 본인명의의 계좌로 입금해야 한다.

② 법령 또는 단체협약

법령 또는 단체협약으로 주식, 상품권, 현물 등으로 지급할 수 있으나, 단체협약으로 지급하는 경우에는 조합원에게만 효력이 있다.

(2) 직접지급의 원칙

① 임금채권의 양도 효력

근로자의 임금채권은 양도를 금지하는 법률 규정이 없으므로 양도할 수 있다. 그러나 이 경우에도 임금의 직접지급 원칙이 적용되므로 반드시 사용자는 근로자에게 직접 임금을 지급하여야 한다. 따라서 양수인이 직접 사용자에게 임금 지급을 청구할 수 없으며, 만약 사용자가 양수인에게 임금을 지급한 경우에도 사용자는 근로자에게 임금을 직접 또 지급하여야 한다.

② 압류금지 임금채권

법원의 판결이나 이와 동일한 효력을 가지는 공증 등에 따라 임금채권을 압류하거나 전부명령은 민사집행법에 의하여 판결이나 압류명령 또는 전부명령 등에 의하여 채권자인 제3자에게 지급하는 것은 법 위반이 아니다(근기 01254-5025, 1987.3.31.). 그러나 월급여의 일정금액에 대해서는 압류가 금지되며, 압류가 금지되는 월급여의 범위는 다음과 같다.

월급여의 범위	압류금지금액의 범위
㉠ 월급여 185만원 이하	전액
㉡ 185만원 초과 370만원 이하	월 185만원
㉢ 370만원 초과 600만원 이하	월급여의 50%
㉣ 600만원 초과	월 300만원 + (월급여의 50% - 월 300만원) × 50%

또한 퇴직금의 50%에 해당하는 금액도 압류하지 못한다.

③ 퇴직연금의 압류 금지

퇴직연금제도의 급여를 받을 권리에 대한 압류명령은 실체법상 무효이고, 퇴직연금채권은 그 전액에 관하여 압류가 금지된다(대법원 2013다71180, 2014.1.23.).

판례사례

❑ 퇴직연금채권의 압류 금지(대법원 2013다71180, 2014.1.23.)

1. 채무자의 제3채무자에 대한 금전채권이 법률의 규정에 의하여 양도가 금지된 경우에는 특별한 사정이 없는 한 이를 압류하더라도 현금화할 수 없으므로 피압류 적격이 없다. 또한, 위와 같이 채권의 양도를 금지하는 법률의 규정이 강행법규에 해당하는 이상 그러한 채권에 대한 압류명령은 강행법규에 위반되어 무효라고 할 것이어서 실체법상 효력을 발생하지 아니하므로, 제3채무자는 압류채권의 추심금 청구에 대하여 그러한 실체법상의 무효를 들어 항변할 수 있다.
2. 근로자퇴직급여보장법은 제7조에서 퇴직연금제도의 급여를 받을 권리에 대하여 양도를 금지하고 있으므로 위 양도금지 규정은 강행법규에 해당한다고 볼 것이다. 따라서 퇴직연금제도의 급여를 받을 권리에 대한 압류명령은 실체법상 무효이고, 제3채무자는 그 압류채권의 추심금 청구에 대하여 위 무효를 들어 지급을 거절할 수 있다.
   한편 민사집행법은 제246조 제1항 제4호에서 퇴직연금 그 밖에 이와 비슷한 성질을 가진 급여채권은 그 1/2에 해당하는 금액만 압류하지 못하는 것으로 규정하고 있으나, 이는 위 퇴직급여법상의 양도금지 규정과의 사이에서 일반법과 특별법의 관계에 있으므로, 퇴직급여법상의 퇴직연금채권은 그 전액에 관하여 압류가 금지된다고 보아야 한다.

 예규 Point

❑ 건설현장 일용근로자의 임금을 제3자에게 위탁해 지급 대행하도록 하는 것은 법 위반에 해당함(근로개선정책과-4850, 2012.9.27.)

[질 의]

일용직 근로자에게 용역회사에서 임금 지급을 대행하는 것이 직접불원칙에 위배되는지 여부

○ 질의배경

건설사에서는 단기 일용직 근로자를 채용해 근로계약을 체결하고 있습니다. 일용직 근로자들은 출력한 일자에 맞춰 매일 일당을 지급받는 것을 희망하고 있고, 건설사에서는 매일 일용직 근로자에게 일당을 지급하는 것이 업무상 어려움이 많아 일용직에 대한 임금지급을 외부 아웃소싱 회사에 위탁하고 있음.

즉 건설사로부터 임금 지급 및 4대보험 처리를 대행하는 외부 아웃소싱 회사에서는 매일 일용직 근로자에게 임금을 지급한 후 영수증을 받고 있고, 건설사에서는 근로계약서상의 임금과 출력현황(출력현황은 건설사에서 관리를 하고 있음)을 영수증과 비교해 정산하고 있음.

이런 방식으로 일용직 임금을 지급하는 것이 근로기준법 제43조 제1항의 직접불원칙에 위배되는지?

※ 근로기준법 제43조[임금 지급]

1. 임금은 통화로 직접 근로자에게 그 전액을 지급하여야 한다. 다만, 법령 또는 단체협약에 특별한 규정이 있는 경우에는 임금의 일부를 공제하거나 통화 이외의 것으로 지급할 수 있다.

〈갑 설〉 근로기준법 제43조에서 규정하는 "직접불원칙"이란 근로자가 아닌 제3자에게 임금을 직접 지급하는 것을 말하며, 임금 지급대행이란 사용자를 위해 임금 지급만 대행하는 것을 의미하며, 사용자가 임금 대행기관을 통해 근로자에게 정확하게 임금을 직접 지급하였다면 직접불원칙에 위배되지 않음.

〈을 설〉 임금 지급대행기관을 통해 근로자에게 임금을 지급하는 것은 근로자에게 임금을 지급한 주체가 사용자가 아니라는 점에서 "직접불원칙"에 위배됨.

[회 시]

임금지급원칙과 관련하여 근로기준법 제43조 제1항은 사용자가 직접 근로자에게 그 임금 전액을 지급하도록 규정하고 있는바, 귀 질의의 경우와 같이 건설현장 일용근로자의 임금을 제3자에게 위탁해 지급 대행하도록 하는 것은 법 위반에 해당할 것임.

(3) 전액지급의 원칙

① 법령 또는 단체협약

법령 또는 단체협약에 특별한 규정이 있는 경우를 제외하고는 임금은 전액을 지급하여야 한다. 따라서 「소득세법」 등에 의한 근로소득세와 지방소득세 또는 국민연금법 등의 4대 사회보험의 규정에 의한 공제는 허용된다.

그러나 사용자가 3년간의 고용보험료를 소급하여 일방적으로 일괄 공제하는 것은 허용되지 않는다(임금정책과-3847, 2004.10.7.).

② 근로자의 동의에 의한 상계

사용자가 근로자에 대해서 가지는 채권을 가지고 일방적으로 근로자의 임금채권을 상계하는 것은 금지되지만 사용자가 근로자의 동의를 얻어 근로자의 임금채권에 대해서 상계하는 경우에 그 동의가 근로자의 자유로운 의사에 터잡아 이루어진 것이라고 인정할 만한 합리적인 이유가 객관적으로 존재하는 때에는 근로기준법에 위반하지 아니한다. 이때 근로자의 동의가 근로자의 자유로운 의사에 기한 것이라는 판단은 엄격하고 신중하게 이루어져야 한다(대법원 2001다25184, 2001.10.23.).

③ 초과 지급

가불임금은 임금지급일이 되기 전에 미리 지급한 것이므로 이를 제외한 나머지 임금만 지급해도 법 위반이 아니다. 잘못 계산했거나 착오로 초과 지급된 임금과의 일방적인 상계는 가능하다(대법원 94다26721, 1995.12.21.).

④ 임금채권 포기

이미 임금채권이 발생한 경우에 근로자가 스스로 임금채권을 포기한 경우에는 사용자가 지급하지 않더라도 전액지급의 원칙에 어긋나지 않는다. 다만 임금의 포기는 근로자의 명시적이고 구체적인 동의・수권이 있어야 한다(대법원 99다67536, 2000.9.29.). 그리고 아직 구체적으로 지급청구권이 발생하기 이전에 임금채권을 포기하는 약정은 무효가 된다(대법원 97다49732, 1998.3.27.).

⑤ 위약금 또는 손해배상금과의 상계

근로자가 근무 도중에 사용자에게 피해를 입힐 것을 대비하여 사고발생 시의 실제 손해액과 관계없이 일정액을 미리 정하여 근로자에게 배상케 하는 근로계약을 체결하거나 동 배상액을 사용자가 일방적으로 임금 또는 퇴직금과 상계할 수는 없을 것이나, 민사절차에 의해 손해배상을 청구하는 것은 근로기준법과는 무관하다 할 것이므로 손해배상의 청구 여부 및 절차는 민사소송법에 따라야 할 것이다(근기 01254-455, 1993.3.25.).

근로계약 불이행에 대한 위약금 또는 손해배상액을 예정하는 계약을 체결할 수 없으나, 근로계약 불이행에 따른 위약금 또는 손해배상액을 예정한 것이 아니라 퇴직 후에 유사업종에 종사함으로써 영업비밀 유출에 대한 위약금 또는 손해배상액을 예정한 것이라면 위약예정금지 위반으로 보기는 어렵다(근기 68207-2217, 2002.6.17.; 근로개선정책과-2396, 2013.4.18.).

판례사례

- ❑ 신원보증계약은 근로자가 근무 중에 고의, 과실 또는 의무불이행으로 인하여 사용자에게 손해를 발생케 할 경우에 대비하여 사용자가 신원보증인과 단독으로 또는 신원보증인과 근로자가 연대해서 배상하는 경우를 예상한 것이다. 근로계약이 갱신되는 경우 신원보증계약은 별도로 합의를 하지 않는 한 종료된다(대법원 85다카2195, 1986.2.11.).
- ❑ 사용자가 근로자와의 사이에서 근로계약 불이행에 대한 위약금 또는 손해배상액을 예정하는 계약을 체결하는 것을 금지하는데 그치므로 근로자에 대한 신원보증계약 자체를 금지시키는 것은 아니다(대법원 84다카1221, 1985.12.24.).
- ❑ 장학금 수령 후 일정기간 근무하지 않으면 장학금 등 경비를 지급해야 된다는 약정이나 외국출장연수 및 해외에 파견된 근로자가 일정기간 소속회사에 근무하지 아니하면 해외파견소요경비를 반환해야 한다는 사규나 약정은 근기법 제20조에서 금지된 위약금 또는 손해배상 예정의 약정은 아니며 일정기간의 의무복무기간은 근로계약기간이 아니라 경비반환채무의 면제기간을 정한 것으로 보아야 한다(대법원 91다37263, 1992.2.25.).

⑥ 노동조합비 공제

조합비 일괄공제제도는 사용자가 조합원의 임금에서 조합비를 공제하여 노조에 전달하는 편의제공 약정이므로 단체협약에 노동조합비를 일괄공제하여 조합에 넘겨주도록 명시되어 있고 노동조합 규약에 근거하거나 총회 또는 대의원회의 의결이 있는 경우에는 임금에서 이를 공제할 수 있다(임금정책과-1249, 2004.4.10.).

예규 Point

❑ **민법에 의한 가압류 결정시 임금전액불 원칙이 적용되지 않음**(임금 68207-184, 1997.3.29.)

[질 의]

당조합 전직 임직원의 업무상 배임행위를 이유로 조합 이사장이 동 임직원의 퇴직금 50% 해당액에 대하여 법원에 가압류 신청을 하여 서울지방법원으로부터 가압류 결정을 받은 바 있음.

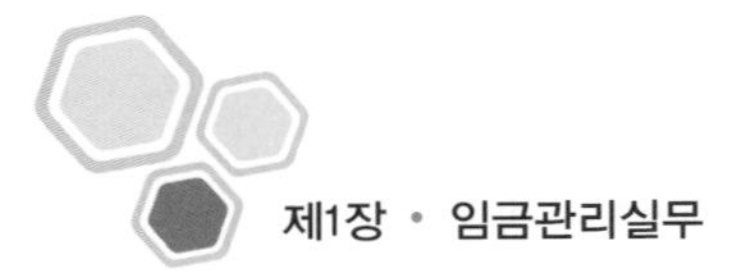

이와 관련하여 법원에서 가압류 결정한 퇴직금의 50% 해당액을 공제한 나머지 금액을 퇴직금으로 지급하고자 하는바, 근로기준법 제42조 제1항 규정에 의한 임금 전액불 원칙에 위반되는지 여부

[회 시]
근로기준법 제42조 제1항에 임금은 통화로 직접 근로자에게 그 전액을 지급하여야 한다고 하여 임금전액 지불원칙을 규정하고 있는바, 이는 사용자가 근로자의 임금이나 퇴직금 등 임금채권을 사용자의 근로자에 대한 다른 채권으로 상계할 수 없다는 것이며, 근로자에 대한 채권확보를 위한 수단으로 민사소송법 제579조 제4호 규정에 따라 근로자의 임금채권(1/2 한도 내)에 대하여 압류를 하였을 때에 압류된 임금을 지급하지 않는 것까지 금지하는 것은 아님.

(4) 정기지급의 원칙

임금은 매월 1회 이상 일정한 날짜를 정하여 지급하여야 한다.

① 매월 1회 이상 지급

매월은 매월 1일부터 말일까지를 의미한다. 일정한 날짜란 특정일을 정하는 것을 의미하며 그 기일이 주기적으로 도래하여야 한다. 따라서 '매월 세번째 월요일'로 지급일을 정했다고 하더라도 이는 매월 정기지급이라고 할 수 없다.

② 임금지급기일 변경 요건

임금지급기일의 변경은 원칙적으로 근로자의 동의가 필요하다. 이렇게 결정된 임금지급기일에 임금을 지급하지 않은 이상 그 후에 임금의 일부 또는 전부를 지급했어도 임금 미지급의 형사책임이 있다(대법원 85도1566, 1985.10.8.).

③ 매월 특정일 지급의 예외

임시로 지급하는 임금 등의 성격으로 다음에 해당하는 것은 매월 1회 이상 지급하여야 할 임금의 예외에 해당한다(근기령 제23조).

- 1개월을 초과하는 기간의 출근성적에 따라 지급하는 정근수당
- 1개월을 초과하는 일정 기간을 계속하여 근무한 경우에 지급되는 근속수당
- 1개월을 초과하는 기간에 걸친 사유에 따라 산정되는 장려금 · 능률수당 · 상여금
- 그 밖에 부정기적으로 지급되는 모든 수당

④ 1개월 단위로 산정하여 다음 달에 지급할 경우

임금을 1개월 단위로 산정하여 다음 달 일정한 날짜에 정기적으로 지급하는 경우에는 입사일로부터 다음 달 임금 정기지급일까지의 기간이 1개월을 넘는 근로자에게는 입사 당월의 임금 정기지급일에 기왕의 근로에 대한 임금의 전부 또는 일부가 지급되어야 한다(임금의 매월 1회 이상 정기지급 원칙에 관한 해석기준-근로기준혁신추진팀, 2017.9.18.).

즉, 월의 도중 임금 정기지급이 이전에 입사한 근로자에게 기왕의 근로에 대한 임금을 익월 임금 정기지급일에 지급하면 근로자는 입사일로부터 1개월이 지나 임금을 받게 되므로 이는 정기지급의 원칙 위반에 해당된다.

❑ **[노동부 해석기준] 임금의 매월 1회 이상 정기지급 원칙에 관한 해석기준**(근로기준혁신추진팀, 2017.9.18.)

1. 검토배경
   근로기준법 제43조 제2항에서 임금은 매월 1회 이상 정기적으로 지급하도록 규정하고 있는 바, 임금을 1개월 단위로 산정하여 다음 달에 지급할 경우 법 위반 여부 논란이 있어 이를 명확히 하고자 제도 도입의 취지를 살펴 근로형태별 적용 해석기준을 마련함.
2. 제도 도입의 취지
   임금의 '매월 1회 이상 정기지급' 원칙을 규정하고 있는 법의 취지는 사용자로 하여금 적어도 매월 한 번은 일정한 날짜를 미리 정하여 근로의 대가를 지급하게 함으로써 근로자의 생활안정을 도모하는 데 있음.
3. 근로형태별 임금지급원칙
   (1) 상용근로자
   ① 상용근로자의 정의
   '상용근로자'란 일정한 기간 동안 또는 기간의 정함이 없이 고용이 보장되고 소정근로일에는 출근의무가 주어져 결근하면 제재의 대상이 될 수 있는 근로자임.
   ② 임금계산 및 지급방법
   임금은 '시급, 일급, 주급, 월급 등' 근로계약, 취업규칙 또는 단체협약 등으로 정한 바에 따라 계산하되, 최소한 월 1회 이상 일정한 날짜를 정하여 정기적으로 지급해야 함.
   상용근로자의 임금청구권은 사용자와 근로자가 정한 임금 정기지급일에 발생하므로 일정기간 동안의 임금을 산정한 후 도래하는 다음 임금 정기지급일에 지급하여야 함.
   다만, 임금을 1개월 단위로 산정하여 다음 달 일정한 날짜에 정기적으로 지급하는 경우에는 입사일로부터 다음 달 임금 정기지급일까지의 기간이 1개월을 넘는 근로자에게는 입사 당월의 임금 정기지급일에 기왕의 근로에 대한 임금의 전부 또는 일부가 지급되어야 함.

※ 월의 도중 임금 정기지급일 이전에 입사한 근로자에게 기왕의 근로에 대한 임금을 익월 임금 정기지급일에 지급하면 근로자는 입사일로부터 1개월이 지나 임금을 받게 됨.

(2) 일용근로자

① 일용근로자의 정의

'일용근로자'란 근로계약을 1일 단위로 체결하고 그날의 근로가 끝나면 근로관계가 종료되어 계속 고용이 보장되지 않는 근로자로서 소정근로일과 결근의 의미가 없는 근로자임.

② 임금계산 및 지급방법

일용근로자는 매일매일 근로관계가 단절되므로 임금산정은 시간급 또는 일급 단위가 원칙으로 근로관계가 종료한 시점에 임금을 지급해야 함.

다만, 일용 형태의 근로자라 하더라도 공사 진행기간, 일정업무 수행기간에 상시적으로 출근하거나 출근이 예정되어 매일 계산된 임금을 월급형태로 지급하는 경우 '임금 정기지급'(근기법 제43조 제2항)에 관하여는 상용근로자와 동일하게 해석함.

4. 행정사항

지침 시행일 이후 근로관계가 성립된 경우부터 적용함. 지침 시행일 이전에 입사한 근로자에게 매월 정기적으로 임금을 지급하고 있는 경우에는 법 위반으로 보지 않음.

(5) 벌칙

① 형사처벌

사용자가 임금 지급의 4대 원칙에 위반한 경우 「근로기준법」 제109조 제1항의 규정에 따라 3년 이하의 징역 또는 3천만원 이하의 벌금에 처해진다. 이는 개별 근로자의 임금을 확보하기 위한 것이므로 근로자 1인에 대해 1죄가 성립하게 된다.

또한 임금 체불의 경우 근로자의 의사에 반하여 처벌하지 않는 반의사불벌죄로 되어 있으므로 근로자가 처벌을 원하지 않는 경우에는 형사처벌을 하지 않는다(근기법 제109조 제2항).

② 임금 미지급 책임

임금지급의무 위반에 대한 책임은 원칙적으로 사업주 또는 대표이사 등 사업경영담당자가 미지급 책임의 주체가 된다. 이사 등의 경우에는 사업주로부터 사업경영의 전부 또는 일부에 대해 포괄적인 위임을 받고 대외적으로 사업을 대표하거나 대리할 때 임금 미지급의 책임을 지게 된다(대법원 88도1162, 1988.11.12.).

그리고 퇴직이나 해고를 이유로 한 금품청산은 지급사유 발생일로부터 14일이 경과한 때 성립하므로 그 이전에 사업경영담당자가 퇴직 등의 사유로 지급권한이 상실된 경우에는 그 책임을 지지 않는다(대법원 2002도5044, 2002.11.26.).

또한 기업의 합병과 영업양도는 원칙적으로 근로관계가 승계되는 것으로 보고 있으므로 임금 지급의무도 승계된다. 따라서 근로자들은 합병 후 기업 또는 양수인에게 임금을 청구할 수 있다. 단, 형사적인 책임은 승계되지 않으므로 새로운 사용자에게 근로기준법 위반의 책임을 물을 수는 없다(근기 01254-390, 1993.3.15.).

2 임금명세서 교부의무

(1) 개요

근로기준법 제48조의 개정에 따라 2021.11.19.부터 사용자가 임금을 지급하는 때에는 근로자에게 임금의 구성항목·계산방법, 임금의 일부를 공제한 경우의 내역 등 일정한 사항을 적은 임금명세서를 서면(「전자문서 및 전자거래 기본법」 제2조 제1호에 따른 전자문서를 포함한다)으로 교부하여야 한다. 이를 '임금명세서 교부의무'라고 한다.

여기서 말하는 임금명세서는 실무에서 매월 급여 지급시 교부하는 급여명세서를 말하며, 기존에 사용하던 급여명세서의 양식을 좀 더 자세한 양식으로 개정한 것이다.

하지만, 임금명세서 교부의무를 제대로 준수하지 않았을 때에는 과태료 부과가 있다.

(2) 입법취지

임금명세서 교부는 근로자가 자신의 근로조건(임금)에 관하여 상세하게 알 수 있는 권리를 보장하여 근로자의 권익 보호를 강화하고, 임금명세서 교부가 일반화되어 있지 않은 아르바이트생이나 영세 사업장의 근로자들도 임금 세부내역을 알 수 있어 임금 체불 여부를 인지하고 임금 체불 관련 분쟁을 신속하게 해결하는데 도움이 되고자 최소한의 수준을 규정한 것이다.

(3) 교부의무자

임금명세서 교부의무는 근로자 1인 이상의 사업 또는 사업장에 적용된다. 따라서, 근로자를 1인이라도 고용하고 있는 회사의 경우에는 매월 급여 지급시 임금명세서를 교부하여야 한다.

여기서 근로자는 정규직, 기간제, 단시간근로자 뿐만 아니라, 일용근로자도 포함되므로 일용근로자에게 일당을 지급하는 경우에도 반드시 임금명세서를 교부하여야 한다.

(4) 필수기재사항

임금명세서의 필수기재사항은 아래와 같다(근기법 시행령 제27조의2).

① 근로자의 성명, 생년월일, 사원번호 등 근로자를 특정할 수 있는 정보
② 임금지급일
③ 임금 총액
④ 기본급, 각종 수당, 상여금, 성과금, 그 밖의 임금의 구성항목별 금액(통화 이외의 것으로 지급된 임금이 있는 경우에는 그 품명 및 수량과 평가총액을 말한다)
⑤ 임금의 구성항목별 금액이 출근일수·시간 등에 따라 달라지는 경우에는 임금의 구성항목별 금액의 계산방법(연장근로, 야간근로 또는 휴일근로의 경우에는 그 시간 수를 포함한다)
⑥ 근로기준법 제43조 제1항 단서에 따라 임금의 일부를 공제한 경우에는 임금의 공제항목별 금액과 총액 등 공제내역

① 근로자의 성명, 생년월일, 사원번호 등 근로자를 특정할 수 있는 정보

근로자를 특정할 수 있다면 성명만을 기재하는 것도 가능하나, 동명이인이 있을 수 있으므로 성명 외에도 생년월일, 사원번호, 부서 등을 기재하여 근로자를 특정하는 것이 바람직하다.

또한, 근로자를 특정하는 정보에 관한 근로기준법 시행령 규정은 예시적 규정이므로 사업장에서 자율적으로 기재사항을 정할 수 있다.

② 임금지급일

임금지급일은 특별한 사정이 없다면 정기지급일을 말하며, 불가피하게 정기지급일에 임금을 지급하지 못하더라도 정기지급일에 임금명세서를 교부하여야 한다.

그리고, 퇴사자는 퇴사일로부터 14일 이내에 금품청산을 하는 때에 임금명세서를 교부하여야 한다.

③ 임금 총액

근로소득세 등 원천공제 이전의 임금총액을 기재해야 하며, 근로소득세, 4대보험료 등을

공제한 경우에는 공제 후 실지급액을 함께 기재하는 것이 바람직하다.

④ 임금의 구성항목별 금액

기본급, 연장·야간·휴일근로수당, 가족수당, 식대, 직책수당 등 각종 수당, 상여금, 성과급 등 임금을 구성하는 모든 항목을 포함해야 하며, 그 금액도 기재해야 한다. 또한, 근로자별로 지급되는 임금항목이 다를 경우 근로자별로 해당 임금항목만 기재할 수 있다.

그리고, 통화 이외의 것으로 지급되는 임금이 있는 경우에는 그 품명 및 수량과 평가총액을 기재해야 하나, 그 가치 평가가 어렵거나 평가총액을 기재하는 것이 불필요한 경우에는 평가총액을 기재하지 않을 수도 있다.

⑤ 임금의 구성항목별 계산방법

임금의 구성항목별 금액이 어떻게 산출되었는지 산출식 또는 산출방법을 작성하되, 근로자가 알 수 있도록 구체적인 수치가 포함된 산출식을 적거나 지급요건을 기재하는 것이 바람직하다.

이는 임금명세서에 별도로 작성란을 마련하여 기재할 수도 있고, 해당 임금항목란에 그 계산방법을 기재해도 된다.

특히 연장·야간·휴일근로를 하는 경우 추가된 근로시간에 대한 임금 이외에 가산수당이 발생하므로, 실제 연장·야간·휴일근로시간 수를 포함하여 계산방법을 작성하여야 한다.

> (예시)
> 연장근로수당 288,000원 = 16시간 × 12,000원 × 1.5

그리고, 임금항목 중 출근일수·시간 등에 따라 금액이 달라지는 경우 그 계산방법을 기재해야 한다.

> (예시)
> - 가족 수에 따라 가족수당을 지급하는 경우 가족수 기재(배우자, 자녀 수 등)
> - 사업장에 출근한 경우에만 지급되는 통근수당 또는 식대의 경우 출근일수 기재
> - 월 15일 이상 근무 등의 조건으로 지급되는 임금항목의 경우 해당 지급요건 충족 여부 등
> - 일·숙직수당의 경우 그 일수 기재

⑥ 임금의 공제 항목별 금액과 총액 등 공제내역

임금의 일부를 공제한 경우에는 그 항목과 금액을 기재하되, 근로소득세 세율, 4대보험의 보험요율은 관련 법률에서 규정하고 있으므로 그 계산방법을 기재하지 않아도 된다.

(5) 교부방법

근로기준법에서는 임금명세서의 형식을 별도로 규정하고 있지 않으므로, 서면 또는 「전자문서 및 전자거래기본법」 제2조 제1호에 따른 전자문서 등(이메일, 휴대전화 문자메세지 등)으로 교부하면 된다.

(예시)
- 서면으로 직접 교부
- 전자임금명세서를 작성하고 자동으로 송·수신되도록 구축된 정보처리시스템을 활용하여 전송
- 사내 전산망의 정보처리시스템, 애플리케이션 등을 통한 전달
- 전자임금명세서를 작성하고 공인전자주소, 포털사이트 등에서 제공하는 이메일 등 각종 전자적 방법을 이용하여 전송
- 임금총액 등 근로기준법령상 기재사항을 포함하여 휴대전화 문자메세지로 근로자에게 전송

(6) 교부시기

근로자에게 임금을 지급하는 때에 교부하여야 한다. 따라서, 재직자는 임금의 정기지급일을 말하며, 퇴사자는 퇴사일로부터 14일 이내에 임금 등을 지급하는 때에 교부하여야 한다.

또한, 임시로 지급하는 임금, 수당 등의 경우에는 실제 금액을 지급하는 때에 교부하여야 한다.

(7) 위반시 제재

과태료는 위반행위별로 다음의 기준에 따라 과태료를 부과하며, 임금명세서 교부 의무를 위반한 근로자 1명을 기준으로 부과한다(근로기준법 제116조 제2항 제2호).

위반행위	과태료 금액(만원)주)		
	1차	2차	3차 이상
법 제48조 제2항에 따른 임금명세서 교부 의무를 위반한 경우			
1) 임금명세서를 교부하지 않은 경우	30	50	100
2) 임금명세서에 기재사항을 적지 않거나, 사실과 다르게 적어 교부한 경우	20	30	50

주) 위반행위의 횟수에 따른 과태료의 가중된 부과기준은 최근 1년간 과태료 부과처분을 받은 날과 그 처분 후 다시 같은 위반행위를 하여 적발된 날을 기준으로 함.

(8) 작성사례

① 수당공제내역 없는 시급 · 일급제인 경우

임 금 명 세 서

성명	홍길동

지급일: 2024.11.25.

지 급 내 역	
임금 항목	지급 금액(원)
기본급	420,000
(계산방법)	(42시간 × 10,000원)
지급액 계	420,000

② 수당공제내역 있는 시급 · 일급제인 경우

㉠ 지급 · 공제내역을 구분하고, 계산방법을 하단에 별도로 작성하는 경우

임 금 명 세 서

성명	홍길동

지급일: 2024.11.25.

세 부 내 역			
지 급		공 제	
임금 항목	지급 금액(원)	공제 항목	공제 금액(원)
기본급	2,090,000	국민연금	94,050

세 부 내 역			
지 급		공 제	
임금 항목	지급 금액(원)	공제 항목	공제 금액(원)
식대	100,000	건강보험	71,680
		장기요양보험	8,250
지급액 계	2,190,000	공제액 계	173,980
		실지급액	2,016,020

계 산 방 법		
구 분	산출식 또는 산출방법	지급액(원)
기본급	209시간 × 10,000원	2,090,000

㉡ 계산방법을 임금의 구성항목별 금액 바로 아래에 표기하는 경우

임 금 명 세 서

지급일: 2024.11.25.

성명	홍길동

지 급 내 역	
임금 항목	지급 금액(원)
기본급	2,090,000
(계산방법)	(209시간 × 10,000원)
식대	100,000
공제 항목	공제 금액(원)
국민연금	94,050
건강보험	71,680
장기요양보험	8,250
실지급액(원)	2,190,000

③ 각종 수당과 공제가 있는 월급제인 경우

㉠ 계산방법에 구체적인 수치를 포함한 계산식으로 표기하는 경우

임 금 명 세 서

지급일: 2024.11.25.

성명	홍길동	사번	073542
부서	개발지원팀	직급	팀장

세 부 내 역				
지 급			공 제	
임금 항목		지급 금액(원)	공제 항목	공제 금액(원)
매월 지급	기본급	3,200,000	소득세	115,530
	연장근로수당	396,984	국민연금	177,570
	야간근로수당	16,541	고용보험	31,570
	휴일근로수당	99,246	건강보험	135,350
	가족수당	150,000	장기요양보험	15,590
	식대	100,000	노동조합비	15,000
격월 또는 부정기지급				
지급액 계		3,962,771	공제액 계	490,610
			실수령액(원)	3,472,161

계 산 방 법		
구 분	산출식 또는 산출방법	지급액(원)
연장근로수당	16시간 × 16,541원 × 1.5	396,984
야간근로수당	2시간 × 16,541원 × 0.5	16,541
휴일근로수당	4시간 × 16,541원 × 1.5	99,246
가족수당	100,000원 × 1명(배우자) + 50,000원 × 1명(자녀 1명)	150,000

㉡ 계산방법란에 취업규칙·단협 등에 명시된 공통적인 계산식(방법)을 기재하고, 관련 정보를 별도로 기재하는 경우

임 금 명 세 서

지급일: 2024.11.25.

성명	홍길동	사번	073542
부서	개발지원팀	직급	팀장

세 부 내 역				
지 급			공 제	
임금 항목		지급 금액(원)	공제 항목	공제 금액(원)
매월 지급	기본급	3,200,000	소득세	115,530
	연장근로수당	396,984	국민연금	177,570
	휴일근로수당	99,246	고용보험	31,570
	가족수당	150,000	건강보험	135,350
	식대	100,000	장기요양보험	15,590
격월 또는 부정기지급			노동조합비	15,000
지급액 계		3,946,230	공제액 계	490,610
			실수령액(원)	3,455,620

연장근로시간수	야간근로시간수	휴일근로시간수	통상시급(원)	가족 수
16	0	4	16,541	배우자 1명, 자녀 1명

계 산 방 법	
구 분	산출식 또는 산출방법
연장근로수당	연장근로시간 × 통상시급 × 1.5
야간근로수당	야간근로시간 × 통상시급 × 0.5
휴일근로수당	휴일근로시간 × 통상시급 × 1.5
가족수당	배우자: 100,000원, 자녀: 1명당 50,000원

④ 문자카카오톡 등을 통해 교부하는 경우

㉠ 수당 · 공제내역 없는 시급제인 경우

임금명세서 양식 1	
이름	홍길동
임금지급일	2024.11.25.
임금총액	42만원
계산방법	42시간 × 10,000원 = 42만원

임금명세서 양식 2
홍길동님께 2024.11.25.에 총 42만원을 지급하였습니다. 2024.11월 총 근로시간 42시간에 대해 시간당 1만원 지급하였습니다.

㉡ 수당 · 공제내역 있는 시급제인 경우

임금명세서 양식 3	
이름	홍길동
임금지급일	2024.11.25.
임금총액	2,190,000원
지급액	(기본급) 2,090,000원 (식대) 100,000원
공제액	(근로소득세) 24,660원 (국민연금) 94,050원 (건강보험) 71,680원 (장기요양보험) 8,250원
실지급액	1,991,360원
계산방법	(기본급) 209시간 × 10,000원=2,090,000원

3 금품청산 등

(1) 금품청산대상

「근로기준법」 제36조에서 "사용자는 근로자가 사망 또는 퇴직한 경우에는 그 지급 사유가 발생한 때부터 14일 이내에 임금, 보상금, 그 밖에 일체의 금품을 지급하여야 한다. 다만, 특별한 사정이 있을 경우에는 당사자 사이의 합의에 의하여 기일을 연장할 수 있다."고 규정하고 있다. 이는 근로관계가 종료된 후에도 임금 등의 금품이 지급되지 않는다면 근로자는 계속하여 사용자에게 부당하게 예속되기 쉽기 때문에 이를 방지하기 위한 규정이다.

금품청산의 대상은 임금, 상여금, 퇴직금, 재해보상금, 기타 모든 금품을 말한다. 여기서

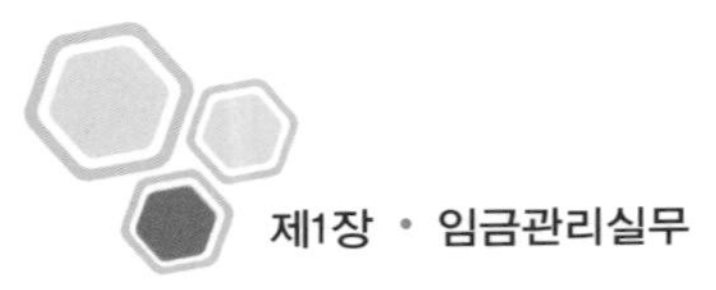

임금은 이미 제공된 근로의 대가인 임금을 말한다. 또한, 연말정산환급금도 근로자에게 귀속돼야 하는 금품이므로 퇴직일로부터 14일 안에 지급해야 한다(대법원 2011도3015, 2011.9.8.).

그리고 미지급 임금과 퇴직금에 대해 부과하는 연 20%의 지연이자는 민사상의 채권이고 지연이자 미지급에 대한 처벌규정도 없으므로 「근로기준법」 제36조의 금품청산대상에 해당하지 않는다.

(2) 금품청산기간

금품청산의 기산점은 사유발생일이며, 이는 근로자의 사망, 퇴직 등으로 근로관계가 종료된 때를 말한다. 또한 14일이라는 기간은 역일에 따라 계산하므로 근무일만을 의미하는 것은 아니다.

그리고 특별한 사정이 있는 경우에는 당사자 간의 합의에 의하여 기일을 연장할 수 있으며, 그 기간에 대해서는 법적인 제한은 없다. 또한 특별한 사정이란 사용자가 지급의무의 이행을 위해 노력을 다했음에도 불구하고 그 의무를 이행할 수 없는 사정 등으로써 근로자가 합의한 사정이라면 충분할 것이다.

(3) 벌칙

퇴직 등으로 근로관계가 종료된 경우 그 사유발생일로부터 14일 이내에 사용자가 금품을 청산하지 않으면 3년 이하의 징역 또는 3천만원 이하의 벌금에 처해질 수 있다.

이는 그 지급사유 발생일로부터 14일이 경과한 때에 성립하므로 지급사유 발생일로부터 14일 이내에 기일연장에 대한 합의를 하여야 한다.

또한 이는 반의사불벌죄에 해당하므로 근로자가 처벌을 원하지 않으면 그 의사에 반해서 처벌할 수 없다.

4 임금 체불에 대한 지연이자

(1) 지연이자대상 범위

「근로기준법」 제37조에서 근로자가 사망 또는 퇴직한 경우에 사용자가 14일 이내에 임금・퇴직금을 지급하지 못하면 그 다음 날부터 연 20%의 지연이자를 지급해야 한다고 규정하고 있다. 이는 임금과 퇴직금에만 적용되며, 해고예고수당이나 휴업수당 등 기타의 금품은 적용되지 않는다.

또한 이는 퇴직한 근로자에게만 적용되므로 재직근로자에게는 적용되지 않는다.

(2) 이자율 및 적용기간

퇴사일로부터 15일이 되는 날부터 연 20%의 이자율이 적용된다. 그러나 천재·사변 등의 적용 제외사유로 임금 지급을 지연하는 경우 그 사유가 존속하는 기간에 대하여는 적용하지 아니한다.

또한 당사자 간의 합의에 의하여 지급기일을 연장했을 경우 근기법 제36조(금품청산)의 위반은 면할 수 있으나, 근기법 시행령 제18조에서 규정하고 있는 지연이자율 적용제외 사유에 해당하지 않는 한 당사자 간의 합의만으로 지연이자 지급의무를 면할 수 있는 것은 아니므로 연장된 기간에도 지연이자는 지급해야 한다(근로기준과-3981, 2005.7.28.).

(3) 적용 제외사유

사용자가 천재·사변 등의 다음에 해당하는 사유로 임금 지급을 지연하는 경우에는 그 사유가 존속하는 기간에 대하여 지연이자 연 20%의 부과를 면제한다(근로기준법 제37조 제2항, 동법 시행령 제18조).

천재·사변

- 「임금채권보장법」 제7조 제1항 제1호부터 제3호까지의 사유 중 어느 하나에 해당하는 경우
- 「채무자 회생 및 파산에 관한 법률」, 「국가재정법」, 「지방자치법」 등 법령상의 제약에 따라 임금 및 퇴직금을 지급할 자금을 확보하기 어려운 경우
- 지급이 지연되고 있는 임금 및 퇴직금의 전부 또는 일부의 존부를 법원이나 노동위원회에서 다투는 것이 상당하다고 인정되는 경우
- 그 밖에 근로기준법 시행령 제18조 제1호부터 제3호까지의 규정에 준하는 사유가 있는 경우

5 비상시 지급(가불)

(1) '비상시'의 의미

「근로기준법」 제45조에서 "사용자는 근로자가 출산, 질병, 재해, 그 밖에 대통령령으로 정하는 비상(非常)한 경우의 비용에 충당하기 위하여 임금 지급을 청구하면 지급기일 전이라도 이미 제공한 근로에 대한 임금을 지급하여야 한다."고 규정하고 있다.

비상시란 근로자나 그의 수입으로 생계를 유지하는 자가 다음 각 호의 어느 하나에 해당하게 되는 경우를 말한다(근로기준법 시행령 제25조).

- 출산하거나 질병에 걸리거나 재해를 당한 경우
- 혼인 또는 사망한 경우
- 부득이한 사유로 1주일 이상 귀향하게 되는 경우

(2) 가불의 요건

① 근로자의 청구

근로자의 '청구'가 있는 경우에만 지급의무가 있으므로 근로자에게 출산 · 질병 · 재해 등의 지급사유가 있다 하더라도 근로자의 청구가 없으면 사용자에게 지급의무가 없다.

② 이미 제공한 근로에 대한 임금

사용자가 지급하여야 할 임금은 '이미 제공한 근로에 대한 임금'에 한정되며, 그에 상당하는 임금 전액을 지급하는 것이 원칙이다. 따라서 취업규칙이나 단체협약에 별도의 규정이 없는 한 아직 제공되지 않은 근로에 대한 임금을 지급할 의무는 없다.

(3) 벌칙

근로자가 비상시 지급의 요건을 갖추어 임금을 청구하였음에도 지체없이 지급하지 않은 사용자에 대해서는 1천만원 이하의 벌금형에 처한다(근로기준법 제113조).

임금의 보호

1 휴업수당

(1) 휴업수당이란

「근로기준법」 제46조에서 사용자의 귀책사유로 휴업하는 경우에 휴업기간 동안 평균임금의 70%에 해당하는 수당을 지급하도록 규정하고 있고, 이를 '휴업수당'이라 한다. 이는 근로자가 근로를 제공하지 못한 경우에 임금상실이라는 위험으로부터 근로자를 보호하기 위해 마련된 규정이다.

(2) 사용자의 귀책사유

사용자의 귀책사유는 민법상의 귀책사유인 고의·과실 이외에도 사용자의 세력범위 안에서 발생한 경영장애까지 해당되는 것으로 넓게 보고 있다(근로기준과-387, 2009.2.13.).

사용자의 귀책사유란 원칙적으로 사용자의 세력범위 안에서 생긴 경영장애로서 자금난, 원자재 부족, 주문량 감소, 시장불황과 생산량 감축, 모회사의 경영난에 따른 하청공장의 자재·자금난에 의한 조업단축 등으로 인한 휴업을 말한다.

단, 천재지변·전쟁 등과 같은 불가항력, 기타 사용자의 세력범위에 속하지 않는 기업 외적인 사정과 통상 사용자로서 최대의 주의를 기울여도 피할 수 없는 사고 등 부득이한 사유로 인하여 사업계속이 불가능하게 된 경우에는 사용자에게 경영위험의 책임을 물을 수 없으므로 이러한 경우에는 사용자의 귀책사유로 볼 수 없다(근기 68207-106, 1999.9.21.).

또한 노조의 파업철회 후 개별사업장별로 근로조건의 불일치로 인해 노무에 종사하지 않는 경우 사용자의 귀책사유로 보기 어렵다(근기 68207-3095, 2002.10.15.).

사용자의 귀책사유로 본 사례	사용자의 귀책사유로 보지 않은 사례
• 배급유통기구의 차질에 의한 작업량 감소(대법원 68다1972, 1969.3.4.) • 원도급업체의 공사중단에 따른 하도급업체의 조업중단(대법원 70다523·524, 1970.5.26.) • 갱내 붕괴사고(근기 1455-28040, 1982.10.18.)	• 징계로서의 정직·출근정지(근기 68207-1977, 2002.5.21.) • 휴직(근기 01254-6309, 1987.4.17.) • 부당해고 또는 무효인 해고(대법원 86도611, 1986.10.14.)

사용자의 귀책사유로 본 사례	사용자의 귀책사유로 보지 않은 사례
• 공장의 소실(법무 811－3396, 1980.2.13.) • 판매부진과 자금난 (기준 145.9－11203, 1968.11.30.) • 원자재의 부족(보로 제537호, 1957.7.4.) • 전력회사의 전력공급 중단 (기준 1455.9－8444, 1968.9.7.) • 경영상의 휴업・공장이전 (기준 1455.9－2528, 1970.2.) 등	• 천재・지변(근기 68207－598, 2000.2.28.) 등

(3) 휴업수당금액

① 휴업수당금액

평균임금의 70% 이상을 휴업수당으로 지급하여야 한다. 단, 평균임금의 70%에 해당하는 금액이 통상임금을 초과하는 경우에는 통상임금을 휴업수당으로 지급할 수 있다.

휴업수당금액 = 평균임금의 70% × 휴업일수

② 임금의 일부를 받은 경우

사용자의 귀책사유로 휴업한 기간 중에 근로자가 임금의 일부를 지급받은 경우에는 평균임금에서 그 지급받은 임금을 뺀 금액을 계산하여 그 금액의 70% 이상에 해당하는 수당을 지급하여야 한다. 다만, 통상임금을 휴업수당으로 지급하는 경우에는 통상임금에서 휴업한 기간 중에 지급받은 임금을 뺀 금액을 지급하여야 한다(근로기준법 시행령 제26조).

(4) 기준미달 휴업수당 요건

① 개요

사용자의 귀책사유가 있는 경우로써 부득이한 사유로 사업을 계속하는 것이 불가능한 경우 노동위원회의 승인을 받아 평균임금의 70%에 미달하는(무급 포함) 휴업수당을 지급할 수 있다.

② 부득이한 사유

부득이한 사유라 함은 원칙적으로 경영악화 등이 당해 사업의 외부 사정에 기인한 사유로써 사용자의 지배세력 범위에 있는 경우이다. 그러나 경영악화 등을 초래한 원인이 순수하게 외부의 요인에 의해서만 발생하는 것은 아니므로 내·외부 사정을 종합적으로 살펴 사용자가 경영 정상화를 위해 선량한 관리자로서 최선을 다하고 그것이 사회통념상 인정될 수 있는 경우에는 부득이한 사유가 있다고 볼 수 있을 것이다.

또한 사업계속이 불가능하다는 것은 사용자로서 노력을 다하여도 조업을 일시 중지할 수밖에 없는 경우로써 기업도산이나 폐업 등에 이르는 상황을 요하는 것은 아니다.

따라서 '부득이한 사유로 사업계속이 불가능'한 경우란 경기침체 등에 따라 지속적인 손실누적, 재무구조 악화, 부도발생 등으로 구조조정이 불가피한 사업장에서 경영상 해고회피 노력의 일환으로 조업을 중단할 수밖에 없는 정도라고 봄이 상당하며, 사용자의 지배세력을 벗어나거나 불가항력적인 사유를 의미하는 것은 아니다(근로기준과-387, 2009.2.13.).

③ 노동위원회의 승인

노동위원회의 예외승인은 사용자의 귀책사유에도 불구하고 부득이한 사유로 사업계속이 불가능한지 여부를 판단하여 사용자에게 평균임금의 70%에 미달하는 휴업수당 지급을 가능하게 하는 행정행위이다.

노동위원회의 승인절차는 다음과 같다.

휴업결정(사용자) ➡ 기준미달 휴업수당 지급승인 신청서 제출(관할 지방노동위원회) ➡ 확인·검토(심사담당) ➡ 심의·의결(심판위원회, 30일 이내) ➡ 통보

④ 승인의 법적 효과

부득이한 사유가 있더라도 승인을 받아야 하며, 승인을 받으면 무급휴업 실시도 가능하다. 또한 심판위원회는 사용자가 신청한 휴업수당지급률(지급수준)을 변경하지 못한다.

따라서 객관적으로 부득이한 사유로 인하여 사업계속이 불가능하다 할지라도, 노동위원회로부터 승인을 받지 못하면 그 수당의 지급을 면할 수 없다(대법원 68누151, 1968.9.17.).

또한 사용자가 부득이한 사유로 사업계속이 불가능하여 노동위원회의 승인을 얻어 휴업을 하게 되는 경우에 휴업수당의 일부뿐만 아니라 전액을 지급하지 않는 것도 포함된다(대법원 99두4280, 2000.11.24.).

(5) 휴업수당 산정 사례

① 일반적인 경우

휴업수당으로 평균임금의 70% 이상을 지급하여야 하고, 동 금액이 통상임금을 초과하는 경우에는 통상임금을 휴업수당으로 지급할 수 있다.

사례 1

A기업이 1개월간 휴업을 실시할 경우 소속 근로자 甲의 평균임금이 200만원, 월 통상임금이 150만원이라면 휴업수당으로 140만원 지급함.
☞ 평균임금 200만원 × 70% = 140만원 < 통상임금 150만원

사례 2

B기업이 1개월간 휴업을 실시할 경우 소속 근로자 乙의 평균임금이 200만원, 월 통상임금이 130만원이라면 휴업수당으로 130만원 지급함.
☞ 평균임금 200만원 × 70% = 140만원 > 통상임금 130만원

② 휴업수당 감액 산정 사례

휴업기간 중에 근로자가 임금의 일부를 받은 경우에는 휴업기간 중에 해당하는 평균임금에서 이미 지급된 임금을 뺀 나머지 금액에 70%를 곱하여 휴업수당으로 지급하고, 통상임금을 휴업수당으로 지급하는 경우에는 통상임금과 지급받은 임금과의 차액을 지급한다.

사례 3

A기업이 1개월간 휴업을 실시하면서 임금의 일부로 100만원을 지급한 경우 소속 근로자 甲의 평균임금이 200만원, 월 통상임금이 150만원이라면 휴업수당으로 70만원 지급함.
☞ 평균임금 200만원 × 70% = 140만원 < 통상임금 150만원
→ 평균임금으로 지급해야 하므로,
☞ 평균임금 200만원 − 지급받은 임금 100만원 = 100만원 × 70% = 70만원

사례 4

B기업이 1개월간 휴업을 실시하면서 임금의 일부로 100만원을 지급한 경우 소속 근로자 乙의 평균임금이 200만원, 월 통상임금이 130만원이라면 휴업수당으로 30만원 지급함.
☞ 평균임금 200만원 × 70% = 140만원 > 통상임금 130만원
→ 통상임금으로 지급해야 하므로,
☞ 통상임금 130만원 − 지급받은 임금 100만원 = 30만원

(6) 벌칙

휴업수당을 지급하지 않는 경우에는 3년 이하의 징역 또는 3천만원 이하의 벌금에 처한다(근기법 제109조 제1항).

2 임금채권의 보호

(1) 우선변제되는 임금의 범위

사용자가 도산, 파산하거나 사용자의 재산이 제3채권자에 의해서 압류 등 채권보전절차의 대상이 되는 경우에 근로자에게 실질적으로 임금채권의 변제순위를 확보할 필요가 있으므로 「근로기준법」(또는 「근로자퇴직급여보장법」)에서는 특별한 규정을 두고 있다.

그 중에서 최종 3월분의 임금 등은 다른 채권들보다 항상 최우선변제되는 최우선변제 임금채권이다. 이는 근로자의 최저생활을 보장하고자 하는 공익적 요청에서 일반 담보물권의 효력을 일부 제한하고 임금채권의 우선변제권을 규정한 것이다.

(2) 최우선변제 순위

사용자의 총재산에 대한 우선변제는 다음 순위로 이루어진다.

1순위 : 최종 3월분의 임금, 최종 3년간의 퇴직금, 재해보상금
2순위 : 질권 또는 저당권에 우선하는 조세[주)] · 공과금
3순위 : 질권 또는 저당권에 의하여 담보된 채권
4순위 : 제1순위 외의 임금, 퇴직금 기타 근로관계로 인한 채권
5순위 : 조세 · 공과금
6순위 : 일반 채권

주) 질권 또는 저당권에 우선하는 조세 · 공과금이란 그 재산에 대하여 부과된 국세와 가산금을 말한다.
(예 : 상속세, 증여세, 종합부동산세)

여기서 '최종 3월분의 임금'이란 근로자의 퇴직일 또는 사실상 근로관계가 종료된 날부터 소급하여 3개월간의 근로로 인하여 지급사유가 발생한 일체의 임금을 말한다(임금 68207-767, 2001.11.7.; 임금 68207-241, 2001.4.3.; 대법원 94다54474, 1995.7.25.; 대법원 94다57718, 1995.7.28. ; 대법원 97다32178, 1997.11.14.).

(3) 사용자 총재산의 범위

사용자란 근로계약 당사자로서 임금채무를 일차적으로 부담하는 사업주를 의미한다. 따라서 사용자가 법인인 경우에는 법인 자체의 재산에 대해서만 한정되고, 법인 대표이사 등의 개인 재산에 대해서는 영향 없다.

그러나 법인이더라도 그 실체가 개인기업과 동일한 경우에는 상법상의 법인격 부인의 법리에 따라 개인재산으로 법인의 임금채무를 변제하여야 한다(대법원 87다카1671, 1998.11.22.).

판례에서는 합자회사의 무한책임사원의 개인소유 재산도 사용자의 총재산에 포함되지 않는다고 해석하고 있다(대법원 95다719, 1996.2.9.). 사용자가 타업체에 출자한 증권도 사용자의 총재산에 포함된다(근로기준과-4503, 2005.8.29.).

그리고 이미 적법・타당하게 양도된 재산에 대해서는 임금채권 우선변제권을 주장할 수 없다(대법원 93다30938, 1994.1.11.).

제2장

근태관리실무

제1절

근로시간과 근태관리

1 근로시간 산정

(1) 근로시간의 개념

근로시간이란 근로자가 사용자의 지휘·감독하에서 근로계약에 따라 실제로 근로를 제공하는 실근로시간으로서 사용자가 실제로 근로자의 노동력을 사용했는지 여부와는 관계없이 근로자의 노동력을 사용자의 처분가능한 상태로 둔 시간을 말한다.

또한 근로시간의 기산점과 종료점은 취업규칙·단체협약 등에 정하여진 출근시각과 퇴근시각이 되는 것이다. 업무의 시작과 종료시각은 취업규칙의 필수적 기재사항이다.

(2) 근로시간 포함 여부

근로시간에 해당하는지 여부는 당사자의 합의와 상관없이 객관적으로 근로자가 사용자의 지휘·명령하에 있는 시간이면 근로시간이 된다.

① 실근로에 부수되는 시간

복장입는 시간, 작업도구 준비시간, 회의시간, 작업종료 후 정돈시간 등의 실근로에 부수된 시간이 단체협약·취업규칙 등에 의무화되어 있거나 사용자의 지휘·명령하에 행하여지는 경우 또는 업무수행에 필수적인 경우에는 이에 소요되는 시간은 근로시간에 포함된다.

② 일·숙직 근무

일·숙직근무가 근무의 내용 및 방법 등에 있어서 통상적인 업무와 동일하다고 인정되는 경우에 한하여 근로시간으로 인정된다. 따라서 일·숙직근무가 통상적인 업무 수준보다 낮은 것이 일반적이므로 근로시간에는 포함되지 않고 별도의 수당 등으로 처리하는 경우가 많다.

예규 Point

일반적으로 일·숙직근로라 함은 일과 후에 업무를 종료하고 정기적 순찰, 전화와 문서의 수수, 기타 비상사태 발생 등에 대비하여 시설내에서 대기하거나 전화 착신하여 자택에서 대기하는 경우로서 이러한 업무는 원래 근로계약에 부수되는 의무로 이행되어야 하는 것이어서 정상근무에 준하는 임금을 지급할 필요는 없으며 연장·야간·휴일근로수당 등이 지급되어야 하는 것은 아님. 다만, 일·숙직시간중에 수행하는 업무의 노동 강도가 본래의 업무와 유사하거나 상당히 높은 유사 일·숙직근로에 대하여는 통상의 근로에 준하여 근로기준법 제55조 소정의 가산임금을 지급하여야 할 것임(임금근로시간정책팀-2974, 2006.10.10.).

③ 교육시간

교육이 사용자의 지휘·명령 등에 의하여 이루어지는 경우에는 근로시간으로 보는데, 이러한 교육이 업무와 관련된 교육이든 업무 외 교양교육 성격이든 구분은 하지 않는다. 또한 근로시간 종료 후 또는 휴일에 사용자 책임하에 작업안전, 작업능률 등 생산성 향상을 위하여 근로자에게 의무적으로 소집, 실시하는 교육은 근로시간으로 인정된다.

그러나 사용자의 지시·명령에 의해 강제되는 경우에도 정상적인 근무와 달리 근로자들의 장기간 업무공백에 따른 업무 복귀 시 적응훈련 및 업무능력에 향상, 근로자의 자기개발 등 복합적인 목적으로 실시하는 경우에는 정상근로와는 동일하게 볼 수 없으므로 연장근로수당 지급의무가 당연히 발생한다고 보기는 어렵다(근기 68207-214, 2000.1.1.).

예규 Point

- ❑ 사용자가 근로시간 중에 작업안전, 작업능률 등 생산성 향상 즉 업무와 관련하여 실시하는 직무교육과 근로시간 종료 후 또는 휴일에 근로자에게 의무적으로 소집하여 실시하는 교육은 근로시간에 포함되어야 할 것임(근기 01254-14835, 1988.9.29.).
- ❑ '근로시간'은 근로자가 사용자의 지휘·감독 하에 근로계약상의 근로를 제공하는 시간을 말함. 귀 질의 상 교육의 경우 방문건강관리사업에 종사하는 전문인력은 반드시 이수토록 되어 있는 점, 교육참석이 사용자의 지시·명령에 의해 이루어진 점 등을 고려할 때, 동 교육시간은 근로시간에 포함됨(근로개선정책과-2570, 2012.5.9.).
- ❑ 직원들에게 교육 이수의무가 없고, 사용자가 교육 불참을 이유로 근로자에게 어떠한 불이익도 주지 않는다면 이를 근로시간으로 볼 수는 없을 것임. 아울러, 사용자가 동 교육에 근로자의 참석을 독려하는 차원에서 교육수당을 지급하였다고 하여 근로시간으로 인정되는 것은 아님(근로개선정책과-798, 2013.1.25.).

④ 출장시간과 출장 등으로 이동하는 시간

근로시간의 전부 또는 일부를 사업장 밖에서 근로하여 근로시간을 산정하기 어려운 출장 등의 경우에는 소정근로시간 또는 통상 필요한 시간(예: 10시간)을 근로한 것으로 간주 가능하다. 다만, 출장과 관련해서는 통상 필요한 시간을 근로자대표와 서면합의를 통해 정하는 것이 바람직하다.

예를 들면 해외출장의 경우 비행시간, 출입국 수속시간, 이동시간 등 통상 필요한 시간에 대한 객관적 원칙을 근로자 대표와 서면합의하고 그에 따른 근로시간을 인정하는 것이 바람직하다.

출장근무 등 사업장 밖에서 근로하는 경우에 있어서 사용자의 지시에 의해 야간 또는 휴일에 출장업무를 수행하는 것이 명확한 때에는 야간, 휴일근로로 볼 수 있으나 단순히 야간 또는 휴일에 이동하는 때에는 야간, 휴일근로를 한 것으로 보기 어렵다(근기 68207-2650, 2002.8.5.).

근로자가 출장목적을 수행하기 위해 이동하는 왕복시간이 서류, 귀중품 등을 운반하거나 물품감시 등의 특수한 업무수행이 동반되어 자유로이 시간을 사용할 수 없는 상태라면 이 기간은 사용자의 지배하에 있다 할 것이므로 근로시간으로 보아야 할 것이나 출장업무를 위한 단순한 이동에 불과한 경우에는 단체협약이나 취업규칙 등에 특단의 규정이 없고 사용자의 특별한 지시가 없는 한 이를 근로로 인정하기는 곤란하며, 비록 휴일에 이동을 행한다 하더라도 휴일근로가 행해졌다고 할 수 없다. 다만, 자동차 운전원이 사업장 이외에서 출장목적을 수행하기 위하여 휴일에 출장지까지 자동차를 운행한 경우에는 운전 그 자체가 운전근로자의 본연의 업무이고 또한 운행하는 시간에는 자유로운 휴게, 휴식이 주어지지 않는다 할 것이므로 휴일의 근로로 보아야 할 것이다(근기 01254-546, 1992.4.11.).

장기 출장업무 수행 중 당일 업무종료 후 지정된 현지숙소로 이동하는 시간이 어느 정도 자유로운 이용이 보장되어 있다면 근로시간으로 보기 어렵다(근로기준과-4182, 2004.8.12.).

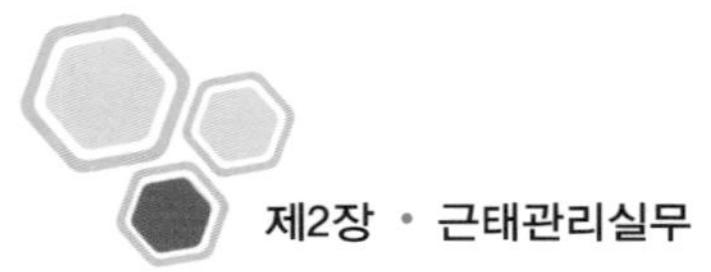

예규 Point

A/S 업무를 담당하는 근로자의 경우 A/S 업무를 사업장 밖에서 근무한다면 일응 출장으로 보여짐. 출장 등의 사유로 근로시간의 전부 또는 일부를 사업장 밖에서 근로하여 근로시간을 산정하기 어려운 때에는 소정근로시간을 근로한 것으로 보며, 다만 소정근로시간을 초과하여 근로할 필요가 있는 경우에는 그 업무의 수행에 통상 필요한 시간을 근로시간으로 봄(현행 근로기준법 제58조 제1항 단서). 당해 업무에 관하여 근로자대표와의 서면합의가 있는 때에는 그 합의에서 정하는 시간을 그 업무의 수행에 통상 필요한 시간으로 봄.
귀 질의상 불분명하나 A/S 업무 수행에 통상 필요한 시간이 소정근로시간을 초과하는 경우라면 동법 제56조 제2항에 의한 노사 서면합의가 없는 한 동법 제56조 제1항 단서에 따라 그 업무의 수행에 통상 필요한 시간을 근로시간으로 보아야 할 것임.
출장에 있어 통상 필요한 시간을 산정할 경우 출장지로의 이동에 필요한 시간은 근로시간에 포함시키는 것이 원칙이나 출퇴근에 갈음하여 출장지로 출근 또는 출장지에서 퇴근하는 경우는 제외할 수 있을 것임. 다만, 장거리 출장의 경우 사업장이 소재하는 지역에서 출장지가 소재하는 지역까지의 이동시간은 근로시간에 포함시키는 것이 타당하다고 사료됨(근기 68207-1909, 2001.6.14.).

⑤ 워크숍, 세미나

그 목적에 따라 판단하여 사용자의 지휘·감독 하에서 효과적인 업무 수행 등을 위한 집중 논의 목적의 워크숍 세미나 시간은 근로시간으로 볼 수 있으며, 소정근로시간 범위를 넘어서는 시간 동안의 토의 등은 연장근로로 인정 가능하다.

따라서, 분임토의 등은 소정근로시간 내에 실시하는 것이 바람직하다. 다만, 워크숍 프로그램 중 직원 간 친목도모 시간이 포함되어 있는 경우 이 시간까지 포함하여 근로시간으로 인정하기는 어려워 보인다.

또한 단순히 직원 간 단합 차원에서 이루어지는 워크숍 등은 근로시간으로 보기 어렵다.

⑥ 접대

업무 수행과 관련이 있는 제3자를 소정근로시간 외에 접대하는 경우, 이에 대한 사용자의 지시 또는 최소한 승인이 있는 경우에 한하여 근로시간으로 인정 가능하다.

판례사례

휴일골프의 라운딩 대상자들, 라운딩 장소, 시간 등을 피고 회사가 아닌 원고의 상사인 상무 또는 원고 등이 임의로 선정한 점, 또한 이 사건 휴일골프 관련하여 원고 또는 상무 등 그 누구도 피고에게 별도로 출장복무서와 같은 형식으로 보고하지 않은 점, 원고의 이 사건 휴일골프 참여 당시의 지위가 부서장으로서 원고 자신의 직무를 원활히 수행하고 좋은 대내외의 평가 등을 위하여도 자발적으로 이에 참여할 동기가 있었던 것으로 보이는 점 등에 비추어 보면, 원고의 이 사건 휴일골프와 관련하여 피고가 그 업무관련성 등을 인정하여 비용 등을 계산하였고, 이 사건 휴일골프 중 상당수는 원고의 상사인 상무의 명시적 · 묵시적 지시에 의하여 참여한 사정만으로는 이 사건 휴일골프가 사용자의 구체적인 지휘 · 감독하에 이루어진 것으로 볼 수 없고 결국 근로기준법상 "근로시간"에 해당한다고 단정할 수는 없다(서울중앙지법 2017가단5217727, 2018.4.4.).

⑦ 회식 등

회식은 노동자의 기본적인 노무제공과는 관련 없이 사업장 내 구성원의 사기 진작, 조직의 결속 및 친목 등을 강화하기 위한 차원임을 고려할 때, 근로시간으로 인정하기는 어렵다. 사용자가 참석을 강제하는 언행을 하였다고 하더라도 그러한 요소만으로는 회식을 근로계약 상의 노무제공의 일환으로 보기 어려울 것으로 보인다.

(3) 법정근로시간의 적용 기준

「근로기준법」 제50조에서 일반적인 근로자의 경우에 1주 간의 근로시간은 휴게시간을 제외하고 40시간을 초과할 수 없고, 1일의 근로시간은 휴게시간을 제외하고 8시간을 초과할 수 없도록 규정하고 있다.

'1일', '1주'의 개념은 반드시 특정일 · 특정시간부터 특정일 · 특정시간까지를 의미하는 것이 아니라, '1일'은 24시간 동안, '1주'는 7일 동안의 시간적 길이를 의미한다.

따라서 주40시간제하에서 반드시 주5일 근무제를 취할 필요는 없다. 즉, 1일 7시간씩 5일 근무, 1일은 5시간 근무 등의 다양한 근무형태가 가능하다.

① 1일의 의미

'1일'은 통상 0시부터 24시까지를 의미하지만 교대제 등으로 24시를 지나 달력상 이틀에 걸쳐 계속 근로하더라도 이는 업무를 시작한 날의 근로로서 하나의 근무로 취급한다(근기 01254-1433, 1991.10.5.).

② 1주의 의미

'1주'는 원칙적으로 일요일부터 토요일까지를 의미이지만 취업규칙 등에서 별도의 규정을 하면 특정일로부터 시작하는 7일간에 40시간을 초과하지 않으면 된다(근기 68207-2855, 2000.9.19.).

2 근로시간 단축[1)]

(1) 1주 근로시간 한도

① 개요

종전에는 연장근로와 휴일근로를 별개로 해석(근기 01254-11483, 1991.8.17.)하여 1주에 근로가능한 시간이 68시간이었으나, 1주의 개념을 휴일을 포함한 7일을 의미하는 것으로 근로기준법(근로기준법 제2조 제1항 제7호)이 개정되었다. 따라서 1주 근로시간 한도를 52시간으로 명확히 함으로써 근로시간을 단축하였다.

또한, 고용노동부는 대법원 판결(대판 2020도15393, 2023.12.7.)에 따라 연장근로 한도 위반 여부는 1일이 아닌 1주 총 근로시간 40시간을 초과하는 연장근로시간을 기준으로 판단하는 걸로 다음과 같이 행정해석을 변경하였다.

[연장근로 한도 위반 기준 행정해석 변경] 2024.1.22. 고용노동부 보도자료

변경 전	변경 후
1주 총 근로시간이 52시간 이내이더라도 1일 법정근로시간 8시간을 초과한 시간은 연장근로이며 이 연장근로가 1주 12시간을 초과하면 법 위반에 해당	1주 총 근로시간 중 1주 법정근로시간 40시간을 초과하는 시간이 연장근로이며 이 연장근로가 1주 12시간을 초과하면 법 위반에 해당

※ 연장근로수당 지급기준은 기존 해석 유지(1주 40시간, 1일 8시간을 초과하는 연장근로에 대해 통상임금의 50% 이상 가산)

※ 행정해석 변경은 현재 조사 또는 감독 중인 사건에 곧바로 적용함.

1) 근로시간 단축 등 개정 근로기준법 고용노동부 설명자료(2018.5.) 참조

② 시행시기

다음과 같이 기업 규모별로 단계적으로 시행되었다.

기업 규모	시행시기
근로자 300인 이상, 국가, 지자체, 공공기관	2018.7.1.부터 (특례업종 제외된 21개 업종은 2019.7.1.)
근로자 50인 이상~300인 미만	2020.1.1.부터
근로자 5인 이상~50인 미만	2021.7.1.부터

③ 벌칙

기업 규모별 시행시기 이후에 1주 52시간을 초과하여 근로한 경우 2년 이하 징역 또는 2천만원 이하 벌금을 부과한다.

④ 산정사례

다음의 사례를 살펴볼 때, 고용노동부 행정해석 변경(2024.1.22.)으로 주 52시간 위반 여부는 1주간 총 근로시간이 52시간을 초과하는 걸로만 판단하면 되고, 연장근로수당은 종전과 동일하게 1일 8시간 초과할 때에도 지급하여야 한다.

사례 1

문제 **연장근로시간 위반여부 등을 판단하는 '1주'는 월~일 등 특정 단위기간의 7일을 의미하는지, 아니면 임의로 정한 7일을 의미하는지요?**

해답

○ 근로기준법은 근로시간을 산정하는 '1주'의 기산점에 대해 별도로 규정하지 않으므로 노사가 협의하여 내부규정, 취업규칙, 단체협약 등으로 정할 수 있음.
  -특별한 정함이 없다면 사업장에서 노무관리·근로시간·급여산정 등을 위해 사실상 산정단위로 적용하고 있는 기간이 될 것임.

○ 1주 연장근로 한도 위반 여부 등도 사업장에서 적용하는 단위기간별로 판단함.

항 목	1주							2주						
요일	월	화	수	목	금	토	일 (휴)	월	화	수	목	금	토	일 (휴)
실근로시간 (연장근로시간)	8 (0)	8 (0)	8 (0)	10 (2)	10 (2)	8 (8)	–	10 (2)	10 (2)	8 (0)	8 (0)	8 (0)	–	–
1주 총근로시간 (연장근로시간)	52 (12)							44 (4)						

* 산정단위(월~일) 내 연장근로 12시간 이내이므로 위반 없음.
* 임의의 7일(목~수)간 연장한도 12시간 초과하였더라도 위반으로 보지 않음.

사례 2

문제 주중 명절 3일(월~수) 동안 매일 8시간씩 휴일근로를 하였다면, 이 3일의 휴일근로도 연장근로시간에 포함되는지요?

해답

○ 1일 8시간, 1주 40시간을 초과하지 않았다면 연장근로시간은 없음.

항 목	1주						
요일	월(휴)	화(휴)	수(휴)	목	금	토	일(휴)
실근로시간(연장근로시간)	8(0)	8(0)	8(0)	8(0)	8(0)	–	–
1주 총근로시간(연장근로시간)	40(0)						

* 월~수 근로는 법정 근로시간(40시간) 내 휴일근로에 해당, 연장근로는 아님.
→ 법 제56조 제2항에 따른 휴일근로 가산수당 지급해야 함.

사례 3

문제 토요일이 무급휴무일인 사업장에서 '화~금'(일 8시간)과 토요일 8시간 근로를 한 경우, 토요일 근무가 연장근로시간에 포함되는지요?

해답

○ 실근로시간이 1주 40시간, 1일 8시간을 초과해야 연장근로에 해당함.
 – 무급휴무일인 토요일에 근로하였더라도 1주 40시간, 1일 8시간을 초과하지 않았다면 연장근로에 해당하지 않고, 가산임금이 발생하지 않음.

○ 한편, 무급휴무일은 근로자의 소정근로일이 아니므로 휴무일에 근로자를 근로시키기 위해서는 근로자와의 합의가 필요.
 〈예1〉 월요일에 휴일이 있어 월요일에 근로를 하지 않은 경우

항 목	1주						
요일	월(휴)	화	수	목	금	토	일(휴)
실근로시간(연장근로시간)	–	8(0)	8(0)	8(0)	8(0)	8(0)	–
1주 총근로시간(연장근로시간)	40(0)						

* 토요일 근로는 법정 근로시간(40시간) 내 근로에 해당

〈예2〉 월~금 40시간을 채우고 토요일에 근로한 경우

항 목	1주						
요일	월	화	수	목	금	토	일 (휴)
실근로시간 (연장근로시간)	8 (0)	8 (0)	8 (0)	8 (0)	8 (0)	8 (0)	–
1주 총근로시간 (연장근로시간)	48 (8)						

* 토요일 근로는 법정 근로시간(40시간)을 초과하였으므로 연장근로에 해당

사례 4

문제 1일 15시간씩 1주에 3일 근무하여 1주 근로시간이 45시간이므로 주 52시간을 초과하지 않는데 근로시간 위반인가요?

해답

○ 근로기준법은 1주 연장근로시간이 12시간을 초과할 수 없도록 규정(제53조 제1항)하고 있으므로, 1주 총 근로시간이 52시간 이내이므로 법 위반에 해당하지 않음.(2024. 1. 22. 고용노동부 행정해석 변경)

항 목	1주						
요일	월	화	수	목	금	토	일 (휴)
실근로시간 (연장근로시간)	15 (7)	–	15 (7)	–	15 (7)	–	–
1주 총근로시간 (연장근로시간)	45 (21)						

* 1일 8시간을 초과하는 7시간(1주 총 21시간)은 연장근로수당 지급의무는 있으나, 1주 총 연장근로시간이 12시간을 초과하지 아니하므로 연장근로 위반 아님.

사례 5

문제 월~금(5일)에 10시간을 연장근로한 후, 일요일에 휴일근로 8시간을 추가하였다면 연장근로시간 한도 위반한 것인가요?

해답

○ 법 개정 이전의 행정해석은 연장근로와 휴일근로를 구분하여, 휴일(일반적으로 토요일, 일요일)근로는 연장근로에 포함하지 않아 법정근로시간 40시간, 연장근로 12시간, 휴일근로 16시간(사업장에 따라 휴일이 1일인 경우 8시간)이 가능하여 총 68시간(60시간) 근로가 가능하였으나, 금번 법 개정을 통해 휴일근로를 포함하여 1주 최대 연장근로를 12시간으로 제한하여 1주

최대 근로시간은 법정근로시간 40시간, 연장근로 한도 12시간을 합한 52시간임.

○ 아울러, 현장의 연착륙을 위해 사업장 규모에 따라 근로시간 단축적용시점을 달리 정하고 있음.
▲ 300인 이상: '18.7.1.(특례업종에서 제외된 21개 업종은 '19.7.1.부터 시행),
▲ 50~300인 미만: '20.1.1., ▲5~50인 미만: '21.7.1.

○ 개정된 근로기준법에 따르면 아래 사례의 경우 주휴일 8시간근로가 1주 40시간을 초과하는 연장근로에 해당되어 주의 연장근로 합계는 18시간으로 법 제53조 제1항 위반임.

○ 다만, 사업장 규모에 따라 근로시간 단축 적용시기가 다르므로 사례와 같이 근로한 경우에도 시점에 따라 법 위반 여부 판단이 달라짐.

〈예1〉 5인 이상인 규모의 사업장의 경우 근로시간 단축 적용시기는 '21.7.1이므로 사례와 같이 근로한 시점이 '24.9월이면 개정법 적용 이후이므로 법 위반임.

항 목	1주						
요일	월	화	수	목	금	토	일 (휴)
실근로시간 (연장근로시간)	10 (2)	10 (2)	10 (2)	10 (2)	10 (2)	–	8 (8)
1주 총근로시간 (연장근로시간)	58 (18)						

* 주중 1일 8시간 초과 2시간씩 연장 (5일 × 2시간 = 10시간), 일요일 1주 40시간 초과 8시간 연장

사례 6

문제 **'월~금'에 12시간 연장근로한 후, '일요일'근로가 불가피하여 근로자와 사전 합의로 '휴일 대체'하여 일요일에 근로하였다면 일요일 근로시간도 연장근로에 포함되는지요?**

해답

○ 사전에 근로자와 합의하여 당초 휴일에 근로를 하고 다른 날에 휴일을 부여하는 '휴일대체'를 하였다면, 당초의 휴일은 통상의 근로일이 되고 대체한 날이 휴일이 됨.

○ 다음 주의 특정한 날과 대체하였더라도 당초 휴일의 근로는 '통상의 근로'가 되고 1주 12시간을 초과하였으므로 위반임.

○ 또한, 당초 휴일은 통상의 근로이므로 '휴일 가산수당'은 발생하지 않지만, 이때도 주 40시간을 초과한 시간은 '연장 가산수당'은 발생함.

항 목	1주							2주						
요일	월	화	수	목	금	토	일 (평일)	월	화	수	목	금	토	일 (휴)
실근로시간 (연장근로시간)	10 (2)	10 (2)	10 (2)	11 (3)	11 (3)	–	8 (8)	10 (2)	10 (2)	–	10 (2)	10 (2)	–	–
1주 총근로시간 (연장근로시간)	60 (20)							40 (8)						

* (휴일 대체) 1주 일요일 ↔ 2주 수요일

* 주중 1일 8시간 초과 2~3시간씩 연장(12시간), 일요일 1주 40시간 초과 8시간 연장
→ 따라서 1주차에 연장근로는 총 20시간이므로 법 위반이 되며, 법 위반과 별개로 20시간에 대한 연장근로 수당 지급의무 발생

사례 7

문제 **취업규칙에 1주 소정근로시간을 1일 7시간, 주 35시간으로 규정하고 있는 사업장에서 35시간 외에 13시간을 추가로 근로하였다면 근로시간 위반에 해당하는지요?**

해답

○ '연장근로'는 1일 8시간, 주 40시간을 초과하는 시간을 말하므로, 당사자 사이에 약정한 근로시간인 7시간을 초과하더라도 1일 8시간, 1주 40시간을 초과하지 않으면 연장근로에는 해당하지 않음.

－따라서 사례와 같이 주 35시간이 소정근로시간인 경우 13시간을 추가 근로하였다고 하더라도, 총 48시간 근로(연장근로 8시간)이므로 법 위반이 아님.

* 토요일이 휴무일인 경우

항 목	1주						
요일	월	화	수	목	금	토	일 (휴)
실근로시간 (연장근로시간)	7 (0 → 0)	7 (0 → 0)	7 (0 → 0)	10 (3 → 2)	10 (3 → 2)	7 (7 → 4)	－
1주 총근로시간 (연장근로시간)	48 (8)						

* 월~금 법정근로 내 근로(37시간): 7 + 7 + 7 + 8 + 8
* 주중 1일 8시간 초과한 목, 금 2시간씩 연장(4시간)
* 토요일 1주 40시간 초과한 4시간 연장: 37 + 3 + 4시간(연장근로)

사례 8

문제 **'단시간 근로자'의 1주 소정근로시간이 35시간인 경우에도 13시간을 추가로 근무해도 되는지요?**

해답

단시간 근로자란 1주 동안의 소정근로시간이 그 사업장에서 같은 종류의 업무에 종사하는 통상 근로자의 1주 동안의 소정근로시간에 비하여 짧은 근로자를 말함.

○ 통상근로자보다 주 소정근로시간이 적은 단시간 근로자의 연장근로 한도 및 가산수당 지급에 대해서는 「기간제 및 단시간근로자보호 등에 관한 법률」에 별도로 규정함.

－기간제법 제6조는 소정근로시간외에 1주 12시간을 초과하여 근로하게 할 수 없고, 초과근로에 대하여 통상임금의 50% 이상을 가산하여 지급하도록 규정함.

○ 따라서, 단시간 근로자는 주 40시간 이내이더라도 당사자가 정한 소정근로시간보다 12시간을 초과하여 근로하게 하면 기간제법 제6조 위반임.

항 목	1주						
요일	월	화	수	목	금	토	일 (휴)
실근로시간 (연장근로시간)	7 (0 → 0)	7 (0 → 0)	7 (0 → 0)	10 (3 → 3)	10 (3 → 3)	7 (7 → 7)	-
1주 총근로시간 (연장근로시간)	48 (13)						

* 월~금 법정근로 내 근로(35시간): 7 + 7 + 7 + 7 + 7
* 주중 1일 소정근로 7시간 초과한 목, 금 3시간씩 연장(6시간)
* 토요일 1주 소정근로 35시간 초과한 7시간 연장: 35 + 7시간(연장근로)

(2) 특별연장근로

① 개요

㉠ 상시 30인 미만 사용자

상시 30명 미만의 근로자를 사용하는 사용자는 근로자 대표와 서면으로 합의한 경우 연장된 근로시간(주 12시간)에 더하여 1주 간에 8시간을 초과하지 아니하는 범위에서 한시적으로 근로시간을 연장할 수 있다(근기법 제53조 제3항).

㉡ 특별한 사정이 있는 경우

근로자와 합의하면 1주에 12시간을 한도로 연장할 수 있지만(근기법 제53조 제1항), 1주에 12시간을 초과하는 연장근로는 근로자가 동의해도 허용되지 않는다. 그러나 자연재해, 재난 등의 사고가 발생하여 이를 수습하기 위해 불가피하게 연장근로를 해야만 하는 경우 고용노동부장관의 인가 절차(사후승인 가능)를 거쳐 1주 12시간의 연장근로를 초과하여 근로를 할 수 있는 제도를 두고 있다.

② 요건

㉠ 상시 30인 미만 사용자

다음 각 호에 대하여 근로자 대표와 서면으로 합의하여야 한다. 다만, 18세 미만 연소근로자는 특별연장근로가 적용되지 않는다.

1. 연장된 근로시간을 초과할 필요가 있는 사유 및 그 기간
2. 대상 근로자의 범위

㉡ 특별한 사정이 있는 경우

특별한 사정이 있어 연장근로시간을 연장하여야 하는 경우에는 다음의 가), 나), 다)의 요건을 모두 충족하여야 한다.

가) 자연재해, 「재난 및 안전관리 기본법」에 따른 재난, 이에 준하는 사고가 발생하여 이를 수습하기 위한 연장근로를 피할 수 없는 경우이어야 한다.

> 근기법 제53조 제4항 '특별한 사정'이 있는 경우로 규정하면서, 근기법 시행규칙 제9조에 ① 자연재해와 ② 「재난 및 안전관리기본법」에 따른 재난, ③ 이에 준하는 사고가 발생한 경우로 세부 규정
> ① 자연재해: 「재난 및 안전관리 기본법」 제3조 제1호 가목의 태풍, 홍수, 지진 등에 따른 자연현상으로 인하여 발생하는 재해
> ② 재난 및 안전관리 기본법」에 따른 재난: 국민의 생명 · 신체 · 재산과 국가에 피해를 주거나 줄 수 있는 것으로 자연재난과 사회재난을 말함
> ③ 이에 준하는 사고: 「재난 및 안전관리 기본법」의 재난과 유사한 수준의 긴급성과 연장근로 불가피성이 요구되는 경우로 사안별로 종합적으로 판단

나) 고용노동부의 인가 또는 승인

원칙적으로 관할 지방노동관서에 신청하여 사전에 '인가'를 받아야 한다. 다만 사태가 급박하여 인가를 받을 시간이 없는 경우에는 사후에 지체 없이 '승인'을 받아야 한다.

다) 근로자의 동의

주 12시간을 초과하여 특별한 경우의 연장근로를 시키기 위해서는 '근로자 동의서'를 첨부하여 지방관서의 인가를 받아야 한다. 다만, 사태가 급박하여 인가를 받을 시간이 없는 경우에는 사후에 승인신청서와 함께 첨부 가능하다.

> **근로기준법 제53조(연장근로의 제한)**
> ① 당사자 간에 합의하면 1주 간에 12시간을 한도로 제50조의 근로시간을 연장할 수 있다.
> ② 당사자 간에 합의하면 1주 간에 12시간을 한도로 제51조의 근로시간을 연장할 수 있고, 제52조 제2호의 정산기간을 평균하여 1주 간에 12시간을 초과하지 아니하는 범위에서 제52조의 근로시간을 연장할 수 있다.
> ③ 상시 30명 미만의 근로자를 사용하는 사용자는 다음 각 호에 대하여 근로자대표와 서면으로 합의한 경우 제1항 또는 제2항에 따라 연장된 근로시간에 더하여 1주 간에 8시간

> 을 초과하지 아니하는 범위에서 근로시간을 연장할 수 있다.
> 1. 제1항 또는 제2항에 따라 연장된 근로시간을 초과할 필요가 있는 사유 및 그 기간
> 2. 대상 근로자의 범위
> ④ 사용자는 특별한 사정이 있으면 고용노동부장관의 인가와 근로자의 동의를 받아 제1항과 제2항의 근로시간을 연장할 수 있다. 다만, 사태가 급박하여 고용노동부장관의 인가를 받을 시간이 없는 경우에는 사후에 지체 없이 승인을 받아야 한다.
> ⑤ 고용노동부장관은 제4항에 따른 근로시간의 연장이 부적당하다고 인정하면 그 후 연장시간에 상당하는 휴게시간이나 휴일을 줄 것을 명할 수 있다.
> ⑥ 제3항은 15세 이상 18세 미만의 근로자에 대하여는 적용하지 아니한다.

③ 특별한 사정이 있는 경우의 승인절차

사용자는 법 제53조 제4항(특별한 사정)에 따라 근로시간을 연장하려는 경우와 연장한 경우에는 [별지 제5호] 서식의 「근로시간 연장 인가 또는 승인 신청서」에 근로자의 동의서 사본을 첨부하여 관할 지방고용노동관서의 장에게 제출하여야 한다.

④ 시행시기

2021.7.1.부터 2022.12.31.까지 적용한 후에 2022.12.31.까지 법안의 확대 적용에 대해서는 추후에 논의하기로 하였고, 고용노동부는 보도자료(2023.12.29.)를 통하여 2024.12.31.까지 연장하기로 했다.

(3) 근로시간 단축 관련 Q&A[2)]

① 근로시간 단축

문제 **1주에 최대 근로할 수 있는 시간은?**

해답

○ 현행 행정해석은 연장근로와 휴일근로를 구분하여, 휴일(일반적으로 토요일, 일요일)에 근로한 경우 연장근로에 포함하지 않음.
  - 따라서 1주 최대 근로시간은 법정근로시간 40시간, 연장근로 12시간, 휴일근로 16시간(사업장에 따라 휴일이 1일인 경우 8시간)이 가능하여 총 68시간(60시간) 근로가 가능

○ 그러나 휴일근로를 포함하여 1주 최대 연장근로를 12시간으로 제한하는 금번 근로기준법 개정에 따라 법정근로시간 40시간, 연장근로 한도 12시간으로 1주 최대 근로시간은 52시간임.
  - 따라서, 기업규모별 시행시기 이후에 1주 52시간을 초과하여 근로한 경우 법 위반이 발생(2년 이하 징역, 2천만원 이하 벌금)

2) 고용노동부 개정 근로기준법 설명자료(2018.5.) 참조

▲ 300인 이상: '18.7.1.(특례업종에서 제외된 21개 업종은 '19.7.1.부터 시행),
▲ 50~300인 미만: '20.1.1.,
▲ 5~50인 미만: '21.7.1.

문제 **다양한 근로형태가 있는데 1주가 '월~일'인 사업장에서 연장근로시간을 산정하는 일반적 기준은 무엇인가요?**

해답

○ 개정법은 '1주는 휴일을 포함한 7일'(제2조 제1항 제7호)로 정의하여 휴일근로를 포함한 연장근로가 1주간 12시간(총 근로 52시간)을 초과할 수 없음.
- 여기서 '연장근로'는 실 근로시간을 기준으로 1일 기준 8시간, 1주 기준 40시간을 초과하는 시간을 말하며, 소정근로일과 휴일을 구분하지 않음.
  * 1주 44시간은 실근로시간을 말하는 것으로 1주 중의 유급휴가일은 실근로시간에 포함되지 않음(근기 01254-16100, 1991.11.6.).

○ 휴일은 근로자의 소정근로일이 아니므로 휴일근로를 위해서는 근로자와의 합의가 필요하며 연장근로 포함여부와 관계없이 법 제56조 제2항에 따른 휴일근로가산수당을 지급해야 함.

② 특별연장근로

문제 **한시적으로 허용되는 특별연장근로제도는 무엇인지요?**

해답

○ 상시근로자 수가 30인 미만 영세사업장의 사업주에게 근로시간 단축에 따른 충분한 준비기간을 부여하기 위한 취지임.
○ 근로자 대표와 서면 합의를 통해 ① 연장근로(1주 12시간)를 초과하여 근로할 필요가 있는 사유 및 기간과 ② 대상 근로자의 범위를 정하여 1주 8시간의 연장근로를 추가적으로 할 수 있도록 허용
○ 다만, 동 제도는 한시적 제도로 2021.7.1부터 2024.12.31.까지 30인 미만 사업장에만 적용됨.

문제 **30인 미만이어서 특별연장근로를 적법하게 도입하여 적용하던 중에 30인을 초과하였더라도 특별연장근로가 가능한지요?**

해답

○ 상시근로자 수가 30인 미만 영세사업장에서 근로자 대표와 서면합의로 특별연장근로를 적용하던 중이라도 상시근로자 수가 30인 이상이 되었다면 그 시점부터 특별연장근로는 허용되지 않음.

[별지 제5호서식] <개정 2024. 1. 5.>

근로시간 연장 [ ]인가 [ ]승인 신청서

※ 색상이 어두운 난은 신청인이 적지 않으며, [ ]에는 해당하는 곳에 √ 표시를 합니다.

접수번호	접수일	처리기간 3일

<table>
<tr><td rowspan="3">신청인</td><td>사업장명</td><td>사업의 종류</td></tr>
<tr><td>대표자 성명</td><td>전체 근로자 수
명(남 명, 여 명)</td></tr>
<tr><td colspan="2">소재지
(전화번호:)</td></tr>
</table>

<table>
<tr><td rowspan="11">신청
내용</td><td>연장업무의 종류</td><td colspan="2"></td></tr>
<tr><td>연장사유 발생일</td><td colspan="2">년 월 일</td></tr>
<tr><td>연장기간</td><td colspan="2">년 월 일부터 년 월 일까지 (일)</td></tr>
<tr><td>추가 연장근로시간</td><td colspan="2">1주 시간
※「근로기준법」 제53조 제1항 및 제2항에 따른 1주 12시간을 넘는 연장근로시간을 적습니다.</td></tr>
<tr><td>추가 연장근로 실시 근로자 수</td><td colspan="2">명(남 명, 여 명)</td></tr>
<tr><td rowspan="5">연장사유</td><td>[ ]</td><td>「재난 및 안전관리 기본법」에 따른 재난 또는 이에 준하는 사고가 발생하여 이를 수습하거나 재난 등의 발생이 예상되어 이를 예방하기 위해 긴급한 조치가 필요한 경우</td></tr>
<tr><td>[ ]</td><td>사람의 생명을 보호하거나 안전을 확보하기 위해 긴급한 조치가 필요한 경우</td></tr>
<tr><td>[ ]</td><td>갑작스런 시설 · 설비의 장애 · 고장 등 돌발적인 상황이 발생하여 이를 수습하기 위해 긴급한 조치가 필요한 경우</td></tr>
<tr><td>[ ]</td><td>통상적인 경우에 비해 업무량이 대폭적으로 증가한 경우로서 이를 단기간 내에 처리하지 않으면 사업에 중대한 지장을 초래하거나 손해가 발생하는 경우</td></tr>
<tr><td>[ ]</td><td>「소재 · 부품 · 장비산업 경쟁력 강화 및 공급망 안정화를 위한 특별조치법」 제2조 제1호 및 제2호에 따른 소재 · 부품 및 장비의 연구개발 등 연구개발을 하는 경우로서 고용노동부장관이 국가경쟁력 강화 및 국민경제 발전을 위해 필요하다고 인정하는 경우</td></tr>
<tr><td>근로자 건강 보호를 위한 조치</td><td colspan="2">※「근로기준법」 제53조 제7항에 따라 사용자가 근로자의 건강 보호를 위해 건강검진 실시 또는 휴식시간 부여 등의 조치를 했거나 조치할 예정인 내용을 적습니다.</td></tr>
<tr><td colspan="4">근로시간 연장의 구체적인 사유</td></tr>
</table>

「근로기준법」 제53조 제4항 및 같은 법 시행규칙 제9조 제2항에 따라 위와 같이 근로시간 연장 인가 또는 승인을 신청합니다.

년 월 일

신청인 (서명 또는 인)

대리인 (서명 또는 인)

○ ○지방고용노동청(지청)장 귀하

<table>
<tr><td>첨부서류</td><td>1. 근로자의 동의서 사본 1부
2. 근로시간 연장의 특별한 사정이 있음을 증명할 수 있는 서류 사본 1부</td><td>수수료
없음</td></tr>
</table>

처리절차

신청서 제출	→	접수	→	검토	→	결재	→	통보
신청인		지방고용노동청(지청)장		지방고용노동청(지청)장		지방고용노동청(지청)장		지방고용노동청(지청)장

210mm×297mm[백상지(80g/㎡) 또는 중질지(80g/㎡)]

■ 근로기준법 시행규칙 [별지 제6호 서식] (2020.1.31. 개정)

제 호

근로시간 연장 **[ ] 인가서** **[ ] 승인서**

사업장명	사업의 종류
대표자 성명	전체 근로자 수
소재지 (전화번호:)	
연장업무의 종류	
연장기간 년 월 일부터 년 월 일까지 (일)	
추가 연장근로시간(주당) 시간	
근로자 수 명 (남 명, 여 명)	

「근로기준법」 제53조 제4항과 같은 법 시행규칙 제9조 제3항에 따라 위와 같이

근로시간 연장을 [ ] 인가 [ ] 승인 합니다.

년 월 일

○ ○지방고용노동청(지청)장 직인

210mm×297mm(백상지 80g/㎡)

3 근로자유형별 법정근로시간

(1) 일반근로자

① 법정근로시간

일반근로자는 1일 8시간, 1주 40시간을 초과하지 못한다.

② 연장근로시간

1일에 대한 연장근로시간 제한은 없으며, 1주에 12시간까지 연장근로 가능하다.

③ 휴일근로시간

휴일근로는 무급휴일이든, 유급휴일이든 휴일에 근로한 경우 휴일근로에 해당한다.

법정유급휴일은 주휴일과 근로자의 날(5월 1일)이 해당되며, 약정휴일은 법정공휴일(관공서가 쉬는 날) 등 단체협약·취업규칙 등을 통하여 노사당사자가 임의로 결정하는 휴일이다.

④ 야간근로시간

오후 10시부터 그 다음 날 오전 6시까지의 근무시간이 야간근로시간이다.

⑤ 벌칙

이를 위반하여 근로시킨 경우에는 2년 이하의 징역 또는 2천만원 이하의 벌금에 처한다(근기법 제110조).

(2) 여성근로자

여성근로자의 법정근로시간은 1일 8시간, 1주 40시간이다. 그러나 임산부의 경우 산모 및 태아의 건강을 보호하고자 연장근로를 금지하고 있으며, 산후 1년이 경과되지 않은 여성에 대하여는 1일 2시간, 1주 6시간, 1년 150시간 한도로 연장근로가 가능하다(근기법 제71조).

야간·휴일근로의 경우에도 임신부의 명시적인 청구가 있고 고용노동부장관의 인가를 얻었을 때 허용되며 산후 1년이 지나지 않은 여성근로자는 당사자의 동의와 노동부장관의 인가를 얻었을 때 허용된다. 또한 고용노동부장관의 인가를 받기 전에 근로자의 건강 및 모성 보호를 위하여 그 시행 여부와 방법 등에 관하여 그 사업 또는 사업장의 근로자대표와 성실하게 협의하여야 한다(근기법 제70조 제2항·제3항).

여기서 '산후 1년'의 기산일은 출산일로부터 1년을 의미한다(평정 68240-240, 2003.7.11.).

그리고 근로기준법상 '산(産)'의 개념은 정상적인 만기출산뿐만 아니라 임신 4개월 이후에 발생하는 유・사산의 경우까지 포함되고, 산후 1년이 경과되지 아니한 여성에 대하여는 출산으로 인하여 손상된 모체의 회복을 위하여 원칙적으로 야간 및 휴일근로를 시키지 못하며(본인의 동의 및 노동부장관의 인가를 얻은 경우 예외), 1일에 2시간, 1주일에 6시간, 1년에 150시간을 초과하는 시간외근무는 시키지 못한다.

따라서 임신 4개월 이후에 발생하는 유・사산의 경우에도 산후 1년이 경과되지 아니한 경우에는 야간 및 휴일근로, 시간외근로 등이 제한된다(여성고용과-3007, 2004.12.24.).

① 법정근로시간

구 분	법정근로시간
㉠ 산후 1년이 경과하지 않은 여성근로자	1일 8시간, 1주 40시간
㉡ 임신부	

② 연장근로시간

사용자는 산후 1년이 지나지 아니한 여성에 대하여는 단체협약이 있는 경우라도 1일에 2시간, 1주일에 6시간, 1년에 150시간을 초과하는 시간외근로를 시키지 못한다(근기법 제71조).

구 분	연장가능시간
㉠ 산후 1년이 경과하지 않은 여성근로자	1일 2시간, 1주 6시간, 1년에 150시간까지 연장근로 가능
㉡ 임신부	원칙적으로 불가능

③ 야간・휴일근로시간

구 분	야간・휴일근로
㉠ 산후 1년이 경과하지 않은 여성근로자	본인 동의와 고용노동부장관 인가로 가능
㉡ 임신부	본인의 명시적 청구와 고용노동부장관 인가로 가능

여기서 '휴일'이라 함은 주휴일과 근로자의 날(5월 1일), 공휴일(2022.1.1.부터 5인 이상 사업장)을 의미한다. 따라서 위의 휴일 이외에 노사가 정한 이른바 '약정휴일'에 임산부가 근로하는 경우에는 당해 근로자의 동의가 있으면 가능할 것이고, 노동부의 인가를 득하여

야 할 사항은 아니다(여원 68240-561, 2001.12.13.).

④ 벌칙

이를 위반하여 근로시킨 경우에는 2년 이하의 징역 또는 2천만원 이하의 벌금에 처한다(근기법 제110조). 또한 사용자가 임산부를 야간근로 시키기 위하여 노동부장관의 인가를 받기 전에 근로자의 건강 및 모성 보호를 위하여 그 시행 여부와 방법 등에 관하여 그 사업 또는 사업장의 근로자대표와 성실하게 협의하지 않은 경우에는 500만원 이하의 벌금에 처한다(근기법 제114조 제1호).

(3) 연소근로자

만 15세 이상 18세 미만인 자를 연소근로자라 하고, 이들의 심신 및 성장을 보호하기 위하여 다음과 같이 근로시간 규정을 적용하고 있다. 또한 15세 미만인 자가 취직인허증을 받은 경우에는 연소자의 근로시간 규정의 적용을 받는다.

① 법정근로시간

2018.7.1.부터 연소근로자는 1일에 7시간, 1주에 35시간을 초과하지 못한다.

② 연장근로시간

2018.7.1.부터 당사자 간의 합의에 의하여 1일에 1시간, 1주에 5시간을 한도로 연장근로를 할 수 있다. 이는 5인 미만 사업장에도 적용된다.

따라서 토요일이 무급휴무일인 경우 개정 전후를 비교하면 다음과 같다.

개정 전	개정 후
1일 7시간 월~금(5일) 근무 후 토요일 5시간 근무할 경우 연장근로에 해당 안 됨.	1일 7시간 월~금(5일) 근무 후 토요일 5시간 근무할 경우 연장근로에 해당하므로 50% 가산하여 지급해야 함.

③ 야간, 휴일근로시간

연소근로자 본인의 동의와 고용노동부장관의 인가를 얻은 경우에 야간, 휴일근로가 가능하다.

④ 벌칙

이를 위반하여 근로시킨 경우에는 2년 이하의 징역 또는 2천만원 이하의 벌금에 처한다(근기법 제110조). 또한 사용자가 18세 미만자를 야간근로 시키기 위하여 노동부장관의 인가를 받기 전에 근로자의 건강을 위하여 그 시행 여부와 방법 등에 관하여 그 사업 또는 사업장의 근로자대표와 성실하게 협의하지 않은 경우에는 500만원 이하의 벌금에 처한다(근기법 제114조 제1호).

⑤ Q&A

문제 **연소근로자의 1주 최대 근로시간은?**

해답

○ 18세 미만 연소근로자의 1주 최대 근로시간은 40시간으로 단축됨.
  * 종전에는 1주 최대 46시간(1주 40시간, 연장 6시간) 1일 7시간은 종전과 같지만, 1주 35시간과 연장근로 5시간을 초과할 수 없도록 축소함.

문제 **연소근로자가 1주 40시간 근로계약을 체결한 후 월~금까지 7시간씩 근로한 후 토요일에 5시간 근로하는 경우 연장수당을 받을 수 있나요?**

해답

○ 연소근로자의 1주 법정 근로시간 35시간과 5시간의 범위 내에서 연장근로가 가능
  - 월~금까지 1일 7시간 근로하여 1주 35시간을 근로하였다면 토요일근로 5시간은 연장근로에 해당하여 50% 가산수당을 받을 수 있음.
  - 다만, 휴일·야간근로의 경우 고용노동부장관의 인가를 받아야 함.

문제 **연소근로자가 같은 장소의 18세 이상근로자와 동일하게 월~금에 40시간을 근무하고, 일요일에 8시간 휴일근로를 할 수 있나요? 위법이라면 가산수당은 어떻게 되나요?**

해답

○ 연소근로자는 1주 법정 근로시간 35시간외에 연장근로 5시간을 초과할 수 없으므로 40시간을 초과한 근로는 근로기준법 제69조 위반임.

○ 다만, 법 제69조 위반과는 별개로 연소근로자가 일요일 8시간을 근로한 경우라면 휴일근로에 대하여 50% 가산하여 지급해야 함.
  - 휴일근로 가산수당은 18세 이상 근로자와 동일하게 1일 8시간 이내는 50%, 8시간을 초과한 근로는 100% 가산함(제56조 제2항).
  * 일요일이 휴일인 경우

항 목	1주						
요일	월	화	수	목	금	토	일 (휴)
실근로시간 (연장근로시간)	8 (1)	8 (1)	8 (1)	8 (1)	8 (1)	–	8 (8)
1주 총근로시간 (연장근로시간)	48 (13)						

* 월~금까지 1일 7시간을 초과한 1시간씩은 연장근로(5일×1시간=5시간)이고, 1주 35시간을 초과한 일요일 8시간은 휴일근로이자 연장근로에 해당(연장근로 13=5+8)

❑ **18세 미만 연소근로자 야간 및 휴일근로인가 처리 지침**(근로기준팀-7384, 2007.11.4.)

□ 야간 및 휴일근로인가서 신청자 및 처리관서

○ 신청자가 근로기준법상 사용자로 되어 있어 '사업주'의 개념과 명확히 구분

- 특히 패스트푸드점과 같은 전국적인 영업점을 가지고 있는 경우 각 지점장이 인가대상 근로자를 채용하여 임금 등의 근로조건 결정에 관해 직접 또는 위임받아 행위를 하고 있는 경우 지점장이 사용자가 될 것임.
- 또한 인가대상이 '18세 미만자'이므로 근로자 개개인에 대한 승인을 해야 하는 만큼 각 지점(사업장)별로 인가신청서를 처리하며, 부득이한 경우를 제외하고 본사에서 일괄 처리하는 것을 지양

□ 근로자대표에 대한 해석

○ 인가신청 시 근로기준법 제70조 제3항에 의거 근로자대표와 성실한 협의를 거치도록 되어 있으나, 이때 근로자대표 선정방법에 관해 별도 규정한 바 없으므로 근로기준법 제24조 제3항에 규정된 근로자대표 관련사항을 준용하여 처리하되,

- 근로자대표는 당해 사업장 18세 미만 연소근로자 중에서 선출하는 것이 아니라 전체 근로자 과반수 이상이 지지하는 자이면 되는 것임.
- 또한, 인가 시 협의를 거치도록 되어 반드시 당사자 간 의견이 일치되지 않아도 됨에도 합의서를 요구하는 사례가 있는바 협의를 거쳤다는 사실만으로 절차상 하자가 없음.

○ 주요 협의사항은 야업·휴일근로의 업무범위 및 실시 필요성, 근로자 보호방안, 작업형태 및 근무조 편성 등이며

- 최초 협의 후 18세 미만자가 발생할 때마다 협의할 필요는 없으나 업무내용, 근로방법 등 근무형태와 작업환경에 변동이 있어 야업 및 휴일근로에 영향이 미칠 경우 노사 간 새로이 합의를 하여야 할 것임.

□ 인가기간 명시

○ 인가기간에 대해 별도로 규정한 바 없으므로 일반적으로 1년 이내 범위에서 사업장에

서 요청하는 기간을 승인하면 될 것임(1년 이내 18세가 도래하는 경우 도래일 전일까지 승인).

□ 기타사항

○ 법 시행규칙 제12조에 따라 신청서와 함께 당해 근로자의 동의서 및 근로자대표와의 협의결과 사본만 첨부토록 되어 있으므로 불필요한 서류를 요구하는 사례를 지양하고, 다만 일부사업장에서 사업주(사용자) 임의로 근로자 대표를 선정하는 사례가 확인된 바, 업무처리 시 근로자대표의 정당성 여부는 반드시 확인해야 할 것임.

(4) 유해위험작업근로자

'유해 또는 위험한 작업'이란 잠함 · 잠수작업 등 고기압 아래에서 하는 작업을 의미한다.

① 법정근로시간

사업주는 유해하거나 위험한 작업으로서 잠함 또는 잠수작업 등 높은 기압에서 하는 작업에 종사하는 근로자에게는 1일 6시간, 1주 34시간을 초과하여 근로하게 하여서는 아니 된다.

② 연장가능시간

유해하거나 위험한 작업에 종사하는 근로자는 연장근로가 허용되지 않는다.

■ 근로기준법 시행규칙 [별지 제11호 서식] (2012.2.9. 개정)

[ ]임산부 [ ]18세미만인 자 의 [ ]야간 [ ]휴일 근로 인가 신청서

※ [ ]에는 해당되는 곳에 √ 표시를 합니다.

접수번호	접수일	처리기간 3일

신청인	사업장명	사업의 종류
	대표자 성명	생년월일
	소재지 (전화번호:)	

신청내용	신청이유		
	사유발생일		종사업무
	인가기간		근로형태
	인가대상 근로자수	야간근로	명 (남 명, 여 명)
		휴일근로	명 (남 명, 여 명)

「근로기준법」 제70조 제2항 단서와 같은 법 시행규칙 제12조 제1항에 따라 위와 같이 {[ ] 임산부, [ ] 18세 미만인 자}의 {[ ] 야간, [ ] 휴일}근로에 대한 인가를 신청합니다.

년 월 일

신청인 (서명 또는 인)

대리인 (서명 또는 인)

○○지방고용노동청(지청)장 귀하

첨부서류	1. 해당 근로자의 동의서나 청구서 사본 2. 법 제70조 제3항에 따른 근로자 대표와의 협의 결과 사본	수수료 없음

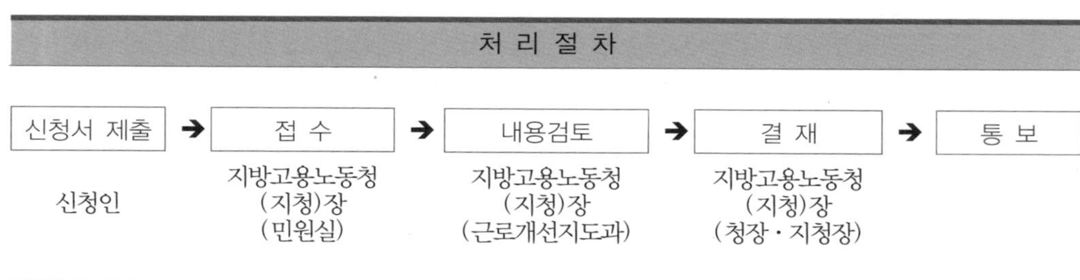

210mm×297mm[일반용지 70g/㎡(재활용품)]

④ 소정근로시간 및 휴게시간

(1) 소정근로시간

① 개념

소정근로시간이란 법정근로시간의 범위 내에서 근로자와 사용자 간에 근로하기로 정한 시간을 의미한다. 따라서 법정근로시간인 주 40시간보다 적게 근로계약을 체결해도 된다.

② 단시간근로자의 연장근로 가산수당

따라서 소정근로시간을 초과하여 근무하더라도 총근로시간이 법정근로시간 이내이면 연장근로시간에 해당되지 않는다. 이를 '법내초과근로'라고 한다. 그러나 2014.9.19.부터는 단시간근로자의 경우 법내초과근로라고 하더라도 소정근로시간을 초과하는 근로에 대해서 통상임금의 50% 이상 가산임금을 지급하도록 시행되었다.

(2) 휴게시간

① 휴게시간의 개념

휴게란 근로일의 근로시간 중에 사용자의 지휘・명령으로부터 완전히 벗어나 근로자가 자유로이 이용할 수 있는 시간을 말한다. 따라서 사용자의 지휘・명령이 완전히 배제되지 않는 대기시간 등은 휴게시간이 아니다.

근로시간이 4시간인 경우에는 30분 이상, 8시간인 경우에는 1시간 이상의 휴게시간을 근로시간 도중에 부여해야 한다.

② 휴게시간과 임금

휴게시간은 근로시간에 포함되지 않으므로 휴게시간에 대해서는 임금을 지급하지 않아도 된다. 그러나 유급으로 자유롭게 이용하던 휴게시간을 사용자가 일방적으로 무급으로 변경하는 것은 근로조건 저하에 해당된다(근로기준과-4222, 2005.8.12.).

대부분의 기업에서는 휴게시간을 별도로 설정하지 않고 점심식사 시간을 휴게시간으로 부여하고 있는데 이것도 가능하다.

③ 휴게시간의 부여시간

휴게시간은 근로시간이 4시간인 경우에는 30분 이상 8시간인 경우에는 1시간 이상의 휴게시간을 근로시간 도중에 주도록 규정되어 있는바, 실근로시간이 8시간 미만인 경우에는

휴게시간을 30분 이상 근로시간 도중에 실시하는 것은 근로기준법 위반이 되지 않는다(근기 01254-13728, 1988.9.7.).

④ 휴게시간의 부여방법

휴게시간은 근로시간이 4시간인 경우에는 30분 이상 8시간인 경우에는 1시간 이상의 휴게시간을 근로시간 도중에 주도록 규정하고 있는바, 동 제도는 적절한 휴게를 부여함으로써 근로자의 건강보호, 작업능률의 증진 및 재해방지에 그 목적이 있는 것이므로 휴게시간을 일시적으로 부여함이 휴게제도의 취지에 부합되나, 작업의 성질 또는 사업장의 근로조건 등에 비추어 사회통념상 필요하고도 타당성이 있다고 일반적으로 인정되는 범위 내에서 휴게제도 본래의 취지에 어긋나지 않는 한 휴게시간을 분할하여 주어도 무방할 것이다(근기 01254-884, 1992.6.22.).

학원강사의 매 50분 강의 후의 10분 휴식시간의 이용이 자유롭다면 휴게시간으로 볼 수 있다(근기 68207-2676, 2002.8.9.).

1일 8시간을 초과하여 연장근로 시 휴게시간 부여 의무가 있다(근로조건지도과-722, 2009.2.6.).

⑤ 벌칙

사용자가 휴게를 주지 않는 경우 또는 휴게를 주더라도 자유롭게 이용하게 하지 않는 경우에는 2년 이하의 징역 또는 2천만원 이하의 벌금에 처한다(근로기준법 제110조).

예규 Point

- ❑ 휴게시간은 근로시간 4시간의 경우 30분 이상 근로시간 중에 근로자가 자유로이 이용할 수 있어야 하는 바, 작업의 진행상황에 따라 근로자가 미리 작업개시 전에 휴게시간을 명백히 구분할 수 있는 상황에 있고 그 시간중에 사용자의 지휘감독을 벗어나 자유로이 사용할 수 있다면 휴게시간으로 보아야 할 것이나 사용자로부터 언제 취로 요구가 있을지 불명한 상태에서 대기하는 시간은 휴게시간으로 볼 수 없고 근로시간으로 보아야 함(근기 01254-12495, 1987.8.5.).
- ❑ 국가시험 편집 및 인쇄를 담당하는 근로자의 근로시간 및 휴게시간 인정 등에 관하여, 국가시험 보안상 합숙출제 기간 중 일부 장소적 제약이 있는 경우에도 근로시간과 휴게시간이 명백히 구분되고 근로자가 독립적으로 휴게 또는 수면할 공간이 확보되어 이를 자유롭게 이용할 수 있는 시간의 경우에는 휴게시간으로 볼 수도 있을 것으로 사료됨(근로기준정책과-3713, 2015.8.12.).

(3) 대기시간

작업을 위하여 근로자가 사용자의 지휘 · 감독 아래에 있는 대기시간 등은 근로시간으로 본다. 따라서 대기시간은 근로자가 사용자의 지휘 · 명령하에 놓여 있는지 아니면 그 시간을 자유롭게 이용할 수 있는지의 여부에 따라 휴게시간인지 아니면 근로시간인지의 여부가 결정된다.

따라서 대기시간 중에 사업장 밖으로 나갈 수 없지만 사용자의 지휘 · 감독을 벗어나 자유로이 이용할 수 있다면 이는 휴게시간으로 인정할 수 있다(근기 68207-3298, 2000.10.25.).

그러나 사용자로부터 언제 취로요구가 있을지 불명한 상태의 대기시간은 휴게시간으로 볼 수 없고 근로시간으로 보아야 한다(근기 01254-12495, 1987.8.5.).

판례사례

- ❑ 근로자가 작업시간의 도중에 현실로 작업에 종사하지 않은 대기시간이나 휴식 · 수면시간 등이라 하더라도 그것이 휴게시간으로서 근로자에게 자유로운 이용이 보장된 것이 아니고 실질적으로 사용자의 지휘 · 감독하에 놓여 있는 시간이라면 이는 근로시간에 포함된다고 할 것이다. 일부 경비원들이 작성한 확인서들을 근거로 하여 점심 및 저녁식사를 위한 휴게시간 심야의 수면시간을 인정할 것이 아니라, 점심 · 저녁식사 및 심야시간의 근무실태에 대하여 구체적으로 심리해 본 후 사용자인 피고의 지휘명령으로부터 완전히 해방되어 원고들의 자유로운 이용이 보장된 식사시간 및 수면시간이 주어진 것으로 인정되는 경우에 한하여 그 시간만을 실제 근로시간에서 제외하였어야 할 것임(대법원 2006다41990, 2006.11.23.).
- ❑ 고소인(고시원 총무)들에게 휴게시간으로 사용할 수 있는 구체적 시간을 미리 정하여 주지 않은 점, 방문자나 새로운 세입자가 찾아오는 것은 정해진 시간이 있는 것이 아니므로 고시원을 벗어나지 않고 자리를 지키고 있어야 하는 점, 피고인은 특별한 시간의 제약이 없이 그때 그때 필요한 업무지시를 고소인들에게 하였고, 고소인들은 피고인의 돌발적인 업무지시를 이행하였던 점 등을 감안하면, 고소인들이 특별한 업무가 없어 휴식을 취하거나 공부를 하는 등으로 시간을 보냈다고 하더라도, 그 시간은 피고인의 지휘명령으로부터 완전히 해방되고 자유로운 이용이 보장되는 휴게시간이 아니라 근로를 위한 대기시간에 해당한다고 봄이 타당(서울중앙지법 2017노922, 2017.6.23.)
- ❑ 근로자가 작업시간 도중에 현실로 작업에 종사하지 않은 대기시간이나 휴식 · 수면시간 등이라 하더라도 그것이 휴게시간으로서 근로자에게 자유로운 이용이 보장된 것이 아니고, 실질적으로 사용자의 지휘 · 감독 아래 놓여 있는 시간이라면 근로시간에 포함된다. 야간휴게시간에 근무초소(경비실) 내의 의자에 앉아 가면상태를 취하면서 급한 일이 발생할 시 즉각 반응하도록 지시한 점, 야간휴게시간에 근무초소(경비실) 내의 조명을 켜 놓도록 한 점, 야간휴게시간에 피고의 지시로 시행된 순찰업무는 경비원마다 매번 정해진 시간에 이루어지지 않았고, 이로 인하여 나머지 휴게시간의 자유로운 이용이 방해된 것으로 보이는 점 등을 종합하여 보면, 원고(아파트 경비원)들의 야간휴게시간은 자유로운 이용이 보장되는 휴식 · 수

면시간으로 보기 어렵고, 혹시 발생할 수 있는 긴급 상황에 대비하는 대기시간으로 볼 여지가 충분하다(대법원 2016다243078, 2017.12.13.).

5 근로시간 및 휴게시간의 특례

(1) 의의

일반 공중의 생활상 불편을 초래하거나 사업목적의 달성이 어렵게 되는 경우에 근로자대표와 서면합의를 통해 예외적으로 근로기준법 제53조(연장 근로의 제한)에서 정하고 있는 연장근로한도(1주 12시간)를 초과하여 근로를 할 수 있도록 하거나 근로기준법 제54조(휴게)에서 정하고 있는 휴게시간을 변경할 수 있도록 하는 제도이다.

❑ 2018.2.28. 국회통과 개정 근로기준법 : 근로시간 특례업종 축소

1. 개정 취지

근로자대표와 서면합의를 하면 연장근로의 한도(1주 12시간)가 적용되지 않아 장시간 노동의 주요 원인으로 지적되어 온 특례업종이 현행 26개 업종에서 5개 업종으로 축소. 또한, 존치되는 5개 업종에 대해서도 근무일간 11시간의 연속 휴식시간을 보장하는 보완장치 마련을 통해 장시간 노동으로부터 노동자의 휴식권과 건강권 확보가 가능

2. 개정 내용 등

(1) 개정

① "근로시간 특례" 업종 축소 적용(근기법 제59조 제1항)

② 근로 종료 후 다음 근로 개시 전까지 연속하여 11시간 이상의 휴식시간 부여 의무(근기법 제59조 제2항)

(2) 특례존치(5개)

① 육상운송업(「여객자동차 운수사업법」의 노선여객자동차운송사업 제외) ② 수상운송업, ③ 항공운송업, ④ 기타 운송관련 서비스업, ⑤ 보건업

(3) 특례제외(21개)

① 보관 및 창고업, ② 자동차 및 부품판매업, ③ 도매 및 상품중개업, ④ 소매업, ⑤ 금융업, ⑥ 보험 및 연금업, ⑦ 금융 및 보험 관련 서비스업, ⑧ 우편업, ⑨ 전기통신업, ⑩ 교육서비스업, ⑪ 연구개발업, ⑫ 시장조사 및 여론조사업, ⑬ 광고업, ⑭ 숙박업, ⑮ 음식점 및 주점업, 영상·오디오 기록물 제작 및 배급업, 방송업, 건물·산업설비 청소 및 방제서비스업, 하수·폐수 및 분뇨처리업, 사회복지서비스업, 미용·욕탕 및 유사서비스업

3. 시행시기
   (1) 제1항 개정 : 2018.7.1.부터 시행
   (2) 제2항 개정 : 2018.9.1.부터 시행
4. 벌칙
   제2항

(2) 특례적용대상 사업

「통계법」 제22조 제1항에 따라 통계청장이 고시하는 산업에 관한 표준의 중분류 또는 소분류 중 다음 각 호의 어느 하나에 해당하는 사업에 대하여 사용자가 근로자대표와 서면으로 합의한 경우에는 제53조 제1항에 따른 주 12시간을 초과하여 연장근로를 하게 하거나 제54조에 따른 휴게시간을 변경할 수 있다(근로기준법 제59조 제1항).

㉠ 육상운송 및 파이프라인 운송업. 다만,「여객자동차 운수사업법」 제3조 제1항 제1호에 따른 노선여객자동차운송사업 제외
㉡ 수상운송업
㉢ 항공운송업
㉣ 기타 운송관련 서비스업
㉤ 보건업

또한 2018.9.1.부터 사용자는 근로일 종료 후 다음 근로일 개시 전까지 근로자에게 연속하여 11시간 이상의 휴식 시간을 주어야 한다(근로기준법 제59조 제2항). 이를 위반 시에는 2년 이하의 징역이나 2천만원 이하의 벌금을 부과한다.

① 근로시간 특례업종의 판단기준

통계청 고시 "한국표준산업분류표"를 기준으로 업종을 분류한다.

통계청: https://kssc.kostat.go.kr(통계분류포털) → 경제부문 → 한국표준산업분류 → 분류검색 → 검색(종목 등을 입력)

② 근로시간의 특례 유지 업종 축소 (26개 → 5개)

2018.7.1.부터 특례업종의 범위가 다음과 같이 축소된다.

종전: 특례제외업종 21개	개정: 특례유지업종 5개
자동차 및 부품판매업(45), 도매 및 상품중개업(46), 소매업(47), 보관 및 창고업(521), 금융업(64), 보험 및 연금업(65), 금융 및 보험관련 서비스업(66), 우편업(611), 교육서비스업(85), 연구개발업(70), 숙박업(55), 음식점 및 주점업(56), 광고업(713), 시장조사 및 여론조사업(714), 건물・산업설비 청소 및 방제서비스업(742), 미용, 욕탕 및 유사서비스업(961), 영상・오디오 및 기록물제작 및 배급업(59), 방송업(60), 전기통신업(612), 하수・폐수 및 분뇨처리업(37), 사회복지서비스업(87)	육상운송업(49)*, 수상운송업(50), 항공운송업(51), 기타 운송관련 서비스업(529), 보건업(86) * 육상운송업 중 노선여객자동차운송사업은 제외

※ 괄호 안의 숫자는 한국표준산업분류에 따른 중분류(2자리) 또는 소분류(3자리) 코드임.

(3) 근로자대표와 서면합의

사용자가 근로자대표와 서면으로 합의하여 실시할 수 있으며 개별 근로자의 동의는 필요로 하지 않는다. 따라서 당해 사업 또는 사업장에 근로자 과반수로 조직된 노동조합이 있는 경우에는 그 노동조합을 말하며, 근로자의 과반수로 조직된 노동조합이 없는 경우에는 근로자 과반수를 대표하는 자를 말한다.

구 분	노동조합 있는 경우	노동조합 없는 경우
① 근로기준법상 근로자대표	근로자 과반수 조직된 노동조합	근로자대표 1인(이상)
② 근로자퇴직급여보장법상 근로자대표		근로자 과반수

(4) 연장근로제한 배제 및 휴게시간 변경 등

특례대상 사업에 해당하고 근로자대표와 서면합의를 한 경우의 특례 내용은 다음과 같다.

① 연장근로제한의 배제

특례가 적용되는 근로자에 대해서는 연장근로 제한시간인 주당 12시간을 초과하여 한도

없이 연장근로를 할 수 있다. 단, 연소자 · 임신부, 유해위험작업근로자의 경우에는 이 규정이 적용되지 않으므로 여전히 연장근로가 제한된다.

또한 탄력적 · 선택적 근로시간제에서는 연장근로제한의 배제가 적용되지 않는다.

그리고 특례가 적용되어 주 12시간을 초과 근무하는 경우 연장근로수당 등의 가산임금은 지급해야 한다.

② 휴게시간의 변경

휴게시간은 부여하되 그 시각을 변경할 수 있는 것을 의미하므로 4시간 근로인 경우 30분, 8시간 근로인 경우 1시간의 휴게시간 자체를 단축하거나 부여하지 않는 것은 아니다.

③ 연장 · 야간 · 휴일근로 및 휴가 적용

특례대상에 해당한다 하더라도 연장 · 야간근로임금 및 가산임금, 휴일 · 휴가 관련 조항 등 「근로기준법」의 다른 규정들은 적용된다.

(5) Q&A[3)]

문제 **상시근로자 300인 이상 사업장 중 근로시간 특례업종에서 제외되는 21개 업종은 주 52시간이 '19.7.1.부터 적용된다고 알고 있음. 특례 제외 21개 업종에 해당하나 특례제도를 도입하지 않은 사업장도 '19.7.1.부터 52시간을 적용받는지요?**

해답

개정 근로기준법 부칙 제1조 제2항 제1호는 「제59조의 개정규정에 따라 근로시간 및 휴게시간의 특례를 적용받지 않게 되는 업종의 경우 2019년 7월 1일」이라고 규정하고 있으므로, 상시근로자 300인 이상이면서 특례제외 업종 21개에 해당하면 실제 특례제도를 도입하고 있었는지 여부와 관계없이 1주 최대 52시간 근로는 '19.7.1.부터 적용됨.

문제 **상시근로자 300인 이상이면서 특례업종에서 제외되는 업종의 사업장은 '19.6.30.까지 근로시간 특례가 유지된다는 의미인지요?**

해답

○ 개정 근로기준법 제59조에 따라 사업장 규모와 관계없이 특례 유지업종 5개를 제외하고는 '18.7.1.부터 특례업종에서 제외됨.
○ 그러나, 주 52시간 단축과 관련해서는 개정법 부칙에서 특례제외 업종의 경우 300인 이상이라 하더라도 '18.7.1.이 아니라 '19.7.1.부터 적용토록 함.
○ 따라서, 21개 업종 중 300인 이상 사업장은 '18.7.1.부터 '19.6.30.까지 1주 최대 68시간(또는

3) 고용노동부 개정 근로기준법 설명자료(2018.5.) 참조

60시간)까지 근로는 가능하고, '19.7.1.부터 1주 52시간이 적용됨.

○ 즉, '19.6.30.까지 근로시간이 무제한 허용되는 근로시간 특례가 유지된다는 의미는 아님.

[주 최대 근로시간]

업종 및 규모 \ 시기		~'18.6.30.	'18.7.1.~ '19.6.30.	'19.7.1.~ '19.12.31.	'20.1.1.~ '21.6.30.	'21.7.1.~
특례제외 21개	300인 이상	제한 없음	68시간 (60시간)	52시간	52시간	52시간
	50~299인	제한 없음	68시간 (60시간)	68시간 (60시간)	52시간	52시간
	5~49인	제한 없음	68시간 (60시간)	68시간 (60시간)	68시간 (60시간)	52시간
특례유지 5개		제한 없음				

문제 하나의 사업에 특례업종과 아닌 업종(근로시간 적용 업종)을 같이 수행하는 경우, 특례업종에 해당하는지는 어떻게 판단하나요?

해답

○ 하나의 사업장에 특례업종을 포함하여 여러 업종이 혼재되어 있는 경우라면 '주된 업종'에 따라 적용 여부를 결정함. 주된 업종은 사업의 목적과 주된 사업영역이 무엇인지에 따라 판단하되, 직종별 근로자수, 분야별 매출액 등을 종합적으로 고려함.

○ 예컨대 일부는 '화물운송업'(유지업종)에 해당하지만 대다수 근로자 분포나 매출액, 사업목적 등을 고려할 때 주된 업종이 '도매업'(제외 업종)이라면 해당 사업장은 근로시간 특례를 적용할 수 없음.

문제 근로시간 특례를 적용할 수 있는 기준은 사업장의 업종 기준인지, 아니면 근로자의 담당업무 기준인지요?

해답

○ 근로기준법 제59조는 일부 '사업'에 대하여 근로시간 및 휴게시간의 특례를 규정하고 있고, 근로자 직무별로 적용 여부를 규정하고 있지 아니하므로 – 법 제59조 각 호의 하나에 해당하는 사업은 근로자의 직무에 관계없이 소속 근로자 전체를 대상으로 특례규정을 적용 가능함. 또한, 근로자대표와의 서면합의를 통하여 일부 직무의 근로자만 적용하는 것도 가능함.

> (사례) 수상운송업 사업장에서 직접 운송 업무에 종사하지 않는 사무직 근로자에게 특례 적용하지 않을 수 있는지 여부
>
> ☞ 주된 사업이 수상운송업인 경우 그 사업장 전체 근로자가 특례적용대상이 되나, 근로자대표와 서면 합의를 통하여 운송종사자만을 대상으로 근로시간 특례를 적용하고, 사무직 근로자는 특례를 적용하지 않을 수 있음.

문제 우리 사업장이 제59조의 근로시간 특례에 해당하는 업종인지는 어떻게 알 수 있는지요?

해답

해당 사업장의 주된 업종이 통계청 고시 "한국표준산업분류표"를 기준으로 어느 업종에 해당하는지 확인

* 사업자 등록증 예시: 업태 (기타 운송관련 서비스업), 종목 (선박 임대)

* 통계청: https://kssc.kostat.go.kr (통계분류포털) → 경제부문 → 한국표준산업분류 → 분류검색 → 검색(종목 등을 입력)

문제 근로시간 특례 도입 사업장은 '근로일 종료 후 다음 근로일 개시 전' 연속하여 11시간 이상의 휴식 시간을 주어야 하는데 '근로일 종료'는 어떻게 판단해야 하는지요?

해답

○ 연속휴식시간 부여의 취지가 근로와 다음 근로 사이에 최소한의 휴식권을 보장하기 위한 것임을 고려할 때, - 11시간 연속 휴식시간 부여 시 '근로일 종료'란 '해당 근로일의 근로가 종료된 때'를 의미하는 것으로 해석하는 것이 타당함.

○ 현행 행정해석도 1일의 근로가 익일로 넘어가더라도, 다음날의 근무개시 시간 전까지는 당일의 연장근로로 보는 등 근로일을 역일에 의한 24시간으로 해석하지 않고 있음.

- 만약 근로일을 역일에 의한 24시간(00:00부터 24:00까지)으로 보고, 근로일 종료를 24:00로 해석한다면 다음 근로일 개시는 00:00이 되고, 이는 근로일 종료와 다음 근로일 개시가 같은 시점을 의미하므로 그 사이에 연속 휴식시간을 부여할 수 있는 시간이 없게 됨.

○ 따라서 근로자대표와 서면합의를 통해 특례제도를 도입한 경우 해당 근로일의 근로가 종료된 때부터 다음 근로일의 근무개시 시간 전까지 11시간의 연속휴식시간을 부여하면 됨.

예를 들어, 근로시간 특례를 도입한 사업장의 교대제 근로자가 4.1. 02:00에 퇴근하였다면, 같은 날 13:00까지 휴식시간을 부여하여야 함.

문제 특례 유지 업종은 모두 11시간 연속 휴식시간을 부여해야 되나요?

해답

○ 법 제59조 제2항의 연속 11시간 휴식 부여는 근로자대표와 서면합의로 적법하게 근로시간 특례를 도입한 사업장의 근로자에게 적용됨.

* 연속 11시간 휴식 적용: '18.9.1.

○ 따라서 특례업종 사업장이더라도 특례제도를 도입하지 않았다면 연속 11시간의 휴식시간을 주어야 하는 것은 아님.

(예시1) 항공운송업 사업장으로 근로시간 특례 유지 업종에 해당하지만 특례는 도입하지 않은 경우에도 근로자에게 연속 11시간 휴식을 주어야 하는지 여부

☞ 근로시간 특례를 도입한 경우에는 전 근로자에게 연속 11시간 휴식시간을 주어야 특례를 도입하지 않은 경우에는 연속 11시간 휴식부여가 적용되지 않음(1주 최대 52시간 적용).

(예시2) 수상운송업 사업장에서 근로자 대표와 서면합의로 '운전직'만 특례를 도입한 경우 사무직도 연속 11시간 휴식을 주어야 하는지 여부

☞ 운전직만 특례를 도입한 경우 운전직은 연속 11시간 휴식을 주어야 하지만, 특례를 도입하지 않은 사무직은 연속 휴식부여가 적용되지 않음(사무직 등은 1주 최대 52시간 적용).

문제 **특례 유지 업종 5개에 해당하는 사업장이며, '18.7.1. 전부터 특례를 도입하고 있음. '18.9.1. 이후에 연속휴식 보장이 추가되었는데 근로시간 특례를 계속 적용하려면 근로자 대표와 서면 합의를 다시 해야 하는지요?**

해답

○ 근로기준법 제59조 제2항에 따른 연속 11시간 이상 휴식부여는 근로시간 특례적용 근로자의 휴식권을 보장하기 위하여 사업주에게 부여된 의무임.
  - 법 개정 이전에 근로자 대표와 서면 합의를 통해 근로시간 특례를 적용하고 있었다면 법 개정을 이유로 다시 합의할 필요는 없음. 다만, 취업규칙을 변경하는 경우에는 변경 절차를 준수하여야 함.

문제 **1주 52시간 시행시기가 '18.7.1.인 공공기관이지만, 근로시간 특례제외 업종에 해당할 경우 1주 52시간이 적용되는 시기는 언제인가요?**

해답

○ 표준산업분류표상 국가, 공공기관의 업종 중 규제와 집행 사무를 수행하는 기관은 공공행정기관에 해당하나, 특정 산업 활동을 수행하는 정부기관은 특정 산업에 따르도록 함.
  - 일반 행정에 관한 규제와 집행 사무를 제외한 운수, 통신, 교육, 보건, 제조, 유통 및 금융 등의 특정 사업을 운영하는 정부기관은 그 산업 활동에 따라 해당 특정 산업에 각각 분류(표준산업분류표 해설서, 공공 행정 등)

○ 따라서 공공기관 중 특례에서 제외되는 21개 업종에 해당하는 교육, 금융 등의 기관은 '19.7.1.에 주52시간이 적용됨(법 부칙 제2조 제1항 제7호). 따라서, '18.7.1.~'19.6.30.까지는 주 최대 68시간(또는 60시간)이 적용됨.

6 근로시간 · 휴게 · 휴일 적용의 예외

(1) 의의

① 적용제외 근로자의 범위

「근로기준법」 제63조에서는 다음의 하나에 해당하는 근로자에 대하여 근로시간, 휴게 및 휴일에 관한 규정을 적용하지 않는다고 규정하고 있다. 이는 사업의 성질 또는 업무의 특수성으로 인하여 근로시간이나 휴일 등을 적용하기 어려운 경우를 예상한 것이다.

- 토지의 경작 · 개간, 식물의 식재 · 재배 · 채취 사업, 그 밖의 농림사업주)
- 동물의 사육, 수산 동식물의 채취 · 포획 · 양식사업, 그 밖의 축산, 양잠, 수산사업주)
- 감시(監視) 또는 단속적(斷續的)으로 근로에 종사하는 자로서 사용자가 고용노동부장관의 승인을 받은 자
- 관리 · 감독업무 및 기밀취급업무 종사자

주) 천일염제조업(대법원 66다695, 1966.7.26.), 수산사업(대법원 66다592, 1966.6.7.), 양송이 재배채취업(기준 1455.9-5824, 1968.6.13.), 축산업(근기 145-19610, 1981.6.24.) 등이 해당되며 수협위판장 부두근로자(법무 811-20710, 1987.5.4.), 엽연초 생산지도사(법무 811-15657, 1980.6.30.) 등은 해당되지 않음.

예규 Point

근로기준법 제63조 제2호에서 규정하고 있는 사업은 기상이나 기후 등에 밀접하게 관련되어 근로시간 및 휴일, 휴게 등을 획일적으로 적용하기가 곤란하여 법 적용을 제외하도록 한 입법취지에 비추어 볼 때 K축산진흥원은 해당 근로자들의 근무형태가 자연 방목이 아닌 돈사 · 우리 등에 가축을 가두어 사료를 주어 사육하는 등 기상이나 기후 등 자연적 조건에 영향을 받는다고 보기 어렵고 근로시간도 다른 직종의 근로자와 동일하게 통상근무시간이 09 : 00~18 : 00까지로 운영되고 있어 근로시간 및 휴게 · 휴일 등의 적용을 제외할 만한 사업으로 볼 수는 없을 것이다. 즉, 사업종류 및 해당 업무의 근무형태 등을 고려해 볼 때 근로기준법 제63조의 규정에 의한 근로시간 및 휴게 · 휴일 등의 적용제외사업으로 인정되기는 곤란할 것이다(임금근로시간정책팀-661, 2006.3.22.).

② 적용제외 범위

적용제외되는 조항은 「근로기준법」 제50조의 근로시간, 제53조의 연장근로, 제54조의 휴게, 제55조의 휴일, 제56조의 연장근로 및 휴일근로에 대한 가산임금, 제58조의 근로시간

및 휴게시간의 특례, 제69조의 연소근로자의 근로시간, 제71조의 산후 1년 미만 여성근로자의 시간외근로에 관한 규정이다.

따라서 근로시간 및 연장근로시간의 제한규정과 관계없이 장시간 근로를 시킬 수도 있고, 연장근로가산수당을 지급하지 않아도 된다. 또한 휴게시간을 「근로기준법」 규정대로 부여하지 않아도 된다.

또한, 주 1회의 유급휴일을 부여하지 않아도 되며, 휴일근로가산수당을 지급하지 않아도 된다.

③ 적용되는 범위

야간근로에 대한 가산임금은 지급해야 하며, 연소자와 여성근로자에 대한 야간 및 휴일근로에 대한 규정은 적용된다. 그리고 근로자의 날, 연차휴가, 생리휴가, 출산전후 휴가도 적용된다.

(2) 감시 · 단속적 근로자

① 의의

감시적 근로는 수위, 경비원, 물품감시원, 계수기 검침원 등과 같이 감시업무를 주 업무로 하며 상태적으로 정신적 · 육체적 피로가 적은 업무를 말한다. 그리고 단속적 근로는 근로의 형태가 간헐적 · 단속적으로 휴게시간 또는 대기시간이 많은 업무를 말한다.

감시 · 단속적 업무가 다른 일반 근로자의 업무에 비해 노동력의 밀도가 낮고 신체적 피로나 정신적 긴장이 매우 적으나 일반 근로와의 차이를 구분하는 것이 어렵기 때문에 이의 엄격한 적용을 위하여 고용노동부장관의 승인을 얻어야 한다.

| 구체적인 근로자의 범위 |

구 분	근로자의 범위
감시적 근로자	경비원(공동주택, 건물 등), 물품감시원, 수위 등
단속적 근로자	기계수리공, 보일러공, 학교 당직대체요원 등

② 고용노동부장관의 승인 요건

감시 · 단속적 근로자자 근로시간 · 휴게 · 휴일 적용의 예외를 인정받으려면 고용노동부장관의 승인을 득하여야 한다. 여기서 감시 · 단속적 근로자의 근로시간은 일정기간(주 또는 월 등)의 평균적 개념으로 산정한다.

㉠ 감시적 근로에 종사하는 자의 적용제외 승인

감시적 근로에 종사하는 자의 적용제외 승인은 다음 각 호의 기준을 모두 갖춘 경우에 한한다.

1. 수위・경비원・물품감시원 또는 계수기감시원 등과 같이 심신의 피로가 적은 노무에 종사하는 경우. 다만, 감시적 업무이기는 하나 잠시도 감시를 소홀히 할 수 없는 고도의 정신적 긴장이 요구되는 경우는 제외한다.
2. 감시적인 업무가 본래의 업무이나 불규칙적으로 단시간 동안 타 업무를 수행하는 경우. 다만, 감시적 업무라도 타 업무를 반복하여 수행하거나 겸직하는 경우는 제외한다.
3. 사업주의 지배하에 있는 1일 근로시간이 12시간 이내인 경우 또는 다음 각 목의 어느 하나에 해당하는 격일제(24시간 교대) 근무의 경우
   가. 수면시간 또는 근로자가 자유로이 이용할 수 있는 휴게시간이 8시간 이상 확보되어 있는 경우
   나. 가목의 요건이 확보되지 아니하더라도 공동주택(「주택법 시행령」 제2조 제1항 및 「건축법 시행령」 별표 1 제2호 가목부터 라목까지 규정하고 있는 아파트, 연립주택, 다세대주택, 기숙사) 경비원에 있어서는 당사자 간의 합의가 있고 다음 날 24시간의 휴무가 보장되어 있는 경우

㉡ 단속적 근로에 종사하는 자의 적용제외 승인

단속적 근로에 종사하는 자의 적용제외 승인은 다음 각 호의 기준을 모두 갖춘 경우에 한한다.

1. 평소의 업무는 한가하지만 기계고장 수리 등 돌발적인 사고발생에 대비하여 대기하는 시간이 많은 업무인 경우
2. 실근로시간이 대기시간의 반 정도 이하인 업무로서 8시간 이내인 경우. 다만, 격일제(24시간 교대) 근무인 경우에는 당사자 간의 합의가 있고 다음 날 24시간의 휴무가 보장되어야 한다.
3. 대기시간에 근로자가 자유로이 이용할 수 있는 수면 또는 휴게시설이 확보되어 있는 경우

③ 적용제외 승인 신청 절차

감시·단속적 근로자에 대한 적용제외 승인을 받으려면 『감시·단속적 근로자에 대한 적용제외 승인 신청서』, 승인대상 근로자의 『근로계약서』, 『근로실태확인서』, 『근로자 동의서』 등의 서류를 지방노동관서의 근로감독관에게 제출하여야 한다.

> **참고**
>
> 감시 또는 단속적 근로를 주로 하는 업무 내용과 근로형태의 특수성 등을 감안하여 당사자 사이에 근로자의 실제 근무일이나 근무시간에 관계없이 매월 일정액을 기본월급, 출근제수당, 근속수당 등의 명목으로 지급하기로 하는 포괄임금제의 임금지급약정을 체결한 경우 근로자에게 불이익하지 않은 경우에는 유효하다(울산지법 2004.6.10. 선고, 2004나704 판결).

④ 고용노동부장관의 승인의 효력

고용노동부장관의 승인을 얻으면 유급주휴일 부여, 연장근로가산수당·휴일근로가산수당의 지급의무가 없다. 단, 야간근로가산수당은 지급하여야 한다.

(3) 관리·감독업무 및 기밀취급업무 종사자

① 관리·감독업무 종사자

관리·감독적 지위에 있는 자에 해당하는가의 여부는 각 사업장의 실태와 입법취지에 따라 구체적으로 판단해야 한다.

즉, 사업장 내의 형식적인 직책에 불구하고 출·퇴근 등에 대하여 엄격한 제한을 받고 있는지 여부, 노무관리방침의 결정에 참여하거나 노무관리상의 지휘권한을 가지고 있는지의 여부, 그 지위에 따른 특별수당을 받고 있는지의 여부 등을 종합적으로 검토하여 판단한다(근기 01254-5562, 1987.4.6.).

예규 Point

- ❑ 아파트 관리소장으로서 아파트 관리업무를 총괄적으로 관리·감독하는 업무에 종하는 자라면, 달리 볼 사정이 없는 한 근로기준법 제5장에서 정한 근로시간, 휴게와 휴일에 관한 규정이 적용제외되어 시간외근무수당 지급대상이 아니다(근로기준과-2528, 2005.5.9.).
- ❑ 근로시간·휴게·휴일 적용의 예외가 인정되는 관리·감독업무 및 기밀취급업무 종사자는 근로조건의 결정 기타 노무관리에 있어서 경영자와 일체적인 지위에 있는 자로서 사업장 내 형식적인 직책에 불구하고 출퇴근 등에 있어서 엄격한 제한을 받는지 여부, 노무관리방침의 결정에 참여하거나 노무관리상의 지휘권한을 가지고 있는지 여부, 그 지위에 따른 특별수당을 받고 있는지 여부 등을 종합적으로 검토 판단하여야 할 것이다. 따라서 이와 같은 기준에 따라 관리·감독업무에 종사하는 근로자로 볼 수 있는 경우가 아니라면 간부사원일지라도 「근로기준법」에 의한 연장근로 시 통상임금의 50% 이상을 가산하여 임금을 지급하여야 한다(임금근로시간정책팀-2698, 2006.9.12.).

② 기밀취급업무 종사자

기밀취급업무 종사자란 비서 기타 직무가 경영자 또는 감독 혹은 관리의 지위에 있는 자의 활동과 일체불가분적인 자로서 엄격한 근로시간관리에 적합하지 아니한 자를 말하며 반드시 비밀서류를 취급할 것을 의미하지는 아니한다. 어떠한 자가 이에 해당하는지 여부에 대해서는 직무내용과 근로시간관리라는 2개의 기준에 따라 각 기업의 실태에 응하여 판단되어야 할 것이다.

■ 근로기준법 시행규칙 [별지 제7호 서식] (2015.3.23. 개정)

[ ] 감시적 [ ] 단속적 근로종사자에 대한 적용제외 승인 신청서

※ [ ]에는 해당되는 곳에 √ 표시를 합니다.

접수번호	접수일	처리기간 10일

신청인	① 사업장명	② 사업의 종류
	③ 대표자성명	④ 생년월일
	⑤ 근로자수	⑥ 전화번호
	⑦ 소재지	

신청 내용	⑧ 종사업무		
	⑨ 근로자수	감시적 근로종사자	명 (남: 명, 여: 명)
		단속적 근로종사자	명 (남: 명, 여: 명)
	⑩ 근로형태	감시적 근로종사자	
		단속적 근로종사자	

「근로기준법」 제63조 제3호와 같은 법 시행규칙 제10조 제1항에 따라 위와 같이 {[ ] 감시적, [ ] 단속적} 근로종사자에 대한 「근로기준법」 제4장 및 제5장에서 정한 근로시간, 휴게와 휴일에 관한 규정의 적용제외 승인을 신청합니다.

년 월 일

신청인 (서명 또는 인)

대리인 (서명 또는 인)

○○지방고용노동청(지청)장 귀하

첨부서류	없 음	수수료 없음

처 리 절 차				
신청서 제출 →	접 수 →	내용검토 →	결 재 →	통 보
신청인	지방고용노동청(지청)장 (민원실)	지방고용노동청(지청)장 (근로개선지도과)	지방고용노동청(지청)장 (청장 · 지청장)	

210mm×297mm[일반용지 60g/㎡(재활용품)]

■ 근로기준법 시행규칙 [별지 제8호 서식] (2012.12.27. 개정)

제　　　호

[ ] 감시적
[ ] 단속적 근로종사자에 대한 적용제외 승인서

※ [ ]에는 해당되는 곳에 "√" 표시를 합니다.

사업장명	사업의 종류
대표자 성명	생년월일
근로자수	전화번호
소재지	

종사업무		
근로자수	감시적 근로종사자	명 (남: 명, 여: 명)
	단속적 근로종사자	명 (남: 명, 여: 명)
근로형태	감시적 근로종사자	
	단속적 근로종사자	

「근로기준법」 제63조 제3호와 같은 법 시행규칙 제10조 제4항에 따라 위와 같이{[ ]감시적, [ ]단속적} 근로종사자에 대한 「근로기준법」 제4장 및 제5장에서 정한 근로시간, 휴게와 휴일에 관한 규정의 적용제외를 승인합니다.

년　　월　　일

○○지방고용노동청(지청)장　직인

210mm×297mm(백상지 80g/㎡)

유연근로시간제[4)]

1 탄력적 근로시간제

(1) 의의

① 개념

어떤 근로일, 어떤 주의 근로시간을 연장시키는 대신에 다른 근로일, 다른 주의 근로시간을 단축시킴으로써, 일정 기간의 평균 근로시간을 법정근로시간(1주 40시간) 내로 맞추는 근로시간제를 말한다.

예를 들어, 2주 단위 탄력적 근로시간제에서 첫째 주에 45시간(9시간×5일), 둘째 주에 35시간(7시간×5일) 근무 시 주당 평균근로시간이 40시간이므로, 첫째 주에 법정근로시간을 초과한 5시간에 대한 가산수당이 발생하지 않는다.

② 유형

운영이 가능한 '단위기간'은 취업규칙으로 정하여 실시할 수 있는 '2주 이내'와 근로자대표와 서면합의가 필요한 '3개월 이내', '3개월 초과 6개월 이내'가 가 있다.

③ 활용 가능한 업종 · 직무

- 근로시간을 연속하여 근로하는 것이 효율적이거나 고객의 편리를 도모할 수 있는 업종(운수, 통신, 의료서비스업 등)
- 계절적 업종(빙과류 · 냉난방장비 제조업 등) 또는 업무량이 주기적으로 많은 업종(음식서비스, 접객업 등)
- 기계를 쉬지 않고 가동시키기 위하여 근로가 연속하여 필요한 업종(철강, 석유화학 등)

④ 적용제외자

15세 이상 18세 미만 근로자와 임신 중인 여성근로자에 대하여는 탄력적 근로시간제를 적용할 수 없다(근기법 제51조 제3항, 제51조의2 제6항).

4) 고용노동부 유연근로시간제 가이드(2018.6.) 참고

근로기준법 제51조(탄력적 근로시간제)

① 사용자는 취업규칙(취업규칙에 준하는 것을 포함한다)에서 정하는 바에 따라 2주 이내의 일정한 단위기간을 평균하여 1주 간의 근로시간이 제50조 제1항의 근로시간을 초과하지 아니하는 범위에서 특정한 주에 제50조 제1항의 근로시간을, 특정한 날에 제50조 제2항의 근로시간을 초과하여 근로하게 할 수 있다. 다만, 특정한 주의 근로시간은 48시간을 초과할 수 없다.

② 사용자는 근로자대표와 서면 합의에 따라 다음 각 호의 사항을 정하면 3개월 이내의 단위기간을 평균하여 1주 간의 근로시간이 제50조 제1항의 근로시간을 초과하지 아니하는 범위에서 특정한 주에 제50조 제1항의 근로시간을, 특정한 날에 제50조 제2항의 근로시간을 초과하여 근로하게 할 수 있다. 다만, 특정한 주의 근로시간은 52시간을, 특정한 날의 근로시간은 12시간을 초과할 수 없다.

1. 대상 근로자의 범위
2. 단위기간(3개월 이내의 일정한 기간으로 정하여야 한다)
3. 단위기간의 근로일과 그 근로일별 근로시간
4. 그 밖에 대통령령으로 정하는 사항

③ 제1항과 제2항은 15세 이상 18세 미만의 근로자와 임신 중인 여성 근로자에 대하여는 적용하지 아니한다.

④ 사용자는 제1항 및 제2항에 따라 근로자를 근로시킬 경우에는 기존의 임금 수준이 낮아지지 아니하도록 임금보전방안(賃金補塡方案)을 강구하여야 한다.

근로기준법 시행령 제28조(탄력적 근로시간제에 관한 합의사항 등)

① 법 제51조 제2항 제4호에서 "그 밖에 대통령령으로 정하는 사항"이란 서면 합의의 유효기간을 말한다.

② 고용노동부장관은 법 제51조 제4항에 따른 임금보전방안을 강구하게 하기 위하여 필요한 경우에는 사용자에게 그 보전방안의 내용을 제출하도록 명하거나 직접 확인할 수 있다.

근로기준법 제51조의2(3개월을 초과하는 탄력적 근로시간제)

① 사용자는 근로자대표와의 서면 합의에 따라 다음 각 호의 사항을 정하면 3개월을 초과하고 6개월 이내의 단위기간을 평균하여 1주간의 근로시간이 제50조 제1항의 근로시간을 초과하지 아니하는 범위에서 특정한 주에 제50조 제1항의 근로시간을, 특정한 날에 제50조 제2항의 근로시간을 초과하여 근로하게 할 수 있다. 다만, 특정한 주의 근로시간은 52시간을, 특정한 날의 근로시간은 12시간을 초과할 수 없다(2021.1.5 신설).

1. 대상 근로자의 범위
2. 단위기간(3개월을 초과하고 6개월 이내의 일정한 기간으로 정하여야 한다)
3. 단위기간의 주별 근로시간
4. 그 밖에 대통령령으로 정하는 사항

② 사용자는 제1항에 따라 근로자를 근로시킬 경우에는 근로일 종료 후 다음 근로일 개시 전까지 근로자에게 연속하여 11시간 이상의 휴식 시간을 주어야 한다. 다만, 천재지변 등 대통령령으로 정하는 불가피한 경우에는 근로자대표와의 서면 합의가 있으면 이에 따른다(2021.1.5 신설).
③ 사용자는 제1항 제3호에 따른 각 주의 근로일이 시작되기 2주 전까지 근로자에게 해당 주의 근로일별 근로시간을 통보하여야 한다(2021.1.5 신설).
④ 사용자는 제1항에 따른 근로자대표와의 서면 합의 당시에는 예측하지 못한 천재지변, 기계 고장, 업무량 급증 등 불가피한 사유가 발생한 때에는 제1항 제2호에 따른 단위기간 내에서 평균하여 1주간의 근로시간이 유지되는 범위에서 근로자대표와의 협의를 거쳐 제1항 제3호의 사항을 변경할 수 있다. 이 경우 해당 근로자에게 변경된 근로일이 개시되기 전에 변경된 근로일별 근로시간을 통보하여야 한다(2021.1.5 신설).
⑤ 사용자는 제1항에 따라 근로자를 근로시킬 경우에는 기존의 임금 수준이 낮아지지 아니하도록 임금항목을 조정 또는 신설하거나 가산임금 지급 등의 임금보전방안(賃金補塡方案)을 마련하여 고용노동부장관에게 신고하여야 한다. 다만, 근로자대표와의 서면합의로 임금보전방안을 마련한 경우에는 그러하지 아니하다(2021.1.5 신설).
⑥ 제1항부터 제5항까지의 규정은 15세 이상 18세 미만의 근로자와 임신 중인 여성 근로자에 대해서는 적용하지 아니한다.

(2) 도입요건

① 2주 이내 탄력적 근로시간제

㉠ 취업규칙 등에 규정

취업규칙 또는 이에 준하는 것에 다음의 사항을 정하여 도입하여야 한다.

- 대상근로자: 대상근로자를 특정하거나 전체 근로자를 대상으로 제한 없이 도입 가능하나, 대상 범위를 명확히 하여 논란이 없도록 함.
- 근로일별 근로시간: 근로자가 자신의 근로를 미리 예상할 수 있도록 근로일 및 근로일별 근로시간을 명확히 정함.
- 유효기간: 유효기간을 명시할 의무는 없으나, 그 기간을 명확히 하여 논란이 없도록 함.

ⓒ 제한

특정한 날의 근로시간	특정한 주의 근로시간
근로시간에 대한 제한 없음 (연장 · 휴일근로시간 제외)	48시간을 초과할 수 없음 (연장 · 휴일근로시간 제외)

② 3개월 이내 탄력적 근로시간제

㉠ 근로자대표와 서면합의

사용자와 근로자대표가 다음의 사항을 포함하여 서면으로 작성하여 서명 · 날인하여야 한다. 또한 근로기준법 제42조 및 시행령 제22조에 따라 서면합의 서류는 서면 합의한 날로부터 3년간 보존하여야 한다.

- 대상근로자: 반드시 전체 근로자를 대상으로 하는 것은 아니며, 일정 사업 부문, 업종, 직종별로도 적용 가능함.
- 단위기간: 1일 근로시간과 1주 근로시간의 평균을 내는 단위기간을 3개월 이내로 정하여야 함(예: 1개월, 3개월 등).
- 근로일별 근로시간: 근로자가 자신의 근로를 미리 예상할 수 있도록 근로일 및 당해 근로일별 근로시간을 명확히 정하여야 함(예: 근무표 게시).
- 유효기간: 서면합의의 유효기간을 명확히 정하여야 하며, 노사가 합의하는 한 유효기간의 길이(3개월, 6개월, 1년 등)에 대해서는 특별한 제한이 없음.

ⓒ 제한

특정한 날의 근로시간	특정한 주의 근로시간
12시간 초과할 수 없음 (연장 · 휴일근로시간 제외)	52시간을 초과할 수 없음 (연장 · 휴일근로시간 제외)

③ 3개월 초과 6개월 이내 탄력적 근로시간제

㉠ 근로자대표와 서면합의

사용자와 근로자대표가 다음의 사항을 포함하여 서면으로 작성하여 서명 · 날인하여야 한다. 또한 근로기준법 제42조 및 시행령 제22조에 따라 서면합의 서류는 서면 합의한 날로부터 3년간 보존하여야 한다.

- 대상근로자: 반드시 전체 근로자를 대상으로 하는 것은 아니며, 일정 사업 부문, 업종, 직종별로도 적용 가능함.
- 단위기간: 1일 근로시간과 1주 근로시간의 평균을 내는 단위기간을 3개월 초과 6개월 이내로 정하여야 함(예: 4개월, 6개월 등).
- 단위기간의 주별 근로시간[주)]: 근로자가 자신의 근로를 미리 예상할 수 있도록 단위기간의 주별 근로시간을 명확히 정하여야 함(예: 근무표 게시).
- 유효기간: 서면합의의 유효기간을 명확히 정하여야 하며, 노사가 합의하는 한 유효기간의 길이(6개월, 1년 등)에 대해서는 특별한 제한이 없음.

주) 각 주의 근로일이 시작되기 2주 전까지 근로자에게 해당 주의 근로일별 근로시간을 통보하여야 한다(근로기준법 제51조의2 제3항).
또한 근로자대표와의 서면 합의 당시에는 예측하지 못한 천재지변, 기계 고장, 업무량 급증 등 불가피한 사유가 발생한 때에는 단위기간 내에서 평균하여 1주간의 근로시간이 유지되는 범위에서 근로자대표와의 협의를 거쳐 단위기간의 주별 근로시간을 변경할 수 있다. 이 경우 해당 근로자에게 변경된 근로일이 개시되기 전에 변경된 근로일별 근로시간을 통보하여야 한다(근로기준법 제51조의2 제4항).

㉡ 제한

특정한 날의 근로시간	특정한 주의 근로시간
12시간 초과할 수 없음 (연장・휴일근로시간 제외)	52시간을 초과할 수 없음 (연장・휴일근로시간 제외)

또한, 3개월 초과 6개월 이하 탄력적 근로시간제에 따라 근로시킬 경우에는 근로일 종료 후 다음 근로일 개시 전까지 근로자에게 연속하여 11시간 이상 휴식 시간을 주어야 한다. 다만, 천재지변 등 대통령령으로 정하는 불가피한 경우에는 근로자대표와의 서면 합의가 있으면 이에 따른다(근로기준법 제 51조의2 제2항).

㉢ 시행시기(연속 11시간 휴식시간 부여 의무)

상시 50명 이상의 근로자를 사용하는 사업 또는 사업장, 공공기관, 지방공사 및 지방공단, 국가・지방자치단체 또는 정부투자기관이 자본금의 1/2 이상을 출자하거나 기본재산의 1/2 이상을 출연한 기관・단체와 그 기관・단체가 자본금의 1/2 이상을 출자하거나 기본재산의 1/2 이상을 출연한 기관・단체, 국가 및 지방자치단체의 기관	2021년 4월 6일
상시 5명 이상 50명 미만의 근로자를 사용하는 사업 또는 사업장	2021년 7월 1일

(3) 연장 · 휴일 · 야간근로 등과의 관계

① 연장근로

탄력적 근로시간제의 도입 여부와 관계 없이 당사자 간의 합의가 있는 경우 1주 12시간을 한도로 연장근로 가능하다. 다만, 산후 1년이 지나지 않은 여성에 대하여는 1일 2시간, 1주 6시간, 1년 150시간을 초과하는 연장근로를 시킬 수 없다.

※ (1주 최장 근로시간) 근로기준법 개정('18.3.20. 공포)으로 휴일근로가 연장근로시간에 포함됨에 따라 통상근로자의 경우 3개월 이내 탄력적 근로시간제의 1주 최장 근로시간은 기존 80시간(1주 최대 52시간 + 연장 12시간 + 휴일 16시간)에서 64시간(1주 최대 52시간 + 연장 12시간)으로 기업규모별로 단계적으로 축소함.

구 분	1주 최장 근로시간	
	주 52시간 적용 이전	주 52시간 적용 이후
2주 이내	76시간 48+12+16(휴일2)	60시간 (48+12)
3개월 이내	80시간 52+12+16(휴일2)	64시간 (52+12)
3개월 초과 6개월 이내 *	80시간 52+12+16(휴일2)	64시간 (52+12)

* 단 연속하여 11시간 이상의 휴식시간 부여의무 있음

② 휴일 · 야간근로

탄력적 근로시간제를 도입하더라도 야간근로나 휴일근로에 대하여는 가산수당을 지급하여야 한다.

③ 휴일 · 휴가부여

탄력적 근로시간대를 도입하더라도 출근율에 따라 주휴일과 연차휴가를 부여하여야 한다.

(4) 법적 효과

① 임금보전

㉠ 2주 이내, 3개월 이내 탄력적 근로시간제

사용자는 탄력적 근로시간제를 도입·운영하는 경우 기존의 임금수준이 낮아지지 않도록 임금보전방안을 강구하여야 한다(근기법 제51조 제4항).

또한 고용노동부장관은 임금보전방안을 강구하게 하기 위하여 필요한 경우에는 사용자에게 그 보전방안의 내용을 제출하도록 명하거나 직접 확인할 수 있다(근기법 시행령 제28조 제2항).

임금보전의 방법·시기·절차에 대해서는 특별한 제한이 없으며, 기본급 또는 수당의 조정, 소정근로시간 단축 등 근로자가 수용할 수 있는 방법이면 가능하다.

㉡ 3개월 초과 6개월 이내 탄력적 근로시간제

사용자는 3개월 초과 6개월 이내 탄력적 근로시간제를 도입·운영하는 경우 기존의 임금 수준이 낮아지지 아니하도록 임금항목을 조정 또는 신설하거나 가산임금 지급 등의 임금보전방안을 마련하여 고용노동부장관에게 신고하여야 한다. 다만, 근로자대표와의 서면합의로 임금보전방안을 마련한 경우에는 그러하지 아니하다(근로기준법 제51조의2 제5항).

② 탄력적 근로시간제가 적법하게 운영되는 경우

㉠ 원칙

특정한 날 또는 특정한 주에 법정근로시간을 초과하여 근로할 수 있으며, 초과 시간에 대한 가산수당을 지급하지 않아도 된다.

㉡ 근로한 기간이 단위기간보다 짧은 경우의 임금 정산

탄력적 근로시간에 따른 단위기간 중 근로자가 근로한 기간이 그 단위기간보다 짧은 경우에는 그 단위기간 중 해당 근로자가 근로한 기간을 평균하여 1주간에 40시간을 초과하여 근로한 시간 전부에 대하여 연장근로 가산임금을 지급하여야 한다(근로기준법 제51조의3).

이에 대한 시행시기는 다음과 같다.

상시 50명 이상의 근로자를 사용하는 사업 또는 사업장, 공공기관, 지방공사 및 지방공단, 국가·지방자치단체 또는 정부투자기관이 자본금의 1/2 이상을 출자하거나 기본재산의 1/2 이상을 출연한 기관·단체와 그 기관·단체가 자본금의 1/2 이상을 출자하거나 기본재산의 1/2 이상을 출연한 기관·단체, 국가 및 지방자치단체의 기관	2021년 4월 6일
상시 5명 이상 50명 미만의 근로자를 사용하는 사업 또는 사업장	2021년 7월 1일

③ 탄력적 근로시간제가 적법하게 운영되지 않는 경우

근로기준법 제51조(탄력적 근로시간제)가 아닌 같은 법 제50조(근로시간)가 적용되어 1일 8시간, 1주 40시간을 초과한 근로시간은 연장근로가 된다. 따라서, 실근로시간 여부에 따라 근로시간 위반이 될 수 있고, 실근로시간을 기초로 임금 등 근로조건이 적용된다.

(5) 탄력적 근로시간제에서 연장근로시간 계산

① 2주 이내 탄력적 근로시간제

단위기간을 평균하여 1주 간의 근로시간이 40시간을 초과하거나, 특정주의 근로시간이 48시간을 초과한 경우 연장근로에 해당한다.

사례 1

단위기간을 평균하여 1주 간의 근로시간이 40시간을 초과한 경우

주	구분	월	화	수	목	금	토	일	합계
1주	일정표	7	7	7	7	7	–	–	35
	실제근로	7	7	8	8	7	–	–	37
2주	일정표	9	9	9	9	9	–	–	45
	실제근로	9	9	9	9	9	–	–	45

☞ 2주 간 총 근로시간이 82시간으로 단위기간을 평균하여 1주간 40시간을 초과한 2시간이 연장근로에 해당함.

사례 2

단위기간을 평균하여 1주 간의 근로시간이 40시간을 초과하고, 특정주의 근로시간이 48시간을 초과한 경우

주	구분	월	화	수	목	금	토	일	합계
1주	일정표	7	7	7	7	7	–	–	35
	실제근로	7	7	7	8	7	–	–	36
2주	일정표	9	9	9	9	9	–	–	45
	실제근로	9	9	9	9	9	4	–	49

- 2주 간 총 근로시간이 85시간으로 단위기간을 평균하여 1주 간 40시간을 초과한 5시간이 연장근로임.
- 둘째 주의 근로시간이 49시간으로 특정주의 근로시간이 48시간을 초과한 1시간이 연장근로(①에서 이미 포함)임.

☞ 따라서, 실제 연장근로는 ①과 ②를 합한 6시간에서 이미 계산에 포함된 1시간(②)을 제외한 5시간임.

② 3개월 이내 탄력적 근로시간제

단위기간 평균 1주의 근로시간을 40시간으로 정한 경우

- 근로일별 근로하기로 정한 시간을 초과한 시간
- 특정일, 특정주의 근로시간이 각각 12시간, 52시간을 초과한 시간
- 단위기간을 평균하여 1주 간의 근로시간이 40시간을 초과한 시간은 연장근로에 해당

사례 3

4주 단위 탄력적 근로시간제에서의 연장근로시간의 계산

주	구분	월	화	수	목	금	토	일	합계
1주	일정표	7	7	7	7	7	–	–	35
	실제근로	7	8	7	7	7	–	–	36
2주	일정표	7	7	7	7	7	–	–	35
	실제근로	7	7	7	7	7	–	–	35
3주	일정표	9	9	9	9	9	–	–	45
	실제근로	9	9	9	9	9	8	–	53
4주	일정표	9	9	9	9	9	–	–	45
	실제근로	9	9	9	13	9	4	–	49

'근로일별 근로하기로 정한 시간'을 초과한 13시간*이 연장근로

* 1주 화요일 1시간, 3주 토요일 8시간, 4주 목요일 4시간

- 특정일에 12시간을 초과한 1시간(4주 목요일)이 연장근로(①에 이미 포함), 특정주에 52시간을 초과한 1시간(3주)이 연장근로(①에 이미 포함)
- 4주 간 총 근로시간이 161시간으로 단위기간을 평균하여 1주 간 40시간을 초과한 1시간이 연장근로(①에 이미 포함)

☞ 따라서, 실제 연장근로는 ①부터 ③까지 합한 16시간에서 이미 계산에 포함된 3시간(②, ③)을 제외한 13시간임.

(6) 실무 Q&A

문제 **2주 이내 탄력적 근로시간제 도입 시 상시 9명 이하의 근로자를 사용하는 사업장은 어떻게 하나요?**

해답

2주 이내 탄력적 근로시간제를 도입하기 위해서는 '취업규칙' 또는 취업규칙이 없는 경우에는 '취업규칙에 준하는 것'으로 규정하여야 합니다.
상시 9명 이하 근로자를 사용하는 사업(장)의 경우 취업규칙 작성의무가 없음. 이 경우 '취업규칙에 준하는 것'은 특별한 형식을 요하지는 않으나, 최소한 서면으로 작성하여 도입하려는 탄력적 근로시간제의 내용을 해당 근로자에게 주지시켜야 합니다.

문제 **2주 이내 탄력적 근로시간제를 도입하기 위해 취업규칙을 변경할 경우 근로자 과반수의 동의를 얻어야 하나요?**

해답

취업규칙 변경을 통해 근로기준법 제51조 제1항에 따른 2주 이내 탄력적 근로시간제를 도입하려는 경우 제도 도입의 취지와 경위, 근로자의 실근로시간 및 근로시간대의 변동 정도, 임금보전의 수준, 기타 복리후생 등 근로조건의 변화 등을 종합적으로 판단하여, 불이익한 변경에 해당한다면 근로자 과반수로 조직된 노동조합이 있는 경우에는 그 노동조합, 근로자의 과반수로 조직된 노동조합이 없는 경우에는 근로자 과반수의 동의를 얻어야 하며, 근로자에게 불이익한 부분이 없다면 의견 청취만으로 가능합니다.

문제 **3개월 이내 탄력적 근로시간제 도입 시 근로자대표와 체결해야 하는 서면합의의 내용은 무엇인가요?**

해답

근로기준법 제51조에서는 다음의 사항을 포함하도록 하고 있으며, 기존 내용을 변경하는 경우에도 그 내용을 반영하여 새로운 서면합의를 진행하여야 합니다.

근로기준법 내용	작성 내용(예시)
대상 근로자의 범위	탄력적 근로시간제 적용 직원 범위(예: 경영지원팀 등)
정산기간 (3개월 이내의 일정한 기간)	근로시간을 평균하여 적용하고자 하는 기간(예: 3개월, 1개월 등
근로일 및 근로시간	단위기간에 있어 근로일 및 그 근로일별 근로시간 (예: 1~2주 월~금 1일 10시간, 3~4주 월~금 1일 6시간)
서면합의의 유효기간	탄력적 근로시간제의 적용기간(예: 6개월, 1년 등)

이 경우 대상 근로자는 반드시 전체 근로자를 대상으로 하여야 하는 것은 아니며, 일정 사업부문, 업종, 직종 등에 따라서 그에 종사하는 일부 근로자에 한해 적용할 수 있습니다. 다만, 연소근로자(15세 이상 18세 미만) 및 임신 중인 여성근로자에게는 적용할 수 없습니다.

문제 **근로자 과반수의 동의를 받을 경우 서면합의가 없더라도 3개월 단위 탄력적 근로시간제를 도입할 수 있나요?**

해답

근로기준법 제51조 제2항에 따라 3개월 단위 탄력적 근로시간제를 도입하려면 근로자대표와의 서면합의가 있어야 합니다. 따라서, 근로자대표와의 서면합의 없이 대상 근로자 과반수의 개별적 서면동의를 받은 경우에는 법적 요건을 충족하지 못한 것으로 보아 탄력적 근로시간제를 도입할 수 없습니다(근로조건지도과-1167, 2008.4.29.).

문제 **근로자대표와 서면합의로 2주 단위의 탄력적 근로시간제를 도입할 경우에도 별도로 취업규칙을 변경하여야 하나요?**

해답

3개월 단위 탄력적 근로시간제는 단위기간의 상한을 3월로 제한하고 있을 뿐 반드시 2주를 초과하는 단위기간을 정하도록 하고 있지는 않습니다. 따라서, 사용자는 근로자대표와의 서면합의가 있을 경우 취업규칙의 규정이 없더라도 2주를 단위기간으로 하는 탄력적 근로시간제를 실시할 수 있습니다(근기 68207-1584, 2003.12.9.).

문제 **탄력적 근로시간제는 횟수 제한 없이 계속하여 운영할 수 있나요?**

해답

탄력적 근로시간제의 유효기간을 어떻게 정할 것인가는 전적으로 노・사가 협의하여 결정할 사항으로, 유효기간 내에서는 횟수 제한 없이 실시할 수 있습니다.
한편, 3개월 단위 탄력적 근로시간제의 경우 유효기간이 서면합의 사항이므로 그 기간이 만료된 이후에도 계속하여 실시하려면 다시 서면합의를 하여야 합니다.

문제 **3개월 단위 탄력적 근로시간제를 실시하기로 한 후 작업량에 따라 임의로 근로일 및 근로시간을 변경하여 실시할 수 있는지요?**

해답

3개월 단위 탄력적 근로시간제를 실시하려면 반드시 그 단위기간과 각일・각주의 근로시간을 사전에 미리 정하여야 하며, 사용자가 업무의 사정에 따라 임의로 근로시간을 변경할 수 없습니다. 따라서, 탄력적 근로시간제를 운영하는 과정에서 업무량의 변동 등으로 잔여기간의 근로일과 그 근로일별 근로시간 등을 변경할 필요가 발생한 경우에는 근로자대표와의 서면합의를 거쳐야 합니다. 이 경우 잔여기간의 근로일 및 근로일별 근로시간 변경은 최초 서면합의한 단위기간 내에서만 가능하며, 단위기간을 통틀어 평균 1주간의 근로시간은 최초에 서면합의한 시간으로 해야 할 것입니다.

문제 **탄력적 근로시간제의 단위기간과 임금지급 주기가 다를 경우 연장근로수당은 단위기간이 끝나는 시점을 기준으로 정산하여 지급하면 되나요?**

해답

단위기간과 관계 없이 실제로 발생하는 특정한 날과 특정한 주에 대한 연장근로임금 및 가산수당은 임금정기지급일에 지급하여야 합니다.

문제 **탄력적 근로시간제 하에서도 야간근로에 대한 가산수당을 지급해야 하나요?**

해답

탄력적 근로시간제를 도입하더라도 야간시간(22시부터 익일 6시까지) 근로에 대하여는 가산수당을 지급해야 합니다.
이는 탄력적 근로시간제의 도입 여부와 관계 없이 야간에 근로하는 것에 대한 보상으로 이루어지는 것이므로 이 시간대에 근로하는 경우에는 당연히 가산수당이 지급되어야 합니다.

문제 **단체협약 또는 취업규칙에 따라 매월 동일한 기본급을 지급하는 월급제 근로자가 3개월 단위 탄력적 근로시간제 하에서 근로관계가 종료된 경우(퇴직, 해고, 사망, 폐업 등) 임금은 어떻게 지급하면 되나요?**

해답

소정근로에 대해 매월 일정한 임금을 지급해 오던 사업장에서 탄력적 근로시간제를 도입하려는 경우 근로자대표와의 서면합의 시 임금의 계산 및 지급방법을 정하는 것이 바람직합니다.
한편, 서면합의 시 별도의 정함이 없다면 취업규칙 또는 단체협약 등에서 정한 바에 따라 임금을 지급하면 됩니다.

문제 **탄력적 근로시간제 하에서 연차유급휴가를 사용한 경우 차감되는 휴가 일수는 어떻게 되나요?**

해답

연차휴가는 시간 단위가 아닌 일(日) 단위로 부여・관리하여야 하므로 근로일별로 근로시간이 다른 탄력적 근로시간제에 있어 연차휴가 사용에 관한 노・사간 갈등이 있을 수 있습니다.
따라서, 탄력적 근로시간제 도입을 위한 근로자대표와의 서면합의 또는 취업규칙에 1일 연차유급휴가 사용시간에 관한 기준을 정하는 것이 바람직합니다.

문제 **탄력적 근로시간제 하에서 근로자가 특정일에 결근한 경우 그 날의 임금계산 및 주휴일의 무급 처리는 어떻게 하나요?**

해답

탄력적 근로시간제 하에서 근로자가 소정근로일에 결근한 경우 그 날에 근로하기로 정한 시간만큼을 무급으로 처리하면 됩니다.
한편, 탄력적 근로시간제 하에서도 휴게·휴일·휴가에 관한 규정은 그대로 적용되는 바, 근로자가 1주의 소정근로일을 개근하였다면 주휴일은 유급으로 부여하여야 하며, 소정근로일에 결근한 날이 포함된 경우에는 무급으로 부여할 수 있습니다.
주휴일의 유급임금은 일급 통상임금으로 지급하는 것이 원칙인 바, 탄력적 근로시간제를 적용받는 근로자가 특정일에 결근한 경우 일급 통상임금 만큼을 무급으로 처리하면 됩니다.

문제 **통상 근무자를 정당하게 탄력적 근로시간제를 실시하는 부서로 일시적으로 배치명령을 할 경우 해당 근로자에게도 탄력적 근로시간제가 적용될 수 있나요?**

해답

특정 직종이나 근로형태에 속하는 근로자를 탄력적 근로시간제 실시 대상으로 정하였다면 배치전환이나 근무명령으로 같은 직종 또는 근로형태에 속하게 된 근로자도 함께 적용된다고 보아야 할 것입니다.

예규 Point

특정근로자에 대한 근무지시 등은 사용자의 고유한 인사권에 속하는 사항으로서 사용자의 권리남용 등 특별한 사정이 없는 한 정당하다 할 것이므로 사용자가 통상근무자(오전 출근, 오후 퇴근을 반복하는 근로자)를 정당하게 탄력적 근로시간제를 실시하는 부서('교대제 또는 교번' 근무)로 일시적으로 근무지시('근무지정')하였다면, 취업규칙 등에 근무지정자의 근로조건 등에 대하여 별도의 규정이 없는 한, 해당 근로자는 본인의 동의 여부와 관계 없이 탄력적 근로시간제의 적용 대상에 포함된 것으로 봄(근로기준팀-1418, 2006.3.29.).

문제 **기간제 근로자에게도 탄력적 근로시간제를 제한 없이 도입·적용할 수 있나요?**

해답

기간제 근로자의 (잔여)계약기간보다 탄력적 근로시간제의 단위기간을 길게 설정할 경우, 계약기간 동안 1주 최대 64시간의 장시간근로가 가능하게 되어 근로자의 건강권 훼손 등 근로기준법의 취지에 반하는 결과가 발생할 수 있습니다.
따라서, 기간제 근로자를 대상으로 탄력적 근로시간제를 도입할 경우 근로자의 건강권 보호 등을 위해 기간제 근로자의 (잔여)계약기간이 탄력적 근로시간제의 단위기간보다 같거나 긴 경우에 한해 적용할 수 있습니다.

❷ 선택적 근로시간제

(1) 의의

① 개념

일정기간(1월 이내, 신상품 또는 신기술의 연구개발 업무는 3개월 이내)의 단위로 정해진 총 근로시간 범위 내에서 업무의 시작 및 종료시각, 1일의 근로시간을 근로자가 자율적으로 결정할 수 있는 제도이다.

근로자는 1주 40시간, 1일 8시간의 근로시간 제한 없이 자신의 선택에 따라 자유롭게 근로할 수 있다.

② 유형

완전선택적 근로시간제	정산기간 중 업무의 시작 및 종료시각이 근로자의 자유로운 결정에 맡겨져 있고 사용자가 관여하지 않는 제도
부분선택적 근로시간제	일정한 시간대를 정하여 그 시간(의무적 근로시간대[주])에는 근로자가 사용자로부터 시간적 구속과 구체적인 업무지시를 받고 나머지 시간(선택적 근로시간대[1])은 근로자가 자유롭게 결정하는 제도

주) 의무적 시간대 또는 선택적 시간대를 정한 경우에는 그에 따라야 함.

③ 활용 가능한 업종 · 직무

근로기준법에서는 대상 업무를 한정하고 있지는 않으므로, 근로일 및 근로시간대에 따라 업무량 편차가 발생하여 업무조율이 가능한 소프트웨어 개발, 사무관리(금융거래 · 행정처리 등), 연구, 디자인, 설계 업무와 함께 출 · 퇴근 등에 엄격한 제한을 받지 않는 관리 · 감독업무 종사자, 근로의 양보다 질이 중시되는 전문직 종사자에 용이하다.

④ 다른 제도와의 차이점

선택적 근로시간제	• 근로일별 근로시간의 배분과 업무의 시작 및 종료시각을 근로자의 재량에 맡기는 제도 • 1일 8시간, 1주 40시간의 근로시간이 적용되지 않아 이 시간을 초과하더라도 연장근로가산수당 미발생

자유 출퇴근제	• 출근시간이 일단 설정되면 그날의 근로시간에 따라 퇴근시간이 자동적으로 결정되므로 출근시각만 근로자의 재량에 맡기는 제도 • 1일 8시간, 1주 40시간의 근로시간이 적용되어 이 시간을 초과하는 경우 연장근로가산수당 발생
시차 출퇴근제	• 회사에서 정한 시간에 근무해야 하는 제도 • 기존 09:00부터 18:00까지 근무했던 사업장이 1일 8시간을 유지하되, 출퇴근시간을 조정하는 경우 －08:30～17:30, 09:30～18:30 등 • 1일 8시간, 1주 40시간의 근로시간이 적용되어 이 시간을 초과하는 경우 연장근로가산수당 발생

⑤ 적용제외자

15세 이상 18세 미만의 근로자에게는 적용할 수 없다. 그러나, 탄력적 근로시간제와 달리 임신 중인 여성에 대해 별도의 제한 규정이 없으므로 적용 가능하다.

근로기준법 제52조(선택적 근로시간제)

사용자는 취업규칙(취업규칙에 준하는 것을 포함한다)에 따라 업무의 시작 및 종료시각을 근로자의 결정에 맡기기로 한 근로자에 대하여 근로자대표와 서면 합의에 따라 다음 각 호의 사항을 정하면 1개월 이내의 정산기간을 평균하여 1주간의 근로시간이 제50조 제1항의 근로시간을 초과하지 아니하는 범위에서 1주 간에 제50조 제1항의 근로시간을, 1일에 제50조 제2항의 근로시간을 초과하여 근로하게 할 수 있다.

1. 대상 근로자의 범위(15세 이상 18세 미만의 근로자는 제외한다)
2. 정산기간(1개월 이내의 일정한 기간으로 정하여야 한다)
3. 정산기간의 총 근로시간
4. 반드시 근로하여야 할 시간대를 정하는 경우에는 그 시작 및 종료 시각
5. 근로자가 그의 결정에 따라 근로할 수 있는 시간대를 정하는 경우에는 그 시작 및 종료 시각
6. 그 밖에 대통령령으로 정하는 사항

근로기준법 시행령 제29조(선택적 근로시간제에 관한 합의사항)

법 제52조 제6호에서 "그 밖에 대통령령으로 정하는 사항"이란 표준근로시간(유급휴가 등의 계산 기준으로 사용자와 근로자대표가 합의하여 정한 1일의 근로시간)을 말한다.

(2) 도입요건

① 취업규칙 등에 규정

취업규칙 또는 이에 준하는 것에 업무의 시작 및 종료시각을 근로자 결정에 맡긴다는 내용과 맡기기로 한 근로자를 기재하여야 한다. 취업규칙 작성의무가 있는 상시 10명 이상의 근로자를 사용하는 사용자는 취업규칙의 작성 및 변경을 통해 도입하면 된다.

취업규칙 작성·신고 의무가 없는 상시 근로자 9인 이하 사업장이 제도를 도입하기 위해서는 취업규칙이 있는 경우에는 그 '취업규칙', 취업규칙이 없는 경우에는 '취업규칙에 준하는 것'으로 규정하여야 한다.

여기서 '취업규칙에 준하는 것'은 특별한 형식을 요하지는 않으나, 최소한 서면으로 작성하여 동 제도의 도입을 해당 근로자에게 주지시켜야 한다.

② 근로자대표와 서면합의

선택적 근로시간제를 도입하려면 사용자와 근로자대표가 아래의 내용들을 서면으로 작성하여 서명·날인하여야 한다. 서면합의에 의해 도입·운영하는 한 개별근로자의 동의는 필요치 않는다.

단, 서면합의 서류는 근로기준법 제42조 및 시행령 제22조에 따라 서면 합의한 날로부터 3년간 보존하여야 한다.

㉠ 대상근로자	업무의 시작 및 종료시각을 근로자의 결정에 맡기는 근로자의 범위 - 일반적으로 출퇴근을 엄격하게 제한받지 않는 외근직(외판·수금 등), 연구·조사직, 사무직 등이 대상업무가 될 수 있으나 사업장의 필요에 따라 적절히 정할 수 있음.
㉡ 정산기간 및 총 근로시간	근로시간을 정산할 정산기간과 정산기간 동안 근로해야 할 총 근로시간을 정하여야 함. - (정산기간) 1개월(신상품 또는 신기술의 연구개발 업무는 3개월*) 이내에서 2주, 4주 등으로 설정할 수 있음. - (총 근로시간) 각 근로일별 근로시간이나 각 주별 근로시간을 미리 정할 수 없으며, 정산기간 전체를 대상으로 한 총 근로시간만 정하여야 함. ※ 총 근로시간을 정하게 되면 정산기간의 총 근로시간 범위 내에서 일·주단위로는 법정근로시간을 초과하여 근로하더라도 연장근로가 되지 않음.

㉢ 의무적 근로시간대 및 선택적 근로시간대	의무적 근로시간대는 근로자가 반드시 근로하여야 할 시간대이며, 선택적 근로시간대는 근로자가 스스로의 결정에 의하여 근로제공 여부를 결정할 수 있는 시간대를 말함.
㉣ 표준근로시간	주휴일, 유급휴가 등의 계산기준으로 사용하기 위해 사용자와 근로자대표가 합의하여 정한 1일의 근로시간 ※ 표준근로시간을 8시간으로 정했다면 유급휴가 사용 시 1일 표준근로시간인 8시간을 사용한 것으로 취급

* 사용자는 1개월을 초과하는 정산기간을 정하는 경우에는 다음 각 호의 조치를 하여야 한다(근로기준법 제52조 제2항).

1. 근로일 종료 후 다음 근로일 시작 전까지 근로자에게 연속하여 11시간 이상의 휴식 시간을 줄 것. 다만, 천재지변 등 대통령령으로 정하는 불가피한 경우에는 근로자대표와의 서면 합의가 있으면 이에 따른다.
2. 매 1개월마다 평균하여 1주간의 근로시간이 주 40시간을 초과한 시간에 대해서는 통상임금의 50% 이상을 가산하여 근로자에게 지급할 것. 이 경우 연장근로 가산수당은 적용하지 아니한다.

이에 대한 시행시기는 다음과 같다.

상시 50명 이상의 근로자를 사용하는 사업 또는 사업장, 공공기관, 지방공사 및 지방공단, 국가・지방자치단체 또는 정부투자기관이 자본금의 1/2 이상을 출자하거나 기본재산의 1/2 이상을 출연한 기관・단체와 그 기관・단체가 자본금의 1/2 이상을 출자하거나 기본재산의 1/2 이상을 출연한 기관・단체, 국가 및 지방자치단체의 기관	2021년 4월 6일
상시 5명 이상 50명 미만의 근로자를 사용하는 사업 또는 사업장	2021년 7월 1일

(3) 연장・휴일・야간근로 등과의 관계

① 연장근로

- 선택적 근로시간제 하에서는 정산기간에 있어 총 근로시간만 정해지므로 일・주 단위로 연장근로는 계산할 수 없으며, 실제 연장근로를 하였는지 여부는 정산기간 이후에 알 수 있다.
  따라서 연장근로가 필요한 경우에는 정산기간 전 또는 정산기간 도중 해당 근로자와 별도로 합의하여야 한다.
- 사용자가 연장근로를 지시(요청)하였거나 근로자의 연장근로 통지에 대해 사용자가 승인(동의)한 경우에만 연장근로로 인정되며, 선택적 근로시간제 하에서도 연장근로의 한도는 정산기간을 평균하여 1주에 12시간을 초과할 수 없다.
- 연장근로로 계산되는 시간은 정산기간에 있어 미리 정한 총 근로시간을 넘는 시간으

로, 이 경우 가산수당을 지급해야 하는 시간은 정산기간에 있어 총 법정근로시간을 초과하는 시간이다.

사례

노사합의 총근로시간	실근로 시간	법정 근로시간	임금산정
154시간 (1일 7시간 × 근로일수 22일)	160시간	176시간	노・사 합의한 총 근로시간(154시간)을 초과한 근로시간(6시간)은 법정근로시간(176시간)내 근로에 해당하여 가산수당이 발생하지 않음.
176시간 (1일 8시간 × 근로일수 22일)	180시간		법정근로시간(176시간)을 초과한 180시간을 근로하여 가산수당이 발생함 ☞ (4시간×1.5)×통상임금

② 휴일 · 야간근로

- 의무적 근로시간대가 휴일 또는 야간근로시간대(오후 10시~오전 6시)에 걸쳐 있는 경우에는 그 시간에 대한 가산수당을 지급하여야 한다. 또한, 선택적 근로시간대가 휴일 또는 야간근로시간대에 걸쳐 있는 경우에도 그 시간대에 이루어진 근로에 대해서는 가산수당을 지급하여야 한다.
- 선택적 근로시간대에 휴일 또는 야간근로시간이 포함되어 있지 않은 경우에는 사용자의 지시(요청) 또는 승인(동의)이 있는 경우 가산수당을 지급해야 하나, 근로자가 사용자의 지시(요청) 또는 승인(동의) 없이 자발적으로 근로한 경우에는 가산수당 지급의무가 없다.

③ 휴일 · 휴가 부여

선택적 근로시간대를 도입하더라도 출근율에 따라 주휴일과 연차휴가를 부여하여야 한다. 휴일・휴가수당은 표준근로시간에 해당하는 임금을 기초로 계산한다.

(4) 법적 효과

① 선택적 근로시간제를 적법하게 운영한 경우

도입 요건을 충족하고 적법하게 운영되는 선택적 근로시간제 하에서는 정산기간을 평균한 1주간의 근로시간이 법정근로시간을 초과하지 않는 범위에서 특정한 날 또는 특정한 주에 법정근로시간을 초과하여 근로할 수 있으며, 초과 시간에 대한 가산수당을 지급하지 않아도 된다.

② 선택적 근로시간제를 적법하게 운영하지 않은 경우

선택적 근로시간제가 법적 요건을 갖추지 못한 채 운영되면 근로기준법 제52조(선택적 근로시간제)가 아닌 같은 법 제50조(근로시간)가 적용되어 1일 8시간, 1주 40시간을 초과한 근로시간은 연장근로가 된다.

따라서, 실근로시간 여부에 따라 근로시간 위반이 될 수 있고, 실근로시간을 토대로 임금 등 근로조건이 적용된다.

(5) 실무 Q&A

실무사례

문제 **선택적 근로시간제 도입 시 근로자대표와 체결하는 서면합의의 내용은 무엇인가요?**

해답

근로기준법 제52조에 따라 다음의 사항을 포함하여야 하며, 기존 내용을 변경하는 경우에도 새로운 서면합의를 진행하여야 합니다.

근로기준법 내용	작성 내용
대상 근로자의 범위	선택적 근로시간제 적용 직원 범위 (예: ○○부, △△△팀 등)
정산기간 (1개월 이내의 일정한 기간)	근로시간을 평균하여 적용하고자 하는 기간 (예: 1개월, 2주, 4주 등)
정산기간의 총 근로시간	정산기간 동안 근로해야 할 총 근로시간 (예: 1개월 172시간 등)
반드시 근로하여야 할 시간대를 정하는 경우 그 시작 및 종료 시각	의무근로시간(근무일) 운영 내용 (예: 13~16시)
근로자의 결정에 따라 근로시간대를 정하는 경우 그 시작 및 종료 시각	선택근무시간(근무일) 운영 내용 (예: 시작 07~13시, 종료 16~22시)
표준근로시간	유급휴가 부여 등의 기준이 되는 1일의 근로시간 (예: 1일 8시간)

문제 **선택적 근로시간제 도입 시 의무적 근로시간대와 선택적 근로시간대를 반드시 설정해야 하나요?**

해답

원칙적으로 의무적 근로시간대 및 선택적 근로시간대는 노・사가 서면합의로 자율적으로 결정할 사항이나, 사업장 운영 및 원활한 업무진행 등을 위해 각각의 시간대를 설정하는 것이 바람직합니다. 의무적 근로시간대를 설정할 경우 근로자간 회의 및 협업, 상사의 지시사항 등이 필요한 경우에 활용될 수 있습니다. 한편, 선택적 근로시간대를 설정하지 않을 경우 1일 24시간 사업장을 개방해야 할 수도 있으며, 이 경우 사업장 관리・경비 등에 따른 부담이 발생할 수 있습니다.

문제 **표준근로시간을 특정 시간(1일 8시간 등)이 아닌 '사전에 근로자가 근로하기로 신청한 시간' 등으로 합의할 수 있나요?**

해답

표준근로시간은 대상 근로자 전체에 일률적으로 적용되는 특정의 근로시간으로 정해야 합니다.

예규 Point

표준근로시간을 정하도록 규정한 취지는 선택적 근로시간제를 실시할 경우 각 근로일별 근로시간이나 각 주별 근로시간이 근로자별로 달라질 수 있으므로 표준이 되는 1일 근로시간을 정하여 유급휴일수당이나 연차유급휴가수당 계산의 기준을 삼기 위한 것임.
사전에 근로자가 근로하기로 신청한 시간을 표준근로시간으로 정할 수 있게 할 경우 휴가사용일에 따라 표준근로시간이 달라질 수 있어 1일의 근로시간을 표준근로시간으로 정하여 유급휴가 등의 계산 기준으로 삼도록 한 법 취지에 부합하지 않는 바, 대상근로자 전체에 일률적으로 적용되는 특정의 근로시간을 표준근로시간으로 정하는 것이 타당함(근로개선정책과-703, 2011.4.8.).

문제 **소정근로일이 정해진 사업장에서 선택적 근로시간제를 실시하는 경우 소정근로일에 반드시 출근해야 하나요?**

해답

선택적 근로시간제는 일정기간(1월 이내)의 단위로 정해진 총 근로시간 범위 내에서 업무의 시작 및 종료시각, 1일의 근로시간을 근로자가 자율적으로 결정할 수 있는 제도로, 소정근로일의 출근 여부까지 근로자의 자율에 맡기는 것을 의미하지는 않습니다.
다만, 취업규칙 또는 근로자대표와의 서면합의 시 소정근로일의 출근 여부까지 근로자의 자율적 결정에 맡기는 내용을 규정한 경우에는 소정근로일에 근로자가 출근하지 않더라도 결근으로 처리할 수 없을 것입니다.

문제 **선택적 근로시간제로 요일별 근로시간을 특정할 수 없는 경우 연차휴가수당 산정은 어떻게 해야 하나요?**

해답

연차휴가수당 산정은 표준근로시간(유급휴가 등의 계산 기준으로 사용자와 근로자대표가 합의하여 정한 1일의 근로시간)을 기준으로 지급하면 됩니다.

문제 **선택적 근로시간제 운영 시 연장근로수당, 야간근로수당을 지급해야 하나요?**

해답

연장근로시간은 정산기간(1개월 이내 기간)을 평균한 1주간의 근로시간이 40시간을 초과한 시간으로 이 시간에 대해서는 연장근로수당을 지급해야 하며, 특정 주의 근로시간이 40시간을 초과하더라도 정산기간 평균 1주 40시간을 초과하지 않으면 연장근로수당은 발생하지 않습니다.
야간근로의 경우에도 의무적·선택적 근로시간대에 야간근로(22시부터 익일6시까지)가 포함되어 있는 경우에는 그 시간대의 근로에 대해서는 가산수당이 지급되어야 합니다.
다만, 완전선택적 근로시간제 하에서 사용자의 요청이나 승인 없이 근로자의 자유의사에 따라 산정기간 총 근로시간의 범위 내에서 연장 또는 야간근로가 이루어졌다면, 이에 대한 사용자의 가산수당 지급 의무는 없다 할 것입니다.

문제 **선택적 근로시간제 운영 시 정산기간 총근로시간 대비 실제 근로시간의 과부족이 있으면 어떻게 해야 하나요?**

해답

정산기간에 실제 근로한 시간을 계산하였을 때 당초 약정된 근로시간을 초과한 경우에는 임금전액불의 원칙에 따라 초과근로시간에 대한 임금을 지급해야 하며, 이를 다음 정산기간에 근로시간을 줄이는 형태로 상계할 수 없습니다.
반면, 실제 근로한 시간이 약정된 시간에 미달된 경우에는 미달 시간분에 해당하는 임금을 감액 지급할 수도 있을 것입니다.

문제 **선택적 근로시간제를 적용하던 근로자가 통상의 근무로 복귀하고자 할 경우에는 어떻게 해야 하나요?**

해답

선택적 근로시간제 적용 제외 신청 절차를 마련하여 기존의 근무형태나 다른 형태로 전환하는 조치를 할 수 있을 것이며, 제도의 원활한 운영을 위해서는 취업규칙 등에 세부 규정을 마련하는 것이 바람직합니다.

3 사업장 밖 간주근로시간제

(1) 의의

① 개념

근로자가 출장 그 밖의 사유로 근로시간의 전부 또는 일부를 사업장 밖에서 근로하여 근로시간을 실제적으로 산정하기 어려운 경우에 있어서 근로시간을 인정하는 제도이다.

단, 사업장 밖에서 근로하더라도 근로시간 산정이 가능하면 제외된다.

이 제도에서는 근로자가 실제 근로한 시간과 관계 없이 '소정근로시간', '업무수행에 통상적으로 필요한 시간', '노・사가 서면으로 합의한 시간' 중 어느 하나를 근로시간으로 간주하게 된다.

② 탄력적・선택적 근로시간제와의 차이

탄력적・선택적 근로시간제는 근로시간 조정 및 배분 등을 통한 근로시간 형태의 변화가 있으나, 사업장 밖 간주근로시간제는 현재 근로시간 형태의 변경 없이 근로시간을 계산하는 방법만 편리하게 정하는 것이다.

구 분	탄력적・선택적 근로시간제	사업장 밖 근로시간제
근로시간 형태 변경 여부	변경 있음	변경 없음
근로시간 산정	실제 근로시간으로 산정	근로시간 산정이 어려워 '근로한 것으로 인정하는 시간'으로 산정

③ 활용 가능한 업종・직무

근로시간 산정이 어려운 업무로 영업직, A/S 업무, 출장 업무, 택시운송업, 재택근무 등에 활용할 수 있다.

예를 들면, 당초에 사업장 밖에서 근로하도록 되어 있는 상태적인 사업장 밖 근로, 상태적인 사업장 밖 근로와 사업장 내 근로가 혼합된 근로, 사업장 내 근로가 원칙이나 출장 등 일시적인 필요로 사업장 밖에서 수행하는 근로 등이다.

근로기준법 제58조(근로시간 계산의 특례)
① 근로자가 출장이나 그 밖의 사유로 근로시간의 전부 또는 일부를 사업장 밖에서 근로하여 근로시간을 산정하기 어려운 경우에는 소정근로시간을 근로한 것으로 본다. 다만, 그 업무를 수행하기 위하여 통상적으로 소정근로시간을 초과하여 근로할 필요가 있는 경우에는 그 업무의 수행에 통상 필요한 시간을 근로한 것으로 본다.
② 제1항 단서에도 불구하고 그 업무에 관하여 근로자대표와 서면 합의를 한 경우에는 그 합의에서 정하는 시간을 그 업무의 수행에 통상 필요한 시간으로 본다.

(2) 도입요건

① 사업장 밖의 근로일 것

사업장 밖의 근로는 '근로의 장소적 측면'과 '근로수행의 형태적 측면'을 종합적으로 고려하여 판단해야 한다.

㉠ 근로의 장소적 측면
소속 사업장에서 장소적으로 이탈하여 자신의 본래 소속 사업장의 근로시간 관리로부터 벗어나 있는 상황이어야 한다. 근로시간 전부를 사업장 밖에서 근로하는 경우는 물론 일부만 사업장 밖에서 근로하는 경우도 포함한다.

㉡ 근로수행의 형태적 측면
사용자의 근로시간 관리조직으로부터 구체적인 지휘 · 감독을 받지 않고 근로를 수행하여야 한다.

② 근로시간을 산정하기 어려울 것

사업장 밖 근로의 시업시각과 종업시각이 해당 근로자의 자유에 맡겨져 있고, 근로자의 조건이나 업무 상태에 따라 근로시간의 장단이 결정되는 경우이다. 사업장 밖 근로라 하더라도 사용자의 구체적인 지휘 · 감독이 미치는 경우에는 근로시간의 산정이 가능하므로 적용 대상에서 제외된다.

③ 근로한 것으로 인정하는 시간을 규정

근로시간을 산정하는 방법은 '소정근로시간으로 보는 경우', '업무수행에 통상 필요한 시간으로 보는 경우', '노 · 사가 서면 합의한 시간으로 보는 경우'로 구분할 수 있다.

㉠ 소정근로시간으로 보는 경우

소정근로시간은 법정근로시간(1일 8시간, 1주 40시간)의 범위 내에서 노・사가 근무하기로 정한 근로시간을 말한다.

근로시간은 취업규칙의 기재사항이므로 취업규칙을 작성・신고할 때 소정근로시간 및 대상근로 등을 명시하여야 한다.

㉡ 통상 필요한 시간으로 보는 경우

해당 업무를 수행하기 위하여 통상적으로 소정근로시간을 초과하여 근로할 필요가 있는 경우에는 그 업무의 수행에 통상 필요한 시간을 근로한 것으로 인정한다.

통상 필요한 시간은 통상적 상태에서 그 업무를 수행하기 위해 객관적으로 필요한 시간을 말한다. 통상 필요한 시간 중 법정근로시간을 초과하는 시간은 연장근로가 된다. 취업규칙을 통해 그 업무의 수행에 통상 필요한 시간을 산정하는 방법을 특정하는 것이 바람직하다.

㉢ 노・사가 서면 합의한 시간으로 보는 경우

해당 업무를 수행하기 위하여 통상적으로 소정근로시간을 초과하여 근로할 필요가 있는 경우에 사용자와 근로자대표가 서면합의한 시간을 그 시간을 업무수행에 통상 필요한 시간으로 인정한다.

합의는 서면으로 작성하여 권한 있는 노・사 당사자가 서명, 날인하여야 하며, 서면합의 서류는 근로기준법 제42조 및 시행령 제22조에 따라 서면합의한 날부터 3년간 보존하여야 한다. 서면합의로 정한 시간 중 법정근로시간을 초과하는 시간은 연장근로가 된다.

(3) 연장・휴일・야간근로 등과의 관계

특례를 인정하는 것은 근로시간의 산정에 관한 부분이므로 연장・휴일・야간근로가 발생한 경우 가산수당을 지급하여야 하고, 휴일・휴가는 출근율에 따라 별도로 부여하여야 한다.

사업장 밖 간주근로시간제를 도입한 경우에도 사용자는 근로기준법 제70조의 임산부와 연소자의 야간・휴일근로의 제한 규정, 제71조의 산후 1년 미만 여성근로자의 시간외근로 제한 규정을 준수하여야 한다.

예규 Point

사용자의 지시에 의해 휴일에 출장업무를 수행한 것이 명백한 경우에는 이를 휴일근로로 볼 수 있으나, 단순히 휴일에 이동하는 경우라면 휴일근로를 한 것으로 보기는 어렵다(근기 68207-2675, 2002.8.9.).

(4) 법적 효과

① 적법하게 운영되는 경우

도입 요건을 충족하고 적법하게 운영되는 사업장 밖 간주근로시간제 하에서는 근로자가 소정근로시간, 업무수행에 통상적으로 필요한 시간, 노・사가 서면으로 합의한 시간 중 어느 하나의 간주근로시간을 근로한 것으로 본다.

② 적법하게 운영되지 않는 경우

사업장 밖 간주근로시간제가 법적 요건을 갖추지 못한 채 운영되면 근로기준법 제58조 제1항 및 제2항(사업장 밖 간주근로시간제)이 아닌 같은 법 제50조(근로시간)가 적용되어 1일 8시간, 1주 40시간을 초과한 근로시간은 연장근로가 된다.

따라서, 실근로시간 여부에 따라 근로시간 위반이 될 수 있고, 실근로시간을 토대로 임금 등 근로조건이 적용된다.

(5) 실무 Q&A

실무사례

문제 **사업장 밖 간주근로시간제 도입 시 취업규칙을 변경해야 하나요?**

해답

통상근로자와 비교하여 근무장소 외의 다른 근로조건에 변경이 없는 경우 사업장 밖 근로를 하게 될 근로자의 개별적 동의를 받아 실시하는 것으로 가능하며, 반드시 취업규칙을 변경할 필요는 없습니다.

다만, 통상근로자와 비교하여 근무장소 외에 근로시간 산정방법 및 임금・수당의 결정 및 계산방법을 달리하거나 별도의 성과평가, 인사관리, 교육・연수제도를 적용하는 등 다른 근로조건의 변경이 있다면 제도 운영 과정에서의 혼란을 방지하기 위해 취업규칙에 관련 내용을 명시하는 것이 바람직합니다.

문제 **근로자 개인별로 필요한 시간이 다를 경우에는 '통상적으로 필요한 근로시간'을 어떻게 산정하나요?**

해답

사업장 밖 간주근로시간제는 ① 소정근로시간, ② 당해 업무수행에 통상 필요한 시간, ③ 노・사간 서면합의한 시간 중 어느 하나를 근로시간으로 인정하고 있습니다.
이 경우 업무수행에 통상적으로 필요한 시간이란 근로자 개인별 필요한 시간이 다르더라도 평균적인 사람이 통상적으로 업무를 수행함에 있어 필요한 시간이 되며, 취업규칙을 통해 그 업무의 수행에 통상 필요한 시간을 산정하는 방법을 특정하는 것이 바람직합니다.

문제 **서면합의로 사업장 밖 간주근로시간제를 도입할 경우 서면합의의 내용은 무엇인가요?**

해답

서면합의의 내용은 실제로 근로한 시간과 관계 없이 사용자와 근로자대표가 합의하여 '근로시간으로 간주하는 시간'뿐입니다.
다만, 운영 과정에서 혼란을 방지하기 위해 대상업무, 합의의 유효기간 등을 상세히 정하는 것이 바람직합니다.

문제 **사업장 밖에서 근로하면 어느 경우에나 사업장 밖 간주근로시간제를 적용할 수 있나요?**

해답

사업장 밖 간주근로시간제는 근로가 사업장 밖에서 이루어질 뿐만 아니라 실제 근로시간을 계산하기 어려운 경우에 한정됩니다.

[간주근로시간제가 적용되지 않는 경우]
① 여러 명이 그룹으로 사업장 밖에서 근로하더라도 그 구성원 중 근로시간 관리를 하는 자가 있는 경우
② 사업장 밖에서 업무를 수행하는 사람이 정보통신기기 등에 의하여 수시로 사용자의 지시를 받으면서 근무하는 경우
③ 미리 회사로부터 방문처와 귀사 시간 등 당일 업무를 구체적으로 지시받은 다음 사업장 밖에서 업무를 수행하고 사업장에 돌아오는 경우

문제 **사업장 밖 근로와 사업장 내 근로가 혼재하는 경우 근로시간은 어떻게 산정하나요?**

해답

사업장 내・외에서 혼재하여 근로가 이루어지는 경우에는 각각의 시간을 합산하여 그날의 근로시간으로 봅니다.
예를 들어, 사업장 내에서 4시간을 근무하고 나머지는 사업장 밖에서 근무한 경우, 사업장 밖 근로가 5시간으로 인정되었다면 그날의 근로시간은 총 9시간이 되며, 이 경우 1일의 법정근로시간을

초과한 1시간은 연장근로가 되어 가산수당을 지급해야 합니다.

문제 사업장 밖 간주근로시간제를 도입한 경우 연장 · 야간 · 휴일 가산수당을 지급해야 하나요?

해답

사업장 밖 간주근로시간제를 도입하더라도 간주한 근로시간에 연장 · 야간 · 휴일근로가 포함되어 있다면 해당 시간에 대해서는 가산수당을 지급하여야 합니다.
또한, 간주한 근로시간에 야간 · 휴일근로가 포함되어 있지 않더라도 사용자의 특별한 지시나 승인으로 실제 연장 · 야간 · 휴일근로가 발생하였다면 이러한 시간에 대해서는 가산수당을 지급하여야 합니다.

문제 사업장 밖 간주근로시간제를 도입한 경우 주휴일과 연차유급휴가는 어떻게 적용하나요?

해답

근로기준법 제58조에 따라 근로시간 계산의 특례를 인정하는 것은 근로시간의 산정에 관한 부분이므로 유급주휴일, 연차유급휴가는 통상의 근로자들과 동일하게 적용됩니다.

문제 외근업무 종사자의 경우 연차휴가 산정을 위한 출근율은 어떻게 계산해야 하나요?

해답

외근업무의 특성상 소정근로일, 시업 및 종업시각, 소정근로시간 등에 관하여 노 · 사가 사전에 특정하지 않은 경우에 특별한 사정이 없는 한 연차유급휴가 산정을 위한 출근율 계산 시 개근한 것으로 보아야 합니다(근기 68207-287, 2003.3.13.).

문제 출장근무로 사업장 밖에서 근로하는 경우 근로시간 산정은 어떻게 해야 하나요?

해답

근로기준법 제58조 특례 규정에 따라 특별한 사정이 없는 한 소정근로시간을 근로한 것으로 보며, 소정근로시간을 초과하여 근로할 필요가 있는 경우에는 그 업무수행에 통상 필요한 시간(노 · 사 서면합의에서 정하는 경우 그 정한 시간)을 근로한 것으로 봅니다.
이 경우 사업장 및 출장지가 소재하는 지역 간 이동에 통상 소요되는 시간을 포함하여 통상적으로 필요한 시간을 근로한 것으로 보나, 사용자의 지시에 의해 휴일에 출장업무를 수행하는 것이 명백한 경우가 아닌 단순히 휴일에 이동하는 경우라면 이를 휴일근로로 보기 어려울 것입니다.

예규 Point

사업장 및 출장지가 소재하는 지역간 이동에 통상 소요되는 시간을 포함하여 출장근무 수행에 통상적으로 필요한 시간이 소정근로시간을 초과한 경우라면 그 필요한 시간을 근로한 것으로 보게 되므로 그 시간에 대하여 임금을 지급해야 함.

한편, 사용자의 지시에 의해 휴일에 출장업무를 수행한 것이 명백한 경우에는 이를 휴일근로로 볼 수 있으나, 단순히 휴일에 이동하는 경우라면 휴일근로를 한 것으로 보기는 어려움(근기 68207-2675, 2002.8.9.).

문제 **사업장 밖 근무 시 해당 업무가 원인이 되어 발생한 재해는 산업재해로 인정받을 수 있나요?**

해답

사업장 밖 근무라 하더라도 근로자가 수행하는 업무가 원인이 되어 발생한 재해는 근로기준법상 재해보상의 대상이 되거나 산업재해보상보험법상의 보험급여 대상이 될 수 있습니다.

---

4 재량 간주근로시간제

(1) 의의

① 개념

재량 간주근로시간제란 업무의 성질에 비추어 업무수행방법을 근로자의 재량에 위임할 필요가 있는 업무로서 근로기준법 시행령 제31조와 관련 고시에서 정한 업무를 수행하는 근로자에 대하여 사용자가 근로자대표와 서면합의로 정한 시간을 근로한 것으로 보는 제도이다.

근로시간 배분만 아니라 업무수행방법까지 근로자의 재량에 맡기고, 실제 근로시간과 관계 없이 노·사가 서면합의한 시간을 근로시간으로 간주한다.

고도의 전문 업무에 종사하거나 창의적 업무를 수행하는 근로자의 경우에는 업무 수행 수단에 재량의 여지가 크고, 보수 또한 근로의 양보다는 근로의 질 내지 성과에 의하여 결정되는 것이 적절하고, 종래와 같이 시간의 길이에 따라 임금지급액을 결정하는 방식이 적절하지 않은 측면이 있다.

따라서 근로시간 산정의 적정성을 도모하고, 근로자의 보수를 근로의 양이 아닌 질과 성과에 따라 결정토록 제도화한 것이다.

② 대상 업무

근로기준법 시행령 제31조와 고용노동부 고시에서 규정한 업무에 한한다.

㉠ 신상품 또는 신기술의 연구개발이나 인문사회과학 또는 자연과학분야의 연구업무

- "신상품 또는 신기술의 연구개발"은 재료, 제품, 생산·제조공정 등의 개발 또는 기술적 개선 등을 말함
- "인문사회과학 또는 자연과학 분야의 연구"는 대학 또는 공공·민간 연구소 등에서 연구를 주된 업무로서 수행하는 것을 말함
- 대학의 교수, 조교수 또는 강사 등과 연구소의 연구원이 강의 등의 수업이나 입시 사무 등의 교육 관련 업무를 같이 수행하더라도, 연구업무를 주된 업무로 종사하여야 함

㉡ 정보처리시스템의 설계 또는 분석 업무

- "정보처리시스템"이란 정보 정리, 가공, 축적, 검색 등의 처리를 목적으로 컴퓨터 하드웨어, 소프트웨어, 통신 네트워크, 데이터를 처리하는 프로그램 등이 구성 요소로 조합된 체계를 말함
- "정보처리시스템의 분석 또는 설계 업무"는 아래의 업무를 말함
  - 수요(needs)의 파악, 유저(user)의 업무 분석 등에 기반한 최적의 업무처리 방법의 결정 및 그 방법에 적합한 기종 선정
  - 입출력 설계, 처리 순서의 설계 등 애플리케이션·시스템의 설계, 기계 구성의 세부적인 결정, 소프트웨어의 결정 등
  - 시스템 가동 후 시스템의 평가, 문제점의 발견, 그 해결을 위한 개선 등의 업무
- 타인의 구체적인 지시에 기반하여 재량권 없이 프로그램 설계 또는 작성을 수행하는 프로그래머(programer)는 포함되지 않음

㉢ 신문, 방송 또는 출판 사업에서의 기사의 취재, 편성 또는 편집 업무

【신문 또는 출판 사업의 기사의 취재, 편성 또는 편집의 업무】

- "신문 또는 출판 사업"에는 신문, 정기간행물에 뉴스를 제공하는 뉴스 공급도 포함됨
  - 신문 또는 출판 사업 이외의 사업으로 기사 취재 또는 편집의 업무에 종사하는 사람, 예를 들면 사보(私報) 편집자 등은 포함되지 않음
- "취재, 편성 또는 편집의 업무"는 기사 내용에 관한 기획 및 입안, 기사의 취재, 원고 작성, 할당·레이아웃·내용 체크 등의 업무를 말함
  - 기사의 취재에 있어서 기자와 동행하는 카메라맨의 업무나, 단순한 교정업무는 포함되지 않음

【방송 사업에서의 기사의 취재, 편성 또는 편집 업무】

- "방송 사업에서의 취재의 업무"는 보도 프로그램, 다큐멘터리 등 제작을 위해 행해지는 취재, 인터뷰 등의 업무를 말함
  - 취재에 동행하는 카메라맨과 기술 인력(스태프)은 포함되지 않음
- "편성 또는 편집의 업무"는 위의 취재를 요하는 프로그램의 취재 대상 선정 등의 기획 및 취재로 얻은 것을 프로그램으로 구성하기 위한 편성 또는 편집을 말함

㉣ 의복 · 실내장식 · 공업제품 · 광고 등의 디자인 또는 고안 업무

- "디자인 또는 고안 업무"는 전문성 · 창의성이 필요한 디자인 또는 고안 업무를 말함
- 고안된 디자인을 토대로 단순히 도면의 작성, 제품의 제작 등의 업무를 수행하는 자는 포함되지 않음

㉤ 방송 프로그램 · 영화 등의 제작 사업에서의 프로듀서나 감독 업무

- "방송 프로그램, 영화 등의 제작"에는, 비디오, 음반, 음악 테이프 등의 제작 및 연극, 콘서트, 쇼 등의 흥행 등이 포함됨
- "프로듀서의 업무"는 제작 전반에 대해 책임을 지고 기획의 결정, 대외 절충, 스태프의 선정, 예산 관리 등을 총괄하여 수행하는 것을 말함
- "감독 업무"는 스태프를 통솔하고 지휘하고 현장에서 제작 작업의 통괄을 수행하는 것을 말함

㉥ 회계 · 법률사건 · 납세 · 법무 · 노무관리 · 특허 · 감정평가 등의 사무에 있어 타인의 위임 · 위촉을 받아 상담 · 조언 · 감정 또는 대행을 하는 업무

- 소관 법령에 따른 공인회계사, 변호사, 세무사, 법무사, 공인노무사, 변리사, 감정평가사의 면허 · 자격증을 소지하고, 타인의 위임 · 위촉을 받아 상담 · 조언 · 감정 또는 대행을 하는 업무를 말함
- 공인회계사, 변호사, 세무사, 법무사, 공인노무사, 변리사, 감정평가사의 보조 업무를 수행하고, 해당 분야에 실무경험이 많은 자라도 소관 법령에 따른 면허 · 자격증이 없으면 포함되지 않음

③ 다른 제도와의 차이

구 분	탄력적 근로시간제	선택적 근로시간제	재량 간주근로시간제
개념	근로시간 배분 관련	근로시간 배분 관련	근로시간 결정 관련
적용대상	특정업종 제한 없음 (연소자, 임부 제외)	특정업종 제한 없음 (연소자 제외)	시행령, 관련 고시에서 정한 업무
운영	단위기간(3개월 이내)	정산기간(1월 이내)	업무수행방법, 시간배분에 대해 구체적 지시를 하지 않음.
근로시간 제한 · 산정	근로일 및 근로일별 근로시간	총 근로시간	서면합의에서 정한 근로시간
서면합의 주요내용	• 대상근로자 범위 • 단위기간(3개월 이내) 근로일 및 근로일별 근로시간 • 서면합의 유효기간	• 대상근로자 범위 • 정산기간, 총근로시간 • 의무근로시간대 • 선택근로시간대 • 표준근로시간대	• 업무수행방법은 근로자 재량에 맡김. • 근로시간 산정은 서면합의로 정한 바에 따름.

근로기준법 제58조(근로시간 계산의 특례)

③ 업무의 성질에 비추어 업무 수행 방법을 근로자의 재량에 위임할 필요가 있는 업무로서 대통령령으로 정하는 업무는 사용자가 근로자대표와 서면 합의로 정한 시간을 근로한 것으로 본다. 이 경우 그 서면 합의에는 다음 각 호의 사항을 명시하여야 한다.

1. 대상 업무
2. 사용자가 업무의 수행 수단 및 시간 배분 등에 관하여 근로자에게 구체적인 지시를 하지 아니한다는 내용
3. 근로시간의 산정은 그 서면 합의로 정하는 바에 따른다는 내용

근로기준법 시행령 제31조(재량근로의 대상업무)

법 제58조 제3항 전단에서 "대통령령으로 정하는 업무"란 다음 각 호의 어느 하나에 해당하는 업무를 말한다.

1. 신상품 또는 신기술의 연구개발이나 인문사회과학 또는 자연과학분야의 연구 업무
2. 정보처리시스템의 설계 또는 분석 업무
3. 신문, 방송 또는 출판 사업에서의 기사의 취재, 편성 또는 편집 업무
4. 의복 · 실내장식 · 공업제품 · 광고 등의 디자인 또는 고안 업무
5. 방송 프로그램 · 영화 등의 제작 사업에서의 프로듀서나 감독 업무

6. 그 밖에 고용노동부장관이 정하는 업무

고용노동부고시 제2011-44호
근로기준법 시행령 제31조 제6호에서 '그 밖에 고용노동부장관이 정하는 업무'란 회계·법률사건·납세·법무·노무관리·특허·감정평가 등의 사무에 있어 타인의 위임·위촉을 받아 상담·조언·감정 또는 대행을 하는 업무를 말한다.

(2) 도입요건

① 재량근로 대상 업무에 해당할 것

재량 간주근로시간제의 대상으로 할 수 있는 업무는 근로기준법 시행령 제31조, 관련 고시에서 규정한 업무에 한정된다.

- 신상품 또는 신기술의 연구개발이나 인문사회과학 또는 자연과학분야의 연구 업무
- 정보처리시스템의 설계 또는 분석 업무
- 신문, 방송 또는 출판 사업에서의 기사의 취재, 편성 또는 편집 업무
- 의복·실내장식·공업제품·광고 등의 디자인 또는 고안 업무
- 방송 프로그램·영화 등의 제작 사업에서의 프로듀서나 감독 업무
- 회계·법률사건·납세·법무·노무관리·특허·감정평가 등의 사무에 있어 타인의 위임·위촉을 받아 상담·조언·감정 또는 대행을 하는 업무

② 대상 업무 수행의 재량성이 인정될 것

- 재량근로 대상 업무에 해당하고 사용자와 근로자대표 사이의 서면합의가 있더라도, 업무 성질에 내재하는 재량성이 없다면 재량근로로 볼 수 없다. 따라서 업무에 재량성이 있기 위해서는 수행 수단에 대하여 구체적인 지시를 받지 않아야 한다.
  다만, 사용자가 근로자에게 업무의 기본적인 지시를 하거나 일정 단계에서 진행 상황을 보고할 의무를 지우는 것은 가능하다.
- 근로자가 시간 배분에 관하여 구체적인 지시를 받지 않아야 재량근로에 해당한다.
- 사용자가 시업 및 종업 시각을 준수하도록 지시하고, 지각·조퇴를 하면 주의를 주거나 임금을 삭감하는 것은 재량근로에 해당하지 않는다.
- 또한, 자발적인 시간 배분을 방해할 정도로 업무보고·지시·감독을 위한 회의참석 의무를 정하는 경우에도 재량근로의 본질에 어긋난다. 다만, 근로자의 동의를 얻는 경우

업무협조 등의 필요에 의해 예외적으로 회의시각을 정하는 것은 가능하다.

• 업무 수행과 직접적으로 관련이 없는 직장 질서 또는 기업 내 시설 관리에 관한 사항은 지시 · 감독 가능하다.

③ 근로자대표와 서면합의가 있을 것

재량 간주근로시간제를 도입하려면 사용자가 근로자대표와 아래의 내용을 서면합의를 통해 아래의 사항을 명시하여야 한다. 또한 근로자대표와의 서면합의 서류는 서면합의한 날로부터 3년간 보존하여야 한다.

㉠ 대상업무

근로기준법 시행령 제31조, 관련 고시에서 규정한 6개 업무에 종사하는 근로자로 한정

㉡ 업무의 수행 수단, 시간 배분 등을 근로자의 재량에 맡긴다는 내용

사용자가 그 업무의 수행 수단, 시간 배분 등에 관하여 근로자에게 구체적인 지시를 하지 않는다는 내용을 명시

㉢ 근로시간의 산정은 그 서면합의로 정하는 바에 따른다는 내용

서면 합의를 통해 근로시간으로 간주하는 시간을 명시

실무 Tip

○ 노 · 사 간에 서면합의를 통해 재량근로시간제도를 도입하더라도 취업규칙에 재량근로시간제도 도입에 관한 구체적인 내용들이 기재되는 것이 바람직함.

○ 법적 의무사항은 아니지만, '서면합의의 유효기간', '재량근로의 적용 중지' 등에 대해서도 합의하는 것이 바람직함.

(3) 연장 · 휴일 · 야간근로 등과의 관계

① 연장 · 휴일 · 야간근로

간주근로시간으로 대체하는 것은 실근로시간 산정에 관한 근로기준법 제50조의 근로시간이므로, 연장 · 휴일 · 야간근로에 관한 규정은 그대로 적용된다. 서면합의에서 정한 간주근로시간이 법정근로시간을 초과하는 경우에는 연장근로 가산수당을 지급하여야 한다.

휴일 · 야간근로는 사전에 예정하여 확정되기 어려운 바, 사용자의 허가를 득하여 휴일 · 야간근로가 실제로 수행되면 그에 대한 가산수당은 추가로 지급하여야 한다. 다만, 휴일 · 야간근로의 남용으로 인한 노 · 사간 분쟁 또는 근로자의 휴식 · 건강권 훼손 방지 등을 위해 휴일 · 야간근로에 대해서는 사전에 승인을 받도록 절차를 마련하는 것이 바람직하다.

② 휴일 · 휴가 · 휴게

재량 간주근로시간제 하에서도 휴일 · 휴가 · 휴게는 별도로 부여하여야 한다. 재량 간주근로시간제가 적용되는 기간 동안 근로자가 소정근로일에 출근한 것으로 보고, 휴일 · 휴가를 부여하여야 한다.

③ 임산부와 연소자

재량 간주근로시간제를 도입한 경우에도 사용자는 근로기준법 제70조의 임산부와 연소자의 야간근로 및 휴일근로의 제한 규정, 동법 제71조의 산후 1년 미만 여성근로자의 시간외근로 제한 규정을 준수하여야 한다.

(4) 법적 효과

① 적법하게 운영되는 경우

도입 요건을 충족하고 적법하게 운영되는 재량 간주근로시간제 하에서는 근로자가 서면합의에 명시된 간주근로시간을 근로한 것으로 본다.

② 적법하게 운영되지 않는 경우

재량 간주근로시간제가 법적 요건을 갖추지 못한 채 운영되거나, 특정 근로자에 대하여 그 업무의 수행 수단, 시간 배분 등에 관하여 구체적인 지시를 하는 등 재량근로의 본질을 벗어나게 되면, 근로기준법 제58조 제3항이 아닌 같은 법 제50조(근로시간)가 적용되어 1일 8시간, 1주 40시간을 초과한 근로시간은 연장근로가 된다. 따라서, 실근로시간 여부에 따라 근로시간 위반이 될 수 있고, 실근로시간을 토대로 임금 등 근로조건이 적용된다.

(5) 실무 Q&A

문제 **재량 간주근로시간제 도입 시 근로자대표와 체결하는 서면합의에는 어떤 내용이 포함되어야 하나요?**

해답

근로기준법 제58조 제3항 각 호에서는 재량 간주근로시간제 도입을 위한 근로자대표와의 서면합의 사항으로 ① 대상 업무, ② 사용자가 업무의 수행 수단 및 시간 배분 등에 관하여 근로자에게 구체적인 지시를 하지 아니한다는 내용, ③ 근로시간의 산정은 그 서면합의로 정하는 바에 따른다는 내용을 포함하도록 하고 있습니다.
다만, 법적 의무사항은 아니지만, '서면 합의의 유효기간', '재량근로의 적용 중지' 등에 대해서도 합의하는 것이 바람직합니다. 한편, 근로시간 산정 방식 등 서면합의의 내용을 변경해야 하는 경우에도 변경된 내용으로 새로운 서면합의를 진행하여야 합니다.

문제 재량 간주근로시간제를 도입할 경우 시업 또는 종업 시각 중 하나를 설정하여 준수하도록 하거나, 일부 시간대는 근무케 하고 나머지 시간에 대해서만 재량근로시간제를 적용할 수 있나요?

해답

재량 간주근로시간제는 업무의 성질에 비추어 업무수행방법을 근로자의 재량에 위임할 필요가 있는 업무에 한해 적용 가능한 제도로, 사용자가 업무의 수행수단 및 시간배분 등에 관하여 근로자에게 구체적인 지시를 하지 아니한다는 점을 명확히 하고 있습니다.
따라서, 재량근로시간제에서 시업 또는 종업 시각 중 하나를 설정하여 준수하도록 하거나, 일부 시간대를 근무하게 하는 것은 재량근로의 본질에 어긋나는 것으로 볼 수 있습니다.

문제 재량 간주근로시간제를 도입하면서 소정근로일에는 의무적으로 출근하도록 정할 수 있나요?

해답

재량 간주근로시간제는 사용자와 근로자대표간 서면합의로 도입이 가능한 제도로서, 소정근로일에 출근하기로 서면합의에서 정했다면 이에 따르면 될 것입니다.
다만, 이 경우에도 사용자는 출근 시각을 정하거나 재량근로자 이외의 통상 근로자에게 적용되는 시업 및 종업 시각을 준수하도록 지시하여서는 아니되며, 그러한 시간을 준수하지 않았다고 주의를 주거나 임금을 삭감해서는 안 됩니다.
한편, 근로자대표와의 서면합의 시 소정근로일의 출근 여부까지 근로자의 재량에 맡기는 내용을 규정한 경우에는 소정근로일에 근로자가 출근하지 않더라도 결근으로 처리할 수 없을 것입니다.

문제 재량 간주근로시간제의 경우 연차휴가 산정을 위한 출근여부 판단은 어떻게 해야 하나요?

해답

기본적으로는 재량 간주근로시간제가 적용되는 기간 동안은 출·퇴근 관리를 별도로 하지 않으므로 소정근로일 전체를 출근한 것으로 보아야 하며, 이에 따라 휴일·휴가를 부여하여야 합니다.
다만, 소정근로일의 출근여부에 대한 재량은 취업규칙 또는 근로자대표와의 서면합의에서 정하는 바에 따라 달라질 수 있습니다.

문제 **재량 간주근로시간제 하에서 사용자의 지휘·명령권 행사는 어느 범위까지 가능한가요?**

해답

재량 간주근로시간제 하에서는 근로자의 업무수행 수단이나 시간배분에 구체적인 지시를 한다면, 이는 재량근로의 본질에 어긋나는 것입니다.
예를 들어, 근로자의 시간배분을 방해할 정도로 보고·지시·감독을 위한 회의에 참석하도록 지시하는 것은 허용되지 않습니다.
다만, 이 경우에도 근로자의 동의를 얻는다면 지시·감독의 목적이 아닌 업무 협조 등의 필요에 의할 경우에는 예외적으로 회의시각을 정해 참석토록 하는 것은 가능할 것입니다.
한편, 재량 간주근로시간제 하에서도 업무목표 부여 등 업무의 기본적인 지시를 하거나 일정 단계에서 진행 상황을 보고할 의무를 지우는 것은 가능하다 할 것입니다.

문제 **재량 간주근로시간제 운영 시 연장근로, 야간근로에 대한 가산수당을 지급해야 하나요?**

해답

서면합의로 정한 재량근로시간이 법정근로시간(1주 40시간)을 초과하는 경우 연장근로수당을 지급해야 합니다. 또한, 사용자의 허가를 득하여 야간이나 휴일에 근로가 이루어졌다면 이러한 시간에 대해서는 가산수당을 지급하여야 합니다.

문제 **재량 간주근로시간제를 적용받던 근로자가 통상의 근무로 복귀하고자 할 경우에는 어떻게 해야 하나요?**

해답

재량 간주근로시간제 적용 제외 신청 절차를 마련하여 기존의 근무형태나 다른 형태로 전환하는 조치를 할 수 있을 것이며, 제도의 원활한 운영을 위해서는 근로자대표와의 서면합의, 취업규칙 등에 세부 규정을 마련하는 것이 바람직합니다.

휴일 · 휴가 · 휴무 제도

1 휴일 · 휴가 · 휴무의 이해

(1) 휴일 · 휴가 · 휴무의 비교

구 분	개 념	소정근로일 포함 여부
① 휴일	근로자가 사용자의 지휘명령으로부터 완전히 벗어나 처음부터 근로제공의무가 없는 날 (예) 주휴일	소정근로일에서 제외
② 휴가	본래 근로제공의무가 있는 날(소정근로일)이나 근로자의 청구 등에 따라 근로의무가 면제되는 날 (예) 연차휴가	소정근로일에 포함
③ 휴무	근로의무가 처음부터 없는 날로써 단순 근로면제일 (예) 토요일	소정근로일에서 제외

(2) 법정휴일과 약정휴일

① 법정휴일

법정휴일은 「근로기준법」에서 정한 휴일로 근로자의 날(5월 1일)과 주휴일, 공휴일(30인 이상 사업장)이 해당한다. 그리고 이는 당연히 유급휴일이다.

❑ **2018.2.28. 국회통과 개정 근로기준법 : 관공서의 공휴일을 유급휴일로 의무화**

1. 개정 취지
   현재 공무원들에게만 공휴일로 부여되는 명절, 국경일 등에 대해 민간 사업장의 노동자들에게도 유급공휴일로 적용함으로써 모든 노동자가 공평하게 휴일을 향유할 수 있도록 함.

2. 개정 내용
   관공서의 공휴일(일용일은 제외)을 유급으로 함(근로기준법 제55조 제2항).

3. 공휴일과 대체공휴일([관공서의 공휴일에 관한 규정])

공휴일 (제2조)	1. 일요일 2. 국경일 중 3 · 1절, 광복절, 개천절 및 한글날 3. 1월 1일 4. 설날 전날, 설날, 설날 다음날 5. 삭제 6. 부처님오신날 (음력 4월 8일) 7. 5월 5일 (어린이날) 8. 6월 6일 (현충일) 9. 추석 전날, 추석, 추석 다음날 (음력 8월 14일, 15일, 16일) 10. 12월 25일 (기독탄신일) 10의2. 「공직선거법」 제34조에 따른 임기만료에 의한 선거의 선거일 11. 기타 정부에서 수시 지정하는 날
대체공휴일 (제3조)	① 제2조 제2호부터 제10호까지의 공휴일이 다음 각 호의 어느 하나에 해당하는 경우에는 그 공휴일 다음의 첫 번째 비공휴일(제2조 각 호의 공휴일이 아닌 날을 말한다. 이하 같다)을 대체공휴일로 한다. 1. 제2조 제2호 · 제6호 · 제7호 또는 제10호의 공휴일이 토요일이나 일요일과 겹치는 경우 2. 제2조 제4호 또는 제9호의 공휴일이 일요일과 겹치는 경우 3. 제2조 제2호 · 제4호 · 제6호 · 제7호 · 제9호 또는 제10호의 공휴일이 토요일 · 일요일이 아닌 날에 같은 조 제2호부터 제10호까지의 규정에 따른 다른 공휴일과 겹치는 경우 ② 제1항에 따른 대체공휴일이 같은 날에 겹치는 경우에는 그 대체공휴일 다음의 첫 번째 비공휴일까지 대체공휴일로 한다. ③ 제1항 및 제2항에 따른 대체공휴일이 토요일인 경우에는 그 다음의 첫 번째 비공휴일을 대체공휴일로 한다.

4. 시행시기
① 300인 이상 사업장 : 2020.1.1.부터 시행
② 30인 이상~300인 미만 사업장 : 2021.1.1.부터 시행
③ 5인 이상~30인 미만 사업장 : 2022.1.1.부터 시행

② 약정휴일

약정휴일은 단체협약, 취업규칙 등에 의하여 부여 여부, 부여조건 및 부여일수에 대하여 노사당사자가 임의로 결정하는 휴일(예 : 공휴일(30인 미만 사업장), 창립기념일 등)을 말하고, 유 · 무급 여부도 노사가 임의로 정할 사항이다.

노사가 공휴일을 포괄적으로 약정휴일로 정한 경우 대체공휴일은 약정휴일에 해당되고, 특정 공휴일이 다른 공휴일과 겹쳐 대체공휴일이 적용되는 경우, 각각 공휴일로 인정된다

(근로개선정책과-4792, 2014.8.27.).

(3) 유급주휴일

① 주휴일이란

주휴일이란 1주 동안의 소정근로일수를 개근한 자에게 1주일에 평균 1회 이상 부여하는 유급휴일을 말한다. 이는 근로자의 날(5월 1일)과 함께 법정휴일이므로 반드시 의무적으로 부여하여야 한다.

1주간의 소정근로시간이 15시간 미만인 근로시간이 현저히 짧은 단시간근로자(초단시간 근로자)와 「근로기준법」 제63조의 근로시간, 휴게, 휴일의 적용 제외자(예 : 감시단속적 근로자 등)는 주휴일 규정이 적용되지 않는다.

② 주휴일의 부여방법

1회의 휴일이란 원칙적으로 오전 0시부터 오후 12시까지의 역일을 의미하나 교대제 작업 등의 경우 2일간에 걸쳐 계속 24시간의 휴식을 보장하면 휴일을 보장한 것으로 간주된다.

또한 주휴일이 반드시 일요일일 필요는 없으나, 단체협약, 취업규칙 및 근로계약서 등에 의해 정하여지는 것이 일반적이다.

③ 휴일 등의 중복

주휴일과 다른 유급휴일이 중복되는 경우 단체협약, 취업규칙, 근로계약서 등에 다른 규정이 없는 한 하나의 휴일로 인정한다. 따라서 근로자의 날이 주휴일인 경우에는 1일의 유급휴일만 부여하면 된다.

또한 휴일과 휴가가 중복되는 경우에는 휴가 사용이 아닌 휴일로 처리하여야 한다. 즉, 연차휴가 신청 시 주휴일이 포함되어 있는 경우에는 주휴일을 제외하고 기간 계산하여야 한다.

④ 주휴수당 처리방법

구 분	주휴수당 처리방법
일반적인 경우	1주간의 소정근로일수를 개근한 근로자에 대하여 1주일에 평균 1회 이상의 유급휴일을 주어야 하며, 동 휴일에 대한 수당은 정상근로일의 소정근로시간을 기준으로 산정하여야 함. 따라서, 소정근로시간이 1주 15시간 이상이고 다음주 근로가 예정돼 있다면 주휴수당은 발생한다. 다만, 이때 규칙적인 연장근로를 했어도 연장근로를 제외한 소정근로시간으로 주휴수당을 계산해야 함(근로개선정책과-4640, 2011.11.21.).

구 분	주휴수당 처리방법
지각 또는 조퇴의 경우	지각 또는 조퇴는 결근이 아니므로, 1일을 결근처리하여 개근일수에 영향을 줄 수 없으며, 지각, 조퇴시간을 제한 실근로시간으로 주휴수당을 계산할 수 없다. 따라서 1일 소정근로시간이 8시간인 경우에는 그 주의 소정근로시간 8시간에 대한 주휴수당을 지급하여야 함.
다음 근로가 예정되어 있지 않은 경우	1주간 근로관계가 존속되고 그 기간동안의 소정근로일에 개근하였다면 1주를 초과한 날(8일째)의 근로가 예정되어 있지 않더라도 주휴수당 발생 (예) 소정근로일이 월~금까지이고, 개근했고, 주휴일은 일요일인 경우, • 월~금요일까지 근로관계 유지(토요일에 퇴직): 주휴수당 미발생 • 월~일요일까지 근로관계 유지(그 다음 월요일에 퇴직): 주휴수당 발생
병가 등의 근로자 귀책사유의 경우	병가의 경우에는 출근하지 못했기 때문에 휴직기간이 속한 유급주휴일은 발생하지 않는다. 병가기간 중에 포함된 유급주휴일에 대해 단체협약이나 취업규칙 등에 규정하거나 당사자 사이의 약정이나 관행이 있다고 인정되지 아니하는 한 임금을 지급할 의무는 없음(근로개선정책과-3833, 2014.7.8.)
휴가를 사용한 경우	일반적으로 휴가는 회사의 취업규칙이나 당사자의 약정에 의해 근로의무를 면제시켜 주는 경우이므로 휴가를 제외한 나머지 소정근로일수를 개근했다면 주휴수당을 지급해야 함. (예) 3일의 여름휴가를 사용하고 나머지 2일(또는 3일)에 해당하는 소정근로일을 모두 출근했다면 개근으로 간주해, 주휴수당을 지급해야 함.

(4) 휴일의 대체

① 휴일의 대체

휴일의 대체란 특정한 휴일에 근로하고 대신 통상의 근로일을 휴일로 대체할 수 있는 것을 말한다.

그리고 '근로자의 날'은 법정휴일로서 특정사실을 기념하기 위해 특정일로 정하여져 있으므로 휴일을 다른 날로 대체할 수 없다(근기 01254-6312, 1987.4.17.).

② 적법한 휴일의 대체 요건

적법한 휴일의 대체가 되기 위해서는 다음 요건을 모두 충족하여야 한다.

㉠ 근로자대표와 사전에 서면 합의 또는 근로자 동의

주휴일	사전에 개별 근로자의 동의를 얻어야 한다. 단, 단체협약이나 취업규칙에 휴일대체가 가능하다는 근거 규정을 두고, 미리 근로자에게 고지하는 방식도 가능하다.
공휴일	사전에 근로자 대표와 서면 합의하고, 교체할 다른 날을 특정하여 유급휴일로 부여해야 한다. 개별 근로자의 동의를 요하지는 않는다.

㉡ 근로자에게 사전 통보

미리 근로자에게 교체할 휴일을 특정하여 사전에 통보하여야 한다. 사전에 통보하지 않고 휴일근로를 한 후 대체되는 휴일을 부여하는 경우에는 휴일근로가산수당의 문제가 발생할 수 있다.

주휴일을 대체하려는 경우에는 반드시 1주 1일씩 실시하여야 하며, 그 지정된 날짜를 변경하고자 할 때에는 미리 취업규칙이나 단체협약에 그 절차를 규정하고 있다면 그에 따라 실시할 수 있다. 단, 휴일의 사전대체를 하고자 할 때 사용자는 그러한 사유를 밝히면서 이러한 사실을 적어도 24시간 이전에 근로자에게 통보하는 등 사전에 근로자와의 충분한 의견 수렴 절차를 거치는 것이 바람직하다(근로개선정책과-875, 2013.1.30.).

㉢ 휴일 부여

변경된 일자에 휴일을 부여하여야 한다.

③ 휴일의 대체 효과

적법한 휴일대체의 요건을 충족하는 경우에 휴일근로에 대한 가산임금을 지급할 의무가 없다. 즉 지정된 휴일에 근로하고 원래 근로일에 휴일을 부여하게 되어 실제로 휴일근로는 평일근로가 되기 때문이다. 이는 백화점, 할인점 등에서 많이 적용하고 있다.

④ 휴일대체 근로 시 근로시간 초과

휴일대체 근무의 경우에도 주 52시간 한도는 준수해야 한다. 휴일대체를 하였다면, 원래의 휴일은 통상의 근로일이 되므로 그 날의 근로도 휴일근로가 아닌 통상의 근로가 된다. 따라서, 휴일대체 근로시간을 포함하여 주 52시간 범위 내에서 근로 가능하다.

(예시) 근로시간 산정 단위기간이 월~일(7일)인 사업장에서 월~금(5일) 8시간씩 근무하고, 토 12시간을 근무하여 총 52시간을 근무한 근로자의 경우, 주휴일인 일요일에 휴일 대체를 통해 추가 근로가 가능한지 여부?

☞ 주 52시간(연장근로 한도 12시간)을 근무한 상태에서 휴일대체를 통해 주휴일인 일요일에 8시간 근로한다면 일요일 근무가 통상근로가 되며, 법정근로시간인 월~금(5일) 40시간과 토요일 연장근로 12시간을 포함하여 최대 52시간 한도를 소진한 상황에서 일요일 8시간의 연장근로가 추가되어 연장근로한도 12시간을 초과하므로 법 위반에 해당됨.

2 토요일에 대한 규정

(1) 원칙 : 무급휴무일

주40시간제에서 1주일 중 5일(통상적으로 월~금)이 소정근로일인 경우 토요일에 대하여 휴무일인지 · 휴일인지, 유급인지 · 무급인지에 대한 구체적인 내용을 단체협약 · 취업규칙 등에 정하지 않은 경우에는 무급휴무일로 보고 있다.

따라서 취업규칙 등에서 토요일에 대해 어떻게 규정하느냐에 따라 임금 지급의 구분이 달라진다.

(2) 토요일 규정에 대한 비교

토요일에 대하여 유무급과 휴일 · 휴무 규정에 대한 월근로시간 산정, 토요일 근무 시의 임금 지급 성격 등의 차이는 다음과 같다.

구 분	유무급 여부	월 근로시간 산정	근로시 임금 산정	임금 계산	
				미근무시	근무하는 경우
휴일	유급	243h/월주)	휴일근로	100%	유급 100%+근로 100% +휴일가산수당 50%
	무급	209h/월		0%	근로 100%+휴일가산수당 50%
휴무일	유급	243h/월주)	연장근로	100%	유급 100%+근로 100% +연장가산수당 50%
	무급	209h/월		0%	근로 100%+연장가산수당 50%

주) 토요일 8h 유급인 경우임.

❸ 연차유급휴가제도

(1) 의의

상시근로자 5인 이상의 사용자는 1년간 80% 이상 출근한 근로자에게 15일의 유급휴가를 주어야 하는데, 이를 연차유급휴가라 한다. 이는 법정 요건을 갖추면 당연히 발생하는 근로자의 권리이다. 월차휴가제도는 폐지되었다.

행정해석

상시근로자 5인 미만에서 5인 이상으로 변경된 경우 기존 근로자에 대해서는 근로자의 입사일이 아닌 근로기준법 제60조를 적용받게 되는 시점, 즉 상시근로자 5인 이상이 된 시점을 기준으로 연차유급휴가를 부여함(임금근로시간과-1279., 2019.9.17.).

(2) 연차유급휴가 대상자

연차유급휴가를 받을 수 있는 근로자는 1년간 80% 이상 출근한 근로자이며, 계속근로연수가 1년 미만인 자 또는 1년간 80% 미만 출근한 자는 1개월 개근한 경우 발생한다.

① 출근율

출근율은 다음과 같이 계산한다.

$$\text{출근율} = \frac{\text{출근일수}}{\text{소정근로일수}}$$

② 출근일수의 산정

출근일은 실제 출근한 날을 말하며, 다음과 같이 실제 출근하지 않더라도 출근으로 간주되는 것과 결근으로 처리되는 경우가 있다.

출근으로 간주	결근으로 처리
• 업무상 부상 또는 질병으로 휴업한 기간 • 출산전후 휴가기간 • 예비군훈련기간, 민방위훈련 또는 동원기간, 공민권행사를 위한 휴무일 등 근로의무가 면제되는 기간 • 육아휴직기간[주)]	• 징계처분으로 인한 정직, 직위해제 기간 등 근로자의 귀책사유에 의한 것

주) 2018.5.29. 이후 최초로 육아휴직 신청 근로자부터 적용

③ 소정근로일수의 산정

소정근로일이란 처음부터 근로제공의무가 있는 날을 의미한다. 따라서 주휴일, 근로자의 날, 취업규칙 등에 의한 약정휴일 등은 유・무급을 불문하고 소정근로일에서 제외된다(임금근로시간정책팀-3228, 2007.10.25.).

④ 근로제공의무가 정지되는 기간의 처리

개인적 사정 등에 의한 약정 육아휴직, 사용자의 귀책사유에 의한 휴업기간, 적법한 쟁의행위기간 등 근로제공의무가 정지되는 기간은 소정근로일수에서 제외하되, 연차휴가일수는 이들 기간을 제외한 나머지 소정근로일수의 비율에 따라 부여한다(임금근로시간정책팀-3228, 2007.10.25.).

☞ 저자주: 2018.5.29. 이전에 육아휴직 신청하는 근로자는 ④와 같이 부여함.

판례사례

❑ 부당해고기간의 연차휴가수당(대법원 2011다95519, 2014.3.13.)

사용자가 근로자를 해고하였으나 그 해고에 정당한 이유가 없어 무효인 경우에 근로자는 그 부당해고기간 동안에 정상적으로 일을 계속하였더라면 받을 수 있었던 임금을 모두 지급받을 수 있다. 해고근로자가 해고기간 동안 근무를 하지는 않았다고 하더라도 해고가 무효인 이상 그동안 사용자와의 근로관계는 계속되고 있는 것이고, 근로자가 해고기간 동안 근무를 하지 못한 것은 근로자를 부당하게 해고한 사용자에게 책임 있는 사유로 인한 것이기 때문이다.

따라서 근로자가 부당해고로 인하여 지급받지 못한 임금이 연차휴가수당인 경우에도 해당 근로자의 연간 소정근로일수와 출근일수를 고려하여 근로기준법 제60조 제1항의 요건을 충족하면 연차유급휴가가 부여되는 것을 전제로 연차휴가수당을 지급하여야 하고, 이를 산정하기 위한 연간 소정근로일수와 출근일수를 계산함에 있어서 사용자의 부당해고로 인하여 근로자가 출근하지 못한 기간을 근로자에 대하여 불리하게 고려할 수는 없으므로 그 기간은

연간 소정근로일수 및 출근일수에 모두 산입되는 것으로 보는 것이 타당하며, 설령 부당해고기간이 연간 총근로일수 전부를 차지하고 있는 경우에도 달리 볼 수는 없다.

(3) 연차유급휴가 기산일

① 기산일

전년도 1년간(1년 미만자는 1개월) 근로를 마친 다음 날 근로관계 존속해야 발생하는 것이 원칙이다. 그러나 기산일의 통일을 위하여 획일적으로 적용할 수 있으며, 실무에서는 회계기간으로 적용하는 경우가 많다.

② 재정산 규정

회계기간으로 일률적으로 계산한 후 퇴사하는 경우 퇴사자의 입사일을 기준으로 재정산할 수 있는데, 근로자에게 재정산이 유리한 경우는 재정산 규정이 취업규칙 등에 없더라도 하여야 하며, 불리한 경우에는 취업규칙 등에 재정산 규정이 있는 경우에만 할 수 있다.

(4) 연차유급휴가일수

① 계속근로자

1년간 80% 이상 출근한 근로자는 15일의 연차유급휴가를 부여받으며, 3년 이상 계속하여 근로한 근로자에게는 15일에 최초 1년을 초과하는 계속근로연수 매 2년에 대하여 1일을 가산한 유급휴가(가산휴가)가 발생한다. 이 경우 가산휴가를 포함한 총휴가일수는 25일을 한도로 한다. 가산휴가는 기본휴가 부여를 위한 최소한의 출근율 이상을 출근해야 발생하며 출근율을 충족시키지 못하면 기본휴가와 가산휴가 모두 발생하지 않는다(근기 01254-1488, 1989.1.28.).

근속기간	1	2	3	4	5	6	8	10	12	14	16	18	20	22	23
연차일수	1일/월	15	15	16	16	17	18	19	20	21	22	23	24	25	25

② 계속근로연수가 1년 미만인 근로자

계속근로연수가 1년 미만인 근로자는 1개월 개근한 경우 1일의 연차유급휴가가 발생한다. 이는 최초 1년간의 근로에 대하여 유급휴가를 주는 경우에는 월단위 휴가를 포함하여 15일로 하고, 근로자가 월단위 휴가를 이미 사용한 경우에는 15일에서 그 사용한 휴가일수를 차감하였다.

그러나 2017.5.30. 이후 입사하는 근로자부터는 월단위 휴가를 이미 사용한 경우에도 15일에서 그 사용한 휴가일수를 차감하지 않는다.

③ 80% 미만 출근자

1년간 80% 미만 출근한 자는 그 다음 해에 연차휴가가 없다. 그러나 1개월 개근한 경우 1일의 연차유급휴가가 발생한다. 즉, 근로자가 2023년 출근율이 80% 미만이고, 2023년 개근 월수가 6개월이라면 2024.1.1.에 6일의 연차휴가를 부여받는다. 그리고 2025.1.1.에는 2024년의 출근율에 따라 다시 연차휴가일수를 부여받는다.

(5) 연차유급휴가 부여시기

연차휴가권은 법정 요건을 충족하면 당연히 발생하는 것이고, 휴가권을 구체화하려면 시기지정권을 행사하여 휴가시기를 특정하여야 한다. 단, 근로자가 청구한 시기에 휴가를 주는 것이 사업 운영에 막대한 지장이 있는 경우에는 사용자는 그 시기를 변경할 수 있다.

판례사례

- 취업규칙에 휴가를 받고자 하는 자는 사전에 소속장에게 신청하여 대표이사의 승인을 득하여야 한다고 규정하고 있는 경우 이는 근로기준법 제48조 제3항이 규정하는 근로자의 휴가시기지정권을 박탈하기 위한 것이 아니라 단지 사용자에게 유보된 휴가시기 변경권의 적절한 행사를 위한 규정이라고 해석되므로 위 규정을 위 근로기준법 규정에 위반되는 무효의 규정이라고 할 수 없고, 더구나 불특정다수인을 상대로 정기여객운송사업을 경영하는 운수회사의 경우 정기적이고 계속적인 여객운송계획이 확정되어 있고 정해진 시각에 예정된 차량운행이 순조롭게 이루어져야 하며, 만일 그 운행에 차질이 생길 때에는 운송사업 운영에 막대한 지장을 초래하게 되는 것이므로, 운행차량 운전사로 하여금 미리 유급휴가신청을 하여 대표이사의 승인을 받아 휴가를 실시하도록 한 것은 사용자의 휴가시기변경권을 적절하게 행사하기 위한 필요한 조치라고 할 것이다(대법원 92다7542, 1992.6.23.).

(6) 연차유급휴가의 소멸과 미사용휴가수당

① 연차유급휴가미사용수당

연차유급휴가는 1년간 행사하지 아니하면 소멸된다. 단, 사용자의 귀책사유로 사용하지 못한 경우에는 그러하지 아니하다. 연차휴가권이 소멸되었더라도 근로자가 휴가를 사용하

지 않고 근로한 것에 대한 수당을 지급해야 하는데 이를 '미사용휴가수당' 또는 '연차휴가수당'이라 한다.

최근 근로기준법 개정으로 2020.3.31.부터 발생되는 1년 미만자의 월차 단위의 연차휴가는 발생일이 아닌 입사일로부터 1년간 행사하지 아니하면 소멸된다.

따라서, 2024.1.1. 입사자가 1월, 2월, 5월, 6월, 8월을 개근한 경우 1월, 2월, 5월, 6월, 8월에 발생한 월차단위 연차휴가 5일은 2024.12.31.까지 사용 가능하다.

「연차유급휴가청구권 · 수당 · 근로수당과 관련된 지침」을 개정(2021.12.17.)

① 근기법 제60조 ①의 연차휴가 사용 권리는 전년도 1년간 근로를 마친 다음 날 발생하며, 제60조 ②의 연차휴가 사용 권리도 1개월의 근로를 마친 다음 날 발생

② 정규직 · 계약직 모두 1년(365일) 근로 후 퇴직하면 제60조 ①의 15일 연차 미사용 수당을 청구할 수 없고, 다음 날인 366일째 근로관계 존속 후 퇴직하면 15일 연차 전부에 대해 수당 청구 가능

- 제60조 ②의 연차휴가도 그 1개월 근로를 마친 다음 날 근로관계 존속 후 퇴직해야 퇴직 전월의 개근에 대한 연차 미사용 수당 청구 가능

③ 정규직이 마지막 근무하는 해 1년(365일) 근무하고 퇴직하는 경우, 80% 출근율을 충족하더라도 제60조 ① · ④의 연차휴가 · 가산휴가에 대한 미사용 수당 청구 불가

② 연차휴가수당 청구시기

연차휴가근로수당을 청구할 수 있는 권리는 원칙적으로 연차휴가를 청구할 수 있는 권리가 소멸한 날의 다음 날에 발생한다고 보아야 할 것이다. 다만, 그 지급시기는 단체협약 등에 정함이 있는 경우에는 그에 따라야 하나 정함이 없는 경우에는 연차휴가를 실시할 수 있는 1년의 기간이 만료된 후 최초의 임금정기지급일을 지급시기로 보아야 한다(「연차유급휴가청구권 · 수당 · 근로수당과 관련 지침」 근기 68201-696, 2000.3.10. 및 근기 01254-1869, 1992.11.17.).

따라서 미사용한 휴가일수에 대한 수당청구권은 휴가사용이 이월된 연차휴가의 휴가청구권이 소멸된 직후의 임금지급일에 발생한다고 할 것이다(근기 68207-687, 1999.11.22.).

③ 연차휴가 이월 사용

휴가청구권이 소멸되는 미사용 휴가에 대하여 금전보상 대신 이월하여 사용하도록 합의하는 것은 가능할 것이나, 근로자의 의사에 반해 사용자가 이를 강제할 수는 없다(근로조건지도과-1046, 2009.2.20.).

예규 Point

2010.1.1. 입사하여 2011.1.1. 퇴직하는 경우, 2010년도 8할 이상 출근으로 퇴직연도(2011년)에 발생한 연차유급휴가 중 전부(15일) 미사용하였다면 그 미사용한 일수(15일)에 대하여 연차유급휴가 미사용수당을 퇴직일로부터 14일 이내에 전액 지급하여야 할 것으로 사료됨(근로기준과-537, 2011.1.31.).

(7) 연차유급휴가의 대체

사용자는 근로자대표와의 서면 합의에 따라 연차유급휴가일을 갈음하여 특정한 근로일에 근로자를 휴무시킬 수 있다. 이는 근로자의 시기지정권을 배제하는 것이기 때문에 근로자대표와 서면합의 시 대체일이 특정되어야 한다.

그러나 사용자가 근로자대표와의 서면합의 없이 일방적으로 소정근로일인 '관공서의 공휴일에 관한 규정상의 공휴일'을 연차유급휴가로 갈음하여 쉬도록 한 것은 근로기준법에 따른 유급휴가의 대체로 보기는 어렵다 할 것이다. 다만, 근로자가 이에 대한 이의 제기 없이 출근하지 않고 쉰 경우라면 근로자의 청구에 의한 연차유급휴가의 사용으로 볼 수도 있을 것이다(근로조건지도과-2364, 2008.12.29.).

다만, 2018.2.28. 국회통과법안 중 관공서의 공휴일을 유급휴일로 의무화하면 공휴일이 연차유급휴가 대체 사용으로 활용되기 어려워 보인다.

(8) 연차유급휴가의 사용촉진제도

① 의의

사용자가 연차유급휴가의 사용을 촉진하기 위하여 다음의 조치를 하였음에도 불구하고 근로자가 휴가를 사용하지 아니하여 소멸된 경우에는 사용자는 그 사용하지 아니한 휴가에 대하여 보상할 의무가 없다. 즉, 미사용휴가수당을 지급하지 않아도 된다.

이는 휴가제도가 금전보전의 수단으로 이용되고 있는 점을 개선하여 휴가사용률을 촉진시키기 위한 규정이다.

② 법정요건(근로기준법 제61조 제1항)

> ㉠ 연차유급휴가의 소멸시효 기간이 끝나기 6개월 전을 기준으로 10일 이내에 사용자가 근로자별로 사용하지 아니한 휴가 일수를 알려주고, 근로자가 그 사용 시기를 정하여 사용자에게 통보하도록 서면으로 촉구할 것
> ㉡ '㉠'에 따른 촉구에도 불구하고 근로자가 촉구를 받은 때부터 10일 이내에 사용하지 아니한 휴가의 전부 또는 일부의 사용 시기를 정하여 사용자에게 통보하지 아니하면 연차유급휴가의 소멸시효 기간이 끝나기 2개월 전까지 사용자가 사용하지 아니한 휴가의 사용 시기를 정하여 근로자에게 서면으로 통보할 것

이때, 연차유급휴가의 사용촉진조치와 관련해 이메일로 통보하는 것이 근로자 개인별로 서면촉구 또는 통보하는 것에 비해 도달 여부의 확인 등이 불명확한 경우 서면으로 촉구 또는 통보로 인정되기 어렵다(근로개선정책과-6488, 2013.11.1.).

그리고 기존의 '종이로 된 문서' 외에 전자문서로서 연차유급휴가 사용촉진이 가능하기 위해서는 회사가 전자결재체계를 완비하여 전자문서로 모든 업무의 기안, 결제, 시행과정이 이루어져 근로자 개인별로 명확하게 촉구 또는 통보되는 경우 인정된다(근로기준과-1993, 2010.11.16.).

③ 사용촉진 적용제외자

계속근로연수가 1년 미만인 근로자 또는 1년간 80% 미만 출근한 근로자에게 부여되는 월차 단위의 연차유급휴가는 사용촉진제가 적용되지 않는다. 또한, 휴가사용촉진조치는 동일한 사업 또는 사업장 내의 모든 근로자를 대상으로 실시함이 바람직하나 직종 또는 근로형태 등을 감안하여 특정집단의 근로자에 대해서는 휴가사용촉진조치의 적용을 제외할 수 있다(근로기준과-407, 2004.1.26.).

그러나, 2020.3.6. 국회 통과된 근로기준법에 따르면 계속 근로연수가 1년 미만인 근로자에게 부여되는 월차 단위의 연차유급휴가도 사용촉진대상이다. 다만, 기간제 근로자의 근로계약기간이 1년 미만인 경우에는 1년차에 발생한 월차 단위의 연차휴가는 사용촉진 대상이 아니다. 또한, 2020.3.31. 이전에 발생한 월차 단위의 연차휴가는 부칙에 따라 사용촉진 대상이 아니다.

근로기준법 제61조 제2항 규정

② 사용자가 계속하여 근로한 기간이 1년 미만인 근로자의 제60조 제2항에 따른 유급휴가의 사용을 촉진하기 위하여 다음 각 호의 조치를 하였음에도 불구하고 근로자가 휴가를 사용하지 아니하여 제60조 제7항 본문에 따라 소멸된 경우에는 사용자는 그 사용하지 아니한 휴가에 대하여 보상할 의무가 없고, 제60조 제7항 단서에 따른 사용자의 귀책사유에 해당하지 아니하는 것으로 본다.

1. 최초 1년의 근로기간이 끝나기 3개월 전을 기준으로 10일 이내에 사용자가 근로자별로 사용하지 아니한 휴가 일수를 알려주고, 근로자가 그 사용 시기를 정하여 사용자에게 통보하도록 서면으로 촉구할 것. 다만, 사용자가 서면 촉구한 후 발생한 휴가에 대해서는 최초 1년의 근로기간이 끝나기 1개월 전을 기준으로 5일 이내에 촉구하여야 한다.
2. 제1호에 따른 촉구에도 불구하고 근로자가 촉구를 받은 때부터 10일 이내에 사용하지 아니한 휴가의 전부 또는 일부의 사용 시기를 정하여 사용자에게 통보하지 아니하면 최초 1년의 근로기간이 끝나기 1개월 전까지 사용자가 사용하지 아니한 휴가의 사용 시기를 정하여 근로자에게 서면으로 통보할 것. 다만, 제1호 단서에 따라 촉구한 휴가에 대해서는 최초 1년의 근로기간이 끝나기 10일 전까지 서면으로 통보하여야 한다.

(부칙)

제1조(시행일) 이 법은 공포한 날(2020.3.31.)부터 시행한다.

제2조(연차유급휴가에 관한 경과조치) 이 법 시행일(2020.3.31.) 전에 발생한 연차유급휴가에 대하여는 종전의 규정에 따른다.

근로기준법 제61조 제2항 규정 사례

2024.1.1. 입사자의 경우 연차사용 촉진시기는 다음과 같다. 즉, 최초 1년의 근로기간이 끝나기 3개월 전에 발생한 9개와 잔여 2개의 사용촉진 시기가 상이하다.

구 분	1차 촉진 (사용자가 근로자에게) 연차미사용일수 고지 및 사용시기 지정 · 통보 요구	지정 · 통보 (근로자가 사용자에게) 사용시기 지정 · 통보	2차 촉진 (사용자가 근로자에게) 근로자의 사용시기 미통보시 사용자가 사용시기 지정 · 통보
연차 9일	10.1. ~ 10.10. (3개월 전, 10일간)	10일 이내	11.30.까지(1개월 전)
연차 2일	12.1. ~ 12.5. (1개월 전, 5일간)	10일 이내	12.21.까지(10일 전)

제4절 법정수당

❶ 연장근로수당

(1) 연장근로의 이해

① 연장가능시간

근로자별 연장가능시간은 다음과 같으며, 이를 초과하여 근로한 경우에 연장근로수당을 지급하더라도 주 52시간의 근로기준법은 위반에 해당한다.

구 분	연장가능시간
㉠ 일반근로자	1주에 12시간
㉡ 연소근로자	1주 5시간
㉢ 산후 1년이 지나지 않은 여성	1일 2시간, 1주 6시간, 1년에 150시간

단,「근로기준법」제59조에 해당하는 육상운송 및 파이프라인 운송업, 수상운송업, 항공운송업, 기타 운송관련서비스업, 보건업은 사용자와 근로자대표의 서면합의를 거쳐 1주 12시간 이상의 연장근로가 가능하다.

② 당사자 간 합의

연장근로에 대해서는 당사자 간 합의로 할 수 있으며, 여기서 당사자 간의 합의는 근로자 개인과 사용자 사이의 개별적 합의를 말한다. 또한 단체협약 등에 의한 집단적 합의도 가능하지만 개별 근로자의 의사결정의 자유를 침해하지 않는 범위 안에서 인정된다(대법원 93누5796, 1993.12.21.). 합의의 형식과 내용 및 시기에 대해서는 법에서 정한 것이 없기 때문에 서면, 구두 등 모두 가능하다.

그리고 당사자 간의 합의는 연장근로를 할 때마다 개별적으로 하기보다는 근로계약을 체결할 때 미리 정할 수 있다(대법원 98다54960, 2000.6.23.). 단체협약・취업규칙・근로계약 등에서 연장근로를 할 수 있도록 사전에 포괄적으로 정해 놓은 경우 사용자가 이를 근거로 연장근로 명령을 내릴 수 있으며 근로자가 정당한 이유없이 이를 거부하는 경우 계약 위반이 된다(근기 01254-450, 1990.1.12.).

③ 유해위험작업근로자

사업주는 유해하거나 위험한 작업으로서 잠함 또는 잠수작업 등 높은 기압에서 하는 작업에 종사하는 근로자에게는 1일 6시간, 1주 34시간을 초과하여 근로하게 하여서는 아니 된다. 따라서 연장근로가 허용되지 않는다.

(2) 연장근로시간의 계산

① 1시간 미만의 처리

연장근로시간이 1시간 미만인 경우 이를 1시간으로 인정하는 것은 가능하다. 그러나 1시간 미만은 인정하지 않는다는 규정 등은 근로자에게 불리한 조건이므로 허용되지 않는다.

② 철야연장근로의 경우

휴일의 근로가 역일을 달리하여 익일의 소정근로시간대까지 계속되는 경우 이를 전일 근로의 연장으로 볼 수 없다(근기 68207-402, 2003.3.31.).

예규 Point

❑ **휴일의 근로가 역일을 달리하여 익일의 소정근로시간대까지 계속되는 경우 이를 전일 근로의 연장으로 볼 수 없음**(근기 68207-402, 2003.3.31.)

[질 의]

1일의 소정근로시간이 8시간이고 주휴일을 일요일로 정한 사업장에서 근로자가 주휴일에 근로를 개시하여 철야근무하고 그 익일의 기본 소정근로시간을 마친 후에 퇴근한 경우 휴일·연장·야간수당 산정방법은?

[회 시]

역일을 달리하여 계속적으로 근로가 이어지는 경우에는 이를 전일의 근로의 연장으로 보아 근로기준법 제55조에 의한 가산수당을 지급하여야 할 것이나, 익일의 소정근로시간대까지 계속 이어지는 경우에는 익일 시업시각 이후의 근로는 근로계약·취업규칙 등에 의하여 당초 근로제공 의무가 있는 소정근로이므로 이를 전일의 근로의 연장으로는 볼 수 없다고 사료됨. 귀 질의내용이 불분명하여 정확한 답변은 곤란하나, 주휴일에 시작된 근로가 역일을 달리하여 계속되어 익일의 소정근로시간 종료 후 퇴근한 경우 그 익일의 소정근로 시업시각 전까지에 대하여는 전일(휴일)의 근로의 연장으로 보아 근로기준법 제55조에 의한 휴일근로수당(연장 및 야간근로에 해당되는 경우 동조에 의한 연장·야간근로수당은 각각 별도 산정)을 지급하여야 하며, 월요일 시업시각 이후의 근로는 이를 휴일근로와 연장근로로 볼 수 없다고 사료됨.

철야근무로 인한 심신의 피로를 회복시켜 주기 위해 사용자가 대체휴식을 부여한 경우 특별한 사정이 없는 한 이는 무급으로 부여한 것으로 볼 수 있고, 근로자가 이에 따라 출근하지 아니한 경우 철야근무에 따른 무급 대체휴식에 동의한 것으로 볼 수 있다. 다만, 이 대체휴식을 근로기준법 제54조에 의한 주휴일로 할 수는 없으며, 결근으로도 처리할 수 없다(근기 68207-2500, 2001.8.2.).

(3) 연장근로수당의 산정

① 연장수당 · 연장근로가산수당 · 연장근로수당

구 분	개 념
연장수당	연장근로 자체에 대한 보상(100%) = 통상임금의 100%
연장근로가산수당[주)]	연장근로에 대한 가산할증임금(50%) = 통상임금의 50%
연장근로수당	연장수당(100%) + 연장근로가산수당(50%) = 통상임금의 150%

주) 상시근로자 5인 미만 사업장 제외

② 법 위반의 연장근로에 대한 제재

당사자 사이의 합의가 없거나 연장근로에 대한 합의가 있더라도 주당 12시간을 초과하는 연장근로는 「근로기준법」 위반이다. 이럴 경우 「근로기준법」 위반에 대한 2년 이하의 징역 또는 2천만원 이하의 벌금이라는 형사처벌을 받는 것과 별개로 연장근로에 대한 연장수당과 연장근로가산수당은 지급해야 한다. 연장근로가산수당을 지급하는 것과 법 위반에 대한 형사처벌은 다른 제도적 취지를 가지고 있기 때문이다.

2 야간근로수당

(1) 야간근로의 제한

야간근로는 오후 10시부터 다음 날 오전 6시까지의 근로를 말한다. 일반근로자의 야간근로에 대한 제한은 없으나, 여성근로자와 연소자에 대해서는 제한이 있다.

① 여성근로자

18세 이상의 여성근로자를 야간근로시키려면 그 근로자의 동의를 받아야 한다. 또한 임산부는 동의가 있다 하더라도 야간에 근로를 시키면 안 된다. 다만, 고용노동부장관의 인가를 받은 경우로서 다음의 경우에는 야간근로가 가능하다.

- 산후 1년이 지나지 아니한 여성의 동의가 있는 경우
- 임신 중의 여성이 명시적으로 청구하는 경우

② 18세 미만의 근로자

18세 미만자는 그 근로자의 동의와 고용노동부장관의 인가를 받지 않는 한 야간근로를 시키지 못한다.

(2) 야간근로수당의 산정

야간수당 · 야간근로가산수당 · 야간근로수당에 대한 산정은 다음과 같다.

구 분	개 념
야간수당	야간근로 자체에 대한 보상(100%) = 통상임금의 100%
야간근로가산수당[주)]	야간근로에 대한 가산할증임금(50%) = 통상임금의 50%
야간근로수당	야간수당(100%) + 야간근로가산수당(50%) = 통상임금의 150%

주) 상시근로자 5인 미만 사업장 제외

 휴일근로수당

(1) 휴일근로의 제한

법정휴일인 주휴일과 근로자의 날(5월 1일), 단체협약 · 취업규칙 · 근로계약에 의해 정해진 약정휴일(국경일, 추석, 설 등)에 근로하는 것을 휴일근로라 한다. 일반근로자에 대한 휴일근로에 대한 제한은 없으나, 여성근로자와 연소자에 대해서는 제한이 있다.

① 여성근로자

18세 이상의 여성근로자를 휴일근로시키려면 그 근로자의 동의를 받아야 한다. 또한 임산부는 동의가 있다 하더라도 휴일에 근로를 시키면 안 된다. 다만, 고용노동부장관의 인가를 받은 경우로서 다음의 경우에는 휴일근로가 가능하다.

• 산후 1년이 지나지 아니한 여성의 동의가 있는 경우
• 임신 중의 여성이 명시적으로 청구하는 경우

② 18세 미만의 근로자

18세 미만자는 그 근로자의 동의와 고용노동부장관의 인가를 받지 않는 한 휴일근로를 시키지 못한다.

(2) 휴일근로수당의 산정

① 휴일근로수당의 산정

휴일수당 · 휴일근로가산수당 · 휴일근로수당에 대한 산정은 다음과 같다.

구 분	개 념
휴일수당	휴일근로 자체에 대한 보상(100%) = 통상임금의 100%
휴일근로가산수당[주)]	휴일근로에 대한 가산할증임금(50%) = 통상임금의 50%
휴일근로수당	휴일수당(100%) + 휴일근로가산수당(50%) = 통상임금의 150%

주) 상시근로자 5인 미만 사업장 제외

② 휴일근로의 가산수당 할증률

㉠ 개정 취지

휴일근로의 가산수당 할증률은 8시간 이내의 휴일노동에 대해 통상임금의 50%를, 8시간 초과 휴일노동은 100%를 가산 지급하도록 명확히 함으로써 휴일노동의 가산수당 할증률과 관련한 논란을 입법적으로 해결하였다.

㉡ 개정 내용

8시간 이내의 휴일근로는 통상임금의 50%, 8시간을 초과한 휴일근로는 통상임금의 100% 가산하여 지급하여야 한다(근로기준법 제56조 제2항).

㉢ 시행시기

2018.3.20.부터 시행한다.

❹ 보상휴가제

(1) 보상휴가제란

「근로기준법」 제57조에서 "사용자는 근로자대표와 서면합의에 따라 연장근로·야간근로·휴일근로에 대하여 임금을 지급하는 것을 갈음하여 휴가를 줄 수 있다"라고 규정하고 있는데 이를 보상휴가제라 한다.

(2) 보상휴가제의 적법요건

근로자대표와 서면으로 합의하여야 한다. 세부적인 사항은 노사가 자율적으로 서면합의에 반영하여 시행하면 된다. 따라서 개별근로자의 동의를 받아야 하는 것은 아니다.

여기서 '근로자대표'란 그 사업 또는 사업장에 근로자의 과반수로 조직된 노동조합이 있는 경우에는 그 노동조합을 말하며, 근로자의 과반수로 조직된 노동조합이 없는 경우에는 근로자의 과반수를 대표하는 자를 말한다.

| 노·사 서면합의에 포함되어야 할 사항 |

구분	내용
휴가 부여방식	보상휴가제를 전체 근로자에게 일률적으로 적용할 것인지, 희망하는 근로자에 한하여 적용할 것인지에 관한 내용
임금 청구권	휴가청구권과 임금청구권을 선택적으로 인정할 것인지, 임금청구권을 배제하고 휴가청구권만 인정할 것인지에 관한 내용
보상휴가 부여기준	보상휴가 대상을 연장·야간·휴일근로에 대한 가산임금을 포함한 전체 임금으로 할지, 가산임금만으로 할지에 관한 내용

근로자대표와의 서면합의 서류는 서면합의한 날부터 3년간 보존하여야 한다.

(3) 보상휴가 부여방법

보상휴가의 대상은 연장근로·야간근로·휴일근로에 해당하는 시간과 가산임금에 해당하는 시간을 말한다. 따라서 휴일에 8시간 근무한 경우에 보상휴가는 8시간의 1.5배인 1.5일의 휴가를 부여하여야 한다.

예규 Point

- ❑ 사용자가 근로자대표와의 서면합의에 의하여 1년간의 연장근로 · 야간근로 및 휴일근로시간을 계산하여 다음 연도에 1년간 휴가를 사용하게 하고, 미사용한 휴가에 대하여 그 다음 연도 첫 번째 달의 임금정기지급일에 금전으로 보상하기로 합의한다 하더라도 이를 반드시 위법하다고 보기는 어려울 것임(근로기준과-779, 2005.2.14.).
- ❑ 노사가 "보상휴가 사용기간 내에 사용자의 귀책사유 없이 근로자가 사용하지 않은 보상휴가에 대해 사용자는 임금 지급의무가 없다"고 합의한 것은 효력이 없다고 보아야 할 것임(근로기준과-6641, 2004.12.10.).

사례

보상휴가제를 도입한 사업장의 근로자가 아래와 같이 근무하여 연장 · 야간 · 휴일근로가 발생한 경우

구분	일	월	화	수	목	금	토	합계
출근시각	09시	09시	09시	09시	09시	09시	휴무	
퇴근시각	14시	18시	19시	18시	22시	18시	-	
휴게시간	12시~13시	12시~13시	12시~13시	12시~13시	12시~13시, 18~19시	12시~13시	-	
소정근로	-	8시간	8시간	8시간	8시간	8시간	-	40시간
연장근로	-	-	1시간	-	3시간		-	4시간
휴일근로	4시간	-	-	-	-	-	-	4시간

㉠ 보상휴가제 미실시
소정근로시간(40h), 연장(4h) · 야간 · 휴일근로시간(4h) 및 가산시간(연장가산 2h, 휴일가산 2h)을 포함하여 총 52시간분의 임금을 지급하여야 한다.

㉡ 연장 · 야간 · 휴일근로시간 및 가산시간에 대해 보상휴가제 실시
소정근로 40시간은 임금으로 지급하고, 연장 · 야간 · 휴일근로시간과 가산시간을 합한 12시간은 유급휴가로 보상한다.

㉢ 연장 · 야간 · 휴일근로 가산시간에 대해서만 보상휴가제 실시
소정근로 40시간과 연장 · 야간 · 휴일근로 8시간을 합한 48시간은 임금으로 지급하고, 연장 · 야간 · 휴일근로 가산시간인 4시간은 유급휴가로 보상한다.

(4) 휴가 미사용시 임금 지급

보상휴가제는 임금 지급 대신 휴가를 부여하는 제도이므로 근로자가 휴가를 사용하지 않은 경우에는 그에 대한 임금을 지급하여야 한다. 근로자는 '휴가를 사용할 수 없도록 확정된 날'의 다음날부터 임금청구권을 행사할 수 있으며, 사용자는 '휴가를 사용할 수 없도록 확정된 날' 다음날부터 최초로 도래하는 임금정기지급일에 해당 임금을 지급하여야 한다.

보상휴가는 연차유급휴가와 달리 사용자가 휴가사용촉진조치(근기법 제61조)를 통해 임금 지급의무를 면제받을 수 없다. 아울러 노 · 사가 "보상휴가 사용기간 내에 사용자의 귀책사유 없이 근로자가 사용하지 않은 보상휴가에 대해 임금지급의무가 없다"라고 합의하더라도 그러한 합의는 효력이 없다.

제3장 임금설계 및 계산실무

임금체계 결정

① 임금결정기준

(1) 원칙

「근로기준법」 제4조에서 근로조건은 근로자와 사용자가 동등한 지위에서 자유의사에 따라 결정하여야 한다고 규정하고 있다. 따라서 임금에 대한 결정은 단체협약, 취업규칙, 근로계약 등을 통해 자율적으로 결정하는 것이 원칙이다.

여기서 임금체계란 임금의 구성요소, 즉 기준이 되는 기본급과 각종 수당 등의 항목으로 구성되어진 것을 말한다. 임금체계를 결정할 때는 「근로기준법」과 「최저임금법」의 범위 내에서 설정되어야 한다.

(2) 각종 수당 설계

기본급을 제외한 각종 수당들을 설계할 때는 통상 임금성 유무와 최저임금 포함 여부 등을 확인한 후 최소한 최저임금에 위반되지 않도록 설계되어야 한다.

또한 이러한 수당들이 근로소득 비과세되는 요건을 충족하도록 설계되면 근로자 입장에서 근로소득세 절세뿐만 아니라 사용자 입장에서도 4대보험의 절감 효과를 볼 수 있다.

② 상여금 설계

(1) 정기상여금

정기상여금이란 매월 지급되는 임금 이외에 정기적으로 특별히 지급되는 현금급여를 말한다. 이는 임금에 해당되므로 평균임금 계산 시 포함하여야 하며, 판례에서는 지급기준일 이전에 퇴사한 근로자에게도 일할 계산하여 지급한 정기상여금의 경우 통상 임금성을 인정하고 있다.

따라서 고용노동부 통상임금 지도지침 발표 시 '재직자에 한하여' 정기상여금을 지급한 경우에는 통상임금에 해당하지 않는다고 하였다. 또한 판례에서는 정기상여금을 통상임금에서 제외하기로 한 노사합의는 법에 위반되므로 무효라고 판결하고 있다.

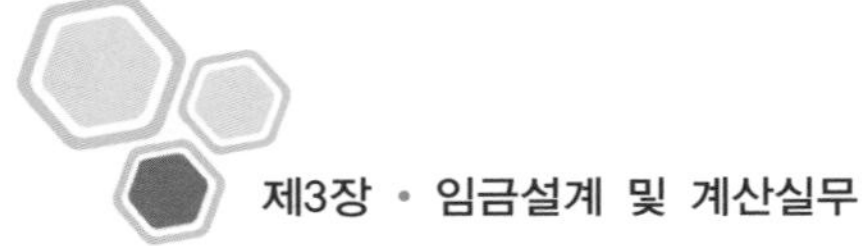

정기상여금의 처리에 대해서는 노동법령에 구체적인 규정은 없다. 따라서 지급액, 지급조건, 지급대상, 지급시기, 지급방법 등은 단체협약, 취업규칙, 근로계약 등에 의해 결정하면 된다.

또한 정기상여금을 근속연수에 따라 지급률을 상이하게 지급하는 경우, 대기발령자에게는 지급하지 않는다고 규정하는 경우도 가능하다고 볼 수 있다.

(2) 경영성과상여금

경영성과상여금은 회사의 경영성과에 따라 지급 여부가 결정되는 상여금으로서 그 지급조건, 금액, 지급시기가 단체협약 · 취업규칙 등에 정하여져 있다고 하더라도 단체협약 · 취업규칙 등에 지급조건, 금액, 지급시기 등에 관하여 아무런 규정도 없이 사용자의 재량에 의해 매년 그 지급시기 및 지급액을 달리하거나 지급되지 아니하는 경우에는 근로자의 근로제공 자체의 대가라고 볼 수 없고, 사용자에게 그 지급의무가 확정되는 임금성을 갖는다고 보기 어렵다(대법원 2001다76328, 2005.5.14.; 임금정책과-588, 2005.2.5.).

취업규칙에 명시되어 있지 않고, 사용자의 재량에 의해 지급기준이나 금액이 결정되는 '경영성과급, 재량보너스'는 근로기준법상 임금으로 보기 어렵다(근로기준과-426, 2011.1.25.).

임금계산 방법

❶ 주40시간 근무제의 월 근로시간수

(1) 토요일이 무급인 경우

주40시간제 사업장의 주 근로시간수는 48시간이며 8시간이 더해지는 것은 유급주휴일이 포함되기 때문이다. 토요일이 무급휴일·휴무인 경우의 월 근로시간수는 다음과 같이 계산한다.

> 월 근로시간수=(평일 주 40시간+주휴일 8시간) ÷ 7일 × 365일 ÷ 12개월=209시간

(2) 토요일이 유급인 경우

토요일 4시간을 유급휴일·유급휴무로 규정하는 경우의 월 근로시간수는 다음과 같이 계산한다.

> 월 근로시간수=(평일 주 40시간+주휴일 8시간+토요일 4시간) ÷ 7일 × 365일 ÷ 12개월
> =226시간

❷ 가산수당 계산

(1) 가산수당의 중복이 발생되는 경우

① 연장근로와 야간근로가 중복되는 경우

연장근로이면서 야간근로(오후 10시~오전 6시까지)시간에 근무한 경우에는 연장근로수당과 야간근로수당을 각각 지급하여야 한다.

예를 들면, 오전 9시부터 오후 6시까지 주 5일(월~금) 근무인 회사에서 평일에 밤 12시까지 근무한 경우에는 오후 6시부터 밤 12시까지의 6시간에 대한 연장근로수당 150%와 밤 10시부터 밤 12시까지의 야간근로수당인 50%를 추가적으로 지급하여야 한다.

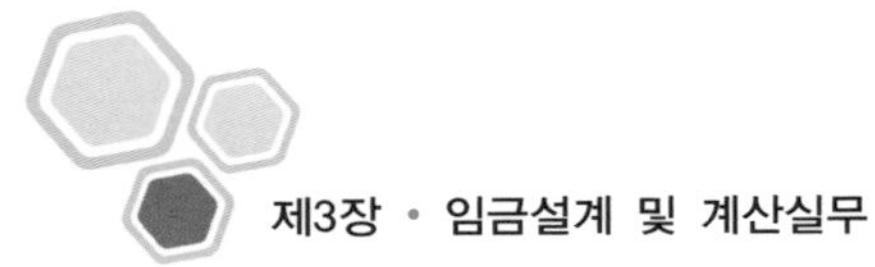

② 휴일근로와 야간근로가 중복되는 경우

휴일근로이면서 야간근로가 발생한 경우에는 휴일근로수당과 야간근로수당을 각각 지급하여야 한다.

예를 들면, 오전 9시부터 오후 6시까지 주 5일(월~금) 근무이고, 일요일이 주휴일인 회사에서 일요일에 오후 2시부터 밤 11시까지 근무한 경우(저녁 휴게시간 1시간 포함)에 오후 2시부터 오후 11시까지의 휴일근로수당 150%와 오후 10시부터 오후 11시까지의 야간근로수당 50%를 추가로 지급하여야 한다.

③ 8시간 초과하는 휴일근로인 경우

2018.2.28. 국회통과한 개정 근로기준법에 의하면 8시간 이내의 휴일근로는 통상임금의 50%, 8시간을 초과한 휴일근로는 통상임금의 100%를 가산하도록 규정하였다. 이는 공포(2018.3.20.) 후 즉시 시행한다.

(2) 가산수당 계산 사례

계산사례

문제 **수요일에 11시까지 야근한 경우의 가산임금은?(저녁식사 시간 1시간 포함됨)**

해답

- 연장근로시간 : 4시간(오후 6시부터 밤 11시까지(저녁식사 시간 1시간 제외))
- 야간근무시간 : 1시간(오후 10시부터 밤 11시까지)

→ 연장근로수당 60,000원(10,000원 × 4시간 × 150%)
→ 야간근로수당 5,000원(10,000원 × 1시간 × 50%)
따라서 연장·야간근로수당 65,000원을 더 지급하여야 함.

문제 **일요일에 오후 8시부터 밤 12까지 근무한 경우의 가산임금은?**

해답

- 휴일근로시간 : 4시간(오후 8시부터 밤 12시까지)
- 야간근무시간 : 2시간(오후 10시부터 밤 11시까지)

→ 휴일근로수당 60,000원(10,000원 × 4시간 × 150%)
→ 야간근로수당 10,000원(10,000원 × 2시간 × 50%)
따라서 가산수당 70,000원을 더 지급하여야 함.

3 특수한 경우

(1) 임금동결

① 개념

임금동결이란 임금을 인상하지 않고 현재의 임금수준을 장래에도 계속 지급하는 것으로 노사가 자율적으로 결정할 사항이다.

② 적법절차

집단적 의사결정 방식에 의해 단체협약이나 취업규칙 변경절차에 따라 결정이 가능하며, 반드시 개별 근로자의 동의를 받아야 하는 것은 아니다.

단체협약이 적용되는 경우 단체협약 갱신만으로 가능하며, 단체협약이 없거나 단체협약 비적용자에게는 취업규칙 변경(불이익 변경)절차를 거치면 된다(취업규칙에 정하고 있는 경우에 한함).

③ 임금동결방식(근로기준과-797, 2009.3.26.)

구 분	구체적 방법
정기 호봉승급이 명시적으로 규정된 경우 호봉승급 중지하는 경우	• 취업규칙으로 정하고 있는 경우, 근로조건 불이익 변경에 해당하는 적법한 절차에 의해 정기 호봉승급을 중지할 수 있음. • 단체협약으로 정하고 있는 경우, 단체협약 갱신이나 노동조합과 별도의 협약 등을 통해 호봉승급을 유효하게 중지할 수 있을 것임.
정기 호봉승급이 명시적으로 규정된 경우 호봉승급만 인정하고 임금인상률을 동결할 경우	• 임금인상률 결정은 물가상승률, 기업경영 사정 등을 고려하여 사업주 재량으로 행하는 것이 원칙으로 사업주가 임금인상률을 동결하는 것은 근로조건의 불이익 변경이 아님. (근로자가 임금인상을 요구하더라도 사업주가 이에 응할 법적 의무는 없으나, 노사화합 도모와 사기진작을 위해 노사협의를 통해 충분히 설명하는 것이 바람직함) • 노동조합이 임금인상을 위한 단체협약을 요구할 경우 경영악화를 이유로 교섭 자체를 거부하는 행위는 부당노동행위에 해당될 수 있지만, 사용자는 반드시 임금인상에 응할 의무는 없음.
정기 호봉승급이 명시적으로 규정되어 있지 않은 경우 호봉승급 중지하는 경우	• 사용자가 임금인상(호봉승급 포함)을 하지 않았다 하여 당연히 법 위반으로 볼 수 없음. • 매년 일정시기에 인상한 관행이 있는 경우에는 분쟁예방 차원에서 집단적 합의를 거치는 것이 바람직함.

예규 Point

정기 호봉승급을 동결한 경우 임금 체불에 해당하는지 여부는 근로계약, 취업규칙, 단체협약 등에서 정한 바에 따라 사용자에게 지급의무가 부과되어 있는지, 그러한 정기 호봉승급이 임금 지급과 관련하여 관행이 형성된 것인지 여부 등을 종합적으로 고려하여 판단하여야 할 것인바, 인사규정에서 정기승급은 매년 1월 1일과 7월 1일에 실시한다고 규정하고 매년 정기적·일률적으로 호봉승급을 실시하여 왔다면 이는 임금 지급과 관련하여 일응 관행이 성립된 것으로 보아야할 것임. 이 경우 근로자 집단적 의사결정방식에 의한 적법절차를 거치지 아니하고 사용자가 일방적으로 정기승급을 동결하였다면 각 근로자별 정기승급이 이루어지는 달의 임금 정기지급일에 정기승급으로 인하여 가산되는 임금이 전액 지급되지 아니한 것으로 봄(임금 68200-649, 2000.12.5.).

(2) 임금 삭감

① 개념

임금 삭감이란 장래 일정시점 이후부터 현재와 동일한 내용의 근로제공에 대해 종전보다 임금을 낮추어 지급하는 것으로 노사가 자율적으로 결정할 사항이다.

② 적법절차

집단적 의사결정 방식에 의해 단체협약이나 취업규칙 변경절차에 따라 결정이 가능하며, 반드시 개별 근로자의 동의를 받아야 하는 것은 아니다.

원칙적으로 단체협약이 적용되는 경우 단체협약 갱신만으로 가능하며, 단체협약이 없거나 단체협약 비적용자에게는 취업규칙 변경(불이익 변경)절차를 거치거나, 근로계약으로 임금수준을 정하고 있는 경우에는 근로계약을 갱신해야 한다.

③ 삭감수준

최저임금 수준 이하로 삭감할 수 없으며(최저임금법), 「근로기준법」에서 정하고 있는 법정수당에 대해서는 법정기준 미만으로 삭감할 수 없다.

④ 평균임금 산정

삭감액은 근로자의 임금채권으로 볼 수 없어 평균임금을 산정하는 임금총액에 포함되지 않는 것이 원칙이다. 단, 퇴직금을 계산함에 있어 삭감 전의 임금으로 평균임금을 산정하기로 당사자 간 약정하면 삭감 전의 금액으로 퇴직금을 산정해야 한다.

이런 경우 당사자의 약정을 분명히 하기 위해서는 단체협약・취업규칙 또는 근로계약에 명확히 명시할 필요가 있다.

⑤ 근로시간 단축에 의한 임금 감소

소정근로시간 이내에서 근로시간을 줄이는 경우, 근로시간 단축은 부분휴업에 해당되어 휴업수당을 지급해야 하며, 휴업을 실시하기 위해 단체협약이나 취업규칙 또는 근로계약을 별도로 갱신할 필요는 없으나, 일시적인 근로시간 단축(일시적인 휴업)이 아니라 상당 기간 근로시간을 줄여야 할 경우에는 관련규정을 개정하여 소정근로시간을 단축하는 것이 바람직하다.

줄어든 근로시간은 부분휴업에 해당되며, 사용자에게 귀책사유가 있으면 휴업수당이 발생하고, 부분휴업에 대하여도 평균임금 70%에 못 미치는 휴업수당을 지급하려면 노동위원회의 승인을 받아야 한다(근로기준과-387, 2009.2.13.).

(3) 임금 반납

① 개념

임금의 반납이란 기왕의 근로에 대하여 발생된 임금 또는 향후 근로에 대해 발생할 임금의 일부에 대한 청구권을 포기하기로 약정하고 회사에 반납하는 것으로, 이는 적법하게 발생한 임금청구권의 포기로써 적법절차에 의한 임금 반납은 가능하다. 단, 퇴직금청구권을 사전에 포기하는 것은 무효이다.

② 적법절차

임금 전액에 대한 처분권은 근로자 개인에게 있으므로 그 반납결정은 개별 근로자와 사용자 간의 명시적인 계약에 의해야 한다. 가령 집단적 의사결정 방식(노조 또는 근로자대표)에 의해 합의가 있었다 하더라도 개별 근로자의 동의가 필요하고 동의하지 않는 한 근로자의 임금부분에 대한 집단적 합의는 무효이다.

예규 Point

임금의 반납은 권리 포기에 해당되어 집단적 의사결정 방식에 따랐다 하더라도 개별 근로자의 자유의사에 기초할 때만 유효하므로 개별 근로자의 동의가 필요함(근기 68207-843, 1999.12.13.).

③ 향후 반납 책임

반납분은 근로자의 소득으로 귀속되었다가 자진 반납한 것으로서 당사자 간의 특약이 없는 한 향후 반환책임은 없다. 즉 임금채권의 일부 포기는 단독행위(채권 포기)로서 다시 돌려줄 필요가 없다(서울지방법원 2002나20291, 2003.4.16.).

④ 평균임금 산정

임금반납액에 대한 반환청구권은 없다 하더라도 반납한 임금은 기왕의 근로에 대한 임금채권이므로 평균임금 산정에 포함해야 한다.

판례사례

❑ IMF 관리체제하의 어려운 회사 경영 상황을 인식하고 그 고통분담의 차원에서 단체교섭의 합의내용에 따라 근로자가 급여의 일부를 회사에 반납한 사실이 있는 경우, 위 반납분은 그 금액만큼 근로자의 임금이 삭감된 것이 아니라, 일단 근로자의 소득으로 귀속되었다가 근로자가 자진하여 반납한 것으로 보는 것이 상당할 것이므로 위 반납분은 근로자의 일실수입 및 일실퇴직금 산정의 기초가 되는 소득에 포함되어야 할 것임(대법원 99다39531, 2001.4.10.).

(4) 징계처분과 감봉

징계란 기업의 질서와 규율을 유지하기 위하여 근로계약 위반이나 근무규율, 직장질서 위반행위에 대한 제재로써 근로자에게 일정한 불이익을 주는 것을 말한다. 징계의 수단으로는 견책, 경고, 감봉, 정직 및 해고 등이 있다.

여기서 감봉(감급)이란 계속 직무에 종사하면서 임금액의 일정액을 삭감하는 것을 말한다. 근로자에게 감급을 하고자 할 때 그 감액은 1회의 금액이 평균임금의 1일분의 1/2을, 총액이 1임금지급기의 임금 총액의 1/10을 초과하지 못하도록 「근로기준법」 제95조에서 규정하고 있다. 이 법 규정에서는 감액의 범위에 대한 제한을 하고 있을 뿐 감급의 횟수나 그 기간에 대한 제한을 두고 있지 않다.

따라서 1회 및 총액에 관한 감액제한 규정을 준수하는 한 1개월 동안 수회 또는 수개월 동안 수회의 감급을 할 수 있다(근로기준팀-462, 2008.1.25.).

또한 상여금 지급규정에 징계자에 대한 상여금 지급 제한을 규정할 경우 감급제재 규정의 적용을 받는다(근로기준팀-1394, 2006.3.29.).

예규 Point

❑ **감급제재 규정의 적용 및 1회의 감급사유에 대한 감급액의 적용방법**(근로기준팀-462, 2008.1.25.)

[질 의]

1. 당사는 취업규칙 제72조(징계사유)에서 '조퇴 · 지각이 연 20회 이상인 경우'에 해당될 때 징계할 수 있도록 하고 있음.
   - 회사가 사원의 연중 조퇴 · 지각이 20회째가 되는 시점에서 징계를 하고, 이후 21회째, 22회째, 23회째 … 조퇴 · 지각에 대하여 각각 별도로 징계하는 경우 이중처벌(징계)금지의 원칙에 위배되는지?
2. 당사 생산직 사원의 임금은 일급제로 전월 21일부터 당월 20일까지의 일급을 정산하여 매월 27일에 지급하고 있음.
   - 평균임금 1일분이 10만원이고, 1임금지급기의 임금 총액이 300만원인 생산직 사원이 감급의 제재를 받을 경우, 아래 갑설과 을설 중 어느 설이 타당한지?

   〈갑설〉 현행 근로기준법 제95조(제재규정의 제한)는 근로자의 임금에 대한 감급의 제재를 정함에 있어 ① 1회의 감급액은 평균임금의 1일분의 반액 이하일 것, ② 감급의 총액은 1임금지급기에 있어서의 임금총액의 10분의 1 이하일 것이라고 이중적 제한을 하고 있는바,
   - 상기 사례의 경우 생산직 사원의 급여체계가 일급제라고 하더라도 매월 1회 임금지급을 하고 있으므로, 1건의 징계에 대한 감급으로 1개월에 수회의 감급을 할 수 없으며, 월 1회 5만원씩 최대 6개월 동안 6회의 감급으로 총 30만원까지 감급할 수 있음.

   〈을설〉 현행 근로기준법 제95조(제재규정의 제한)는 감급 횟수에 대한 구체적인 제한이 없고 생산직 사원의 급여체계가 일급제이므로, 1건의 징계에 대한 감급으로 1개월에 수회의 감급을 할 수 있어, 1건의 징계에 대한 감급으로 1회 5만원씩 총 6회의 감급액 30만원을 1개월 동안 감급할 수 있음.

[회 시]

1. 질의 1에 대하여

   귀 질의내용이 불분명하여 명확한 답변을 드리기 어려우나, 취업규칙(징계사유)에 "조퇴 · 지각이 년 20회 이상인 경우 근로자를 징계할 수 있다"고 규정하고 있다면
   - 징계시점에서 역산하여 1년 동안의 조퇴 · 지각의 누적 횟수가 20회 이상인 경우 동 취업규칙에 근거하여 해당 근로자를 징계할 수 있으나, 그 횟수가 20회 이상이라고 하여 위 근로자를 20회를 초과한 수만큼 반복하여 징계할 수는 없을 것이라 사료됨.
   - 다만, 징계 이후 다시 1년 동안에 20회 이상 조퇴 · 지각을 하는 경우에는 위 근로자를 새로 징계할 수 있을 것임.

2. 질의 2에 대하여
근로기준법 제95조는 "취업규칙에서 근로자에 대하여 감급의 제재를 정할 경우 그 감액은 1회의 금액이 평균임금의 1일분의 2분의 1을, 총액이 1임금지급기의 임금 총액의 10분의 1을 초과하지 못 한다"라고 규정하여 감액의 범위에 대한 제한을 하고 있을 뿐 감급의 횟수나 그 기간에 대한 제한을 하고 있지 않음.
- 따라서 위 1회 및 총액에 관한 감액 제한규정을 준수하는 한, 1개월 동안 수회 또는 수개월 동안 수회의 감급을 할 수 있을 것임.
- 또한 임금의 계산을 일급으로 한다고 하여도 임금을 매월 1회 지급한다면 월급제로 볼 수 있어 1임금지급기는 1개월이 될 것임.
- 따라서 귀 질의에서와 같이 1일 평균임금이 10만원이고 1임금지급기의 임금 총액이 300만원인 경우라면 1회 5만원, 총액 30만원의 한도 내에서 기간의 제한없이 수회에 걸쳐 감급을 할 수 있음.

연봉제

1 의의

(1) 연봉제

연봉제에 대한 정의는 학자에 따라 다양하나, 임금의 전부 또는 상당 부분을 근로자의 능력·실적 및 공헌도 등을 평가하여 연단위로 결정하는 임금제를 말한다.

최근 우리나라 기업의 보상체계는 연공서열보다 성과나 업적을 중시하는 경향이 강해지고 있으며, 그 중에서 특히 연봉제가 확산되고 있다. 연봉제를 도입하면 업무에 대한 직원들의 태도 변화, 임금관리의 용이, 생산성 향상 등의 효과가 있다.

그러나 현행 「근로기준법」은 임금의 결정단위 또는 형태로서 시간급·일급·주급·월급 및 도급제만을 규정하고 있을 뿐 연단위로 결정되는 연봉제에 대한 규정은 없다.

또한, 연봉제의 도입대상이나 도입절차에 대한 노동관계법의 적용과 관련해서도 해석상 다소간 혼선이 있지만, 현실적으로 노동관계법을 적용함에 있어서는 그 유형과 관계없이 도입대상, 도입절차, 임금의 지급형태 등 판단하고자 하는 법률관계와 근로계약, 취업규칙, 단체협약 등 연봉제 관련 규정을 종합적으로 검토하여 판단하여야 한다.

(2) 연봉제의 유형

연봉제는 기본연봉과 업적연봉의 배분비율, 기본연봉의 결정기준에 따라 다음과 같이 다양한 유형으로 구분할 수 있다(임금근로시간정책팀-3444, 2007.11.22.).

유 형	개 념
단일연봉액(업적연봉)	기본급과 모든 수당을 포함한 총액을 연봉액에 포함.
기본연봉(종합급) + 업적연봉	근무연수·자격·직무내용 및 각종 수당을 포함한 금액을 기본연봉으로 하고, 업무성과에 따라 업적연봉 지급
기본연봉(직능급) + 업적연봉	개인의 직무수행능력 정도를 고려하여 기본연봉을 정하고 업무성과에 따라 업적연봉 지급
기본연봉(직능급 + 직무급) + 업적연봉	개인의 직무수행능력 정도와 직무의 중요도·난이도를 고려하여 기본연봉을 정하고, 업무성과에 따라 업적연봉 지급

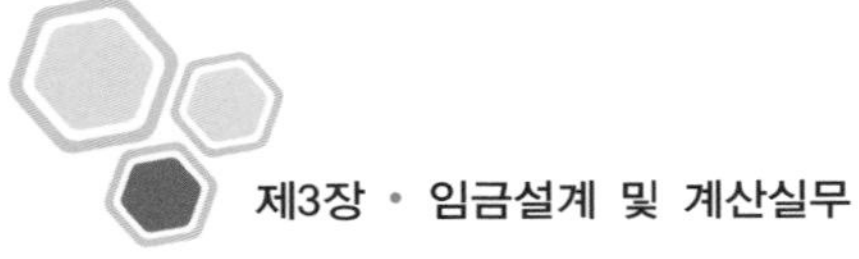

유 형	개 념
기본연봉(직능급 + 기초급) + 업적연봉	개인의 직무수행능력 정도와 급여기본액(종래의 기본급과 제수당 포함)을 고려하여 기본연봉을 정하고 업무성과에 따라 업적연봉 적용

2 연봉제 도입에 따른 노동관계법

(1) 적용대상 근로자

연봉제는 임금 결정의 한 형태로 도입대상과 관련하여 노동관계법상 특별한 제한은 없다. 그러나 현실적으로는 연봉제의 성격, 도입절차의 용이성 등으로 인해 간부직 사원, 관리 · 감독자, 재량근로자 등이 주로 도입되고 있다.

① 임원

「근로기준법」상의 근로자가 아닌 임원은 노동관계법상의 제한을 받지 않고 연봉제 도입이 가능하다.

② 「근로기준법」상 근로자이면서 노조법상 사용자인 자

「근로기준법」상으로는 근로자에 해당하지만, 「노동조합 및 노동관계조정법」(이하 "노조법"이라 함)상으로는 사용자에 해당하는 부장 등의 간부급 근로자는 단체협약의 적용대상이 아니므로 근로계약 또는 취업규칙으로 도입이 가능하다. 단, 취업규칙의 개정 등에 대한 소정의 법적 절차는 준수되어야 한다.

③ 「근로기준법」 제63조 해당자

「근로기준법」 제63조에 대한 내용은 본서 '제2장 근태관리실무의 5. 근로시간 · 휴게 · 휴일 적용의 예외' 편을 참고하기 바란다.

「근로기준법」 제63조에 해당하는 관리 · 감독자 등은 법상 근로시간, 휴게 · 휴일에 관한 적용이 배제된다. 따라서 연봉제가 적용되더라도 연장 · 휴일근로에 대한 가산수당 문제는 발생하지 않는다. 그러나 야간근로 가산수당은 발생한다.

④ 재량근로에 종사하는 자

연구업무 등 재량근로에 종사하는 자는 사용자와 근로자대표가 서면합의로 정한 시간이 근로시간으로 간주된다. 따라서 서면합의의 내용에 따라 근로시간 등에 대한 규정이 적용된다.

(2) 도입방법

연봉제는 일정한 요건하에 근로계약의 체결, 취업규칙의 변경, 단체협약의 갱신 등을 통해 도입이 가능하다. 따라서 노사협의회의 의결만으로는 도입이 불가하고, 취업규칙의 변경, 단체협약의 갱신이 수반될 필요가 있다.

① 근로계약을 통한 도입

사용자와 대상 근로자의 개별적인 연봉계약의 체결을 통해 연봉제의 도입이 가능하다. 이때 계약서에는 연봉의 구성항목 · 계산방법 · 지급방법에 관한 사항이 서면으로 명시되어야 한다.

이 방법은 주로 취업규칙이 없는 사업장에서 활용 가능하며, 취업규칙이나 단체협약이 있는 사업장의 경우에는 연봉계약 내용이 취업규칙이나 단체협약보다 유리할 경우에 활용하면 된다.

② 취업규칙의 변경을 통한 도입

취업규칙을 통해 연봉제가 도입되기 위해서는 적법한 취업규칙의 변경절차가 충족되어야 한다. 단, 취업규칙이 적법하게 변경되었다 할지라도 단체협약보다 불리한 내용이 포함된 경우에는 단체협약의 적용을 받는 근로자에 대하여는 그 효력을 상실한다(노조법 제33조).

현실적으로 연봉제의 도입은 근로계약이나 단체협약의 변경을 통한 경우보다는 취업규칙의 변경을 통한 경우가 훨씬 많다. 이는 우리나라의 노동조합 조직률이 높지 않고, 적용대상이 관리직 등 노동조합 비조직 집단을 대상으로 하는 경우가 많기 때문이다.

연봉제가 취업규칙의 변경을 통해 도입되는 경우에는 근기준상의 취업규칙에 관한 여타의 규정이 준수되어야 한다.

㉠ 연봉제가 근로자에게 유리한 경우의 변경절차

도입하고자 하는 연봉제가 기존의 임금제도에 비해 근로자에게 유리한 경우에는 당해 사업(장)에 근로자의 과반수로 조직된 노동조합이 있는 경우에는 그 노동조합, 없는 경우에는 근로자의 과반수의 의견을 들으면 충분하다.

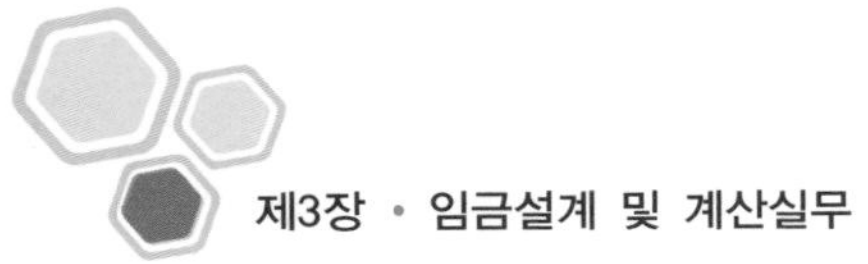

ⓛ 연봉제가 근로자에게 불리한 경우의 변경절차

취업규칙이 불이익하게 변경되는 경우에는 연봉제가 일부 근로자에게만 적용되더라도 당해 사업(장)에 근로자의 과반수로 조직된 노동조합이 있는 경우에는 그 노동조합, 근로자의 과반수로 조직된 노동조합이 없는 경우에는 근로자의 과반수의 동의를 얻어야 한다(근기법 제94조 제1항).

단, 연봉제의 적용대상이 되는 일부 근로자가 노동조합의 조직대상이 아닌 간부급에 한정되는 경우에는 해당 근로자의 과반수의 동의와 과반수로 조직된 노동조합 또는 근로자 과반수의 의견 청취로 도입이 가능하다(근기 68207-2177, 1998.8.31.).

ⓒ 취업규칙 유·불리의 판단기준

취업규칙 변경의 유·불리의 판단은 변경의 취지와 경위, 해당 사업체의 업무의 성질, 취업규칙 각 규정의 전체적인 체제 등 제반 사항을 종합하여 사회통념상 합리성이 있는지 여부로 판단한다.

따라서 연봉제의 내용에 근로조건의 개선과 저하가 혼재된 경우에는 근로조건의 성격을 종합적으로 고려하여 불이익 여부를 판단한다(대법원 91다30828, 1992.2.28.).

또한 취업규칙의 변경이 근로자에게 전체적으로 유리한지 불리한지를 객관적으로 평가하기 어렵고, 취업규칙 변경에 의하여 근로자 상호간에 이해충돌이 되는 경우에는 불이익한 변경의 경우에 준하여 판단한다(대법원 93다1893, 1993.5.14.).

③ 단체협약의 갱신을 통한 도입

노동조합이 있는 사업(장)의 경우 단체협약의 변경을 통한 연봉제의 도입이 가능하나, 그 적용에 있어 일정한 한계가 있다. 즉 단체협약은 원칙적으로 노동조합원인 근로자에 한하여 적용되기 때문에 비조합원인 근로자에게 적용하기 위해서는 별도의 취업규칙 변경절차가 동반되어야 한다.

그리고 노동조합이 근로자의 과반수로 조직되어 있더라도 비조직대상인 관리직만을 연봉제의 적용대상으로 하는 경우에는 단체협약의 개정만으로는 효력이 발생하지 않는다. 따라서 단체협약의 갱신을 통한 연봉제의 도입은 당해 사업(장)에 근로자의 과반수로 조직된 노동조합이 있고, 그 적용대상이 노동조합원인 근로자(일반적 구속력이 적용되는 경우도 포함)인 경우에 유용하다.

④ 노사협의회를 통한 도입

노사협의회가 구성되어 있는 사업(장)의 경우 노사협의회에서 연봉제 도입에 대한 협의가 가능하다. 상시 30인 이상의 근로자를 사용하는 사업장에는 노사협의회를 설치하여야 하며, 임금의 지불방법 · 체계 구조 등의 제도개선사항은 노사협의회의의 협의사항의 하나이다(근로자참여 및 협력증진에 관한 법률 제4조 및 제19조).

단, 노사협의회에서 의결은 하더라도 이는 근로조건을 변경하는 직접적인 효력은 없으므로 연봉제의 도입이 유효하기 위해서는 취업규칙의 개정, 단체협약의 갱신 등이 수반되어야 한다.

노사협의회에서 의결한 것이 실질적으로 단체협약 체결의 요건을 갖춘 때에는 단체협약으로서의 효력이 발생한다. 또한, 노사협의회의 근로자위원이 근로자의 과반수로 조직된 노동조합이나 근로자의 과반수에 의해 동의권을 위임받은 경우에는 취업규칙의 불이익 변경에 대한 적법한 동의권을 가진다고 볼 수 있다(근기 68207-2144, 1999.9.1.).

(3) 연봉제 운용 시 유의사항

연봉제가 적법한 절차에 의해 도입되었다 할지라도 그 운용과 관련하여서는 「근로기준법」의 각종 규정이 준수되어야 한다.

① 임금의 지급

연봉제를 실시하더라도 「근로기준법」상의 임금의 지급원칙인 통화지급, 전액지급, 직접지급 및 정기지급의 원칙은 준수되어야 한다. 즉, 임금결정기간을 연단위로 하더라도 그 지급과 관련된 규정은 기존의 임금제도와 동일하게 적용된다.

특히 임금의 정기지급의 원칙과 관련하여 연봉액이 연간단위로 결정되더라도 그 지급은 월 1회 이상 일정기일에 지급되는 형태를 취하여야 하므로 연봉액의 1/12에 해당하는 금액을 월 정기지급일에 지급하여야 한다.

② 각종 법정수당의 운영

연봉제를 실시하더라도 연장 · 야간 · 휴일근로에 대한 임금 및 가산 수당은 지급되어야 한다. 그러나 포괄산정임금제가 유효하게 도입된 경우에는 연봉액에 이러한 임금 및 가산수당이 포함되어 있는 것으로 볼 수 있지만, 이 경우에도 미리 예정된 연장 · 야간 · 휴일근로를 초과하여 근로한 경우에는 임금 및 가산수당이 정산 · 지급되어야 한다. 또한 연봉계약서에 연장 · 야간 · 휴일근로에 대한 구체적인 내용이 기재되어야 한다.

③ 근로계약기간과의 관계

연봉제는 임금이 매년 새롭게 결정되기 때문에 외형상으로는 해마다 새로운 근로계약이

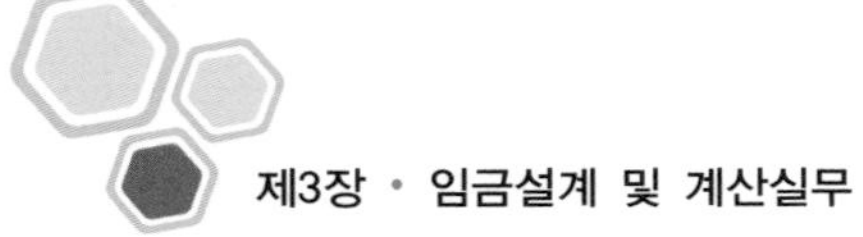

체결되는 것과 유사하다. 그러나 연봉제 계약은 근로계약의 기간과 관계없이 임금의 산정을 연단위로 하기로 하고 그 금액을 매년 변경하는 것에 불과하다.

따라서 연봉제의 실시와 별개로 근로자의 근로계약을 계약직으로 한다는 별도의 계약을 체결하지 않는 한, 연봉계약 기간의 종료가 곧바로 근로계약기간의 종료를 의미하는 것은 아니다.

④ 통상임금과 평균임금의 판단

통상임금은 연장근로수당 등 각종 법정수당의 산정기준으로 사용되며 여기에는 1임금 산정기간 내에 정기적 · 일률적 · 고정적으로 지급하기로 정하여진 기본급과 고정적 수당 등이 포함된다.

반면, 평균임금은 퇴직금 등의 산정기초로 사용되며 이를 산정하여야 할 사유가 발생한 날 이전 3월간에 지급된 임금의 총액을 그 기간의 총일수로 나누어 산정한다.

따라서 기존에 지급되던 상여금과 각종 수당들이 통폐합되어 연봉액이 책정된 경우 통상임금이 증가하는 효과가 발생할 수 있지만, 연봉제 실시 이후 개별적 임금항목이 통상임금 또는 평균임금에 해당되는지 여부는 새로운 임금체계하에서 각 개별 임금 항목이 갖는 성격에 따라 판단되어야 한다.

⑤ 퇴직금의 지급

연봉제의 경우에도 「근로자퇴직급여 보장법」상의 퇴직금에 관한 규정이 동일하게 적용된다. 따라서 실무상 근로계약서 등에 연봉액 작성 시 퇴직금 포함 여부가 분명하여야 하며, 불분명한 경우에는 퇴직금이 포함되어 있지 않은 것으로 본다.

또한 연봉액에 퇴직금을 분할 지급하는 형태의 중간정산이 자주 이용되었으나 2012. 7.26. 이후로는 일정 사유 이외에는 중간정산을 할 수 없도록 규정하고 있다. 따라서 연봉액에 퇴직금이 포함되어 있다 하더라도 연봉계약기간 종료 후 퇴직 전인 경우 퇴직금으로 지급할 수 없다.

⑥ 연차유급휴가미사용수당

연차유급휴가청구권은 근로자의 재직기간 및 출근률에 따라 그 발생 여부가 결정된다. 또한, 연차유급휴가미사용수당 청구권도 연차유급휴가의 사용 여부에 따라 발생 여부가 결정되며, 근로자의 휴가청구권이 소멸된 후 지급청구가 가능하다.

그러나 포괄산정임금제의 형태로 당사자가 미리 소정의 근로제공을 전제로 연 · 월차유급휴가미사용수당을 매월의 임금액에 포함시켜 지급하는 것이 불가능한 것은 아니다(대법원 96다24699, 1998.3.24.). 단, 이와 같이 연차유급휴가미사용수당이 미리 지급되었다고 하더라도 근로자의 휴가청구권 자체가 없어지는 것은 아니며, 사용자는 근로자가 휴가를 청구하는 경우 이를 거부할 수 없다.

(4) 연봉 삭감의 법적 효력

- 인사고과에 따라 임금이 삭감될 수도 있는 형태의 연봉제 도입 시 취업규칙 불이익 변경의 절차를 거쳐야 한다(근기 68207-928, 2002.3.6.).
- 근무평가 및 인사위원회의 결의에 따라 연봉을 3% 삭감하여 다시 근로계약을 체결했다면 연봉 삭감이 위법하다 볼 수 없다(서울행법 2005구합36455, 2006.4.25.).
- 연봉제 도입에 따라 성과 인센티브를 개인별 인사고과에 의거하여 차등지급하는 경우에도 근로기준법 제95조에 의한 감급제재 규정이 적용되지 않는다(근기 68207-3273, 2001.9.24.).

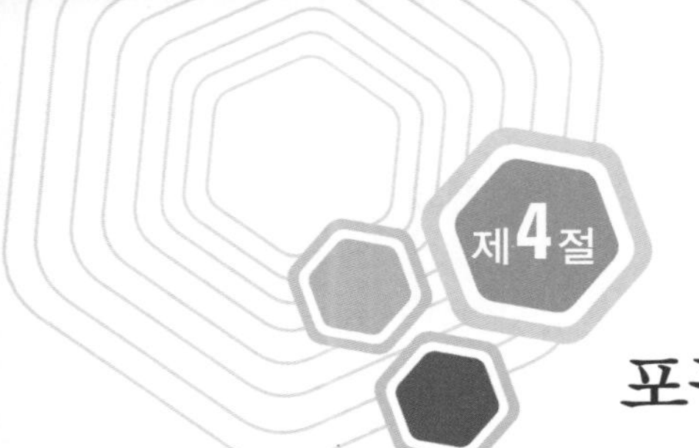

제4절 포괄산정임금제[주)]

1 개요

(1) 의의

포괄산정임금제란 근로계약 체결 시 근로의 형태나 업무 성질상 법정기준 근로시간을 초과한 연장・야간・휴일근로 등이 당연히 예정돼 있는 경우나 계산의 편의를 위해 노사 당사자 간 약정으로 연장・야간・휴일근로 등을 미리 정한 후 매월 일정액의 제수당을 기본임금에 포함해 지급하는 것을 말한다.

(2) 유형

구 분	정액급제	정액수당제
개념	기본급을 미리 정하지 않은 채 법정수당을 합한 금액을 월 급여액 또는 일당으로 지급하는 방식	기본급은 정하지만, 근로시간수에 상관없이 법정수당을 일정액으로 지급하는 방식
사례	1일 24시간씩 격일 근무하기로 하고, 월 임금을 150만원으로 함. 09시부터 21시까지 근무하기로 하고, 일당을 10만원으로 함.	연장・야간・휴일수당을 기본급의 25%로 함. 연장・야간・휴일수당을 매월 10만원으로 함.

2 포괄산정임금제의 유효요건

(1) 근로시간 산정이 어려운 직무

① 근로시간 산정이 어려운 직무의 개념

포괄임금제는 근로시간 산정이 어려운 경우에 한하여 예외적으로 인정된다. 따라서 근로시간 산정이 어렵지 않으면 근로자와의 명시적 합의가 있어도 무효가 된다.

주) 2017.10. '포괄임금제 지침'(안) 고용노동부 자료 참고

따라서 원칙적으로 근로시간 산정이 어려운 경우가 아니라면 포괄임금제방식으로 임금 지급 계약을 체결할 수 없다.

여기서, '근로시간 산정이 어려운 경우'란 근로시간의 산정이 물리적으로 아예 불가능하거나 거의 불가능한 경우만을 의미한다.

단순히 근로시간 관리가 곤란한 경우는 근로시간 산정이 어려운 경우에 해당하지 않으므로, 계산상의 편의나 직원의 근무의욕 고취라는 목적으로 포괄임금제를 활용하는 것은 허용될 수 없다.

또한 법정근로시간을 초과하는 연장·야간·휴일근로가 당연히 예상된다는 이유만으로 근로시간 산정이 어려운 경우에 해당되지 않는다. 특히, '일반 사무직'의 경우는 근무시간 동안 관리자의 지배범위 내에서 근로를 제공하고, 출퇴근·휴게시간이 명확히 정해져 있으므로 근로시간 산정이 어려운 경우로 볼 수 없다.

② 근로시간 산정이 어려운 경우의 사례

사례 1

관리자의 지휘, 감독을 벗어나 주로 사업장 밖에서 근로하며 근로시간을 노동자가 재량으로 결정하고, 성과급 형태로 임금을 지급받는 등 근무형태가 도급적 성격이 강한 경우

☞ 단, 사용자의 구체적인 지휘, 감독이 미치는 경우라면 근로시간 산정이 어려운 경우로 볼 수 없음.

사례 2

매일의 기상조건에 따라 근로시간이 달라지는 등 업무가 기상, 기후 등 자연조건에 좌우되어 정확한 근로시간의 측정이 어려운 경우

☞ 단, 자연조건에 영향을 받지 않는 사업장의 노동자 또는 이와 관련 없는 직무를 하는 경우는 해당되지 않음.

사례 3

주로 사업장 밖에서 근로하면서, 상황에 따라 근로시간의 장단이 결정되어 근로시간 산정이 어려운 경우

☞ 운수업의 경우 장거리 운행, 불확정적인 운행일정 등으로 인해 근로와 휴식의 구분이 어려운 경우여야 함. 단, 사용자가 근로자의 근로시간을 구체적으로 관리(ex.배차 표 관리)는 해당되지 않음.

사례 4

근로형태나 업무의 성질이 단속적, 간헐적 업무로서 대기시간이 많아 정확한 실근로시간 산정이 어려운 경우

☞ 단, 감시·단속적 업무라도 잠시라도 업무를 소홀히 할 수 없는 고도의 정신적 긴장이 요구되는 경우 또는 타 업무를 반복하여 수행하거나 겸직하는 경우라면 근로시간 산정이 어려운 경우에 해당되지 않음.

(2) 근로자의 명시적 합의

① 근로계약서에 명시적 합의

근로계약서에 포괄임금제를 적용한다는 내용이 명시적으로 기재되어 있어야 한다. 단체협약에 포괄임금제 적용에 대한 근거가 있는 경우에도 개별 근로자의 명시적 동의를 얻어야 한다.

그리고 근로계약서에 임금산정식만 제시하는 것으로 근로자가 내용을 알고 합의했다고 보기 어렵고, 포괄임금제라는 문구가 명시되어 있거나 법정수당이 실제 근무와 무관하게 기본급여나 정액수당에 포함되어 지급된다는 내용이 기재되어 있어야 한다.

이때 근로자가 아무런 이의없이 급여를 수령하였다는 사실만으로는 합의가 있다고 인정하기 어렵다.

② 단체협약·취업규칙의 규정

단체협약·취업규칙 등에 기본급과는 별도로 법정수당을 각 항목별로 나누어 지급하도록 규정하고 있다면, 노사 간 일정시간을 연장근로시간으로 간주하기로 하는 합의가 있더라도 이를 포괄임금제에 대한 합의로 볼 수 없다.

예규 Point

포괄산정임금제를 도입하기 위해서는 단체협약·취업규칙 등에 그 근거가 있거나 개별 근로자의 동의가 있어야 하며, 포괄산정임금제로 지급되는 고정급이 당해 근로자의 실제 근로시간에 따른 법정 연장·야간·휴일 근로수당보다 적을 때는 그 차액을 추가로 지급해야 하는 등 근로자에게 불이익이 없고, 제반 사정상 정당하다고 인정되는 경우에 한해 그 유효성이 인정된다.
단, 연·월차유급휴가에 대하여는 미사용 연·월차유급휴가보상금을 월급여액 속에 포함하여 미리 지급하는 근로계약을 체결하는 것은 그 수당을 지급한 이후에도 해당 근로자가 연·월차휴가를 사용할 수 있도록 허용하는 경우에만 인정될 수 있을 것이며, 휴가 사용을 허용

하지 아니하는 경우에는 근로기준법상 근로자에게 인정된 연·월차휴가를 청구·사용할 권리를 제한하는 것이 되어 인정될 수 없다(근로기준과-7485, 2004.10.19.).

3 포괄산정임금제의 효과

(1) 포괄임금제 성립이 유효인 경우

근로시간 산정이 어렵고, 포괄임금제에 대한 명시적 합의가 있는 경우에는 포괄임금제가 유효하게 성립된다.

① 연장·야간·휴일근로수당

포괄임금제가 유효한 경우에 한하여 연장·야간·휴일근로수당이 포괄임금에 포함되어 지급된 것으로 인정되므로 차액지급 의무가 면제된다.

② 주휴수당

주휴수당이 포괄임금에 포함되어 지급된 것으로 인정되므로 차액지급 의무가 면제된다. 단, 1일 단위로 근로계약을 체결하는 순수 일용근로자의 일당에는 주휴수당이 포함되었다고 볼 수 없으므로 근로가 연속되어 주휴가 발생하면 별도로 주휴수당을 지급해야 한다.

③ 연차유급휴가미사용수당

연차유급휴가미사용수당은 이를 포괄임금에 포함할 경우 휴가사용권의 사전적 박탈의 문제가 있으므로 포괄임금에 포함할 수 없다. 즉, 사용자는 포괄임금제라는 이유로 연차휴가 사용을 제한할 수 없다.

따라서 포괄임금에 포함되었다는 이유로 연차유급휴가미사용수당을 별도로 지급하지 않으면 임금 체불로 법 위반에 해당한다.

④ 퇴직금

퇴직금은 근로관계의 종료를 요건으로 그 지급사유가 발생하므로 포괄임금에 포함할 수 없다.

따라서 포괄임금에 포함되었다는 이유로 퇴직금을 별도로 지급하지 않으면 임금 체불로 법 위반에 해당한다.

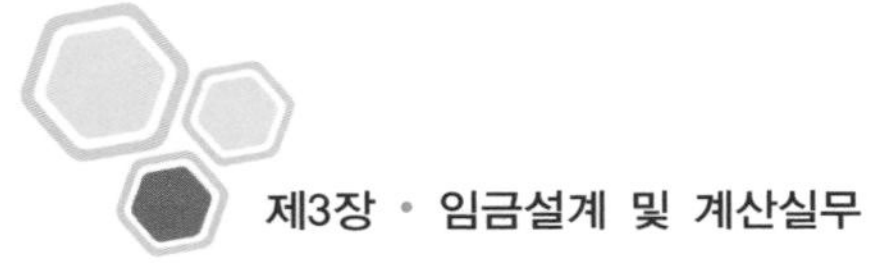

⑤ 연장근로시간 위반 여부

포괄임금제가 유효하게 성립된 경우에도 「근로기준법」상의 근로시간 규정을 위반할 수 없으므로 실제 연장근로시간이 1주 1시간을 초과한 것이 입증되는 경우에는 「근로기준법」 위반에 해당한다.

이 경우 실제 근로시간에 따라 연장근로 한도 위반 여부를 판단한다. 단, 「근로기준법」 제59조(근로시간특례), 제63조(적용제외)가 적용되는 경우는 제외된다.

(2) 포괄임금제 성립이 무효인 경우

근로시간 산정이 어렵지 않거나, 근로시간 산정이 어려운 경우에도 포괄임금제에 대한 명시적 합의가 없는 경우에는 포괄임금제가 무효가 된다.

① 「근로기준법」상 실제 근로시간에 따른 임금지급원칙 적용

포괄임금에 포함된 정액의 법정수당이 「근로기준법」이 정한 기준에 따라 산정된 법정수당에 미달하는 경우에는 그 임금지급 관련 조항은 무효이다. 따라서 사용자는 실근로시간을 기준으로 「근로기준법」에 따라 산정된 법정수당 이상을 지급해야 한다. 이때 미달되는 법정수당을 미지급 시에는 임금 체불로 법 위반에 해당된다.

그리고 포괄임금으로 지급된 금액이 최저임금보다 적은 경우 「최저임금법」 위반에도 해당된다.

② 일정시간을 연장근로시간으로 간주하기로 합의한 경우

노사 간 합의로 실제 연장근로시간과 관계없이 일정 시간을 연장근로시간으로 간주하기로 하는 합의를 한 경우에는 사용자는 근로자의 실제 근로시간이 합의한 시간에 미달하는 경우에도 약정된 연장수당은 지급하여야 한다.

그러나 합의한 시간을 초과하는 경우에는 차액을 추가 지급하여야 한다.

4 포괄산정임금의 계산방법

(1) 시간급 계산

포괄산정임금제를 취하고 있는 경우에는 월급여총액은 정해져 있고, 역으로 기본급과 연장근로수당, 휴일근로수당, 야간근로수당 등의 수당을 구분하여 계산하게 된다.

이때 토요일의 무급·유급에 따라 월 근로시간수가 달라 시간급도 차이가 있다. 기본급이 209만원인 경우의 시간급을 계산해 보면 다음과 같다.

구 분	시간급
토요일이 무급휴일·휴무인 경우	209만원/209시간=10,000원
토요일이 유급휴일·휴무인 경우(토요일 4시간)	209만원/226시간=9,248원

즉, 토요일이 유급인 경우 이미 정해진 기본급을 역산해야 하는 포괄산정임금제에서는 시간급이 더 낮아지는 효과가 있다. 그러므로 최저임금 수준을 미달하지 않도록 급여설계를 하여야 한다.

(2) 계산 사례

계산사례

문제

- 월 급여 총액 : 300만원
- 토요일 : 무급휴무일[주 5일(월~금) 근무]
- 월 근로시간수 : 209시간
- 월 연장근로시간 : 34시간
- 월 야간근로시간 : 20시간
- 월 휴일근로시간 : 8시간

해답

㉠ 월 유급근로시간=209h+(34h × 150%)+(20h × 50%)+(8h × 150%)=282시간
㉡ 월 급여내역

구분	기본급	연장근로수당	야간근로수당	휴일근로수당	월 급여총액
상세내역	209h	34h × 150%=51h	20h × 50%=10h	8h × 150%=12h	–
금액	2,223,404원	542,553원	106,383원	127,660원	3,000,000원

- 기본급 : 3,000,000원 × 209/282=2,223,404원
- 연장근로수당 : 3,000,000원 × 51/282=542,553원
- 야간근로수당 : 3,000,000원 × 10/282=106,383원
- 휴일근로수당 : 3,000,000원 × 12/282=127,660원

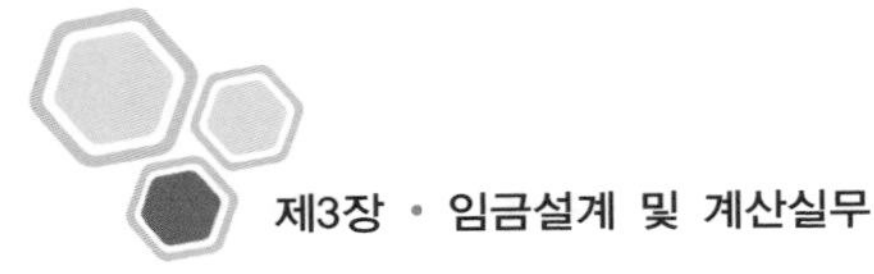

5 포괄산정임금제 관련 사례

(1) 행정해석

① 고정연장수당의 통상임금 여부

사업장의 임금체계에 있어서 기본 근로시간당 일정액을 정하고, 「근로기준법」 제46조에 의한 연장근로에 대하여도 고정급으로 지급하기로 정한 경우, 동 연장근로수당은 통상임금에 포함되지 아니하나, 개개 근로자의 통상임금에 의하여 산정한 연장근로에 대한 수당액이 고정급으로 정한 연장근로수당을 초과할 때에는 그 차액을 지급하여야 한다(근기 01254-19181, 1987.12.4.).

② 연봉에 포함된 연장수당의 통상임금 여부

임금체계를 연봉제로 변경하면서 현 직급 및 호봉에 해당하는 기본급, 상여금, 가계지원비, 효도휴가비, 장기근속수당, 시간외근로수당 등 연간 산정된 총액의 합으로 되어 있으며 매월 급여지급일에 위 기본 연봉급의 1/12을 지급하는 것으로 보이며, 연봉제로 임금체계를 변경해 기본급에 각종 수당을 포함하여 기본연봉으로 통합하고 기본연봉의 1/12을 매월 분할해 지급할 경우에는 매월 지급되는 기본연봉을 통상임금으로 보아야 할 것이다. 다만, 기본 연봉 안에 연장근로시간에 대한 임금까지 포함되어 있는 경우에는 이를 통상임금의 범주에서 제외해야 할 것으로 보인다(노사협력팀-6359, 2006.11.7.).

(2) 판례

① 고정연장수당의 통상임금 여부

근로자들이 현실적으로 시간외근로를 하고 있다는 전제 아래, 다만 영업직 근로자들의 업무특성상 실제 시간외근로시간을 측정하기 곤란한 사정을 고려하여 시간외근로수당을 정액제 내지 정률제로 지급하기로 한 점, 그 금액산출기준도 현실적인 시간외근로를 전제로 하는 「근로기준법」 제55조의 규정을 기초로 하고 있는 점 등에 비추어, 시간외근로수당을 실제 시간외근로에 관계없이 정기적·일률적으로 지급하기로 정하여진 고정급인 통상수당으로 볼 수는 없다(대법원 2002.4.12. 선고, 2001다72173 판결).

② 포괄임금제 합의 없는 경우로 본 판례

법인의 단체협약, 교직원복무규정 및 급여규정상 「근로기준법」에 정하는 업무시간 외에 근로를 할 때는 연장, 야간, 휴일근로수당을 지급하도록 규정되어 있고, 포괄임금제에 의하도록 규정되어 있지 않다(대법원 96다38995, 1997.7.22.).

단체협약 및 임금협정에 임금을 기본급과 제수당으로 명백히 구분하고 있고, 시간급의 개념을 출발점으로 두고 기본급과 제수당의 액수를 시간급을 기준으로 산정하고 있으므로, 비록 단체협약 및 임금협정의 다른 규정에 연장, 야간근로에 대한 사전합의가 있다고 하더라도 이 규정만으로는 포괄임금제 합의로 볼 수 없다(대법원 2010다109107, 2012.11.29.).

③ 근로시간 산정이 어렵지 않은 경우로 본 판례

노인센터 요양보호사의 경우 출퇴근 시간 및 근무장소가 정해져 있고, 정해진 일과에 따라 상당한 밀도의 업무를 하는 등 근로시간 산정이 어려운 경우로 볼 수 없다(대법원 2014도8873, 2016.9.8.).

건설일용근로자의 경우 근로형태와 업무의 성질상 근로시간이 불규칙하거나 감시 단속적 형태여서 실제 근로시간 산출이 어려운 경우 등이 아니고, 근로계약서에 근로시간과 일당만이 기제 되어 있고 수당 등을 포함한다는 기재가 없고, 근로시간 산정이 어려운 경우가 아니기 때문에 묵시적 합의 인정 안 된다(대법원 2016도1060, 2016.10.13.).

사회복지법인 생활지도원의 경우 지속적으로 아이들을 돌봐야 하는 생활지도 업무는 근로시간 전부가 실제 근로시간에 해당하고, 감시 단속적 업무 등과 같이 근로시간 산정이 어려운 성격의 업무가 아니다(대법원 2017다219522, 2017.5.6.).

4대보험 관리실무

제1절 사회보험의 개요

1 사회보험의 의의

사회보험제도는 국민에게 발생한 사회적 위험을 보험방식에 의하여 대처함으로써 국민의 건강과 소득을 보장하는 제도이다. 여기서 사회적 위험이란 질병, 장애, 노령, 실업, 사망 등을 의미한다. 이러한 사회적 위험은 사회구성원 본인은 물론 부양가족의 경제생활을 불안하게 하는 요인이 된다.

따라서 사회보험제도는 사회적 위험을 예상하고 이에 대처함으로써 국민의 경제생활을 보장하려는 소득보장제도인 것이다. 즉 사회보험은 강제 · 공적보험, 소득보장보험, 비영리보험, 정액보험의 성격을 가지고 있다.

2 사회보험의 종류 및 목적

우리나라의 4대사회보험제도는 ① 폐질 · 사망 · 노령 등에 대한 연금보험, ② 질병과 부상에 대한 건강보험 또는 질병보험, ③ 실업에 대한 고용보험제도, ④ 업무상의 재해에 대한 산업재해보상보험이 있다.

종 류	목 적
국민연금	• 국민의 노령 · 장애 또는 사망에 대하여 연금급여를 실시함으로써 국민의 생활 안정과 복지 증진에 이바지함.
건강보험	• 국민의 질병 · 부상에 대한 예방 · 진단 · 치료 · 재활과 출산 · 사망 및 건강증진에 대한 보험급여 실시함으로써 국민보건을 향상시키고 사회보장을 증진함.
고용보험	• 실업의 예방, 고용의 촉진, 근로자의 직업능력의 개발과 향상을 꾀함. • 국가의 직업지도와 직업소개 기능을 강화 • 근로자가 실업한 경우 생활에 필요한 급여를 실시 • 근로자의 생활안정과 구직 활동을 촉진함으로써 경제 · 사회 발전에 이바지함.
산재보험	• 사업을 시행하여 근로자의 업무상의 재해를 신속 · 공정하게 보상 • 재해근로자의 재활 및 사회 복귀를 촉진하기 위하여 이에 필요한 보험시설을 설치 · 운영 • 재해예방과 그 밖에 근로자의 복지 증진을 위한 사업을 시행하여 근로자 보호에 이바지함.

3 4대보험의 개요

(1) 자격관리

구 분	국민연금	건강보험	고용보험	산재보험
적용대상	(사업장) 상시 1인 이상의 근로자를 사용하는 사업장의 18세 이상 60세 미만의 사용자 및 근로자 (지역) 사업장가입자가 아닌 자로서 18세 이상 60세 미만의 자. 다만 27세 미만으로서 소득이 없는 자는 제외(연금보험료를 납부한 사실이 있는 자 제외)	(사업장) 상시 1인 이상의 근로자를 사용하는 사업장 및 공무원 및 교직원을 임용 또는 채용한 사업장 ※ 법인사업장은 대표자 1인만 있어도 의무가입대상임. (지역) 직장가입자와 그 피부양자를 제외한 자	① 근로자를 사용하는 모든 사업 또는 사업장 (단, 농업·임업·어업의 상시 5인 미만 근로자를 고용하는 개인사업은 제외) ② 건설사업자가 시공하는 원도급공사 ③ 건설사업자가 아닌 자가 시공하는 건설공사 중 다음의 하나에 해당하는 경우 - 총공사금액 2천만원 이상 건설공사 - 건축(대수선) 연면적 100㎡(200㎡) 초과하면서 총공사금액 2천만원 이상	① 상시근로자 1인 이상의 사업 또는 사업장 (단, 농업·임업(벌목업 제외)·어업 및 수렵업 중 상시 5인 미만(법인인 경우 1인 이상) 근로자를 사용하는 개인사업은 제외) ② 모든 건설공사 (2018.7.1. 이후 착공하는 공사)

구 분		국민연금	건강보험	고용보험	산재보험
적용제외	일용직	1개월 미만	1월 미만	해당 없음	해당 없음
	기한부	1개월 미만	해당 없음	해당 없음	해당 없음
	계절적 일시적	1개월간의 근로시간이 60시간 미만 단시간근로자 등[주1)]	비상근근로자(교직원) 또는 1월간의 소정근로시간이 60시간 미만인 단시간근로자 · 공무원 및 교직원	1월간의 소정근로시간이 60시간 미만인 단시간근로자(단, 3월 이상인 경우는 제외) · 공무원 및 교직원[주2)]	해당 없음
관리단위		개인	개인(세대주)	사업(장) (실업급여는 개인단위 가입)	사업(장)
당연적용 연령		18세 이상 60세 미만	제한 없음	65세 이후에 취업한(65세 전부터 피보험자격을 유지하던 사람이 65세 이후에 계속하여 고용된 경우는 제외) 근로자는 고용안정 · 직업능력개발사업만 부담	제한 없음
2 이상 사업장		각 사업장 적용	각 사업장 적용	주된 사업장만 적용	각 사업장 적용
사용자 적용 여부		근로자와 동일한 가입자로 적용	직장가입자로 적용	50인 미만 또는 근로자 없는 자영업자 임의가입 가능	50인 미만 사업주, 화물지입차주 등 임의가입 가능

주1) 생업을 목적으로 3개월 이상 일을 하게 되며 사용자의 동의를 받아 사업장가입자로 할 수 있음. 2016. 1.1.부터는 복수사업장 합산 근로시간이 60시간 이상이면서 근로자가 희망하는 경우 사용자 동의없이 사업장가입자로 적용됨.

주2) 별정직공무원, 임기제공무원의 경우 본인 의사에 따라 실업급여에 한하여 가입 가능

(2) 보험료 부과

구 분	국민연금	건강보험	고용보험	산재보험
소득(보수)의 범위	총급여[주1)] + 조특법상 비과세소득	총급여 + 조특법상 비과세소득 + 국외근로소득 비과세	총급여 + 조특법상 비과세소득	
소득재결정(계속적용시)	연 1회 정기 결정(전년도 소득 기준)	연도 중에는 소득이 확정되지 않으므로 전년도 소득을 기준으로 우선 부과한 후, 다음 해 3월 10일(개인대표자 5월(또는 6월)) 사업장에서 확정된 소득에 의해 전년도 보험료를 다시 산정하여 정산함	○ 연 1회 정기 결정(건설 및 벌목업) – 개산보험료 : 당해 연도 추정보수총액에 보험요율을 곱하여 산정한 금액을 그 보험연도의 3.31.까지 신고·납부(다만, 건설공사 등 70일 이내에 종료되는 사업은 종료일 전날까지) ※ 분할납부하는 사업주는 1기분은 3.31., 그 이후의 각 기분은 각각 그 분기의 중간월의 15일까지 납부 – 확정보험료 : 전년도 확정보험료액을 다음 보험연도의 3.31.까지(보험연도 중 소멸한 경우 그 소멸한날부터 30일 이내) 보고 ○ 월 부과고지사업장(건설업 및 벌목업 제외) 건강보험과 동일	
월소득 적용기간	당해 연도 7월~다음 연도 6월	당해 연도 4월~다음 연도 3월		
월소득 상한선	5,900,000원(2023.7.~2024.6.까지 적용)	보험료 상한선 있음[주2)]	상한선 없음	
보험료율	9%(직장, 지역)	7.09%(직장) (장기요양보험료율은 건강보험료의 12.95%)	○ 실업급여 : 1.8% ○ 고용안정·직업능력개발사업 : 0.25%~0.85%	○ 매년 사업의 종류별로 고용노동부 장관이 고시 ○출퇴근재해요율 : 0.06%

구 분	국민연금	건강보험	고용보험	산재보험
보험료 부 담	○ 사업장가입자 : 사용자와 근로자가 1/2씩 부담 ○ 지역가입자 : 가입자 본인	○ 사업장가입자 : 사용자와 근로자가 1/2씩 부담 ○ 지역가입자 : 가입자 본인	○ 실업급여 : 사용자와 근로자가 50%씩 부담 ○ 고용안정・직업능력개발사업: 사업주 전액부담	사업주 전액부담
보험료 결정방법	공단 부과	공단 부과	○ 건설・벌목업 외 : 공단 부과 ○ 건설업 및 벌목업 : 사업주 신고	
납부방법	월납	월납	○ 건설・벌목업 외 : 월납 ○ 건설업 및 벌목업 : 연납(분기납부 가능)	
납부마감일	다음 달 10일	다음 달 10일	○ 건설・벌목업 외 : 다음 달 10일 ○ 건설업 및 벌목업 : 당해 연도의 3.31.까지(연도 중 성립의 경우 성립일로부터 70일)	
납부의무자	사용자	사용자	사업주	사업주

주1) 근로소득에서 소득세법상 비과세소득을 차감한 소득

주2) 월별 보험료액의 상한 및 하한은 다음 각 호의 구분에 따름(국민건강보험법 시행령 제32조).

1. 월별 보험료액의 상한은 다음 각 목과 같다.

가. 직장가입자의 보수월액보험료 : 보험료가 부과되는 연도의 전전년도 직장가입자 평균 보수월액보험료(이하 이 조에서 "전전년도 평균 보수월액보험료"라 한다)의 30배에 해당하는 금액을 고려하여 보건복지부장관이 정하여 고시하는 금액(8,481,420원)

나. 직장가입자의 소득월액보험료 및 지역가입자의 월별 보험료액 : 보험료가 부과되는 연도의 전전년도 평균 보수월액보험료의 15배에 해당하는 금액을 고려하여 보건복지부장관이 정하여 고시하는 금액(4,240,710원)

2. 월별 보험료액의 하한은 다음 각 목과 같다.

가. 직장가입자의 보수월액보험료 : 보험료가 부과되는 연도의 전전년도 평균 보수월액보험료의 1천분의 50 이상 1천분의 85 미만의 범위에서 보건복지부장관이 정하여 고시하는 금액(19,780원)

나. 지역가입자의 월별 보험료액 : 가목에 따른 보수월액보험료의 100분의 90 이상 100분의 100 이하의 범위에서 보건복지부장관이 정하여 고시하는 금액(19,780원)

사업장 관리

❶ 사업장 적용

<table>
<tr><th>구 분</th><th>국민연금</th><th>건강보험</th><th>고용보험</th><th>산재보험</th></tr>
<tr><td>① 적용 기준</td><td colspan="2">근로소득자 1인 이상 사업 또는 사업장(법인 대표이사 포함 기준)</td><td colspan="2">「근로기준법」상 근로자 1인 이상 사업 또는 사업장</td></tr>
<tr><td>② 적용단위(원칙)</td><td colspan="3">사업[주1)]
(분리적용 가능)</td><td>사업장
(당연일괄적용, 임의일괄적용)</td></tr>
<tr><td>③ 당연적용 사업장(의무가입)</td><td>• 1인 이상의 근로자를 사용하는 모든 사업장
• 대사관 등 주한 외국기관으로서 1인 이상의 대한민국 국민인 근로자를 사용하는 사업장</td><td>• 상시 1인 이상의 근로자를 사용하는 모든 사업장
• 공무원 및 교직원을 임용 또는 채용한 사업장</td><td>• 일반사업장 : 상시 근로 1인 이상의 근로자를 고용하는 모든 사업 및 사업장[주2)]
• 건설공사[주3)]</td><td>• 일반사업장 : 상시 근로자 1인 이상의 사업 또는 사업장[주4)]
• 모든 건설공사(2018. 7.1. 이후 착공하는 공사)</td></tr>
<tr><td>④ 임의적용 사업장</td><td colspan="2">임의적용 가입대상 없음</td><td>고용보험법의 당연적용대상 사업이 아닌 사업으로 가입 여부가 사업주의 의사에 일임되어 있는 사업(근로복지공단의 승인 필요)</td><td>산업재해보상보험법의 당연적용대상 사업이 아닌 사업으로 가입 여부가 사업주의 의사에 일임되어 있는 사업(근로복지공단의 승인 필요)</td></tr>
<tr><td>⑤ 적용제외 사업장</td><td colspan="2">없음</td><td colspan="2">있음</td></tr>
<tr><td rowspan="2">⑥ 신고서류</td><td colspan="4">[4대보험 공통서식]</td></tr>
<tr><td>당연적용사업장 해당 신고서</td><td>사업장(기관) 적용 신고서</td><td>보험관계 성립 신고서[주5)]</td><td>보험관계 성립 신고서[주5)]</td></tr>
</table>

구 분	국민연금	건강보험	고용보험	산재보험
⑦ 신고기한	해당 일의 다음 달 15일까지	적용일로부터 14일 이내	보험관계 성립일로부터 14일 이내	
⑧ 처리기관	국민연금공단 관할지사	국민건강보험공단 관할지사	근로복지공단 관할지사	
⑨ 신고 의무자	사용자		사업주	
⑩ 첨부서류	없음		근로자 과반수 동의서 (고용보험 임의적용시)	
⑪ 신고처	4대사회보험 각 기관 지사 및 인터넷(www.4insure.or.kr) [전자민원] 신고 (단, 건설공사는 근로복지공단 지사로 신고)			

주1) 건설의 경우 국민연금·건강보험 : 일용근로자는 현장별로 적용하는 것이 원칙
주2) 다만, 농업, 임업, 어업, 수렵업 중 법인이 아닌 경우로서 상시근로자 4명 이하는 제외
주3) 주택건설사업자, 건설업자, 전기공사업자, 정보통신공사업자, 소방시설업자, 문화재수리업자가 아닌 자가 시공하는 다음의 하나에 해당하는 건설공사는 제외
- 총공사금액 2천만원 미만 건설공사
- 연면적이 100㎡ 이하인 건축물의 건축 또는 연면적이 200㎡ 이하인 건축물의 대수선 공사

주4) • 다만, 농업, 임업(벌목업 제외), 어업 중 법인이 아닌 경우로서 상시근로자 5명 미만은 제외
• 2018.7.1. 이후부터는 상시근로자 수가 1인 미만인 경우에도 산재보험 적용대상

주5) 보험료신고서 : 건설업 등의 자진신고 사업장에 한하여 근로복지공단에 제출

(1) 국민연금

① 당연적용사업장

1인 이상(법인의 대표이사 포함)의 근로자(18세 이상 60세 미만)를 사용하는 모든 사업장은 당연적용사업장으로서 의무적으로 국민연금에 가입하여야 한다. 이때 법인사업자, 개인사업자, 사업의 종류, 영리성 유무를 불문한다.

여기서 "근로자"란 직업의 종류가 무엇이든 사업장에서 노무를 제공하고 그 대가로 임금을 받아 생활하는 자(법인의 이사와 그 밖의 임원을 포함)를 말하며, 1개월 미만의 일용근로자 등 일정한 자는 제외한다.

사업장이란 근로자를 사용하는 사업소 및 사무소를 말한다. 이때 사업장 상호 간에 본점과 지점·대리점·출장소 등의 관계에 있고 그 사업 경영이 일체로 되어 있는 경우에는 이를 하나의 사업장으로 보게 된다.

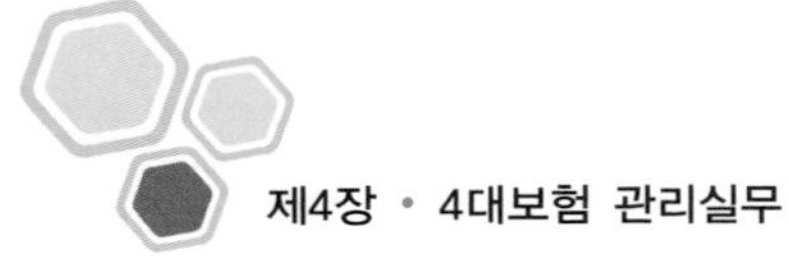

② 신고기한 및 방법

해당 일의 다음 달 15일까지 4대사회보험 각 기관 지사에 우편, 팩스신고 또는 인터넷(www.4insure.or.kr)으로도 신고 가능하다.

③ 신고서류

- 당연적용사업장 해당 신고서 1부(4대보험 공통서식)
- 사업장가입자 자격취득 신고서 1부
- 사업자등록증 사본 또는 법인등기부 등본 사본(필요 시)

④ 유의사항

법인 대표이사의 자격취득신고가 누락되지 않도록 하여야 한다. 단, 무보수 대표이사는 적용제외자에 해당하며, 주주총회 결의서 등을 공단에 제출하면 된다.

(2) 건강보험

① 당연적용사업장

다음의 사업장을 제외한 1인 이상(법인의 대표이사 포함)의 근로자를 사용하는 사업장은 건강보험(직장가입) 의무적용대상이다.

- 근로자가 없는 개인사업자의 사업장
- 무보수 대표자만 있는 사업장
- 직장가입자 제외자[주)]만 있는 사업장

주) 국민건강보험법 제6조 제2항
1. 고용기간이 1개월 미만인 일용근로자
2. 「병역법」에 따른 현역병(지원에 의하지 아니하고 임용된 하사 포함), 전환복무된 사람 및 무관후보생
3. 선거에 당선되어 취임하는 공무원으로서 매월 보수 또는 보수에 준하는 급료를 받지 아니하는 사람
4. 그 밖에 사업장의 특성, 고용 형태 및 사업의 종류 등을 고려하여 다음에 정하는 자
   (1) 비상근 근로자 또는 1개월 동안의 소정(所定)근로시간이 60시간 미만인 단시간근로자
   (2) 비상근 교직원 또는 1개월 동안의 소정근로시간이 60시간 미만인 시간제공무원 및 교직원
   (3) 소재지가 일정하지 아니한 사업장의 근로자 및 사용자
   (4) 근로자가 없거나 (1)에 해당하는 근로자만을 고용하고 있는 사업장의 사업주

② 신고기한 및 방법

적용일로부터 14일까지 4대사회보험 각 기관 지사에 우편신고 또는 인터넷(www.4insure.or.kr) 전자민원으로 신고 가능하다.

③ 신고서류

- 사업장(기관) 적용 신고서(4대보험 공통서식)
- 직장가입자 자격취득신고서(피부양자가 있을 경우 반드시 동시 신고)

④ 유의사항

- 피부양자로 등재하려는 가족이 본인과 주민등록상 주소지가 다를 경우에는 가족관계등록부의 증명서를 제출하여야 한다.
- 건설업의 경우 건설현장 사업장은 공사계약서, 보험료 일괄경정고지신청서를 제출하여야 한다.

참고

[건설현장사업장 적용 신고 절차]

사업장 최초 적용신고는 1개월 이상 공사계약서(보건복지부 지침 및 관련 법령에서 정한 공사 및 사후정산 여부 포함), 보험료일괄경정고지신청서 등 관련 서류를 첨부하여 건설현장별로 적용 신고하고, 가입 이후에는 반드시 EDI로 신고함.

※ 사후정산 공사일 경우 공사계약일 이후 해당근로자(현장별 1개월 이상이면서 월 8일 이상 건설일용직) 자격취득 없이도 우선 사업장적용신고 해야 하며, 공사기간 종료 이후에는 적용신고 안 됨.

※ 적용유예: 기 발주공사건은 2018.8.1. 시행일부터 2년까지 기존 기준 적용(20일)→ 2년 경과 후(2020.8.1.)부터는 개정 기준(8일) 적용함.

(3) 고용 · 산재보험

1) 적용대상

① 적용단위

고용 · 산재보험의 적용단위는 '사업' 또는 '사업장'이다. 여기서 '사업'이란 어떤 목적을 위하여 업으로 행하여지는 계속적 · 사회적 · 경제적 활동단위로서 그 목적은 영리성 여부

와는 관계가 없는 추상적 개념이다. '사업장'이란 사업이 행하여지고 있는 인적・물적 시설이 존재하는 장소적 범위를 말하는 물리적 개념이다.

② 적용대상단위 판단기준

구 분		적용대상 단위
일반 사업	고용보험	'사업' 단위 적용이 원칙. 단, 장소적으로 분리되고 인사・노무・회계의 독립성이 있는 경우는 사업주의 신청에 따라 '사업장' 단위로 적용 가능
	산재보험	동일한 장소에 있는 것은 하나의 사업으로 보고, 장소적으로 분리되어 있는 것은 별도의 사업으로 적용하는 '사업장' 단위를 원칙으로 함.
건설업	건설업 등의 건설업자	동종사업일괄적용제도에 따라 공사현장 전체를 하나의 '사업' 단위로 판단
	건설업자 아닌 자가 행하는 경우	총공사를 행하는 건설공사 현장(사업장) 단위로 판단
벌목업허가 등 사업 기한의 정함이 있는 사업		허가 단위별 사업의 기간을 각각의 사업으로 보아 '사업장' 단위로 판단

2) 당연가입사업

① 당연가입사업

당연가입사업이란 사업이 개시되어 적용요건을 충족하게 되었을 때 사업주의 의사와 관계없이 자동적으로 보험관계가 성립하는 사업을 말하는 것으로 적용제외사업을 제외한 근로자를 1인 이상 사용하는 모든 사업 또는 사업장은 당연가입대상에 해당한다.

따라서 사업주의 보험관계 성립신고 여부와 관계없이 사업을 개시한 날 또는 소정의 요건에 충족되어 당연적용사업에 해당하게 되는 날 이후에 재해를 당한 근로자는 산재보험의 보상을 받을 수 있다.

2018.7.1.부터는 상시근로자수가 1명 미만인 사업(농업, 임업, 어업 중 법인이 아닌 경우 제외)과 소규모공사로 2018.7.1. 이후 착공하는 공사부터는 산재보험 적용대상이다.

② 적용제외사업

고용보험과 산재보험의 적용제외사업은 다음과 같다.

| 적용제외 사업 |

산재보험	고용보험
① 농업·임업(벌목업 제외)·어업 중 법인이 아닌 자의 사업으로서 상시근로자수가 5명 미만인 사업 ② 가구 내 고용활동 ③ 「공무원 재해보상법」 또는 「군인연금법」에 따라 재해보상이 되는 사업 ④ 「선원법」·「어선원 및 어선재해보상보험법」 또는 「사립학교교직원연금법」에 따라 재해보상이 되는 사업	① 농업·임업·어업 및 수렵업 중 법인이 아닌 자가 상시 4명 이하의 근로자를 사용하는 사업 ② 가구 내 고용활동 및 달리 분류되지 아니한 자가소비 생산활동 ③ 「건설산업기본법」에 따른 건설업자, 「주택법」에 따른 주택건설사업자, 「전기공사업법」에 따른 공사업자, 「정보통신공사업법」에 따른 정보통신공사업자, 「소방시설공사업법」에 따른 소방시설업자 또는 「문화재수리 등에 관한 법률」에 따른 문화재수리업자가 아닌 자가 시공하는 공사로 다음 각 호에 해당하는 공사 가. 총공사금액이 2천만원 미만인 공사 나. 연면적이 100㎡ 이하인 건축물의 건축 또는 연면적이 200㎡ 이하인 건축물의 대수선 공사

※ 2018.7.1. 이후 착공하는 공사부터 모든 건설공사는 산재보험 가입대상임.

참고

[개인이 건축공사(인테리어 등)을 직영하는 경우 고용·산재보험 가입 여부]

- 고용보험: 건축 연면적이 100제곱미터(대수선은 연면적 200제곱미터) 이하이거나 총공사금액이 2천만원 미만인 경우 의무가입 대상은 아니나, 사업주가 근로자 과반수의 동의를 받아 근로복지공단에 신청하여 승인을 얻은 경우 고용보험에 가입 가능
- 산재보험: 건설사업자가 아닌 개인이 근로자를 고용하여 건축공사(인테리어 등)을 직영하는 경우라도 연면적 및 총공사금액 관계없이 산재보험에 의무적으로 가입 의무

3) 임의가입사업

임의가입사업이란 「산업재해보상보험법」 및 「고용보험법」의 당연가입대상 사업이 아닌 사업으로서 보험가입 여부가 사업주의 자유의사에 일임되어 있는 사업을 말한다.

고용·산재보험 적용제외 사업의 사업주는 근로복지공단의 승인을 얻어 보험에 가입할

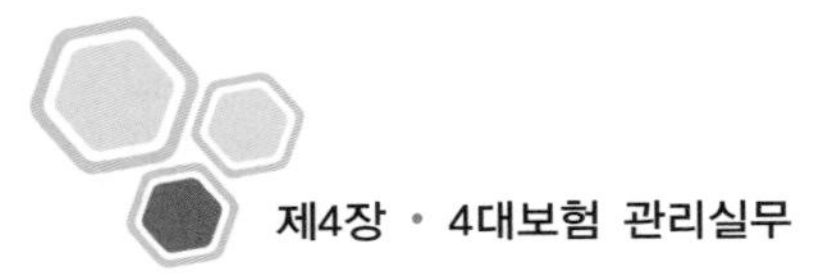

수 있으며, 고용보험의 경우는 근로자(적용제외근로자 제외) 과반수 이상의 동의를 얻어 임의가입할 수 있다.

4) 보험관계성립일

① 보험관계성립일

의무가입사업장	임의가입사업장
해당 사업이 시작된 날 또는 일정 규모 이상의 사업에 해당하게 된 날	보험가입신청서를 공단에 접수한 날의 다음 날 (하수급인 사업주 승인을 받은 경우에는 하도급공사 실제 착공일)

② 상시근로자수의 산정 및 적용 시점

상시근로자수는 사업을 시작한 후 최초로 근로자를 사용한 날부터 그 사업의 가동일수 14일 동안 사용한 근로자 연인원을 14로 나누어 산정한다. 이 경우 상시근로자수가 5명 미만이면 최초로 근로자를 사용한 날부터 하루씩 순차적으로 미루어 가동기간 14일 동안 사용한 근로자 연인원을 14로 나누어 산정한다(산업재해보상보험법 시행령 제2조의2 제1항).

그러나 최초로 근로자를 사용한 날부터 14일 이내에 사업이 종료되거나 업무상 재해가 발생한 경우에는 그때까지 사용한 연인원을 그 가동일수로 나누어 산정한다(산업재해보상보험법 시행령 제2조의2 제2항).

③ 보험관계성립일 판단기준

2018.6.30.까지	2018.7.1.부터
상시 1명 이상의 근로자를 사용하는 사업으로 최초로 1명 이상이 된 날부터 적용	근로자를 사용하는 사업은 근로자 유형(상용, 일용, 시간제 등)에 상관없이 근로자 채용일부터 적용 단, 법인이 아닌 자가 행하는 농업・임업(산재보험의 경우 벌목업은 상시 1명 이상 적용)・어업에 대해서만 상시근로자수 5명 이상이 된 날부터 적용

5) 신고기한 및 방법

보험관계성립일로부터 14일 이내에 4대사회보험 각 기관 지사에 우편신고 또는 인터넷(www.4insure.or.kr) 전자민원으로 신고 가능하다. 단, 보험관계성립일로부터 14일 이내에 종료되는 경우에는 해당 사업이 종료되는 날의 전날까지 신고하여야 한다.

또한 건설공사와 벌목업의 자진신고 사업장은 근로복지공단으로 별도로 신고서를 제출하여야 한다.

6) 신고서류

구 분	신고서류	
① 부과고지사업(장)	• 보험관계성립신고서(4대보험 통합서식) • 피보험자격취득신고서(고용)・근로자고용신고서(산재)(4대보험 통합서식)	• 사업자등록증 • 주민등록표등본 • 기타(근로자명부 등)
② 자진신고사업(장)		• 공사도급계약서(공사비내역서 포함) • 건축 또는 벌목허가서

(4) 수차의 도급사업(건설업)

① 원칙 : 원수급인

고용・산재보험의 경우 건설업에 있어서 민법에 의한 도급계약 형식으로 수차의 하도급이 이루어지는 경우 원칙적으로 원수급인이 보험가입자가 된다. 또한 국내 건설사가 국내에 소재하지 않는 외국건설사로부터 하도급을 받아 시행하는 경우에는 그 최초 하수급인이 보험가입자가 된다.

다만, 원수급인이 서면계약으로 하수급인에게 보험료의 납부를 인수하게 하는 경우에는 원수급인의 신청에 의하여 근로복지공단의 승인을 얻은 때에 그 하수급인이 법의 적용을 받는 사업주로 본다.

② 하수급인 사업주 승인 신청

하수급인이 법의 적용을 받는 사업주로 승인을 얻기 위한 요건 및 절차는 다음과 같으며, 원수급인이 신청한다.

㉠ 승인요건

- 하수급인인 사업주가 건설업자, 주택건설사업자, 전기공사업자, 정보통신공사업자, 소방시설업자, 문화재수리업자일 것(종목별 면허 보유 필수)
- 원수급인이 하도급공사의 착공일부터 30일 이내에 하수급인사업주승인신청서 제출할 것(다만, 하도급공사 착공 후 15일부터 승인신청 전까지 재해가 발생하거나, 하도급공사의 착공 후 승인신청 전까지 원수급인이 보험관계 성립신고를 게을리한 기간 중에

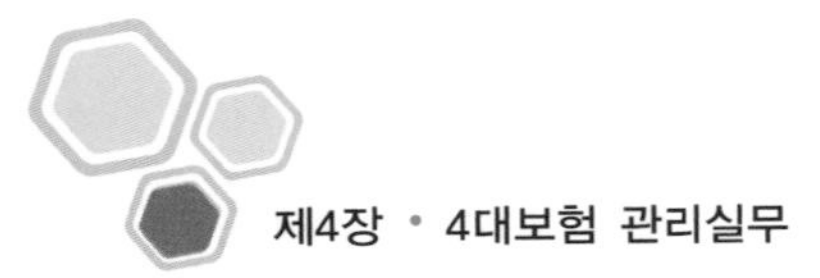

재해가 발생한 경우에는 승인 불가)
- 원수급인과 하수급인 간에 보험료 납부의 인수에 관한 서면계약을 체결할 것

㉡ 신고서류

- 도급계약서 사본 1부
- 보험료납부 인수에 관한 서면계약서 사본 1부
- 하수급인사업주 승인신청서 1부

㉢ 신고기한

하도급공사 착공일로부터 30일 이내에 신고하여야 한다. 하도급공사 착공 후 15일부터 승인신청 전까지 재해가 발생하거나, 하도급공사의 착공 후 승인신청 전까지 원수급인이 보험관계 성립신고를 게을리한 기간 중에 재해가 발생한 경우에는 승인 불가하다.

㉣ 효과

하수급인사업주 승인신청이 승인되면 보험료 납부의무 및 근로내용확인신고의무가 원수급인에서 하수급인으로 변경된다.

매년 3월에 확정보험료 및 개산보험료 신고 시 원수급인은 원수급인에서 사용한 상용직과 일용직에 대해서 신고하고, 하수급인은 하수급인에서 사용한 상용직과 일용직에 대하여 신고하면 된다.

국민연금, 건강보험 적용신고 주체도 하수급인으로 변경된다.

③ 하수급인명세 신고

㉠ 의의

하도급 건설현장에서 발생한 일용직 근로내용확인신고는 원수급인이 해야 하지만, 하수급인명세 신고를 하면 하수급인이 직접 신고의무가 발생한다. 이는 보험료 납부는 원수급인이 부담하고, 일용근로내용 확인신고의무만 하수급인에게 부여하는 제도로서 원수급인이 신청하여야 한다.

㉡ 신고서류

- 도급계약서 사본 1부
- 하수급인명세서 1부

㉢ 신고기한

하수급인명세 신고의 신고기한은 하도급계약 체결일로부터 14일 이내에 하여야 하며, 공사가 종료된 후에는 신고가 불가능하다.

| 하수급인사업주 승인신청과 하수급인명세 신고 비교 |

구 분	하수급인사업주 승인신청 (고용 · 산재)	하수급인명세 신고 (고용)
용도	보험가입자 및 납부의무자 변경	피보험자신고용
신고 주체	원수급인	원수급인
보험료 납부의무	하수급인	원수급인
근로내용확인신고	하수급인	하수급인
신고(신청)기관	현장관할 근로복지공단	현장관할 근로복지공단
구비서류	하도급계약서, 보험료 납부인수에 관한 서면 계약	하도급계약서
제출기한	하도급 착공후 30일 이내	하도급계약 14일 이내

■ 고용보험 및 산업재해보상보험의 보험료징수 등에 관한 법률 시행규칙 [별지 제2호 서식] (2021.7.1. 개정)

국민연금 [ ]당연적용사업장 해당신고서
건강보험 [ ]사업장(기관) 적용신고서
고용보험 [ ]보험관계 성립신고서 [ ]보험가입신청서(근로자 종사 사업장)
산재보험 [ ]보험관계 성립신고서 [ ]보험가입신청서(근로자 종사 사업장)

※ 2쪽의 유의사항 및 작성방법을 읽고 작성하기 바라며, 색상이 어두운 난은 신고인(신청인)이 적지 않습니다. (4쪽 중 1쪽)

접수번호	접수일	처리기간 국민연금 · 건강보험 3일, 고용 · 산재보험 5일

공통	사업장	사업장관리번호	명칭	사업장 형태	[ ]법인 [ ]개인
		소재지	우편번호( )		
		우편물 수령지	우편번호( )	전자우편주소	
		전화번호	(휴대전화)	팩스번호	
		업태	종목 (주생산품)	업종코드	
		사업자등록번호	법인등록번호		
		환급(반환) 계좌 사전신고	은행명	계좌번호	[ ] 자동이체 계좌와 동일
			예금주명	* 보험료 정산 등 환급(반환)금액 발생 시 지급될 계좌입니다. (지급 관련하여 통장사본 등 추가 서류를 요청할 수 있습니다.)	
	사용자 (대표자)	성명	주민(외국인)등록번호	전화번호	
		주소			
	보험료 자동이체신청	은행명	계좌번호		
		예금주명	예금주 주민등록번호(사업자 등록번호)		
		합산자동이체 적용여부 [ ] 적용 [ ] 미적용	이체희망일 [ ] 납기일 [ ] 납기전월 말일(월별보험료)		
		※ 고용 · 산재보험 건설업 일시납 개산보험료 및 1기 분납 보험료는 자동이체 처리되지 않음에 유의하여 주시기 바랍니다.			
	전자고지 신청	고지방법 [ ]전자우편 [ ]휴대전화 [ ]전자문서교환시스템 [ ]인터넷홈페이지(사회보험통합징수포털)			
		수신처(전자우편주소, 휴대전화번호 또는 아이디)			
		수신자 성명	수신자 주민등록번호		

국민연금/건강보험	건설현장사업장	[ ]해당 [ ]비해당	건설현장 사업기간	~
연금(고용)보험료 지원 신청	「국민연금법」 제100조의3 또는 「고용보험 및 산업재해보상보험의 보험료징수 등에 관한 법률」 제21조에 따라 아래와 같이 연금(고용)보험료 지원을 신청합니다(근로자 수가 10명 미만인 사업(장)만 해당합니다). 국민연금 [ ] 고용보험 [ ]			
국민연금	근로자수	가입대상자수	적용 연월일(YYYY.MM.DD)	
	분리적용사업장 [ ]해당 [ ]비해당	본점사업장관리번호		
건강보험	적용대상자수	본점사업장관리번호	적용 연월일	
	사업장 특성부호	회계종목(공무원 및 교직원기관만 작성)	1 2 3	
고용보험	상시근로자수	피보험자수	성립일	
	보험사무대행기관	(명칭)	(번호)	
	주된 사업장	명 칭	사업자등록번호	
		우선지원대상기업 [ ]해당 [ ]비해당	관리번호	
산재보험	상시근로자수	성립일	사업종류코드	
	사업의 형태	[ ] 계속 [ ] 기간이 정해져 있는 사업(사업기간: -)		
	성립신고일(가입신청일) 현재 산업재해발생여부	[ ]있음 [ ]없음		
	주된 사업장 여부 [ ]해당 [ ]비해당	주된 사업장 관리번호		
	원사업주 사업장관리번호 또는 사업개시번호 (사내하도급 수급사업주인 경우만 적습니다)			

본인은 이 건 업무처리와 관련하여 담당 직원이 「전자정부법」 제36조 제1항에 따른 행정정보의 공동이용을 통해 담당 직원 확인사항의 행정정보를 확인하는 것에 동의합니다. *동의하지 않는 경우에는 신고인(신청인)이 직접 관련 서류를 제출해야 합니다.

신고인(신청인) (서명 또는 인)

위와 같이 신고(신청)합니다. 년 월 일

신고인 · 신청인(사용자 · 대표자) (서명 또는 인)

[ ]보험사무대행기관(고용 · 산재보험만 해당) (서명 또는 인)

국민연금공단 이사장/국민건강보험공단 이사장/근로복지공단 ○○지역본부(지사)장 귀하

210mm×297mm[백상지(80g/㎡) 또는 중질지(80g/㎡)]

(4쪽 중 2쪽)

행정정보 공동이용 동의서		
신고인(신청인) 제출서류	1. 근로자 과반수의 동의서 1부(고용보험 임의적용 가입신청의 경우에만 제출합니다) 2. 통장 사본 1부(자동이체 신청의 경우에만 제출합니다)	수수료 없음
담당 직원 확인사항	1. 사업자등록증 2. 주민등록표 초본[고용ㆍ산재보험의 경우로서, 신고인(신청인)이 개인인 경우만 해당합니다]. 다만, 신고인(신청인)이 직접 신고서(신청서)를 제출하면서 신분증명서(주민등록증, 운전면허증, 여권을 말합니다)를 제시하는 경우에는 그 신분증명서의 확인으로 주민등록표 초본의 확인을 갈음합니다. 3. 법인 등기사항증명서[신고인(신청인)이 법인인 경우만 해당합니다]	

유의사항

1. 국민연금, 건강보험의 건설현장사업장은 건설일용근로자만 가입된 사업장을 말하고, 건설현장사업장으로 적용받으려는 사업장이 일괄경정 고지신청서(해당 기관 서식)를 제출하고 사업장 자격관리 등을 위해 해당 기관이 운영하는 정보통신망(EDI)에 가입하면 일괄경정고지를 받을 수 있습니다.
2. 전자고지는 「국민건강보험법」 제79조에 따라 송달의 효력이 발생하며, 별도의 우편고지서는 발송하지 않습니다.
3. 건설업 및 벌목업의 경우는 「고용보험 및 산업재해보상보험의 보험료징수 등에 관한 법률」 제19조에 따른 확정보험료 신고ㆍ납부기한부터 30일 이내에 고용보험료 지원을 신청하기 바랍니다.
4. 연금ㆍ고용보험료 지원 대상 사업장은 전년도의 월평균 근로자 수가 10명 미만이거나 신청 직전 3개월 동안(지원신청이 속한 연도로 한정하며, 보험관계성립일 이후 3개월이 지나지 않은 경우에는 그 기간 동안) 연속하여 근로자 수가 10명 미만이고, 신청월 말일 기준으로 10명 미만이어야 합니다.
   ※ 법인사업장은 법인 단위로 10명 미만 여부를 판단하나, 공동주택관리사무소의 경우 「고용보험 및 산업재해보상보험의 보험료징수 등에 관한 법률 시행령」 제12조 제2항에 따라 관리사무소 현장별로 10명 미만 여부를 판단합니다.
5. 신청 연도의 근로자 수가 3개월 연속 10명 이상인 경우 4개월째부터 해당 연도 말까지 연금(고용)보험료 지원 대상에서 제외됩니다.
6. 연금ㆍ고용보험료 지원은 국민연금 및 고용보험의 자격취득이 된 사람으로 한정하여 이루어지므로 현재까지 자격취득이 안 된 근로자는 반드시 해당 기관에 자격취득신고서(일용근로자의 경우 근로내용확인신고서)를 제출해야 혜택을 받을 수 있습니다. (신고관련 문의: 국번없이 국민연금 1355, 고용보험 1588-0075)
7. 연금ㆍ고용보험료 지원 대상에 해당하는 경우에 신청 월부터 해당 연도 말까지 지원되며, 매월 해당 월의 보험료가 납부기한 이내에 모두 납부된 경우에만 보험료가 지원됩니다. 따라서 납부기한이 지나서 납부하거나 일부만 납부한 월에는 지원을 받을 수 없습니다.
8. 연금ㆍ고용보험료는 근로자의 보수(액) 수준 등에 따라 사용자와 근로자의 연금보험료와 고용보험료 부담분의 일부가 지원됩니다. 다만, 근로자의 재산(「지방세법」 제105조에 따른 토지, 건축물, 주택, 항공기 및 선박) 및 「소득세법」 제4조 제1항 제1호에 따른 종합소득이 보건복지부장관(고용노동부장관)이 고시한 기준 이상에 해당할 경우 지원대상에서 제외되며, 해당 근로자의 지원 여부를 결정하기 위해 국민연금ㆍ근로복지공단은 해당 근로자의 재산 및 종합소득자료를 수집하여 확인합니다.
9. 연금ㆍ고용보험료를 지원받고 있는 사업(장)에 신규로 자격을 취득한 근로자가 있을 경우 연금ㆍ고용보험료 지원신청이 없어도 해당 가입자가 보험료 지원요건을 충족할 경우 연금ㆍ고용보험료를 지원받을 수 있습니다(고용보험의 경우 건설업 및 벌목업은 해당하지 않습니다).
10. 연금ㆍ고용보험료 지원 대상 요건에 해당되지 않음이 추후 확인된 경우에는 이미 지원한 금액에 대해 국가가 환수할 수 있습니다.
11. 국민연금공단과 근로복지공단에서 국민연금과 고용보험의 지원 여부를 확인하여 처리 결과를 각각 통보합니다.
12. 국민연금의 경우 18세 미만의 근로자도 사업장가입자입니다. 다만, 본인이 원하지 않으면 가입하지 않을 수 있습니다.
13. 고용ㆍ산재보험 신고(신청) 시 "건설업 및 임업 중 벌목업(「고용보험 및 산업재해보상보험의 보험료징수 등에 관한 법률」 제8조에 따른 일괄적용 대상 사업은 제외합니다)"의 경우에는 별도 서식을 이용하여 근로복지공단에 제출하여 주시기 바랍니다.
14. 자동이체 신청 시 고용ㆍ산재보험료의 처리 대상은 월별보험료 및 분할납부보험료(2~4기)이며, 일시납부하는 개산보험료와 분할납부보험료(1기)는 자동이체 처리되지 않습니다. 합산자동이체는 월납보험료를 합산 출금합니다(고용ㆍ산재보험 일시납, 분할납부보험료는 제외).
15. 산재보험 적용사업(장)은 「임금채권보장법」 및 「석면피해구제법」 (①상시근로자수가 20명 이상인 사업주(건설업은 제외), ②건설업 사업주(「고용보험 및 산업재해보상보험의 보험료징수 등에 관한 법률」 제8조 제1항의 적용을 받지 않는 건설공사는 제외)을 당연히 적용받게 됩니다.
16. 4대 사회보험료 고지서는 한 장의 고지서에 합산된 금액(보험별 금액도 표기)으로 발송합니다. 월별보험료를 합산고지하며 고용ㆍ산재보험의 일시납부하는 개산보험료와 분할납부보험료는 합산고지 대상이 아닙니다. 보험별 각각의 고지서를 받기 원하시면 지사로 신청하기 바랍니다.

작성방법	
공통 사항	1. "사용자ㆍ대표자"란은 개인사업의 경우 개인사업주, 법인의 경우 대표자 인적사항을 적습니다. 2. "업태와 종목"란은 사업자등록증 상의 업태와 종목을 적습니다. 3. "환급(반환)계좌 사전신고"는 사업장 환급(반환)금 발생 시 지급받을 은행의 은행명, 계좌번호 등을 적습니다. 4. "자동이체신청"란의 예금주 주민등록번호는 계좌개설 시 주민등록번호로 등록되었으면 그 주민등록번호를, 사업자등록번호로 등록되었으면 그 사업자등록번호를 적습니다. "합산자동이체 적용여부"는 4대 사회보험료 모두 합산하여 출금 원하는 경우 적용에 "[√]"표시, 원하지 않는 경우는 미적용에 "[√]"표시를 합니다. 원하는 "이체희망일"에 "[√]"표시하며, 월별보험료인 경우 납기전월 말일을 선택할 수 있습니다. 5. "전자고지 신청"란은 전자고지를 받으려는 방법에 해당하는 부분에 "[√]"표시를 하고, 전자우편이나 휴대전화를 선택한 경우에는 "수신처"에 전자고지를 받으려는 정확한 전자우편주소 또는 휴대전화번호를 적으며, 전자문서교환시스템을 선택한 경우에는 "건강보험 Web EDI, 사회보험 EDI" 중 하나를 선택하여 적습니다.
국민 연금	1. "적용 연월일"란에는 사업장이 1명 이상의 근로자를 사용하게 된 날을 적습니다. 2. "근로자수"란에는 법인의 대표자는 포함하고, 개인사업장의 사용자는 포함하지 마십시오. 3. "가입대상자수"란에는 사업장의 18세 이상 60세 미만의 근로자와 사용자를 더하되, 18세 미만 근로자도 가입을 희망하면 포함합니다. 4. "분리적용사업장"이란 이미 국민연금에 가입된 본점(모사업장)으로부터 분리하여 별개의 사업장으로 가입한 경우를 말하며, 이러한 분리적용사업장으로 가입하려는 경우에만 본점 명세를 적습니다.
건강 보험	1. "적용 연월일"란에는 사업장이 1명 이상의 근로자를 사용하게 된 날을 적습니다. 2. "회계종목"란은 공무원 및 교직원사업장만 회계종목 사항을 적습니다. ※ 사업장 특성부호: 1. 공무원사업장 3. 사립학교교직원사업장 5. 군 기관 7. 일반근로자사업장 3. 관할 단위사업장 및 부서가 있을 때에는 3쪽의 "단위사업장 현황" 및 "영업소 현황"을 적고, 고용보험의 경우 보험관계 성립사업장이 둘 이상일 때에는 4쪽의 "신고대상사업장 현황"을 계속 적습니다.
고용 보험	1. "상시근로자수", "피보험자수"란은 성립 또는 가입 사업 단위의 내용을 적습니다. 2. "우선지원 대상기업"란은 「고용보험법 시행령」 제12조에 따른 "우선지원 대상기업에 해당하는 기업"인지 여부를 적습니다. 3. "주된 사업장 관리번호"란은 주된 사업장의 보험관계가 이미 성립한 경우에만 적습니다. 4. 제출된 서식만으로 사실 여부의 확인이 곤란한 경우 관련 서류의 보완 요구가 있을 수 있습니다.
산재 보험	※ "원사업주 사업장관리번호 또는 사업개시번호"란은 사내하도급 근로자를 고용하여 사내하도급을 수행하는 수급사업주가 원사업주의 산재보험 사업장관리번호(원사업주가 일괄적용 사업장인 경우에는 원사업주의 사업개시번호)를 적습니다(건설업은 제외). 1. "사내하도급"이란 원사업주로부터 업무를 도급받거나 업무의 처리를 수탁한 사업주가 자신의 의무를 이행하기 위해 원사업주의 사업장에서 해당 업무를 수행하는 것을 말합니다. 2. "수급사업주"란 업무를 도급받거나 업무의 처리를 위탁받은 사업주를 말합니다. 3. "원사업주"란 업무를 도급하거나 업무의 처리를 위탁한 사업주를 말합니다. 여러 차례의 도급이 있는 경우에는 최상위의 원사업주를 말합니다. 4. "사내하도급 근로자"란 수급사업주가 원사업주로부터 도급받거나 위탁 받은 일을 완성하거나 업무를 처리하기 위해 고용한 근로자를 말합니다. 5. 원사업주가 다수 있는 경우에는 사내하도급 근로자가 가장 많은 사업장의 원사업주 원수급 사업장관리번호를 적습니다. 6. 제출된 서식만으로 사실 여부 확인이 어려우면 관련 서류의 보완 요구가 있을 수 있습니다(원사업주는 수급사업주에게 사업장관리번호 제공에 협조해야 함).

처리절차

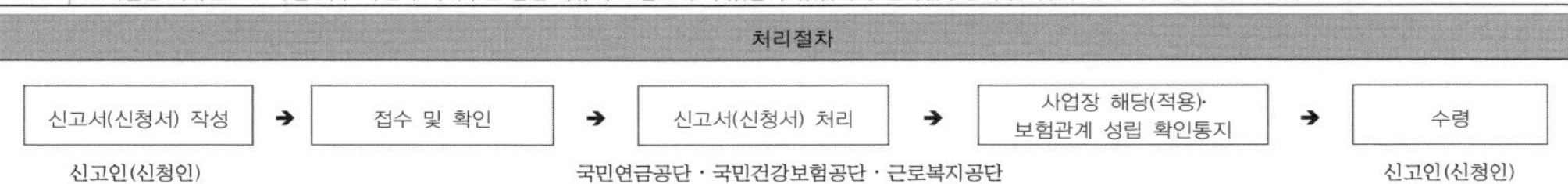

공동대표자 현황

번호	성 명	주민(외국인)등록번호	취임일	주 소	전화번호
				우편번호( )	
				우편번호( )	
				우편번호( )	
				우편번호( )	
				우편번호( )	
				우편번호( )	
				우편번호( )	

단위사업장 현황(건강보험)

번호	단위사업장기호	단위사업장명	소재지	전화번호

영업소 현황(건강보험)

번호	영업소기호	영업소명	소재지	전화번호

유의사항 및 작성방법

1. 관할 단위사업장 및 부서가 있을 때에는 “단위사업장현황”, “영업소현황”을 작성합니다.
2. 영업소기호는 사업장에서 영업소별로 부여하여 관리하기 바랍니다.
3. 색상이 어두운 난은 국민건강보험공단에서 작성하므로 신고인(신청인)이 적지 않습니다.

※ 고용보험의 보험관계성립사업장이 둘 이상인 경우에만 작성하며, 색상이 어두운 난은 신고인(신청인)이 적지 않습니다.

성립 또는 가입 사업 현황(고용보험)

사업장(2)	명칭	[ ] 근로자 종사 사업(장) [ ] 예술인 종사 사업(장) [ ] 노무제공자 종사 사업(장)	전화번호
	소재지		
	업태	종목 (주생산품:)	업종코드
	상시근로자 수 명	피보험자 수 명	사업자등록번호
	예술인 수 명	노무제공자 수 명	
	보험관계성립일		보험사무대행기관번호
	사업장관리번호		

사업장(3)	명칭	[ ] 근로자 종사 사업(장) [ ] 예술인 종사 사업(장) [ ] 노무제공자 종사 사업(장)	전화번호
	소재지		
	업태	종목 (주생산품:)	업종코드
	상시근로자 수 명	피보험자 수 명	사업자등록번호
	예술인 수 명	노무제공자 수 명	
	보험관계성립일		보험사무대행기관번호
	사업장관리번호		

사업장(4)	명칭	[ ] 근로자 종사 사업(장) [ ] 예술인 종사 사업(장) [ ] 노무제공자 종사 사업(장)	전화번호
	소재지		
	업태	종목 (주생산품:)	업종코드
	상시근로자 수 명	피보험자 수 명	사업자등록번호
	예술인 수 명	노무제공자 수 명	
	보험관계성립일		보험사무대행기관번호
	사업장관리번호		

사업장(5)	명칭	[ ] 근로자 종사 사업(장) [ ] 예술인 종사 사업(장) [ ] 노무제공자 종사 사업(장)	전화번호
	소재지		
	업태	종목 (주생산품:)	업종코드
	상시근로자 수 명	피보험자 수 명	사업자등록번호
	예술인 수 명	노무제공자 수 명	
	보험관계성립일		보험사무대행기관번호
	사업장관리번호		

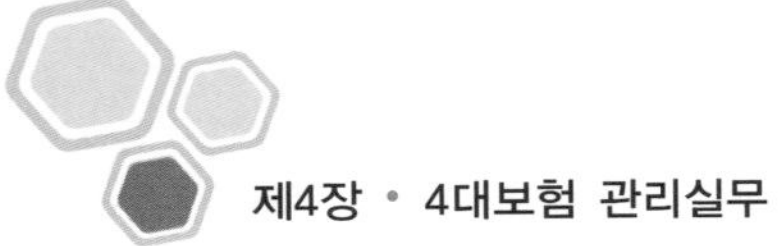

■ 고용보험 및 산업재해보상보험의 보험료징수 등에 관한 법률 시행규칙 [별지 제3호 서식] (2021.12.31. 개정)

건설업 및 벌목업 [ ]고용보험 [ ]산재보험 [ ]보험가입신청서 [ ]보험관계 성립신고서

(앞쪽)

접수번호	접수일	처리기한: 5일

사업장관리번호		성립신고일 현재 산업재해 발생 여부	[ ]있음 [ ]없음

사업주 (대표자)	성명		주민등록번호 (외국인등록번호)	
	주소		전화번호	
	전자우편주소		휴대전화번호	
본사	명칭	사업 형태	[ ]법인 [ ]개인	
	소재지		전화번호	
	사업자등록번호		법인등록번호	
	우편물 수령지		팩스번호	

현장 (건설공사 및 벌목작업)	현장명			고용보험 업종코드	
	구분		[ ]도급 [ ]직영	산재보험 업종코드	
	소재지			전화번호	
	건설면허번호			계 약 일	년 월 일
	건축허가(신고)번호			계약서상 착공일	년 월 일
	총공사금액	계약금액 (부가세 제외)	원	실제 착공일	년 월 일
		재료 시가환산액	원	준공 예정일	년 월 일
		합계액	원	벌목재적량	㎥
		발주공사 총금액 (분리발주된 경우)	원	벌목 상시근로자 수	명
	발주자 성명			발주자 연락처	

「고용보험 및 산업재해보상보험의 보험료징수 등에 관한 법률 시행규칙」 제3조 제1항 또는 제7조 제1항에 따라 위와 같이 신청(신고)합니다.

년 월 일

신청·신고인(사업주) (서명 또는 인)

보험사무대행기관 (서명 또는 인)

근로복지공단 ○○○○지역본부(지사)장 귀하

개인정보 수집 및 이용 동의서

본인은 이 건 민원사무처리에 대한 처리결과 안내, 캠페인(이벤트), 사업홍보물, 고객만족도조사 및 관련 제도개선에 필요한 의견조사를 위해 우편, 휴대전화 또는 전자우편 등으로 수신·참여하는 것에 동의합니다.

년 월 일

위와 같이 개인정보를 수집·이용하는데 동의하십니까? ([ ] 동의함 [ ] 동의안함)

신고인(신청인) (서명 또는 인)

※ 처리 사항(아래 사항은 신청인·신고인이 적지 않습니다)

가입승인 여부	[ ]승 인 [ ]불승인	보험관계 성립일	고용보험	년 월 일
			산재보험	년 월 일

210mm×297mm[백상지(80g/㎡) 또는 중질지(80g/㎡)]

(뒤쪽)

신고(신청)인 제출서류	1. 공사도급계약서(공사비명세서를 포함합니다)와 건축 또는 용도변경 등에 관한 허가서 또는 신고확인증 사본 각 1부(건설업의 경우만 해당합니다) 2. 근로자 과반수의 동의를 받은 사실을 증명하는 서류 1부(고용보험 임의적용 가입신청의 경우에만 해당합니다) 3. 통장 사본(보험료의 자동이체를 신청하는 경우에만 해당합니다)	수수료 없음
담당 직원 확인사항	1. 사업자등록증 2. 주민등록표 초본[신청(고)인이 개인인 경우만 해당합니다]. 다만, 신청(고)인이 직접 신청(고)서를 제출하면서 신분증명서(주민등록증, 운전면허증, 여권을 말합니다)를 제시하는 경우에는 그 신분증명서의 확인으로 주민등록표 초본의 확인을 갈음합니다. 3. 법인 등기사항증명서[신청(고)인이 법인인 경우만 해당합니다]	

행정정보 공동이용 동의서

본인은 이 건 업무처리와 관련하여 「전자정부법」 제36조 제1항에 따른 행정정보의 공동이용을 통하여 위의 담당 직원 확인사항 제1호 및 제2호의 행정정보를 확인하는 것에 동의합니다.

* 동의하지 않는 경우에는 신고인이 직접 관련 서류(제1호의 경우는 사본을 말합니다)를 제출해야 합니다.

신고(신청)인 (서명 또는 인)

유의사항

1. 산재보험 적용사업(장)은 「임금채권보장법」 및 「석면피해구제법」(벌목업은 상시근로자가 20명 이상인 경우만 해당합니다)을 당연히 적용받게 됩니다.
2. 위 성립신고서는 보험관계 성립일(공사착공일)부터 14일 이내에 제출해야 하며, 사업주는 3월 말(연도 중에 보험관계가 성립한 경우에는 보험관계 성립일부터 70일 이내, 기간의 정함이 있는 사업으로서 70일 이내에 끝나는 사업인 경우 공사 종료일 전날까지)까지 고용・산재보험료(「임금채권보장법」에 따른 부담금 및 「석면피해구제법」에 따른 분담금 포함)를 신고하고, 이를 자진납부해야 합니다.
3. 위 기간이 경과할 때에는 관련 법 규정에 따른 불이익이 있을 수 있습니다.
4. 보험가입자께서는 사업의 소재지, 가입자 인적사항, 전화번호 등이 변경되거나 사업장이 휴업・폐업될 경우 우리 공단에 신고해야 합니다.
5. 보험가입을 신청하여 공단이 승인한 경우 그 접수일의 다음 날부터 적용됩니다.
6. 「고용보험 및 산업재해보상보험의 보험료 징수 등에 관한 법률」 제9조 제1항 단서에 따라 하수급인을 사업주로 인정받게 하려는 원수급인은 하도급공사의 착공일부터 30일 이내에 하수급인 사업주 승인신청서를 우리 공단에 제출해야 합니다.
7. 건설업 및 벌목업 중 「고용보험 및 산업재해보상보험의 보험료징수 등에 관한 법률」 제8조에 따른 일괄적용 대상 사업의 경우에는 별도의 서식을 이용하여 근로복지공단에 제출하기 바랍니다.

작성방법

1. 고용보험, 산재보험 중 신고(신청)하려는 난에 "√" 표시를 하시기 바랍니다.
2. 보험관계 성립신고서란에는 당연적용, 보험가입신청서란에는 임의가입일 경우 "√" 표시를 합니다.
3. 휴대전화번호, 전화번호 및 전자우편주소(E-mail)를 꼭 적어주시기 바랍니다.
4. "성립신고일 현재 산업재해발생 여부" 란은 제출일 현재 해당 건설공사에서 산업재해가 발생한 경우에는 [ ] 있음에, 산업재해 발생 사실이 없다면 [ ] 없음에 "√" 로 표시합니다.
5. "우편물 수령지" 란은 사업장 소재지와 별도의 주소로 우편물을 받을 경우에만 적습니다.
6. "건축허가(신고)사항"에는 건축허가(신고)에 따른 건축공사에 한하여 "건축허가기관"과 "건축허가번호"를 적습니다.
7. "벌목 상시근로자수"에는 보험관계 성립일 현재 사용하는 근로자 수를 적습니다.

처리절차

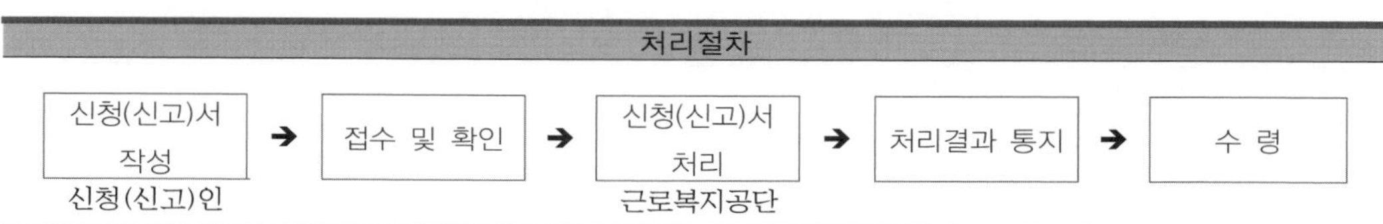

■ 고용보험 및 산업재해보상보험의 보험료징수 등에 관한 법률 시행규칙 [별지 제8호 서식] (2021.12.31. 개정)

[ ]고용보험
[ ]산재보험 하수급인 사업주 보험가입 승인신청서

※ 뒤쪽의 유의사항 및 작성방법을 읽고 작성하기 바라며, 색상이 어두운 난은 신청인이 적지 않습니다. (앞쪽)

접수번호	접수일	처리기간 5일

원수급인 (신청인)	본사	상호・법인명칭		대 표 자	
		소재지			
		전화번호	팩스	전자우편주소	
		우편물 수령지		수취인	
	원수급 사업	관리번호 (사업개시번호)		현장명	
		소재지		전화번호	

하수급인	본사	상호・법인명칭		대 표 자	
		사업자등록번호		법인등록번호	
		소재지			
		전화번호	팩스	전자우편주소	
		우편물 수령지		수취인	
		고용보험 업종코드			
	하수급 사업	사업장명(현장명)			
		건설업면허관련	면허종류	면허번호	등록일자
		하수급(공사)금액 (재료 시가환산액 포함)		공사기간	(실제착공일:)
		소재지		전화번호	
		상시근로자 수		총피보험자 수	
		업무상 재해 발생 여부	[ ] 없음 [ ] 있음 ([ ] 착공 후 14일 이내, [ ] 착공 후 15일~신청일)		
		사업장관리번호 (사업개시번호)			

「고용보험 및 산업재해보상보험의 보험료징수 등에 관한 법률 시행령」 제7조 제3항 및 같은 법 시행규칙 제6조 제1항에 따라 위와 같이 신청합니다.

년 월 일

신청인(원수급인) (서명 또는 인)

[ ] 보험사무대행기관 (서명 또는 인)

근로복지공단 ○ ○지역본부(지사)장 귀하

신청인 제출서류	1. 도급계약서 사본 1부 2. 보험료 납부 인수에 관한 계약서(전자문서로 된 계약서를 포함합니다) 사본 1부	수수료 없음

※ 처리 사항(아래의 난은 신청인이 적지 않습니다)

결정사항	[ ]승인 [ ]불승인	하수급인 보험관계 성립일(사업 개시일)	년 월 일
불승인 사유			

210mm×297mm[백상지(80g/㎡) 또는 중질지(80g/㎡)]

(뒤쪽)

개인정보 수집 및 이용 동의서(선택)

본인은 산업재해보상보험 제도 안내 및 관련 제도개선에 필요한 의견조사 등을 위해 우편 또는 휴대전화 등으로 관련 정보 등을 수신하는 것에 동의합니다.

① 개인정보의 수집 및 이용 목적: 관련 제도 홍보자료 제공 및 제도개선에 필요한 의견조사 등
② 수집하는 개인정보의 항목: 신청인 성명, 주소 및 휴대전화번호 등 연락처
③ 개인정보의 수집 및 이용기간: 해당 보험관계의 해지 후 1년
④ 동의 거부 권리 등 안내: 신청인은 개인정보 수집 및 이용에 관하여 동의하지 않을 수 있으며, 이 경우 공단이 제공하는 산재보험 제도 안내 및 관련 정보 등은 제공받을 수 없습니다.

위와 같이 개인정보를 수집・이용하는데 동의하십니까? [ ] 동의함 [ ] 동의안함

신청인 (서명 또는 인)

유의사항

1. 산재보험 적용사업(장)은 「임금채권보장법」 및 「석면피해구제법」을 당연히 적용받게 됩니다.
2. 하수급인이 「고용보험 및 산업재해보상보험의 보험료징수 등에 관한 법률 시행령」 제7조에 따른 건설업자, 주택건설업자, 전기공사업자, 정보통신공사업자, 소방시설업자 및 문화재수리업자에 해당하는 경우에만 승인대상에 해당합니다.

작성방법

1. 고용보험, 산재보험 중 신청하려는 난에 "√" 표시를 하기 바랍니다.
2. "원수급인(신청인)"의 "본사"란은 원수급인의 본사사업장 명세와 대표자 성명에 대한 명세를 적습니다.
3. "원수급인(신청인)"의 "원수급사업"란은 원수급인의 사업장(공사현장) 명칭과 소재지를 적습니다.
4. "하수급인"의 "본사"란은 하수급인의 본사사업장 명세와 대표자 성명을 적습니다.
5. "하수급인"의 "하수급사업"란은 하수급인 사업주 승인 신청의 대상이 되는 하수급사업(공사현장)에 대한 명세를 적습니다.
6. "업무상 재해발생 여부"란은 신청일 현재까지 하수급인 사업주 인정승인 신청의 대상이 되는 하수급사업(공사현장)에서 업무상 재해가 있었는지 여부를 적습니다.

처리절차

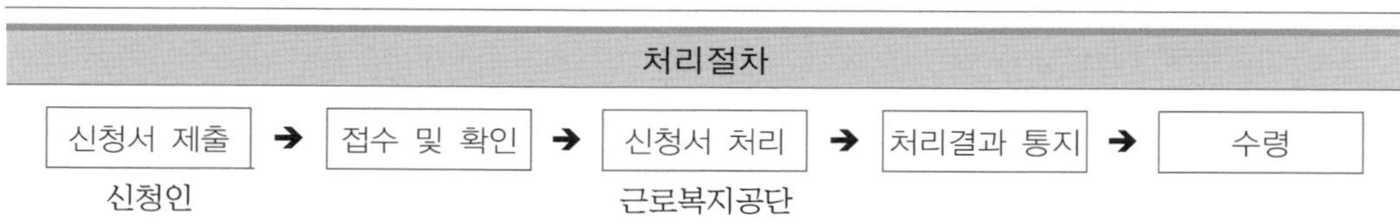

■ 고용보험법 시행규칙 [별지 제3호서식] 〈개정 2022. 6. 30.〉

하수급인 명세서

(앞쪽)

접수번호	접수일자	처리기간 : 5일

원수급인	사업주	① 본사사업장관리번호		②상호 또는 법인명칭	
		③ 소재지	(전화번호:) (휴대전화:)		
		④ 대표자			
	사업장	⑤ 사업장(현장)관리번호			
		⑥ 명칭(공사명)		⑦ 보험사무대행기관	
		⑧ 소재지	(전화번호:) (휴대전화:)		
하수급인 (1)	사업주	⑨ 사업장관리번호			
		⑩ 상호 또는 법인명칭	(사업자등록번호:)		
		⑪ 소재지	(전화번호:) (휴대전화:)		
		⑫ 대표자	(주민등록번호:)		
		⑬ 건설 · 공사 · 소방시설 · 문화재수리업등 등록증	등록증 종류	등록번호	등록일자
		⑭ 하도급금액			
하수급인 (2)	사업주	⑨ 사업장관리번호			
		⑩ 상호 또는 법인명칭	(사업자등록번호:)		
		⑪ 소재지	(전화번호:) (휴대전화:)		
		⑫ 대표자	(주민등록번호:)		
		⑬ 건설 · 공사 · 소방시설 · 문화재수리업등 등록증	등록증 종류	등록번호	등록일자
		⑭ 하도급금액			

「고용보험법」 제15조 제2항 각 호 외의 부분 후단 및 같은 법 시행규칙 제4조 제1항에 따라 위와 같이 제출합니다.

년 월 일

사업장명

소재지

대표자 (서명 또는 인)

보험사무대행기관

소재지

대표자 (서명 또는 인)

근로복지공단 ○○지역본부(지사)장 귀하

210mm×297mm[백상지(80g/㎡) 또는 중질지(80g/㎡)]

(뒤쪽)

제출서류	1. 하도급계약서 사본 2. 다음 각 목의 구분에 따른 등록증 사본 가. 「건설산업기본법」에 따른 건설사업자: 같은 법 제9조의2제1항에 따른 건설업 등록증 나. 「주택법」 제4조에 따른 주택건설사업자: 같은 법 시행령 제15조 제2항에 따른 주택건설사업자 등록증 다. 「전기공사업법」에 따른 공사업자: 같은 법 제4조 제4항에 따른 전기공사업 등록증 라. 「정보통신공사업법」에 따른 정보통신공사업자: 같은 법 제14조 제3항에 따른 정보통신공사업 등록증 마. 「소방시설공사업법」에 따른 소방시설업자: 같은 법 제4조 제4항에 따른 소방시설업 등록증 바. 「문화재수리 등에 관한 법률」 제14조에 따른 문화재수리업자: 같은 법 제14조 제7항에 따른 문화재수리업 등록증	수수료 없음

유의사항

1. 이 서식은 건설업 등 관련 사업의 원수급인이 하수급인에 대해 작성 · 제출해야 하는 서식입니다.
2. 건설업 등 관련 사업의 하수급인은 「건설산업기본법」에 따른 건설사업자, 「주택법」 제4조에 따른 주택건설사업자, 「전기공사업법」에 따른 공사업자, 「정보통신공사업법」에 따른 정보통신공사업자, 「소방시설공사업법」에 따른 소방시설업자 및 「문화재수리 등에 관한 법률」 제14조에 따른 문화재수리업자를 말합니다.

작성방법

1. ① ~ ⑧란은 원수급인에 관한 해당 사항을 적습니다.
2. ⑨ ~ ⑭란은 하수급인에 관한 해당 사항을 적습니다.
3. ①란은 원수급인 본사의 사업장관리번호를 적습니다.
4. ⑤란은 해당 사업장(현장)의 사업장관리번호를 적습니다.
5. ⑥란은 해당 사업장의 명칭(공사명)을 적습니다.
6. ⑦란은 보험사무대행기관에 고용보험사무를 위탁한 경우에만 적습니다.
7. ⑧란은 해당 사업장(현장)의 소재지 및 전화번호를 적습니다.
8. ⑨란은 하수급인 본사의 사업장관리번호를 적습니다.
9. ⑩란은 하수급인의 사업의 명칭과 사업자등록번호를 적습니다.
10. ⑪란은 하수급인의 사업(본사) 소재지를 적습니다.
11. ⑬란은 하수급인의 등록증 관련 정보를 적습니다. 건설업 · 주택사업 · 전기공사업 · 정보통신공사업 · 소방시설업 · 문화재수리업등 중에서 하수급인에게 해당되는 등록증의 종류, 등록번호 및 등록일자를 적습니다.
12. ⑭란은 해당 하수급인과 계약한 하도급 공사금액을 적습니다.
13. 여러 명의 하수급인을 신고할 경우 ⑨ ~ ⑭란의 사항을 별지로 작성하여 제출할 수 있습니다.

공지사항

본 민원의 처리결과에 대한 만족도 조사 및 관련 제도 개선에 필요한 의견조사를 위해 귀하의 전화번호(휴대전화)로 전화조사를 실시할 수 있습니다.

처리절차

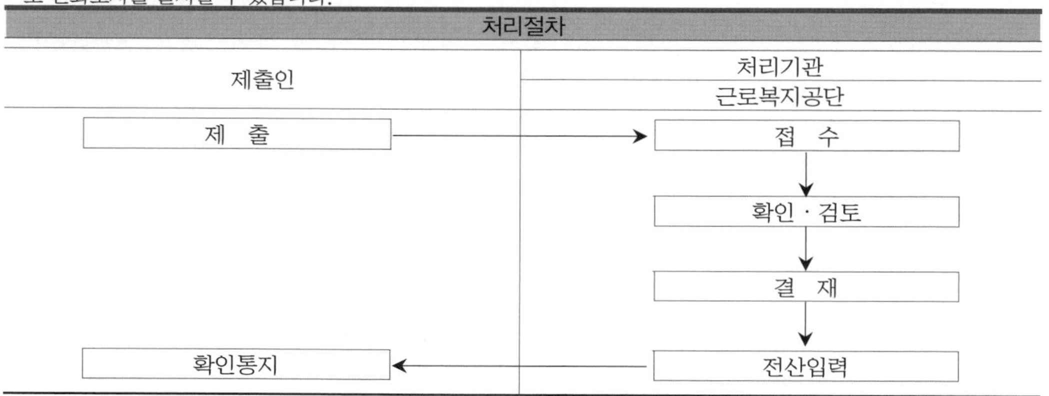

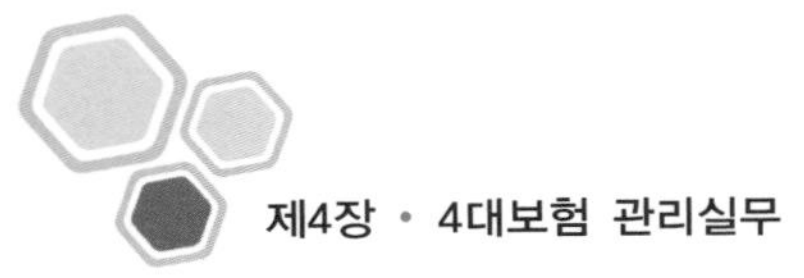

② 사업장 관리

(1) 국민연금 : 사업장 분리적용

1) 사업장 분리적용

① 사업장 분리적용이란

본점과 지점, 대리점 또는 출장소 등의 관계에 있고, 그 사업경영이 일체로 되어 있는 하나의 사업장을 2개 이상의 사업장으로 분리하여 각각의 사업장으로 가입하는 것을 말한다. 이는 여러 개의 사무소를 가진 사업장이나 규모가 큰 사업장이 국민연금업무를 신속・용이하게 수행할 수 있도록 하기 위한 제도로써 사업장이 희망하는 경우에 그 신청에 의하여 분리하게 된다.

② 분리적용대상

분리적용은 사업장 상호간에 본점과 지점, 대리점 또는 출장소 등의 관계에 있고 그 사업경영이 일체(권리의무 주체 동일)이면서 통합 관리되고 있는 사업장으로서 분리하여 관리할 필요가 있는 사업장인 경우에 신청가능하다. 다만, 다음의 경우에는 분리적용 신청대상에 해당하지 아니한다.

- 특정기업과 일반적인 거래 이상의 긴밀한 유대관계가 있고 그 지배하에 있는 계열사업장 또는 협력업체
- 하나의 사업장이 2 이상의 사업장으로 분리되었으나 법인격이 서로 다른 사업장

③ 신청자 및 신청기한

분리적용을 희망하는 본점 사업장의 사용자가 희망하는 때에 각 사업장의 주소지 관할하는 국민연금공단 지사에 신청한다.

④ 신청방법

가입 유형	신고방법	제출서류
본점 및 지점이 모두 신규로 가입하는 경우	본점과 지점이 각각 신규 가입 신고하되, 당연적용사업장 해당 신고서에 분리적용 해당 여부 체크 및 본점(모사업장) 내역 기재	• 사업장 적용신고서 1부 • 사업장가입자 자격취득신고서 1부 • 본 · 지점 등의 관계를 입증할 수 있는 서류(예 : 법인등기부 등본 등)
본점은 이미 가입되어 있고, 지점을 신규 가입하려는 경우	• 사업장 적용신고서 1부 : 분리적용 내역 등 기재 • 사업장가입자 자격취득신고서 또는 분리적용 사업장가입자 전입신고서 : 본 · 지점 간에 전출입하는 가입자는 분리적용사업장 가입자 전입신고서에, 신규로 자격을 취득하는 자는 취득신고서에 기재 • 본 · 지점 등의 관계를 입증할 수 있는 서류(예 : 법인등기부 등본 등)	
본점 및 지점이 하나의 사업장으로 이미 가입되어 있는 경우	분리적용할 해당 지점만 추가로 사업장 분리적용 신청	• 분리적용사업장 신청서 1부 • 분리적용사업장 가입자 전입신고서 1부(본 · 지점 간 전 출입이 있는 경우) • 본 · 지점, 대리점 또는 출장소 등의 관계를 입증할 수 있는 관련 서류(예 : 법인등기부 등본 등)

⑤ 분리적용 사업장 간의 가입자 전출입 신고

분리적용된 본지점 간 가입자의 전출입이 있는 경우 전입 사업장의 사용자는 전입일이 속하는 달의 다음 달 15일까지 「분리적용사업장 가입자전입신고서」를 관할 지사에 제출하면 된다. 이 경우 전출사업장에서는 별도의 전출(자격상실)신고를 하지 않는다.

⑥ 분리적용의 해지(탈퇴) 신청

본점과 지점을 분리적용하고 있으나 분리적용의 해지를 원하는 경우 본점 사업장은 「분리적용사업장 가입자전입신고서」를 제출하고, 분리적용을 해지(탈퇴)하는 지점 사업장은 「분리적용사업장 해지신청서」에 국민연금 사업장 탈퇴신고서를 첨부하여 관할지사에 제출하면 분리적용이 해지되는 지점 사업장의 가입자는 본점 사업장으로 전입 처리된다.

2) 사업장의 통 · 폐합

사업장의 통 · 폐합이란 기업합병 등에 의하여 2개 이상의 사업장이 하나의 사업장으로 관리되는 것을 말한다. 이러한 통폐합은 2개 이상의 사업장을 합병하여 1개의 새로운 사업

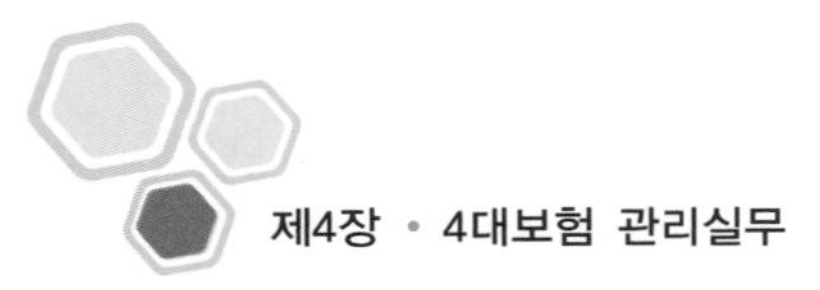

장을 설립하는 '신설합병'과 하나의 사업장이 다른 1개 이상의 사업장을 흡수하는 '흡수합병'이 있다.

사업장 통·폐합의 경우 합병에 의해 신설되거나 잔존하는 사업장은 흡수되어 해산(폐업)되는 사업장의 체납보험료 등의 납부의무를 부담하게 된다.

① 신고대상

신고대상은 신설합병 또는 흡수합병에 의하여 국민연금 가입자의 변동이 있는 경우 국민연금업무를 실제로 하게 될 사업장과 탈퇴대상 사업장이다.

② 신고방법

통·폐합대상이 되는 사업장이 주소지 관할 국민연금공단 지사에 신고한다.

구 분		신고 방법
신설합병의 경우	신설되는 사업장	사업장 신규 가입 절차에 따라 가입 신고
	해산(폐업)되는 사업장	사업장 탈퇴 처리 절차에 따라 신고
흡수합병의 경우	흡수하는 사업장	사업장가입자 자격취득신고서를 제출하되 취득 유형부호를 "9. 전입"으로 하여 신고
	흡수되는 사업장	사업장 탈퇴 처리 절차에 따라 신고

3) 건설현장사업장

① 사업장 적용

사업장 적용단위를 본사 및 일반근로자와 구분하여, 건설현장의 건설 일용직만을 대상으로 사업장 분리적용한다. 즉, 원수급인, 하수급인 사업장별 건설 일용직을 별도 고용하는 경우 각 사업장별 현장 단위로 사업장 분리적용한다.

최초 공사(계약)기간은 1개월 미만이나, 기간 연장 및 갱신계약 등으로 실제 공사 기간이 1개월 이상 되는 건설현장도 당연 가입대상이다.

② 건설현장사업장 신고방법 및 절차

사업장 적용(등록) 신고서류	• 당연적용사업장 해당신고서 • 보험료 일괄경정 · 전자고지 신청서 • (원도급 또는 하도급)공사계약서 (추가서류: 경과조치 사업장 인정을 위한 입증서류 제출)
신고방법	서면, 우편, 팩스, 인터넷(4대사회보험 포털사이트)

③ 사업장 내용변경(정정)

공사기간이 연장되거나 사업장 등록 또는 경과조치 여부 등에 변경(정정) 사항이 있는 경우 사업장 내용변경(정정) 신고한다.

④ 사업장 탈퇴

공사기간 종료일의 다음 날이 탈퇴일이며, 공사기간 종료 후에도 근로자가 있는 경우에는 근로자가 최종 근로한 날의 다음 날이 탈퇴일이다. 탈퇴사유코드는 '09-사업종료'로 등록하며, 분리적용 해지절차 없이 탈퇴 처리가능하다.

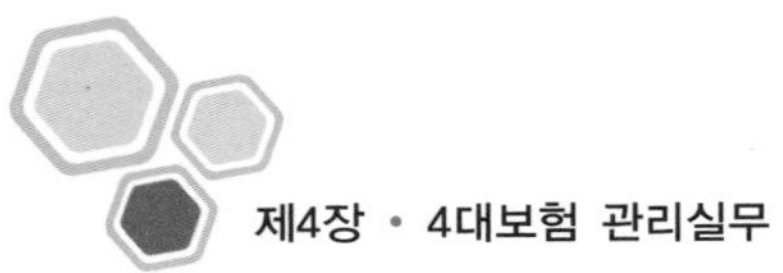

[별지 제11호 서식]

서식기호	k	i	0	3
* 접수번호				

결재처리	파트장	팀 장	지사장
	조회필	입력필	확인필

국 민 연 금
분리적용 사업장 (□등록 □해지)신청서

작성자(담당자) (인)

본 점 사 업 장			
관리번호		명 칭	

분 리 적 용 사 업 장

순번	관리번호	명 칭	주 소	전화번호	비고
	- - -				
	- - -				
	- - -				
	- - -				
	- - -				
	- - -				
	- - -				
	- - -				

국민연금법 시행규칙 제56조의 규정에 의하여
위와 같이 우리 사업장의 분리적용(□등록 □해지)을 신청합니다.

신 청 일 . . .

접 수 인

신청인(사용자) (인)

국 민 연 금 공 단 이 사 장 귀하

A4종(210mm×297mm)

[별지 제10호 서식] (2016.9.27. 개정)

처리	조 회 필	입 력 필	확 인 필

*접수번호	

국 민 연 금

분리적용 사업장가입자 전입신고서

작성자(담당자) (인)

행 정 구 역	현근무지 사 업 장 관 리 번 호	사 업 장 명 칭	전 화 번 호

일련번호	성 명	주민등록번호	전입(현근무지)일자			전출(이전근무지) 사업장관리번호 및 명칭
			년	월	일	
1						
2		-				
3		-				
4		-				
5		-				
		-				
		-				
		-				
		-				

총 계	명

「국민연금법」 제21조 제1항 및 동법 시행규칙 제56조의 규정에 의하여
위와 같이 분리적용 사업장가입자의 전입신고를 합니다.

접 수 인

신 고 일 . . .

신고인(사용자) (서명 또는 인)

국 민 연 금 공 단 이 사 장 귀하

* 기재요령은 뒷면을 참조하십시오. 210㎜×297㎜ 신문용지54g/㎡

(뒷면)

<table>
<tr><td colspan="2">분리적용 사업장가입자 전입신고서는 아래와 같이 처리됩니다.</td></tr>
<tr><td>사 용 자</td><td>공 단 (지 사)</td></tr>
<tr><td>분리적용사업장가입자
전입신고서 제출</td><td>신고서 접수 및 확인</td></tr>
<tr><td></td><td>신고서(수리) 처리</td></tr>
<tr><td>해당 가입자에 통지</td><td>사업장에 통지</td></tr>
</table>

기 재 요 령

1. * 표는 기재하지 마십시오.
2. "성명"란과 "주민등록번호"란에는 주민등록표상의 성명 및 주민등록번호를 기재하십시오.
3. 기타 상세한 사항은 관할 지사로 문의하십시오.

유 의 사 항

1. 분리적용 사업장간의 전출입 신고는 전입사업장(현근무지)에서만 하시면 됩니다.
2. 전입(현근무지)일자는 "분리시키는 사업장(이전 근무지)"에서 전출된 일자와 같습니다.

(2) 건강보험 : 단위사업장 지정신고

여러 개의 사업장을 두고 있는 법인의 경우 사업규모, 인사관리 등을 감안하여 모사업장 지정을 통한 사업장관리 또는 단위사업장별로 사업장을 구분 관리할 수 있다.

1) 모사업장 관리

① 신고대상

각각의 사업장관리번호를 가지고 있는 여러 개의 사업장이 있는 법인의 경우, 인사발령으로 사업장 간 직원 전출입이 빈번한 경우에는 주된 사업장을 모사업장으로 지정하여 신청하면, 건강보험 자격취득/상실신고 및 퇴직정산 없이 「직장가입자(근무처 · 근무내역) 변동신고서」로 직장가입자의 근무사업장 변경이 가능하다.

② 신고방법

「모사업장 · 단위사업장 · 영업소 지정 · 폐쇄 신청서」를 제출한다. 모사업장 지정신청의 경우 주사업장은 법인대표자가 있는 주된 사업장이다.

2) 단위사업장 지정신고

① 신고대상

사업규모, 근무인원, 공사현장 등을 두고 있는 법인의 경우 대리점, 지사, 지점, 영업소, 공장 등 사업장별 또는 직종별로 보험료를 구분하여 납부하고자 할 때 단위사업장을 지정하여 신청할 수 있으며, 단위사업장으로 지정된 경우에는 사업장 간 인사이동 시 직장가입자 자격취득/상실신고 등 없이 「직장가입자(근무처 · 근무내역) 변동신고서」로 근무처 변경이 가능하며 보험료도 단위사업장별로 별도 고지 · 납부할 수 있다.

② 신고방법

「모사업장 · 단위사업장 · 영업소 지정 · 폐쇄 신청서」를 제출한다. 이때 단위사업장 소속 가입자 명단 1부(성명, 주민등록번호 기재)를 함께 제출한다.

참고

- 사업장관리번호: 공단에서 사업장을 관리하기 위하여 사업장별로 부여하는 11자리의 번호
- 모사업장 지정신고: 각각의 사업장관리번호를 가진 계열사(법인등록번호 동일)간에 직원의 인사이동이 필요할 때 신청직원의 상실 및 취득신고 없이 근무처 변경신고만으로 가입자의 근무 사업장이 변경
- 단위사업장 지정신고: 사업장 내 지역(지점, 공장 등) 및 직종(일반직, 계약직 등)에 따라 보험료를 구분하여 납부하고자 할 때 신청
- 영업소 지정신고: 건강검진 시 사업장 근로자의 관리 편의를 원할 때 신청

<table>
<tr><td colspan="10">☐ 모사업장
☐ 단위사업장 ☐ 지정 신청서
☐ 영업소 ☐ 폐쇄</td></tr>
<tr><td rowspan="5">주사업장</td><td>사업장관리번호</td><td></td><td>명칭</td><td></td><td>소속지사명</td><td colspan="4"></td></tr>
<tr><td>소재지</td><td colspan="8">(우편번호 : -)</td></tr>
<tr><td>사용자명</td><td></td><td>전화번호</td><td colspan="6">( ) - (FAX :( ) -)</td></tr>
<tr><td>사업자등록번호</td><td>- -</td><td>법인등록번호</td><td colspan="6">-</td></tr>
<tr><td>총개별사업장수</td><td></td><td>E-mail 주소</td><td colspan="6"></td></tr>
<tr><td colspan="10">세 부 사 항</td></tr>
<tr><td>구분</td><td>*기호</td><td>명칭</td><td>사용자명</td><td>소 재 지</td><td>인원</td><td>최초 성립일</td><td>(지정·폐쇄)일</td><td>비고</td><td></td></tr>
<tr><td rowspan="3">지정대상</td><td></td><td></td><td></td><td></td><td></td><td></td><td></td><td></td><td></td></tr>
<tr><td></td><td></td><td></td><td></td><td></td><td></td><td></td><td></td><td></td></tr>
<tr><td></td><td></td><td></td><td></td><td></td><td></td><td></td><td></td><td></td></tr>
<tr><td rowspan="3">폐쇄대상</td><td></td><td></td><td></td><td></td><td></td><td></td><td></td><td></td><td></td></tr>
<tr><td></td><td></td><td></td><td></td><td></td><td></td><td></td><td></td><td></td></tr>
<tr><td></td><td></td><td></td><td></td><td></td><td></td><td></td><td></td><td></td></tr>
<tr><td rowspan="4">자동이체 (신청 해지)</td><td>*기호</td><td>명칭</td><td>은행명</td><td>예금주</td><td>예금주주민번호 (사업자등록번호)</td><td colspan="4">계좌번호</td></tr>
<tr><td></td><td></td><td></td><td></td><td></td><td colspan="4"></td></tr>
<tr><td></td><td></td><td></td><td></td><td></td><td colspan="4"></td></tr>
<tr><td></td><td></td><td></td><td></td><td></td><td colspan="4"></td></tr>
<tr><td>기타사항</td><td colspan="9"></td></tr>
<tr><td colspan="10">국민건강보험법 제6조 제2항에 의한 적용사업장으로 위와 같이 신청합니다.
단, 모사업장 지정 또는 폐쇄신청 결과, 보험료 정산시에 근무처 변동처리된 가입자에 대한 정산금은 일체의 이의없이 최종사업장에서 부담하거나 환불 받을 것을 확약합니다.
20 . . .
사용자(기관장) : (서명 또는 ㊞)
국민건강보험공단 이사장 귀하</td></tr>
<tr><td>안내사항</td><td colspan="9">■ 신청 항목과 지정·폐쇄의 유형별 신청여부에 "V" 표시 하십시오.
■ 총개별사업장수는 모사업장 지정신청시 모사업장 지정대상 사업장수를 기재하십시오.
■ 모사업장 지정신청의 경우 주사업장은 법인대표자가 있는 주된 사업장이며 모사업장 지정대상 및 폐쇄대상 사업장의 소속지사 명칭은 비고란에 직접 기재하시기 바랍니다.
■ 단위사업장지정 신청시 *기호는 공단에서 자동부여(3자리)하므로 기재하지 마십시오.
(단, 단위사업장 폐쇄신청시 *기호란은 공단에서 기부여한 단위사업장 기호를 기재하십시오)
■ 단위사업장지정시 해당 단위사업장의 최초성립일을 표기하시고 건설현장 단위사업장인 경우는 비고란에 "건설현장"으로 기재하십시오
■ 모사업장 지정·폐쇄 신청시 *기호는 사업장기호(8자리)를 기재하십시오
■ 영업소지정·폐쇄 신청시 *기호는 사업장에서 자체 부여한 일련번호(6자리)를 기재하십시오 (※예시 : 000001, 000002,···)
■ 단위사업장 지정·폐쇄시 해당 단위사업장의 자동이체 신청·해지 사항을 기재하십시오.
■ 단위사업장 및 영업소 지정신청시 첨부서류 : 소속 가입자 명단 1부(성명,주민등록번호 기재)
■ 기타사항은 단위사업장 등 신청항목 관리에 참고사항을 기재하십시오.</td></tr>
</table>

(3) 고용 · 산재보험 : 동종사업 일괄적용

동종사업의 일괄적용이란 일정요건에 해당하는 경우 2개 이상의 당해 사업 전부를 하나의 사업으로 보아 보험관계를 일괄 적용함으로써 사업주의 업무편의를 도모하고 근로자를 적극적으로 보호하기 위한 제도이다.

일정요건에 해당하면 당연히 적용되는 당연일괄적용과 신청에 의한 임의일괄적용이 있다.

1) 당연일괄적용

① 요건

보험의 당연가입자인 사업주가 하는 각각의 사업이 다음 각 호의 요건에 해당하는 경우에는 그 사업의 전부를 하나의 사업으로 본다.

㉠ 사업주가 동일인일 것
㉡ 각각의 사업은 기간이 정하여져 있을 것
㉢ 사업의 종류 등이 다음에 해당할 것
「건설산업기본법」 제2조 제7호에 따른 건설업자
「주택법」 제9조에 따른 주택건설사업자
「전기공사업법」 제2조 제3호에 따른 공사업자
「정보통신공사업법」 제2조 제4호에 따른 정보통신공사업자
「소방시설공사업법」 제2조 제1항 제2호에 따른 소방시설업자
「문화재보호법」 제27조에 따른 문화재수리업자

② 업종 요건 미충족 시

당연일괄적용을 받는 사업주가 ㉢의 요건에 해당하지 않게 된 경우에는 임의일괄적용을 받은 것으로 본다.

그러나 사업주가 그 일괄적용관계를 해지하려는 경우에는 공단의 승인을 받아야 하며 해지승인을 받으려는 사업주는 다음 보험연도가 시작되기 7일 전까지 공단에 이를 신청하여야 한다.

이 경우 일괄적용관계 해지의 효력은 다음 보험연도의 보험관계부터 발생한다.

2) 임의일괄적용

① 요건

당연일괄적용을 받는 사업주 외의 사업주가 다음에 해당하는 경우에 사업 전부를 하나의 사업으로 보아 일괄적용을 받고자하는 경우에는 근로복지공단의 승인을 얻어 일괄적용 가입이 가능하다.

- 사업주가 동일인일 것
- 산재보험은 고용노동부장관이 정하는 사업종류가 동일한 경우에 한함

승인을 받은 경우에는 그 사업의 사업주로부터 일괄적용관계 승인신청서를 접수한 날의 다음 날부터 일괄적용을 적용한다.

② 일괄적용의 해지

일괄적용을 받고 있는 사업주가 그 일괄적용관계를 해지하려는 경우에는 공단의 승인을 받아야 하며, 해지승인을 받으려는 사업주는 다음 보험연도가 시작되기 7일 전까지 공단에 이를 신청하여야 한다.

이 경우 일괄적용관계 해지의 효력은 다음 보험연도의 보험관계부터 발생한다.

③ 보험관계의 유지

전년도 임의일괄적용을 받던 사업주는 일괄적용관계가 해지되지 않는 한 그 보험연도 이후의 보험연도에도 계속 일괄적용관계가 유지된다.

3) 사업개시신고

동종사업 일괄적용사업의 사업주는 각각의 사업에 대하여 당해 사업개시신고서를 사업개시일로부터 14일 이내에 산재보험의 경우 공사현장 관할 지사(지역본부) 또는 지점・지사・공장 관할 지역본부(지사)에 제출하고, 고용보험의 경우 주된 사업장 관할 지역본부(지사)에 제출하여야 한다.

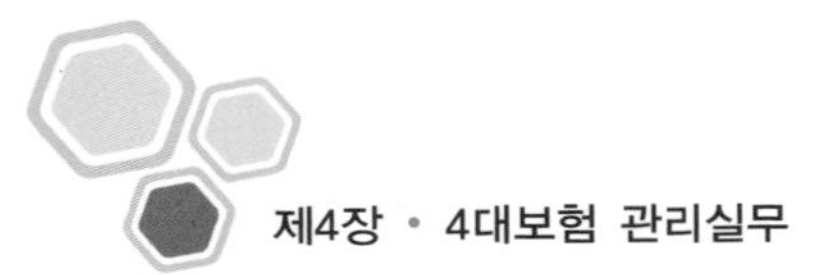

■ 고용보험 및 산업재해보상보험의 보험료징수 등에 관한 법률 시행규칙 [별지 제6호 서식] (2021.12.31. 개정)

[ ]고용보험 [ ]산재보험 일괄적용 [ ]승인신청서 [ ]성립신고서

※ 뒤쪽의 유의사항 및 작성방법을 읽고 작성하기 바라며, 색상이 어두운 난은 신청인(신고인)이 적지 않습니다. (앞쪽)

접수번호	접수일	처리기한: 7일

사업장관리번호(일괄적용)			
대표자	성 명	주민(외국인)등록번호	
	주 소		전화번호
본사 사업장	상호·법인명	대규모기업	[ ]해당 [ ]비해당
	소 재 지		전화번호
	우편물 수령지		전화번호
	E - mail	팩스번호	휴대전화
	사업자등록번호	법인등록번호	
	사업종류	(주생산품명·제공되는 서비스명:)	
	총 상시근로자 수	총 피보험자 수	
	주된(본사)사업우편물 수령지		

건설업	건설업면허관련	면허종류	면허번호	등록일자
	공사현장			
	공사기간	(실제착공일:)	공사금액	
일반사업	사업장관리번호	지점·지사·공장명	소재지	사업종류
일괄적용 현황	총 상시근로자 수		총 피보험자 수	
고용보험 성립일(일괄적용)			고용업종코드	
산재보험 성립일(일괄적용)			산재업종코드	

「고용보험 및 산업재해보상보험의 보험료징수 등에 관한 법률 시행령」 제6조 제2항 및 같은 법 시행규칙 제4조, 제7조 제4항에 따라 위와 같이 신청(신고)합니다.

년 월 일

신청·신고인(사업주) (서명 또는 인)

보험사무대행기관 (서명 또는 인)

근로복지공단 ○○○○지역본부(지사)장 귀하

210mm×297mm[백상지(80g/㎡) 또는 중질지(80g/㎡)]

(뒤쪽)

개인정보 수집 및 이용 동의서(선택)

본인은 산업재해보상보험 제도 안내 및 관련 제도개선에 필요한 의견조사 등을 위해 우편 또는 휴대전화 등으로 관련 정보 등을 수신하는 것에 동의합니다.

① 개인정보의 수집 및 이용 목적: 관련 제도 홍보자료 제공 및 제도개선에 필요한 의견조사 등
② 수집하는 개인정보의 항목: 신청인 성명, 주소 및 휴대전화번호 등 연락처
③ 개인정보의 수집 및 이용기간: 해당 보험관계의 해지 후 1년
④ 동의 거부 권리 등 안내: 신청인은 개인정보 수집 및 이용에 관하여 동의하지 않을 수 있으며, 이 경우 공단이 제공하는 산재보험 제도 안내 및 관련 정보 등은 제공받을 수 없습니다.

위와 같이 개인정보를 수집・이용하는데 동의하십니까? [ ] 동의함 [ ] 동의안함

신청인 (서명 또는 인)

신고(신청)인 제출서류	공사도급계약서 사본, 건설업면허 사본 각 1부(일괄적용 성립신고의 경우에만 해당합니다)	수수료 없음
담당 직원 확인 사항	법인 등기사항증명서(일괄적용 성립신고의 경우에만 해당합니다)	

유의사항

1. 일괄적용승인 사업장은 매 보험연도 시작 7일 전까지 해지승인 신청이 없으면 그 이후 보험연도에도 계속 일괄적용됩니다.
2. 일괄적용 사업주는 그 각각의 사업에 대한 사업 개시신고서를 사업개시일부터 14일 이내에 산재보험의 경우 공사현장 또는 지점・지사・공장 관할 지역본부(지사)에 제출하고, 고용보험의 경우 주된 사업장 관할 지역본부(지사)에 제출해야 합니다.
3. 산재보험 일괄적용 승인신청의 경우 각각의 사업이 「고용보험 및 산업재해보상보험의 보험료징수 등에 관한 법률 시행령」 제13조에 따라 고용노동부장관이 정하는 사업종류에 있어서 동일한 사업에 속해야 합니다.
4. 산재보험 적용사업장은 「임금채권보장법」 및 「석면피해구제법」을 당연히 적용받게 됩니다.
5. 「고용보험 및 산업재해보상보험의 보험료 징수 등에 관한 법률」 제9조 제1항 단서에 따라 하수급인을 사업주로 인정받게 하려는 원수급인은 하도급공사의 착공일부터 30일 이내에 하수급인 사업주 승인신청서를 우리 공단에 제출해야 합니다.

작성방법

1. 고용보험, 산재보험 중 신고(신청)하려는 난에 "√" 표시를 하시기 바랍니다.
2. '주된(본사)사업장의 사업장관리번호'는 주된(본사)사업장이 이미 성립되어 있는 경우, 그 주된(본사) 사업장의 사업장관리번호를 적습니다.
3. '건설업' 란에는 건설업 관련 면허사항과 면허 등록 후 최초로 시행한 공사명세를 적습니다.
4. '일반사업'란은 산재보험 일반사업 일괄적용 승인신청의 경우로, 동일한 사업종류에 속하는 일괄적용 대상 사업장을 적습니다(신고 내용이 많을 때에는 별지로 신고할 수 있습니다).
5. '일괄적용 현황'란에는 일괄적용을 받는 총 상시근로자 수 및 총 피보험자 수를 적습니다.

처리절차

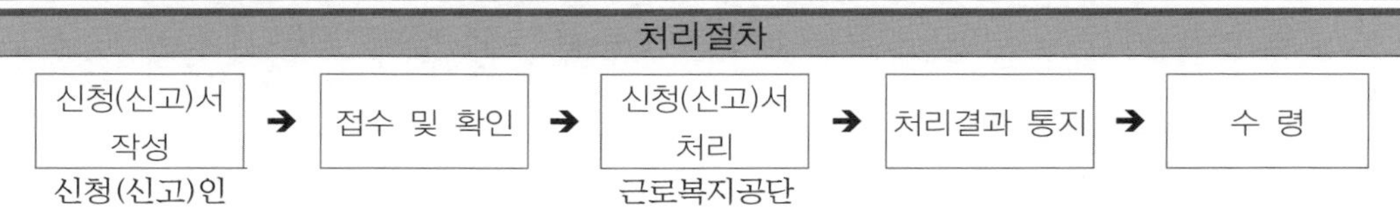

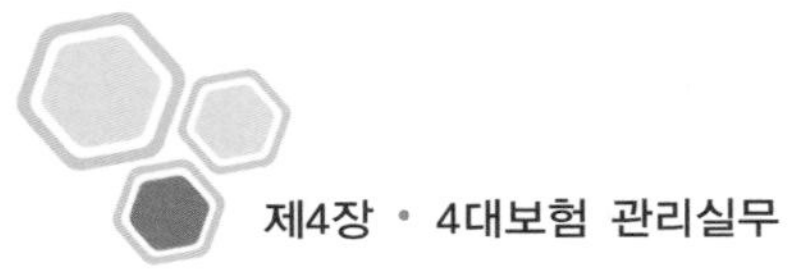

■ 고용보험 및 산업재해보상보험의 보험료징수 등에 관한 법률 시행규칙 [별지 제7호 서식] (2021.12.31. 개정)

[ ]고용보험 [ ]산재보험 일괄적용 해지신청서

※ 뒤쪽의 작성방법을 읽고 작성하기 바라며, 색상이 어두운 난은 신청인이 적지 않습니다. (앞쪽)

접수번호	접수일	처리기한: 5일

사업장관리번호		
사업장	상호ㆍ법인명	
	소 재 지	전화번호
	대표자	

일괄적용 해지신청	해지 사유	
	해지 사유 발생일	

「고용보험 및 산업재해보상보험의 보험료징수 등에 관한 법률 시행령」 제6조 제3항 및 같은 법 시행규칙 제5조에 따라 위와 같이 신청합니다.

년 월 일

신고ㆍ신청인(사업주) (서명 또는 인)

보험사무대행기관 (서명 또는 인)

근로복지공단 ○○○○지역본부(지사)장 귀하

※ 처리 사항(아래 사항은 신청인이 적지 않습니다)

산재보험 소멸일		고용보험 소멸일	
불승인 사유			

210mm×297mm[백상지(80g/㎡) 또는 중질지(80g/㎡)]

(뒤쪽)

첨부서류	없 음	수수료 없 음

작성방법

1. “사업장관리번호”란에는 사업일괄적용관리번호를 적습니다.
2. “해지 사유”와 “해지 사유 발생일”란에는 규모 축소 등의 이유로 동종사업 일괄적용관계를 해지신청하는 경우에 해지사유와 해지사유가 발생한 일자를 적습니다.

■ 고용보험 및 산업재해보상보험의 보험료징수 등에 관한 법률 시행규칙
[별지 제10호서식] 〈개정 2023. 6. 30.〉

일괄적용사업장의 [ ]고용보험 [ ]산재보험 [ ]사업 개시 [ ]사업 종료 신고서

※ 뒤쪽의 유의사항과 작성방법을 읽고 작성하기 바라며, [ ]에는 해당되는 곳에 "√" 표를 합니다. (앞쪽)

접수번호	접수일	처리기간 1일

일괄적용 사업	명칭	대표자	
	일괄적용 사업 관리번호	전화번호	
건설공사 개시	공사명		
	총공사금액 (재료 시가환산액 포함) 원	발주공사총금액 (분리발주된 경우) 원	
	공사기간		
	현장 소재지	현장 전화번호	
	건축허가사항	공동도급공사 [ ]해당 [ ]비해당	
	발주자명	공제가입번호	
	발주자 주소	전화번호	
벌목작업 개시	벌목 현장명	전화번호	
	현장 소재지		
	벌목 재적량	벌목기간	
	인원	발주자명	
지점·지사·공장 등 개시	지점·지사·공장명	전화번호	
	소재지		
	사업종류	사업 개시일	
	사업자등록번호	인원	
사업 종료	개시번호		
	명칭		
	종료일		

「고용보험 및 산업재해보상보험의 보험료징수 등에 관한 법률」 제11조 제3항 및 같은 법 시행규칙 제8조에 따라 위와 같이 신고합니다.

년 월 일

신고인(사업주) (서명 또는 인)
[ ]보험사무대행기관 (서명 또는 인)

근로복지공단 ○○지역본부(지사)장 귀하

신고인 제출서류	1. 공사도급계약서 사본 1부(건설공사 개시신고의 경우에만 제출합니다) 2. 벌목허가서 사본 1부(벌목작업 개시신고의 경우에만 제출합니다)	수수료
담당직원 확인사항	사업자등록증(산재보험의 경우만 해당하며, 건설공사 및 벌목작업 외의 사업 개시신고의 경우만 해당합니다)	없음

행정정보 공동이용 동의서

본인은 이 건 업무처리와 관련하여 「전자정부법」 제36조 제1항에 따른 행정정보의 공동이용을 통하여 담당 직원이 위의 담당 직원 확인사항을 확인하는 것에 동의합니다.

* 동의하지 않는 경우에는 신청인이 직접 사업자등록증 사본을 제출해야 합니다.

신청인(위임한 사람) (서명 또는 인)

210mm×297mm[백상지(80g/㎡) 또는 중질지(80g/㎡)]

(뒤쪽)

유의사항

1. 사업 개시신고는 일괄적용을 받는 사업과 동일한 사업종류에 대해서만 할 수 있습니다. 예를 들어, 건설업으로 일괄적용 받은 경우. 건설업 외의 사업에 대해서는 사업 개시신고서를 제출할 수 없으므로 별도의 성립신고서를 제출해야 합니다.
2. 사업 개시신고서 및 사업 종료신고서는 건설공사, 벌목작업 또는 일반사업의 지점 등을 관할하는 지역본부(지사)로 제출해야 합니다.

작성방법

1. "일괄적용사업"란은 일괄적용 사업(본사)의 명세를 적습니다.
2. "건설공사"란은 건설업에서 착공하는 건설현장 단위의 개시 명세를 적습니다.
3. "건축허가(신고)사항"에는 건축허가(신고)에 따른 건축공사에 한하여 "건축허가기관"과 "건축허가번호"를 적습니다.
4. "사업 종료"란은 개시 신고한 사업장이 종료되는 경우 그 사실을 적습니다.

210mm×297mm[백상지(80g/㎡) 또는 중질지(80g/㎡)]

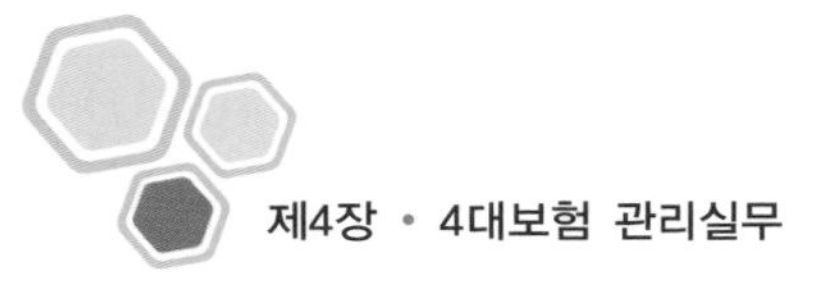

③ 사업장 내용변경 신고

구 분	국민연금	건강보험	고용보험/산재보험
처리기관	국민연금공단 관할지사	국민건강보험공단 관할지사	근로복지공단 관할지사
사용자 신고대상	성명, 주민등록번호, 주소(전화번호)		
사업장 신고대상	• 사업장 명칭 • 대표자 • 전화(팩스)번호 • 소재지 • 사업자등록번호 • 종류(업종)	• 명칭 • 전화번호 • 소재지 • 사업자등록번호 • 법인등록번호 • 종류(업종)	• 명칭 및 소재지 • 사업자(법인)등록번호 • 사업주(법인의 경우에는 대표자) 이름 및 주민등록번호 • 사업의 종류(업종) • 사업의 기간(건설공사 또는 벌목업 등 기간의 정함이 있는 사업) • 기타(공사금액/발주처) • 상시근로자수(「고용보험법 시행령」 제12조에 따른 우선지원대상 기업의 해당 여부에 변경이 있는 경우에 한함)
신고기한	사유발생일의 다음 달 15일까지	사유발생일로부터 14일 이내	변경된 날로부터 14일 이내
신고서류	사업장내용변경신고서	① 사업장(기관)변경신고서 ② 단위사업장현황 · 영업소현황(해당 시)	① 보험관계변경신고서 ② 우선지원대상 기업 해당(비해당)신고서(근로복지공단에서만 접수, 해당 시)
신고처	4대사회보험 각 기관 지사 및 인터넷(www.4insure.or.kr) [전자민원] 신고 (단, 건설공사는 근로복지공단 지사로 신고)		
유의사항	개인사업장이 법인사업장으로 전환된 경우 종전 개인사업장은 탈퇴신고하고	사업장 통합 및 분리적용은 국민건강보험공단에 직접신고	건설업의 공사기간, 공사금액, 발주처 등의 변동신고는 근로복지공단에 직접신고

구 분	국민연금	건강보험	고용보험/산재보험
유의사항	법인사업장으로 신규 가입신고를 하여야 함(내용변경 신고 불가)		

(1) 국민연금

① 신고대상

이미 신고한 다음의 내용이 변경된 경우에는 사업장 내용변경의 신고를 하여야 한다.

사용자의 내용변경	• 대표자(개인사업장은 제외) • 주민등록번호 • 주소(전화번호)
사업장의 내용변경	• 사업장 명칭 • 전화(팩스)번호 • 소재지 • 사업자등록번호 • 종류(업종)

② 신고기한 및 신고서류

변경일이 속하는 달의 다음 달 15일까지 「사업장 내용변경 신고서」를 제출하여야 한다. 이때 사업자등록증을 확인하는 것에 동의하지 아니하는 경우에는 사업자등록증 및 법인 등기사항증명서 사본을 첨부하도록 하여야 한다.

③ 신고처

국민연금공단 관할 지사 또는 4대사회보험 정보연계센터(www.4insure.or.kr)에서 전자민원으로 신고할 수 있다.

④ 유의사항

개인사업장이 법인사업장으로 전환된 경우에는 사업장 내용변경 신고가 불가능하므로 종전의 개인사업장은 탈퇴신고하고 법인사업장으로 신규 가입신고를 하여야 한다.

(2) 건강보험

① 신고대상

이미 신고한 다음의 내용이 변경된 경우에는 사업장 내용변경의 신고를 하여야 한다.

사용자의 내용변경	• 성명 • 주민등록번호 • 주소(전화번호)
사업장의 내용변경	• 명칭 • 전화번호 • 소재지 • 사업자등록번호 • 법인등록번호 • 종류(업종)

② 신고기한 및 신고서류

사유발생일로부터 14일 이내에 「사업장(기관)변경신고서」를 제출하여야 한다. 사업자등록증을 확인하는 것에 동의하지 아니하는 경우에는 사업자등록증 및 법인 등기사항증명서 사본을 첨부하여야 한다.

③ 신고처

국민건강보험공단 관할 지사 또는 4대사회보험 정보연계센터(www.4insure.or.kr)에서 전자민원으로 신고할 수 있다.

④ 유의사항

사업장 통합 및 분리적용은 국민건강보험공단에 직접 신고하여야 한다.

참고

1. 형태 변경(개인사업장↔법인사업장)
   개인사업장에서 법인사업장으로 변경된 사업장 또는 이와 반대의 경우에는 변경 전 사업장은 탈퇴, 변경 후 사업장 신규적용(직원변동 없이 형태만 변경하는 경우 변경 후 사업장은 탈퇴일자로 소급적용 처리함)
2. 사용자 변경(개인사업장) 또는 법인등록번호 변경(법인사업장)
   사용자 변경(개인사업장) 또는 법인등록번호 변경(법인사업장)은 변경 전 사업장을 탈퇴 조치하고 변경 후 사업장을 신규적용 처리하며, 직원변동이 없을 경우 양도양수일로 탈퇴 · 신규적용 처리함. 다만, 사용자 변경(개인사업장)은 (친족, 부부 등)상속 · 증여에 의한 경우(사업자등록번호 동일), 법인등록번호 변경(법인사업장)은 법률상 경과조치(법에 명시)가 있는 경우에 한하여 예외적으로 기재사항 변경 처리함.

(3) 고용 · 산재보험

① 신고대상

이미 신고한 다음의 내용이 변경된 경우에는 사업장 내용변경의 신고를 하여야 한다.

사업주의 내용변경	• 성명(법인의 경우에는 대표자) • 주민등록번호
사업장의 내용변경	• 명칭 • 소재지(전화번호) • 사업자(법인)등록번호 • 사업의 종류(업종) • 사업의 기간(건설공사 또는 벌목업 등 기간의 정함이 있는 사업) • 기타(공사금액/발주처) • 상시근로자수(「고용보험법 시행령」 제12조에 따른 우선지원대상 기업의 해당 여부에 변경이 있는 경우에 한함)

② 신고기한 및 신고서류

변경일로부터 14일 이내에 「보험관계변경신고서」를 제출하여야 한다. 또한 상시근로자수의 변경으로 우선지원대상 기업 해당 여부에 변경이 있는 경우에는 보험연도의 초일부터 14일 이내에 「우선지원대상 기업 해당(비해당)신고서」를 근로복지공단에 제출하여야 한다.

③ 신고처

근로복지공단 관할 지사 또는 4대사회보험 정보연계센터(www.4insure.or.kr)에서 전자민원으로 신고할 수 있다.

④ 유의사항

건설업의 공사기간, 공사금액, 발주처 등의 변동신고는 근로복지공단에 직접 신고하여야 한다.

■ 고용보험 및 산업재해보상보험의 보험료징수 등에 관한 법률 시행규칙 [별지 제13호서식] <개정 2022. 12. 30.>

[ ]국민연금 사업장 내용 변경 신고서
[ ]건강보험 사업장(기관) 변경신고서
[ ]고용보험 보험관계 변경신고서(근로자 종사 사업장)
[ ]산재보험 보험관계 변경신고서(근로자 종사 사업장)

※ 뒤쪽의 유의사항 및 작성방법을 읽고 작성하기 바라며, 색상이 어두운 난은 신고인이 적지 않습니다. (앞쪽)

접수번호	접수일자	처리기간 3일

사업개시번호	고용보험		산재보험
사업장	사업장관리번호		전화번호(유선/휴대전화)
	명칭		
	소재지		
보험사무 대행기관 (고용 · 산재)	명칭	번호	
사용자 (대표자)	성명	주민등록번호(외국인등록번호 · 국내거소신고번호)	

사용자 (대표자/ 공동 대표자)	변경항목	변경일(YYYY.MM.DD)	변경 전	변경 후
	성명			
	주민등록번호 (외국인등록번호 · 국내거소신고번호)			
	주소			
	전화번호			

사업장	변경항목	변경일(YYYY.MM.DD)	변경 내용
	명칭		
	전화번호		
	휴대전화번호		
	FAX번호		
	전자우편주소		
	소재지		
	우편물 수령지		
	사업자등록번호		
	법인등록번호		
	종류(업종)		
	사업의 기간		
	그 밖의 사항		

위와 같이 신고합니다.

년 월 일

신고인(가입자) (서명 또는 인)

[ ]보험사무대행기관(고용 · 산재보험만 해당) (서명 또는 인)

국민연금공단 이사장/국민건강보험공단 이사장/근로복지공단 ○○지역본부(지사)장 귀하

210mm×297mm[백상지(80g/㎡) 또는 중질지(80g/㎡)]

(뒤쪽)

신고인 제출서류	없음	수수료 없음
담당 직원 확인사항	1. 사업자등록증(사업장이 변경되는 경우만 해당합니다) 2. 주민등록표 초본(고용·산재보험의 사업주가 변경된 경우로서, 신고인이 개인인 경우만 해당합니다). 다만, 신고인이 직접 신고서를 제출하면서 신분증명서(주민등록증, 운전면허증, 여권을 말합니다)를 제시하는 경우에는 그 신분증명서의 확인으로 주민등록표 초본의 확인을 갈음합니다. 3. 주민등록표 등본(건강보험의 경우만 해당합니다) 4. 법인 등기사항증명서(신고인이 법인인 경우만 해당합니다)	

행정정보 공동이용 동의서

본인은 이 건 업무처리와 관련하여 담당 직원이 「전자정부법」 제36조 제1항에 따른 행정정보의 공동이용을 통해 담당 직원 확인사항란의 제1호 및 제2호의 행정정보를 확인하는 것에 동의합니다. *동의하지 않는 경우에는 신고인이 직접 관련 서류를 제출해야 합니다.

신고인 (서명 또는 인)

유의사항

1. 사업자등록번호 변경 시 사업장 관리번호가 변경될 수 있습니다.
2. 건강보험의 경우 관할 단위사업장 및 부서가 있을 때에는 "단위사업장 현황, 영업소 현황"을 관할지사로 별도 제출하시기 바랍니다.
3. 건강보험증은 가입자 또는 피부양자가 신청하는 경우 발급됩니다. 신청은 가까운 지사를 방문하거나 고객센터(☎1577-1000), 홈페이지(www.nhis.or.kr), 모바일앱 등을 통해 가능합니다.
4. 고용보험의 경우 상시 근로자 수의 변동으로 우선지원 대상기업의 해당 여부에 변경이 있는 경우에만 별도의 "우선지원 대상기업 해당(비해당) 신고서"를 제출하시기 바랍니다.
5. 변경된 사용자(대표자/공동대표자)가 가입 대상일 경우에는 사업장가입자(직장가입자)자격취득신고서를 제출해야 합니다.

작성방법

공통 사항	1. "사업개시번호"란은 고용보험·산재보험의 사업일괄적용의 경우만 적습니다. 2. 사용자(대표자/공동대표자)의 성명 및 주민등록번호(외국인등록번호 또는 국내거소신고번호)는 개인사업의 경우 개인사업주, 법인의 경우 대표자 인적사항을 주민등록표 초본·등본(외국인등록증 또는 국내거소신고증) 상의 성명 및 주민등록번호(외국인등록번호 또는 국내거소신고번호)를 적습니다. 3. 사용자(대표자/공동대표자) 및 사업장의 변경 내용에 해당되는 부분에 변경날짜를 적습니다. 4. 변경 전 내용과 변경 후 내용을 적습니다. 예) 명칭 변경: ○○○주식회사(변경 전) → □□□□주식회사(변경 후) 5. "종류(업종)"란에는 해당 사업장의 사업 내용이 무엇인지 구체적으로 적습니다. 6. "사업의 기간"은 고용·산재보험의 경우에만 적으며, 신고서는 근로복지공단에 제출하시기 바랍니다. 7. "그 밖의 사항"란은 각 보험의 고유 신고사항이 변경된 경우에만 적으며, 신고서는 해당 기관에 제출하시기 바랍니다. ※ 고용·산재보험의 건설공사 적용사업장으로 공사금액·발주처 등이 변경된 경우 ※ 국민연금·건강보험의 건설현장 사업장 사업기간이 변경된 경우 등

처리 절차

신고서 제출 ➔ 접수 및 확인 ➔ 신고서 처리 ➔ 사업장 내용변경 확인 통지 ➔ 수령

신고서 제출	접수 및 확인	신고서 처리	사업장 내용변경 확인 통지	수령
신고인	국민연금공단 · 국민건강보험공단 · 근로복지공단			신고인

4 사업장 탈퇴 신고

구 분	국민연금	건강보험	고용보험/산재보험
처리 기관	국민연금공단 관할지사	국민건강보험공단 관할지사	근로복지공단 관할지사
신고 대상	① 휴·폐업 등에 의한 사업장 탈퇴 ② 2개 이상의 사업장이 흡수·합병 등으로 하나의 사업장으로 통·폐합되는 사업장 ③ 근로자수가 '0'인 개인사업장인 경우	① 휴업·폐업 사업장 ② 합병으로 인하여 소멸하는 사업장 ③ 부도·도산으로 폐쇄된 사업장 ④ 근로자가 없게 되거나 직장가입 제외대상 근로자만 사용하는 사업장 ⑤ 사업장의 부도·도산, 휴·폐업 이후에도 실제 근로관계가 계속됨이 확인된 경우	① 사업의 실질적 폐지 또는 종료 ② 보험계약의 해지신청(임의가입사업) ※ 근로자를 고용하지 아니하게 된 때에는 그날부터 1년의 범위 안에서 근로자를 사용하지 아니한 기간 동안에도 보험에 가입한 것으로 봄.
탈퇴일	① 폐업일의 다음 달 ② 휴업일 ③ 통·폐합일 ④ 최종근로자 퇴사일	① 휴·폐업일의 다음 날 ② 합병일자 ③ 사업장 탈퇴 통보서의 탈퇴일자 또는 공단에서 현지 출장하여 확인한 조업 종료일의 다음 날 ④ 최종 직장가입 근로자가 자격상실한 날 ⑤ 실제 근로관계가 종료된 날의 다음 날	① 사업이 폐지 또는 종료된 날의 다음 날 ② 보험계약해지를 신청하여 승인을 얻은 날의 다음 날(성립신고연도가 종료된 임의가입사업장에 한함) ③ 공단이 보험관계를 직권 소멸하는 경우에는 그 소멸의 결정·통지를 한 날의 다음 날 ④ 적용된 사업주가 근로자를 사용하지 아니할 경우에는 근로자를 사용하지 아니한 최초의 날부터 1년이 되는 날의 다음 날

<table>
<tr><th>구 분</th><th>국민연금</th><th>건강보험</th><th>고용보험/산재보험</th></tr>
<tr><td>신고기한</td><td>사유발생일의 다음 달 15일까지</td><td>사유발생일로부터 14일 이내</td><td>사업이 폐지 또는 종료된 날로부터 14일 이내</td></tr>
<tr><td>신고서류</td><td>사업장탈퇴신고서</td><td>① 사업장 탈퇴신고서
② 직장가입자자격상실신고서</td><td>보험관계해지신청서</td></tr>
<tr><td>첨부서류</td><td></td><td>① 사업장 탈퇴사실을 입증할 수 있는 서류
② 합병(통합) 등 신고기한 법인등기부등본</td><td>근로자 과반수의 동의서(고용보험 임의탈퇴 시에 한함)</td></tr>
<tr><td>신고처</td><td colspan="2">4대사회보험 각 기관 지사 및 인터넷(www.4insure.or.kr) [전자민원] 신고</td><td>4대사회보험 각 기관 지사 및 인터넷(www.4insure.or.kr) [전자민원] 신고(단, 건설공사는 근로복지공단 지사로 신고)</td></tr>
<tr><td rowspan="2">유의사항</td><td colspan="3">사업장의 부도 · 도산 등으로 실질적 사업이 종료된 경우의 사업장 탈퇴신고는 각 기관에 문의 후 안내에 따라 신고함.</td></tr>
<tr><td>① 휴업으로 인한 사업장 탈퇴 시 휴업기간 중 가입자에게 휴업수당이 지급되는 사업장은 탈퇴신고할 수 없음.
② 휴 · 폐업일이 탈퇴일과 다를 경우 국민연금공단에 문의</td><td></td><td>• 건설공사 관련은 고용 · 산재보험토탈서비스(total.comwel.or.kr)에서 접수</td></tr>
</table>

(1) 국민연금

① 탈퇴 신고대상

다음의 사유가 발생하는 경우에는 국민연금 적용대상 사업장에서 제외되므로 탈퇴신고를 하여야 한다.

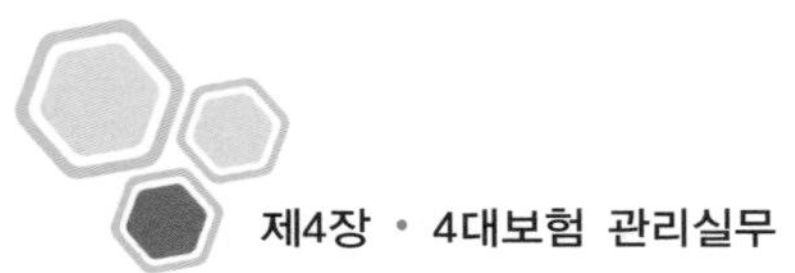

> • 휴 · 폐업 등에 의한 사업장 탈퇴
> • 2개 이상의 사업장이 흡수 · 합병 등으로 하나의 사업장으로 통 · 폐합되는 사업장
> • 근로자수가 '0'인 개인사업장인 경우

② 탈퇴일

탈퇴일은 다음과 같다.

> • 폐업일의 다음 달
> • 휴업일
> • 통 · 폐합일
> • 최종근로자 퇴사일

③ 신고기한 및 신고서류

사유발생일의 다음 달 15일까지 「사업장 탈퇴신고서」를 제출하여야 한다. 단, 휴업 · 폐업사실 증명원을 확인하는 것에 동의하지 아니하는 경우에는 휴업 · 폐업사실 증명원 및 법인 등기사항 증명서를 첨부하여야 한다.

④ 유의사항

휴업으로 인한 사업장 탈퇴 시 휴업기간 중 가입자에게 휴업수당이 지급되는 사업장은 탈퇴 신고할 수 없다. 또한 휴 · 폐업일이 사실상의 휴 · 폐업일과 다른 경우에는 공단 직원이 그 사실을 확인하고 증빙서류를 제출받아 사실상의 휴 · 폐업일을 기준으로 탈퇴 처리할 수 있다.

(2) 건강보험

① 탈퇴 신고대상

다음의 사유가 발생하는 경우에는 건강보험 적용 사업장에서 제외되므로 탈퇴신고를 하여야 한다.

- 휴업 · 폐업 사업장
- 합병으로 인하여 소멸하는 사업장
- 부도 · 도산으로 폐쇄된 사업장
- 근로자가 없게 되거나 직장가입 제외대상 근로자[주)]만 사용하는 사업장
- 사업장의 부도 · 도산, 휴 · 폐업 이후에도 실제 근로관계가 계속됨이 확인된 경우

주) 직장가입 제외대상 근로자는 다음과 같다.
1. 비상근 근로자 또는 1개월 동안의 소정(所定)근로시간이 60시간 미만인 단시간근로자
2. 소재지가 일정하지 아니한 사업장의 근로자 및 사용자
3. 근로자가 없거나 제1호에 해당하는 근로자만을 고용하고 있는 사업장의 사업주

② 탈퇴일

탈퇴일은 다음과 같다.

- 휴 · 폐업일의 다음 날
- 합병일자
- 사업장 탈퇴 통보서의 탈퇴일자 또는 공단에서 현지 출장하여 확인한 조업 종료일의 다음 날
- 최종 직장가입 근로자가 자격상실한 날
- 실제 근로관계가 종료된 날의 다음 날

③ 신고기한 및 신고서류

사유발생일로부터 14일 이내에 「사업장 탈퇴신고서」와 「직장가입자 자격상실신고서」를 제출하여야 한다. 단, 휴업 · 폐업사실 증명원을 확인하는 것에 동의하지 아니하는 경우에는 휴업 · 폐업사실 증명원(사업장이 휴업 · 폐업한 경우만 해당) 및 법인등기사항 증명서를 첨부하여야 한다.

(3) 고용 · 산재보험

① 탈퇴 신고대상

다음의 사유가 발생하는 경우에는 탈퇴신고를 하여야 한다.

㉠ 사업의 실질적 폐지 또는 종료	법인의 해산등기, 폐업신고 등과는 상관 없으며, 법인 해산 이후라도 근로자를 고용하여 청산법인 형태로 청산 절차를 진행하는 경우에는 사업의 소멸이 아님.
㉡ 임의가입 사업주의 보험계약 해지 신청[주)]	그 보험계약이 성립한 보험연도가 종료된 이후에 하여야 함.
㉢ 공단에서 직권 소멸	사업의 실체가 없는 등의 사유로 계속하여 보험관계를 유지할 수 없다고 인정한 경우

주) 일괄적용 해지: 보험가입자가 승인을 해지하고자 하는 경우에는 다음 보험연도 개시 7일 전까지 일괄적용해지신청서를 제출해야 함.

② 탈퇴일

탈퇴일은 다음과 같다.

구 분	탈퇴일
㉠ 사업이 폐지·종료된 경우	사업이 폐지·종료된 날의 다음 날
㉡ 임의가입 사업주가 보험계약 해지신청한 경우	보험계약해지를 신청하여 승인을 얻은 날의 다음 날(성립신고연도가 종료된 임의가입사업장에 한함)
㉢ 공단이 보험관계를 직권 소멸하는 경우	그 소멸의 결정·통지를 한 날의 다음 날
㉣ 적용된 사업주가 근로자를 사용하지 아니할 경우	근로자를 사용하지 아니한 최초의 날부터 1년이 되는 날의 다음 날

③ 신고기한 및 신고서류

사업의 폐업·종료 등으로 인하여 보험관계가 소멸한 경우에는 그 보험관계가 소멸한 날부터 14일 이내에 「보험관계 해지신청서」를 제출하여야 한다. 또한 고용보험 임의탈퇴 시에는 근로자 과반수의 동의서를 첨부하여야 한다. 단, 휴업·폐업사실 증명원 확인에 동의하지 아니하는 경우에는 해당 서류를 첨부하여야 한다.

④ 유의사항

건설공사 관련은 고용·산재보험 토탈서비스(total.comwel.or.kr)에서 접수하여야 한다.

보험관계가 소멸한 경우 「보험관계소멸신고서」의 신고기한은 소멸일로부터 14일이고, 「근로자고용종료신고서」의 신고기한은 다음 달 15일까지로 서로 상이하나, 「보험관계소멸신고서」와 「근로자고용종료신고서」를 동시에 신고(보수총액신고서도 함께 신고)한다.

사례

[**보험관계 소멸사업장의 각 신고서 제출기한 비교**]

2024.6.11. 폐업된 사업장의 경우
보험관계 소멸일 : 2024.6.12.(폐업일의 다음 날)
「보험관계 소멸신고서」 제출기한 : 2024.6.25.(소멸일로부터 14일 이내)
「근로자 고용종료신고서」 제출기한 : 2024.7.15.(소멸일의 다음달 15일까지)
「보수총액신고서」 제출기한 : 2024.6.25.(소멸일로부터 14일 이내)

☞ 사업주가 「보수총액신고서」를 제출하지 않고 「보험관계소멸신고서」와 「근로자고용종료신고서」를 제출기한 마지막 날에 제출하게 되는 경우 이미 소멸된 사업장의 2024년 6월분 월별보험료가 일할계산되지 않고 전액 부과된 후 2024년 7월분 보험료 산정 시 재산정(감액)됨. 「보수총액신고서」가 나중에 제출되면 또 다시 보험료가 추가징수 또는 감액됨.

■ 고용보험 및 산업재해보상보험의 보험료징수 등에 관한 법률 시행규칙 [별지 제4호서식] (2021.7.1. 개정)

국민연금 [ ]사업장 탈퇴신고서
건강보험 [ ]사업장 탈퇴신고서
고용보험 보험관계 [ ]소멸신고서 [ ]해지신청서(근로자 종사 사업장)
산재보험 보험관계 [ ]소멸신고서 [ ]해지신청서(근로자 종사 사업장)

※ 뒤쪽의 유의사항 및 작성방법을 읽고 작성하기 바라며, 색상이 어두운 난은 신고인(신청인)이 적지 않습니다. (앞쪽)

접수번호	접수일	처리기간 3일

사업장	사업장관리번호		
	명칭		전화번호
	사업자등록번호		법인등록번호
	소재지 우편번호( )		
	환급(반환) 계좌 사전신고	은행명	계좌번호
		예금주명	* 보험료 정산 등 환급(반환)금액 발생 시 지급될 계좌입니다. (지급 관련하여 통장사본 등 추가 서류를 요청할 수 있습니다.)
보험사무 대행기관 (고용·산재)	명칭		번호
사용자 (대표자)	성명		주민등록번호(외국인등록번호·국내거소신고번호)
	주소 우편번호( )		전화번호(유선/이동전화)
신고(신청) 사유	공통사항(중복선택불가) [ ]폐업 [ ]통폐합 [ ]사업 종료 [ ]그 밖의 사유		
	국민연금·건강보험 [ ]휴업 [ ]근로자 없음		
	고용·산재보험 [ ]근로자 없이 1년 경과 ※ 마지막으로 자격상실한 근로자의 상실일로부터 1년이 지난 날부터 보험관계를 소멸할 수 있습니다.		
사유 발생일자			
탈퇴(소멸) 후 우편물 수령지 우편번호( )			
국민연금	휴업기간		탈퇴일
	통폐합 시 흡수하는 사업장	명칭	사업관리번호
		소재지	
건강보험	근로자 수		탈퇴일
고용/산재	산재보험	근로자 수	소멸일
	고용보험	근로자 수	소멸일

행정정보 공동이용 동의서

본인은 이 건 업무처리와 관련하여 담당 직원이 「전자정부법」 제36조 제1항에 따른 행정정보의 공동이용을 통해 뒤쪽의 담당 직원 확인사항 중 휴업·폐업사실 증명원을 확인하는 것에 동의합니다. *동의하지 않는 경우에는 신고인(신청인)이 직접 관련 서류를 제출해야 합니다.

신고인(신청인) (서명 또는 인)

위와 같이 신고(신청)합니다.

년 월 일

신고인·신청인(가입자) (서명 또는 인)

[ ]보험사무대행기관(고용·산재보험만 해당) (서명 또는 인)

국민연금공단 이사장/국민건강보험공단 이사장/근로복지공단 ○○지역본부(지사)장 귀하

210mm×297mm[백상지(80g/㎡) 또는 중질지(80g/㎡)]

(뒤쪽)

신고인 (신청인) 제출서류	1. 사업장 탈퇴 사실을 증명할 수 있는 서류 1부(국민연금 · 건강보험만 해당합니다) 2. 임의적용사업장 해지 신청 시 근로자 과반수의 동의서 1부(고용보험만 해당합니다)	수수료 없음
담당 직원 확인사항	1. 휴업 · 폐업사실 증명원(사업장이 휴업 · 폐업하는 경우만 해당합니다) 2. 법인 등기사항증명서(법인인 경우만 해당합니다)	

유의사항	
공통사항	가입자가 있는 경우 사업장(직장)가입자 자격상실 신고서를 같이 제출해야 합니다.
국민연금	"통폐합"으로 탈퇴하는 경우에는 "흡수하는 사업장"의 사용자가 흡수하는 근로자의 "사업장가입자 자격취득 신고서"를 제출해야 합니다.
건강보험	사업장 합병 및 분할의 경우에는 가까운 관할지사에 사업장명단 등 필요한 서류를 제출하기 바랍니다.
고용보험 산재보험	1. 고용 · 산재보험 신고(신청) 시 "건설업(건설장비 운영업 제외) 및 임업 중 벌목업"의 경우에는 별도 서식을 이용하여 근로복지공단에 제출하기 바랍니다. 2. 고용보험 임의적용의 경우, 근로자 동의로 보험관계 해지를 신청하려면 근로자 과반수의 동의서를 첨부해야 합니다. 3. 제출된 서식만으로 사실 여부의 확인이 곤란한 경우 관련 서류의 보완 요구가 있을 수 있습니다. 4. 사업주는 사업의 폐지 · 종료 등으로 보험관계가 소멸한 경우에는 그 보험관계가 소멸한 날부터 14일 이내에 근로자에게 지급한 보수 총액 등(보수총액신고서)을 공단에 신고해야 합니다. 5. 「산업재해보상보험법」 제6조 및 「고용보험 및 산업재해보상보험의 보험료징수 등에 관한 법률」 제5조 제3항 · 제4항에 따른 "적용사업(장)"이 보험관계가 소멸되면 「임금채권보장법」 및 「석면피해구제법」에 따른 적용관계도 소멸하게 됩니다.

작성방법	
공통사항	1. "환급(반환)계좌 사전신고"는 사업장 환급(반환)금 발생 시 지급받을 은행의 은행명, 계좌번호 등을 적습니다. 2. 각 사회보험 해당 신고(신청) 여부를 "[√]" 표시 하십시오. 3. "신고(신청) 사유"란은 해당 사유 한 가지만 표시한 후 사유 발생일을 적습니다. 4. 신고인(신청인)의 경우 반드시 사용자(대표자)의 서명 또는 날인이 있어야 합니다.
국민연금	사업장이 "휴업"인 경우 휴업기간을 적습니다.

처리절차

신고서(신청서) 제출	➔	접수 및 확인	➔	신고서(신청서) 처리	➔	사업장 탈퇴 (보험관계 소멸 · 해지) 확인 통지	➔	수령
신고인(신청인)		국민연금공단 · 국민건강보험공단 · 근로복지공단						신고인(신청인)

제3절

가입대상자와 가입제외대상자

구 분	국민연금	건강보험	고용보험	산재보험
가입 대상자	• 국민연금 적용 사업장에 종사하는 18세 이상 60세 미만의 근로자와 사용자	• 상시 1인 이상의 근로자를 사용하는 사업장에 고용된 근로자(연령제한 없음) • 사용자 • 공무원 • 교직원 • 시간제근로자	•「근로기준법」에 따른 근로자	
가입제외 대상자	• 타공적연금가입자 • 노령연금수급권을 취득한 자 중 60세 미만의 특수직종 근로자 • 조기노령연금 수급권을 취득하고 그 지급이 정지되지 아니한 자 • 퇴직연금 등 수급권자 • 국민기초생활보장법에 의한 생계급여수급자 · 의료급여수급자(본인의 희망시) • 일용근로자 또는 1개월 미만의 기간제근로자(1개월 이상 계속 사용되는 경우는 제외[주1)])	• 1월 미만의 기간 동안 고용되는 일용근로자[주3)] • 비상근 근로자 또는 1월간의 소정근로시간이 60시간 미만인 단시간 근로자(교직원 · 공무원 포함) • 근로자가 없거나 비상근 근로자 또는 1월간의 소정 근로시간이 60시간 미만인 단시간근로자만을 고용하는 사업장의 사업주 • 일정요건의 자[주4)]	• 만65세 이후에 고용된 자(고용안정, 직업능력개발사업은 적용)[주5)] • 1월간 소정근로시간이 60시간 미만인 근로자(1주간 15시간 미만인 자 포함)[주6)] • 공무원 • 사립학교교직원연금법 적용자 • 별정우체국 직원[주7)] • 외국인근로자[주8)]	「공무원 재해보상법」, 「군인연금법」, 「선원법」 · 「어선원 및 어선재해보상보험법」 또는 「사립학교교직원연금법」에 의하여 재해보상이 행하여지는 자

구 분	국민연금	건강보험	고용보험	산재보험
가입제외 대상자	• 1월간의 소정근로시간이 60시간 미만인 단시간근로자[주2)] • 법인의 이사 중 근로소득이 없는 자			

주1) 1개월 이상 계속 사용되면서 다음의 어느 하나에 해당하는 사람은 가입대상임.

① 「건설산업기본법」 제2조 제4호 각 목 외의 부분 본문에 따른 건설공사의 사업장 등 보건복지부장관이 정하여 고시하는 사업장에서 사용되는 경우: 1개월 동안의 근로일수가 8일 이상이거나 1개월 동안 소득이 보건복지부장관이 정하여 고시하는 금액(220만원) 이상인 사람

② '①' 외의 사업장에서 사용되는 경우: 1개월 동안의 근로일수가 8일 이상이거나 1개월 동안의 근로시간이 60시간 이상이거나 1개월 동안의 소득이 보건복지부장관이 정하여 고시하는 금액(220만원) 이상인 사람

주2) 해당 단시간근로자 중 다음의 어느 하나에 해당하는 사람은 가입대상임.

① 3개월 이상 계속하여 근로를 제공하는 사람으로서 「고등교육법」 제14조 제2항에 따른 강사

② 3개월 이상 계속하여 근로를 제공하는 사람으로서 사용자의 동의를 받아 근로자로 적용되기를 희망하는 사람

③ 둘 이상 사업장에 근로를 제공하면서 각 사업장의 1개월 소정근로시간의 합이 60시간 이상인 사람으로서 1개월 소정근로시간이 60시간 미만인 사업장에서 근로자로 적용되기를 희망하는 사람

④ 1개월 이상 계속하여 근로를 제공하는 사람으로서 1개월 동안의 소득이 보건복지부장관이 정하여 고시하는 금액(220만원) 이상인 사람

주3) 1개월 이상 근로하면서 월 8일 이상 근로한 일용근로자는 가입 대상

주4) 일정 요건의 자는 다음과 같다.

- 「의료급여법」에 따라 의료급여를 받는 자
- 「독립유공자예우에 관한 법률」 및 「국가유공자등 예우 및 지원에 관한 법률」에 의하여 의료보호를 받는 자
- 하사(단기복무자에 한함) · 병 및 무관후보생
- 선거에 의하여 취임하는 공무원으로서 매월 보수 또는 이에 준하는 급료를 받지 아니하는 자
- 소재지가 일정하지 아니한 사업장의 근로자 및 사용자

주5) ① 만 65세 이후에 고용보험 적용 사업장에 신규로 취업한 자 : 고용안정, 직업능력개발사업 적용(실업급여 제외. 단, 만 65세 전부터 피보험자격을 유지하던 사람이 65세 이후에 계속하여 고용된 경우는 제외)(2019.1.19. 시행)

② 만 65세 이전부터 고용보험에 가입된 자는 연령과 관계없이 실업급여 포함한 고용보험료 부과(2014.1.1. 시행)

주6) 단, 3개월 이상 계속하여 근로를 제공하는 자와 1개월 미만 동안 고용되는 일용근로자는 적용대상임.

주7) 별정직, 계약직 공무원은 2008.9.22.부터 임의가입 가능. 다만, 임용된 날부터 3개월 이내에 고용센터로 신청(3개월 이내 신청하지 않을 시 가입 불가)

주8) 단, 거주(F-2), 영주(F-5), 결혼이민(F-6) 자격의 경우는 당연 적용하며 주재(D-7) · 기업투자(D-8) 및 무역경영(D-9) 등의 경우는 상호주의에 따라 적용함.

❶ 국민연금

국민연금의 가입자는 사업장가입자, 지역가입자, 임의가입자 및 임의계속가입자로 구분한다.

(1) 사업장가입자

국민연금 당연적용사업장에 종사하는 18세 이상 60세 미만의 근로자와 사용자는 당연히 사업장가입자가 된다. 단, 다음에 해당하는 자는 제외한다.

① 「공무원연금법」, 「군인연금법」 및 「사립학교교직원 연금법」을 적용받는 공무원, 군인 및 사립학교 교직원 등 타공적연금가입자
② 노령연금 수급권을 취득한자 중 60세 미만의 특수직종 근로자
③ 조기노령연금 수급권을 취득하고 그 지급이 정지되지 아니한 자
④ 「공무원연금법」, 「사립학교교직원 연금법」 또는 「별정우체국법」에 따른 퇴직연금, 장해연금 또는 퇴직연금일시금이나 「군인연금법」에 따른 퇴역연금, 상이연금, 퇴역연금일시금을 받을 권리를 얻은 자(이하 '퇴직연금 등 수급권자'라 함)
⑤ 「국민기초생활보장법」에 의한 수급자
⑥ 1개월 미만의 일용근로자[주1)]
⑦ 1개월 미만의 기간제근로자(계약직 근로자)[주1)]
⑧ 1개월 동안 소정근로시간이 60시간 미만인 단시간근로자[주2)]
⑨ 법인의 이사 중 근로소득이 없는 자

주1) 1개월 이상 계속 사용되면서 다음의 어느 하나에 해당하는 사람은 가입대상임.
① 「건설산업기본법」 제2조 제4호 각 목 외의 부분 본문에 따른 건설공사의 사업장 등 보건복지부장관이 정하여 고시하는 사업장에서 사용되는 경우: 1개월 동안의 근로일수가 8일 이상이거나 1개월 동안 소득이 보건복지부장관이 정하여 고시하는 금액(220만원) 이상인 사람
② '①' 외의 사업장에서 사용되는 경우: 1개월 동안의 근로일수가 8일 이상이거나 1개월 동안의 근로시간이 60시간 이상이거나 1개월 동안의 소득이 보건복지부장관이 정하여 고시하는 금액(220만원) 이상인 사람

주2) 단, 다음에 해당하는 자는 가입대상임.
1) 3개월 이상 계속 근로를 제공하는 사람으로서 「고등교육법 시행령」 제7조 제3호에 따른 시간강사
2) 3개월 이상 계속 근로를 제공하는 사람으로서 사용자의 동의를 받아 근로자로 적용되기를 희망하는 사람
3) 둘 이상 사업장에 근로를 제공하면서 각 사업장의 1개월 소정근로시간의 합이 60시간 이상인 사람으로서 1개월 소정근로시간이 60시간 미만인 사업장에서 근로자로 적용되기를 희망하는 사람
4) 1개월 이상 계속하여 근로를 제공하는 사람으로서 1개월 동안의 소득이 보건복지부장관이 정하여 고시하는 금액(220만원) 이상인 사람

참고

[국민연금 가입 대상자인 일용근로자 판단 기준]

- 일반 일용근로자: 사업장에 고용된 날부터 1개월 이상 근로하면서, 월 8일 이상 근로
- 건설 일용근로자: 공사현장을 사업장 단위로 적용하며, 1개월 이상 월 근로일수가 8일 이상 근로(2018.8.1. 시행)

(2) 지역가입자

사업장가입자가 아닌 자로서 18세 이상 60세 미만인 자는 당연히 지역가입자가 된다. 단, 다음 각 호의 어느 하나에 해당하는 자는 제외한다(국민연금법 제9조).

① 사업장가입자

② 만 18세 미만이거나 만 60세 이상인 경우

③ 「공무원연금법」, 「군인연금법」, 「사립학교교직원 연금법」의 적용을 받는 공무원, 군인, 사립학교교직원

④ 노령연금 수급권을 취득한 자 중 60세 미만의 특수직종 근로자

⑤ 조기노령연금 수급권을 취득한 자(다만, 소득 있는 업무에 종사하게 되어 그 지급이 정지 중인 자는 가입대상임)

⑥ 퇴직연금 등 수급권자 : 「공무원연금법」, 「사립학교교직원 연금법」 또는 「별정우체국법」에 의한 퇴직연금장해연금 또는 퇴직연금일시금이나 「군인연금법」에 의한 퇴역연금・상이연금 또는 퇴역연금일시금의 수급권을 취득한 자(퇴직연금공제일시금 및 조기퇴직연금 수급권자 포함)
다만, 퇴직일시금 및 유족연금 수급권자와 「독립유공자 예우에 관한 법률」, 「국가유공자 등 예우 및 지원에 관한 법률」, 「고엽제 후유의증환자 지원 등에 관한 법률」 등에 의한 국가보훈연금 수급권자는 해당되지 않음.

⑦ 별정우체국 직원(별정우체국법 제29조)

⑧ 기초수급자 : 「국민기초생활보장법」에 의한 수급자

⑨ 18세 이상 27세 미만인 자로서 학생이거나 군복무 등으로 소득이 없는 자(단, 연금보험료를 납부한 사실이 있는 자는 가입대상임)

⑩ 별도의 소득이 없는 배우자(무소득배우자)로서 다음에 해당하는 자
㉠ 위 ③, ④, ⑤, ⑥, ⑦항에 해당하는 자의 배우자로서 별도의 소득이 없는 자
㉡ 사업장가입자, 지역가입자 및 임의계속가입자의 배우자로서 별도의 소득이 없는 자
㉢ 노령연금 수급권자 및 퇴직연금 등 수급권자의 배우자로서 별도의 소득이 없는 자

⑪ 1년 이상 행방불명된 자(주민등록이 말소된 자에 한함)

(3) 임의가입자

① 임의가입의 의의

임의가입은 사업장가입자나 지역가입자가 될 수 없는 사람도 국민연금에 가입하여 연금 혜택을 받을 수 있도록 하는 제도로 사업장가입자와 지역가입자 이외의 18세 이상 60세 미만자가 본인이 희망할 경우 신청에 의하여 될 수 있다.

② 임의가입대상자

사업장가입자・지역가입자 외의 자로서 국내에 거주하고 있는 18세 이상 60세 미만 근로자는 사용자의 동의를 받아 국민연금공단에 가입을 신청하면 임의가입자가 될 수 있다. 단, 다음의 자는 임의가입 신청대상에서 제외된다(국민연금법 제10조).

㉠ 타공적연금가입자
㉡ 조기노령연금 수급권을 취득한 자
㉢ 노령연금 수급권을 취득한 60세 미만의 특수직종 근로자
㉣ 사업장가입자
㉤ 지역가입자
㉥ 외국인

(4) 임의계속가입자

① 임의계속가입의 의의

임의계속가입이란 1개월 이상 가입기간이 있는 가입자 또는 가입자였던 자로서 60세에 달한 자가 가입기간이 부족하여 연금을 받지 못하거나 가입기간을 연장하여 더 많은 연금을 받고자 하는 경우 65세에 달할 때까지 신청에 의하여 가입할 수 있다. 이 경우 가입 신청이 수리된 날에 그 자격을 취득한다(국민연금법 제13조 제1항).

임의계속가입자는 다음과 같이 구분할 수 있다.

구 분	요 건
사업장임의계속가입자	사업장가입자로 가입 중 60세 이상이 되었는데, 계속 사업장에 종사하면서 임의계속 가입자로 보험료 납부를 희망할 경우
지역임의계속가입자	지역가입자로 가입 중 60세 이상이 되어 임의계속가입자가 된 경우 계속해서 지역 가입자의 기준에 해당하는 소득이 있을 경우
기타 임의계속가입자	임의로 가입 중 60세 이상이 되어 임의계속가입자가 된 경우

② 임의계속가입대상자

외국인가입자를 포함하여 국민연금 가입자 또는 가입자였던 자가 60세가 되거나 노령연금 수급권을 취득한 자 중에 60세 미만의 특수직종 근로자는 임의계속가입대상자가 될 수 있다. 단, 다음에 해당하는 자는 신청대상에서 제외된다.

㉠ 60세가 되거나 임의계속 탈퇴(상실)하고 반환일시금을 이미 받은 자
㉡ 전액 미납, 전액 납부 예외자(미납자는 납부 후 가입신청 가능)
㉢ 노령연금을 청구하여 수급 중인 자

(5) 일용근로자

① 건설현장 일용근로자

건설현장 사업장에서 근로하는 일용근로자는 공사현장에서 1개월 이상 근로하면서 월 8일 이상 근로하거나, 1개월 동안 보건복지부 고시에 따른 금액(220만원 이상의 소득)이 발생하는 자는 가입대상이다.

1개월 이상 근로	최초 근로(고용)일로부터 1개월 되는 날까지 근로하거나, 그 날 이후까지 근로한 경우
월 8일 이상 근로	최초 근로(고용)일로부터 1개월 되는 날까지 8일 이상 근로하거나, 익월 초일부터 말일까지 근로일수가 8일 이상인 경우
220만원 이상의 소득	최초 근로(고용)일로부터 1개월 되는 날까지 근로하면서 8일 미만 근로하였지만 월 소득이 220만원 이상인 경우

그리고 건설현장의 일용근로자에 한하여 매월 소득변경신고를 인정(기준소득월액 특례)하므로, 건설현장 일용근로자는 본사 사업장과 분리하여 적용하고, 보험료는 근로자가 당

해 사업장에서 매월 지급받는 실제 소득월액을 기준으로 산정하므로 소득월액 변경 시에는 매월 신고하여야 한다.

참고

[사업장 가입자 적용 사례]

- 근로(고용)계약이 1개월 이상인 경우(기간의 정함이 없는 경우 포함)
  - 근로계약서의 근로일수가 월 8일 이상(실제 근로기간 · 일수 불문)
  - 근로계약서의 근로일수가 월 8일 미만이나 실제 1개월 이상 근로하고, 월 8일 이상 근로한 경우
  - 근로계약서의 근로일수가 월 8일 미만이나 실제 1개월 이상 근로하고, 월 8일 이상 근로하거나 월 8일 미만 근로하였지만 월소득이 보건복지부 고시 기준(월 220만원) 이상인 경우
- 근로(고용)계약이 1개월 미만인 경우(근로계약서가 없는 경우 포함)
  - 실제 1개월 이상 근로하고, 월 8일 이상 근로하거나 월 8일 미만 근로하였지만 월 소득이 보건복지부 고시 기준(월 220만원) 이상인 경우

② 일반 일용근로자

건설현장 외의 사업장에 근로하는 일용근로자는 1개월 이상 근로하면서 월 8일 이상 또는 월 60시간 이상 근로하거나, 1개월 동안 보건복지부 고시에 따른 금액(월 220만원 이상의 소득)이 발생하는 자는 사업장 가입대상이다.

1개월 이상 근로	최초 근로(고용)일로부터 1개월 되는 날까지 근로하거나 또는 그 날 이후까지 근로한 경우
월 8일(또는 월 60시간) 이상 근로	최초 근로(고용)일로부터 1개월 되는 날까지 8일 이상 근로하거나, 익월 초일부터 말일까지 월 8일(또는 60시간) 이상 근로한 경우
월 220만원 이상의 소득	최초 근로(고용)일로부터 1개월 되는 날까지 근로하면서 8일 미만 또는 60시간 미만 근로하였지만 월 소득이 220만원 이상인 경우

 건강보험

건강보험은 직장가입자와 지역가입자로 구분한다. 지역가입자는 직장가입자와 그 피부양자를 제외한 가입자를 말한다. 이하에서는 직장가입자로 한정하여 설명하고자 한다.

(1) 가입대상자 및 제외대상자

다음에 해당하는 자를 제외한 상시 1인 이상의 근로자를 사용하는 사업장에 고용된 근로자(연령제한 없음), 사용자, 공무원, 교직원, 시간제근로자는 가입대상이다(국민건강보험법 제6조 제2항, 국민건강보험법 시행령 제9조).

> ① 고용기간이 1개월 미만인 일용근로자
> ② 비상근 근로자 또는 1개월간 소정근로시간이 60시간 미만인 단시간근로자
> ③ 비상근 교직원 또는 1개월간 소정근로시간이 60시간 미만인 시간제공무원 및 교직원
> ④ 「병역법」에 따른 현역병(지원에 의하지 아니하고 임용된 하사 포함), 전환복무된 사람 및 간부후보생
> ⑤ 선거에 당선되어 취임하는 공무원으로서 매월 보수 또는 보수에 준하는 급료를 받지 아니하는 사람
> ⑥ 소재지가 일정하지 아니한 사업장의 근로자 및 사용자
> ⑦ 근로자가 없거나 '①'에 해당하는 근로자만을 고용하고 있는 사업장의 사업주

- 입사할 때부터 의료급여 수급권자인 경우에는 직장가입자 자격취득신고를 하지 아니하며, 근무 도중 의료급여 수급권자가 된 경우에는 그날로 직장가입자 자격 상실한다.
- 유공자 등 의료보호대상자는 본인의 신청으로 건강보험을 적용받을 수 있으며, 적용배제신청하면 그 신청한 날로 직장가입자 자격 상실한다.
- 직장건강보험으로 적용받고 있던 유공자 등 의료보호대상자가 퇴사 후 지역으로 자격변동 시 건강보험 적용배제를 원할 경우 반드시 신고해야 한다.
- 법인의 비상근 임원(대표이사 제외)이 직장가입자가 되기 위해서는 근로관계의 유사성(근로의 대가로 보수를 받음)과 업무의 종속성이 있어야 한다. 따라서 매월 정기적으로 보수를 받으나, 이사회 참석 · 의결 이외의 다른 업무를 수행하지 않는 경우 직장가입자 적용 안 된다.
- 외국계 회사에 소속되어 월 200만원 보수를 받는 자가 국내 법인에 파견 근무하면서 국내 법인에서는 체재비(생활비용 등)로 30만원을 보조받는 경우, 국내 체재비용은

보수의 성격으로 볼 수 없어 직장가입자가 되지 못 한다.

- 외국계 회사에 소속되어 월 200만원 보수를 받는 자가 국내 법인에 파견 근무하면서 보수를 전혀 받지 않는 경우, 국내 사업장에서 근로를 제공하고 해당 사업주로부터 직접 보수를 받아 생활하는 자가 아니므로 직장가입자가 되지 못 한다.
- 대사관이 고유사업번호를 부여 받고 건강보험 사업장으로 적용되고 있는 경우, 대사관에 근무하는 한국인 근로자는 건강보험 적용사업장에 고용된 근로자로서 해당사업장에서 직접 보수를 받아 생활하는 자이므로 직장가입자가 된다.

(2) 일용근로자

1개월 이상 근로하면서 월 8일 이상 근로한 일용근로자는 건강보험 가입대상자이다.

1개월 이상 근로	최초 근로(고용)일로부터 1개월 되는 날까지 근로하거나, 그 날 이후까지 근로한 경우
월 8일 이상 근로	최초 근로(고용)일로부터 1개월 되는 날까지 8일 이상 근로하거나, 연속하여 근로할 경우 익월 초일부터 말일까지 근로일수가 8일 이상인 경우

(3) 외국인 및 재외국민

1) 당연적용대상자

직장가입자 적용사업장에 근무하는 외국인 · 재외국민 근로자는 2006.1.1.부터 대한민국 국민과 동일하게 건강보험 직장가입자로 당연적용[비전문취업(E-9) 외국인근로자는 2004.8.17.부터 당연적용] 대상자이다.

직장가입자에 해당하는 외국인 및 재외국민은 다음과 같다(국민건강보험법 제109조 제2항).

외국인	「출입국관리법」 제31조에 따라 외국인 등록을 한 자
재외국민	•「재외동포의 출입국과 법적 지위에 관한 법률」 제6조에 따라 국내거소 신고를 한 사람 •「주민등록법」 제6조 제1항 제3호에 따라 등록을 한 사람

단, 2007.7.31.부터는 외국의 법령 또는 보험, 사용자와의 계약 등에 따라 국내에서 국민건강보험에 상당하는 의료보장 혜택을 받는 경우 본인의 신청에 의하여 당연적용에서 제외될 수 있다.

2) 당연적용 제외자

① 당연적용 제외자

재외국민 및 외국인 직장가입자가 다음에 해당되어 국내에서도 국민건강보험에 준하는 의료보장 혜택을 받아 건강보험 제외 신청하는 자는 건강보험 가입 제외된다(국민건강보험법 제109조 제5항).

- 외국의 법령에 따라 의료보장을 받는 경우
- 외국의 보험 및 사용자와의 계약 등에 따라 의료보장을 받는 경우

② 신청절차

사용자는 외국인 및 재외국민이 건강보험 가입제외 신청 대상이 되는 경우 「직장가입자 자격상실신고서」에 다음 서식을 첨부하여 공단에 제출하여야 한다.

구 분	제출 서류
외국의 법령에 따라 의료보장을 받는 경우[주1)]	• 외국법령의 적용대상 여부에 대한 확인서나 보험계약서 등 국내에서의 의료보장을 받을 수 있음을 증명하는 서류(한글번역본 포함) 1부 • 재외국민 또는 외국인근로자 건강보험 가입제외신청서 1부
외국의 보험 및 사용자와의 계약등에 따라 의료보장을 받는 경우[주2)]	• 근로계약서 등으로 국내에서 의료보장을 받을 수 있음을 증명할 수 있는 서류(한글번역본 포함) 1부 • 해당 사업장 소속근로자에게 의료비를 지급한 사실을 증명하는 서류(한글번역본 포함) 1부 • 재외국민 또는 외국인근로자 건강보험 가입제외신청서 1부

주1) 외국의 법령 사유로 가입제외 하는 경우(프랑스의 경우 계약 체결되어 있어 국적 확인만으로 제외 신청가능, 일본의 경우 일본건강보험증 사본 제출로 제외 신청가능): 가입 제외 기간 제한 없음(본인의 신청에 따라 건강보험 재가입 허용. 다만, 같은 사유로 다시 가입제외 불가).

주2) 외국의 보험, 사용자와의 계약사유로 가입제외 하는 경우: 한 번에 가입제외 신청할 수 있는 기간은 최대 1년이고, 기간 종료되면 지역가입자로 전환(필요 시 가입제외 재신청 가능, 가입제외 기간 중이라도 의료보장 사유가 종료된 경우 건강보험 재가입). 단, 외국의 보험은 외국인등록, 국내거소신고 이전에 가입한 경우만 인정

③ 자격취득일 및 상실일

자격취득 및 상실에 관한 시기, 절차는 국내근로자의 규정을 준용한다. 다만, 다음 각 호의 날에도 그 자격을 잃는다(국민건강보험법 제109조 제6항, 장기체류 재외국민 및 외국인에 대한 건강

보험 적용기준 제3조 제2항).

> ㉠ 사용·임용·채용관계가 종료된 날의 다음 날
> ㉡ 사망한 날의 다음 날
> ㉢ 「출입국관리법」에 따른 체류기간이 종료된 날의 다음 날
> ㉣ 「출입국관리법」에 따른 강제퇴거명령이 발부된 날의 다음 날. 다만, 「출입국관리법」 제60조에 따른 이의신청을 한 사람은 그에 대한 심사결정이 확정되는 날까지 자격을 잃지 아니함.
> ㉤ 사용자가 국민건강보험공단(이하 "공단"이라 한다)에 가입 제외를 위한 신고서를 제출한 날. 다만, 자격취득 신고일부터 14일 이내에 가입 제외 신고서를 제출한 경우에는 자격취득 신고일에 해당 신고서를 제출한 것으로 봄.

④ 재가입

2015.8.24.부터는 다음과 같이 재가입에 대한 내용이 개정되었다.

구 분	개정내용
외국의 법령, 외국의 보험, 사용자와의 계약에 따라 의료보장을 받음을 사유로 건강보험 직장가입 제외된 재외국민 및 외국인근로자가 제외 신청을 할 당시에 근무하였던 사업장(퇴사) 외에 다른 사업장에 재입사한 경우	신규사업장에 사용된 날부터 건강보험 직장가입자로 자격이 취득됨. ※ 신규사업장의 사용자는 재외국민 또는 외국인인 근로자의 건강보험 가입 제외를 신청하려면 직장가입자 자격상실신고서에 의료보장을 받을 수 있음을 증명할 수 있는 서류와 재외국민 또는 외국인이 건강보험에서 탈퇴하겠다는 취지를 적은 서류(재외국민 및 외국인근로자 건강보험 가입 제외신청서), 의료비를 지급한 사실을 증명하는 서류(사용자와의 계약으로 제외신청 시 제출) 등을 첨부하여 공단에 제출하여야 함.
외국의 법령, 외국의 보험, 사용자와의 계약에 따라 건강보험 직장가입 제외된 재외국민 또는 외국인이 퇴직 이후 퇴직증명서 등을 제출할 경우(직장가입자의 퇴사시점을 객관적으로 명확히 확인할 수 있는 경우)	지역가입자 또는 직장피부양자로 취득이 가능. 다만 지역가입자 또는 직장피부양자가 되려는 사람은 「장기체류 재외국민 및 외국인에 대한 건강보험 적용기준」, 「피부양자 자격의 인정기준」 등 관련 규정에서 정하는 요건을 모두 충족하여야 함.

(4) 외국인근로자 장기요양보험 가입제외

① 가입제외 신청대상

직장가입자인 외국인근로자 중 D-3(산업연수생), E-9(비전문취업), H-2(방문취업)의 체류자격에 해당되는 자는 장기요양보험 가입제외 신청대상자이다. 그 외의 직장가입자 외국인 및 재외국민, 지역가입자는 신청대상이 아니다(장기요양보험법 제7조 제4항).

② 장기요양보험 가입제외일(자격상실일)

외국인근로자 장기요양보험 가입제외신청서를 국민건강보험공단에 제출한 날(신청일)이 자격상실일이다. 단, 직장가입자 자격취득 신고일로부터 14일 이내에 신청한 경우에는 그 자격취득일이 상실일이다.

③ 장기요양보험 재가입일(자격취득일)

외국인근로자 장기요양보험 가입제외자 중 체류자격이 E-9(비전문취업), H-2(방문취업) 이외의 체류자격으로 변경 시 공단에 장기요양보험 적용을 신청한 날 또는 공단이 확인한 날이 재가입일이 된다.

④ 신청절차

신청대상인 외국인근로자는 「외국인근로자 장기요양보험 가입제외신청서」를 작성하여 사용자에게 제출하고, 사용자는 공단에 제출하여야 한다.

⑤ 유의사항

- 직장가입자가 장기요양보험에서 제외된 경우 그 피부양자도 제외되며, 직장 이동이 있더라도 계속 장기요양보험가입이 제외된다.
- 가입제외된 자는 직장가입자 유지기간 동안은 장기요양보험을 재가입할 수 없다. 단, 체류자격이 E-9(비전문취업), H-2(방문취업) 이외의 체류자격으로 변경된 경우에는 예외이다.

(5) 직장 허위취득자 가산금 부과

① 개요

직장가입자가 될 수 없는 근로자를 고액의 지역보험료를 회피할 목적으로 거짓으로 직장가입자로 취득시키는 사례가 증가함에 따라 거짓 신고한 사용자에게 가산금을 부과하여 직

장 허위취득 사례를 사전에 예방 하고자, 2016.9.23. 이후 직장가입자로 허위취득 신고한 사용자에게 부과한다(국민건강보험법 제78조의 2).

② 가산금 부과대상

다음과 같이 직장가입자가 될 수 없는 자를 거짓 신고한 사용자에게 부과한다.

- 사업장의 사용자가 직장가입자가 될 수 없는 자를 국민건강보험법 제8조(자격의 취득 시기 등) 제2항을 위반하여 거짓으로 보험자에게 직장가입자로 신고한 경우
- 사업장의 사용자가 직장가입자가 될 수 없는 자를 국민건강보험법 제9조(자격의 변동 시기 등) 제2항을 위반하여 거짓으로 보험자에게 직장가입자로 신고한 경우

③ 가산금 부과금액

가산금 = 허위취득 기간 동안 {(지역 세대보험료 총액 - 직장보험료 총액[주])× 10%}

주) 직장보험료 총액 = 가입자부담 + 사용자부담 총액 + 소득월액 보험료

재외국민 및 외국인 근로자 건강보험 가입 제외 신청서
Application for Exclusion for Health Insurance for Overseas Nationals and Foreign Workers

<table>
<tr><td rowspan="3">가입자
Applicant</td><td>성명
Name</td><td></td><td>외국인등록번호
(또는 국내거소신고번호)
Foreigners' Registration Number
(or Local residence Notice Number)</td><td colspan="2">-</td></tr>
<tr><td>가입제외 사유
Reason for Exclusion</td><td colspan="4">□ 외국의 법령에 따라 의료보장을 받는 경우
Health coverage guaranteed by foreign law.
□ 외국의 보험에 따라 의료보장을 받는 경우
Health coverage guaranteed by foreign insurance
□ 사용자와의 계약 등에 따라 의료보장을 받는 경우
Health coverage guaranteed by employer's contract
※ 해당 란에 "√" 표시 ※ Check the appropriate box</td></tr>
<tr><td>사업장(기관)
Employer
(Organization)</td><td>명칭
Name</td><td></td><td>기호
Number</td><td></td></tr>
</table>

장기체류 재외국민 및 외국인에 대한 건강보험 적용기준 제3조 제2항 규정에 의하여 위와 같이 재외국민 및 외국인 근로자 건강보험 가입 제외를 신청합니다.

In accordance with regulation article 3, section 2 of the health insurance coverage standard for long-term overseas nationals and foreign workers, the abovementioned exclusion application is being submitted.

※『외국의 법령』및『외국의 보험』에 따른 가입 제외 신청자는 국내 체류기간 동안은 직장가입자로 재가입 신청을 할 수 없습니다. 단『사용자와의 계약』에 따른 가입 제외 신청자는 직장 이직(사업장 변경)시 직장가입자로 재가입 신청이 가능합니다.

※ **Applicants excluded from subscription according to foreign law or foreign insurance may not apply for a new subscription as an Employed Subscriber. However, applicants excluded from subscription according to their contract with the employer may apply for a new subscription as Employed Subscriber if they transfer to a different workplace.**

년 월 일

신청인 Applicant (서명 signature)

국민건강보험공단 이사장 귀하

To: Director of the National Health Insurance Service

■ 노인장기요양보험법 시행규칙 [별지 제1호 서식] (2013.6.10. 개정)

외국인근로자 장기요양보험 가입제외 신청서

※ 뒤쪽의 작성방법 및 유의사항을 읽고 작성하시기 바라며, 어두운 란은 신청인이 적지 않습니다.

(앞쪽)

접수번호	접수일자	처리기간 3일

①사업장	명 칭	관리번호
	소재지	

②가입자	성 명	외국인등록번호
	주 소	
	전화번호	
	국 적	체류자격

「노인장기요양보험법」 제7조 제4항 및 같은 법 시행규칙 제1조의2에 따라 장기요양보험 가입 제외를 신청합니다.

년 월 일

신청인 (서명 또는 인)

국민건강보험공단 이사장 귀하

신청(신고)인 제출서류	없 음	수수료
담당직원 확인사항	외국인등록증 사본 또는 외국인등록사실증명 중 1부	없 음

행정정보 공동이용 동의서

본인은 이 건 업무처리와 관련하여 담당직원이「전자정부법」 제36조 제2항에 따른 행정정보의 공동이용을 통하여 위의 담당직원 확인사항을 확인하는 것에 동의합니다.

*동의하지 아니하는 경우에는 신청인이 직접 관련 서류를 제출하여야 합니다.

신청인 (서명 또는 인)

210mm×297mm[백상지 80g/㎡]

(뒤쪽)

작성방법 및 유의사항

①: 신청인을 고용하고 있는 사업장의 명칭과 소재지 주소를 적습니다.

②: 신청인(가입자)의 "성명", "외국인등록번호"란에는 신청인(가입자)의 외국인등록증 상의 성명 및 외국인등록번호를 적고, "전화번호"란에는 신청인(가입자)의 자택전화번호 및 휴대전화번호를 적고, "국적" 및 "체류자격"을 적습니다.

처 리 절 차

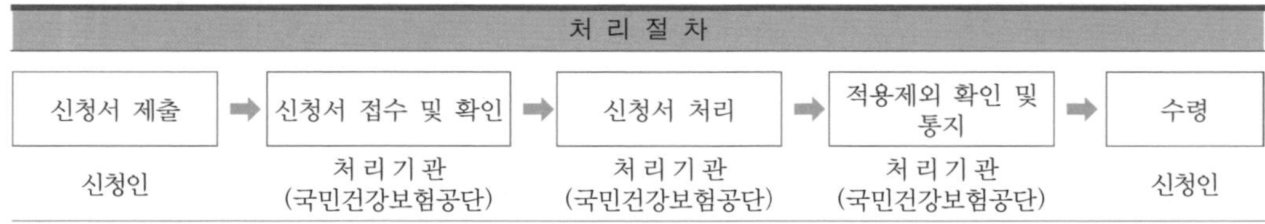

신청서 제출	➡	신청서 접수 및 확인	➡	신청서 처리	➡	적용제외 확인 및 통지	➡	수령
신청인		처리기관 (국민건강보험공단)		처리기관 (국민건강보험공단)		처리기관 (국민건강보험공단)		신청인

❸ 고용보험

(1) 가입대상자와 제외대상자

다음에 해당하는 자를 제외한 「근로기준법」에 따른 모든 근로자(1개월 미만의 일용근로자 포함)는 가입대상이다.

① 농업・임업・어업 중 법인이 아닌 자가 상시 4명 이하의 근로자를 사용하는 사업의 종사자
② 다음의 어느 하나에 해당하는 공사의 종사자[주1)]
  ㉠ 「고용보험 및 산업재해보상보험의 보험료징수 등에 관한 법률 시행령」 제2조 제1항 제2호에 따른 총공사금액이 2천만원 미만인 공사
  ㉡ 연면적이 100㎡ 이하인 건축물의 건축 또는 연면적이 200㎡ 이하인 건축물의 대수선에 관한 공사
③ 가구 내 고용활동 및 달리 분류되지 아니한 자가소비 생산활동
④ 1개월간 소정근로시간이 60시간 미만인 단시간근로자(초단시간근로자[주2)] 포함) (단, 3개월 이상 근로 제공 시 제외)
⑤ 만 65세 이후에 고용된 자(단, 고용안정, 직업능력개발사업은 적용)
⑥ 공무원(별정직, 계약직 공무원은 2008.9.22.부터 임의가입 가능)
  다만, 임용된 날부터 3개월 이내에 고용센터로 신청(3개월 이내 신청하지 않을 시 가입 불가)
⑦ 「사립학교교직원 연금법」 적용자
⑧ 별정우체국 직원
⑩ 외국인근로자[주3)]

주1) 다만, 「고용보험법」 제15조 제2항 각 호에 해당하는 자(전문건설업자)가 시공하는 공사는 제외
주2) 4주를 평균한 1주간 소정근로시간이 15시간 미만인 자
주3) 단, 거주(F-2), 영주(F-5), 결혼이민(F-6) 자격의 경우는 당연적용하며 주재(D-7)・기업투자(D-8) 및 무역경영(D-9)의 경우는 상호주의에 따라 적용함.

참고

[특례가입 적용대상자]

특례가입방식에 따른 특수형태 근로종사자, 중・소기업 사업주, 자활수급자, 현장실습생 등이 특례요건에 해당하거나, 공단의 승인을 받는 경우 고용・산재보험의 적용을 받는 '근로자'로 보도록 규정하고 있다.

(2) 일반사업장의 적용제외 근로자

① 만 65세 이상인 자

만 65세 이후에 고용보험 적용사업장에 신규로 취업한 자는 실업급여는 적용 제외하나 고용안정·직업능력개발사업의 적용을 받는다.

다만, 만 65세 이전부터 고용보험에 가입된 자는 연령과 관계없이 적용대상으로 고용기간 동안 실업급여보험료를 포함한 보험료를 부과한다(2014.1.1. 시행).

그러나, 만 65세 전부터 피보험 자격을 유지하던 사람이 65세 이후에 계속하여 고용된 경우는 실업급여 적용대상이다(2019.1.19. 시행).

② 1월간 소정근로시간이 60시간 미만인 자(1주간 소정근로시간이 15시간 미만인 자 포함)

1월간 소정근로시간이 60시간 미만인 자(1주간 소정근로시간이 15시간 미만인 자 포함)는 적용제외 근로자이다.

다만, 3월 이상 계속하여 근로를 제공하는 자와 「고용보험법」 제2조 제6호의 규정에 의한 1개월 미만의 기간 동안 고용된 일용근로자는 가입대상 근로자에 해당한다.

③ 외국인근로자

외국인근로자는 원칙적으로 적용제외 근로자이며, 다음의 근로자는 가입대상자이다.

- 「출입국관리법 시행령」 제12조의 규정에 의한 외국인의 체류자격 중 주재(D-7)·기업투자(D-8) 및 무역경영(D-9)의 체류자격을 가진 자(법에 따른 고용보험에 상응하는 보험료 및 급여에 관하여 당해 외국인의 본국법이 대한민국 국민에게 적용되지 아니하는 경우를 제외 : 국가 간 상호주의원칙에 따라 법 적용)
- 「출입국관리법 시행령」 제23조 제1항에 따른 취업활동을 할 수 있는 체류자격을 가진 자(고용노동부령이 정하는 바에 따라 보험가입을 신청한 자에 한함)
- 「출입국관리법 시행령」 제23조 제2항 제1호·제2호 및 제3호에 해당하는 자[거주(F-2)및 결혼이민(F-6)의 체류자격을 가진 자]
- 「출입국관리법 시행령」 제12조에 따른 외국인의 체류자격 중 재외동포(F-4)의 체류자격을 가진 자(고용노동부령으로 정하는 바에 따라 보험 가입을 신청한 자만 해당)
- 「출입국관리법 시행령」 제12조에 따른 외국인의 체류자격 중 영주(F-5)의 체류자격을 가진 자

단, 고용허가대상 외국인 근로자(E-9, H-2)는 고용안정·직업능력개발사업만 다음과 같이 강제 가입 실시한다. 따라서, 실업급여는 임의가입대상이다.

적용시기

- 상시 30명 이상의 근로자를 사용하는 사업 또는 사업장: 2021.1.1.
- 상시 10명 이상 30명 미만의 근로자를 사용하는 사업 또는 사업장: 2022.1.1.
- 상시 10명 미만의 근로자를 사용하는 사업 또는 사업장: 2023.1.1.

| 외국인의 체류자격별 고용보험 적용 |

체류자격	고용보험 적용여부	체류자격	고용보험 적용여부
1. 외 교(A-1)	×	19. 교 수(E-1)	△(임의)
2. 공 무(A-2)	×	20. 회화지도(E-2)	△(임의)
3. 협 정(A-3)	×	21. 연 구(E-3)	△(임의)
4. 사증면제(B-1)	×	22. 기술지도(E-4)	△(임의)
5. 관광통과(B-2)	×	23. 전문직업(E-5)	△(임의)
6. 일시취재(C-1)	×	24. 예술흥행(E-6)	△(임의)
7. 단기상용(C-2)	삭제(2011.11.1.)	25. 특정활동(E-7)	△(임의)
8. 단기종합(C-3)	×	25의3. 비전문취업(E-9)	△(임의)주)
9. 단기취업(C-4)	△(임의)	25의4. 선원취업(E-10)	△(임의)
10. 문화예술(D-1)	×	26. 방문동거(F-1)	×
11. 유 학(D-2)	×	27. 거 주(F-2)	○(당연)
12. 산업연수(D-3)	×		
13. 일반연수(D-4)	×	28. 동 반(F-3)	×
14. 취 재(D-5)	×	28의2. 재외동포(F-4)	△(임의)
15. 종 교(D-6)	×	28의3. 영주(F-5)	○(당연)
		28의4. 결혼이민(F-6)	○(당연)
16. 주 재(D-7)	○(상호주의)	29. 기 타(G-1)	×
17. 기업투자(D-8)	○(상호주의)	30. 관광취업(H-1)	×
18. 무역경영(D-9)	○(상호주의)	31. 방문취업(H-2)	△(임의)주)
18-2. 구직(D-10)	×		

주) E-9, H-2는 고용안정・직업능력개발사업은 다음과 같이 강제 가입 실시, 따라서, 실업급여만 임의가입임.
- 상시 30명 이상의 근로자를 사용하는 사업 또는 사업장: 2021.1.1.
- 상시 10명 이상 30명 미만의 근로자를 사용하는 사업 또는 사업장: 2022.1.1.
- 상시 10명 미만의 근로자를 사용하는 사업 또는 사업장: 2023.1.1.

※ "×"로 표시된 경우에는 임의가입도 불가함

※ "임의"는 근로자가 신청을 원하는 경우에 가입 가능

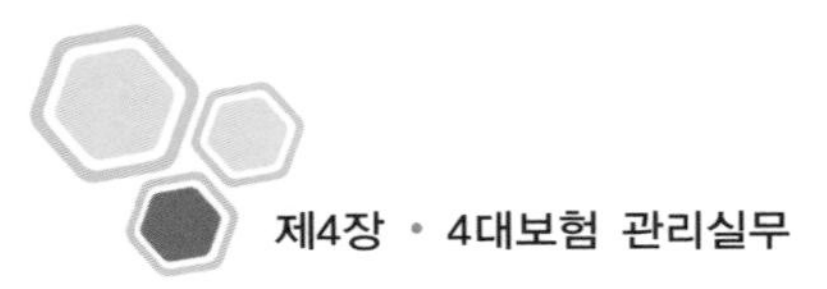

※ "상호주의"는 국가 간 상호주의원칙에 따라 법 적용(해당 외국인의 본국법이 대한민국 국민에게 보험을 적용하지 아니하는 경우 제외)

(3) 특정직종에 따른 적용제외 근로자

① 「국가공무원법」 및 「지방공무원법」에 의한 공무원

다만, 일정 요건에 따라 별정직 및 임기제 공무원의 경우는 본인의 의사에 따라 고용보험(실업급여에 한함)에 가입할 수 있다.

그러나 「공무원연금법」을 적용받더라도 「국가공무원법」 및 「지방공무원법」에 의한 공무원이 아닌 「청원경찰법」에 의하여 국가 또는 지방자치단체에 근무하는 청원경찰, 「청원산림보호직원 배치에 관한 법률」에 의하여 국가 또는 지방자치단체에 근무하는 청원산림보호직원, 국가 또는 지방자치단체의 위원회 등의 상임위원과 전임직원으로서 매월 정액의 보수 또는 이에 준하는 급여를 받는 자, 기타 국가 또는 지방자치단체의 정규공무원 외의 직원으로서 수행업무의 계속성과 매월 정액의 보수지급 여부 등을 참작하여 행정안전부장관이 인정하는 자 등은 고용보험이 적용되는 근로자에 해당한다.

② 「사립학교교직원 연금법」의 적용을 받는 자(산재보험도 동일)

- 「사립학교교직원 연금법」을 적용받는 자는 교직원을 말하며, 다만, 임시로 임명된 자, 조건부로 임명된 자 및 보수를 받지 아니하는 자는 「사립학교교직원 연금법」을 적용받지 아니하므로 고용보험 적용대상자이다.
- 학교법인 또는 법인인 사립학교 경영자의 경우에는 '사무직원'에 대하여 '정관'으로 정하고, 개인인 사립학교경영자의 경우에는 '규칙'으로 정하므로 '정관' 및 '규칙'에 규정이 없이 임면되는 '사무직원'은 「사립학교교직원 연금법」을 적용받지 아니한다.
- 「사립학교교직원 연금법」을 적용받지 못하는 시간강사, '교원'과 '사무직원' 외의 임시로 임명된 자, 조건부로 임명된 자, 또는 식당 · 경비 · 청소 등의 업무종사자, 사립학교의 수익사업에 해당하는 병원 중 학교법인에서 별도의 법인으로 만든 의료법인에 종사하는 간호사 및 사무직원 등은 「사립학교교직원 연금법」을 적용받지 않으므로 고용 및 산재보험을 적용받는다.

참고

보육시설은 보호자로부터 유아 및 취학 전 어린이를 위탁받아 보육하는 시설을 말하는 것으로 이는 「사립학교교직원 연금법」 임의가입대상이 아니므로 산재보험 가입대상이다.

③ 「별정우체국법」에 의한 별정우체국 직원

별정우체국은 정보통신부장관의 위임을 받아 일반우체국과 동일한 업무를 수행하고 이들 사업장에 종사하는 근로자는 공무원연금제도와 유사한 혜택을 받고 있어 적용제외 근로자에 해당한다.

산재보험

(1) 가입대상자

적용제외 사업을 제외한 사업 또는 사업장에 종사하는 모든 근로자가 가입대상이다.

(2) 적용제외 사업

산재보험 적용제외 사업 또는 사업장은 다음과 같다(산재법 시행령 제2조 제1항). 사업의 범위에 관하여 「산업재해보상보험법 시행령」에 특별한 규정이 없으면 「통계법」에 따라 통계청장이 고시하는 한국표준산업분류표(이하 "한국표준산업분류표"라 한다)에 따른다(산재법 시행령 제2조 제2항).

① 「공무원 재해보상법」 또는 「군인연금법」에 따라 재해보상이 되는 사업주)
② 「선원법」, 「어선원 및 어선 재해보상보험법」 또는 「사립학교교직원 연금법」에 따라 재해보상이 되는 사업
③ 가구 내 고용활동
④ 농업, 임업(벌목업은 제외), 어업 및 수렵업 중 법인이 아닌 자의 사업으로서 상시근로자수가 5명 미만인 사업

주) 다만, 「공무원 재해보상법」 제60조에 따라 순직유족급여 또는 위험직무순직유족급여에 관한 규정을 적용받는 경우는 제외

보충 Tip

1 **일용근로자**

세법상 일용근로자의 범위는 3월 이상 동일고용주에게 계속 고용되어 있지 않은 자로서 고용기간이 3월 미만이나, 국민연금과 건강보험의 직장가입 제외대상자에 해당하는 일용근로자의 고용기간은 1월 미만이다. 또한 고용보험과 산재보험은 기간에 상관없이 가입대상자이다.

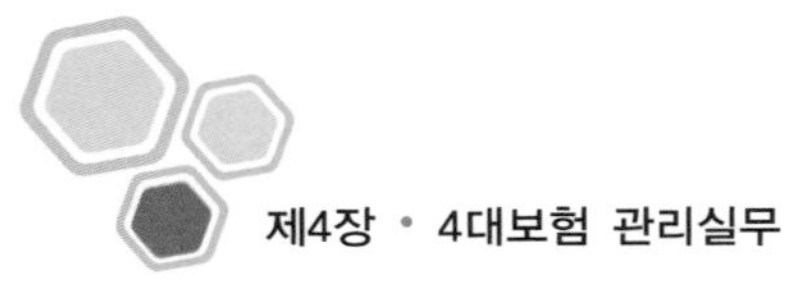

② **1개월간 소정근로시간이 60시간 미만인 단시간근로자**

1개월간 소정근로시간이 60시간 미만인 단시간근로자는 국민연금, 건강보험, 고용보험에서 가입제외대상자에 해당한다. 국민연금과 고용보험은 단서 조항이 있지만, 건강보험의 경우는 아무런 단서 조항 없이 가입제외대상자에 해당한다.

참고

[건설기계조종사(일반근로자)의 고용 · 산재보험 가입자 판단]

• 고용보험

건설용의 기계 · 장비를 임대하는 사업주가 동 기계 · 장비 조작근로자(운전원, 수리공, 기술자)를 함께 파견하는 경우, 파견된 건설공사에 소속된 근로자로 보지 아니하고, 임대사업 소속의 근로자로 하여 적용

- 다만, 건축 · 토목공사 등의 건설도급계약을 체결하고 자기 소유의 기계장비로 직접 공사하는 경우에는 건설 공사의 근로자로 적용
- 건설면허 보유여부를 불문하고 건설용 기계장비를 임대하는 사업주가 사실상의 건설도급계약에 의해 건설기계를 건설현장에 투입하여 공사를 수행한다면 건설공사에 해당하여 원수급인의 보험관계로 흡수 적용

• 산재보험

보험가입자 판단	2017.12.3.이전	2018.1.1.이후
건설현장 내 임대차 계약에 따라 건설기계를 포함한 근로자(운전원, 수리공, 기술자 등)를 파견하는 경우	건설기계관리사업의 사업주	해당 건설공사의 원수급인

※ '임대, 도급' 등 계약 형태에 상관없이 실질에 따라 판단하여, 건설현장에서 건설기계와 건설기계조종사를 임대 계약 형식으로 사용하였다 하더라도 '도급'에 해당하므로 「보험료징수법」 제9조에 따라 원수급인에게 보험가입 및 보험료 납부의무를 부과함.

⑤ 고용 · 산재보험 적용제외자 사례

(1) 실습생

연수 · 수습 · 실습 등의 명칭 여하를 불문하고 근로계약의 존부, 임금을 목적으로 근로를 제공하는지 여부, 당해 사업장에 종사하는 다른 근로자의 근무형태와 같은지 여부 등을 종합적으로 검토하여 근로자 여부를 판단 적용한다.

다만, 산재보험은 산재보험 적용사업장에서 「직업교육훈련촉진법」 제7조에 따라 현장실

습을 이수하고 있는 현장실습생(학생 및 직업훈련생)은 「산재보험법」 제123조에 따라 1998.1.1.부터 「산재보험법」 적용한다.

(2) 해외파견 근로자

① 고용보험

국내사업장(본사)과의 고용관계가 유지된다면 출장이나 주재근무에 관계없이 적용한다. 다만, 해외 현지 법인에서 임금이 전액 지급된다면 기준기간 연장사유에 해당되어 그 기간만큼 기준기간이 연장되며, 독립채산제로 운영되고 있는 해외지점에서 직접 채용되어 근무하는 해외근로자의 경우에는 적용 제외된다.

② 산재보험

산재보험은 해외파견자 임의가입 특례에 의한다. 즉, 산재보험은 원칙적으로 국내 사업 또는 사업장에 적용되고, 해외의 사업에는 적용되지 않아 해외현지법인 등에 파견되는 근로자는 산재보험의 보호를 받지 못하나 보험가입자(사업주)가 해외파견자 보험가입 신청을 하여 공단의 승인을 받으면 국내근로자와 동일하게 산재보험의 적용대상이 되어 산재보험의 보호를 받을 수 있다.

(3) 정부지원 인턴과 연수생

① 정부지원 인턴

정부지원 인턴은 기업체가 고용노동부의 지원을 받으며 고용지원센터 및 대학의 알선에 의해 인턴을 직접 채용하고 인턴비용 및 임금을 사업주가 직접 지급하는 경우 고용 및 산재 적용한다.

② 연수생

고용노동부에서 실시하고 있는 연수지원제에 의한 연수생은 연수기관에서 현장 연수를 통해 기술이나 기능 및 실무를 습득하는 자로서 임금을 목적으로 근로를 제공하는 「근로기준법」상의 근로자가 아니므로 산재 및 고용보험 가입대상에서 제외된다.

(4) 친족

① 동거친족

사업주와 동거하고 있는 친족은 임금 및 고용상태의 파악이 어렵고 사회통념상 사업주와

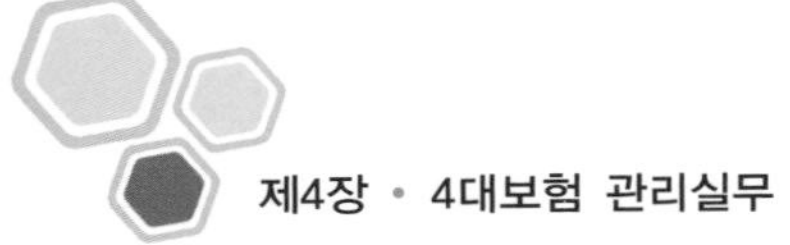

동업관계 또는 생계를 같이하는 관계에 있다고 볼 수 있으므로 원칙적으로 고용 및 산재 적용하지 않는다. 단, 그 친족이 같은 사업장에 근무하는 일반 근로자와 동일하게 사업주의 지휘·감독하에서 상시 근로를 제공하고 그 대가로 임금형태의 금품을 지급받는 자임이 사실관계를 통해 명확하게 확인된 경우에는 예외적으로 고용 및 산재보험을 적용한다.

② 비동거친족

사업주와 동거하지 않는 친족의 경우는 일반적인 근로자 판단기준에 따른다. 그러므로 비동거 친족이 무조건 당연적용대상인 것은 아니다. 그 친족이 '사업주의 지휘·감독하에서 상시근로를 제공하고, 그 대가로 임금형태의 금품을 지급받는 자'가 아닌 것으로 사실관계를 통해 확인된 경우에는 근로자로 보지 않아 고용 및 산재보험을 적용하지 않는다.

(5) 성직자

목사·전도사·승려·신부·수녀 등의 성직자는 순수종교인으로서 근로자로 보기 어려워 적용 제외된다.

사무직원·운전기사·청소원 등 종교단체에 고용되어 임금을 지급받는 근로자는 적용대상이다.

(6) 항운노조원

항운노조원은 항운노동조합 소속 근로자로서 산재보험에 있어서는 항운노조원을 사용하는 사업주의 소속 근로자로서 산재보험 적용을 받는다. 그러나 고용보험에 있어서는 항운노동조합 소속으로도, 사용사업주 소속 근로자로도 인정받지 못한다.

단, 2012.1.1.부터 산재보험관리기구 산재보험 가입특례 제도가 시행되어, 직업안정법 제33조에 따라 근로자공급사업자(항운노조), 화주, 하역업체 및 그 단체 등이 산재보험관리기구를 구성하여 공단의 승인을 얻은 경우, 해당 산재보험 관리기구를 항운노조원의 산재보험 보험가입자로서의 지위를 부여한다.

(7) 학생

① 고용보험

통상 학생은 생업을 목적으로 한다고 볼 수 없으나, 휴학을 하고 근로제공에만 전념하거나 근로제공을 주업으로 하고 학업을 병행하는 경우(야간학생)에는 생업을 목적으로 근로를 제공하는 것으로 본다. 주간학생이라도 1개월간 소정근로시간이 60시간 이상인 자는 근로자성이 부인되지 않는 한 원칙적으로 고용보험 적용대상이다.

② 산재보험

학생의 경우 근로자성이 부인되지 않는 한 산재보험 적용대상 근로자이다.

(8) 산업기능요원 및 전문요원

산업기능요원 또는 전문연구요원의 경우에는 병역대체 복무형태의 특성을 가지고는 있으나, 근로양태 등에 있어서는 일반 근로자와 차이가 없어 「근로기준법」상의 근로자에 해당한다. 다만, 공무원인 자가 휴직 후 산업체기능요원 또는 전문연구요원으로 근무하는 경우 적용제외 근로자이다.

(9) 노조전임자

'노조전임자'란 '단체협약 또는 사용자의 동의를 얻어 근로계약에 따른 소정의 근로를 제공하지 않고 노동조합의 업무에만 종사하는 자'를 의미하므로 근로자가 노조전임자로 활동하는 기간의 경우 사용자의 지휘 · 감독을 받지 않고 근로제공의 의무도 없어 고용관계는 유지되나 휴직 중인 상태에 준하는 사람으로 산재보험은 원칙적으로 적용제외하나, 고용보험은 적용대상이다.

고용보험의 경우 보험료징수법 제13조 제2항 및 고용노동부 고시 제2011-48호에 따라 「노동조합 및 노동관계조정법」 제24조에 따른 노동조합의 전임자가 그 전임기간 동안 노동조합으로부터 급여의 명목으로 지급받는 금품을 보수로 보아 고용보험 적용한다.

(10) 요양보호사 등

① 요양보호사

노인장기요양보험제도가 정하는 바에 따라 근무하는 요양보호사의 경우는 고용 · 산재보험 적용대상에 해당한다. 다만, 동거친족만을 대상으로 요양서비스를 제공하는 요양보호사는 고용보험은 적용 제외되나 산재보험은 적용된다.

② 자활근로 참여자

자활근로 참여자의 경우 산재보험법 제126조의 규정에 따라 산재보험 당연적용, 고용보험법 제113조의2의 개정(2011.9.22. 시행)으로 고용보험 당연적용이다.

기초생활수급자에 대해 실업급여는 적용하지 않고 고용안정사업, 직업능력개발사업만

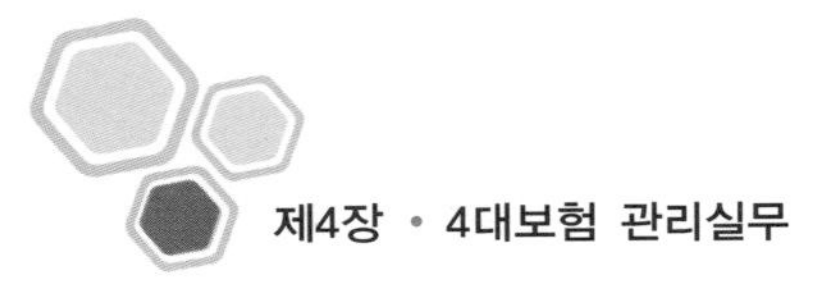

적용하고 차상위계층은 실업급여를 포함한 3가지 사업 모두 적용한다.

③ 국가 간 사회보장협정에 따른 적용제외

미국 등 국가 간 사회보장협정에 따라 외국인이 당사국에 사회보장이 가입되어 있고, 이를 공단에 제출하였을 경우 산재보험 적용제외 근로자로 본다(고용보험은 상호주의에 따라 해당 국가 근로자를 적용 제외).

※ 국가 간 사회보장협정에 따른 보험료면제협정의 규정의 적용받는 국가는 국민연금공단 홈페이지에서 확인 가능하다.

④ 주한 외국대사관에서 근로하는 한국인 근로자

주한 외국공관은 산재 · 고용보험 임의적용대상에 해당되므로, 대사관에서 근무하는 한국근로자가 모두 고용보험에 가입해야 하는 것은 아니며, 한국 근로자가 고용보험의 혜택을 받기 위해서는 산재 · 고용보험 임의가입신청을 하여 공단의 승인을 얻은 경우 보험에 가입할 수 있다.

⑤ 해외취업선원

해외취업선원은 사업주가 외국선박회사로서 국내법 적용대상이 아니므로 「고용보험법」을 적용 제외하여 오다가 동 근로자 보호를 위하여 선박관리업자를 고용보험 적용 의무사업주로 하여 고용보험 적용한다(2005.4.1. 시행).

⑥ 보조출연자

보조출연자(또는 엑스트라)란 주로 드라마, 영화 등에 출연하여 대사가 없는 특정 몸짓, 동작, 얼굴표정을 이용한 연기(팬터마임) 행위를 수행하는 자로, 그 동안의 판례의 입장, 노무제공실태 등을 종합적으로 고려하여 보조출연자의 근로자성을 일률적으로 부정하는 기존 해석을 폐지하고, 「보조출연자 근로자성 판단기준 및 산재보험 업무처리지침」을 2012.10.1.자로 시행한다.

지침시행일 이후 근로기간에 대해 고용 · 산재보험료를 부과하되, 지침 시행일 이전 재해에 대해 요양승인을 했더라도 해당 재해자의 보험료는 소급 부과하지 않는다.

⑦ 여성가족부 시행 아이돌봄지원사업 활동가

「아이돌봄지원법」에 따라 여성가족부가 관장하는 아이돌봄지원사업 활동가는 「근로기준법」상 근로자로 고용 · 산재보험 당연적용한다.

제4절

자격취득 신고

근로자 입사 등으로 4대보험 가입대상자가 발생한 경우에는 다음과 같이 신고기한 내에 자격취득 신고를 하여야 한다.

<table>
<tr><th>구 분</th><th>국민연금</th><th>건강보험</th><th>고용보험</th><th>산재보험</th></tr>
<tr><td rowspan="2">취 득
시 기</td><td rowspan="2">① 사업장이 1인 이상의 근로자를 사용하게 된 때
② 적용사업장에 근로자 또는 사용자로 종사하게 된 때
③ 단시간 근로자가 당연적용사업장에 사용된 때 또는 근로자로 된 때
④ 일용근로자가 1개월 이상 계속 근로하고, 1개월간 근로일수가 8일 이상이거나 근로시간이 월 60시간 이상으로 된 때 또는 1개월간의 소득이 보건복지부장관이 정하여 고시하는 금액(220만원) 이상이 된 때
⑤ 국민연금 가입사업장의 월 60시간 미만 단시간 근로자 중 3개월 이상 근로를 제</td><td rowspan="2">① 근로자 : 적용사업장에 사용된 날
② 사용자 : 적용사업장의 사용자가 된 날
③ 공무원 : 공무원으로 임용된 날[주1)]
④ 교직원 : 교원은 해당 학교에 교원으로 임명된 날, 직원은 해당 학교 또는 그 학교경영기관에 채용된 날
⑤ 일용근로자
-(최초근로일이 속하는 달) 최초 근로일부터 1개월이 되는 날까지 8일 이상 근무한 경우: 최초근로일
-(최초근로일이 속하는 달 이외) 해당월 초일부터 말일까지 8일 이상 근무한 경우: 해당월 초일
※ 최초근로일 판단기준: 1개월(매월초~</td><td colspan="2">① 고용·산재보험 적용제외근로자가 적용을 받게 된 경우 : 적용을 받게 된 날
② 고용·산재 보험관계 성립일 전에 고용된 근로자의 경우 : 보험관계가 성립한 날
③ 고용·산재보험 적용사업에 새로이 채용된 경우 : 근로계약서상 근로개시일</td></tr>
<tr><td>④ 고용보험 가입신청한 외국인의 경우 : 가입신청한 날의 다음 날
⑤ 고용보험 가입신청한 별정직·임기제 공무원의 경우 : 가입신청한 날의 다음 날
⑥ 총공사금액 2천만원 미만 건설공사가 일괄적용을 받게되는 경우 : 일괄적용 관계가 성립한 날
⑦ 새로이 보험관계가 성립되는 사업의 경우: 보험관계가 성립한 날
⑧ 피보험자격이 없</td><td>④ 자진신고 사업에서 부과고지 사업으로 사업종류 변경된 경우 : 변경된 날
⑤ 해외파견 사업에서 국내 부과고지 사업으로 복귀하는 경우 : 복귀한 날
⑥ 산재보험 노무제공자가 고용관계가 변동되어 일반 근로자가 되는 경우 : 고용관계가 변동된 날
⑦ 근로자 정보 신고제외자[주2)]가 고용관계가 변동되어 신고대상이 되는 경우 : 고용관</td></tr>
</table>

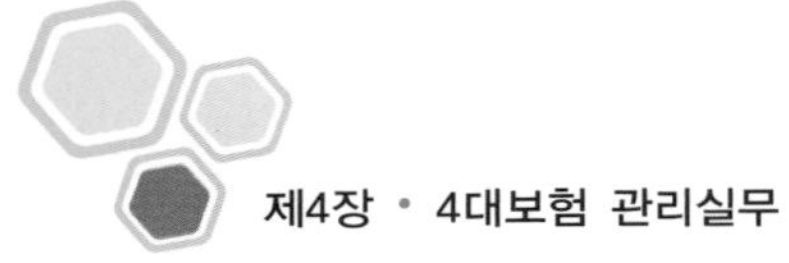

구 분	국민연금	건강보험	고용보험	산재보험
취 득 시 기	공하는 사람(대학 강사 제외)의 가입신청이 수리된 때 ⑥ 둘 이상의 사업장에서 1개월 소정근로시간의 합이 60시간 이상이 되는 단시간 근로자의 가입신청이 수리된 때 ⑦ 1개월 동안의 소정근로시간이 60시간 미만인 단시간 근로자이나 1개월 이상 계속 근로를 제공하고, 1개월 동안의 소득이 보건복지부장관이 정하여 고시하는 금액(220만원) 이상이 된 때	*말일까지) 이상 근로를 전혀 제공하지 않다가, 다시 근로를 제공하는 날은 최초근로일로 보고 (재)취득일 결정*	는 근로자가 근로계약의 변경 등으로 피보험자격을 취득하게 되는 경우 : 새로운 근로계약서상 근로개시일 ⑨ 둘 이상의 사업장에 동시 고용된 근로자가 피보험자격 취득중인 사업장에서 피보험자격을 상실하는 경우 : 피보험자격을 상실한 날(나머지 사업장에서 취득)	계가 변동된 날 ⑧ 적용제외 사업장이 적용사업장으로 변경된 경우 : 변경된 날
신 고 기 한	자격취득일의 다음 달 15일까지	자격취득일부터 14일 이내	자격취득일의 다음 달 15일까지	
신 고 서 류	4대보험 자격취득신고서[주3)]			
신고처	4대사회보험 각 기관 지사 및 4대보험 통합신고 기관[주4)]			

주1) 선거에 의하여 취임하는 공무원은 그 임기가 개시된 날

주2) 고용보험에 가입하지 않은 외국인근로자, 1개월간 소정근로시간이 60시간 미만인 단시간 근로자로 산재보험 고용신고를 하지 않은 자

주3) 4대보험 사업장 관리번호가 동일한 경우에는 하나의 공통서식으로 신고할 수 있으나, 사업장 관리번호가 다른 경우에는 각각 사업장 관리번호별로 작성하여 신고하여야 함.

주4) 4대보험 통합신고 기관
① 4대 사회보험 정보연계센터(http : //www.4insure.or.kr)
② 건강보험 EDI(http : //edi.nhis.or.kr)
③ 고용보험 EDI(http : //www.ei.go.kr)
④ 근로복지공단 토탈서비스(http : //total.comwel.or.kr)

국민연금

(1) 자격취득시기

사업장 가입자는 다음에 해당하는 때에 그 자격을 취득한다.

① 사업장이 1인 이상의 근로자를 사용하게 된 때
② 적용사업장에 근로자 또는 사용자로 종사하게 된 때[주)]
③ 단시간근로자가 당연적용사업장에 사용된 때 또는 근로자로 된 때
④ 일용근로자가 1개월 이상 계속 근로하고, 1개월간 근로일수가 8일 이상이거나 근로시간이 월 60시간 이상으로 된 때 또는 1개월간의 소득이 보건복지부장관이 정하여 고시하는 금액(220만원) 이상이 된 때
⑤ 국민연금 가입사업장의 월 60시간 미만 단시간근로자 중 3개월 이상 근로를 제공하는 사람(대학 강사 제외)의 가입신청이 수리된 때
⑥ 둘 이상의 사업장에서 1개월 소정근로시간의 합이 60시간 이상이 되는 단시간근로자의 가입신청이 수리된 때
⑦ 1개월 동안의 소정근로시간이 60시간 미만인 단시간근로자이나 1개월 이상 계속 근로를 제공하고, 1개월 동안의 소득이 보건복지부장관이 정하여 고시하는 금액(220만원) 이상이 된 때

주) 입사일

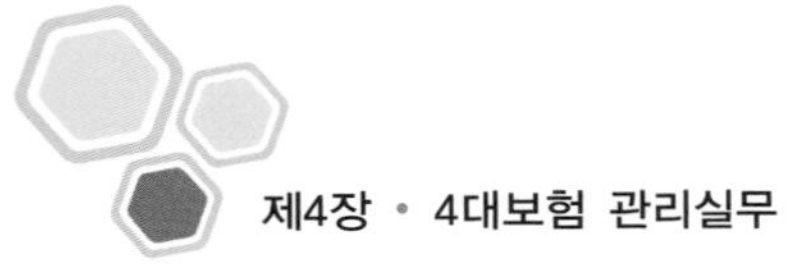

(2) 일용근로자

① 건설현장 일용근로자

구 분	자격취득일
최초 근로일부터 1개월간 8일 이상 근로한 경우	최초 근로일
전월 근로일(8일 미만)이 있고 해당 월 초일부터 말일까지 8일 이상 근로한 경우	해당 월 초일(1일)
전월 근로일(8일 미만)이 있고 최초근로일로부터 1개월 간의 소득이 220만원 이상인 경우	최초 근로일

② 일반 일용근로자

건설현장 일용근로자와 동일하다.

(3) 신고기한 및 방법

자격취득일의 다음 달 15일까지 4대사회보험 각 기관 지사 등에 신고하면 된다.

(4) 신고서류

「사업장가입자 자격취득신고서」를 제출하여야 한다. 단, 자격취득자에 특수직종 근로자(광원, 부원)가 포함된 경우에는 임금대장 사본이나 선원수첩 사본 등 특수직종 근로자임을 확인할 수 있는 서류를 첨부하여야 한다.

(5) 유의사항

취득일이 그 달의 1일이 아닌 경우에는 취득월의 다음 달부터 보험료가 부과되므로 취득월의 보험료 납부를 희망하는 경우에는 '취득 월 납부 희망'에 [√] 표시를 하면 된다.

자격취득일란에는 해당 사업장의 채용일 등을 적는다. 단, 자격취득사유가 사업장 전입인 경우에는 상대 사업장에서의 전출일과 같은 일자를 적는다.

2 건강보험

(1) 자격취득시기

사업장 가입자는 다음에 해당하는 때에 그 자격을 취득한다.

구 분		자격취득일
① 근로자		적용사업장에 사용된 날
② 사용자		적용사업장의 사용자가 된 날
③ 공무원		공무원으로 임용된 날[주1)]
④ 교직원	교원	해당 학교에 교원으로 임명된 날,
	직원	해당 학교 또는 그 학교 경영기관에 채용된 날
⑤ 유공자 등 의료보호대상자		유공자 등 의료보호대상자가 건강보험 적용을 신청한 경우에는 적용신청한 날[주2)]
⑥ 의료급여 수급권자		의료급여 수급권자가 적용사업장에서 근무 도중 그 대상자에서 제외된 경우에는 대상자에서 제외된 날
⑦ 외국인 외국국적동포 재외국민		외국인등록을 한 외국인 또는 외국국적 동포, 국내 거소신고를 한 재외국민 또는 외국국적 동포가 사업장에 사용(임용·채용)된 날

주1) 선거에 의하여 취임하는 공무원은 그 임기가 개시된 날
주2) 건강보험 가입자의 자격을 취득하는 경우에는 그 달부터 보험료를 징수

(2) 일용근로자

구 분	취득시기
최초근로일이 속하는 달	최초 근로일부터 1개월이 되는 날까지 8일 이상 근무한 경우: 최초 근로일
최초근로일이 속하는 달 이외	해당 월 초일부터 말일까지 8일 이상 근무한 경우: 해당 월 초일

(3) 신고기한 및 방법

자격취득일로부터 14일 이내에 4대사회보험 각 기관 지사 등에 신고하면 된다.

(4) 신고서류

「직장가입자 자격취득신고서」를 다음에 해당하는 서류와 함께 제출하여야 한다.

① 피부양자 신고하는 경우[주1)]	가족관계등록부의 증명서 및 외국인등록(국내거소신고) 사실증명 등 가입자와의 관계를 확인할 수 있는 서류 1부
② 외국인[주2)]	외국인등록증(외국인등록사실증명 포함) 1부
③ 재외국민[주2)]	주민등록증(주민등록등본 포함) 1부
④ 외국국적동포[주2)]	국내거소신고증(국내거소신고사실증명 포함) 1부
⑤ 「장애인복지법」에 따라 등록된 장애인	장애인등록증 1부
⑥ 「국가유공자 등 예우 및 지원에 관한 법률」에 규정된 국가유공자 등	국가유공자증 등 사본 1부

주1) 피부양자를 별도 신고하는 경우 : 「피부양자 자격취득·상실신고서」(별지 제1호 서식) 제출
주2) 공단이 국가 등으로부터 제공받은 자료로 국내거소신고 및 외국인등록사실을 확인할 수 있는 경우에는 해당 서류를 첨부하지 아니함

(5) 피부양자 인정요건

① 피부양자 대상

피부양자는 다음에 해당하는 사람 중 직장가입자에게 주로 생계를 의존하는 사람으로서 보수나 소득이 없는 사람을 말한다(국민건강보험법 제5조 제2항).

㉠ 직장가입자의 배우자
㉡ 직장가입자의 직계존속(배우자의 직계존속 포함)
㉢ 직장가입자의 직계비속(배우자의 직계비속 포함) 및 그 배우자
㉣ 직장가입자의 형제·자매[주)]

주) 부양요건 불인정. 단, 65세 이상, 30세 미만, 장애인, 국가유공보훈보상 상이자는 소득·재산 요건 충족 시 인정

② 피부양자 인정요건

다음의 부양요건과 소득·재산요건을 동시에 충족하는 경우에 피부양자로 인정한다(국민건강보험법 제5조 제3항, 동법 시행규칙 제2조).

부양요건
• 형제자매: 불인정(단, 65세 이상, 30세 미만, 장애인, 국가유공・보훈보상 상이자는 소득・재산요건 충족 시 인정) • 이혼・사별한 형제자매 및 자녀・손자녀, 배우자의 직계비속: 미혼 인정 • 배우자의 계부모: 피부양자 인정

재산요건	소득요건
다음 각 목에서 정하는 재산요건 중 어느 하나에 해당. 가. '나' 외의 자: 재산세 과세표준 합이 5억4천만원 초과하면서 9억원 이하이고 연간 소득이 1천만원 이하인 경우 나. 65세 이상, 30세 미만, 장애인, 국가유공・보훈보상 상이자에 해당하는 형제자매: 재산세 과세표준 합이 1.8억원 이하	다음 각 목에서 정하는 소득요건을 모두 충족 가. 종합소득의 합계액이 연간 2,000만원 이하일 것 나. 사업소득이 없을 것. 단, 피부양자가 되려는 사람이 다음의 어느 하나에 해당하고, 사업소득의 합계액이 연간 500만원 이하인 경우에는 사업소득이 없는 것으로 봄. 1) 사업자등록이 되어 있지 않은 경우(「소득세법」 제19조 제1항 제12호에 따른 부동산업에서 발생하는 소득 중 주택임대소득이 있는 경우는 제외) 2) 「장애인복지법」 제32조에 따라 장애인으로 등록한 경우 3) 「국가유공자 등 예우 및 지원에 관한 법률」 제4조・제73조 및 제74조에 따른 국가유공자 등(법률 제11041호로 개정되기 전의 「국가유공자 등 예우 및 지원에 관한 법률」 제73조의2에 따른 국가유공자 등을 포함한다)으로서 같은 법 제6조의4에 따른 상이등급 판정을 받은 경우 4) 「보훈보상대상자 지원에 관한 법률」 제2조에 따른 보훈보상대상자로서 같은 법 제6조에 따른 상이등급 판정을 받은 경우 다. 피부양자가 되려는 사람이 「도시 및 주거환경정비법」에 따른 주택재건축사업으로 발생한 사업소득을 제외하면 가목 및 나목의 요건을 충족하는 경우 등 관계 자료에 의하여 공단이 인정한 경우에는 가목 및 나목의 요건을 충족하는 것으로 봄. 라. 피부양자가 되려는 사람이 기혼자인 경우에는 부부 모두 가목부터 다목까지의 요건을 충족하여야 함.

참고

[직장가입자의 피부양자 인정기준]_국민건강보험법 시행규칙 제2조

「국민건강보험법」(이하 "법"이라 한다) 제5조 제2항에 따른 피부양자 자격의 인정기준은 다음 각 호의 요건을 모두 충족하는 것으로 한다.

1. 별표 1에 따른 부양요건에 해당할 것
2. 별표 1의2에 따른 소득요건에 해당할 것

[별표 1] (2018.3.6.)

피부양자 자격의 인정기준 중 부양요건(제2조 제1항 제1호 관련)

가입자와의 관계	부양요건	
	동거 시	비동거 시
1. 배우자	○ 부양 인정	○ 부양 인정

가입자와의 관계	부양요건	
	동거 시	비동거 시
2. 부모인 직계존속		
가. 부모(아버지 또는 어머니와 재혼한 배우자 포함)	○ 부양 인정	○ 부모(아버지 또는 어머니와 재혼한 배우자 포함)와 동거하고 있는 형제자매가 없거나, 있어도 보수 또는 소득이 없는 경우 부양 인정
나. 법률상의 부모가 아닌 친생부모(이하 "친생부모"라 한다)	○ 부양 인정	○ 친생부모의 배우자 또는 동거하고 있는 직계비속이 없거나, 있어도 보수 또는 소득이 없는 경우 부양 인정
3. 자녀(법률상의 자녀가 아닌 친생자녀 포함)인 직계비속	○ 부양 인정	○ 미혼(이혼·사별한 경우 포함)인 경우 부양 인정. 다만, 이혼·사별한 경우 자녀인 직계비속이 없거나, 있어도 보수 또는 소득이 없는 경우 부양 인정
4. 조부모·외조부모 이상인 직계존속	○ 부양 인정	○ 조부모·외조부모 이상인 직계존속과 동거하고 있는 직계비속이 없거나, 있어도 보수 또는 소득이 없는 경우 부양 인정
5. 손·외손 이하인 직계비속	○ 부모가 없거나, 아버지 또는 어머니가 있어도 보수 또는 소득이 없는 경우 부양 인정	○ 미혼(이혼·사별한 경우 포함)으로서 부모가 없는 경우 부양 인정. 다만, 이혼·사별한 경우 자녀인 직계비속이 없거나, 있어도 보수 또는 소득이 없는 경우 부양 인정
6. 직계비속의 배우자	○ 부양 인정	○ 부양 불인정

가입자와의 관계	부양요건	
	동거 시	비동거 시
7. 배우자의 부모인 직계존속(배우자의 아버지 또는 어머니와 재혼한 배우자 포함)	○ 부양 인정	○ 배우자의 부모(아버지 또는 어머니와 재혼한 배우자 포함)와 동거하고 있는 배우자의 형제자매가 없거나, 있어도 보수 또는 소득이 없는 경우 부양 인정
8. 배우자의 조부모 · 외조부모 이상인 직계존속	○ 부양 인정	○ 배우자의 조부모 · 외조부모 이상인 직계존속과 동거하고 있는 직계비속이 없거나, 있어도 보수 또는 소득이 없는 경우 부양 인정
9. 배우자의 직계비속	○ 미혼(이혼 · 사별한 경우 포함)인 경우 부양 인정. 다만, 이혼 · 사별한 경우 자녀인 직계비속이 없거나, 있어도 보수 또는 소득이 없는 경우 부양 인정	○ 부양 불인정
10. 다음 각 목의 어느 하나에 해당하는 형제 · 자매 가. 30세 미만 나. 65세 이상 다. 「장애인복지법」 제32조에 따라 등록한 장애인 라. 「국가유공자 등 예우 및 지원에 관한 법률」 제4조 · 제73조 및 제74조에 따른 국가유공자 등(법률 제11041호로 개정되기 전의 「국가유공자 등 예우 및 지원에 관한 법률」 제73조의2에 따른 국가유공자 등을 포함한다)으로서 같은 법 제6조의4에 따른 상이등급 판정을 받은 사람 마. 「보훈보상대상자 지원에 관한 법률」 제2조에 따른 보훈보상대상자로서 같은 법 제6조에 따른 상이등급 판정을 받은 사람	○ 미혼(이혼 · 사별한 경우 포함)으로 부모가 없거나, 있어도 부모가 보수 또는 소득이 없는 경우 부양 인정. 다만, 이혼 · 사별한 경우 자녀인 직계비속이 없거나, 있어도 보수 또는 소득이 없는 경우 부양 인정	○ 미혼(이혼 · 사별한 경우 포함)으로 부모 및 직장가입자 외의 다른 형제 · 자매가 없거나, 있어도 부모 및 동거하고 있는 형제 · 자매가 보수 또는 소득이 없는 경우 부양 인정. 다만, 이혼 · 사별한 경우 자녀인 직계비속이 없거나, 있어도 보수 또는 소득이 없는 경우 부양 인정

[별표 1의2] (2023.9.11. 개정)

피부양자 자격의 인정기준 중 소득 및 재산요건(제2조 제1항 제2호 관련)

1. 직장가입자의 피부양자가 되려는 사람은 다음 각 목에서 정하는 소득요건을 모두 충족하여야 한다.
   가. 영 제41조 제1항 각 호에 따른 소득의 합계액이 연간 2천만원 이하일 것
   나. 영 제41조 제1항 제3호의 사업소득(이하 이 표에서 "사업소득"이라 한다)이 없을 것. 다만, 피부양자가 되려는 사람이 다음의 어느 하나에 해당하고, 사업소득의 합계액이 연간 500만원 이하인 경우에는 사업소득이 없는 것으로 본다.
      1) 사업자등록이 되어 있지 않은 경우(「소득세법」 제19조 제1항 제12호에 따른 부동산업에서 발생하는 소득 중 주택임대소득이 있는 경우는 제외한다)
      2) 「장애인복지법」 제32조에 따라 장애인으로 등록한 경우
      3) 「국가유공자 등 예우 및 지원에 관한 법률」 제4조 · 제73조 및 제74조에 따른 국가유공자 등(법률 제11041호로 개정되기 전의 「국가유공자 등 예우 및 지원에 관한 법률」 제73조의2에 따른 국가유공자 등을 포함한다)으로서 같은 법 제6조의4에 따른 상이등급 판정을 받은 경우
      4) 「보훈보상대상자 지원에 관한 법률」 제2조에 따른 보훈보상대상자로서 같은 법 제6조에 따른 상이등급 판정을 받은 경우
   다. 피부양자가 되려는 사람이 「도시 및 주거환경정비법」에 따른 주택재건축사업으로 발생한 사업소득을 제외하면 가목 및 나목의 요건을 충족하는 경우 등 관계자료에 의하여 공단이 인정한 경우에는 가목 및 나목의 요건을 충족하는 것으로 본다.
   라. 피부양자가 되려는 사람이 기혼자인 경우에는 부부 모두 가목부터 다목까지의 요건을 충족하여야 한다.
2. 직장가입자의 피부양자가 되려는 사람은 각 목에서 정하는 재산요건 중 어느 하나에 해당하여야 한다.
   가. 별표 1의 제1호부터 제9호까지에 해당하는 경우: 다음의 어느 하나에 해당할 것
      1) 영 제42조 제3항 제1호에 따른 재산에 대한 「지방세법」 제110조에 따른 재산세 과세표준의 합이 5억4천만원을 초과하면서 9억원 이하이고, 영 제41조 제1항 각 호에 따른 소득의 합계액이 연간 1천만원 이하일 것
      2) 영 제42조 제3항 제1호에 따른 재산에 대한 「지방세법」 제110조에 따른 재산세 과세표준의 합이 5억4천만원 이하일 것
   나. 별표 1의 제10호에 해당하는 경우: 영 제42조 제3항 제1호에 따른 재산에 대한 「지방세법」 제110조에 따른 재산세 과세표준의 합이 1억8천만원 이하일 것

 고용 · 산재보험

(1) 고용보험 자격취득일

① 자격취득일

다음에 해당하게 되는 날에 피보험자 자격을 취득한다.

구 분	자격취득일
㉠ 고용된 경우	근로계약상의 근로개시일
㉡ 고용보험 적용제외 근로자였던 자가 고용보험의 적용을 받게 된 경우	그 적용을 받게 된 날
㉢ 보험관계성립일 전에 고용된 근로자의 경우	그 보험관계가 성립한 날
㉣ 둘 이상의 사업장에 동시에 근로하는 근로자가 나중에 신고된 사업장에서 피보험자격을 취득하는 경우	이미 피보험자격을 취득한 사업장에서의 피보험자격 상실일
㉤ 고용보험 가입신청한 외국인, 별정직 · 임기제 공무원의 경우	가입신청한 날의 다음 날
㉥ 총공사금액 2천만원 미만 건설공사가 일괄적용을 받게 되는 경우	일괄적용 관계가 성립한 날
㉦ 피보험자격이 없는 근로자가 근로계약의 변경 등으로 피보험자격을 취득하게 되는 경우	새로운 근로계약에 따라 근로를 시작한 날

② 피보험자격의 소급 취득

피보험자격을 소급하여 취득하는 경우의 취득일은 피보험자격취득의 확인이 이루어진 날(피보험자격 취득신고서의 접수일)부터 소급하여 3년 되는 날이다. 단, 사업주가 취득신고를 한 날이나 취득이 확인된 날로부터 소급하여 3년 전부터 고용보험료를 계속 납부한 사실이 증명된 경우에는 고용보험료를 납부한 기간으로 피보험기간 계산한다(고용보험법 제50조 제5항).

제출 증빙자료는 임금대장, 근로소득원천징수 영수증 등 근로사실을 입증할 수 있는 서류이다. 이때 고용보험 사업장 성립일은 성립시점에 제한이 없으나, 보험료 징수는 보험료 보고서를 접수한 날로부터 3년까지만 가능하다.

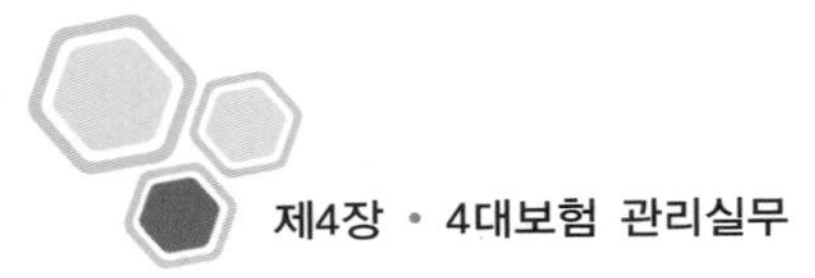

(2) 산재보험 고용일

산재보험 근로자 가입정보는 보험료 산정 기초자료가 되며 다음의 사유별로 고용신고서를 제출하여야 한다.

구 분	고용일
① 사업주가 근로자를 새로 고용한 경우	고용한 날
② 산재보험 적용제외근로자가 산재보험 적용을 받게 되는 경우	그 적용을 받게 된 날
③ 보험관계성립일 전에 고용된 근로자의 경우	그 보험관계가 성립한 날
④ 사업종류 변경으로 자진신고대상 사업에서 부과고지대상 사업장으로 변경된 경우	변경된 날
⑤ 해외파견자가 국내 성립된 부과고지 사업장으로 복귀하는 경우	복귀한 날
⑥ 특수형태 근로종사자가 고용관계가 변동되어 일반 근로자가 되는 경우	고용관계가 변동된 날
⑦ 산재보험 고용정보신고 제외자가 고용관계가 변동되어 신고대상이 되는 경우	고용관계가 변동된 날
⑧ 산재보험 적용제외 사업장이 적용사업장으로 변경되는 경우	보험관계가 성립한 날

(3) 신고기한 및 방법

사유발생일(고용보험 자격취득일 또는 산재보험 고용일)의 다음 달 15일까지 4대사회보험 각 기관 지사 또는 고용·산재토탈서비스에 신고하면 된다.

또한 2017.1.1.부터 고용보험 피보험자 관리업무를 근로복지공단이 수행한다(단, 고용·산재보험료의 고지·수납 및 체납처분업무는 건강보험공단에서 수행함).

(4) 신고서류

다음의 신고내용이 포함된 고용보험 「피보험자격취득신고서」, 산재보험 「근로자고용신고서」를 제출하여야 한다.

- 근로자의 성명 및 주민등록번호
- 근로자를 고용한 날(「고용보험법」 제13조에 따른 피보험자격의 취득일)
- 근로자의 월평균보수
- 보험료부과구분 부호 및 사유(해당자만 기재)

(5) 유의사항

① 최초 성립 신고시

최초로 보험이 적용되는 사업장의 「보험관계성립신고서」의 신고기한은 성립일로부터 14일이고, 「근로자고용신고서」의 신고기한은 다음 달 15일까지로 서로 상이하나, 「보험관계성립신고서」와 「근로자고용신고서」를 동시에 제출하여야 성립일이 속하는 달의 보험료를 조기에 산정・부과 가능하다.

② 고용보험과 산재보험 사업장 관리번호가 상이한 경우

산재보험과 고용보험의 사업장관리번호가 서로 다른 사업장은 고용보험 「피보험자격취득신고서」와 산재보험 「근로자고용신고서」를 각각 작성하여 신고한다.

③ 건설업・벌목업

산재보험은 부과고지 대상 사업장만 근로자 고용신고를 한다. 즉, 자진신고방식(건설업・벌목업) 사업장은 근로자 고용신고대상이 아니다.

④ 재외국민의 피보험자격 취득신고

대한민국 국민으로서 외국의 영주권을 가진 「재외국민」에 대한 피보험자격 취득신고는 고용보험 적용제외 근로자가 아닌 한 취득신고서에 재외국민 국내거소 신고증(국내거소 신고한 경우) 사본을 첨부하여 신고한다.

또한 재외국민은 주민등록번호 말소여부에 관계없이 국내거소신고를 하지 않더라도 국내기업에 취업이 가능하나 국내거소신고가 되지 아니한 경우에는 먼저 국내거소신고를 처리하여야 한다.

⑤ 건설공사의 일괄적용을 받는 사업장

건설공사의 일괄적용을 받는 사업장의 사업주는 사업의 개시일로부터 14일 이내에 개별사업의 소재지 관할 근복지공단 지사에 사업개시신고를 해야 하며, 개별사업의 피보험자에 대한 취득신고는 취득사유가 발생한 날이 속하는 달의 다음 달 15일까지 신고한다.

⑥ 이중근무자

둘 이상의 사업장에서 각각 근무하는 근로자의 경우 산재보험은 사업장별로 적용받기 때문에 각각의 사업장에서 「근로자 고용신고서」를 제출한다.

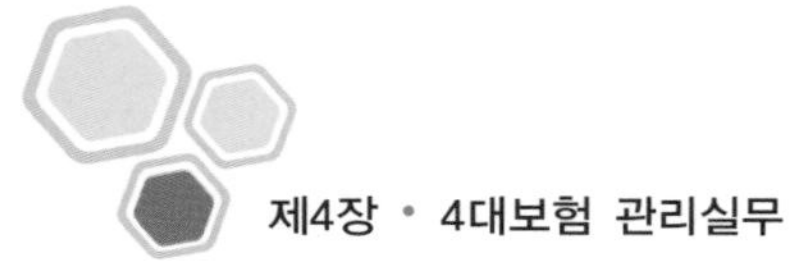

⑦ 일용근로자

일용근로자는 상용근로자처럼 자격 취득 신고하는 것이 아니라, 다음 달 15일까지 「근로내용확인신고서」를 제출하여야 한다.

⑧ 고용보험 적용제외자

1월간 소정근로시간이 60시간 미만 근로자이거나 외국인근로자(체류자격에 따라 다름)는 산재보험 근로자 고용(취득)신고를 안 하고, 보수총액 신고 시 해당 근로자 보수총액만 신고 가능하다.

⑨ 자활근로자

자활근로자란 지역자활센터 및 지방자치단체가 수행하는 자활사업에 참여하는 근로자를 의미하며 취득신고 시 '보험료부과구분 부호 및 사유'란에 보장자격을 구분하여 신고한다. 즉 일반 사업장에서 근로자가 기초생활수급자라하여 보험료 부과구분 부호 및 사유란에 자활근로자로 체크하여 신고하지 않도록 주의한다.

(6) 신고서 작성 요령

① 근로자별로 고용보험과 산재보험 구분

고용보험과 산재보험이 모두 해당하는 경우에는 산재보험 「근로자고용신고서」와 고용보험 「피보험자격취득신고서」를 동시에 작성한다.

근로자별로 산재보험과 고용보험 적용구분에 아래와 같이 √체크한다.

○ 산재보험만 적용되는 근로자는 산재보험에만 √체크
(ex: 외국인근로자, 1개월간 소정근로시간이 60시간 미만인 단시간근로자 등)
※ 단, 고용보험에 가입하지 않은 외국인근로자, 1개월간 소정근로시간이 60시간 미만인 단시간 근로자는 고용정보 신고를 하지 않을 수 있고, 신고하지 않은 근로자는 다음 연도 보수총액 신고 시 1년 동안 지급한 보수총액을 신고

○ 고용보험만 적용되는 근로자는 고용보험에만 √체크
(ex : 선원법 및 어선재해보상법 적용자, 국가기관에서 근무하는 청원경찰 등)
고용·산재 모두 적용되는 근로자는 둘 다 √체크

② 사업장관리번호

고용보험 사업장관리번호와 산재보험 사업장관리번호가 같은 경우는 한 장에 작성하되,

다를 경우에는 다른 장에 기재한다.

「고용보험법」 제15조 제2항에 의하여 하수급인이 피보험자격 취득신고를 하는 경우에는 원수급인의 사업장관리번호를 기재하고, 사업장란에는 하수급인의 사업장 명칭, 소재지, 전화번호를 기재한다.

③ 월평균보수

근로자 고용신고 시 월평균보수는 고용일로부터 1년간(1년 이내의 근로계약기간을 정한 경우에는 그 기간) 지급하기로 정한 보수총액을 해당 근무개월 수로 나눈 금액을 기재한다.

④ 자격취득일(입사일)

자격취득일(입사일)은 근로자 고용일을 기재한다. 단, 산재보험 고용일과 고용보험 피보험자격취득일이 서로 다른 경우 줄을 달리하여 기재한다.

⑤ 직종 부호

한국고용직업분류의 소분류(136개) 직종에 따라 해당 코드를 기재하되, 이에 대한 판단이 곤란한 경우에는 구체적으로 서술하여 기재한다.

⑥ 주소정근로시간

소정근로시간이 월단위로 정해진 경우에는 다음의 식에 의한 값을 기재하며 소수점 이하는 반올림한다.

(월소정근로시간 × 12) ÷ 365 × 7

⑦ 계약종료 연월(계약직만 작성)

계약종료연월(계약직만 작성)은 피보험자의 계약직 근로자 여부에 대해 √표시를 하고, 계약직 근로자인 경우에는 계약종료일을 연도와 월까지만 기재한다. 근로계약기간이 정해져 있다면 근로(고용)계약 만료일이 속한 월을, 건설공사기간으로 계약을 체결하였다면 예상 공사종료일이 속한 월을, 사업이나 특정업무를 완성하는 것으로 계약을 체결하였다면 예상 완성일이 속한 월을 기재한다.

⑧ 보험료 부과구분 및 사유

고용·산재보험료 중 아래와 같이 일부 보험료만 부과되는 근로자는 보험료 부과구분란에 보험료 부과구분의 부호 및 사유란에 해당 번호를 각각 기재한다(해당자만 기재).

부호	사유코드	사유	부과범위			
			산재보험		고용보험	
			산재	임채	실업급여	고안·직능
51	09	고용보험 미가입 외국인근로자	○	○	×	×
	10	월 60시간 미만 근로자				
	11	항운노조원(임채부과대상)				
52	03	현장실습생	○	×	×	×
	13	항운노조원(임채소송 승소)				
54	22	자활근로종사자(급여특례, 차상위계층, 주거급여·의료급여 또는 교육급여 수급자)	○	×	○	○
55	05	국가기관에서 근무하는 청원경찰	×	×	○	○
	06	선원법 및 어선재해보상법 적용자				
	07	해외파견자				
56	16	노조전임자(노동조합 등 금품 지급)	×	×	○	×
58	21	자활근로종사자(생계급여 수급권자)	○	×	×	○
60	27	고용허가 외국인근로자(당연적용대상)	○	○	×	○

※ 해당 보험에 고용(취득)되어 있을 경우 보험료가 부과되는 범위를 말함(○ 표시 되어 있는 보험에 의무적으로 가입해야 하는 것을 의미하는 것이 아님).

※ 현장실습생(52-03)은 산업재해보상보험법 제123조(현장실습생에 특례)에 의해 「직업교육훈련촉진법」 제7조 규정에 의하여 현장실습을 이수하고 있는 산재 특례자만 해당됨.
연수·수습·실습 등의 명칭 여하를 불문하고 근로계약의 존부, 임금을 목적으로 근로를 제공하여 근로자성이 인정되는 경우에는 현장실습생에 해당하지 않으므로 고용·산재보험 모두 고용(취득)신고대상임.

■ 고용보험 및 산업재해보상보험의 보험료징수 등에 관한 법률 시행규칙 [별지 제22호의5서식] 〈개정 2023. 6. 30.〉

[ ]국민연금 사업장가입자 자격취득 신고서 [ ]건강보험 직장가입자 자격취득 신고서 [ ]고용보험 근로자 피보험자격취득 신고서 [ ]산재보험 근로자 자격취득 신고서

※ 2쪽의 유의사항 및 작성방법을 읽고 작성하기 바라며, 색상이 어두운 난은 신고인이 적지 않습니다.
※ [ ]에는 해당되는 곳에 "√" 표시를 합니다.
※ 같은 사람의 4대 사회보험 각각의 자격취득일 또는 월 소득액(소득월액, 보수월액, 월평균보수액)이 서로 다른 경우 줄을 달리하여 적습니다.

(5쪽 중 1쪽)

접수번호	접수일	처리기간: 3일(고용 · 산재보험은 5일)

사업장	사업장관리번호	명칭	단위사업장 명칭	영업소 명칭
	소재지		우편번호(　)	
	전화번호		팩스번호	

보험사무 대행기관	번호	명칭	하수급인 관리번호(건설공사 등의 미승인 하수급인만 해당합니다)

구분	성명	국적	대표자 여부	월 소득액 (소득월액 · 보수월액 · 월평균 보수액)(원)	자격 취득일 (YYYY. MM.DD)	국민연금			건강보험				고용보험 · 산재보험				
	주민등록번호 (외국인등록번호 · 국내거소신고번호)	체류 자격				자격 취득 부호	특수 직종 부호	직역 연금 부호	자격 취득 부호	보험료 감면 부호	공무원 · 교직원 회계명/부호	공무원 · 교직원 직종명/부호	직종 부호	1주 소정 근로 시간	계약 종료 연월 (계약직만 작성)	보험료 부과구분 (해당자만 작성) 부호	보험료 부과구분 (해당자만 작성) 사유
1			[ ]예 [ ]아니오			[ ]국민연금 ([ ]취득 월 납부 희망)			[ ]건강보험	([ ]피부양자 신청)			[ ]고용보험(계약직 여부: [ ]예, [ ]아니오) [ ]산재보험				
2			[ ]예 [ ]아니오			[ ]국민연금 ([ ]취득 월 납부 희망)			[ ]건강보험	([ ]피부양자 신청)			[ ]고용보험(계약직 여부: [ ]예, [ ]아니오) [ ]산재보험				
3			[ ]예 [ ]아니오			[ ]국민연금 ([ ]취득 월 납부 희망)			[ ]건강보험	([ ]피부양자 신청)			[ ]고용보험(계약직 여부: [ ]예, [ ]아니오) [ ]산재보험				
4			[ ]예 [ ]아니오			[ ]국민연금 ([ ]취득 월 납부 희망)			[ ]건강보험	([ ]피부양자 신청)			[ ]고용보험(계약직 여부: [ ]예, [ ]아니오) [ ]산재보험				

위와 같이 자격취득을 신고합니다.

년　　월　　일

신고인(사용자 · 대표자)　　(서명 또는 인)　　/ [ ]보험사무대행기관　　(서명 또는 인)

국민연금공단 이사장/국민건강보험공단 이사장/근로복지공단 ○○지역본부(지사)장 귀하

297mm×210mm[백상지(80g/㎡) 또는 중질지(80g/㎡)]

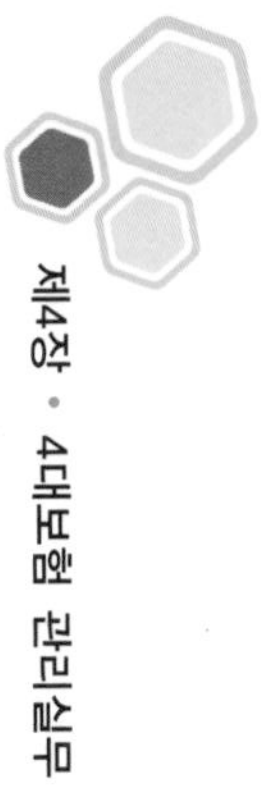

(5쪽 중 2쪽)

첨부 서류	국민연금	임금대장 사본 또는 선원수첩 사본 등 특수직종근로자임을 증명할 수 있는 서류 1부	수수료 없음
	건강보험	직장가입자의 자격을 얻으려는 사람이 재외국민 또는 외국인인 경우에는 다음 각 목의 구분에 따른 서류. 이 경우 「국민건강보험법」 제96조, 같은 법 시행령 제69조의2 및 같은 영 별표 4의3에 따른 자료의 제공 요청을 통해 공단이 확인할 수 없는 경우에만 제출합니다. 가. 재외국민: 「주민등록법」에 따른 주민등록표 등본 1부 나. 외국인: 외국인등록증 사본, 외국인등록 사실증명, 국내거소신고증 사본(「재외동포의 출입국과 법적 지위에 관한 법률」 제2조 제2호에 따른 외국국적동포의 경우에만 제출합니다) 또는 국내거소신고사실증명(「재외동포의 출입국과 법적지위에 관한 법률」 제2조 제2호에 따른 외국국적동포만의 경우에만 제출합니다) 1부	

유의사항	
건강보험	1. 피부양자가 있을 때에는 제5쪽의 직장가입자 자격취득 신고서(피부양자가 있는 경우)를 작성하기 바랍니다. 2. 건강보험증은 가입자 또는 피부양자가 신청하는 경우 발급됩니다. 신청은 가까운 지사를 방문하거나 고객센터(☎1577-1000), 홈페이지(www.nhis.or.kr), 모바일앱 등을 통해 가능합니다.
고용보험 · 산재보험	1. 임의가입대상인 외국인 및 공무원은 "외국인(공무원) 고용보험 가입 · 가입탈퇴 신청서"를 작성해 주시기 바랍니다. 2. 1쪽 신고사항을 신고하지 않거나(기한 내에 신고하지 않은 경우 포함) 거짓으로 신고한 경우 「고용보험법」 제118조 제1항 제1호 또는「고용보험 및 산업재해보상보험의 보험료징수 등에 관한 법률」 제50조 제1항 제1호에 따라 300만원 이하의 과태료가 부과될 수 있으며, 거짓 신고 등으로 실업급여를 부정하게 받은 경우 사업주도 연대하여 책임을 지며 형사처벌을 받을 수 있습니다.

작성방법	
공통사항	1. 신고대상 가입자 또는 근로자별 사회보험(국민연금 · 건강보험 · 고용보험 · 산재보험) 취득 및 고용 여부에 관하여 해당되는 "[ ]"에 "√" 표시를 합니다. 2. 성명 및 주민등록번호(외국인등록번호 · 국내거소신고번호)란에는 주민등록표(외국인등록증 · 국내거소신고증)상의 성명 및 주민등록번호(외국인등록번호 · 국내거소신고번호)를 적습니다. 3. 자격취득일란에는 해당 사업장의 채용일등을 적습니다. 다만, 국민연금의 경우에는 자격취득 사유가 사업장 전입인 때에는 상대 사업장에서의 전출일과 같은 일자를 적습니다 4. 외국인의 경우에는 국적 및 체류자격(외국인등록증 적은 내역)을 적습니다.
국민연금	1. 특수직종부호는 해당 근로자가 「광업법」에 따른 광업의 종사자인 경우에는 "광원"에 해당하는 부호를 적고, 「선원법」에 따른 선박 중 어선에서 직접 어로작업에 종사하는 경우에는 "부원"에 해당하는 부호를 적습니다. 2. 국민연금의 경우 18세 미만의 근로자도 사업장가입자입니다. 다만, 본인이 원하지 않으면 가입하지 않을 수 있습니다. 3. 취득일이 1일인 경우를 제외하고, 취득월의 보험료 납부를 희망하는 경우에는 "[ ]취득 월 납부 희망"의 "[ ]"에 "√" 표시를 합니다. 4. 「공무원연금법」,「군인연금법」,「사립학교교직원 연금법」,「별정우체국법」에 따른 직역연금 가입자 또는 퇴역연금, 퇴직연금 등을 받거나 받을 권리를 얻은 자는 사업장가입자로 가입할 수 없습니다.
건강보험	공무원 · 교직원의 경우에만 회계명, 회계부호, 직종명, 직종부호를 적습니다.
고용보험 · 산재보험	1. 산재보험 관리번호와 고용보험 관리번호가 다른 경우에는 신고서를 각각 작성해야 합니다(예술인 및 노무제공자의 경우에는 별도 서식으로 신고합니다). 2. "월평균보수액"은 연도 중에 월별로 지급이 예상되는 평균 보수액을 적습니다(입사 이후 1년간 지급이 예상되는 보수총액을 예상 종사개월수로 나눈 금액을 적습니다). - 근로자의 보수: 「소득세법」 제20조에 따른 근로소득에서 같은 법 제12조 제3호에 따른 비과세 근로소득을 뺀 금액(연말정산에 따른 갑근세 원천징수 대상 근로소득과 동일) 3. "1주 소정 근로시간"은 주간의 소정 근로시간을 달리하는 경우에는 평균 1주 소정 근로시간을 적습니다. 4. 피보험자의 계약직 종사자 여부에 대해 "[ ]"에 "√" 표시를 하고, 계약직 종사자인 경우에는 예정된 계약 종료 연도와 월을 적습니다. 근로계약기간이 정해져 있다면 계약 종료일이 속한 월을, 건설공사기간으로 계약을 체결하였다면 예상 공사 종료일이 속한 월을, 사업이나 특정업무를 완성하는 것으로 계약을 체결하였다면 예상 완성일이 속한 월을 적습니다. 5. 보험료 부과구분의 부호 및 사유는 3쪽 하단의 표를 참고하여 해당하는 사람만 작성합니다(부호란에는 해당하는 부호를, 사유란에는 대상 종사자에 해당하는 번호를 적습니다).

(5쪽 중 3쪽)

자격취득 부호 등

국민연금

[자격취득 부호] 01. 18세 이상 당연취득(「국민연금법 시행령」 제2조 제1호가목 · 나목에 따라 1개월 동안의 근로일수 · 근로시간이 일정수준 이상으로 근로자에 포함되는 사람이 누락되지 않도록 유의하시기 바랍니다) 03. 18세 미만 취득

09. 전입(사업장 통 · 폐합) 11. 대학강사 12. 60시간 미만 신청 취득(근로자 본인이 원하고 사용자가 동의하는 경우에 적으시기 바랍니다)

14. 일용근로자 또는 단시간근로자 등(「국민연금법 시행령」 제2조 제1호가목 · 나목 및 같은 조 제4호라목에 따라 1개월 동안의 소득이 일정 수준 이상으로 근로자에 포함되는 사람만 해당합니다)

15. 상실취소(착오나 사정변경으로 한 자격상실 신고를 취소하는 경우)

[특수직종 부호] 1. 광원 2. 부원

[직역연금 부호] 1. 직역연금(「공무원연금법」, 「군인연금법」, 「사립학교교직원 연금법」, 「별정우체국법」에 따른 연금) 가입자

2. 직역연금(「공무원연금법」, 「군인연금법」, 「사립학교교직원 연금법」, 「별정우체국법」에 따른 연금) 수급권자

건강보험

[자격취득 부호] 00. 최초취득 04. 의료급여 수급권자등에서 제외 05. 직장가입자 변경 06. 직장피부양자 상실 07. 지역가입자에서 변경 10. 국가유공자 등 건강보험 적용 신청

13. 기타 14. 거주불명 등록 후 재등록 29. 직장가입자 이중가입 30. 상실취소(착오나 사정변경으로 한 자격상실 신고를 취소하는 경우)

[보험료 감면 부호] 11. 해외근무(전액) 12. 해외근무(반액) 21. 현역 군 입대 22. 상근예비역(현역 입대) 24. 상근예비역(근무) 31.시설수용(교도소) 32. 시설수용(기타)

41. 섬 · 벽지(사업장) 42. 섬 · 벽지(거주지) 81. 휴직

고용보험 · 산재보험

[직종 부호] 4쪽의 별지[한국고용직업분류(KECO, 2018) 중 소분류(136개) 직종현황]를 참고하여 적습니다.

[보험료 부과구분 부호]

부호	부과범위				대상 종사자	부호	부과범위				대상 종사자
	산재보험		고용보험				산재보험		고용보험		
	산재보험	임금채권부담금	실업급여	고용안정 직업능력 개발			산재보험	임금채권부담금	실업급여	고용안정 직업능력 개발	
51	O	O	x	x	09. 고용보험미가입 외국인근로자 10. 월 60시간 미만 근로자 11. 항운노조원(임금채권부담금 부과대상)	55	x	x	O	O	05. 국가기관에서 근무하는 청원경찰 06. 「선원법」 및 「어선원 및 어선 재해보상보험법」 적용자 07. 해외파견자(「산업재해보상보험법」의 적용을 받지 않는 사람)
52	O	x	x	x	03. 현장실습생(「산업재해보상보험법」 제123조 제1항에 따른 고용노동부장관이 정하는 현장실습생) 13. 항운노조원(임금채권부담금 소송승소)	56	x	x	O	x	16. 노조전임자(노동조합 등 금품 지급)
54	O	x	O	O	22. 자활근로종사자(「국민기초생활보장법」 제14조의2에 따른 급여의 특례에 해당하는 사람, 차상위계층, 주거 · 의료 · 교육급여 수급자)	58	O	x	x	O	21. 자활근로종사자(생계급여 수급자)
						60	O	O	x	O	27. 고용허가 외국인근로자(당연적용대상)

[별지] 한국고용직업분류(KECO, 2018) 중 소분류(136개) 직종현황 (5쪽 중 4쪽)

0.경영 · 사무 · 금융 · 보험직

01.관리직(임원 · 부서장)

011 의회의원 · 고위공무원 및 기업 고위임원
012 행정 · 경영 · 금융 · 보험 관리자
013 전문서비스 관리자
014 미용 · 여행 · 숙박 · 음식 · 경비 · 청소 관리자
015 영업 · 판매 · 운송 관리자
016 건설 · 채굴 · 제조 · 생산 관리자

02. 경영 · 행정 · 사무직

021 정부 · 공공행정 전문가
022 경영 · 인사 전문가
023 회계 · 세무 · 감정 전문가
024 광고 · 조사 · 상품기획 · 행사기획 전문가
025 정부 · 공공 행정 사무원
026 경영지원 사무원
027 회계 · 경리 사무원
028 무역 · 운송 · 생산 · 품질 사무원
029 안내 · 고객상담 · 통계 · 비서 · 사무보조 및 기타 사무원

03. 금융 · 보험직

031 금융 · 보험 전문가
032 금융 · 보험 사무원
033 금융 · 보험 영업원

1. 연구직 및 공학 기술직

11. 인문 · 사회과학 연구직

110 인문 · 사회과학 연구원

12. 자연 · 생명과학 연구직

121 자연과학 연구원 및 시험원
122 생명과학 연구원 및 시험원

13. 정보통신 연구개발직 및 공학기술직

131 컴퓨터하드웨어 · 통신공학 기술자
132 컴퓨터시스템 전문가
133 소프트웨어 개발자
134 데이터 · 네트워크 및 시스템 운영 전문가
135 정보보안 전문가
136 통신방송송출 장비 기사

14. 건설 · 채굴 연구개발직 및 공학 기술직

140 건축 · 토목공학 기술자 및 시험원

15. 제조 연구개발직 및 공학기술직

151 기계 · 로봇공학 기술자 및 시험원
152 금속 · 재료공학 기술자 및 시험원
153 전기 · 전자공학 기술자 및 시험원
154 화학공학 기술자 및 시험원
155 에너지 · 환경공학 기술자 및 시험원
156 섬유공학 기술자 및 시험원
157 식품공학 기술자 및 시험원
158 소방 · 방재 · 산업안전 · 비파괴 기술자
159 제도사 및 기타 인쇄 · 목재 등 공학 기술자 및 시험원

2. 교육 · 법률 · 사회복지 · 경찰 · 소방직 및 군인

21. 교육직

211 대학 교수 및 강사
212 학교 교사
213 유치원 교사
214 문리 · 기술 · 예능 강사
215 장학관 및 기타 교육 종사자

22. 법률직

221 법률전문가
222 법률사무원

23. 사회복지 · 종교직

231 사회복지사 및 상담사
232 보육교사 및 기타사회복지 종사자
233 성직자 및 기타 종교 종사자

24. 경찰 · 소방 · 교도직

240 경찰관, 소방관 및 교도관

25. 군인

250 군인

3. 보건 · 의료직

30. 보건의료직

301 의사, 한의사 및 치과의사
302 수의사
303 약사 및 한약사
304 간호사
305 영양사
306 의료기사 · 치료사 · 재활사
307 보건 · 의료 종사자

4. 예술 · 디자인 · 방송 · 스포츠직

41. 예술디자인방송직

411 작가 · 통번역가
412 기자 및 언론 전문가
413 학예사 · 사서 · 기록물관리사
414 창작 · 공연 전문가(작가, 연극 제외)
415 디자이너
416 연극 · 영화 · 방송 전문가
417 문화 · 예술 기획자 및 매니저

42. 스포츠레크리에이션직

420 스포츠레크리에이션 종사자

5. 미용 · 여행 · 숙박 · 음식 · 경비 · 청소직

51. 미용예식 서비스직

511 미용 서비스원
512 결혼장례 등 예식 서비스원

52. 여행 · 숙박 · 오락 서비스직

521 여행 서비스원
522 항공기 · 선박 · 열차 객실승무원
523 숙박시설 서비스원
524 오락시설 서비스원

53. 음식 서비스직

531 주방장 및 조리사
532 식당 서비스원

54. 경호 · 경비직

541 경호 · 보안 종사자
542 경비원

55. 돌봄서비스직(간병 · 육아)

550 돌봄 서비스 종사자

56. 청소 및 기타 개인서비스직

561 청소 · 방역 및 가사 서비스원
562 검침 · 주차관리 및 기타 서비스 단순 종사자

6. 영업 · 판매 · 운전 · 운송직

61. 영업 · 판매직

611 부동산 컨설턴트 및 중개인
612 영업원 및 상품중개인
613 텔레마케터
614 소규모 상점 경영 및 일선 관리 종사자
615 판매 종사자
616 매장 계산원 및 매표원
617 판촉 및 기타 판매 단순 종사자

62. 운전 · 운송직

621 항공기 · 선박 · 철도 조종사 및 관제사
622 자동차 운전원
623 물품이동장비 조작원(크레인 · 호이스트 · 지게차)
624 택배원 및 기타 운송 종사자

7. 건설 · 채굴직

70. 건설 · 채굴직

701 건설구조 기능원
702 건축마감 기능원
703 배관공
704 건설 · 채굴 기계 운전원
705 기타 건설 기능원(채굴포함)
706 건설 · 채굴 단순 종사자

8. 설치 · 정비 · 생산직

81. 기계 설치 · 정비 · 생산직

811 기계장비 설치 · 정비원(운송장비 제외)
812 운송장비 정비원
813 금형원 및 공작기계 조작원
814 냉 · 난방 설비 조작원
815 자동조립라인 · 산업용로봇 조작원
816 기계 조립원(운송장비 제외)
817 운송장비 조립원

82. 금속 · 재료 · 설치 · 정비 · 생산직 (판금단조주조용접도장 등)

821 금속관련 기계 · 설비 조작원
822 판금원 및 제관원
823 단조원 및 주조원
824 용접원
825 도장원 및 도금원
826 비금속제품 생산기계 조작원

83. 전기 · 전자 설치 · 정비 · 생산직

831 전기공
832 전기 · 전자 기기 설치 · 수리원
833 발전 · 배전 장치 조작원
834 전기 · 전자 설비 조작원
835 전기 · 전자 부품 · 제품 생산기계 조작원
836 전기전자 부품 · 제품 조립원

84. 정보통신 설치 · 정비직

841 정보통신기기 설치 · 수리원
842 방송통신장비 설치 · 수리원

85. 화학 · 환경 설치 · 정비 · 생산직

851 석유 · 화학물 가공장치 조작원
852 고무 · 플라스틱 및 화학제품 생산기계 조작원 및 조립원
853 환경관련 장치 조작원

86. 섬유 · 의복생산직

861 섬유 제조 · 가공 기계 조작원
862 패턴사, 재단사 및 재봉사
863 의복 제조원 및 수선원
864 제화원, 기타 섬유 · 의복 기계 조작원 및 조립원

87. 식품가공 · 생산직

871 제과 · 제빵원 및 떡제조원
872 식품 가공 기능원
873 식품 가공 기계 조작원

88. 인쇄 · 목재 · 공예 및 기타설치 · 정비 · 생산직

881 인쇄기계 · 사진현상기 조작원
882 목재 · 펄프 · 종이 생산기계 조작원
883 가구 · 목제품 제조 · 수리원
884 공예원 및 귀금속세공원
885 악기 · 간판 및 기타 제조 종사자

89. 제조 단순직

890 제조 단순 종사자

9. 농림어업직

90. 농림어업직

901 작물재배 종사자
902 낙농 · 사육 종사자
903 임업 종사자
904 어업 종사자
905 농림어업 단순 종사자

직장가입자 자격취득 신고서(피부양자가 있는 경우)

※ 국민건강보험의 피부양자가 있는 경우에 작성합니다.

(5쪽 중 5쪽)

가입자 성명				주민등록번호(외국인등록번호 · 국내거소신고번호)				
피부양자	관계	성명	주민등록번호 (외국인등록번호 · 국내거소신고번호)	장애인 · 국가유공자 등 · 보훈보상대상자		외국인		
				종별 부호	등록일 (YYYY.MM.DD)	국적	체류자격	체류기간

위와 같이 직장가입자 자격 취득사항을 신고합니다.

년 월 일

신고인(사용자) (서명 또는 인)

국민건강보험공단 이사장 귀하

첨부 서류	1. 취득대상 피부양자와의 관계를 알 수 있는 가족관계등록부의 증명서 1부(주민등록표 등본으로 「국민건강보험법 시행규칙」 제2호 제1항 각 호의 요건 충족 여부를 확인할 수 없는 경우에만 제출합니다) 2. 「장애인복지법」 제32조에 따라 등록된 장애인, 「국가유공자 등 예우 및 지원에 관한 법률」 제4조 · 제73조 및 제74조에 따른 국가유공자 등(법률 제11041호로 개정되기 전의 「국가유공자 등 예우 및 지원에 관한 법률」 제73조의2에 따른 국가유공자 등을 포함한다)으로서 같은 법 제6조의4에 따른 상이등급 판정을 받은 사람과 「보훈보상대상자 지원에 관한 법률」 제2조에 따른 보훈보상대상자로서 같은 법 제6조에 따른 상이등급 판정을 받은 사람임을 증명할 수 있는 서류 1부(장애인, 국가유공자 등 또는 보훈보상대상자의 경우에만 제출합니다) 3. 피부양자의 자격을 취득하려는 사람이 재외국민 또는 외국인인 경우에는 다음 각 목의 구분에 따른 서류 가. 재외국민: 「주민등록법」에 따른 주민등록표 등본 1부 나. 외국인: 외국인등록증 사본, 외국인등록사실증명, 국내거소신고증 사본(「재외동포의 출입국과 법적지위에 관한 법률」 제2조 제2호에 따른 외국국적동포의 경우에만 제출합니다) 또는 국내거소신고사실증명(「재외동포의 출입국과 법적지위에 관한 법률」 제2조 제2호에 따른 외국국적동포의 경우에만 제출합니다) 1부 ※ 위 첨부서류는 「국민건강보험법」 제96조, 같은 법 시행령 제69조의2 및 같은 영 별표 4의3에 따른 자료의 제공 요청을 통해 공단이 확인할 수 없는 경우에만 제출합니다.	수수료 없음

유의사항

※ 건강보험증은 가입자 또는 피부양자가 신청하는 경우 발급됩니다. 신청은 가까운 지사방문, 고객센터(☎1577-1000), 홈페이지(www.nhis.or.kr), 모바일앱 등을 통해 가능합니다.

작성방법

※ 가입자 신고는 '건강보험 직장가입자 자격취득 신고서'에 합니다.

1. "관계"는 가입자와의 관계를 적습니다(예 : 배우자, 부모, 조부모, 자녀, 손자 · 손녀 이하, 형제자매, 처부모, 시부모, 사위, 며느리, 증조부모 등).
2. "성명 및 주민등록번호"는 피부양자의 성명 및 주민등록번호(외국인은 외국인등록번호, 「재외동포의 출입국과 법적 지위에 관한 법률」 제2조 제2호에 따른 외국국적동포는 국내거소신고번호)를 적습니다.
3. 장애인, 국가유공자 등 또는 보훈보상대상자인 경우에는 종별 부호 및 등록일을 적습니다.
   [종별 부호] 1. 지체장애인 2. 뇌병변장애인 3. 시각장애인 4. 청각장애인 5. 언어장애인 6. 지적장애인 7. 자폐성장애인 8. 정신장애인 9. 신장장애인 10. 심장장애인 11. 호흡기장애인 12. 간 장애인 13. 안면장애인 14. 장루 · 요루장애인 15. 뇌전증장애인 19. 국가유공자 등 또는 보훈보상대상자
4. 피부양자가 외국인인 경우에는 국적, 체류자격(외국인등록증 기재내용) 및 체류기간(외국인등록증 발급일부터 출국 예정일까지)을 적습니다.

297mm×210mm[백상지(80g/㎡) 또는 중질지(80g/㎡)]

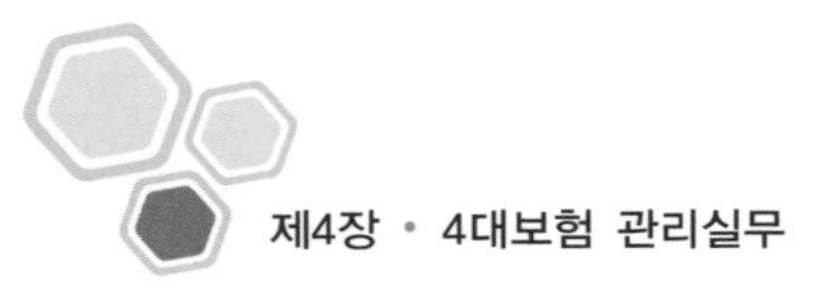

4 일용근로자의 근로내용 확인신고

(1) 개요

일용근로자는 1일 단위로 자격취득·상실신고를 하여야 하나, 현실적으로 어려운 점을 감안하여 「고용보험법」 제2조 제6호에 따른 일용근로자는 「근로내용확인신고서」의 제출로 고용보험과 산재보험의 고용정보 신고를 한 것으로 인정하고 있다.

즉 「근로내용확인신고서」를 제출하면 피보험자격의 취득·상실 신고를 한 것으로 보아 고용정보 미신고에 따른 300만원 이하의 과태료가 부과되지 않는다. 또한 근로내용확인신고서를 제출하는 경우 이직확인서를 제출한 것으로 본다.

(2) 일용근로자

일용근로자는 1일 단위로 근로계약을 체결하는 사람(묵시적 계약 포함) 또는 근로계약기간이 1월 미만인 자를 말한다.

① 단시간근로자와의 구분

일용근로자라 함은 '1개월 미만 동안 고용'되는 자를 말하며, 1개월 미만으로 고용되는 일용근로자는 근로시간이 짧더라도 '소정근로시간이 대통령령으로 정하는 시간 미만인자'로 볼 수 없다. 따라서 일용근로자는 소정근로시간이 1개월간 60시간 미만인 경우에도 신고대상자이다.

'소정근로시간이 대통령령으로 정하는 시간 미만인 자'는 근로계약기간이 1개월 이상인 상시근로자에 해당된다.

② 상용근로자와의 구분

일용근로자라 함은 1월 미만의 기간 동안 고용되는 자로 현실적으로 1월 미만 고용된 경우를 말하는 것은 아니며, 근로계약기간이 1일 단위 또는 1월 미만인 경우에 해당한다. 따라서 임금의 산정이나 지급형태가 일 단위 혹은 시간단위로 이루어진다 하여 일용근로자로 분류되는 것은 아니다.

즉, 일일단위 근로계약형태로 채용되었다면 실제 근로일수가 1월 이상 되는 경우도 일용근로자로 간주한다.

(3) 제출시기

고용한 달의 다음 달 15일까지 사업장 소재지 관할 근로복지공단에 제출하면 된다.

(4) 유의사항

① 매월별로 각각 신고한다. 여러 달을 한 장에 신고할 수 없다. 예를 들면, 2024.5월과 2024.6월(일용) 근로내용확인신고서를 한 장에 신고할 수 없다(파일 작성 시에도 동일, 해당 월이 다를 경우 다른 파일로 작성)

② 자진신고대상 사업장(건설업 및 벌목업 사업장)은 고용보험만 작성한다(산재보험 근로자고용정보 신고대상이 아님).

③ 부과고지대상 사업장은 산재보험, 고용보험을 동시에 작성한다.

④ 일용근로자 고용정보신고대상이 10인 이상인 경우 전자 신고한다.

⑤ 일용근로자 근로내용확인신고서를 제출한 경우 당해 근로자에 대해서는 국세청에 별도로 지급명세서를 제출할 필요가 없다.

> 근로내용확인신고 시 사업자등록번호를 기재한 경우 신고 내용 국세청으로도 전송되므로 국세청에 일용근로소득지급명세서 별도 신고 불요
> - 국세청 전송을 원하는 경우에 사업자등록번호와 국세청 일용근로소득신고 항목을 필수 기재(원하지 않는 경우에 두 항목은 작성하지 않음)
> - 일용근로소득신고항목 미기재・착오기재에 따른 가산세가 부과되지 않도록 작성 유의
> - 하수급인 명세서 신고시 사업자등록번호 착오로 기재하여 처리되지 않도록 유의 (하수급인 사업주 승인신청을 통해 하수급인이 사업주가 된 경우에는 별도의 하수급인 자료를 제출하지 않음)

⑥ 1개월간 소정근로시간이 60시간 미만인 단시간근로자는 고용정보 신고제외대상이나 일용근로자는 고용정보 신고대상이다.

⑦ 고용보험 당연적용대상인 외국인근로자 중 일용근로자는 국내근로자와 같이 「근로내용확인신고서」에 따라 신고한다.

⑧ 고용보험 임의가입대상인 외국인근로자 중 일용근로자는 근로내용확인신고서 제출기한까지 외국인고용보험 가입 신청서를 근로내용확인신고서와 함께 제출한다. 이 경우 그 가입의 사유가 발생한 날에 피보험자격을 취득한 것으로 본다.

⑨ 근로내용확인신고서가 착오신고된 경우 해당 근로자만 해당 월 근로내용확인신고서를 정정하여 다시 신고하여야 한다.

⑩ 일용근로자도 고용·산재보험료 중 아래와 같이 일부 보험료만 부과되는 근로자는 보험료 부과구분란에 보험료 부과구분의 부호 및 사유란에 해당 번호를 각각 기재(해당자만 기재)한다.

부호	부과범위				대상 근로자
	산재보험		고용보험		
	산재보험	임금채권 부담금	실업 급여	고용안정 직업능력개발	
51	○	○	×	×	09. 고용보험 미가입 외국인근로자, 11. 항운노조원(임금채권부담금 부과대상)
52	○	×	×	×	03. 현장실습생(직업교육훈련촉진법 제7조의 교육 이수자) 13. 항운노조원(임금채권부담금 소송 승소)
54	○	×	○	○	22. 자활근로종사자(급여특례, 차상위계층, 주거급여·의료급여 또는 교육급여 수급자)
55	×	×	○	○	05. 국가기관에서 근무하는 청원경찰 06. 「선원법」 및 「어선원 및 어선 재해보상보험법」 적용자 07. 해외파견자(산재보험법의 적용을 받지 않는 자)
56	×	×	○	×	16. 노조전임자(노동조합 등 금품 지급)
58	○	×	×	○	21. 자활근로종사자(생계급여 수급자)
60	○	○	×	○	27. 고용허가 외국인근로자(당연적용대상)

⑪ 건설업의 경우에 한하여 고용관리책임자 기재, 고용관리책임자는 「건설근로자의 고용개선 등에 관한 법률」 제5조 제1항 및 제3항에 따라 사업장별(건설공사별)로 지정 신고하여야 한다(미신고에 따른 과태료 등 위반사항 업무는 지방노동청 근로개선지도과 소관).

Q&A1

Q. 국세청 신고항목의 수정이 필요한 경우, 근로내용확인신고서를 다시 제출해도 되나요?

A. 국세청 일용근로소득신고 항목을 잘못 기재한 경우 국세청으로 직접 신고해야 함. 근로내용확인신고서를 다시 제출할 경우 국세청 전송이 정상적으로 이뤄지지 않을 수 있음에 유의.
해당 신고분이 국세청 전송 전이면 국세청으로 직접 신규신고(이 경우 공단에서 전송한 신고서는 국세청 전산에 반영되지 않음). 전송 후 국세청 전산에 반영된 경우는 수정신고

Q&A2

Q. 일당 10만원 미만 근로자로 소득세액이 0원인 경우에도 표시를 해야 하나요?
A. 사업자등록번호를 기재하여 제출한 사업장은 국세청에 모두 신고(기재금액이 없는 경우 포함)됨에 따라 사업자등록번호는 있고 기재금액이 없는 경우에는 0원 신고한 것으로 간주함

Q&A3

Q. 사업자 동거친족 등으로 근로내용확인신고서 신고 대상이 아닌 자는 어떻게 신고를 해야 하나요?
A. 국세청 전송 대상은 고용·산재보험 신고대상 근로자에 대해서만 전송되므로 고용·산재보험 신고 대상자와 적용제외자를 함께 신고하기 원하는 경우 국세청에 별도 신고해야 함

(5) 근로내용확인신고서 정정신고방법

근로내용확인신고서가 착오 신고된 경우 해당 근로자만 해당 월 근로내용확인신고서를 정정하여 다시 신고한다. 이때 착오신고에 대한 경위서 등을 요청하는 경우가 많다. 또한 고용보험 일용근로내용 확인신고 정정신고서의 작성을 요청하는 경우도 있다.

그리고 근로연월이 착오 신고되어 근로내용을 취소하는 경우에는 「일용근로내용정정·취소신청서」를 공단에 제출하여야 한다.

실무사례

[일용 근로내용확인신고서 정정 신고방법]

(주)나토얀컨설팅에서 2024. 5월 근로내용확인신고 시 근로자 갑의 근무일수가 5일, 보수총액을 500,000원으로 신고하였으나 6일, 600,000원으로 정정하고자 하는 경우

☞ 2024. 5월 근로내용확인신고서에 수정분으로 기재한 후 근로자 갑(해당 근로자만 정정신고)의 근무일수 6일, 보수총액 600,000원으로 기재하여 재신고함.

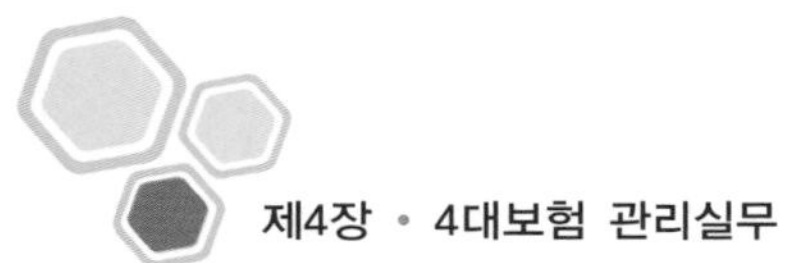

■ 고용보험 및 산업재해보상보험의 보험료징수 등에 관한 법률 시행규칙 [별지 제22호의7서식] 〈개정 2023.6.30.〉

[ ]고용보험 [ ]산재보험 근로내용 확인신고서(일용근로자)(년 월분)

※ 2쪽의 유의사항 및 작성방법을 읽고 작성하기 바라며, [ ]에는 해당되는 곳에 "√" 표시를 합니다. (3쪽 중 1쪽)

접수번호	접수일	처리기간: 7일

공통 사업장			
	사업장관리번호	명칭	
	사업자등록번호 (국세청 일용근로소득지급명세서 갈음하여 제출하는 경우에만 적습니다)	하수급인관리번호 (건설공사등 미승인 하수급인만 적습니다)	
		공사명(유기사업명)	
	소재지	보험사무대행기관 번호	보험사무대행기관 명칭
	전화번호 (유선) (휴대전화)	팩스번호	
	고용관리 책임자 (※건설업만 해당) (성명)	(주민등록번호)	(직위)
	(직무내용)	(근무지) [ ]본사 [ ]해당 사업장(현장)	[ ]다른 사업장(현장)

성명				
주민등록번호 (외국인등록번호)	-	-	-	-
국적 / 체류자격				
전화번호(휴대전화)				
직종 부호				

근로일자 ("○"표시)																				
	1	2	3	4	5	1	2	3	4	5	1	2	3	4	5	1	2	3	4	5
	6	7	8	9	10	6	7	8	9	10	6	7	8	9	10	6	7	8	9	10
	11	12	13	14	15	11	12	13	14	15	11	12	13	14	15	11	12	13	14	15
	16	17	18	19	20	16	17	18	19	20	16	17	18	19	20	16	17	18	19	20
	21	22	23	24	25	21	22	23	24	25	21	22	23	24	25	21	22	23	24	25
	26	27	28	29	30	26	27	28	29	30	26	27	28	29	30	26	27	28	29	30
	31					31					31					31				

근로일수 / 일평균 근로시간	일 / 시간	일 / 시간	일 / 시간	일 / 시간
보수지급기초일수	일	일	일	일
보수총액	원	원	원	원
임금총액	원	원	원	원
이직사유 코드				
보험료부과구분(해당하는 사람만 적습니다)				
부호 / 사유				
국세청 일용근로소득 신고 - 지급월	월	월	월	월
국세청 일용근로소득 신고 - 총지급액(과세소득)	원	원	원	원
국세청 일용근로소득 신고 - 비과세소득	원	원	원	원
국세청 일용근로소득 신고 - 원천징수액 소득세	원	원	원	원
국세청 일용근로소득 신고 - 원천징수액 지방소득세	원	원	원	원

「고용보험법 시행령」 제7조 제1항 후단, 같은 법 시행규칙 제5조 제2항 및 「고용보험 및 산업재해보상보험의 보험료징수 등에 관한 법률 시행규칙」 제16조의7 제2항 제1호에 따라 위와 같이 확인하여 신고합니다.

년 월 일

신고인(사용자 · 대표자) (서명 또는 인)

[ ] 보험사무대행기관 (서명 또는 인)

근로복지공단 ○○지역본부(지사)장 귀하

210mm×297mm[백상지(80g/㎡) 또는 중질지(80g/㎡)]

(3쪽 중 2쪽)

유의사항

1. 이 서식은 1일 단위로 근로계약을 체결하거나 1개월 미만으로 고용되는 일용근로자를 위한 서식입니다.
2. 건설업(건설장비운영업은 제외합니다)과 임업 중 벌목업 사업장은 고용보험 근로자 근로내용 확인신고서만 작성하고, 산재보험 근로자 근로내용 확인신고서를 작성하지 않습니다.
3. 건설업(건설장비운영업은 제외합니다)과 임업 중 벌목업 사업장 소속 일용근로자의 경우 "임금총액"만 적고, 그 밖의 업종의 사업장 소속 일용근로자는 "보수총액(과세소득)"과 "임금총액(과세소득 및 비과세소득)"을 모두 적습니다.
4. 사업주는 「건설근로자의 고용개선 등에 관한 법률」 제5조 제1항 및 제3항에 따라 사업장별(건설공사별)로 고용관리 책임자를 지정 · 신고해야 하며, 이를 위반할 경우에는 같은 법 제26조 제3항 제1호에 따라 100만원 이하의 과태료가 부과됩니다.

1쪽의 신고사항을 신고하지 않거나(기한 내에 신고하지 않은 경우 포함) 거짓으로 신고한 경우 「고용보험법」 제118조 제1항 제1호 또는「고용보험 및 산업재해보상보험의 보험료징수 등에 관한 법률」 제50조 제1항 제1호에 따라 300만원 이하의 과태료가 부과될 수 있으며, 거짓 신고 등으로 실업급여를 부정하게 받은 경우 사업주도 연대하여 책임지고 형사처벌을 받을 수 있습니다.

일용근로 소득신고 관련	1. 1쪽의 "사업자등록번호란"에는 「소득세법」 제134조 제3항에 따른 원천징수의무자의 "사업자등록번호"를 적습니다. 2. 사업주가 1쪽의 "사업자등록번호란"을 작성 · 제출한 경우 「소득세법 시행령」 제213조 제4항에 따라 「소득세법 시행규칙」 별지 제24호서식(4)에 따른 일용근로소득 지급명세서를 별도로 국세청에 제출할 필요가 없습니다. 국세청으로 직접 신고를 원하는 경우 "사업자등록번호"는 적지 않으며, "사업자등록번호란" 및 "국세청 일용근로 소득신고란"을 적지 않거나 잘못 적은 경우 국세청에 일용근로소득 지급명세서를 미제출 · 부실 제출한 것으로 보아 가산세가 부과될 수 있습니다. 3. 일용근로소득 신고 대상자에 대해 "사업자등록번호" 및 "국세청 일용근로 소득신고란"을 작성하지 않은 경우에는 해당 일용근로자에 대한 일용근로소득 지급명세서를 별도로 국세청에 제출해야 합니다.

작성방법

1. "직위"는 고용관리 책임자가 해당 사업장에서 부여받은 직위(예시: 부장, 팀장, 과장, 사원 등)를 작성하고, "근무지"는 고용관리 책임자가 근무하는 사업장 중 해당하는 칸에 체크하며, "직무내용"은 고용관리 책임자의 임무 외에 겸직하고 있는 직무내용에 해당하는 다음의 코드번호를 적습니다(직무내용이 여러 개인 경우 모두 적을 수 있습니다).
   01. 인사 · 노무　02. 회계 · 세무 · 경리　03. 경영 · 관리　04. 홍보 · 영업　05. 기술 · 기능　06. 그 밖의 직무
2. "하수급인 관리번호"는 「고용보험법 시행규칙」 제4조에 따라 원수급인이 제출한 고용보험 하수급인명세서에 따라 근로복지공단으로부터 부여받은 관리번호를 말합니다.
3. "직종부호"는 별지[한국고용직업분류(KECO, 2018) 중 소분류(136개) 직종현황]를 참고하여 적습니다.
4. 보수지급기초일수는 피보험기간 중 "보수지급의 기초가 된 일수"를 말하며, "보수지급의 기초가 된 일수"에는 현실적으로 근로하지 않은 날이 포함될 수 있고(무급휴일, 무급휴무일 또는 결근일 등 보수지급일수에서 제외하는 경우에는 그 일수가 됩니다.
   * '보수'란 「고용보험법」에 따른 보수를 말합니다
5. "보수총액"은 「소득세법」 제20조에 따른 근로소득에서 같은 법 제12조 제3호에 따른 비과세 근로소득을 뺀 금액을 말하며, 해당 월에 발생된 금액을 적습니다.
6. "임금총액"은 「근로기준법」에 따른 임금으로써, 해당 월에 발생된 금액을 적습니다.
7. "이직 사유코드": ◈ 1. 회사의 사정에 의한 이직(폐업, 공사중단, 공사 종료, 계약기간 만료 등)
   ◈ 2. 부득이한 개인사정에 의한 이직 (질병 · 부상, 출산 등)
   ◈ 3. 기타 개인사정에 의한 이직(전직, 자영업을 위한 이직 등)
8. "보험료부과구분"에는 다음에 해당하는 경우는 그 부호를 적습니다(※ 해당자만 적습니다)

부호	부과범위				대상 종사자
	산재보험		고용보험		
	산재보험	임금채권부담금	실업급여	고용안정직업능력개발	
51	O	O	x	x	09. 고용보험 미가입 외국인근로자 11. 항운노조원(임금채권부담금 부과대상)
52	O	x	x	x	03. 현장실습생(「산업재해보상보험법」 제123조 제1항에 따른 현장실습생) 13. 항운노조원(임금채권부담금 소송승소)
54	O	x	O	O	22. 자활근로종사자(「국민기초생활보장법」 제14조의2에 따른 급여의 특례에 해당하는 자, 차상위계층, 주거 · 의료 · 교육급여 수급자)
55	x	x	O	O	05. 국가기관에서 근무하는 청원경찰 06. 「선원법」 및 「어선원 및 어선 재해보상보험법」적용자 07. 해외파견자 (「산업재해보상보험법」의 적용을 받지 않는 자)
56	x	x	O	x	16. 노조전임자(노동조합 등 금품 지급)
58	O	x	x	O	21. 자활근로종사자(생계급여 수급자)

9. "지급월"은 일용근로자에게 급여를 지급한 월(12월 말일까지 미지급한 금액은 12월)을 적습니다.
10. "총지급액(과세소득)"은 일용근로자에게 지급한 급여액(비과세소득 제외)의 월별 합계금액을 적습니다.
11. "비과세소득"은 생산직 일용근로자에게 지급한 야간근로수당 등이 이에 해당됩니다.
12. "소득세"는 [(1일 임금 - 비과세소득) - 근로소득공제(「소득세법」 제47조에 따른 금액)] × 원천징수세율(6%) - 근로소득세액공제(산출세액의 55%)를 적용하여 계산합니다. 다만, 소득세액이 소액부징수(1천원 미만인 경우)에 해당하는 경우에는 "0"으로 적습니다.
13. 원천징수액란의 "지방소득세"는 소득세의 10%를 적습니다.

[별지] 한국고용직업분류(KECO, 2018) 중 소분류(136개) 직종현황 (3쪽 중 3쪽)

0. 경영·사무·금융·보험직

01.관리직(임원·부서장)

011 의회의원·고위공무원 및 기업 고위임원
012 행정·경영·금융·보험 관리자
013 전문서비스 관리자
014 미용·여행·숙박·음식·경비·청소 관리자
015 영업·판매·운송 관리자
016 건설·채굴·제조·생산 관리자

02. 경영·행정·사무직

021 정부·공공행정 전문가
022 경영·인사 전문가
023 회계·세무·감정 전문가
024 광고·조사·상품기획·행사기획 전문가
025 정부·공공 행정 사무원
026 경영지원 사무원
027 회계·경리 사무원
028 무역·운송·생산·품질 사무원
029 안내·고객상담·통계·비서·사무보조 및 기타 사무원

03. 금융·보험직

031 금융·보험 전문가
032 금융·보험 사무원
033 금융·보험 영업원

1. 연구직 및 공학 기술직

11. 인문사회과학 연구직

110 인문·사회과학 연구원

12. 자연·생명과학 연구직

121 자연과학 연구원 및 시험원
122 생명과학 연구원 및 시험원

13. 정보통신 연구개발직 및 공학기술직

131 컴퓨터하드웨어·통신공학 기술자
132 컴퓨터시스템 전문가
133 소프트웨어 개발자
134 데이터·네트워크 및 시스템 운영 전문가
135 정보보안 전문가
136 통신·방송송출 장비 기사

14. 건설·채굴 연구개발직 및 공학 기술직

140 건축·토목공학 기술자 및 시험원

15. 제조 연구개발직 및 공학기술직

151 기계·로봇공학 기술자 및 시험원
152 금속·재료공학 기술자 및 시험원
153 전기·전자공학 기술자 및 시험원
154 화학공학 기술자 및 시험원
155 에너지·환경공학 기술자 및 시험원
156 섬유공학 기술자 및 시험원
157 식품공학 기술자 및 시험원
158 소방·방재·산업안전·비파괴 기술자
159 제도사 및 기타 인쇄·목재 등 공학 기술자 및 시험원

2. 교육·법률·사회복지·경찰·소방직 및 군인

21. 교육직

211 대학 교수 및 강사
212 학교 교사
213 유치원 교사
214 문리·기술·예능 강사
215 장학관 및 기타 교육 종사자

22. 법률직

221 법률전문가
222 법률사무원

23. 사회복지·종교직

231 사회복지사 및 상담사
232 보육교사 및 기타사회복지 종사자
233 성직자 및 기타 종교 종사자

24. 경찰·소방·교도직

240 경찰관, 소방관 및 교도관

25. 군인

250 군인

3. 보건·의료직

30. 보건의료직

301 의사, 한의사 및 치과의사
302 수의사
303 약사 및 한약사
304 간호사
305 영양사
306 의료기사·치료사·재활사
307 보건·의료 종사자

4. 예술·디자인·방송·스포츠직

41. 예술·디자인·방송직

411 작가·통번역가
412 기자 및 언론 전문가
413 학예사·사서·기록물관리사
414 창작·공연 전문가(작가, 연극 제외)
415 디자이너
416 연극·영화·방송 전문가
417 문화·예술 기획자 및 매니저

42. 스포츠·레크리에이션직

420 스포츠·레크리에이션 종사자

5. 미용·여행·숙박·음식·경비·청소직

51. 미용·예식 서비스직

511 미용 서비스원
512 결혼·장례 등 예식 서비스원

52. 여행·숙박·오락 서비스직

521 여행 서비스원
522 항공기·선박·열차 객실승무원
523 숙박시설 서비스원
524 오락시설 서비스원

53. 음식 서비스직

531 주방장 및 조리사
532 식당 서비스원

54. 경호·경비직

541 경호·보안 종사자
542 경비원

55. 돌봄서비스직(간병·육아)

550 돌봄 서비스 종사자

56. 청소 및 기타 개인서비스직

561 청소·방역 및 가사 서비스원
562 검침·주차관리 및 기타 서비스 단순 종사자

6. 영업·판매·운전·운송직

61. 영업·판매직

611 부동산 컨설턴트 및 중개인
612 영업원 및 상품중개인
613 텔레마케터
614 소규모 상점 경영 및 일선 관리 종사자
615 판매 종사자
616 매장 계산원 및 매표원
617 판촉 및 기타 판매 단순 종사자

62. 운전·운송직

621 항공기·선박·철도 조종사 및 관제사
622 자동차 운전원
623 물품이동장비 조작원(크레인·호이스트·지게차)
624 택배원 및 기타 운송 종사자

7. 건설·채굴직

70. 건설·채굴직

701 건설구조 기능원
702 건축마감 기능원
703 배관공
704 건설·채굴 기계 운전원
705 기타 건설 기능원(채굴포함)
706 건설·채굴 단순 종사자

8. 설치·정비·생산직

81. 기계 설치·정비·생산직

811 기계정비 설치·정비원(운송장비 제외)
812 운송장비 정비원
813 금형원 및 공작기계 조작원
814 냉·난방 설비 조작원
815 자동조립라인·산업용로봇 조작원
816 기계 조립원(운송장비 제외)
817 운송장비 조립원

82. 금속·재료·설치·정비·생산직(판금·단조·주조·용접·도장 등)

821 금속관련 기계·설비 조작원
822 판금원 및 제관원
823 단조원 및 주조원
824 용접원
825 도장원 및 도금원
826 비금속제품 생산기계 조작원

83. 전기·전자 설치·정비·생산직

831 전기공
832 전기·전자 기기 설치·수리원
833 발전·배전 장치 조작원
834 전기·전자 설비 조작원
835 전기·전자 부품·제품 생산기계 조작원
836 전기·전자 부품·제품 조립원

84. 정보통신 설치·정비직

841 정보통신기기 설치·수리원
842 방송·통신장비 설치·수리원

85. 화학·환경 설치·정비·생산직

851 석유·화학물 가공장치 조작원
852 고무·플라스틱 및 화학제품 생산기계 조작원 및 조립원
853 환경관련 장치 조작원

86. 섬유·의복생산직

861 섬유 제조·가공 기계 조작원
862 패턴사, 재단사 및 재봉사
863 의복 제조원 및 수선원
864 제화원, 기타 섬유·의복 기계 조작원 및 조립원

87. 식품가공·생산직

871 제과·제빵원 및 떡제조원
872 식품 가공 기능원
873 식품 가공 기계 조작원

88. 인쇄·목재·공예 및 기타설치·정비·생산직

881 인쇄기계·사진현상기 조작원
882 목재·펄프·종이 생산기계 조작원
883 가구·목제품 제조·수리원
884 공예원 및 귀금속세공원
885 악기·간판 및 기타 제조 종사자

89. 제조 단순직

890 제조 단순 종사자

9. 농림어업직

90. 농림어업직

901 작물재배 종사자
902 낙농·사육 종사자
903 임업 종사자
904 어업 종사자
905 농림어업 단순 종사자

[별지 제4호 서식]

일용 근로내용 ☑ 정정 ☐ 취소 신청서

접수번호		접수일자				처리기간 7일		
사업장관리번호								
하수급인관리번호						공사명		
사업장	사업장명					전화번호		
	소재지					FAX번호		
보험구분	성 명	생년월일	성 별	외국인 여부	정정·취소 내용			
					일용근로 년 월	부호	정정 전	정정 후
☑고용 ☑산재			☐ 남 ☑ 여	☐		48		
					정정(취소)사유			
☑고용 ☑산재			☐ 남 ☑ 여	☐				
					정정(취소)사유			
☑고용 ☑산재			☐ 남 ☑ 여	☐				
					정정(취소)사유			
☑고용 ☑산재			☐ 남 ☑ 여	☐				
					정정(취소)사유			
☐고용 ☐산재			☐ 남 ☐ 여	☐	년 월			
					정정(취소)사유			
제출 서류	• 상기 사실을 입증할 수 있는 자료를 첨부하여 제출 (근로계약서, 작업일지, 노무비명세서 등 근로일 확인이 가능한 서류)							

작성방법

[보험구분] 정정 또는 취소하고자 하는 해당보험에 √표시 (고용·산재보험 동시 정정 시 양쪽 모두 √표시)

[부 호]

- 취소부호: 25. 근로내용 취소 (일용근로년월의 취소인 경우 정정 전, 정정 후란은 미기재)
- 정정부호: 45. 근로년월 46.근로일자 47.보수지급기초일수 48.일평균근로시간 49.직종 50.보험료 부과구분 51.임금총액 52.보수총액 53.이직사유(근로내용) 55.사업장관리번호(하수급인관리번호)

(※ 사업장관리번호(하수급인관리번호) 정정은 건설업·벌목업사업장의 동일한 일괄관리번호 내 사업개시번호(하수급인관리번호)에 한함)

[정정(취소)사유] 정정 및 취소사유를 구체적으로 기재

유의사항

피보험자격 등에 관한 사항을 거짓으로 신고한 경우에는 『고용보험법』 제118조 및 『고용보험 및 산업재해보상보험의 보험료 징수 등에 관한 법률』 제50조에 따라 300만원 이하의 과태료가 부과될 수 있습니다.

위와 같이 정정·취소 신청합니다.

2023. . .

신청인(사업주 또는 보험사무대행기관): (보험사무대행기관) 00회계법인 (서명 또는 인)

근로복지공단 지역본부(지사장) 귀하

210mm×297mm(일반용지 60g/㎡(재활용품))

참고

[고용 · 산재보험의 근로자 고용정보 개요]

1. 산재보험 근로자 고용정보와 고용보험 피보험자격 관리의 비교

구 분	산재보험 근로자 고용정보 관리	고용보험 피보험자격 관리
관련근거	보험료징수법	고용보험법
목적	보험료 부과 기초자료 구축	보험급여(실업급여) 지급을 위한 자격관리
대상	부과고지대상 사업장[주)]	전 사업장
처리기관	근로복지공단	근로복지공단
이중취득 여부	가능	불가능

주) 건설업 및 벌목업을 제외한 전 사업장

2. 고용정보 신고시기

사 유	산재보험	고용보험	신고기한
근로자를 새로 고용한 경우	근로자 고용신고	피보험자격 취득신고	다음 달 15일
근로자와 고용관계를 종료한 경우	근로자 고용종료신고	피보험자격 상실신고	다음 달 15일
근로자가 다른 사업장으로 전보되는 경우	근로자 전보신고	피보험자 전근신고	사유발생일부터 14일 이내
근로자가 휴업 등의 사유로 근로를 제공하지 않게 된 경우	근로자 휴직 등 신고	근로자 휴직 등 신고	사유발생일부터 14일 이내
근로자의 성명 또는 주민등록번호가 변경된 경우	근로자 정보변경신고	피보험자내역 변경신고	사유발생일부터 14일 이내
일용직근로자 고용정보 신고	근로내용 확인신고	근로내용 확인신고	다음 달 15일

일용근로자에 대하여는 「근로내용확인신고서」로 고용정보 신고를 대체한다.

3. 민원서식별 신고방법

고용신고 종류	공통서식 여부	신고방법
근로자 고용신고 근로자 고용종료신고 근로자 정보변경신고	4대보험 공통서식	• 서면 : 4개 기관 중 1개소에 제출 • 정보통신망 : 토탈서비스, 4대사회보험정보연계센터, 고용보험EDI, 건강보험EDI, 사회보험EDI • 전자매체신고 : 근로복지공단에 제출
	고용 · 산재 공통	• 서면 : 근로복지공단에 제출
근로자 전보신고 근로내용 확인신고		• 정보통신망 : 토탈서비스, 4대보험센터, 고용보험EDI • 전자매체신고 : 근로복지공단에 제출

고용신고 종류	공통서식 여부	신고방법
근로자 휴직 등 신고	고용·산재 공통	• 서면 : 근로복지공단에 제출(고용센터로 제출하지 않음에 유의) • 정보통신망 : 토탈서비스, 4대사회보험정보연계센터 • 전자매체신고 : 근로복지공단에 제출

- 고용정보는 근로자의 주민등록법에 따른 주민등록번호로 관리(외국인의 경우에는 출입국관리법에 따라 부여되는 외국인등록번호로 관리)되므로 주민등록번호 또는 외국인등록번호를 명확하게 기재
- 고용정보는 근로자의 주민등록법에 따른 주민등록번호로 관리(외국인의 경우에는 출고용정보신고서는 사업장 소재지 공단 관할지사로 제출)
- 고용정보는 근로자의 주민등록법에 따른 주민등록번호로 관리(외국인의 경우에는 출근로자 전보신고는 전보된 사업장 관할 지사로 제출)

4. 일부 보험료만 부과되는 근로자

부호	사유코드	사유	부과범위			
			산재보험		고용보험	
			산재	임채	실업급여	고안·직능
51	09	고용보험 미가입 외국인근로자	○	○	×	×
	10	월 60시간 미만 근로자				
	11	항운노조원(임채부과대상)				
52	03	현장실습생	○	×	×	×
	13	항운노조원(임채소송 승소)				
54	22	자활근로종사자(급여특례, 차상위계층, 주거급여·의료급여 또는 교육급여 수급자)	○	×	○	○
55	05	국가기관에서 근무하는 청원경찰	×	×	○	○
	06	선원법 및 어선재해보상법 적용자				
	07	해외파견자				
56	16	노조전임자(노동조합 등 금품 지급)	×	×	○	×
58	21	자활근로종사자(생계급여 수급권자)	○	×	×	○
60	27	고용허가 외국인근로자(당연적용대상)	○	○	×	○

※ 「고용보험법 제113조의2(「국민기초생활 보장법」의 수급자에 대한 특례) 등이 2016.12.27.자로 개정됨에 따라 자활근로종사자 중 주거급여·의료급여 또는 교육급여 수급자는 고용보험 실업급여 보험료 부과대상이므로 「고용보험피보험자 내용변경신고서」를 공단에 제출하여 보험료 부과구분 부호를 변경 요함.

※ 해당 보험에 고용(취득)되어 있을 경우 보험료가 부과되는 범위를 말함(O표시 되어 있는 보험에 의무적으로 가입해야 하는 것을 의미하는 것이 아님).

※ 현장실습생(52-03)은 산업재해보상보험법 제123조(현장실습생에 특례)에 의해 「직업교육훈련촉진법」 제7조 규정에 의하여 현장실습을 이수하고 있는 산재 특례자만 해당됨. 연수・수습・실습 등의 명칭 여하를 불문하고 근로계약의 존부, 임금을 목적으로 근로를 제공하여 근로자성이 인정되는 경우에는 현장실습생에 해당하지 않으므로 고용・산재보험 모두 고용(취득) 신고대상임.

5. 고용정보 신고 제외자

「고용보험법 시행령」 제3조 제1항 및 제2항 제1호에 해당하는 자는 근로자 고용정보를 신고하지 아니할 수 있다.

① 1개월간 소정근로시간이 60시간 미만인 자(1주간의 소정근로시간이 15시간 미만인 자 포함). 다만, 3개월 이상 계속하여 근로를 제공하는 자와 일용근로자는 제외됨.

② 외국인근로자. 다만, 다음 외국인근로자는 신고대상임.

- 「출입국관리법 시행령」 제12조 규정에 의한 외국인의 체류자격 중 주재(D-7), 기업투자(D-8) 및 무역경영(D-9)의 체류자격을 가진 자(법에 따른 고용보험에 상응하는 보험료와 급여에 관하여 당해 외국인의 본국법이 대한민국 국민에게 가입되지 아니하는 경우를 제외 : 국가 간 상호주의원칙에 따름)
- 「출입국관리법 시행령」 제23조 제1항에 따른 취업활동을 할 수 있는 체류자격을 가진 자(고용노동부령이 정하는 바에 따라 보험가입을 신청한 자에 한함)
- 「출입국관리법 시행령」 제23조 제2항 제1호, 제2호, 제3호에 해당하는 자
- 「출입국관리법 시행령」 제12조에 따른 외국인의 체류자격 중 재외동포(F-4)의 체류자격을 가진 자(고용노동부령으로 정하는 바에 따라 보험가입을 신청한 자만 해당)
- 「출입국관리법 시행령」 제12조에 따른 외국인의 체류자격 중 영주(F-5)의 체류자격을 가진 자

제5절

자격상실 신고

<table>
<tr><th>구 분</th><th>국민연금</th><th>건강보험</th><th>고용보험</th><th>산재보험</th></tr>
<tr>
<td rowspan="2">상실
사유
및
상실
시기</td>
<td rowspan="2">(다음 해당 일의 다음 날)
① 사망(사망추정포함)한 때
② 국적상실 또는 국외이주한 때
③ 사용관계종료(퇴사)된 때
④ 60세가 된 때
⑤ 기초수급자가 적용제외 신청서를 제출한 때
⑥ 일용·단시간근로자가 월 8일 미만 또는 월 60시간 미만 근로하거나, 월 소득이 220만원 미만으로 근로자에서 제외된 때
(사용자의 동의를 얻어 가입자가 된 단시간근로자가 가입을 미희망하거나 사용자가 가입 동의를 철회하는 경우는 상실신고서 제출일의 다음날로 상실처리)

(다음 해당 일)</td>
<td rowspan="2">① 가입자가 퇴직·사망한 날의 다음 날
② 의료급여수급권자가 된 날
③ 유공자 등 의료보호대상자가 건강보험 적용배제신청을 한 날
④ 국적을 잃은 날의 다음 날
⑤ 일용근로자
• (자격취득일이 1일인 경우)매월 1일에서 말일까지 8일 미만 근무한 경우: 해당 월의 초일
• (자격취득일이 1일이 아닌 경우)최초근로일이 속하는 달의 다음달에 8일 미만 근무한 경우: 해당 월 최종근로일의 다음날
단, 최초근로일이 속하는 달의 다다음달에 8일 이</td>
<td colspan="2">① 고용·산재보험 적용제외 근로자가 된 경우: 적용 제외된 날
② 고용·산재보험 적용제외 사업으로 근로자의 고용관계가 변경되는 경우: 변경된 날
③ 보험관계가 소멸하는 경우: 보험관계가 소멸한 날
④ 사업주와 고용관계가 종료된 경우(근로자가 이직한 경우): 고용관계가 끝나는 날의 다음날(이직한 날의 다음 날)
⑤ 근로자가 사망한 경우: 사망한 날의 다음 날</td>
</tr>
<tr>
<td>⑥ 근로계약의 변경으로 피보험자격을 상실하는 경우: 기존의 근로관계가 종료되는 날의 다음 날
⑦ 고용보험에 가입된 외국인근로자가 고용보험 탈퇴신청한 경우: 탈퇴신청한 날의 다음 날
⑧ 고용보험에 가입된 별정직·임기제 공무원이 고용보험 탈퇴신청한 경우: 탈퇴신청한 날의 다음 날
⑨ 이중고용으로 먼저 취득한 피보험자격을 상실하는</td>
<td>⑥ 국내 성립사업장 소속 근로자가 해외로 파견되는 경우: 국내사업장에서 고용관계가 끝나는 날의 다음 날
⑦ 사업종류 변경으로 부과고지대상 사업에서 자진신고 대상 사업으로 변경된 경우: 변경된 날</td>
</tr>
</table>

구 분	국민연금	건강보험	고용보험	산재보험
	① 다른 공적연금에 가입하거나 퇴직연금 등 수급권을 취득한 때 ② 소득이 발생하지 않는 사회복지시설 대표자가 적용제외 신청한 때 ③ 60세 미만 특수직종 근로자가 노령연금 수급권을 취득한 때 ④ 60세 미만자로서 조기노령연금 수급권을 취득한 (지급정지 해제된) 때 ⑤ 법인의 대표이사가 무보수로 된 때	상 근무한 경우 자격 유지	경우: 나중에 고용된 사업에서 피보험자격 취득일	
신고기한	상실 사유발생일이 속하는 달의 다음 달 15일까지	상실일로부터 14일 이내	사유발생일이 속하는 달의 다음 달 15일까지	
신고서류	[4대 보험 통합 서식]			
	사업장가입자 자격 상실신고서	직장가입자 자격 상실신고서	피보험 자격상실 신고서	근로자 고용종료 신고서
신고처	4대사회보험 각 기관 지사 및 4대보험포털서비스(www.4insure.or.kr) [전자민원] 신고			

1 국민연금

(1) 상실사유 및 시기

다음의 자격상실사유가 발생하면 사업장가입자는 자격을 상실한다.

상실사유	상실시기
• 사망(사망추정포함)한 때 • 국적상실 또는 국외이주한 때 • 사용관계종료(퇴사)된 때 • 60세가 된 때 • 기초수급자가 적용제외 신청서를 제출한 때 • 일용·단시간근로자가 월 8일 미만 또는 월 60시간 미만 근로하거나, 월 소득이 220만원 미만으로 근로자에서 제외된 때[주]	사유발생일의 다음 날
• 다른 공적연금에 가입하거나 퇴직연금 등 수급권을 취득한 때 • 소득이 발생하지 않는 사회복지시설 대표자가 적용제외 신청한 때 • 60세 미만 특수직종 근로자가 노령연금 수급권을 취득한 때 • 60세 미만자로서 조기노령연금 수급권을 취득한(지급정지 해제된) 때 • 법인의 대표이사가 무보수로 된 때	사유발생일

주) 사용자의 동의를 얻어 가입자가 된 단시간근로자가 가입을 미희망하거나 사용자가 가입 동의를 철회하는 경우는 상실신고서 제출일의 다음날. 단, 단시간근로자가 월 60시간 미만 근로하여 근로자 제외 사유로 신고하는 경우에는 근로자에서 제외된 날(근로시간이 월 60시간 미만인 해당 월의 기산일)로 상실처리

일반적으로 근로관계 종료의 경우에는 마지막 근로제공일의 다음 날이 상실일이 된다.

사례 1

단시간근로자가 다음과 같이 근로한 후, 사용관계 종료사유로 상실신고하는 경우 사업장가입자 자격취득일, 상실일은?
- 2024.1.12.~2.11.: 월 55시간 근로
- 2024.2.12.~3.11.: 월 59시간 근로
- 2024.3.12.~4.11.: 월 65시간 근로하다가 2024.4.14. 퇴사

☞ • 자격취득일: 2024.3.12.(근로시간이 월 60시간 이상으로 근로자에 해당된 날)
• 자격상실일: 2024.4.15.(자격상실일은 사용관계종료일의 다음날)

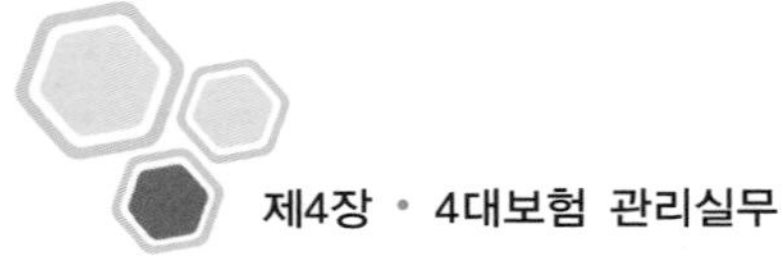

사례 2

단시간근로자가 다음과 같이 근로한 후, 근로자 제외 사유로 상실신고하는 경우 사업장가입자 자격 취득일, 상실일은?
- 2024.1.12.~2.11.: 월 55시간 근로
- 2024.2.12.~3.11.: 월 59시간 근로
- 2024.3.12.~4.11.: 월 65시간 근로하다가 2022.4.14. 퇴사

☞ • 자격취득일: 2024.3.12.(근로시간이 월 60시간 이상으로 근로자에 해당된 날)
  • 자격상실일: 2024.4.12.(근로시간이 월 60시간 미만인 해당 월의 기산일)

(2) 일용근로자

① 건설현장 일용근로자

구 분	자격상실일
자격취득일이 속한 달의 다음 달 이후 최종 근로일이 속한 달에 월 8일 이상 근로한 경우	최종 근로일의 다음 날
최초 근로일부터 1개월간 8일 이상 근로한 후, 다음 달에 8일 미만 근로하면서 월 소득이 220만원 미만인 경우[주1)]	
자격취득 후 계속적으로 가입 후 최종 근로월 초일부터 말일까지 월 8일 미만으로 근로하거나 월 소득이 220만원 미만인 경우[주2)]	해당 최종월 초일(1일)

주1) 최초 근로일이 초일인 경우는 최초 근로일부터 1개월이 된 날의 다음 날로 상실 가능
주2) 사용자 및 근로자가 희망하면 최종 근로일의 다음날로 상실 가능

② 일반 일용근로자

건설현장 일용근로자와 동일하다.

(3) 신고기한 및 신고서류

상실 사유발생일의 다음 달 15일까지 「사업장가입자격상실신고서」를 제출하여야 한다.

(4) 퇴사시 정산

국민연금은 전년도의 소득을 기준으로 당해 연도의 연금보험료를 부과하므로 퇴사 시에 별도의 정산을 할 필요 없다. 또한, 근로자 중도 퇴사 시 상실일의 전날이 속하는 월까지 연금보험료를 납부하면 된다(일할 계산 안 하고 월 보험료 전부 부과).

참고

[건설현장 일용근로자 국민연금 적용업무 프로세스]

구 분	적용절차
사업장 적용신고	• 건설현장에 일용근로자를 고용하는 경우 건설현장별 사업장적용신고 - 당연적용해당신고서 - 보험료 일괄경정 · 전자고지 신청서 제출 - 경과조치 사업장은 입증서류 제출(필요시) • (EDI로 신고) 사업장 최초 적용신고는 인근 국민연금지사에 우편, FAX, 방문하여 공통신고하고, 성립이후부터 반드시 EDI로 신고 ※ EDI 홈페이지(http://edi.nps.or.kr)에서 회원가입 후 가입자 변동신고 및 보험료 부과내역 확인
가입자 신고 (취득/상실/소득변경)	• 가입자 취득신고: 건설일용근로자가 1개월 이상 근로하면서 1개월간 8일 이상 근무하거나 그 기간 동안 소득이 220만원 이상이 된 때 (근로계약서가 없는 경우 실제 1개월간 8일 이상 근무하게 된 때) • 가입자 상실신고: 퇴사하거나 8일 미만 근무하거나 월 소득이 220만원 미만이 된 때 • 소득변경신고: 일용근로자의 소득이 전월보다 높거나 낮은 때 • (EDI로 신고) 다음달 5일까지 신고
보험료 부과	• 취득 월의 다음 달부터 퇴사 월까지 매월 보험료 납부 ※ 취득일이 초일인 경우와 취득월 보험료 납부를 희망하는 경우 취득월 보험료 납부
일괄경정부과	• 건설현장 사업장에 대하여는 공단에서 매월 5일까지의 자격변동신고사항을 기초로 일괄 경정부과 후 EDI로 전송 • 사업장에서 매월 6일 EDI시스템에서 일괄경정부과 내역서 수신 후 경정부과금액으로 납부
수시경정부과	• 공단의 일괄경정부과 전 · 후에 사회보험 사후정산을 위해 부득이 보험료 납부가 필요한 경우 또는 일괄경정부과금액이 상이한 경우 신청(보험료 납부기한일의 1일전까지(토 · 일 · 공휴일인 경우 전날)) • EDI로 신청하거나 지사에 내방(전화)하여 신청 • 수시경정고지 신청 즉시 최종 납부할 금액 확정 후 경정결정내역서를 EDI로 재송부 • 사업장은 경정된 부과내역을 확인한 후 보험료 납부
보험료 납부	• 보험료 납부기간: 매월 7일~10일(휴일인 경우 다음 날) • 건설현장 사업장은 공단의 일괄 또는 수시경정부과 금액으로만 납부해야 함

참고

<table>
<tr><th colspan="5">보험료 일괄경정 · 전자고지 신청서</th></tr>
<tr><td rowspan="5">사업장</td><td>명 칭</td><td colspan="3"></td></tr>
<tr><td rowspan="2">사업장
관리번호</td><td>건강보험</td><td colspan="2"></td></tr>
<tr><td>국민연금</td><td colspan="2"></td></tr>
<tr><td>주 소</td><td colspan="3"></td></tr>
<tr><td>전화번호</td><td colspan="3"></td></tr>
<tr><td rowspan="2">신 청 인</td><td>성 명</td><td></td><td>생년월일</td><td></td></tr>
<tr><td>사업장과의
관계</td><td colspan="3"></td></tr>
<tr><td rowspan="2">일괄경정
신청내역</td><td>신청사유</td><td colspan="3">건설현장 사업장(건설일용근로자 정산)</td></tr>
<tr><td>경정일자</td><td colspan="3">매월 6일(토일공휴일인 경우에는 다음날)</td></tr>
<tr><td rowspan="2">전자고지
신청처리
내역</td><td>정기고지</td><td colspan="3">건강 · KT EDI(전자문서교환)로 발송(매월 21~23일)</td></tr>
<tr><td>경정고지</td><td colspan="3">건강 · 연금 · KT EDI(전자문서교환)로 발송(매월 6일)</td></tr>
<tr><td>적용기간</td><td colspan="4">사업장 당연적용 해당 월 ~ 탈퇴 월</td></tr>
</table>

※ **정기고지서는 건강 · KT EDI로 발송하며,** 우편 고지서는 발송되지 않습니다.
(단, 건강보험이 탈퇴될 경우 우편 고지서로 발송됩니다.)
※ **경정고지 내역은** 매월 6일 **건강 · 연금 · KT** EDI로 발송됩니다.
※ **사업주는 매월 6일 이후** EDI(전자문서교환)**에서 경정고지 내역서를 확인하여 경정된 고지금액으로 납부하여야 합니다.**

위와 같이 건강 · 연금보험료 일괄 경정 및 전자고지를 신청합니다.

신청일: 년 월 일

신청인(사용자): (인)

국민건강보험공단
국 민 연 금 공 단 **지사장 귀하**

❷ 건강보험

(1) 상실사유 및 시기

건강보험의 자격상실사유 및 상실시기는 다음과 같다.

상실사유	상실시기
• 사망한 때 • 국적상실한 때 • 사용관계 종료(퇴사)된 때	사유발생일의 다음 날
• 의료급여 수급권자가 된 때 • 유공자 등 의료보호대상자가 건강보험 적용배제신청을 한 때 • 적용제외체류자격(외국인)을 가진 때	사유발생일

(2) 일용근로자

상실사유	상실시기
• (자격취득일이 1일인 경우)매월 1일에서 말일까지 8일 미만 근무한 경우	해당 월의 초일
• (자격취득일이 1일이 아닌 경우)최초근로일이 속하는 달의 다음달에 8일 미만 근무한 경우	해당 월 최종근로일의 다음날(단, 최초근로일이 속하는 달의 다다음달에 8일 이상 근무한 경우 자격 유지)

참고

[일용근로자 건강보험의 자격취득일 및 상실일 예시]

[사례 1] 최초 근로(고용)일로부터 1개월 되는 날까지 8일 이상 근로한 경우

(1) 최초 근로일(월 초)

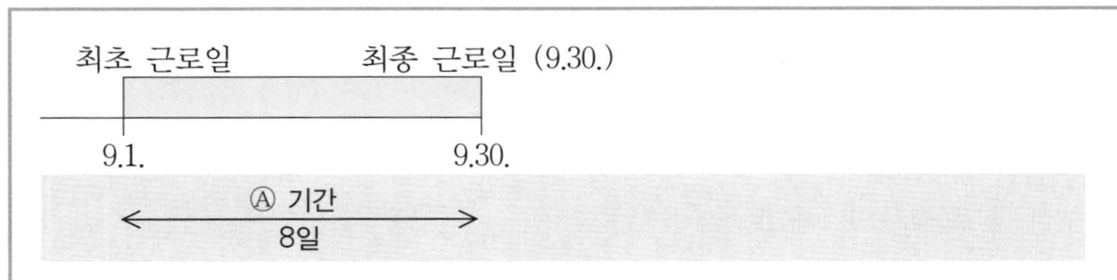

○ 취득일: 9.1. 상실일: 10.1.

○ 최초 근로일부터 1개월 되는 날(9.30.)까지 근로하여 가입대상

※ 만약, 최종 근로일이 9.29.인 경우라면 1개월 이상 근로가 아니므로 가입대상 아님

(2) 최초 근로일(월 중)

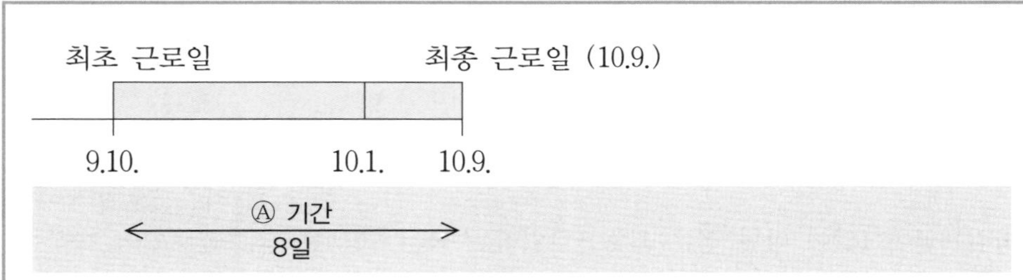

○ 취득일: 9.10. 상실일: 10.10.

○ 최초 근로일부터 1개월 되는 날(10.9.)까지 근로하여 가입대상

※ 만약, 최종 근로일이 10 8.인 경우라면 1개월 이상 근로가 아니므로 가입대상 아님

[사례 2] Ⓐ 기간에 8일 미만이고 최초 근로(고용)일 익월 초일부터 말일까지 8일 이상 근로한 경우

(1) 최초 근로일(월 초)

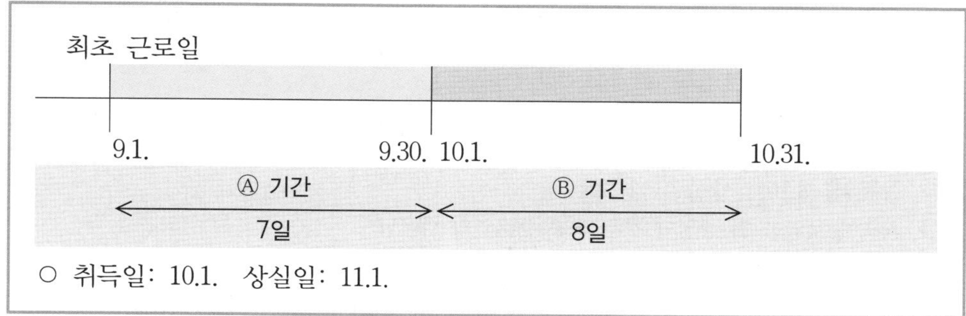

○ 취득일: 10.1. 상실일: 11.1.

(2) 최초 근로일(월 중)

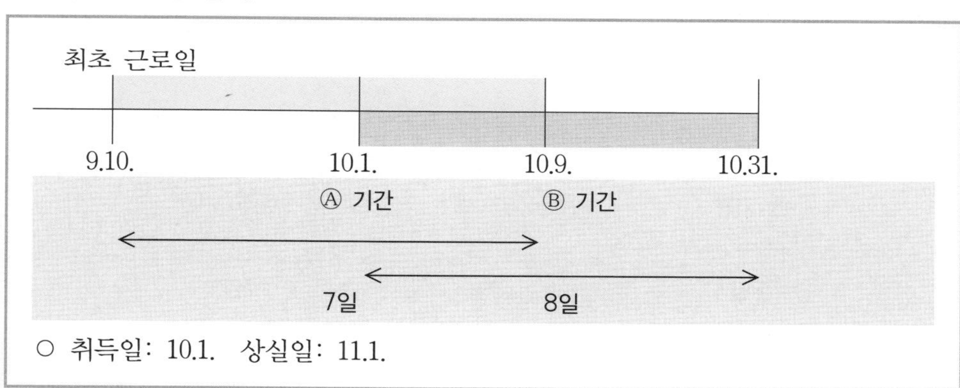

○ 취득일: 10.1. 상실일: 11.1.

[사례 3] Ⓐ 기간에 8일 이상 근로한 후, 최초 근로(고용)일 익월에 8일 미만 근로한 경우

(1) 최초 근로일(월 초)

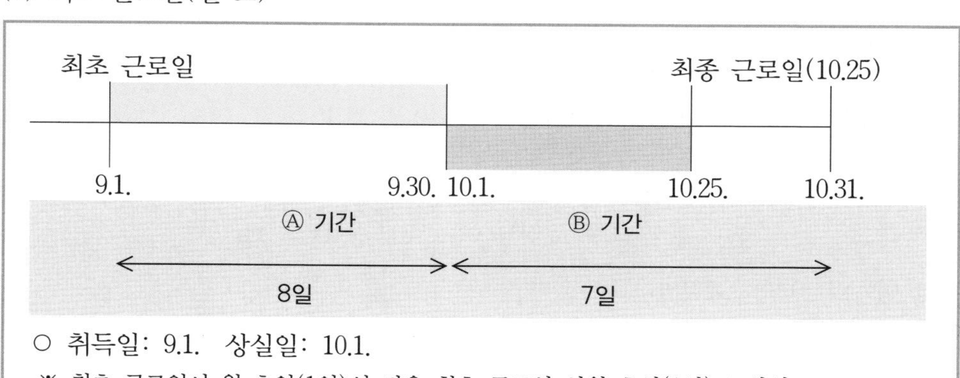

○ 취득일: 9.1. 상실일: 10.1.

※ 최초 근로일이 월 초일(1일)인 경우 최초 근로일 익월 초일(1일)로 상실

(2) 최초 근로일(월 중)

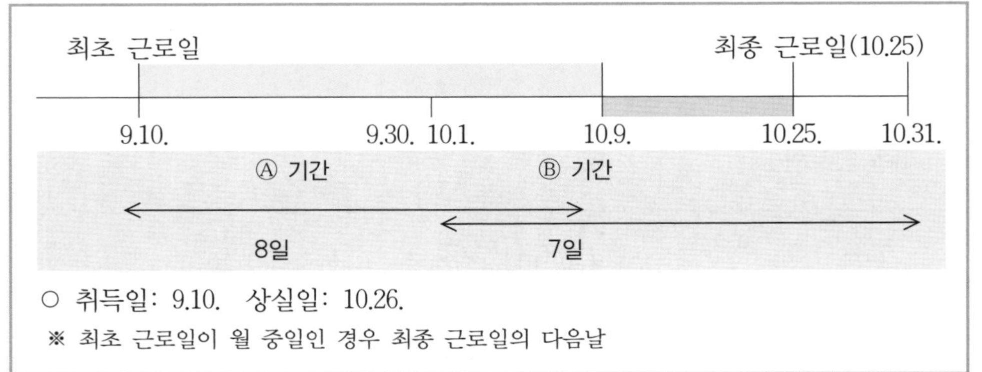

○ 취득일: 9.10. 상실일: 10.26.

※ 최초 근로일이 월 중일인 경우 최종 근로일의 다음날

[사례 4] 자격취득하여 계속적으로 가입 후 최종 근로월 초일부터 말일 간 8일 미만으로 근로한 경우

(1) 최초 근로일(월 초)

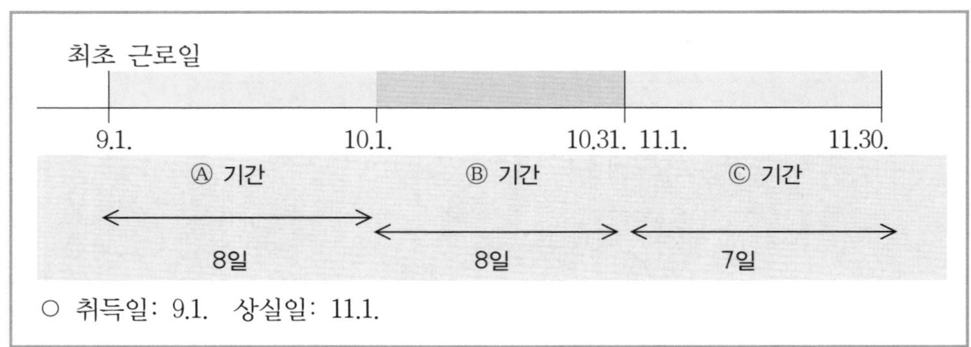

○ 취득일: 9.1. 상실일: 11.1.

(2) 최초 근로일(월 중)

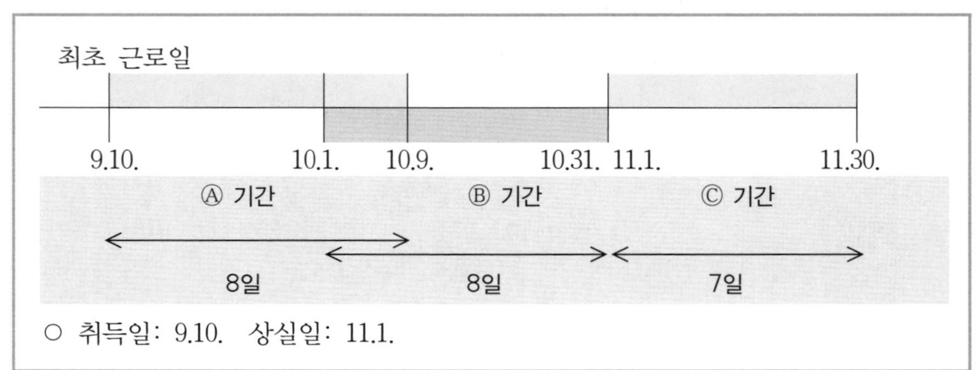

○ 취득일: 9.10. 상실일: 11.1.

[사례 5] 자격취득 후 최초 근로일 익월부터 8일 미만으로 근로한 경우

(1) 최초 근로일(월 초)

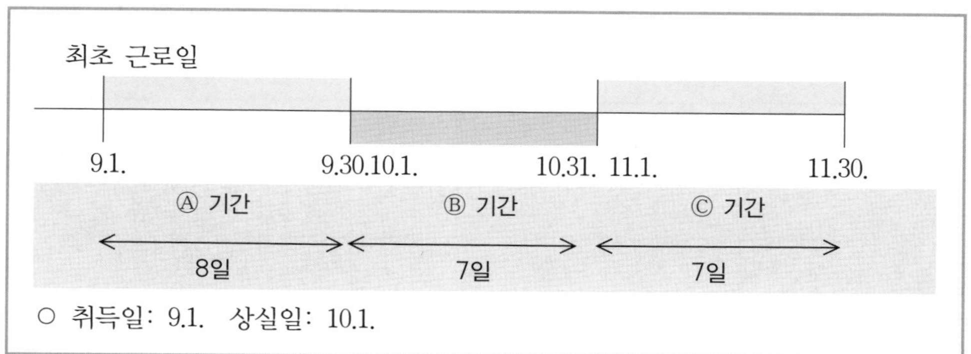

○ 취득일: 9.1. 상실일: 10.1.

(2) 최초 근로일(월 중)

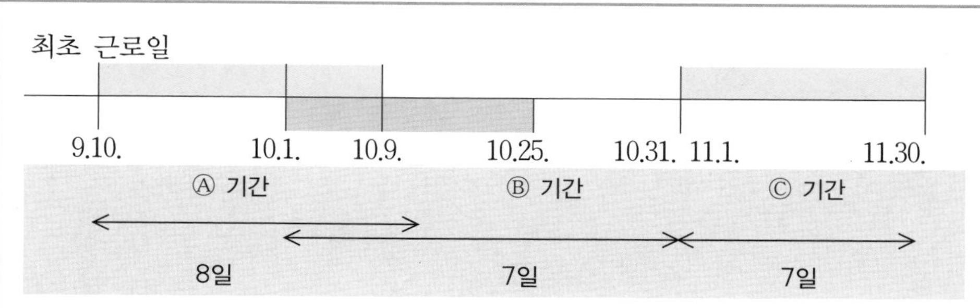

○ 취득일: 9.10. 상실일: 10.26.

※ Ⓐ 기간에 8일 이상 근로한 후, 최초 근로(고용)일 익월에 8일 미만 근로한 경우: 최종 근로일의 다음날

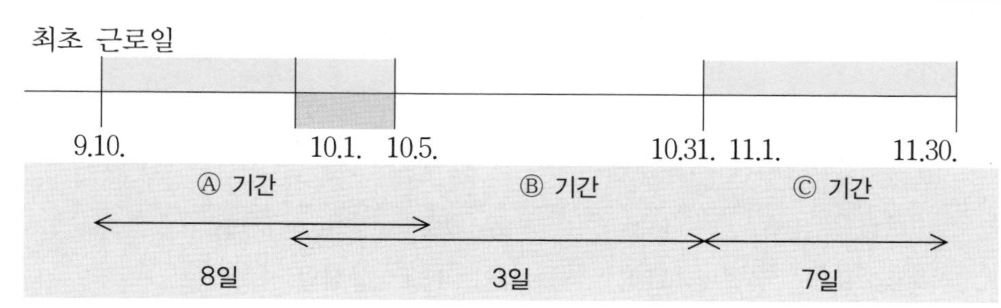

○ 취득일: 9.10. 상실일: 10.6.

※ 1개월 미만의 취득기간으로 인하여, 취득 대상 아니라고 결정하지 않도록 유의

※ 최초 근로 월부터 매월 1일 이상 연속 근로하여 1개월 이상 근로가 성립하며, Ⓐ 기간에 8일 이상 근로한 후, 최초 근로(고용)일 익월에 8일 미만 근로하였으므로 최종 근로일의 다음날로 상실

[사례 6] Ⓐ기간 8일 이상, Ⓑ 기간이 8일 미만, Ⓒ기간이 8일 이상 근로한 경우

(1) 최초 근로일(월 초)

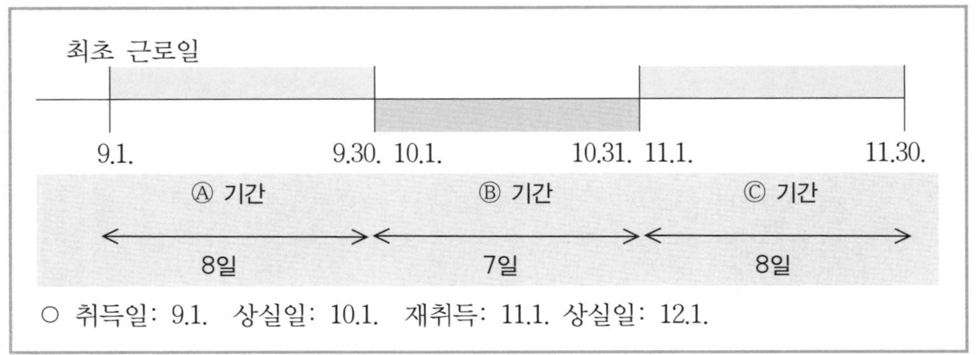

○ 취득일: 9.1. 상실일: 10.1. 재취득: 11.1. 상실일: 12.1.

(2) 최초 근로일(월 중)

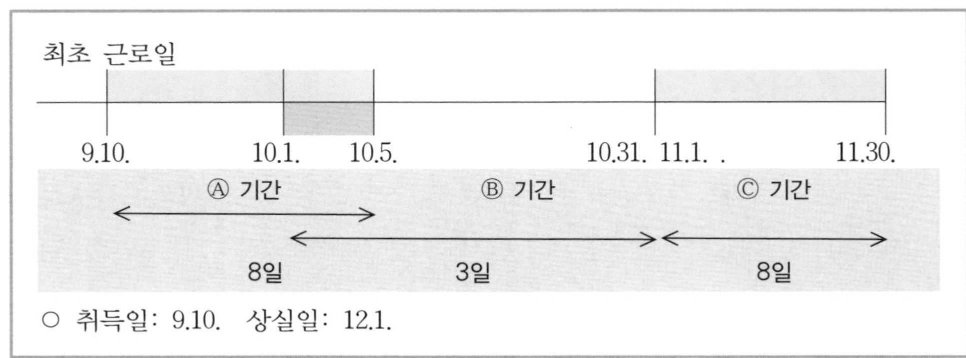

○ 취득일: 9.10. 상실일: 12.1.

(3) 최초 근로일(월 중), 4달 이상 근로

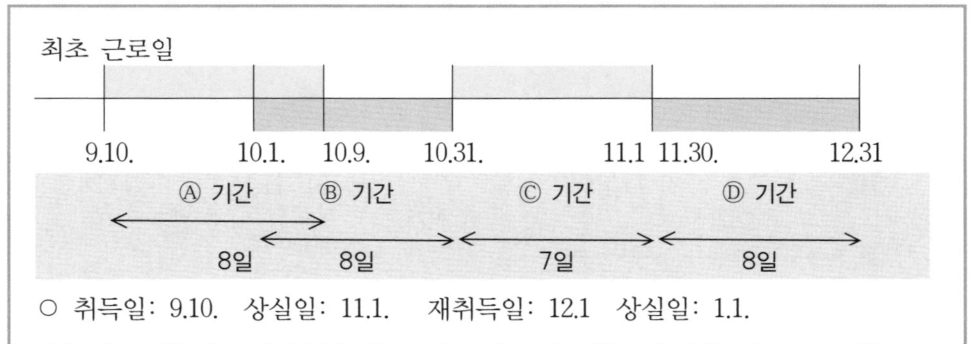

○ 취득일: 9.10. 상실일: 11.1. 재취득일: 12.1 상실일: 1.1.

[사례 7] Ⓐ와 Ⓑ기간이 8일 미만이고, Ⓒ기간이 8일 이상 근로한 경우

(1) 최초 근로일(월 초)

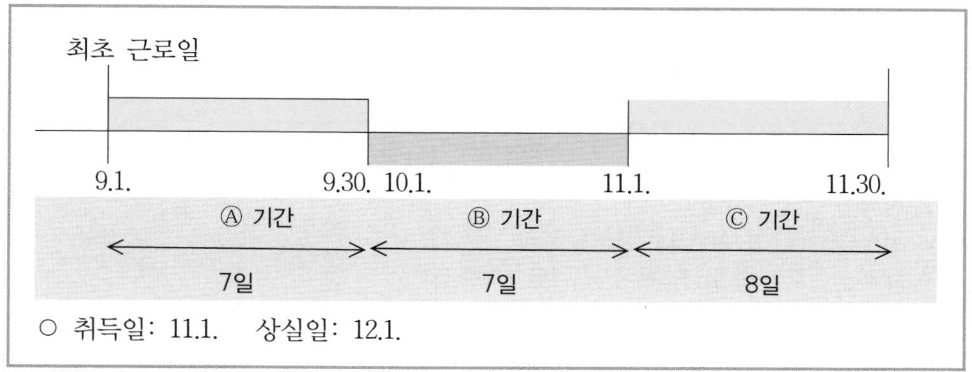

(2) 최초 근로일(월 중)

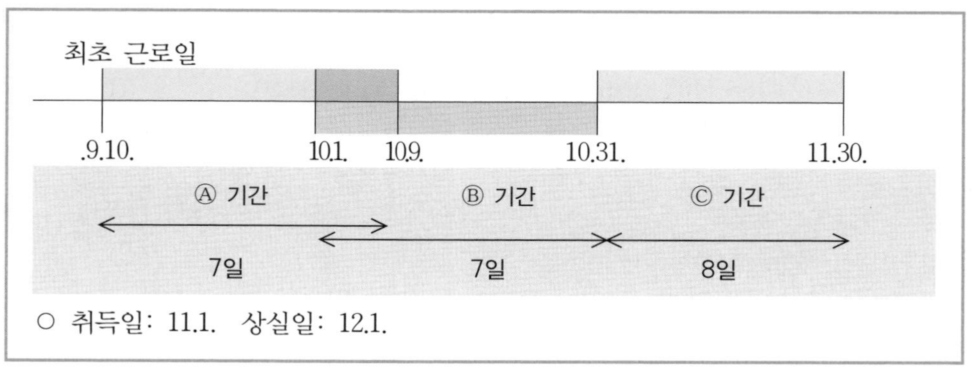

[사례 8] Ⓐ 기간 취득, 상실 후 상실일 다음달에 8일 이상 근로한 경우

(1) 최초 근로일(월 초)

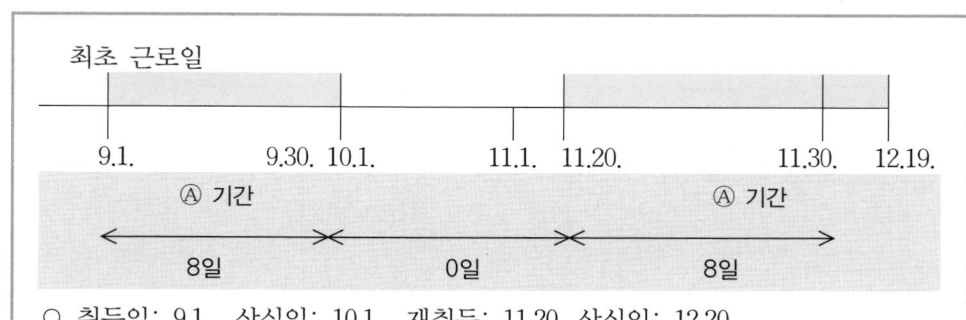

※ 취득일을 11.1.로 결정하지 않도록 유의

※ 최초 근로 월부터 매월 1일 이상을 근로하여야 연속근로

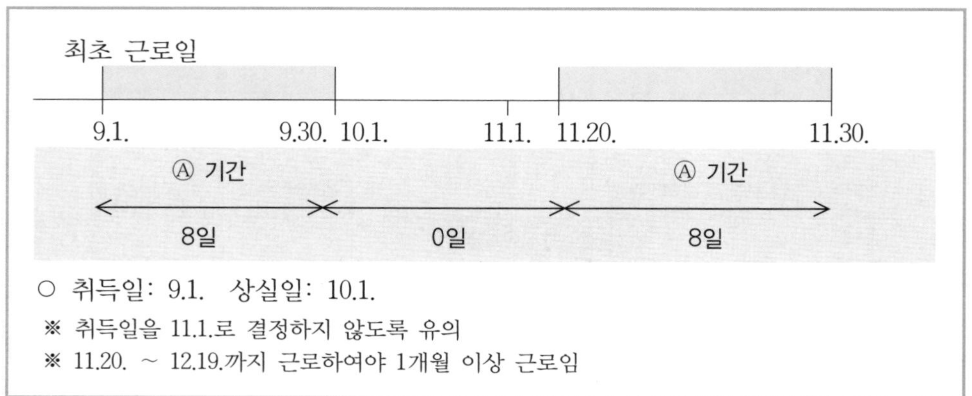

○ 취득일: 9.1. 상실일: 10.1.

※ 취득일을 11.1.로 결정하지 않도록 유의

※ 11.20. ~ 12.19.까지 근로하여야 1개월 이상 근로임

(2) 최초 근로일(월 중)

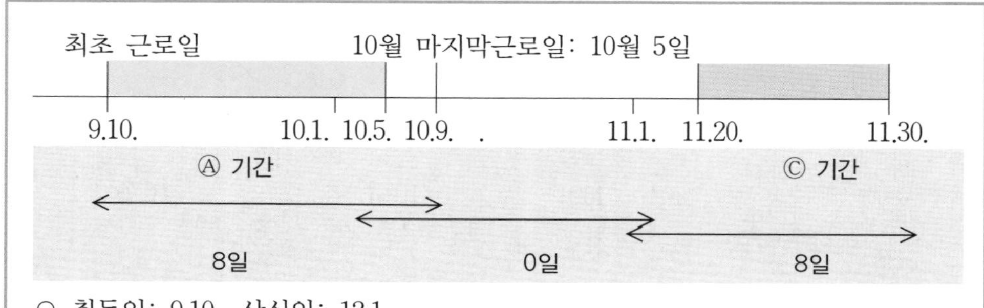

○ 취득일: 9.10 상실일: 12.1

※ 최초 근로 월부터 매월 1일 이상 연속 근로하여 1개월 이상 근로가 성립하며, 월중 취득자가 최초근로일이 속하는 달의 다다음달에 8일 이상 근무한 경우 자격유지. 취득대상이 아니라고 결정하지 않도록 유의

[사례 9] Ⓐ 기간 8일 이상 근로한 후, 최종 근로일 익월에 근로가 없고, 그 익월에 8일 이상 근로한 경우

(1) 최초 근로일(월중)

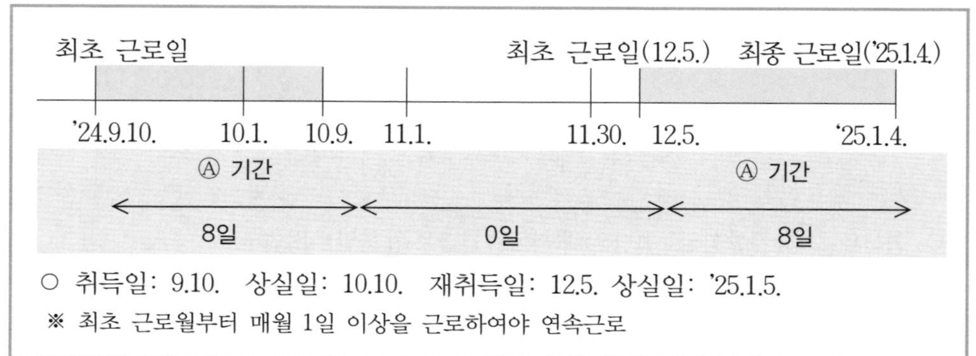

○ 취득일: 9.10. 상실일: 10.10. 재취득일: 12.5. 상실일: '25.1.5.

※ 최초 근로월부터 매월 1일 이상을 근로하여야 연속근로

(3) 신고기한 및 신고서류

자격상실일로부터 14일 이내에 「직장가입자 자격상실신고서」를 제출하여야 한다.

(4) 퇴사 시 정산

보험료의 부과는 상실일의 전날이 속하는 달까지 건강보험료를 납부하여야 하며, 당해 연도에 지급된 총보수를 기준으로 건강보험료를 정산하여야 하므로 퇴사자 연말정산 후 정산될 건강보험료를 계산하여 매월 납부한 건강보험료와 정산 건강보험료의 차액을 근로자로부터 징수 또는 환급하여야 한다.

퇴사자 정산은 제7절 4대보험 정산 2. 건강보험'에서 자세히 설명하기로 한다.

(5) 실업자 임의가입 특례

① 대상

퇴직 전 18개월 기간 동안 여러 사업장의 근무기간을 통산하여 365일 이상 계속하여 직장가입자의 자격을 유지한 사람 중 직장가입자 자격으로 건강보험을 계속 유지하고자 공단에 가입신청한 자는 임의계속가입자 자격을 취득할 수 있다(국민건강보험법 제110조). 근로자가 아닌 개인사업장의 대표자였던 직장가입자(개인대표자)는 임의계속가입대상이 아니다.

즉 퇴직 당시 동일직장에서 1년 이상 직장가입자 자격을 유지하였다가 퇴직한 사람으로 종전의 직장가입자 보험료(보수월액보험료+소득월액보험료)를 납부하고자 공단에 신청한 사람을 말한다.

② 적용기간

퇴직일의 다음 날부터 36개월 간 적용된다. 단, 36개월 이전에 임의계속탈퇴 신청으로 제외 가능하다(국민건강보험법 시행령 제77조).

③ 임의계속가입의 보험료

보험료 = 보수월액[주)] × 보험료율 × 50%(전액 본인부담) + 소득월액보험료

주) 보수월액보험료가 산정된 최근 12개월간의 보수월액(퇴직정산으로 확정된 최종보수월액)을 평균한 금액

④ 신청기간

지역가입자가 된 이후 최초 지역보험료 납부기한에서 2개월이 지나기 이전까지 신청하

여야 한다. 그러나 신청한 자가 최초로 고지한 보험료를 그 납부기한부터 2개월이 지난 날까지 납부하지 아니하는 경우 임의계속가입자 자격이 취소되어 지역가입자로 변동된다.

⑤ 신고서류

「임의계속(가입/탈퇴)신청서」를 제출하여야 한다.

⑥ 납부방법

임의계속보험료는 매월 가입자 주민등록 주소지로 고지되므로 고지서에 의해 납부하면 된다.

■ 국민건강보험법 시행규칙 [별지 제39호서식] <개정 2023. 11. 14.>

임의계속 [ ] 가입 [ ] 탈퇴 신청서

※ 유의사항 및 작성방법은 뒤쪽을 참고하시기 바라며, 바탕색이 어두운 난은 신청인이 적지 않습니다. (앞쪽)

접수번호	접수일	처리기간 즉시

가입자	① 성명	② 주민등록번호(외국인등록번호 · 국내거소신고번호)	
	③ 주소		
	④ 전화번호	휴대전화	FAX번호
퇴직 사업장 (기관)	⑤ 명칭		
	⑥ 재직기간	. . . ~ . . .	(개월)

피부양자	⑦ 관계	⑧ 성명	⑨ 주민등록번호 (외국인등록번호 · 국내거소신고번호)	⑩ 장애인 · 국가유공자		⑪ 외국인		
				종류 부호	등록일	국적	체류자격	체류기간

보험료 자동이체신청 [ ] 자동이체 계좌 [ ] 환급계좌	금융기관명	계좌번호	
	예금주 성명	예금주 주민등록번호	가입자와의 관계
	이체 희망일	☐ 매월 10일	☐ 말일
	※ 환급계좌는 임의계속가입자 본인계좌만 신청가능하며, 가입자가 탈퇴되면 환급계좌도 직권 해지됩니다.		

전자고지 신청	[ ] 전자우편(전자우편주소:)	
	[ ] 인터넷 홈페이지	
	[ ] 휴대전화(휴대전화번호:)	
	[ ] 그 밖의 방법(공인전자문서중계자 등:)	
	수신자 성명	수신자 주민등록번호

「국민건강보험법」 제110조, 같은 법 시행규칙 제62조 및 제63조에 따라 위와 같이 임의계속 가입(탈퇴)을 신청하고, 임의계속가입 후 최초로 납부해야 하는 보험료를 그 납부기한으로부터 2개월 이내에 납부하지 않으면 직장가입자의 자격을 유지하지 못하고 퇴직한 날의 다음 날부터 소급하여 지역가입자가 됨을 확인합니다.

년 월 일

신청인 (서명 또는 인)

국민건강보험공단 이사장 귀하

210㎜× 297㎜[백상지 80g/㎡]

(뒤쪽)

첨부서류 (임의계속 가입의 경우만 제출)	1. 가족관계등록부의 증명서 등 가입자와의 관계를 확인할 수 있는 서류 1부 2. 「장애인복지법」에 따라 등록된 장애인, 「국가유공자 등 예우 및 지원에 관한 법률」 제4조 · 제73조 및 제74조에 따른 국가유공자 등(법률 제11041호로 개정되기 전의 「국가유공자 등 예우 및 지원에 관한 법률」 제73조의2에 따른 국가유공자 등을 포함한다)으로서 같은 법 제6조의4에 따른 상이등급 판정을 받은 사람과 「보훈보상대상자 지원에 관한 법률」 제2조에 따른 보훈보상대상자로서 같은 법 제6조에 따른 상이등급 판정을 받은 사람임을 증명할 수 있는 서류 1부(해당 사항이 있는 경우에만 제출합니다) 3. 자격 취득을 신고하는 피부양자가 재외국민 또는 외국인인 경우에는 다음의 구분에 따른 서류 가. 재외국민: 국내거소신고증 사본 또는 국내거소신고사실증명 1부 나. 외국인: 외국인등록증 사본, 외국인등록사실증명, 국내거소신고증 사본(「재외동포의 출입국과 법적지위에 관한 법률」 제2조 제2호에 따른 외국국적동포의 경우에만 제출합니다) 또는 국내거소신고사실증명(「재외동포의 출입국과 법적지위에 관한 법률」 제2조 제2호에 따른 외국국적동포의 경우에만 제출합니다) 1부	수수료 없음

유의사항

1. 임의계속가입을 신청할 수 있는 사람은 사용관계가 종료되어 직장가입자에서 지역가입자로 자격이 변동된 사람으로서 해당 사용관계가 끝난 날부터 소급하여 18개월 동안 통산 1년(365일) 이상 직장가입자의 자격을 유지한 사람으로서 해당 기간 중 보수월액보험료를 부담한 사람이어야 합니다. 이 경우 임의계속가입자인 사람이 재취업한 경우에는 최종 사용관계가 끝난 날(재취업하고 퇴직한 날)을 기준으로 18개월 동안 통산 1년 이상 직장가입자의 자격을 유지한 경우에만 임의계속 재가입이 가능합니다.
2. 임의계속가입 신청은 지역가입자가 된 이후 「국민건강보험법」 제79조에 따라 최초로 고지받은 지역가입자 보험료의 납부기한부터 2개월 이내에 신청하여야 합니다.
3. 사용관계가 끝난 후 임의계속가입을 신청하여 직장가입자의 자격을 유지할 수 있는 기간은 퇴직한 다음 날부터 최장 36개월입니다.
4. 이 신청에 따라 직장가입자의 자격을 유지하는 동안 적용하는 보수월액은 보수월액보험료가 산정된 최근 12개월간의 보수월액을 평균한 금액으로 합니다.
5. 임의계속가입 후 최초로 내야 하는 보험료를 그 납부기한부터 2개월이 지난 날까지 납부하지 않으면 직장가입자의 자격이 소급하여 상실됩니다.
6. 건강보험증은 가입자 또는 피부양자가 신청하는 경우 발급됩니다. 신청은 가까운 지사를 방문하거나 고객센터(☎ 1577-1000), 홈페이지(www.nhis.or.kr), 모바일앱 등을 통해 가능합니다.
7. 전자고지 신청의 경우, 매월 15일까지 신청 시 신청 당월부터 적용되며, 신청인의 자격 변동 시 자동 해지 처리됩니다.
8. 임의계속보험료 자동이체 신청 시 평생(전화)계좌, 법인계좌는 신청이 불가합니다.
9. 환급계좌를 신청하면 향후 발생하는 환급금은 환급계좌로 자동 입금됩니다.

작성방법

○ 임의계속가입 신청인 경우 “[ ]가입“에, 탈퇴인 경우 “[ ]탈퇴“에 “∨“표시합니다.

①~④: 임의계속가입을 신청하는 가입(퇴직)자의 성명, 주민등록번호, 주소 및 전화번호를 적습니다.

⑤ · ⑥: 퇴직 당시의 사업장(기관)의 명칭 및 재직기간을 적습니다.

⑦~⑪: 피부양자가 있는 경우 적습니다. 다만, 임의계속탈퇴 신청의 경우에는 적지 마십시오.

⑦: 가입자와의 관계를 적습니다.

※ 배우자, 부모, 조부모, 자녀, 손자 · 손녀 이하, 형제자매, 처부모, 시부모, 사위 · 며느리, 증조부모, 계자, 생자녀, 생부모, 시조부모, 처조부모, 손녀사위, 손자며느리 등

⑧ · ⑨: 신고 대상 피부양자의 성명, 주민등록번호(외국인등록번호)를 적습니다(외국인의 경우 외국인등록번호, 재외국민은 국내거소신고번호를 적습니다).

⑩: 장애인 또는 국가유공자(6 · 18자유상이자 포함)인 경우 장애인 · 국가유공자의 종류 부호 및 등록일을 적습니다.

※ 장애인 · 국가유공자의 종류 부호:
지체장애인〈1〉, 뇌병변장애인〈2〉, 시각장애인〈3〉, 청각장애인〈4〉, 언어장애인〈5〉, 지적장애인〈6〉, 자폐성장애인〈7〉, 정신장애인〈8〉, 신장장애인〈9〉, 심장장애인〈10〉, 호흡기장애인〈11〉, 간장애인〈12〉, 안면장애인〈13〉, 장루 · 요루장애인〈14〉, 뇌전증장애인〈15〉 국가유공자 등〈19〉

⑪: 외국인의 경우에는 국적, 체류자격(외국인등록증 기재내용), 체류기간(외국인등록증 발급일부터 출국 예정일까지)을 적습니다.

※ 재외국민의 경우 체류자격은 C0(유학생의 경우에는 C9), 국적은 이주국가명을 적고, 체류기간은 적지 않습니다.

처리 절차

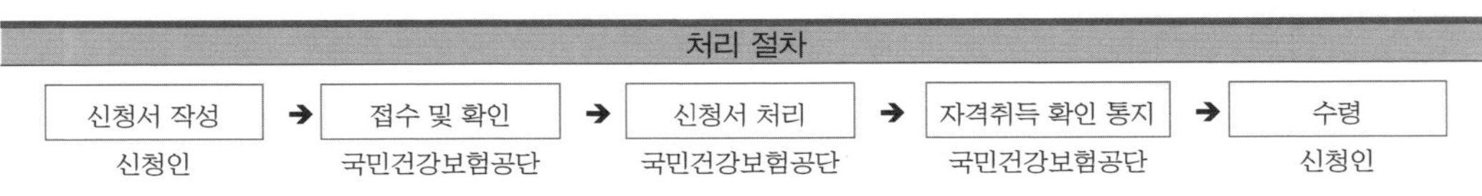

3 고용보험

(1) 상실사유 및 시기

고용보험의 자격상실사유 및 상실시기는 다음과 같다.

상실사유	자격 상실일
• 사망한 경우	사망한 날의 다음 날
• 사용관계 종료(퇴사)된 경우(이직한 경우)	고용관계가 끝나는 날(이직한 날)의 다음날
• 근로계약의 변경으로 피보험자격을 상실하는 경우	기존의 근로관계가 종료일의 다음 날
• 당해 사업의 보험관계 소멸되는 경우	보험관계 소멸일
• 이중고용으로 먼저 취득한 피보험자격을 상실하는 경우	나중에 고용된 사업에서 피보험자격 취득일
• 고용보험에 가입한 외국인근로자가 고용보험 탈퇴신청을 한 경우	탈퇴신청을 한 날의 다음 날
• 적용제외 사업으로 근로자의 고용관계가 변경되는 경우	변경된 날
• 고용보험에 가입된 별정직 · 임기제 공무원이 고용보험 탈퇴신청한 경우	탈퇴신청한 날의 다음날

(2) 신고기한 및 신고서류

사유발생일이 속하는 달의 다음 달 15일까지 「근로자 피보험자격상실신고서」를 제출하여야 한다.

(3) 퇴사시 정산

매월 급여 지급 시 근로자분에 해당하는 실업급여분에 대하여 정확하게 원천공제해 왔다면 근로자 퇴직 시에 근로자와 정산할 금액은 없다.

또한 사업주가 퇴사하는 근로자의 연간 보수총액을 근로자 자격상실시 공단에 신고하면 공단에서는 업무마감일(매월 15일) 이전이면 업무마감일이 속한 달의 보험료에 반영하고, 업무마감일 이후인 경우에는 그 다음달 보험료에 반영하여 고지한다.

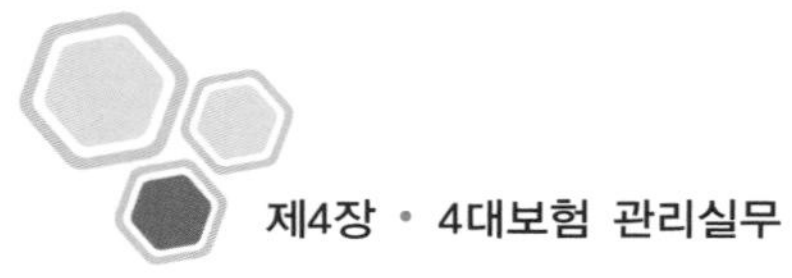

(4) 유의사항

① 상실사유

상실사유를 정확히 기재하여야 하는데 이는 구직급여(실업급여) 수급자격제한 여부를 판단하는 자료가 되며, 회사가 지급받을 수 있는 지원금 등에 제한을 받을 수 있다. 구체적인 상실사유는 다음과 같다.

구분	상실사유
자진퇴사에 의한 이직	11. 개인사정으로 인한 자진퇴사 12. 사업장 이전, 근로조건 변동, 임금체불 등으로 자진퇴사
회사 사정과 근로자 귀책사유에 따른 이직	22. 폐업・도산 23. 경영상 필요 및 회사불황으로 인한 인원감축 등에 따른 퇴사(해고, 권고사직, 명예퇴직 포함) 26. 근로자의 귀책사유에 의한 징계해고・권고사직
정년 등 기간만료에 따른 이직	31. 정년 32. 계약기간 만료, 공사종료
기타	41. 고용보험 비적용, 이중고용

② 이직

상실사유 분류 중 '자진퇴사에 의한 이직', '회사 사정과 근로자 귀책사유에 의한 이직' 및 '정년 등 기간만료에 의한 이직'은 이직으로 인하여 피보험자격을 상실하는 것이고 '기타'는 적용제외대상으로 됨에 따라 피보험자격을 상실하는 것이다.

(5) 구직급여 수급자격 사유

① 구직급여 수급자격 제한 사유

구직급여 수급자격이 제한되는 사유는 다음과 같다(고용보험법 제58조).

1. 중대한 귀책사유로 해고된 피보험자로서 다음 각 목의 어느 하나에 해당하는 경우
   가. 「형법」 또는 직무와 관련된 법률을 위반하여 금고 이상의 형을 선고받은 경우
   나. 사업에 막대한 지장을 초래하거나 재산상 손해를 끼친 경우로서 다음에 정하는 기준에 해당하는 경우
      • 납품업체로부터 금품이나 향응을 받고 불량품을 납품받아 생산에 차질을 가져온 경우
      • 사업의 기밀이나 그 밖의 정보를 경쟁관계에 있는 다른 사업자 등에게 제공한 경우

- 거짓 사실을 날조 · 유포하거나 불법 집단행동을 주도하여 사업에 막대한 지장을 초래하거나 재산상 손해를 끼친 경우
- 직책을 이용하여 공금을 착복 · 장기유용 · 횡령하거나 배임한 경우
- 제품이나 원료 등을 절취하거나 불법 반출한 경우
- 인사 · 경리 · 회계담당 직원이 근로자의 근무상황 실적을 조작하거나 거짓 서류 등을 작성하여 사업에 막대한 지장을 초래하거나 재산상 손해를 끼친 경우
- 사업장의 기물을 고의로 파손하여 사업에 막대한 지장을 초래하거나 재산상 손해를 끼친 경우
- 영업용 차량을 사업주의 위임이나 동의 없이 다른 사람에게 대리운전하게 하여 교통사고를 일으킨 경우

다. 정당한 사유 없이 근로계약 또는 취업규칙 등을 위반하여 장기간 무단 결근한 경우

2. 자기 사정으로 이직한 피보험자로서 다음 각 목의 어느 하나에 해당하는 경우
   가. 전직 또는 자영업을 하기 위하여 이직한 경우
   나. 제1호의 중대한 귀책사유가 있는 자가 해고되지 아니하고 사업주의 권고로 이직한 경우
   다. 다음의 사유에 해당하지 아니하는 사유로 이직한 경우(수급자격이 제한되지 아니하는 정당한 이직 사유)

② 수급자격이 제한되지 아니하는 정당한 이직사유

구직급여 수급자격이 제한되지 아니하는 정당한 이직사유는 다음과 같다(고용보험법 시행규칙 제101조 제2항 [별표2]).

1. 다음 각 목의 어느 하나에 해당하는 사유가 이직일 전 1년 이내에 2개월 이상 발생한 경우
   가. 실제 근로조건이 채용 시 제시된 근로조건이나 채용 후 일반적으로 적용받던 근로조건보다 낮아지게 된 경우
   나. 임금체불이 있는 경우
   다. 소정근로에 대하여 지급받은 임금이 「최저임금법」에 따른 최저임금에 미달하게 된 경우
   라. 「근로기준법」 제53조에 따른 연장 근로의 제한을 위반한 경우
   마. 사업장의 휴업으로 휴업 전 평균임금의 70퍼센트 미만을 지급받은 경우
2. 사업장에서 종교, 성별, 신체장애, 노조활동 등을 이유로 불합리한 차별대우를 받은 경우
3. 사업장에서 본인의 의사에 반하여 성희롱, 성폭력, 그 밖의 성적인 괴롭힘을 당한 경우

3의2. 「근로기준법」 제76조의2에 따른 직장 내 괴롭힘을 당한 경우

4. 사업장의 도산·폐업이 확실하거나 대량의 감원이 예정되어 있는 경우
5. 다음 각 목의 어느 하나에 해당하는 사정으로 사업주로부터 퇴직을 권고받거나, 인원 감축이 불가피하여 고용조정계획에 따라 실시하는 퇴직 희망자의 모집으로 이직하는 경우
   가. 사업의 양도·인수·합병
   나. 일부 사업의 폐지나 업종전환
   다. 직제개편에 따른 조직의 폐지·축소
   라. 신기술의 도입, 기술혁신 등에 따른 작업형태의 변경
   마. 경영의 악화, 인사 적체, 그 밖에 이에 준하는 사유가 발생한 경우
6. 다음 각 목의 어느 하나에 해당하는 사유로 통근이 곤란(통근 시 이용할 수 있는 통상의 교통수단으로는 사업장으로의 왕복에 드는 시간이 3시간 이상인 경우를 말한다)하게 된 경우
   가. 사업장의 이전
   나. 지역을 달리하는 사업장으로의 전근
   다. 배우자나 부양하여야 할 친족과의 동거를 위한 거소 이전
   라. 그 밖에 피할 수 없는 사유로 통근이 곤란한 경우
7. 부모나 동거 친족의 질병·부상 등으로 30일 이상 본인이 간호해야 하는 기간에 기업의 사정상 휴가나 휴직이 허용되지 않아 이직한 경우
8. 「산업안전보건법」 제2조 제2호에 따른 "중대재해"가 발생한 사업장으로서 그 재해와 관련된 고용노동부장관의 안전보건상의 시정명령을 받고도 시정기간까지 시정하지 아니하여 같은 재해 위험에 노출된 경우
9. 체력의 부족, 심신장애, 질병, 부상, 시력·청력·촉각의 감퇴 등으로 피보험자가 주어진 업무를 수행하는 것이 곤란하고, 기업의 사정상 업무종류의 전환이나 휴직이 허용되지 않아 이직한 것이 의사의 소견서, 사업주 의견 등에 근거하여 객관적으로 인정되는 경우
10. 임신, 출산, 만 8세 이하 또는 초등학교 2학년 이하의 자녀(입양한 자녀를 포함한다)의 육아, 「병역법」에 따른 의무복무 등으로 업무를 계속적으로 수행하기 어려운 경우로서 사업주가 휴가나 휴직을 허용하지 않아 이직한 경우
11. 사업주의 사업 내용이 법령의 제정·개정으로 위법하게 되거나 취업 당시와는 달리 법령에서 금지하는 재화 또는 용역을 제조하거나 판매하게 된 경우
12. 정년의 도래나 계약기간의 만료로 회사를 계속 다닐 수 없게 된 경우
13. 그 밖에 피보험자와 사업장 등의 사정에 비추어 그러한 여건에서는 통상의 다른 근로자도 이직했을 것이라는 사실이 객관적으로 인정되는 경우

4 산재보험

(1) 상실사유 및 시기

산재보험의 자격상실사유 및 고용종료일은 다음과 같다.

상실사유	고용종료일
• 사망한 경우	사망일의 다음 날
• 사용관계 종료(퇴사)된 경우	퇴사일의 다음 날
• 산재보험 적용근로자 적용제외 근로자가 되는 경우	적용제외된 날
• 사업종류 변경으로 부과고지대상 사업에서 자진신고 대상 사업으로 변경된 경우	변경된 날
• 국내 성립사업장 소속 근로자가 해외로 파견되는 경우	국내사업장에서 고용관계가 끝나는 날의 다음 날
• 보험관계가 소멸한 경우	보험관계가 소멸한 날

(2) 신고기한 및 신고서류

해당 사유발생일 다음 날(고용종료일)의 다음 달 15일까지 다음의 신고내용을 기재한 「근로자 고용종료신고서」를 제출하여야 한다.

- 근로자의 성명, 주민등록번호
- 고용관계가 종료된 날
- 근로자에게 지급한 보수총액

(3) 퇴사 시 정산

산재보험료는 근로자 부담분이 없으므로 근로자와 정산할 금액은 없다. 그리고 사업주가 퇴사하는 근로자의 연간 보수총액을 근로자 자격상실시 공단에 신고하면 공단에서는 업무마감일(매월 15일) 이전이면 업무마감일이 속한 달의 보험료에 반영하고, 업무마감일 이후인 경우에는 그 다음달 보험료에 반영하여 고지한다.

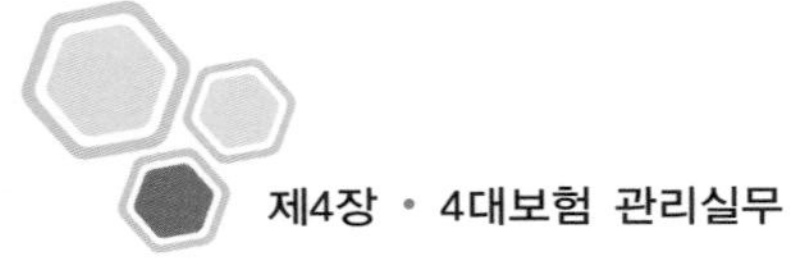

(4) 유의사항

부과고지대상 사업장만 신고한다(건설업 및 벌목업 사업장은 산재보험 근로자 고용종료 신고대상 아님).

당해 연도 보수총액은 근로자 고용종료일이 속한 연도 초일부터 고용종료일 전일까지 발생된 보수를 기재한다.

참고

보험관계가 소멸한 경우 「보험관계소멸신고서」와 「보수총액신고서」의 신고기한은 소멸한 날 부터 14일 이내이고, 「근로자 피보험자격상실 신고서」의 신고기한은 상실사유가 발생한 날이 속하는 달의 다음 달 15일까지로 서로 상이하나, 「보험관계 소멸신고서」와 「근로자 피보험자격상실 신고서」, 「보수총액신고서」를 함께 제출해야 나중에 보험료가 정산되어 추가징수되지 않음.

사례

- 사업장 폐업일: 2024.6.13.
- 보험관계 소멸일: 2024.6.14.(폐업일의 다음 날)
- 「보험관계 소멸신고서」 제출기한: 2024.6.27.(소멸일로부터 14일 이내)
- 「근로자 자격상실신고서」 제출기한: 2024.7.15.(소멸일의 다음달 15일까지)
- 「보수총액신고서」 제출기한: 2024.6.27.(소멸일로부터 14일 이내)

☞ 사업주가 보수총액신고서를 제출하지 않고 「보험관계 소멸신고서」와 「근로자 자격상실신고서」를 제출기한 마지막 날에 각각 제출하여 처리된 경우 소멸한 사업장의 2024. 6월분 월별보험료가 일할 계산되지 않고 전액 부과된 후 2024. 7월분 보험료 산정시 재산정(정산)됨. 「보수총액신고서」가 나중에 제출되면 다시 보험료가 정산되어 추가징수 또는 감액될 수 있음

참고

[이직확인서]_(고용보험법 시행령 제82조의2)

1. 신고사유 및 시기

'이직확인서'란 '피보험 단위기간 · 이직사유 및 이직 전에 지급한 임금 · 퇴직금 등의 이직 명세를 증명하는 서류'(「고용보험법」 제16조)를 말하는 것으로 사업주는 고용하는 피보험자가 이직으로 피보험자격을 상실한 경우에 이직확인서 발급 요청이 있는 경우 발급하여야 함.

* '이직'이란 '피보험자와 사업주 사이의 고용관계가 끝나게 되는 것'을 말함(「고용보험법」 제2조).

2. 발급 절차 및 시기

2020.8.28.부터 근로자가 사업주에게 이직확인서 발급요청서를 제출하거나, 고용복지플러스센터가 사업주에게 이직확인서 발급을 요청한 경우 사업주는 제출(요청)받은 날부터 10일 이내에 이직확인서를 발급해야 함. 단, 근로자가 이직한 날이 속하는 달의 다음 달 15일까지 피보험자격 상실신고서와 이직확인서를 함께 제출하는 것도 가능함.

3. 신고 내용

이직일, 이직사유, 피보험단위기간산정대상기간, 보수지급기초일수, 임금내역, 기준보수, 1일 소정 근로시간 등을 신고(실업급여의 수급과 관련된 판단을 위한 기초 자료)

4. 신고시 유의사항

(1) 이직확인서는 상실신고가 되어야만 처리 가능함.

(2) 이직사유가 상실신고서상의 상실사유와 동일하지 않은 경우

- 이직확인서의 이직사유를 잘못 작성한 것으로 확인된 경우에는 보완된 이직확인서 제출
- 당초 신고한 상실신고서 상의 상실사유를 잘못 작성한 경우에는 정정요청서(상실사유 확인가능자료 일체 포함)를 제출

※ 피보험자격 상실신고서와 이직확인서가 함께 제출된 경우 『피보험자격확인통지서』에 의해 통보하고 사업주가 사후에 이직사유 정정신고를 하는 등 당초와 다른 이직사유를 신고할 경우 300만원 이하의 과태료가 부과될 수 있음(「고용보험법」 제118조 제1항 제2호).

■ 고용보험 및 산업재해보상보험의 보험료징수 등에 관한 법률 시행규칙 [별지 제22호의6서식] 〈개정 2023. 6. 30.〉

[ ]국민연금 사업장가입자 자격상실 신고서　[ ]건강보험 직장가입자 자격상실 신고서
[ ]고용보험 근로자 피보험자격상실 신고서　[ ]산재보험 근로자 자격상실 신고서

※ 뒤쪽의 유의사항 및 작성방법을 읽고 작성하기 바라며, 색상이 어두운 난은 신고인이 적지 않습니다.
※ 같은 사람의 4대 사회보험의 상실 연월일이 다른 경우에는 유의사항을 읽고 작성하기 바랍니다.

(앞쪽)

접수번호	접수일자	처리기간 3일(고용 · 산재보험은 7일)

사업장	사업장관리번호	명칭	전화번호	팩스번호
	소재지			우편번호(　　)
보험사무대행기관	명칭	번호	하수급인 관리번호(건설공사등의 미승인하수급인에 한함)	

일련번호	성명	주민등록번호 (외국인등록번호 · 국내거소신고번호)	전화번호 (휴대전화번호)	상실 연월일 (YYYY.MM.DD)	국민연금		건강보험					[ ]고용보험 [ ]산재보험			
					상실부호	초일취득 · 당월상실자 납부여부	상실부호	연간 보수 총액				상 실 사 유		해당 연도 보수 총액	전년도 보수 총액
								해당 연도		전년도		구체적 사유	구분코드	고용보험 / 산재보험	고용보험 / 산재보험
								보수 총액	근무 개월 수	보수 총액	근무 개월 수				
						희망 [ ]									
						희망 [ ]									
						희망 [ ]									
						희망 [ ]									

위와 같이 피보험자격상실 신고를 합니다.

년　　월　　일

신고인(사용자 · 대표자)　　(서명 또는 인) / [ ]보험사무대행기관　　(서명 또는 인)

국민연금공단 이사장/국민건강보험공단 이사장/근로복지공단 ㅇㅇ지역본부(지사)장 귀하

297mm×210mm[백상지(80g/㎡) 또는 중질지(80g/㎡)]

(뒤쪽)

<table>
<tr><th colspan="2">유의사항</th></tr>
<tr><td>공통사항</td><td>같은 사람의 4대 사회보험의 상실일자가 다른 경우 상실 연월일란에 모두 함께 적되, 해당 칸 안에서 줄을 달리하고 괄호로 해당 사항을 구분하여 표기합니다. (예) yyyy. mm. dd.(건강보험)
yyyy. mm. dd.(고용보험)</td></tr>
<tr><td>국민연금</td><td>사용자는 소재불명 등으로 상실자에게 통지할 수 없을 때에는 그 사실을 공단에 알려야 합니다.</td></tr>
<tr><td>건강보험</td><td>1. 건강보험가입자가 퇴직으로 이 신고서를 제출한 경우에는 「국민건강보험법 시행규칙」 별지 제5호서식의 건강보험 지역가입자 자격취득 · 변동신고서는 제출하지 않습니다.
2. 재외국민 또는 외국인의 직장가입 제외 신고를 하는 경우에는 「국민건강보험법 시행규칙」 제61조의4제2항에 따른 신고서 및 서류를 별도로 제출해야 합니다.</td></tr>
<tr><td>고용보험
산재보험</td><td>1. 앞쪽의 신고사항을 신고하지 않거나(기한 내에 신고하지 않은 경우 포함) 거짓으로 신고한 경우 「고용보험법」 제118조 제1항 제1호 또는「고용보험 및 산업재해보상보험의 보험료 징수 등에 관한 법률」 제50조 제1항 제1호에 따라 300만원 이하의 과태료가 부과될 수 있으며, 거짓 신고 등으로 실업급여를 부정하게 받은 경우 사업주도 연대하여 책임을 지며 형사처벌을 받을 수 있습니다.
2. 실업급여를 지급 받을 수 있는 기간은 퇴직(이직)일의 다음 날부터 12개월입니다.
3. 연도 중 요율 변경이 있는 사업장의 근로자, 자활근로종사자 또는 노동조합 등으로부터 금품을 지급받는 노조전임자 등의 경우에는 보험료 정산을 위해 근로복지공단이 정하는 신고서를 추가로 제출해야 합니다.</td></tr>
</table>

<table>
<tr><th colspan="2">작성방법</th></tr>
<tr><td>공통사항</td><td>"성명 및 주민등록번호(외국인등록번호 · 국내거소신고번호)"란에는 주민등록표(외국인등록증 또는 국내거소신고증)상의 성명 및 주민등록번호(외국인등록번호 또는 국내거소신고번호)를 적습니다.</td></tr>
<tr><td>국민연금</td><td>1. "상실 연월일"란에는 자격상실 사유 발생일(해당 사업장에서의 퇴직일, 사망일 등)의 다음 날을 적습니다. 다만, 자격 상실 사유가 사업장 간의 전출인 경우에는 상대 사업장에서의 자격 취득일인 전입일을, 상실 부호가 6 · 15 · 16 · 20 · 21인 경우에는 해당 일을 적습니다. (예) 퇴직일/상실일: 1월31일/2월1일, 1월30일/1월31일, 사망일/상실일: 2월1일/2월2일
2. 상실 부호 22. 근로자 제외는 1개월 미만 일용 근로자, 60시간 미만 단시간 근로자등의 경우에만 해당합니다.
3. 초일에 가입자 자격을 취득하고 같은 달에 자격을 상실하는 경우, 연금보험료의 납부를 희망하는 때에는"초일 취득 · 당월 상실자 납부 여부"란의 "희망[ ]"에 "√"표시를 합니다.
〈상실 부호〉 1. 사망 3. 사용관계 종료 4. 국적 상실(국외 이주) 5. 60세 도달 6. 다른 공적연금 가입 9. 전출(통 · 폐합) 15. (조기)노령연금 수급권 취득(조기노령연금의 지급이 정지 중인 경우는 제외합니다) 16. 협정국 연금가입 19. 체류기간 만료(외국인) 20. 적용제외 체류자격(외국인) 21.무보수 대표이사 22.근로자 제외 26. 취득취소(착오나 사정변경으로 자격취득 신고를 취소하는 경우)
4. 취득취소의 경우 상실부호란에 '26'을 적습니다.</td></tr>
<tr><td>건강보험</td><td>1. "상실 연월일"란에는 가입자의 자격상실 사유 발생일의 다음 날을 적습니다. 다만, 의료급여수급권자가 되거나 국가유공자 등으로서 건강보험 적용배제 신청을 하는 경우에는 건강보험 적용배제 신청일을 적습니다. (예) - 퇴직일/상실일: 1월31일/2월1일, -사망일/상실일: 2월1일/2월2일, - 적용배제신청일/상실일: 1월5일/1월5일
〈상실부호〉 퇴직〈01〉 사망〈02〉 의료급여수급권자〈04〉 유공자 등 건강보험 배제신청〈10〉 취득취소(착오나 사정변경으로 자격취득 신고를 취소하는 경우)〈16〉 국적상실〈17〉 이민출국〈19〉 가입제외(외국의 법령)〈24〉 가입제외(외국의 보험)〈25〉 가입제외(사용자와의 계약)〈26〉 무보수대표자〈58〉 그 밖의 사유(외국인 체류기간 만료 등)〈13〉
2. "해당 연도"란의 "보수총액"은 해당 사업장에서 발생된 보수(소득)를 아래에 따라 적되, "전년도"란의 "보수총액"은 보험료 연말정산을 실시하지 않은 경우에만 적습니다.
○ 근로자 - 직장가입자로서 근로를 제공하여 받은 봉급, 급료, 보수, 세비 ,임금, 상여, 수당, 그 밖에 이와 유사한 성질의 금품
•비과세 근로소득 중 보수총액 포함 항목: 「소득세법」 제12조 제3호차목 · 파목 및 거목에 따라 비과세되는 소득과 직급보조비 또는 이와 유사한 성질의 금품
•보수총액 제외 항목: 퇴직금, 현상금 · 번역료 및 원고료, 「소득세법」에 따른 비과세 근로소득 일부(「소득세법」 제12조 제3호차목 · 파목 및 거목에 따라 비과세되는 소득과 직급보조비 또는 이와 유사한 성질의 금품은 제외합니다)
•「소득세법 시행규칙」 제100조 제26호에 따른 근로소득원천징수영수증의 ⑯계와 ⑱국외근로소득의 합계를 적습니다. 다만, 비과세 소득 ⑱-1야간근로수당과 ⑳비과세소득 계 등에 직급보조비 등 「국민건강보험법 시행령」 제33조의 보수가 포함되어 있을 경우, 합산하여 적습니다.
○ 개인사업장 사업주 - 해당 사업장 사업소득과 부동산임대소득의 합계(총수입금액에서 필요경비를 제외한 금액)를 적습니다.
3. "근무개월수"는 퇴직 해당 연도(연말정산을 실시하지 않은 경우에는 '전년도'란도 작성함)의 연간 보수총액이 해당하는 개월 수를 적습니다.</td></tr>
<tr><td>고용보험
산재보험</td><td>1. "상실 연월일"란에는 자격상실 사유 발생일(해당 사업장에서의 퇴직일, 사망일 등)의 다음 날을 적습니다. (예) 퇴직일/상실일: 1월31일/2월1일, 1월30일/1월31일, 사망일/상실일: 2월1일/2월2일
2. "상실사유"란에는 반드시 구체적 사유를 구분코드와 함께 적습니다.
〈상실사유 구분코드〉
◈ 자진퇴사: 11. 개인사정으로 인한 자진퇴사 12. 사업장 이전, 근로조건 변동, 임금체불 등으로 자진퇴사
◈ 회사사정과 근로자 귀책사유에 의한 이직: 22. 폐업 · 도산(예정 포함), 공사 중단 23. 경영상 필요 또는 회사불황으로 인한 인원감축 등에 의한 퇴사(해고 · 권고사직 포함)
26. 근로자의 귀책사유에 의한 징계해고 · 권고사직
◈ 정년 등 기간만료에 의한 이직: 31. 정년 32. 계약기간 만료, 공사 종료
◈ 기타: 41. 고용보험 비적용 42. 이중고용
3. "해당 연도 및 전년도 보수총액"란에는 해당 사업장에서 발생된 연간 보수(「소득세법」 제12조 제3호에 따른 비과세 근로소득을 제외한 소득액)의 총액을 적되, "전년도 보수총액"란에는 보수총액 신고를 하지 않은 경우에만 적습니다.
※ 전보 또는 휴직 등의 사유로 해당 근로자의 고용보험과 산재보험 보수총액에 차이가 있는 경우에는 각각의 보수총액을 달리하여 적습니다.</td></tr>
</table>

처리절차

신고서 작성	→	접수 및 확인	→	신고서 처리	→	자격상실 및 확인 통지	→	수령
신고인		국민연금공단 · 국민건강보험공단 · 근로복지공단						신고인

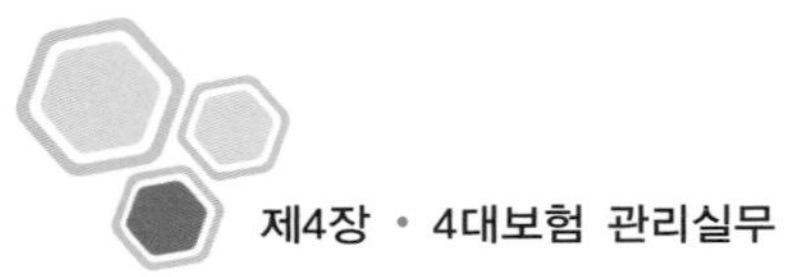

■ 고용보험법 시행규칙[별지 제75호의4서식] 〈개정 2023. 12. 1.〉

피보험자 이직확인서

※ 뒤쪽의 작성요령을 읽고 작성하기 바랍니다. 별표(*) 표시가 되어 있는 항목은 필수 기재항목입니다.

(앞쪽)

접수번호	접수일자	처리기간:10일

*사업장	사업장관리번호			
	명 칭		전화번호	
	소재지			
	하수급인관리번호(건설공사 등의 미승인 하수급인인 경우에만 작성)			
*피보험자 (이직자)	성 명		(휴대)전화번호	
	주민등록번호	-		
	주 소			
	입사일(피보험자격 취득일)		이직일(근로제공 마지막 날)	

①*이직코드 및 이직사유 (이직사유 구분코드 뒤쪽 참조)	구분코드	(구체적 사유, 10자 이상 기재)

②*피보험단위기간 산정대상기간	③*보수지급 기초일수
~	
~	
~	
~	
~	
~	
~	
~	
~	
~	
~	
~	
④*통산피보험단위기간	일

평균임금 산정명세

⑤*임금계산기간		부터 까지	부터 까지	부터 까지	부터 까지	총 합
⑥*임금계산기간 총 일수		일	일	일	일	일
⑦* 임금내역	기본급	원	원	원	원	원
	기타 수당	원	원	원	원	원
	상여금(이직 전 12개월간 지급된 상여금 총액 × 3/12)					원
	연차수당(이직 전 12개월간 지급된 연차수당 총액× 3/12)					원

⑧ 1일 통상임금(필요한 경우에만 작성)	원
⑨ 1일 기준보수(해당되는 사람만 작성)	원

⑩* 1일 소정 근로시간	□ 1시간 이하, □ 2시간, □ 3시간, □ 4시간, □ 5시간, □ 6시간, □ 7시간, □ 8시간 이상
⑪ 초단시간 근로일수(해당자만 작성)	이직 전 24개월 동안 1주 소정근로시간이 15시간 미만이고, 1주 소정근로일수는 2일 이하인 날의 총 일수 (일)

⑫ 기준기간 연장(해당자만 작성) 사유코드: 1. 질병ㆍ부상 2. 사업장 휴업 3. 임신ㆍ출산ㆍ육아 4. 기타 사유	사유코드				
	연장기간				

「고용보험법」 제42조 제3항(제43조 제4항) 및 같은 법 시행규칙 제82조의2 제1항ㆍ제2항(제82조의2 제4항ㆍ제5항)에 따라 위와 같이 발급(제출)합니다.

제출일 년 월 일

발급자(제출자) □ 사업장명

□ 보험사무대행기관 (서명 또는 인)

210mm×297mm[백상지(80g/㎡) 또는 중질지(80g/㎡)]

(뒤쪽)

작성요령

■ **①란 작성법:** 해당 이직자의 별지 제6호서식의 고용보험 근로자 피보험자격상실 신고서에 적힌 상실사유의 구분코드를 적고, 보다 구체적인 이직사유는 반드시 10자 이상 작성합니다.

〈상실(이직)사유 구분코드〉
◈ **자진퇴사:** 11. 개인사정으로 인한 자진퇴사 12. 사업장 이전, 근로조건 변동, 임금체불 등으로 자진퇴사
◈ **회사사정과 근로자 귀책사유에 의한 이직:** 22. 폐업 · 도산(예정 포함), 공사 중단
23. 경영상 필요 또는 회사불황으로 인한 인원감축 등에 의한 퇴사(해고 · 권고사직 포함)
26. 근로자의 귀책사유에 의한 징계해고 · 권고사직
◈ **정년 등 기간만료에 의한 이직:** 31. 정년 32. 계약기간 만료, 공사 종료
◈ **기타:** 41. 고용보험 비적용 42. 이중고용

■ **② ~ ④란 작성법**

- ②란의 가장 위 칸에는 이직자의 이직일이 포함된 월의 1일부터 이직일까지를 적습니다. 그 아래 칸에는 1개월씩 지난 기간을 각각 적습니다.

※ 예) 12. 24. 이직자의 경우 가장 위 칸에는 12. 1. ~ 12. 24.를 적고 그 아래 칸에는 11. 1. ~ 11. 30., 10. 1.~ 10. 31.을 적되, 통산 피보험단위기간(④)이 180일이 되는 날까지만 적습니다(통상 7 ~ 8개월 작성하면 됩니다).

- ③란에는 ②란에 작성된 기간 중 실제로 보수지급의 기초가 된 날을 모두 합산하여 작성합니다. 따라서 무급휴일, 보수가 지급되지 않은 결근일 등은 제외되고, 유급휴가, 유급휴일 등은 포함됩니다.
- ④란에는 ③란에 작성된 보수지급 기초 일수를 모두 합산하여 적습니다.

■ **⑤ ~ ⑨란 작성법**

- ⑤란은 이직자의 이직일을 포함하여 3개월 이전까지의 기간을 적습니다.
- ⑥란의 첫 번째 칸에는 이직일이 포함된 월의 1일부터 이직일까지를 적고, 차례로 1개월씩 지난 기간을 적되, 마지막 칸에는 이직자의 이직월에서는 3개월을 빼고, 이직일에는 1일을 더한 날부터 해당월의 말일까지 적습니다.

〈예〉 12. 24. 이직자

⑤ 임금계산기간	12.1. ~ 12.24.	11.1. ~ 11.30.	10.1. ~ 10.31.	9.25 ~ 9.30
⑥ 임금계산기간 총 일수	24일	30일	31일	6일

〈예〉 1. 31. 이직자

⑤ 임금계산기간	1.1. ~ 1.31.	12.1. ~ 12.31.	11.1. ~ 11.30.	X
⑥ 임금계산기간 총 일수	31일	31일	30일	X

- ⑦란에는 ⑤란에 적은 기간에 지급된 기본급과 기본급 외의 기타수당을 적습니다. 상여금과 연차수당은 12개월 동안 지급된 총액의 3개월분만 작성합니다. 다만, 12개월 미만으로 근로했던 이직자에 대해서는 그 근로한 개월에 지급된 상여금 및 연차수당에 3을 곱하고 근로한 개월을 나눈 금액을 적습니다.

※ 예) 근로한 개월이 6개월인 경우: 상여금 × 3/6, 연차수당 × 3/6

- ⑧란은 필요한 경우에만 적되,「근로기준법 시행령」 제6조에 따른 통상임금을 적습니다.
다만, 이직일을 기준으로 근무한 기간이 3개월 미만 경우에는 통상임금을 반드시 적습니다.
- ⑨란은 ⑤번란에 작성한 임금계산기간 동안 고용보험료를 모두 기준보수로 낸 경우에만 작성하되, 이직 연도의 시간단위 기준보수에 ⑩란의 1일 소정 근로시간수를 곱한 임금을 적습니다

■ **⑪란 작성법:** 이직자가 이직 당시에 1주 소정 근로시간이 15시간 미만이고, 1주 소정 근로일수가 2일 이하인 근로자였던 경우에만 적습니다. 실제 근로시간 및 근로일수가 아닌 근로계약서 등으로 정한 소정 근로시간 및 근로일수를 기준으로 작성합니다.

■ **⑫란 작성법:** 기준기간 연장사유가 있는 경우에만 기재합니다. "사유코드"란에는 이직일 이전 18개월(다만, ⑪번에 해당하는 이직자는 24개월)간 30일 이상 보수 지급을 받을 수 없었던 사유의 코드번호를 적고, "연장기간"란에 보수의 지급을 받을 수 없었던 기간을 적습니다. 이 경우 휴업 또는 휴직기간에 보수를 지급 받을 수 없었다는 것을 증명할 수 있는 서류를 첨부해야 합니다.

유의사항

근로자 또는 직업안정기관의 장이 사업주에게 이직확인서 발급을 요청한 경우 사업주 등이 이직확인서를 **발급해주지 않거나 거짓으로 발급해 준 경우에는 300만원 이하의 과태료가 부과될 수 있으며**(「고용보험법」 제118조 제1항 제2호 및 제3호), 본 이직확인서를 거짓으로 작성하여 줌으로써 이직자가 실업급여를 부정하게 받은 경우에는 해당 사업주도 연대하여 책임을 질 수 있습니다.

제6절

4대보험료의 산정 및 부과

1 개요

(1) 4대보험료의 산정기준

2011년부터 고용·산재보험료의 산정기준이 '임금'에서 '보수'로 변경되어 4대보험료의 산정기준이 통일되었지만, 각 보험료별로 다음과 같이 약간의 차이가 있다.

보수란 근로소득에서 「소득세법」상 비과세 근로소득을 차감한 금액을 말하며 정확한 산정기준은 다음과 같다.

| 4대보험료 산정기준 및 범위 |

구 분	산정기준	범 위
국민연금	소득	소득세법상의 총급여주1) + 조특법상의 비과세+국외근로소득 중 원양선박 등의 비과세주2)
건강보험	보수	소득세법상의 총급여주1) + 조특법상의 비과세 + 국외근로소득 비과세
고용보험		소득세법상의 총급여주1) + 조특법상의 비과세
산재보험		

주1) 총급여 = 근로소득 - 비과세 근로소득
주2) 원양어업 선박이나 국외 등을 항행하는 선박에서 근로를 제공하고 받은 월 500만원 이내의 금액

소득세법상 비과세 근로소득에 대한 자세한 내용은 '제5장 근로소득 원천징수관리실무'에서 살펴보기로 한다.

(2) 4대보험료 부과 및 납부

고용·산재보험이 자진신고납부 방식에서 부과고지 납부방식으로 변경됨에 따라 사회보험 징수통합제도에 의해 4대보험료를 국민건강보험공단에서 통합고지서에 의해 매월 고지하면 다음 달 10일까지 납부하면 된다. 단, 건설업과 벌목업 등의 고용·산재보험료는 종전과 같이 자진신고납부 방식이다.

사회보험 징수통합제도란 3개의 사회보험공단(국민건강보험공단, 국민연금공단, 근로복

지공단)에서 따로 수행하던 건강보험, 국민연금, 고용보험, 산재보험 업무 중 유사·중복성이 높은 보험료 징수업무를 국민건강보험공단이 통합하여 운영하는 제도이다. 따라서 4대 사회보험 징수통합대상은 보험료 고지, 납부·징수, 체납 관리업무이다.

<table>
<tr><td colspan="2">국민연금</td><td colspan="2" rowspan="3">국민건강보험공단에서 통합고지서에 의해 매월 고지하면 다음 달 10일까지 납부</td></tr>
<tr><td colspan="2">건강보험</td></tr>
<tr><td rowspan="3">고용 · 산재보험</td><td>부과고지방식</td></tr>
<tr><td rowspan="2">자진신고방식</td><td>확정보험료</td><td>매년 3월 31일까지 신고 · 납부</td></tr>
<tr><td>개산보험료</td><td>매년 3월 31일까지 신고 · 납부주)</td></tr>
</table>

주) 납부는 3월 31일 일시납(3%공제) 또는 분기납(3/31, 5/15, 8/15, 11/15) 선택 가능

(3) 4대보험의 연체금 부과

4대보험의 보험료를 하루라도 늦게 납부한 경우에는 건강보험공단에서 다음과 같이 연체금을 부과한다.

구 분	연체금 부과
국민연금 (국민연금법 제97조)	연체금 = ①+② ① 납부기한 경과일부터 매 1일이 경과할 때마다 체납된 연금보험료의 1/1,500에 해당하는 금액(체납된 연금보험료의 2% 한도) ② 납부기한 후 30일이 경과한 날부터 매 1일이 경과할 때마다 체납된 연금보험료의 1/6,000에 해당하는 금액(체납된 연금보험료의 5% 한도)
건강보험 (국민건강보험법 제80조)	연체금 = ①+② ① 납부기한 지난 날부터 매 1일이 경과할 때마다 체납된 보험료의 1/1,500에 해당하는 금액(체납금액의 2% 한도) ② 납부기한 후 30일이 지난 날부터 매 1일이 경과할 때마다 체납된 보험료의 1/6,000에 해당하는 금액(①의 연체금 포함하여 체납금액의 5% 한도)
고용 · 산재보험 (고용산재보험료징수법 제25조)	연체금 = ①+② ① 납부기한 지난 날부터 매 1일이 지날 때마다 체납된 보험료의 1/1,500에 해당하는 금액(체납금액의 2% 한도) ② 납부기한 후 30일이 지난 날부터 매 1일이 지날 때마다 체납된 보험료의 1/6,000에 해당하는 금액(체납금액의 5% 한도)

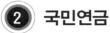

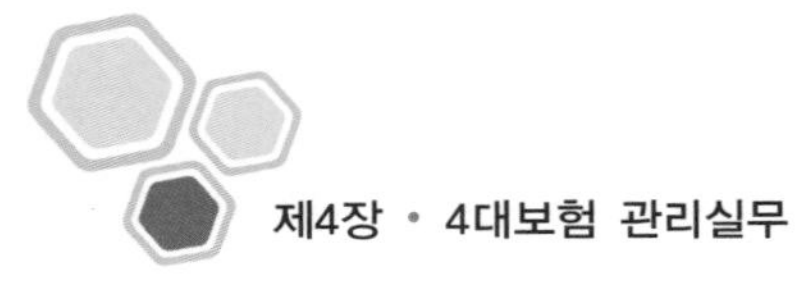

세무 Tip

4대보험료의 연체금은 법인세법상 손금(비용) 인정되는 지출임.

② 국민연금

(1) 보험료의 부과

① 일반적인 경우

신규입사자의 입사일(자격취득일)이 속하는 달의 다음 달부터 자격상실일의 전날이 속하는 달까지 부과한다. 단, 자격취득일이 매월 1일이거나 취득월 납부를 희망하는 경우에 자격취득일이 속하는 달부터 납부 가능하다.

구 분	보험료의 납부
가입자가 4월 14일 입사 후 6월 22일 퇴사한 경우	취득한 날이 속하는 달의 다음 달인 5월분 및 상실월인 6월분 보험료 납부
지역가입자로 납부 중인 자가 3월 1일 사업장에 입사한 경우	3월분부터 사업장에서 납부
지역가입자로 납부 중인 자가 3월 2일~31일 사이에 사업장에 입사한 경우	3월분은 지역가입자 개인이 납부, 사업장에서는 4월분부터 납부
지역가입자로 납부예외 가입 중인 자가 3월 5일 사업장에 입사한 경우	4월분부터 사업장에서 납부

② 동월 취득 상실자

같은 달에 취득과 상실이 이루어지는 경우에는 취득한 달의 보험료는 상실한 사업장 또는 상실한 가입종별에서 납부한다.

구 분		보험료의 납부
A사업장에서 상실한 뒤 같은 달 B사업장에 입사한 경우 : 상실월은 A사업장에서 납부	(예) A사업장에 3월 8일 퇴사 후 B사업장에 3월 20일 입사한 경우	3월분 보험료는 A사업장에서 납부하고, B사업장은 4월분 보험료부터 납부
A사업장에서 퇴사한 경우 : 상실월은 A사업장에서 납부	(예) 7월 5일 A사업장에 퇴사하여 지역가입자로 가입된 경우	7월분 보험료는 A사업장에서 납부하고, 8월분 보험료부터는 가입자가 지역가입자로서 납부
다른 가입종별로 가입 중 A사업장에 입사한 경우 : 다른 가입종별에서 납부	(예) 지역가입자로 가입하여 납부하던 중 7월 10일 A사업장에 입사한 경우	7월분 보험료는 지역가입자였던 가입종별에서 납부하므로 가입자가 납부하고, A사업장은 8월분 보험료부터 납부

③ 초일 취득 당월 상실자

초일자에 취득하고 당월에 상실하게 되는 경우에는 해당 월 보험료를 납부하지 않는다. 다만, 가입자가 희망하는 경우에는 납부할 수 있다.

구 분	보험료의 납부
A사업장에 1월 1일 취득하고 취득한 달인 1월 20일 상실하게 되는 경우	1월분 보험료는 납부하지 않음. 단 희망하는 경우에는 납부

(2) 월별보험료의 산정

① 월별보험료

국민연금 월별보험료는 다음과 같이 산정한다.

월별 국민연금보험료=기준소득월액 × 보험료율

② 보험료율

국민연금 보험료율은 9%이며, 사용자(부담금)와 근로자(기여금)가 1/2씩 부담한다.

사용자(부담금)	근로자(기여금)
4.5%	4.5%

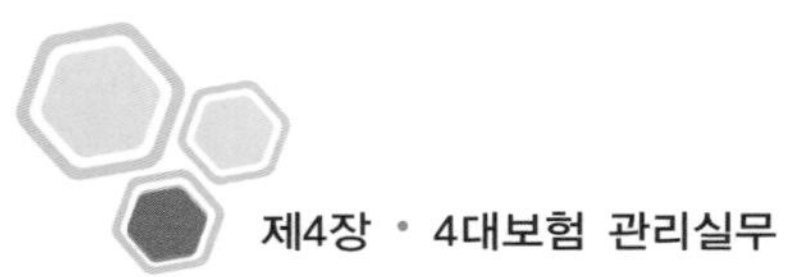

(3) 기준소득월액의 결정

① 기준소득월액의 개념

기준소득월액이란 연금보험료와 국민연금 급여를 산정하기 위하여 사업장가입자 자격취득 신고 시 신고한 소득월액으로 사용자가 근로자에게 근로의 대가로 지급되는 임금 중 「소득세법」상 비과세 근로소득을 제외한 금액을 말한다. 단, 원양어업 선박이나 국외등을 항행하는 선박에서 근로를 제공하고 받는 월 500만원 이내의 금액은 소득에 포함한다.

또한 국민연금은 전년도의 소득을 기준으로 부과하므로 보험료 정산이 없으며, 근로자의 연말정산 후 국세청에 신고된 근로소득 지급명세서(2023년 귀속)를 이용하여 다음 연도(2023. 7월~2024. 6월)의 기준소득월액을 산정한다.

② 기준소득월액의 상한액과 하한액

기준소득월액 상한액과 하한액은 국민연금 사업장가입자와 지역가입자 전원(납부예외자 제외)의 평균소득월액의 3년간 평균액이 변동하는 비율을 반영하여 매년 3월말까지 보건복지부장관이 고시한다.

2023. 7월 ~ 2024. 6월까지 기준소득월액의 상한액과 하한액은 다음과 같다.

기준소득월액의 하한액	기준소득월액의 상한액
37만원	590만원

③ 기준소득월액의 결정

기준소득월액은 다음과 같이 계산하며, 천원 미만을 절사한 금액을 말한다.

구 분	기준소득월액 산정방법
㉠ 월이나 주 또는 그 밖에 일정 기간으로 소득이 정하여지는 경우	소득총액[주1)] ÷ 그 기간의 총근무일수 × 30(천원 미만 절사)
㉡ 일 · 시간 · 생산량 또는 도급으로 소득이 정하여지는 경우	자격취득일 또는 납부 재개일이 속하는 달의 전 1개월 동안 해당 사업장에서 같은 업무에 종사하고 같은 소득이 있는 자가 받은 소득월액을 평균한 금액(단, 해당 방법으로 소득 산정이 어렵고 월별로 소득이 현저하게 다른 경우는 입사(복직) 이후 해당 근로자가 정상적으로 근무한 기간 중 처음 3개월 동안 발생된 소득월액을 평균한 금액)

구 분	기준소득월액 산정방법
㉢ 소득월액을 산정하기 어려운 경우	자격취득일 또는 납부 재개일이 속하는 달의 전 1개월 동안에 그 지방에서 같은 업무에 종사하고 같은 소득이 있는 자가 받은 소득월액을 평균한 금액
㉣ 자격취득 및 소득월액 신고를 하지 않을 경우	소득자료가 있으면 소득자료대로, 소득자료가 없으면 중위수소득[주2] (2023년 기준 100만원)

주1) 소득총액 = 근로소득원천징수영수증 주(현)사업장의 소득금액 합계 + 조특법상 비과세소득(주식매수선택권 비과세, 우리사주조합인출금 비과세 등)
주2) 전년도 12월 31일 현재 지역가입자 전체의 중간에 해당하는 자의 기준소득월액

실무사례

[2023.3.1. **입사하고 계속 근무하여 총급여** 50,000,000**원인 경우**]

- 기준소득월액 = 소득총액 ÷ 그 기간의 총근무일수 × 30
- 기준소득월액 적용기간 = 2024. 7월~2025. 6월

입사일 2023.3.1. 2023년 소득총액 50,000,000원인 근로자의 2024년도 기준소득월액 산정은?

☞ 2024년 기준소득월액 산정 = 50,000,000원/306일(2023.3.1.~2023.12.31.)×30 = 4,900,000원

④ 근로자 입사(복직) 시 소득월액 신고 기준

사업장에 입사(복직)한 근로자의 소득월액은 아래 기준에 따라 사용자가 근로자에게 지급하기로 약정하였던 금액으로 입사(복직) 당시 지급이 예측 가능한 모든 근로소득을 포함해야 한다. 단, 소득세법 제20조 제1항에 따른 근로소득에서 같은 법 제12조 제3호에 따른 비과세 근로소득은 제외한다.

구 분	포함해야 하는 소득	포함하지 않는 소득
판단기준	입사(복직) 당시 근로계약서, 보수규정 등에서 지급하기로 확정된 모든 과세소득	소득세법상 비과세소득주), 입사(복직) 당시 지급 여부 및 지급 금액이 확정되지 않은 소득
급여항목	기본급, 직책수당, 직급보조비, 정기(명절)상여금, 기본 성과급, 휴가비, 교통비, 고정시간외 근무수당, 복지연금, 기타 각종 수당 등	비과세소득(월 20만원 이하 식사대, 출산이나 6세 이하 보육수당 월 20만원 이내 등), 실적에 따라 지급 여부 및 지급금액이 결정되는 실적급 등

주) 원양어업 선박이나 국외 등을 항행하는 선박에서 근로를 제공하고 받는 월 500만원 이내의 금액은 '국민연금 소득'에 포함됨.

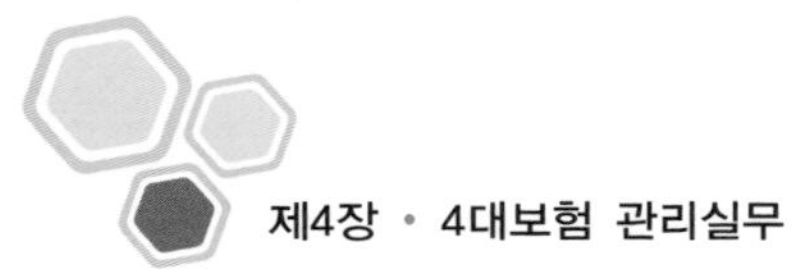

⑤ **기준소득월액의 적용기간**

결정된 기준소득월액의 적용기간은 다음과 같다.

구 분	적용기간
계속근로자	당해 연도 7월 ~ 그 다음 해 6월
12월 2일 이후 자격 취득자	자격취득일의 다음 달 ~ 다음다음 연도 6월

(4) 기준소득월액 특례제도

사업장가입자의 기준소득월액 대비 20% 이상 소득 변동 시 기준소득월액 변경신청이 가능하다. 즉, 국민연금 가입기간 중 기준소득월액은 전년도의 소득액을 기준으로 결정하는 것이 원칙이지만, 사용자와 근로자가 원하는 경우에 특례 신청할 수 있는 임의적용제도로써 2014년 1월 1일부터 시행이다.

① **신청대상**

실제 소득이 현재 기준소득월액 대비 20% 이상 하락·상승한 근로자 및 사용자이다.

$$\frac{\text{사업장가입자의 실제소득} - \text{사업장가입자의 기준소득월액}}{\text{사업장가입자의 기준소득월액}} \times 100(\%) \geqq \pm 20\%$$

② **적용기간**

신청한 날이 속하는 달의 다음 달부터 다음 연도 정기결정 전월까지 적용한다. 또한 소급적용은 불가하다.

③ **신청절차**

사용자가 근로자의 동의(서명 또는 날인)를 받아 「사업장가입자 기준소득월액 변경신청서」(통합서식)와 함께 임금대장 등 증빙자료 및 근로자동의서를 반드시 제출해야 한다.

④ **사후정산**

변경된 기준소득월액이 적용된 기간에 대하여는 과세자료 등을 활용하여 특례 신청자에 대해 사후정산한다.

기준소득월액 변경신청을 한 근로자가 퇴사하는 경우에는 실제 소득에 따라 국민연금보험료를 정산한다. 즉 정산대상 기간(특례 신청 익월~다음 해 6월)에 지급된 상여금, 성과급, 비정기적 격려금, 급여 소급분 등 예측불가능한 급여가 모두 포함되어 정산되며, 실제 소득보다 높게 낸 경우에는 과오납금으로 반환하고, 실제 소득보다 낮게 낸 경우에는 소급분 연금보험료로 고지한다.

또한, 퇴사시에 이 정산이 마무리되어야 상실처리도 된다.

■ 고용보험 및 산업재해보상보험의 보험료징수 등에 관한 법률 시행규칙 [별지 제22호의2서식] 〈개정 2022. 6. 30.〉

[ ]국민연금 사업장가입자 기준소득월액 변경신청서
[ ]국민건강보험 직장가입자 보수월액 변경신청서
[ ]고용 · 산재보험 월평균보수 변경신고서(근로자 종사 사업장)

※ 뒤쪽의 유의사항 및 작성방법을 읽고 작성하기 바라며, 색상이 어두운 난은 신청인(신고인)이 적지 않습니다. (앞쪽)

접수번호	접수일	처리기간 5일

사업장	사업장관리번호	명칭	전화번호	팩스번호	전자우편주소	휴대폰번호
	소재지					

성명	주민등록번호 (외국인등록번호 · 국내거소 신고번호)	국민연금 (소득이 보건복지부장관이 고시하는 비율 이상 변동된 자만 신청)			국민건강보험			고용보험 및 산재보험			
		현재 기준소득월액	변경 후 기준소득월액	근로자 동의 (서명 또는 인)	변경 후 보수월액	보수 변경 월	변경 사유	변경 후 월평균보수		보수 변경 월	변경 사유
								고용보험	산재보험		

「국민연금법 시행령」 제9조 제5항 · 같은 법 시행규칙 제2조 제1항 제3호, 「국민건강보험법 시행령」 제36조 제2항 · 같은 법 시행규칙 제41조 및 「고용보험 및 산업재해보상보험의 보험료징수 등에 관한 법률 시행령」 제19조의3제7항 · 같은 법 시행규칙 제16조의3에 따라 위와 같이 기준소득월액(보수월액, 월평균보수)의 변경을 신청(신고)합니다.

* **국민연금 사업장가입자 기준소득월액 변경 요건**
- 기준소득월액 대비 실제 소득이 보건복지부장관이 고시하는 비율 이상 변동(상승 · 하락)된 사업장가입자만 가능(근로자의 동의 필요)
- 변경된 기준소득월액은 신청일이 속하는 달의 다음 달부터 다음 연도 6월까지 적용하며, 변경된 기준소득월액이 과세 자료 등을 통해 확인되는 실제 소득과 일치하는지 확인하여 과부족분에 대해서는 사후정산

년 월 일

신청인(신고인)(사용자 · 대표자) (서명 또는 인)

[ ] 보험사무대행기관(고용보험 및 산재보험) (서명 또는 인)

국민연금공단 이사장/ 국민건강보험공단 이사장/ 근로복지공단 ○○지역본부(지사)장 귀하

297mm×210mm[백상지(80g/㎡) 또는 중질지(80g/㎡)]

(뒤쪽)

제출(첨부) 서류			
제출(첨부) 서류	국민연금 ①	근로자의 경우 임금대장, 근로계약서, 보수규정 등 변경된 소득을 확인할 수 있는 자료	수수료 없음
	고용보험 및 산재보험 ②	1. 근로자의 경우 변경된 근로계약서 사본(근로계약서를 변경한 경우만 해당) 2. 월평균보수가 인상 또는 인하된 명세가 적힌 해당 근로자의 임금대장 사본	

작성 방법 및 유의사항	
공통	"성명 및 주민등록번호(외국인등록번호 · 국내거소신고번호)"란에는 주민등록등본(외국인등록증 또는 국내거소신고증)상의 성명 및 주민등록번호(외국인등록번호 또는 거소신고번호)를 적습니다.
국민연금 ①	1. "현재 기준소득월액"과 "변경 후 기준소득월액"란에는 사업장가입자의 현재 기준소득월액과 실제 지급되고 있는 소득을 적습니다. 2. "근로자 동의"란에는 기준소득월액 변경 대상자가 근로자인 경우에, 근로자가 직접 서명하거나 날인합니다.
국민건강보험 ②	1. "변경 후 보수월액" 에는 변경 후 적용되는 보수월액을 적습니다. 2. "보수변경 월"에는 실제로 보수가 변경된 월을 적습니다. 3. "변경 사유"에는 승진, 승급, 보수인상 등 보수월액 변경 사유를 적습니다. 4. 「소득세법」 제12조 제3호 차목 · 파목 및 거목에 따라 비과세되는 소득, 직급보조비 또는 이와 유사한 성질의 금품은 국민건강보험 보수월액에 포함됩니다. 5. 보수가 지급되지 않은 사용자의 보수월액이 해당 사업장에서 가장 높은 보수월액을 적용받는 근로자의 보수월액보다 낮은 경우에는 그 근로자의 보수월액으로 적용됩니다.
고용보험 및 산재보험 ③	1. 월평균보수의 산정방법은 다음과 같습니다 * 전년도에 근로 등을 개시한 종사자: 전년도 보수총액 ÷ 전년도 종사개월수 * 해당 보험연도에 근로 등을 개시한 종사자: 취득(고용)일부터 1년간(1년 이내의 근로계약기간을 정한 경우에는 그 기간) 지급하기로 정한 보수총액 ÷ 해당 종사개월수 보수: 「소득세법」 제20조에 따른 근로소득에서 같은 법 제12조 제3호에 따른 비과세 근로소득을 뺀 금액(연말정산에 따른 갑근세 원천징수 대상 근로소득과 동일) 2. "변경 후 월평균보수"에는 변경 후 적용되는 월평균보수액을 적습니다. 3. "변경 후 월평균보수"가 산재보험 항목과 고용보험 항목이 같은 경우 빈칸으로 비워두거나 "고용보험과 같음"을 적습니다. 만일 고용보험 적용 근로자로서 산재보험 적용제외 대상인 경우는 산재보험 항목에 "-" 또는 "x"로 표시합니다.(다만, 산재보험 항목만 적은 경우에는 고용보험 비해당으로 간주합니다.) 4. "보수변경 월"에는 실제로 보수가 변경된 월을 적습니다. 5. "변경 사유"에는 보수 인상, 보수 인하, 착오 정정 등 월평균보수 변경 사유를 적습니다.

처리 절차

신청(신고)서 제출	→	접수 및 확인	→	신청(신고)서 처리	→	기준소득월액(보수월액), 월평균보수 변경 확인 통지	→	수령
신청(신고)인 또는 보험사무대행기관		국민연금공단, 국민건강보험공단, 근로복지공단						신청(신고)인 또는 보험사무대행기관

(5) 이중근무자의 기준소득월액

국민연금에 가입된 둘 이상의 사업장의 근로자이거나 사용자인 경우에는 각 사업장별 기준소득월액을 기준으로 각각 부과한다(국민연금법 시행령 제63조).

그러나, 다음의 각각에 해당하는 경우에는 기준소득월액을 다음과 같이 결정한다(국민연금법 시행령 제8조).

① 복수사업장 단시간근로자가 근로를 제공하는 사업장이 모두 1개월 소정근로시간이 60시간 미만인 사업장인 경우

가입자 유형	기준소득월액 결정
A사업장 소득월액+B사업장 소득월액 ≥ 37만원주)	각 사업장의 소득월액을 기준
A사업장 소득월액+B사업장 소득월액 〈 37만원	B=37만원× A사업장 소득월액 / (A사업장 소득월액+B사업장 소득월액) B=37만원× B사업장 소득월액 / (A사업장 소득월액+B사업장 소득월액)

주) 2023.7.~2024.6.까지 적용하는 하한액

② 복수사업장 단시간근로자가 근로를 제공하는 사업장이 1개월 소정근로시간이 60시간 이상인 사업장(A사업장)과 60시간 미만 사업장(B사업장)이 함께 있는 경우

가입자 유형	기준소득월액 결정
60시간 이상 사업장(A사업장)	상기 '①'에 따름
60시간 미만 사업장(B사업장)	B사업장의 소득월액 기준

③ 각 사업장의 기준소득월액의 합이 기준소득월액의 상한액을 초과하는 경우

각 사업장별 기준소득월액이 각 사업장의 기준소득월액의 합에서 차지하는 비율을 기준소득월액상한액에 곱하여 계산된 금액으로 결정한다.

가입자 유형	기준소득월액 결정
A사업장 소득월액+B사업장 소득월액 ≤ 590만원주)	각 사업장의 소득월액을 기준
A사업장 소득월액+B사업장 소득월액 〉 590만원	B=590만원 × A사업장 소득월액 / (A사업장 소득월액+B사업장 소득월액) B=590만원 × B사업장 소득월액 / (A사업장 소득월액+B사업장 소득월액)

주) 2023.7.~2024.6.까지 적용하는 상한액

(6) 연금보험료 납부예외 및 납부재개

① 납부예외

다음의 사유로 소득이 없어 연금보험료를 납부할 수 없는 경우에 납부예외를 신청할 수 있다(국민연금법 제91조). 단, 2012.9.20. 이후 납부예외 신청 시부터는 휴직기간 동안 직전 기준소득월액의 50% 이상 소득이 계속 발생하는 경우는 납부예외신청이 불가하다.

그러나 해외파견근로자로서 국외에서 급여가 지급되는 경우에는 납부예외 대상이 아니다.

- 휴직 중인 경우주1)
- 육아휴직
- 산・전후 휴가주2)
- 산재요양휴가

주1) 사용자의 귀책사유로 휴업하여 「근로기준법」 제46조 제1항에 따른 휴업수당을 받는 경우에는 납부예외대상이 아님. 또한, 휴업・휴직으로 고용유지지원금을 받는 경우, 휴업・휴직기간 중 지급된 휴직수당 등 급여가 휴업・휴직 직전 적용 중인 기준소득월액의 50% 이상인 경우 납부예외 불가(단, 무급휴직 고용유지지원금을 받는 경우는 납부예외 인정)

주2) 산・전후 휴가 납부예외인정기간 : 우선지원대상 사업장은 90일(다태아는 120일), 우선지원대상 아닌 사업장은 30일(다태아는 45일)

신청 시 「연금보험료 납부예외신청/납부재개신고서」와 휴직발령서 등 납부예외신청 사유를 입증할 수 있는 서류를 함께 제출하면 된다.

신청서 작성 시 '납부예외일'은 납부예외사유가 발생한 날을 의미한다(예 : 휴직일). 또한 휴직기간이 정해진 경우에는 '납부재개예정일'란에 복직예정일을 기재한다.

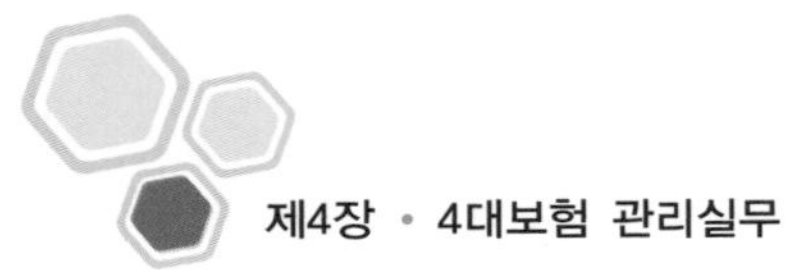

② **납부재개**

납부예외자가 복직하였을 경우 복직일을 '납부재개일'로 기재하여 납부재개신고서 제출한다. 또한 납부예외자가 휴직(납부예외)기간 중에 퇴사하였을 경우 「사업장가입자 자격상실신고서」를 제출한다.

휴직자가 복직하였을 때에는 복직일이 속하는 달의 다음 달부터 연금보험료를 납부하나, 복직일이 초일인 경우와 복직하는 달의 보험료 납부를 희망하는 경우에는 해당 월 보험료를 납부한다.

■ 국민연금법 시행규칙 [별지 제28호서식] 〈개정 2024. 1. 23.〉

연금보험료 [ ]납부 예외 신청서 [ ]납부 재개 신고서

※ 뒤쪽의 작성방법 및 유의사항을 읽고 작성하여 주시기 바라며, [ ]에는 해당되는 곳에 √표를 합니다. (앞 쪽)

접수번호	접수일시	처리기간 3일

[ ] 지역가입자가 신청(신고)하는 경우	성명			주민등록번호(외국인등록번호 · 국내거소신고번호)			
	전화번호(자택)		(회사)		휴대전화		
	전자우편주소(e-mail)						
	*납부 예외 신청 시 작성			*납부 재개 신고 시 작성			
	예외사유 부호	납부 예외일	납부 재개 예정일	납부 재개일	소득월액	재개월 납부희망여부	특수직종 부호
						[ ]희망 [ ]미희망	
				[ ] 지역가입자 보험료 지원 신청(「국민연금법」 제100조의4)			

보험료 자동이체 신청			
보험료 자동이체 신청	은행명	계좌번호	
	예금주 성명	예금주 주민등록번호	가입자와의 관계
	이체희망일 [ ] 납기일 [ ] 납기전월 말일		

[ ] 사업장에서 사용자가 신청(신고)하는 경우	사업장 관리번호		사업장 명칭			전화번호				
	성명	주민등록번호(외국인등록번호 · 국내거소신고번호)	*납부 예외 신청시 작성			*납부 재개 신고시 작성				가입자 확인
			예외사유 부호	납부 예외일	납부 재개 예정일	납부 재개일	소득월액	재개월 납부 희망여부	특수직종부호	
								[ ]희망 [ ]미희망		(서명 또는 인)
								[ ]희망 [ ]미희망		(서명 또는 인)
								[ ]희망 [ ]미희망		(서명 또는 인)
								[ ]희망 [ ]미희망		(서명 또는 인)
								[ ]희망 [ ]미희망		(서명 또는 인)
								[ ]희망 [ ]미희망		(서명 또는 인)

「국민연금법」 제91조 및 같은 법 시행규칙 제41조에 따라 위와 같이 연금보험료의 납부 예외(납부 재개)를 신청(신고)합니다.

년 월 일

신청인(신고인) (서명 또는 인)

국민연금공단이사장 귀하

지역가입자 예외사유 부호

1. 실직 2. 병역의무수행 3. 재학 4. 교정시설 수용 5. 보호(치료)감호시설 수용 6. 1년 미만 행방불명 7. 3개월 이상 입원 8. 자연재해 등으로 보조 (지원)대상 9. 사업중단 10. 휴직(기타사유) 11. 재해 · 사고 등으로 기초생활곤란 12. 기타

사업장가입자 예외사유 부호

1. 산전후휴가 · 육아휴직 2. 병역의무수행 3. 재학 7. 3개월 이상 입원 11. 휴직(기타사유) 12. 무보수 대표이사 13. 무급 근로자 21. 산재요양 22. 노동조합의 업무에 종사하는 근로자로서 사용자로부터 급여를 지급받지 않는 자

210mm×297mm(백상지 80g/㎡)

(뒤 쪽)

첨부서류	진단서나 휴직발령서 사본 등 납부 예외 신청사유를 증명할 수 있는 서류 1부(병역의무의 수행으로 인한 경우는 제외합니다)	수수료 없음

작성방법 및 유의사항

1. 연금보험료 납부 예외 신청의 경우에는 “[ ]납부 예외신청서”란에, 납부 재개신고의 경우에는 “[ ]납부 재개신고서”란에 “√”표시를 하십시오.
2. “납부 재개 예정일”란에는 지역가입자는 납부 예외기간이 종료되는 일자를, 사업장가입자의 경우에는 복직발령(예정)일자를 납부 예외 신청 시 적으십시오.

〈납부 예외 신청시〉

3. “지역가입자 예외사유부호”란 또는 “사업장가입자 예외사유부호”란에는 각각 그 납부 예외사유에 해당하는 번호를 적으십시오.
4. “납부 예외일”란에는 납부예외사유의 발생으로 연금보험료 납부가 곤란하게 된 날을 적으십시오.
5. 사업장가입자 예외사유 부호 중 “12. 무보수 대표이사”는 2011년 6월 6월까지 신청 가능하고, 2011년 6월 7일부터는 국민연금 사업장가입자 상실사유에 해당합니다.

〈납부 재개 신고시〉

6. “소득월액”란에는 납부 예외 신청사유가 소멸할 당시 종사하는 업무에서 얻는 소득을 기준으로 소득월액을 적으십시오.
7. 재개월의 납부희망여부는 재개일이 1일인 경우를 제외하고 적습니다.
8. “특수직종부호”란에는 해당 근로자가 「광업법」 제3조에 따른 광업 종사자 중 갱내근로자인 광원인 경우에는 “1”을, 「선원법」 제2조에 따른 선박 중 어선에서 직접 어로작업에 종사하는 “부원”인 경우에는 “2”를 적으십시오.
9. “보험료자동이체신청”란은 지역가입자가 납부 재개 신고를 하는 경우에만 작성하여 주시고, 가입자 본인이 거래하는 은행, 우체국, 농협 · 수협 등의 금융기관명과 계좌번호를 적되, 대신 납부할 경우에는 예금주 성명, 주민등록번호, 가입자와의 관계를 적으십시오.
10. 「국민연금법」 제100조의4에 따른 지역가입자 연금보험료 지원 신청은 지역가입자 예외사유 부호가 1. 실직, 9. 사업중단, 10. 휴직(기타사유)인 지역가입자가 2022년 7월 1일 이후 납부 재개한 경우에만 신청 가능하고, 신청 후 지원요건을 별도로 확인하여 개별 통지해드립니다.
11. 착오 등으로 잘못 신고한 경우에는 즉시 정정신고 하거나 공단에 문의하시기 바랍니다.

처리절차

가입자(또는 근로자)	지역가입자 또는 사용자	국민연금공단
연금보험료 납부 예외(납부 재개신고)사유발생 →	신청(신고) →	접수 ↓
← 확인통지서수령 · 확인 또는 확인란에 날인	○ 확인통지서수령 · 확인 ○ 가입자 개인별로 통지 ←	신청(신고)서 처리 ↓
		자격변동확인 통지

❸ 건강보험

(1) 보험료의 부과

신규입사자의 자격취득일이 속하는 달의 다음 달부터 자격상실일의 전날이 속하는 달까지 부과한다. 단, 자격취득일이 매월 1일인 경우에는 그 달부터 징수한다.

사업장에서는 자격취득신고 등 각종 신고서류를 매월 15일까지 신고하여야 당월 보험료에 반영되며, 16일 이후 신고분은 다음 달 보험료에 정산 반영된다. 매월 30일까지 고지서가 도착하지 않을 경우에는 반드시 해당 지사로 재발급 등의 조치를 취하여 고지서 미수령으로 인해 미납사례가 발생되지 않도록 주의하여야 한다.

(2) 월별보험료의 산정

① 월별보험료

건강보험의 월별보험료는 다음과 같이 산정한다.

월별 건강보험료[주)] = 보수월액 × 보험료율

주) 월 건강보험료의 하한액 : 19,780원, 월 건강보험료의 상한액 : 8,481,420원

② 보험료율

건강보험률은 7.09%이며, 사용자와 근로자가 1/2씩 부담한다. 또한 건강보험료의 12.95%에 해당하는 노인장기요양보험료가 추가된다.

건강보험료율	사용자	근로자
7.09%[주)]	3.545%	3.545%

주) 노인장기요양보험료 = 건강보험료의 12.95%

③ 장기요양보험료 경감

직장가입자와 피부양자 중 다음의 장애인 또는 이와 유사한 가입자가 있는 경우에 장기요양보험료의 30%를 경감한다. 단, 직장가입자와 피부양자 중 「노인장기요양보험법」 제10조에 의한 수급자가 있는 경우 경감 제외한다.

> • 장애인 : 「장애인복지법」 제32조에 따른 등록 장애인 중 장애의 정도가 심한 장애인에 해당하는 자
> • 보건복지부장관이 정하여 고시하는 희귀난치성 질환 중 별표 1에 정한 질환(6종)을 가진 자 : 지방산 대사장애, 글리코사미노글라이칸대사장애, 유전성 운동실조, 척수성 근위축 및 관련증후군, 다발성 경화증, 근육의 일차성 장애

경감적용방법은 다음과 같다.

등록장애인(장애의 정도가 심한)	공단 장애인 D/B를 전산 연계하여 일괄 경감 적용
희귀난치성질환 6종	공단 보유 산정특례 등록 자료를 활용한 전산 연계 일괄 경감 적용('19년 11월~) 및 「장기요양보험료 경감신청서」에 해당 질환을 입증하는 진단서 등을 첨부하여 지사(센터)에 경감 신청

[별지 제1호 서식]

장기요양보험료 경감 신청서

			* 접수번호	
① 경감 대상자	성명		주민등록번호	
	주소			
	전화번호	(휴대전화)		
② 신청 사유	□ 제1급 및 제2급 장애인 □ 희귀난치성질환자			

경감사유	경감코드	경감률	경감적용 월

지사의견		검토결과	경감적용	적용불가

경감신청일			
입력일자		입력자 성명	(서명 또는 인)

「장기요양보험료 경감고시」 제4조에 따라 장기요양보험료 경감을 신청합니다.

201 . . .

신청인 (서명 또는 인)

국민건강보험공단 이사장 귀하

구비서류	1. 신청사유가 제1급 및 제2급 장애인인 경우 : 장애인등록증 등 2. 신청사유가 희귀난치성질환자의 경우 : 의사진단서 등 증명서류

(주) 굵은선 안은 작성하지 마시고, 작성요령은 뒤쪽을 참고하시기 바랍니다.

210㎜ × 297㎜[일반용지60g/㎡(재활용품)]

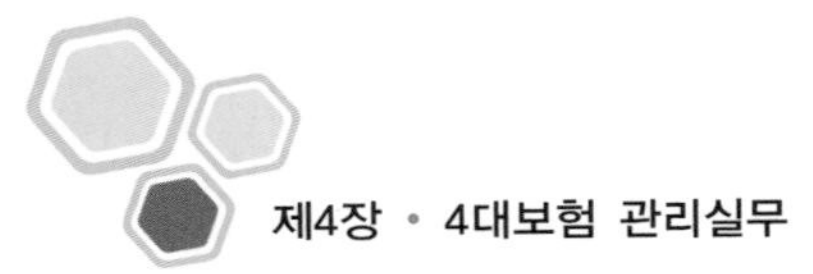

(3) 보수월액의 결정

① 보수의 범위

보수는 근로자 등이 근로를 제공하고 사용자·국가 또는 지방자치단체로부터 지급받는 금품(실비변상적인 성격을 갖는 금품은 제외)으로서 근로의 대가로 받은 봉급, 급료, 보수, 세비(歲費), 임금, 상여, 수당, 그 밖에 이와 유사한 성질의 금품으로서 다음 각 호의 것을 제외한 것을 말한다(국민건강보험법 제70조, 동법 시행령 제33조).

이 경우 보수 관련 자료가 없거나 불명확한 경우 등의 사유에 해당하면 보건복지부장관이 정하여 고시하는 금액을 보수로 본다.

- 퇴직금
- 현상금, 번역료 및 원고료
- 「소득세법」에 따른 비과세근로소득. 단, 「소득세법」 제12조 제3호 차목·파목 및 거목에 따라 비과세되는 소득은 제외

② 보수의 구체적인 사례

• 식대	소득세법상 비과세 요건 충족하는 경우 비과세되는 금액에 한하여 보수에서 제외
• 자가운전보조금	
• 본인 학자금	
• 출산수당·보육수당	
• 생산직근로자 등이 받는 연장·야간·휴일근로수당	
• 연구보조비·연구활동비	
• 직무발명보상금[주1)]	
• 자녀학자금	보수에 포함
• 국외근로소득(소득세법상 비과세 포함)	
• 주식매수선택권(스톡옵션)의 주식매입에 따른 차액(이익)[주2)]	보수에 포함
• 법인대표자 인정상여	보수에서 제외
• 퇴직수당 또는 퇴직위로금, 해고예고수당[주3)]	보수에서 제외
• 임원 퇴직소득금액 한도초과액	보수에서 제외
• 원어민교사가 지급 받는 급여(월급여, 정착금, 항공료, 입·출국지원비(신규계약 및 계약완료) 등	보수에 포함

주1) 퇴직한 후에 지급받는 직무발명보상금은 기타소득으로 보수에서 제외
주2) 주식매입에 따른 차액은 주식매수선택권 행사 당시의 시가와 실제 매수가액과의 차액을 말하며, 퇴직 후 주식매수선택권을 행사하여 발생한 소득은 기타소득으로 보수에서 제외
주3) 퇴직소득에 해당

③ 보수월액의 산정방법

보수월액이란 직장가입자가 당해 연도에 받은 보수총액을 근무월수로 나눈 금액으로 다음과 같이 산정한다(국민건강보험법 시행령 제37조).

구 분	보수월액 산정방법
㉠ 연・분기・월이나 주 또는 그 밖에 일정 기간으로 보수가 정하여지는 경우	보수월액 ÷ 그 기간의 총일수 × 30배
㉡ 일・시간・생산량 또는 도급으로 보수가 정하여지는 경우	자격취득일 또는 납부 재개일이 속하는 달의 전 1개월 동안 해당 사업장에서 같은 업무에 종사하고 같은 소득이 있는 자가 받은 보수월액을 평균한 금액
㉢ 보수월액을 산정하기 어려운 경우	자격취득일 또는 납부 재개일이 속하는 달의 전 1개월 동안에 그 지방에서 같은 업무에 종사하고 같은 소득이 있는 자가 받은 보수월액을 평균한 금액

④ 보수월액의 적용기간

직장가입자 자격취득 시 신고한 보수월액을 기준으로 자격취득일이 속하는 달의 다음 달부터 자격상실한 날의 전날이 속하는 달까지 징수하며, 다음 해 3월까지 적용된다. 단, 자격취득일이 1일인 경우에는 자격취득월부터 적용된다.

(4) 이중근무자의 보수월액

직장가입자가 2 이상 건강보험 적용사업장에서 보수를 받고 있는 경우에는 각 사업장에서 받고 있는 보수를 기준으로 사업장별로 보수월액을 결정한다(국민건강보험법 시행령 제36조 제4항).

(5) 보수월액의 변경

근로자의 보수가 인상되거나 인하되었을 때에는 공단에 보수월액의 변경을 신청할 수 있다. 보수월액 변경신청을 통하여 보험료 연말(퇴직)정산 시 추가 또는 반환하여야 하는 금액을 줄임으로써 가능한 실제의 소득에 맞는 보험료를 부과하기 위한 제도이다.

승진 · 승급 · 강등 · 감봉 등 개인별 보수 변동내역을 반영하기 위한 것으로 보수변동률 신청을 보완한 것이다. 신청서류는 다음과 같다.

- 「직장가입자보수월액변경신청서」(통합서식)
- 「직장가입자보수평균인상 · 인하율통보서」[주)]

주) 사업장 전체 근로자

다만, 상시 100명 이상의 근로자가 소속되어 있는 사업장의 사용자는 다음 각 호에 따라 공단에 그 보수월액의 변경을 신청하여야 한다(국민건강보험법 시행령 제36조 제2항).

해당 월의 보수가 14일 이전에 변경된 경우	해당 월의 15일까지
해당 월의 보수가 15일 이후에 변경된 경우	해당 월의 다음 달 15일까지

공단은 보수월액의 변경신청을 받은 경우에는 보수가 인상된 달 또는 인하된 달부터 보수월액을 변경할 수 있다(국민건강보험법 시행령 제36조 제3항).

(6) 개인사업자의 보수월액 결정

직장가입자인 개인사업자의 보수월액 결정은 다음과 같다.

구 분	내 용
① 개인사업자(보수가 지급되지 않는 사용자)의 보수월액 산정	㉠ 당해 연도 중 당해 사업장에서 발생한 사업소득과 부동산 임대소득[주1)] ㉡ 소득을 확인할 수 있는 객관적인 자료가 없는 경우에는 사용자가 신고한 금액(당년도에 사업 개시자) ㉢ 위의 '㉠'항 및 '㉡'항에 불구하고 고 다음 각 호의 어느 하나에 해당하는 경우 사용자의 보수월액은 그 각 호에서 정하는 금액으로 결정 1. '㉠'항 및 '㉡'항에 따른 확인금액 또는 신고금액을 기준으로 산정한 보수월액이 해당 사업장에서 가장 높은 보수월액을 적용받는 근로자의 보수월액보다 낮은 경우(제2호 나목에 해당하는 경우 제외): 해당 사업장에서 가장 높은 보수월액을 적용받는 근로자의 보수월액 2. 다음 각 목의 어느 하나에 해당하는 경우: 해당 사업장 근로자의 보수월액을 평균한 금액

구 분	내 용
	가. 사용자가 ㉠항 및 ㉡항에 따른 자료 제출과 수입금액 통보를 하지 않고, ㉠항에 따른 수입을 확인할 수 있는 객관적인 자료도 없는 경우 나. ㉠항에 따른 확인금액이 0원 이하인 경우
② 2 이상의 사업장을 가진 사용자의 보수월액 산정	2 이상의 사업장을 가진 사용자의 경우 각각의 사업장에 대하여 '①'에서 설명한 바와 같이 동일하게 처리 단, 마이너스 사업소득이 발생한 사업장이 있는 경우, 마이너스 사업소득이 발생한 해당 연도의 사업장의 보험료는 환급[주2)] (예) 2개 이상 사업장 중 1개는 소득발생, 나머지 사업장은 마이너스 소득인 경우(마이너스 사업장의 기 납부한 보험료는 환급)
③ 비영리 개인사업장 사용자의 보수월액 결정[주3)]	국세청 근로소득이 확인되는 비영리 개인사업장 사용자는 근로소득으로 보수월액 산정 및 보험료 부과[주4)] (근로소득으로 보수월액 정산된 경우 사업소득 및 근로자 최고(평균)보수월액은 적용하지 않음)

주1) 동일한 사업자등록번호인 경우에만 사업소득과 부동산 임대소득 합산, 소득세법상 결손금 처리규정에 따라 (-)인 부동산 임대소득은 통산하지 않음.

주2) 사업소득이 모두 결손(마이너스 소득금액 신고)인 경우에는 2개 이상의 사업장 중 근로자 평균 보수월액이 가장 높은 곳을 주사업장으로 하고, 주사업장의 근로자 평균 보수월액을 적용하여 보험료를 부과하고 나머지 사업장은 사용자의 보험료를 모두 환급함.

주3) 사업자등록번호 4,5번째 자리가 80, 89인 사업장의 사용자로 어린이집(유치원) 원장, 아파트 관리사무소장, 장기요양기관 등이 대표적임.

주4) 2022년 귀속분부터 적용(소급적용 안 함)

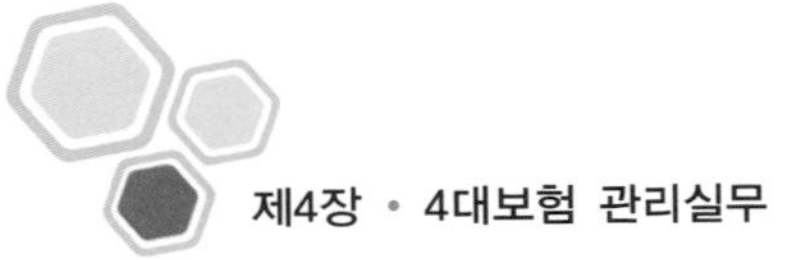

참고

[보수외소득의 건강보험료]

1. 개요

직장가입자의 보수월액 산정에 포함된 보수를 제외한 다른 종합소득이 연간 2,000만원을 초과하는 경우 보수외소득을 기준으로 지역으로 건강보험료를 추가로 납부하는 제도이다.

2. 보수외소득의 범위

보수월액 산정에 포함된 보수를 제외한 직장가입자의 종합소득[이자소득, 배당소득, 사업소득, 근로소득, 연금소득(공적연금 소득 제외), 기타소득]에 해당하는 소득을 말한다.

3. 보수외 소득월액

보수외 소득월액에 대한 보험료 부과는 보수외 소득월액을 기준으로 하며, 보수외 소득월액은 다음과 같이 계산한다.

보수외 소득월액 = (보수외소득 − 2,000만원) ÷ 12 × 소득평가율주)

주) 이자, 배당, 사업, 기타소득: 100%
연금, 보수외 근로소득: 50%

4. 소득 반영시기

매년 1월부터 10월까지의 소득월액 산정 시	소득월액보험료가 부과되는 연도의 전전년도 자료주)
매년 11월 및 12월의 소득월액 산정 시	소득월액보험료가 부과되는 연도의 전년도 자료

주) 연금소득 자료는 소득월액보험료가 부과되는 연도의 전년도 자료

5. 납부방법

직장가입자는 보수외소득을 기준으로 건강보험료를 다음과 같이 추가로 매월 또는 분기별로 납부하여야 한다.

월별 보수외 소득월액 보험료 = 보수외 소득월액 × 7.09%

(7) 보험료의 감면

해외근무, 현역군입대 등으로 인해 근무내역이 변동되는 경우 사유발생일부터 14일 이내에 「직장가입자(근무처 · 근무내역)변동신고서」에 다음의 증빙서류를 첨부하여 제출하여야 한다.

- 군입대자 또는 시설수용자는 입영통지서 또는 재소자증명서 등 증빙서류 1부
- 도서벽지 거주자는 주민등록표등본 1부
- 인사명령서 등 관련서류 1부
- 복직자(군입대 등)는 전역증 사본 1부

그리고 보험료의 감면 내역은 다음과 같다.

구 분		경감비율	비 고
① 국외근무자[주1)] (북한지역근무자 포함)	피부양자가 있는 경우	감면 50%	가입자만 급여정지
	피부양자가 없는 경우	면 제	가입자 급여정지
② 현역병 · 재소자 시설수용자	피부양자가 있는 경우	면 제	가입자만 급여정지
	피부양자가 없는 경우	면 제	가입자 급여정지
③ 상근예비역 · 보충역(교육소집기간만 해당)		면 제	교육소집기간만 급여정지
④ 도서 · 벽지근무 또는 거주자		감면 50%	급여 인정
⑤ 군인[주2)]		감면 20%	급여 인정

주1) 1월 이상 국외체류자로 인한 감면 또는 면제는 출국 월의 다음 달부터 입국 월까지 적용됨.
주2) 요양기관 이용이 제한되는 근무지의 특성을 고려하여 보건복지부장관이 인정하는 지역에 거주하거나 근무하는 경우 보험료의 20% 감면

(앞면)

직장가입자 (근무처, 근무내역) 변동 신고서

접 수 일		
일 련 번 호		
사 업 장 (기 관)	①관리번호	
	②명 칭	
	③전화번호	

연번	④성 명	⑤주민(외국인)등록번호	⑥변동부호	⑦변동일자	전근무처	근무처, 근무내역 변동내역				
					⑧전근무처기호	⑨단위사업장기호	⑩영업소기호	⑪회계부호	⑫직종부호	⑬감면(해제)사유
1										
2										
3										
4										
5										

위와 같이 변동 사항을 신고합니다.

20 . . .

사용자 직인

국민건강보험공단 ○○지사장 귀하

주) 진한부분은 작성하지 마시고, 작성요령은 뒷 면을 참고하시기 바랍니다.

297㎜×210㎜(일반용지 60g/㎡(재활용품))

(뒷면)

직장가입자 근무처, 근무내역 변동 신고서 기재요령

【공　통】

① ~ ③ : 사업장 또는 기관의 관리번호, 명칭, 전화번호를 기재합니다.
④ ~ ⑤ : 가입자의 성명, 주민(외국인)등록번호를 기재합니다.(외국인의 경우 외국인등록번호, 재외국민은 국내거소신고번호를 기재합니다.)
⑥ ~ ⑦ : 변동부호를 기재하고, 변동 년월일을 기재합니다.
♣ 변동부호 : 전입(전입기관보험료납부)<1>, 전입(전출기관보험료납부)<61>,회계직종변경<2>, 감면(해제)사유발생<3>, 단위사업장변동<4>, 영업소변동<5>

【변동사유　전입(전입기관보험료납부)<1>, 전입(전출기관보험료납부)<61>일 경우】

⑧ : 전근무처 기호를 기재합니다.
※ 근무처 변동으로 보수월액이 변동된 경우에는 「직장가입자보수월액변경신청서」를 작성하여 주시기 바랍니다.

【변동사유　회계·직종변경<2>일 경우】

⑪ ~ ⑫ : 변동된 회계부호와 직종부호를 기재합니다.
※ 근무처 변동으로 보수월액이 변동된 경우에는 「직장가입자보수월액변경신청서」를 작성하여 주시기 바랍니다.

【변동사유　감면(해제)사유발생<3>일 경우】

⑬ : 감면(해제)사유 부호를 기재합니다.
※ 감면(해제)사유<부호>
해외근무(전액)<11>, 해외근무(반액)<12>, 군입대<21>, 상근예비역(훈련)<22>, 공중보건의(예비역훈련)<23>, 특수시설수용<31>, 도서벽지(사업장)<41>, 도서벽지(거주지)<42>, 도서벽지(파견지)<43>, 기타휴직<81>, 육아휴직<82>, 질병휴직<83>, 감면해제(도서벽지)<98>, 감면해제(도서벽지제외)<99>
※ 휴직 후 복직신고 할 경우에는 「직장가입자 복직 및 보험료 분할납부 신청서」를 작성하여 주시기 바랍니다.

【변동사유 : 단위사업장 변동<4>일 경우】 : '납부단위'를 구분하여 관리하지 않는 근로자 사업장은 기재하지 않습니다.

⑨ : - 공무원 및 교직원 사업장 : 변동된 단위기관 기호를 기재합니다.
- 근로자 사업장 : 납부단위를 구분하여 관리 시, 변동된 납부단위 기호를 기재합니다.

【변동사유 : 영업소변동<5>일 경우】 : 영업소를 관리하지 않는 사업장은 기재하지 않습니다.

⑩ : 변동된 영업소 기호를 기재합니다.

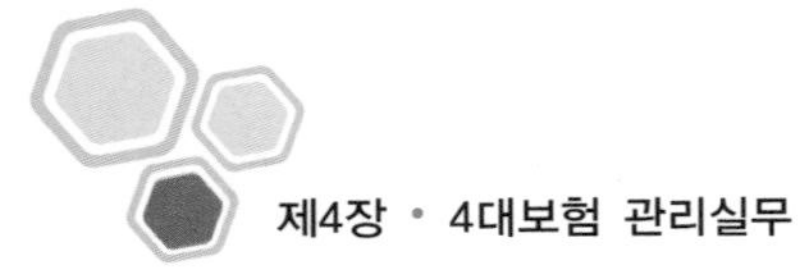

(8) 휴직자 등에 대한 보험료 납입고지 유예

휴직 기타의 사유로 보수의 전부 또는 일부가 지급되지 아니하는 경우에도 직장가입자이므로 건강보험 자격이 있고 보험급여를 받을 수 있다. 휴직자의 경우 복직 시 휴직 전월의 보수월액과 보험료율을 기준으로 휴직기간 동안의 보험료를 산정하고, 복직하여 보수가 지급되는 최초의 월에 휴직기간 동안의 보험료를 일괄 부과한다.

① 신청대상

보험료 납입고지 유예를 신청할 수 있는 대상은 다음과 같다. 단, 개인사업장의 대표자는 보수를 지급받는 근로자가 아니므로 납입고지 유예 신청대상이 아니다.

구 분	신청대상
㉠ 휴직자	병역을 위한 휴직, 학업을 위한 휴직, 육아휴직, 산재휴직, 질병휴직, 무급노조전임자휴직[주)] 등
㉡ 근로를 제공하지 않아 보수의 일부 또는 전부가 지급되지 않는 자	직위해제자, 무노동무임금자, 기간제 교사의 방학기간 등

주) 원소속 사업장에서 휴직·파견으로 인사 발령한 급여를 받지 않는 무보수 노동조합 전임자. 원소속 사업장에서 급여를 지급받는 경우 대상이 아님.

② 신청절차

「휴직자 등 직장가입자 보험료 납입고지 유예 신청서(해지신청서)」에 다음과 같이 구분 표시하여 제출한다. 접수하는 지사에서는 사안에 따라 휴직 등을 증빙할 수 있는 자료를 요구하기도 한다.

구 분	신청서식 표시
㉠ 휴직자	81. 기타휴직, 82. 육아휴직,[주1)] 83. 질병휴직, 84. 무급노조전임자휴직[주2)]
㉡ 근로를 제공하지 않아 보수의 일부 또는 전부가 지급되지 않는 자	89. 그 밖의 사유

주1) 만 8세 이하 또는 초등학교 2학년 이하의 자녀가 있는 직장가입자의 영유아 양육을 위한 휴직으로 기한은 1년 이내로 함. 다만, 1년을 초과하는 육아휴직을 부여하는 내부규정(사규·단체협약 등)이 있는 사업장은 그 규정상의 육아휴직 기간을 인정하되, 해당 내부규정 징구. 공무원 등 다른 법률에서 육아휴직을 규정하는 경우 해당 법률에 따른 육아휴직 대상 및 기간을 인정

주2) 원소속 사업장에서 휴직·파견으로 인사 발령한 급여를 받지 않는 무보수 노동조합 전임자. 원소속 사업장에서 급여를 지급받는 경우 대상이 아님.

또한 병역을 위한 휴직이거나 휴직 중 국외 출국자는 「직장가입자(근무처 · 근무내역) 변동신고서」로 급여정지(감면) 신고를 병행해야 한다.

③ 보험료 산정

고지유예 사유 발생 전월 정산 전 보수월액에 해당 기간 보험료율을 곱하여 산정하며, 정산 전 보수월액은 고지유예 적용일 현재 적용받고 있던 보수월액을 의미한다.

납입고지 유예기간 중 발생한 추가징수 보험료는 고지 유예되어 고지 유예 해지 시(복직) 부과한다.

④ 보험료 부과 및 납부

복직 등 보험료 납입고지 유예 사유가 없어져 「휴직자 등 직장가입자 보험료 납입고지 유예 해지신청서」 제출 시 부과된다.

또한 보험료 납입고지가 유예된 보험료가 당해 가입자의 월 보험료액의 3배 이상인 경우에 한하여 분할납부 대상자로 하고, 1회 분납액은 당해 가입자의 월 보험료액 이상으로 한다. 분납횟수는 10회 이내로 한다.

또한 보험료 납입고지 유예기간은 정산(연말정산, 퇴직정산)대상 기간에서 제외된다. 건강보험료가 결정되어 정산이 발생할 경우 장기요양보험료의 정산도 발생한다.

⑤ 휴직자 보험료 경감

휴직기간이 1개월 이상인 직장가입자는 다음과 같이 경감률을 적용한다(2007.7.1. 이후 복직한 가입자의 휴직기간 동안의 보험료부터 적용).

구 분	경감률	경감 적용기간
㉠ 무보수 휴직자[주1)]	휴직 전월 보수월액 기준으로 산정한 보험료의 50% 경감	- 휴직일이 속하는 달의 다음 달부터 복직일이 속하는 달까지 적용 - 휴직일이 매월 1일인 경우 : 휴직일이 속하는 달부터 적용 - 복직일이 매월 1일인 경우 : 복직일이 속하는 전달까지 적용
㉡ 유보수 휴직자	휴직 전월 보수월액을 기준으로 산정한 보험료와 휴직기간에 해당 사업장에서 지급받은 보수를 기준으로 산정한 보험료 차액의 50% 경감[주2)]	
㉢ 육아휴직자	휴직기간 중 지급받은 보수와 상관없이 보험료 하한액(19,780원)까지 경감	

주1) 무보수 휴직 중 다른 사업장에 근무를 하며 보험료를 납부하였을 경우, 복직 시 납부하여야 할 보험료와 다른 사업장에서 납부한 보험료를 비교하여 많은 쪽의 보험료를 납부함(보정 65710-90, 2001.1.20.).

주2) 휴직기간에 지급받은 각 연도별 보수총액을 해당 연도 휴직 월수로 나누어 보수월액을 결정하여 보험료 산정함.

무급노조전임자는 이중자격 가입자와 동일하게 원소속사업장의 휴직 전월 정산 전 보수월액에 따른 보험료에 경감률을 적용한 보험료와 노동조합의 보수월액에 따른 보험료를 비교하여 보험료가 많은 쪽으로 부과한다.

참고

[출산전후 휴가기간]

출산전후 휴가기간은 연말(퇴직)정산 근무월수에 포함하므로 「휴직자 등 직장가입자 보험료 납입고지 유예신청」을 할 필요가 없으나, 만약 「휴직자 등 직장가입자 보험료 납입고지 유예신청」을 하면 납입고지 유예 사유 코드 '그 밖의 사유(89)' 대상이므로 경감은 적용되지 않으며, 연말(퇴직)정산 시 근무월수에서 제외되어 보험료 부담이 많게 됨을 주의하자!

■ 국민건강보험법 시행규칙 [별지 제30호 서식]

휴직자등 직장가입자 보험료 납입고지 유예 [ ] 신청서 / [ ] 해지 신청서

※ 유의사항 및 작성방법은 뒤쪽을 참고하시기 바라며, 바탕색이 어두운 난은 신청인이 적지 않습니다.

(앞쪽)

접수번호	접수일	처리기간 3일

사업장	사업장관리번호	명칭

① 일련번호	② 건강보험증 번호	③ 성명	④ 주민등록번호	⑤ 고지유예 적용일	⑥ 고지유예 해지 예정일	⑦ 유예사유 (코드)	⑧ 사유별 고지 유예 기간			⑨ 고지유예 해지일	⑩ 해지 시 보수월액 (원)	⑪유예기간 중 받은 보수		⑫ 분할납부 횟수
							유예사유	시작일	종료일			연도	보수 총액 (원)	

「국민건강보험법 시행규칙」 제50조에 따라 위와 같이 납입고지 유예 또는 납입고지 유예 해지를 신청합니다.

년 월 일

신청인 (서명 또는 인)

국민건강보험공단 이사장 귀하

297㎜×210㎜[백상지 80g/㎡]

(뒤쪽)

유의사항

1. 납입고지 유예 해지 전에는 "신청서"와 "해지 신청서"를 동시에 처리할 수 없습니다.
2. 납입고지 유예기간 중 보험료에 대한 분할납부는 납입고지가 유예된 보험료가 해당 직장가입자의 월 보험료의 3회 이상이고, 1회 분할 보험료가 해당 직장가입자의 월 보험료 이상이어야만 분할납부를 할 수 있습니다.
3. 납입고지 유예 신청 및 해지 신청 시 공단에서 요구하는 근거서류를 제출하여야 합니다.

작성방법

① ~ ④: 일련번호, 건강보험증 번호, 성명, 주민등록번호를 적습니다.

⑤: 납입고지 유예 적용일(사유 발생일)을 적습니다.

⑥: 납입고지 유예 해지 예정일(사유 종료 예정일의 다음 날)을 적습니다.

⑦: 납입고지 유예 사유(코드)를 적습니다.

[**유예 사유 코드**] 기타휴직(81), 육아휴직(82), 질병휴직(83), 무급노조전임자휴직(84), 그 밖의 사유(89)

※ 기타휴직(81)은 육아휴직, 질병휴직, 무급노조전임자휴직을 제외한 나머지 휴직임.

※ 그 밖의 사유(89)는 휴직 외의 사유로 1개월 이상 보수의 전부 또는 일부가 지급되지 않는 경우를 말합니다.

※ 납입고지 유예를 해지하는 경우에는 아래 항목까지 기재합니다.

⑦: 사유별로 납입고지 유예기간을 정확히 적습니다.

※ 전체 납입고지 유예기간에 유예 사유가 2개 이상일 경우에는 사유별로 유예기간을 구분하여 기재합니다.

⑧: 납입고지 유예 해지일을 적되, 해지일은 납입고지 유예 종료일 다음 날입니다.

⑨: 납입고지 유예 해지 시 보수월액을 적되, 보수월액 산정은 신규취득자에 준합니다.

⑩: 납입고지 유예기간에 해당 사업장에서 받은 보수 총액을 연도별로 구분하여 적습니다.

※ 유예 사유가 기타휴직(81), 질병휴직(83)인 경우: 휴직기간에 받은 보수는 복직일이 속하는 연도를 기준으로 휴직기간 보수를 적되, 연도가 빠른 순으로 작성하며, 해당 연도 보수가 없는 경우에는 "0"원을 적습니다.

※ 무급노조전임자휴직(84)은 휴직기간 중 받은 보수 총액이 "0"원이어야 합니다.

⑪: 납입고지 유예기간 중 보험료의 분할납부 횟수는 최대 10회까지 가능합니다.

처리 절차

신청서 작성	→	접수 및 확인	→	신청서 처리 및 통보	→	수령
신청인		국민건강보험공단				신청인

4 고용 · 산재보험

(1) 보험료의 부과 및 납부방법

① 보험료 부과방식의 구분

2011년부터 건설업 등을 제외한 모든 사업(또는 사업장)은 자진신고 방식에서 부과고지 방식으로, 분기납(연납)에서 월납으로 변경되었다.

사업 종류별 보험료 납부방법은 다음과 같다.

사업 종류	보험료 납부방법
• 전 사업(건설업 등의 사업 제외) • 건설업 중 건설장비운영업 • 중소기업 사업주 · 특수형태 근로종사자 • 해외파견사업(건설업 외)	부과 고지
• 건설업(건설본사 포함) • 임업 중 벌목업 • 해외파견사업(건설업) • 고용보험 자영업자	자진 신고

건설업 · 벌목업은 기존의 보험료 신고 · 납부제도(자진신고방식)가 그대로 유지되나, 사업장의 보험료 체납 시 체납보험료 관리만 국민건강보험공단에서 수행하고, 부과고지방식은 매월 국민건강보험공단에서 고지하면 다음 달 10일까지 납부하면 된다.

즉 건설업 등은 3월 31일까지 확정보험료와 개산보험료(분납 가능)를 신고 · 납부한다.

② 부과고지방식의 업무처리 흐름

보험관계 성립신고	- 보험관계 성립신고 : 성립일(근로자 채용일)로부터 14일 이내
▪ 고용보험: 피보험자격신고 ▪ 산재보험: 근로자고용신고	- 입사 시 : 근로자고용 신고 → 다음 달 15일까지 - 퇴사 시 : 근로자고용종료 신고 → 다음 달 15일까지 - 전근(전보) 시 : 근로자 전근(전보) 신고 → 전근(전보)일부터 14일 이내 - 휴직 시 : 근로자 휴직 등 신고 → 휴직일부터 14일 이내 - 변경 시 : 피보험자내역(근로자 정보)변경 신고 → 변경일부터 14일 이내 ※ 월 60시간 미만인 자 등 일정요건에 해당하는 자는 신고 면제 - 일용근로자 : (고용, 산재) 근로내용확인신고서 → 다음 달 15일까지
월별보험료 산정 부과 · 고지 · 납부	- 보험료 산정 : 근로자별 월평균보수 합계액 × 보험료율 ※ 월평균보수 : 근로자 개인별 전년도 보수총액을 개인별 근무개월수로 나눈 금액 - 고지 : 납부기한 10일 전(당해 월 말일)까지 도착 - 납부 : 해당 월의 다음 달 10일까지
자격상실신고에 의한 퇴직정산	- 근로자 퇴사시 근로자에게 지급한 보수총액을 자격상실신고시 작성 - 퇴직정산 결과 반영월의 월별보험료에 합산고지(추가 부과, 반환 · 충당) : 반영월의 월별보험료보다 초과시 2등분하여 반영월과 그 다음월 월별보험료에 각각 합산 고지
보수총액 등 신고	- 전년도에 지급한 보수총액 신고 안내(공단) : 2월 중순 - 전년도 보수총액 신고(사업주) : 3월 15일까지
연도 중 폐업 · 도산	- 소멸신고 : 소멸일로부터 14일 이내 - 근로자에 지급한 보수총액 신고 : 소멸일로부터 14일 이내 - 보험료 정산(반환 · 추가징수)
월평균보수[1] 산정	- 적용기간 : 4월부터 다음 연도 3월. 다만, 10월 이후에 새로이 고용된 근로자의 월평균보수는 다음다음 연도 3월까지
보험료 정산	- 당해 연도 보수총액으로 정산(반환 · 추가징수) - 공단 직권 정산 : 보수총액 미신고 또는 신고가 사실과 다른 경우[2] - 정산 차액은 정산을 실시한 달의 보험료에 합산 징수(정산을 통해 납부하여야 할 보험료가 당월 보험료를 초과할 경우 분할고지(1/2))

1) 월평균보수 변경
   - 변경신고 : 월평균보수 변동(인상 · 인하 및 착오신고)된 경우
   - 적용시점(인상 · 인하) : 월평균보수 변동을 신고한 다음 달부터 적용
     적용시점(착오신고) : 월평균보수가 정정된 월부터 소급하여 적용

2) 정산보험료 직권조사부과
   - 미신고 사업장 또는 신고누락 근로자 직권조사 부과: 유관기관(건강보험, 국세청 등)자료 및 기준보수를 이용하여 직권조사부과
   - 부과고지사업장 정산: 국세청 자료 연계를 통해 일괄정산, 정산 결과는 10월 보험료에 반영
   - 수시정산: 신고내역이 다른 것이 확인된 경우 연도 중 수시 직권조사부과

③ 자진신고방식의 업무처리 흐름

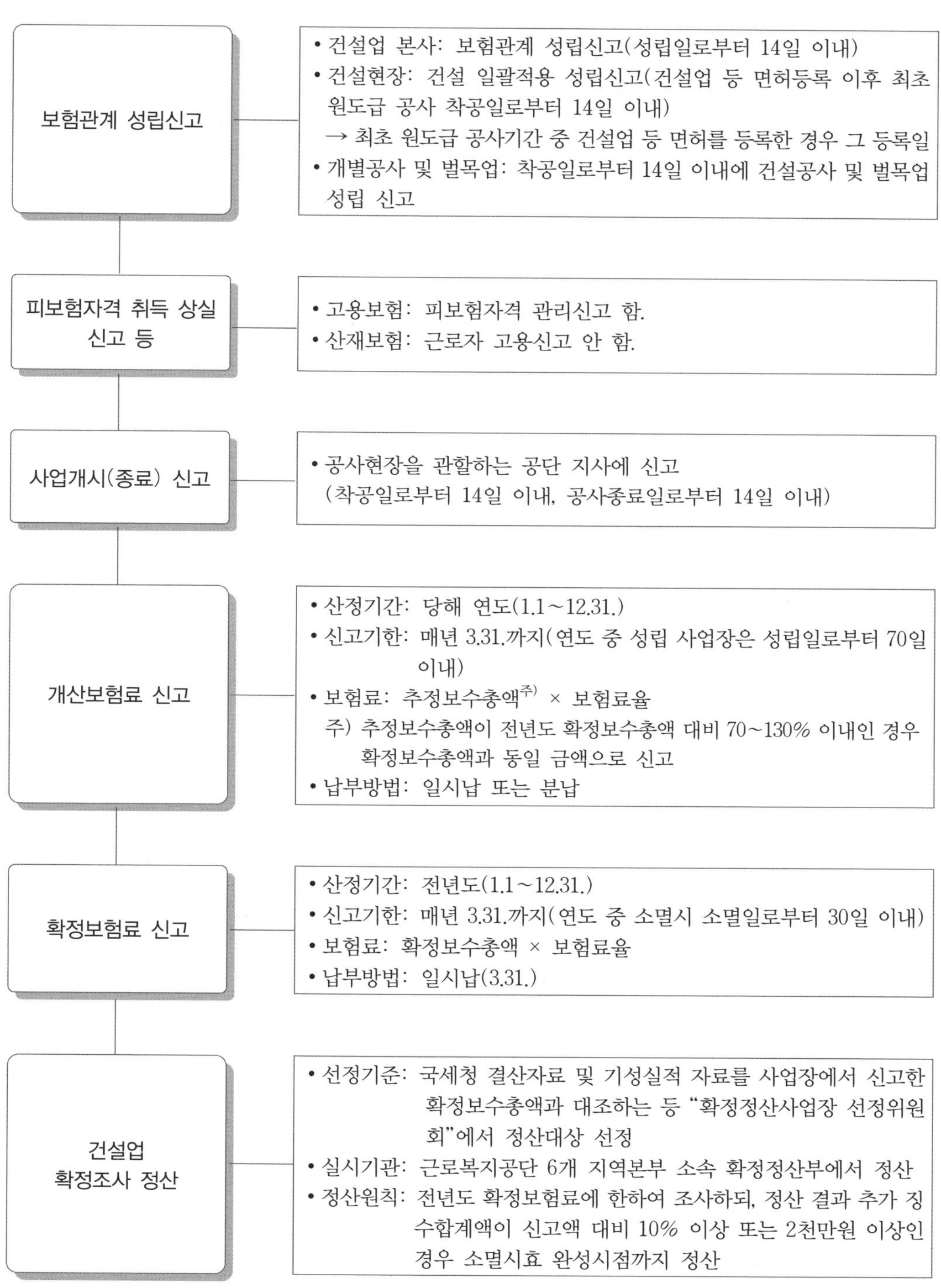

보험관계 성립신고
• 건설업 본사: 보험관계 성립신고(성립일로부터 14일 이내)
• 건설현장: 건설 일괄적용 성립신고(건설업 등 면허등록 이후 최초 원도급 공사 착공일로부터 14일 이내)
→ 최초 원도급 공사기간 중 건설업 등 면허를 등록한 경우 그 등록일
• 개별공사 및 벌목업: 착공일로부터 14일 이내에 건설공사 및 벌목업 성립 신고
피보험자격 취득 상실 신고 등
• 고용보험: 피보험자격 관리신고 함.
• 산재보험: 근로자 고용신고 안 함.
사업개시(종료) 신고
• 공사현장을 관할하는 공단 지사에 신고 (착공일로부터 14일 이내, 공사종료일로부터 14일 이내)
개산보험료 신고
• 산정기간: 당해 연도(1.1~12.31.)
• 신고기한: 매년 3.31.까지(연도 중 성립 사업장은 성립일로부터 70일 이내)
• 보험료: 추정보수총액주) × 보험료율
주) 추정보수총액이 전년도 확정보수총액 대비 70~130% 이내인 경우 확정보수총액과 동일 금액으로 신고
• 납부방법: 일시납 또는 분납
확정보험료 신고
• 산정기간: 전년도(1.1~12.31.)
• 신고기한: 매년 3.31.까지(연도 중 소멸시 소멸일로부터 30일 이내)
• 보험료: 확정보수총액 × 보험료율
• 납부방법: 일시납(3.31.)
건설업 확정조사 정산
• 선정기준: 국세청 결산자료 및 기성실적 자료를 사업장에서 신고한 확정보수총액과 대조하는 등 "확정정산사업장 선정위원회"에서 정산대상 선정
• 실시기관: 근로복지공단 6개 지역본부 소속 확정정산부에서 정산
• 정산원칙: 전년도 확정보험료에 한하여 조사하되, 정산 결과 추가 징수합계액이 신고액 대비 10% 이상 또는 2천만원 이상인 경우 소멸시효 완성시점까지 정산

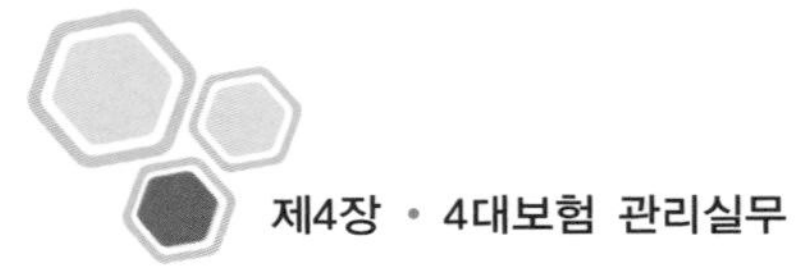

(2) 월별보험료의 산정

1) 원칙

월별 고용·산재보험료는 다음과 같이 산정한다.

> 월별보험료[주)] =(근로자 개인별 월평균보수 × 보험료율)의 합계

주) 단, 월의 중간에 입사하거나 퇴사하는 경우에는 일할 계산한다.

전연도 보수총액신고서에 따라 산정하는 근로자의 월평균보수와 고용신고서에 따라 산정하는 근로자의 월평균보수의 합계를 기초로 매월 근로자 변동사항 및 기타근로자(일용근로자, 특수형태근로자, 고용정보신고제외자)의 보수가 월별보험료에 반영한다.

이를 세부적으로 보면 다음과 같다.

구 분	월별보험료 산정
① 1월 중 입사, 퇴사, 휴직, 전보 근로자	• 근무기간에 대하여 월평균보수를 월단위 계산하여 보험료 산정(2024년 1월귀속 보험료부터 근로자 및 예술인만 적용) – 해당 월의 초일(휴일 무관)부터 근무하거나 퇴직(전근) 등으로 해당 월에 근무기간이 종료되는 경우: 당월 보험료 부과 – 해당 월의 중간부터 근무하면서 해당 월에 근무기간이 종료되지 않거나, 휴직 등으로 해당 월에 모두 근무하지 않는 경우: 당월 보험료 미부과 • 월평균보수 × 보험료율
② 일용근로자	• 일용근로자 근로내용확인신고서 신고[주1)] • 일용근로자의 보험료는 신고서의 월보수를 기준으로 신고서 제출일이 속하는 달의 월별보험료에 합산 부과
③ 월 60시간 미만, 외국인(임의가입대상) 근로자 등 신고의무 제외자	• 전년도 전체 지급보수를 기준으로 보험료 산정[주2)]
④ 20일 미만 유기사업	• 사업종료 후 14일 이내 보수총액신고서 제출 • 보험료는 보수총액신고서에 따라 정산(산정 및 부과) 원칙[주3)]
⑤ 해외파견자(건설 제외)	• 해외파견승인 근로자 전체 월평균보수 합계액 × 산재보험료율

주1) 다음 달 15일까지 신고(산재 및 고용보험 동일)하고 공단은 신고된 근로내용확인신고서 상의 보수로 그 달의 월별보험료를 산정하여 신고서를 제출한 날이 속하는 달의 월별보험료에 합산하여 부과
주2) 전년도 신고의무 제외자 보수총액 합계 ÷ 사업장보험가입월수 × 보험료율

주3) 사업과 동시 보험료 납부 희망 사업주는 별도 고용정보 신고 등 필요

2) 산재보험 고용정보 및 고용보험 피보험자격 정보와 월별보험료 부과 관계

월별보험료는 근로자 개인별 월평균보수에 고용보험 및 산재보험료율을 각각 곱하여 월별 보험료를 산정하여 사업장에 근무하는 모든 근로자의 보험료를 더하여 사업장 단위로 부과한다.

또한, 전보근로자의 경우 전보일을 기준으로 전보 이전 사업장과 전보 이후 사업장을 나누어 부과하나, 2024년 1월(보험월 기준) 보험료부터는 전보일에 따라 전보 이전 사업장 또는 전보 이후 사업장에 월단위로 부과한다.

휴직기간에는 월별보험료를 부과하지 않으나 고용보험료는 휴직기간 동안 발생한 보수를 다음연도 보수총액신고시 신고하여 정산보험료로 납부하여야 한다.

3) 특수한 경우의 월별보험료 산정

① 월별보험료의 일할 계산

사업장의 근로자(예술인 포함)에게 다음의 사유 발생 시 그 근로자에 대하여는 그 달의 근무일수에 따라 일할 계산한 월별보험료를 산정 부과하는 방식에서 2024년 1월(보험월 기준)부터는 당월 보험료는 부과하지 않고, 그 다음달부터 부과한다.

- 근로자가 월의 중간에 새로이 고용되거나 고용관계가 종료되는 경우
- 근로자가 동일한 사업주의 하나의 사업장에서 다른 사업장으로 전근(전보)되는 경우
- 근로자의 휴직 등 근무 변동이 월의 중간에 걸쳐 있는 경우

참고

「고용산재보험료징수법」 개정내용 월별보험료 일할계산 폐지 안내

-2024. 1. 1.부터 시행되는 월별보험료 일할계산 폐지에 따른 월단이 월별보험료 산정 안내-

1. 정산여부
   (1) 월별보험료 산정방식만 일할계산에서 월단위계산으로 변경되었을 뿐, 기존과 동일하게 상실 또는 보수총액 신고 시 신고된 보수총액으로 보험료를 최종 정산함
   (2) 일할계산되어 부과되던 월별보험료가 월단위 산정으로 그 달에 부과되지 않거나 1개월분으로 부과되는 것일 뿐,해당 년도에 실제 지급된 보수총액으로 보험료를 최종 정산함

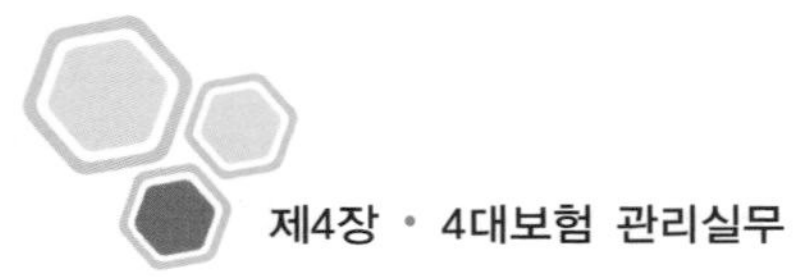

2. 월평균보수
   월별보험료 산정방식만 변경되었을 뿐, 보수총액 신고 시 신고된 보수총액으로 다음 연도 월평균보수를 산정하는 방식은 아래와 같이 기존과 동일함.

구 분	산정방법	월평균보수 적용기간
전년도 12/12일 이전 입사자	전년도 보수총액 ÷ 전년도 근무개월수	당해연도 4월 ~ 다음연도 3월
전년도 1/1~12/12일 이전 입사이고 입사월 근무일수가 20일 미만	(전년도 보수총액÷전년도 근무일수) × {(전년도 근무일수 - 입사월 근무일수) ÷ 입사월을 제외한 근무개월수}	당해연도 4월 ~ 다음연도 3월
전년도 12/13일 이후 입사자	근무개시일부터 1년간[주)] 지급하기로 정한 보수총액 ÷ 해당 근무개월수	고용일이 속한달 ~ 다음다음연도 3월

3. 적용대상: 월평균보수로 월별보험료 산정 후 퇴직 또는 보수총액 신고 시 신고된 보수총액으로 보험료가 최종 정산되는 상용근로자, 일반예술인
4. 적용제외자: 월별보험료 산정대상이 아닌 자진신고사업장(건설, 벌목업 등) 소속 근로자, 기준보수 또는 실제 지급된 월보수액로 월별보험료를 산정하는 특례적용자, 노무제공자 및 주한미군 소속 근로자
5. 원천공제: 일할계산하여 부과하던 보험료가 그 달에 부과하거나 부과하지 않을 뿐 최종 정산하므로 기존과 동일하게 실제 지급된 보수에 대해 원천공제함

② 일용근로자의 월별보험료 산정

일용근로자의 월별보험료는 일용근로자 「근로내용확인신고서」에 따라 신고한 그 달의 지급받은 보수총액에 보험료율을 곱하여 산정한다.

일용근로자 월별보험료=그 달에 지급받은 보수총액×보험료율

사업주는 일용근로자의 고용정보를 다음 달 15일까지 신고하여야 하며, 공단은 해당 월의 월별보험료에 이를 반영하여 신고서를 제출한 날이 속하는 달의 월별보험료에 합산하여 부과한다.

단, 보험연도를 소급하여 일용근로자 「근로내용확인신고서」를 제출하여야 하는 경우 해당 연도 「보수총액수정신고서」를 제출하여야 보험료가 소급 정산된다.

[일용근로자의 월별보험료 산정방법]

일용근로자 갑의 2024년 4월 일용근로자 고용정보 내역(일당 10만원)

1	2	3	4	5	6	7	8	9	10	11	12	13	14	15	16	17	18	19	20	21	22	23	24	25	26	27	28	29	30
1	1				1					1				1.5															

- 총 지급받은 보수총액: 550,000원
- 근무일수: 5일
- 근로내용확인신고서 제출일: 5/15일
- 보험료 부과 및 납부: 6월 고지서에 포함하여 부과되면 7/10일까지 납부

③ 산재보험 근로자 고용정보 신고제외자(그 밖의 근로자)의 월별보험료 산정

월간 소정근로시간이 60시간 미만인 자 또는 고용보험 임의가입대상 근로자에 대하여는 산재보험에 별도의 근로자 고용정보를 신고하지 않을 수 있다.

그러나 동 근로자에 대하여 사업주가 별도의 고용정보를 신고하는 경우에는 월별보험료를 산정하고 부과하나 별도의 신고가 없을 경우 전년도 근로자 고용정보 신고제외자(그 밖의 근로자)에게 지급한 전체 보수총액을 기준으로 보수총액의 1/12를 매월의 기타 근로자 월평균보수로 보아 월별보험료를 산정・부과하고 있다.

> 그 밖의 근로자 월별보험료
> =(전년도 그 밖의 근로자 보수총액 ÷ 사업장 보험가입월수) × 보험료율

따라서 고용정보를 신고하지 않은 그 밖의 근로자에 대하여는 입사한 연도에는 월별보험료를 산정하지 않고(다음 해 보수총액신고서에 따른 보수총액으로 정산), 입사한 다음 연도부터는 '그 밖의 근로자의 전년도 보수총액 합계 × 1/12 × 보험료율'을 매월 월별보험료에 합산하여 부과한다.

만약 그 밖의 근로자가 모두 퇴사하여 해당 연도에는 기산정된 금액으로 부과되고 다음 해 보수총액신고서에 따른 보수총액으로 정산하는 것이 일반적이나, 향후 그 밖의 근로자 채용 계획이 전혀 없어 월별보험료 부과를 원치 않을 경우에는 공단에 그 밖의 근로자에 대한 「월평균보수변경신고서」를 제출하여 다음 달부터 그 밖의 근로자에 대한 보험료 부과 조정이 가능하다. 이때 그 밖의 근로자 주민등록번호는 999999-9999999로 입력한다.

④ 해외파견자(건설업 제외)의 월별보험료 산정

해외파견자 승인을 받은 사업 중 건설업(건설장비운영업 제외)과 벌목업을 제외한 모든 사업장의 월별보험료는 다음과 같이 산정한다.

> 월별보험료 = 산재보험 특례가입 해외파견근로자 개인별 월평균보수 × 보험료율의 합계액

건설업 등의 해외파견자는 자진신고·납부한다.

⑤ 월별보험료의 재산정

공단이 매월 월별보험료를 산정·부과한 이후 사업주가 근로자의 고용관계일(고용일, 고용종료일, 전보일, 휴직일) 등에 대한 착오정정 신고, 또는 월평균 보수에 대한 착오 정정 신고하는 경우에는 해당 월의 월별보험료를 재산정한다.

참고

■ **중소기업 사업주의 월별보험료(고용·산재보험)**

산재보험 중소기업사업주의 월별보험료는 고용노동부장관이 고시하는 월단위보수액(고용·산재 각각 고시) 중 사업주가 선택하여 신고하는 금액에 산재보험료율을 곱하여 산정한다.

※ 월의 중간에 보험관계가 성립하거나 소멸하는 경우에는 일할계산

참고

[기준보수제도]

① 의의

사업의 폐업·도산 등으로 보수를 산정·확인하기 곤란한 경우 또는 아래 기준보수 적용 사유에 해당하는 경우에는 고용노동부장관이 고시하는 금액을 보수로 할 수 있다.

② 기준보수 적용사유

- 사업의 폐업·도산 등으로 보수의 산정·확인이 곤란한 경우
- 보수 관련 자료가 없거나 불명확한 경우
- 사업 또는 사업장(이하 "사업"이라 함)의 이전 등으로 사업의 소재지 파악이 곤란한 경우

③ 기준보수고시액

2024년도 고용・산재보험료 부과를 위한 기준보수(고용노동부고시 제2023－071호)

가. 월단위 기준보수액

[지역을 구분하여 적용하는 산업분류별 기준보수액]

(단위: 원)

구분	C.제조업	G.도매 및 소매업	H.운수 및 창고업	I.숙박 및 음식점업	L.부동 산업	M.전문, 과학 및 기술 서비스업	N.사업 시설 관리, 사업지원 및 임대 서비스업	P.교육 서비스업	Q.보건업 및 사회복지 서비스업	R.예술, 스포츠 및 여가관련 서비스업	S.협회 및 단체, 수리 및 기타 개인 서비스업
서울	2,666,149	2,568,528	2,779,089	2,143,773	2,233,567	2,732,742	2,466,453	2,214,408	2,396,744	2,139,257	2,520,020
부산	2,764,920	2,360,340	2,896,502	2,093,014	2,135,186	2,669,662	2,120,243	2,212,517	2,265,480	2,141,533	2,287,544
대구	2,552,798	2,312,678	2,129,457	2,084,971	2,241,853	2,349,678	2,119,151	2,145,289	2,219,446	2,124,700	2,201,259
인천	2,841,859	2,355,608	2,633,047	2,099,046	2,335,927	2,811,443	2,281,258	2,172,383	2,314,194	2,606,673	2,223,273
광주	3,002,945	2,409,424	2,741,981	2,088,993	2,222,382	2,368,467	2,870,243	2,135,159	2,257,815	2,093,252	2,370,746
대전	2,812,384	2,306,834	2,409,595	2,070,897	2,112,388	2,506,172	2,376,343	2,095,024	2,321,317	2,065,283	2,506,862
울산	3,101,508	2,391,740	2,617,943	2,082,961	2,629,223	2,797,353	2,217,704	2,167,471	2,160,236	2,101,056	2,167,081
경기	2,974,607	2,472,750	2,346,934	2,103,945	2,321,057	2,769,962	2,324,127	2,159,536	2,231,830	2,311,371	2,482,420
강원	2,695,372	2,140,941	2,317,000	2,120,788	2,199,652	2,557,091	2,536,966	2,117,141	2,284,624	2,145,616	2,293,065
충북	3,346,401	2,278,767	2,272,420	2,095,024	2,348,309	2,611,800	2,353,208	2,180,763	2,287,678	2,177,166	2,261,557
충남	3,252,814	2,297,637	2,560,453	2,070,897	2,391,732	2,908,999	2,368,715	2,150,154	2,237,557	2,103,045	2,224,437
전북	2,924,701	2,178,407	2,498,108	2,080,950	2,060,740	2,354,301	2,172,191	2,144,873	2,374,335	2,079,390	2,328,354
전남	2,910,194	2,183,488	2,330,993	2,071,037	2,444,419	2,555,776	2,184,036	2,449,997	2,316,153	2,060,740	2,326,953
경북	2,962,747	2,240,285	2,138,793	2,078,940	2,139,311	2,527,480	2,243,698	2,076,929	2,245,532	2,205,289	2,238,298
경남	3,081,497	2,316,217	2,373,459	2,060,740	2,134,826	2,678,166	2,631,543	2,074,919	2,205,466	2,060,740	2,389,983
제주	2,666,546	2,139,695	2,678,526	2,242,119	2,060,740	2,742,379	2,187,472	2,353,387	2,235,957	2,147,931	2,269,674
세종	2,471,209	2,132,119	2,151,489	2,060,740	2,060,740	2,262,307	2,319,500	2,309,163	2,101,575	2,070,897	2,213,009

[지역을 구분하지 아니하고 적용하는 산업분류별 기준보수액]

(단위: 원)

산 업 분 류	기준보수액
A. 농업, 임업 및 어업	2,578,501
B. 광업	2,885,730
D. 전기, 가스, 증기 및 공기조절 공급업	2,611,623
E. 수도, 하수 및 폐기물처리, 원료 재생업	2,745,903
F. 건설업	4,786,620
J. 정보통신업	2,868,139
K. 금융 및 보험업	2,617,013
O. 공공행정, 국방 및 사회보장 행정	2,586,094
T. 가구 내 고용활동 및 달리 분류되지 않은 자가소비 생산활동	2,081,067
U. 국제 및 외국기관	3,339,108

※ 산업분류는 「통계법」에 따라 통계청장이 고시하는 한국표준산업분류표에 따름.

나. 시간단위의 기준보수액은 월 단위 기준보수액을 209시간(상시근로자수 5인 미만 사업의 경우, 주 44시간일 때 226시간 적용 등)으로 나누어 산출한 금액으로 한다.

(3) 월평균보수의 산정

월평균보수월액은 전년도 12/12일을 기준으로 다음과 같이 구분하여 산정한다. 단, 그 근로를 개시한 날이 속하는 달의 근무일수가 20일 미만인 경우에는 그 달의 해당 보수와 근무개월수를 모두 제외하여 산정한 월평균보수를 신고한다(평균보수 산정 시 원단위 미만에서 절사).

구 분	산정방법
전년도 12/12일 이전 입사자	전년도 보수총액 ÷ 전년도 근무개월수
전년도 1/1~12/12일 이전 입사이고 입사월 근무일수가 20일 미만	(전년도 보수총액÷전년도 근무일수) × {(전년도 근무일수 – 입사월 근무일수) ÷ 입사월을 제외한 근무개월수}
전년도 12/13일 이후 입사자	근무개시일부터 1년간[주)] 지급하기로 정한 보수총액 ÷ 해당 근무개월수

주) 1년 이내의 근로계약기간을 정한 경우에는 그 기간

① 12월 12일 이전 입사자

전년도에 지급받은 보수에 따라 월평균보수를 산정하는 근로자(월별보험료 산정연도 전년도 12/12일 이전에 근로를 개시한 근로자)의 월평균보수 산정은 다음과 같다.

월평균보수 = 전년도 보수총액 ÷ 전년도 근무개월 수

단, 12월 12일 이전 근로를 개시하고, 고용월 근무일수가 20일 미만인 경우의 월평균보수 산정은 다음과 같다.

월평균보수 = (전년도 보수총액 ÷ 전년도 근무일수) × {(전년도 근무일수 − 고용월 근무일수) ÷ 고용월을 제외한 근무개월 수)}

② 12월 13일 이후 입사자

사업주가 지급예정인 보수로 월평균보수를 산정하는 근로자의 월평균보수 산정은 다음과 같다. 단, 1년 미만인 경우 해당 근무기간의 보수총액 및 기간으로 산정한다.

월평균보수 = 근무개시일부터 1년간(근로계약기간 1년 이내인 경우에는 그 기간) 지급하기로 정한 보수총액 ÷ 해당 근무개월 수로 나눈 금액

참고

[근로개시 월의 근무일수가 20일 미만인 경우]

근무일수의 산정은 실제 근로를 개시한 달의 근무일(출근일)로 산정하는 것이 아니라, 근로를 개시한 날부터 그 달의 말일까지의 일수를 말한다. 예를 들어, 5월 6일 근로를 개시한 근로자의 경우 근로일수는 5월 6일부터 5월 31일까지 산정, 26일이 그 달의 근무일수가 된다. 즉 주 5일근무 사업장의 경우 토, 일요일 등 휴무일을 뺀 실제 근무일수로 그 달의 근무일수를 산정하지 않는다.

③ 월평균보수의 적용기간

근로자의 월평균보수의 적용기간은 근로개시월에 따라 다음과 같이 달리 적용된다. 월별보험료 산정방식만 변경(일할 계산 폐지)되었을 뿐, 기존과 동일하게 월평균보수 산정한다.

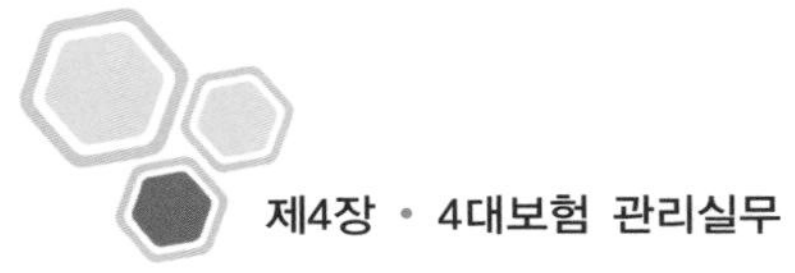

근로개시월 구분	월평균보수 산정방법	월평균보수 적용기간	월평균보수 신고방법
① 전년도 12/12일 이전 근로개시	전년도 보수총액 / 전년도 근무월수	24년 4월 ~ 25년 3월	사업주 별도 신고 없음(보수총액신고서상 보수 및 고용정보로 공단에서 산정)
② 전년도 1/1~ 12/12일 이전이고 고용월 근무일수가 20일 미만	(전년도 보수총액 ÷ 전년도 근무일수)×{(전년도 근무일수 - 고용월 근무일수) ÷ 고용월을 제외한 근무개월 수)}		
③ 전년도 12/13일 이후 근로 개시	근무 개시일부터 1년간 지급하기로 정한 보수총액 ÷ 해당 근무월수	근로개시월 ~ 26년 3월	근로자고용(취득) 신고 시 사업주가 직접 계산, 작성

④ 휴직근로자의 월평균보수의 산정

㉠ 근로자의 휴직기간이 종료된 이후의 월평균보수	휴직 전의 월평균보수로 적용
㉡ 전년도에 휴직을 개시하여 보험료 산정 연도에 휴직을 종료한 근로자의 휴직 종료 이후의 월평균보수	전년도의 보수액을 기준으로 근로자의 월평균보수 산정원칙에 따라 산정. 단, 사업주가 「보수총액신고서」신고시 휴직 종료 이후 근로자에게 지급예정인 월평균보수를 월평균보수로 신고하는 경우 그 금액을 월평균보수로 봄.

(4) 월평균보수의 변경 또는 정정

① 월평균보수의 변경

근로자의 월평균보수가 산정된 후에 근로자의 보수가 인상 또는 인하되었을 경우 「월평균보수변경신고서」를 공단에 제출한다.

「월평균보수변경신고서」가 공단에 제출되는 경우 신고서를 제출한 날이 속하는 달의 다음 달부터 변경된 월평균보수에 의해 월별보험료 산정・부과한다. 따라서 변경시기가 소급되어 제출되었을 경우에도 변경 적용 시점은 제출일 다음 달이다.

② 월평균보수의 정정

사업장에서 근로자의 월평균보수 신고 시 착오 신고한 경우 등 월평균보수의 정정이 필요한 경우 「월평균보수변경신고서」(변경사유를 착오정정으로 신고)를 공단에 제출한다.

신고서가 제출된 후 착오 신고한 경우 다음과 같이 월별보험료 소급하여 재산정하게 된다.

정정 사유	정정일
전년도 입사한 근로자의 고용신고 시 월평균보수가 잘못 신고(입력)된 경우	1/1일
보수총액의 착오신고로 월평균보수가 잘못 산정된 경우	4/1일
월평균보수변경신고 시 금액을 잘못 신고(입력)한 경우	변경된 월평균보수 적용일

③ 월평균보수의 신고방법 확대

보험료징수법 시행규칙 개정에 따라 2011.4.1.1.부터 4대보험 공통서식을 통해 「월평균보수변경신고서」를 공단에 제출 가능하다.

문제 **부과고지사업장의 보험료는 매월 보험료가 동일한 금액으로 부과되는지?**

해답

2011년부터 산정·부과하는 고용·산재보험의 보험료는 매월 달라질 수 있음.
사업장에 재직 중인 근로자의 변동이 없는 경우 전년도 보수총액에 의해 산정한 월평균보수 또는 최초 채용 시 사업주가 신고한 근로자의 월평균보수에 따라 매월보험료가 산정되므로 월별보험료가 변경되지 않을 수 있으나, 만약 근로자의 월평균보수의 인상 또는 인하에 따른 평균보수 변경신고를 하거나 사업장의 근로자 변동(근로자 고용종료, 휴직, 전보 등)에 따른 고용정보 신고를 하는 경우 이를 매월 반영하여 근로복지공단에서 보험료를 산정·부과하게 되므로 이때에는 보험료가 달라질 수 있음.

(5) 고용보험료율

① 사업종류별 고용보험료율

고용보험의 보험료율은 보험수지의 추이와 경제상황 등을 고려하여 3% 범위 내에서 고용안정·직업능력개발사업의 보험료율 및 실업급여의 보험료율로 구분 결정한다.

<table>
<tr><th colspan="2" rowspan="2">구 분</th><th colspan="2">보험료율</th></tr>
<tr><th>근로자</th><th>사업자</th></tr>
<tr><td colspan="2">실업급여</td><td>0.9%</td><td>0.9%</td></tr>
<tr><td rowspan="4">고용안정 · 직업능력개발사업</td><td>150인 미만 기업</td><td>-</td><td>0.25%</td></tr>
<tr><td>150인 이상(우선지원대상기업)</td><td>-</td><td>0.45%</td></tr>
<tr><td>150인 이상~1000인 미만 기업</td><td>-</td><td>0.65%</td></tr>
<tr><td>1000인 이상 기업, 국가, 지방자치단체</td><td>-</td><td>0.85%</td></tr>
</table>

② 고용안정 · 직업능력개발사업 보험료율의 결정

고용안정 · 직업능력개발사업의 보험료율은 '사업단위'로 결정되는 것이므로 당해 사업주가 행하는 '모든 사업'의 규모(법인, 단체, 기업 등)로 결정된다.

즉 우선지원대상 기업 여부, 총 상시근로자수에 따라 보험료율이 결정된다. 또한 기업규모 판단을 위한 상시근로자수는 각 사업장의 근로자수를 모두 합한 수를 기준으로 한다.

그리고, 상시근로자수가 증가하여 고용안정 · 직업능력개발사업의 보험료율이 증가하는 경우에는 그 사유가 발생한 보험연도의 다음 보험연도부터 3년 동안 상시근로자수가 증가하기 전에 적용된 고용안정 · 직업능력개발사업의 보험료율을 적용한다(고용산재보험료징수법 시행령 제12조 제4항).

다만, 「독점규제 및 공정거래에 관한 법률」 제31조에 따라 지정된 상호출자제한기업집단에 속하는 회사의 경우에는 그 지정된 날이 속한 보험연도의 다음 보험연도부터 고용산재보험료징수법 시행령 제12조 제4항을 적용하지 않는다(고용산재보험료징수법 시행령 제12조 제5항).

[별표 1]

| 우선지원 대상기업의 상시 사용하는 근로자 기준(고용보험법 시행령 제12조 제1항 관련) |

산업분류	분류기호	상시 사용하는 근로자수
1. 제조업[다만, 산업용 기계 및 장비 수리업(C34)은 그 밖의 업종으로 본다]	C	500명 이하
2. 광업	B	300명 이하
3. 건설업	F	
4. 운수 및 창고업	H	
5. 정보통신업	J	
6. 사업시설 관리, 사업 지원 및 임대 서비스업[다만, 부동산 이외 임대업(N76)은 그 밖의 업종으로 본다]	N	
7. 전문, 과학 및 기술 서비스업	M	
8. 보건업 및 사회복지 서비스업	Q	
9. 도매 및 소매업	G	200명 이하
10. 숙박 및 음식점업	I	
11. 금융 및 보험업	K	
12. 예술, 스포츠 및 여가관련 서비스업	R	
13. 그 밖의 업종[주)]		100명 이하

비고: 업종의 구분 및 분류기호는 「통계법」 제22조에 따라 통계청장이 고시한 한국표준산업분류에 따른다.

주) 그 밖의 업종(100명 이하): 농업, 임업 및 어업(A), 전기, 가스, 증기 및 공기조절공급업(D), 수도, 하수 및 폐기물 처리, 원료재생업(E), 부동산업(L), 공공행정, 국방 및 사회보장행정(O), 교육서비스업(P), 협회 및 단체, 수리 및 기타 개인서비스업(S), 가구내 고용활동 및 달리 분류되지 않은 자가소비 생산활동(T), 국제 및 외국기관(U)

※ 산업분류 C34(산업용기계 및 장비수리업), N76(부동산 이외 임대업)는 그 밖의 업종으로 분류

[별표 1]에 해당하지 아니하는 기업으로서 「중소기업기본법」 제2조 제1항 및 제3항의 기준에 해당하는 기업은 이를 우선지원대상기업으로 본다(고용보험법 시행령 제12조 제2항).

또한 우선지원대상기업이 그 규모의 확대 등으로 우선지원대상기업에 해당하지 아니하게 된 경우 그 사유가 발생한 연도의 다음 연도부터 5년간 우선지원대상기업으로 본다(고용보험법 제12조 제3항.).

그러나 상기의 규정에도 불구하고 「독점규제 및 공정거래에 관한 법률」 제31조 제1항에 따라 지정된 상호출자제한기업집단에 속하는 회사는 그 지정된 날이 속하는 보험연도의 다음 보험연도부터 이를 우선지원 대상기업으로 보지 아니한다(고용보험법 시행령 제12조 제4항).

참고

고용보험법 시행령 제12조(우선지원 대상기업의 범위)

① 법 제19조 제2항에서 "대통령령으로 정하는 기준에 해당하는 기업"이란 산업별로 상시 사용하는 근로자수가 별표 1의 기준에 해당하는 기업(이하 "우선지원 대상기업"이라 한다)을 말한다.

② 제1항에 해당하지 아니하는 기업으로서 「중소기업기본법」 제2조 제1항 및 제3항의 기준에 해당하는 기업은 제1항에도 불구하고 우선지원 대상기업으로 본다.

③ 제1항에 따른 우선지원 대상기업이 그 규모의 확대 등으로 우선지원 대상기업에 해당하지 아니하게 된 경우 그 사유가 발생한 연도의 다음 연도부터 5년간 우선지원 대상기업으로 본다.

④ 제1항부터 제3항까지의 규정에도 불구하고 「독점규제 및 공정거래에 관한 법률」 제31조 제1항에 따라 지정된 상호출자제한기업집단에 속하는 회사는 그 지정된 날이 속하는 보험연도의 다음 보험연도부터 우선지원 대상기업으로 보지 아니한다.

⑤ 제1항에 따라 우선지원 대상기업에 해당하는지를 판단하는 경우 그 기준이 되는 사항은 다음 각 호와 같다.

1. 상시 사용하는 근로자수는 그 사업주가 하는 모든 사업에서 전년도 매월 말일 현재의 근로자수(건설업에서는 일용근로자의 수는 제외한다)의 합계를 전년도의 조업 개월 수로 나누어 산정한 수로 하되, 「공동주택관리법」에 따른 공동주택을 관리하는 사업의 경우에는 각 사업별로 상시 사용하는 근로자의 수를 산정한다. 이 경우 상시 사용하는 근로자수를 산정할 때 1개월 동안 소정근로시간이 60시간 이상인 단시간근로자는 0.5명으로 하여 산정하고, 60시간 미만인 단시간근로자는 상시 사용하는 근로자수 산정에서 제외한다.
2. 하나의 사업주가 둘 이상의 산업의 사업을 경영하는 경우에는 상시 사용하는 근로자의 수가 많은 산업을 기준으로 하며, 상시 사용하는 근로자의 수가 같은 경우에는 임금총액, 매출액 순으로 그 기준을 적용한다.

⑥ 제5항에도 불구하고 보험연도 중에 보험관계가 성립된 사업주에 대하여는 보험관계성립일 현재를 기준으로 우선지원 대상기업에 해당하는지를 판단하여야 한다

③ 65세 이상 근로자(자영업자 포함) 고용보험료 징수 확대

2014.1.1.부터 65세 이상 근로자(자영업자 고용보험 가입자)도 고용보험료(실업급여, 고용안정 · 직업능력개발사업)를 징수한다(개정법 시행 전 면제된 보험료 소급부과 않음). 단, 실업급여 보험료는 65세 이후(만 65세 전부터 피보험자격을 유지하던 사람이 65세 이후에 계속하여 고용된 경우는 제외)에 고용되거나 자영업을 개시한 자는 지금처럼 징수대상에서 제외한다.

개정 전·후 주요내용 비교는 다음과 같다.

구 분	65세 이전에 고용(또는 자영업자 가입)한 경우	65세 이후에 고용(또는 자영업자 가입)한 경우
실업급여	○	×
고용안정·직업능력개발사업	○	○

(6) 산재보험료율

산재보험료율은 매년 6월 30일 현재 과거 3년간의 보수총액에 대한 보험급여총액의 비율을 기초로 재해발생의 위험성에 따라 업종별로 보험료율을 적용한다.

보험료율을 적용함에 있어 하나의 적용사업장에 대하여는 하나의 보험료율을 적용하고, 하나의 사업장에서 보험료율이 다른 2종 이상의 사업이 행하여지는 경우 다음 순서에 따라 주된 사업을 결정하여 적용한다.

① 근로자수가 많은 사업
② 근로자수가 동일하거나 그 수를 파악할 수 없는 경우는 보수총액이 많은 사업
③ 상기 방법에 의하여 주된 사업을 결정할 수 없는 경우에는 매출액이 많은 제품을 제조하거나 서비스를 제공하는 사업을 주된 사업으로 결정

또한 2018년부터는 출퇴근재해보상제도의 도입에 따라 '출퇴근재해요율'이 신설되었으며, 이는 사업의 종류를 구분하지 아니하고 2024년에는 0.06%로 한다.

2024년도에 적용할 '사업종류별 산재보험료율'은 다음과 같다.

참고

[2024년도 사업종류별 산재보험료율]

(단위: 천분율)

사업 종류	요율	사업 종류	요율
1. 광업		4. 건 설 업	35
석탄광업 및 채석업	185	5. 운수 · 창고 · 통신업	
석회석 · 금속 · 비금속 · 기타광업	57	철도 · 항공 · 창고 · 운수관련서비스업	8
2. 제조업		육상 및 수상운수업	18
식료품 제조업	16	통신업	9
섬유 및 섬유제품 제조업	11	6. 임 업	58
목재 및 종이제품 제조업	20	7. 어 업	27
출판 · 인쇄 · 제본업	9	8. 농 업	20
화학 및 고무제품 제조업	13	9. 기타의 사업	
의약품 · 화장품 · 연탄 · 석유제품 제조업	7	시설관리 및 사업지원 서비스업	8
기계기구 · 금속 · 비금속광물제품 제조업	13	기타의 각종사업	8
금속제련업	10	전문 · 보건 · 교육 · 여가관련 서비스업	6
전기기계기구 · 정밀기구 · 전자제품 제조업	6	도소매 · 음식 · 숙박업	8
선박건조 및 수리업	24	부동산 및 임대업	7
수제품 및 기타제품 제조업	12	국가 및 지방자치단체의 사업	9
3. 전기 · 가스 · 증기 · 수도사업	7	0. 금융 및 보험업	5
		* 해외파견자: 14/1,000	

* 사업종류의 세목과 내용예시 및 총칙을 규정한 사업종류 예시표는 고용노동부 홈페이지(www.moel.go.kr) 정보공개 – 법령정보 – 훈령 · 예규 · 고시란과 근로복지공단 홈페이지(www.comwel.or.kr) 가입 · 납부서비스 – 사업종류 검색 – 연도별 산재보험료율표에 게재

(7) 산재보험료율의 결정 특례(개별실적요율)

① 의의

일정한 사업으로서 매년 6월 30일 현재 과거 3년 동안의 보수총액에 대한 산재보험급여총액의 비율을 기초로 하여, 「산업재해보상보험법」에 의한 연금 등 산재보험급여에 드는 금액, 재해예방 및 재해근로자의 복지증진에 드는 비용 등을 고려하여 사업의 종류별로 고시한다.

② 적용요건

다음의 사업으로서 매년 6월 30일 현재 산재보험의 보험관계가 성립한 후 3년이 지난 사업에 있어서 그 해 6월 30일 이전 3년 동안의 산재보험료에 대한 산재보험급여 금액의 비율

이 85%를 넘거나 75%이하인 경우 그 사업에 적용되는 산재보험료율의 50%의 범위에서 사업의 규모와 무관하게 최대 20%까지 인상 또는 인하하여 그 사업에 대한 다음 보험연도의 산재보험료율로 할 수 있다.

- 건설업 중 일괄적용을 받는 사업으로서 매년 당해 보험연도의 2년 전 보험연도의 총공사실적[주1)]이 60억원 이상인 사업
- 건설업 및 벌목업을 제외한 사업으로서 상시근로자수[주2)]가 30명 이상인 사업

주1) 총공사금액 = [2년전 사업개시 신고 공사금액(하수급인사업주 인정 승인 받은 하도급공사 포함) - 하수급인사업주 인정 승인을 받아 하도급 준 공사금액]으로 산정

주2) 상시근로자수는 사업주가 신고한 산재보험 근로자 가입정보와 특수형태 근로종사자를 기준으로 기준보험연도의 전년도 7월 1일부터 기준보험연도의 6월 30일까지 매월 말일 현재 사용하는 근로자수의 합계를 조업월수로 나누어 산정

③ 산정방법

산정방법은 기준보험연도의 6월 30일 현재를 기준으로 하여 다음의 금액을 합산한 금액으로 한다.

개별실적요율 = 해당 사업종류의 일반요율
± (해당 사업종류의 일반요율 × 보험수지율에 의한 증감비율)

㉠ 보험수지율

보험수지율 = (3년간의 보험급여총액[주1)] / 3년간의 보험료총액[주2)]) × 100

주1) 3년간의 보험급여 총액: 기준보험연도 3년전 보험연도 7월 1일부터 기준보험년도 6월 30일까지의 사이에 지급 결정된 산재보험급여의 합산액

※ 「산재보험법」 제37조 제1항에 따른 업무상 질병, 천재지변·정전 등 불가항력적인 사유로 인하여 지급결정된 보험급여액은 제외.(다만, 법원의 확정판결 등으로 제3자의 과실이 인정되지 않은 비율에 해당하는 보험급여액은 합산)

주2) 3년간의 보험료총액: 기준보험연도의 6월 30일 현재를 기준으로 다음 금액을 합산한 금액

- 기준보험연도 개산보험료액의 2분의 1에 상당하는 금액(또는 1월부터 6월까지의 월별보험료액)
- 기준보험연도 직전 2개 보험 연도의 확정보험료액(정산보험료액)의 합계액
- 기준보험연도 3년 전 보험 연도의 확정보험료액 또는 정산보험료액 × 6 ÷ (기준 보험 연도의 3년 전 보험 연도에서 보험관계가 지속된 기간의 총월수)

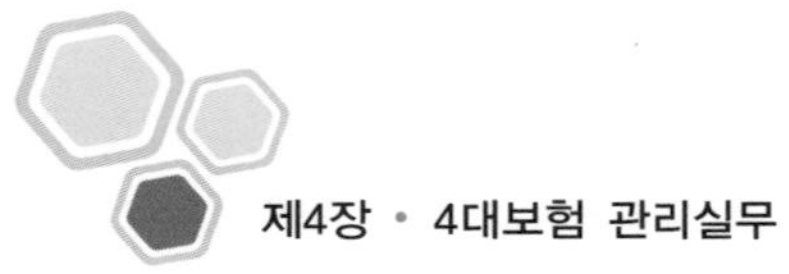

㉡ 증감비율

| 보험수지별 대비 증감비율 |

산재보험료에 대한 산재보험급여 금액 백분율(보험수지율)	산재보험료율에 대한 증감비율
5%까지의 것	20.0%를 인하
5%를 넘어 10%까지의 것	18.4%를 인하
10%를 넘어 20%까지의 것	16.1%를 인하
20%를 넘어 30%까지의 것	13.8%를 인하
30%를 넘어 40%까지의 것	11.5%를 인하
40%를 넘어 50%까지의 것	9.2%를 인하
50%를 넘어 60%까지의 것	6.9%를 인하
60%를 넘어 70%까지의 것	4.6%를 인하
70%를 넘어 75%까지의 것	2.3%를 인하
75%를 넘어 85%까지의 것	0
85%를 넘어 90%까지의 것	2.3%를 인상
90%를 넘어 100%까지의 것	4.6%를 인상
100%를 넘어 110%까지의 것	6.9%를 인상
110%를 넘어 120%까지의 것	9.2%를 인상
120%를 넘어 130%까지의 것	11.5%를 인상
130%를 넘어 140%까지의 것	13.8%를 인상
140%를 넘어 150%까지의 것	16.1%를 인상
150%를 넘어 160%까지의 것	18.4%를 인상
160%를 넘는 것	20.0%를 인상

④ 결정시기

공단은 「보험료징수법」 제15조 제2항의 규정에 의한 보험료율 결정의 특례(이하 "개별실적요율"이라 한다)를 결정하는 경우에는 「보험료징수법 시행령」 제13조의 규정에 의한 산재보험료율의 고시일부터 10일 이내에 결정하여야 한다. 다만, 산재보험료율의 고시일부터 보험연도 개시일까지 10일이 되지 아니하는 때에는 보험연도 개시일 전일까지로 한다.

(8) 산재예방요율

① 의의

자율적인 재해예방활동을 촉진하여 산업재해로부터 근로자의 안전과 건강보호를 강화하기 위하여 재해예방활동을 수행한 사업주에 대하여 산업재해보상보험의 보험료 인하한다(고용산재보험료징수법 제15조 제5항). 즉 「고용산재보험료징수법 시행령」 제18조의2 제2항에 따라 인하한 비율을 그 사업에 대한 다음 보험연도의 산재보험료율(예방요율)로 한다.

즉 2024.1.1. 이후 사업주의 산재예방활동에 대한 한국산업안전보건공단의 인정결과에 따라 다음연도인 2025년 산재보험료율을 인하한다.

② 적용대상

「산업안전보건법」에 따라 안전관리자를 고용할 의무가 없어 산업재해가 발생할 가능성이 상대적으로 높은 상시근로자 50명 미만을 사용하는 제조업, 임업, 위생 및 유사서비스업(하수도업 포함)인 사업에 한한다(고용산재보험료징수법 시행령 제15조 제4항). 보험 가입기간 및 개별실적요율 적용 여부에 관계없이 적용한다.

③ 산재예방요율제 적용대상 재해예방활동 및 인하율

산재예방요율을 적용받을 수 있는 재해예방활동의 범위를 사업주가 건설물, 설비, 작업행동 등 업무에 기인하는 유해・위험요인 등에 대한 위험성평가를 실시한 경우와 재해예방교육을 이수하고 산재예방계획을 수립한 경우로 하되, 그 인정기간은 재해예방활동의 재해예방 기여 정도를 고려하여 위험성평가를 실시한 경우에는 3년간, 산재예방계획을 수립한 경우에는 1년간 인하한다.

재해예방활동별 산재보험료율 인하율은 다음 각 호의 구분에 따른 계산식에 따라 산출된 비율로 하되, 둘 이상(같은 재해예방활동을 2회 이상 실시한 경우 포함)의 재해예방활동을 실시한 사업주에 대하여 해당 보험연도에 적용하는 인하율은 그 값이 높은 것으로 한다.

㉠ 위험성평가의 실시

$$\frac{20\% \times \text{전년도 재해예방활동의 인정일수}}{365}$$

㉡ 재해예방 관련 교육을 이수하고 재해를 예방하기 위한 산재예방계획의 수립

$$\frac{10\% \times \text{전년도 재해예방활동의 인정일수}}{365}$$

구 분	내 용	인정 유효기간	보험료율 인하율
㉠ 위험성 평가	사업주가 「산업안전보건법」 제41조의2 제1항에 따라 건설물, 기계·기구, 설비, 원재료, 가스, 증기, 분진 등에 의하거나 작업행동, 그 밖에 업무에 기인하는 유해·위험요인에 관한 위험성평가의 실시	인정일로부터 3년	20%
㉡ 사업주 교육	사업주가 고용노동부장관이 정하여 고시하는 재해예방 관련 교육을 이수하고 사업장에서 재해를 예방하기 위한 산재예방계획의 수립	인정일로부터 1년	10%

④ **재해예방활동 인정취소 사유(고용산재보험료징수법 시행령 제18조의5)**

㉠ 재해예방활동 인정일부터 소급하여 취소하는 경우
- 거짓이나 그 밖의 부정한 방법으로 재해예방활동의 인정을 받은 경우

㉡ 재해예방활동 인정취소일 이후부터 취소하는 경우
- 「산업안전보건법」 제2조 제7호에 따른 중대재해 발생 시. 다만, 사업주의 의무와 직접적으로 관련 없는 재해는 제외
- 그 밖의 재해예방활동의 목적 달성한 것으로 인정하기 곤란한 경우

㉢ 산재보험 사업종류가 제조업에서 비제조업으로 변경되는 경우
- 사업종류 변경적용일이 재해예방활동 인정일 이전인 경우에는 인정일부터 취소대상
- 사업종류 변경적용일이 재해예방활동 인정기간 중인 경우에는 사업종류 변경적용일 이전까지 적용, 변경적용일 이후부터 취소

⑤ **결정시기**

공단은 산재예방요율을 결정하는 경우에는 「고용산재보험료징수법 시행령」 제13조에 따른 산재보험료율 고시일로부터 10일 이내에 결정하되, 고시일부터 보험연도 개시일까지의 기간이 10일이 되지 아니하는 경우에는 보험연도 개시일 전날까지 결정한다.

(9) 임금채권부담금

근로자가 기업의 도산으로 임금, 휴업수당 또는 퇴직금을 지급받지 못하고 퇴직한 경우 사업주를 대신하여 일정 범위의 임금, 휴업수당 및 퇴직금을 대신 지급('체당금'이라 함)하는데 소요되는 비용을 충당하기 위하여 사업주로부터 징수하는 사용자부담금을 말한다. 이

는 「임금채권보장법」에서 규정하고 있다.

① 임금채권부담금 적용대상

산재보험 적용대상 사업주와 동일하다. 따라서 산재보험 당연적용 사업주는 물론 임의적용 사업주 및 의제적용 사업주, 임의일괄적용 사업주 등도 「임금채권보장법」의 적용을 받는다. 단, 국가, 지방자치단체가 직접 행하는 사업 및 별정우체국은 적용제외이다.

② 임금채권부담금 산정방법 및 납부절차

부담금은 산재보험료와 함께 근로복지공단에서 통합 징수하며, 산정방법 및 신고・납부절차는 산재보험료와 동일하므로 산재보험료 납부 시 같이 납부하게 된다.

③ 임금채권부담금 비율

임금채권부담금 비율은 다음과 같으며, 전업종 동일하다.

해당 연도	임금채권부담금 비율
2013년 ~ 2015년	산재보험료 보수총액의 0.08%
2016년 ~ 2024년	산재보험료 보수총액의 0.06%

④ 임금채권부담금 경감대상 및 비율

경감대상	경감비율
퇴직금을 미리 정산하여 지급하였거나 퇴직보험 등에 가입 또는 퇴직연금제도를 설정한 사업주	부담금 비율 × 50% × 전체 근로자의 최종 3년간의 퇴직금 중 미리 정산하여 지급한 비율 또는 퇴직연금제도의 설정 등으로 지급 보장되는 비율[주)]
외국인근로자 출국만기보험 또는 출국만기 일시금 신탁에 가입한 사업주	

주) 퇴직급여 정산・지급보장 비율이라 함.

⑤ 퇴직급여 정산・지급보장 비율의 산정방법

㉠ 퇴직금을 중간 정산한 경우

개산부담금 또는 월별부담금 산정 연도의 직전 연도 말을 기준으로 전체 근로자의 최종 3년간의 퇴직금에 대하여 미리 정산하여 지급한 비율을 말한다.

㉡ 확정기여형 퇴직연금제도를 설정한 경우

직전 연도 말을 기준으로 최종 3년간의 기간 중 확정기여형 퇴직연금에 가입하여 퇴직급여의 지급이 보장되는 비율을 말한다.

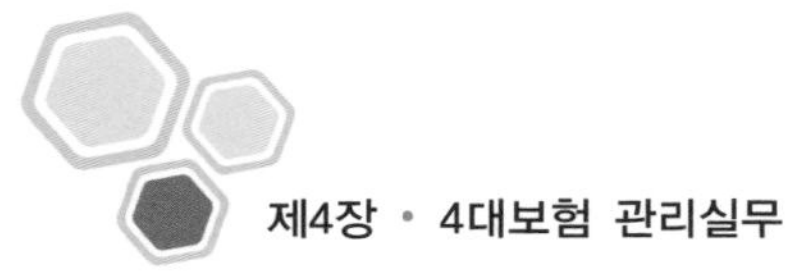

㉢ 확정급여형 퇴직연금제도를 설정한 경우

직전 연도 말을 기준으로 최종 3년간의 기간 중 확정급여형 퇴직연금에 가입하여 퇴직급여부담금을 적립한 비율. 다만, 전체 가입근로자의 평균가입기간이 3년을 초과하고 소급 적용하지 아니한 경우에는 다음 산식에 따른다.

$$\frac{3년-〔가입근로자\ 평균가입\ 연수\times(1-가입기간\ 중\ 퇴직급여\ 적립비율)〕}{3년}$$

㉣ 퇴직보험 · 퇴직일시금 신탁 또는 외국인근로자 출국만기보험 · 출국만기 일시금 신탁에 가입한 경우

직전연도 말을 기준으로 가입 근로자의 평균근속연수가 3년 이하인 경우에는 퇴직금 적립비율(근로자의 퇴직금 지급보장을 위해 퇴직보험 등에 적립된 금액을 전체 근로자의 퇴직금 추계액의 합계액으로 나눈 비율을 말한다). 다만, 가입 근로자의 평균근속연수가 3년을 초과하는 경우에는 다음 산식에 따른다.

$$\frac{3년-〔평균근속연수^{주)}\times(1-퇴직금\ 적립비율)〕}{3년}$$

주) 평균근속연수는 전체 근로자 근속연수의 합계를 전체 근로자수로 나눈 것을 말함. 근속연수는 실근로연수가 아니라 퇴직금 산정 시 기준이 되는 근속연수를 말함(예 : 10년 근무 시 15년치 퇴직금을 지급하는 누진제 사업장의 경우 근속연수는 15년).

㉤ 1개 사업체에서 ㉠부터 ㉢까지의 경감사유 중 2개 이상의 사유가 있는 경우

전체 퇴직급여 지급대상 근로자 중 각 경감사유 해당 근로자의 비율을 구한 후 각 경감사유별 정산 · 지급보장 비율을 곱하여 산정한 값을 더하여 최종 정산 · 지급보장 비율을 산정한다.

⑥ 임금채권부담금 경감신청

임금채권부담금을 경감받고자 하는 사업주는 근로복지공단에 부담금경감신청서를 작성하여 제출하여야 한다.

■ 임금채권보장법 시행규칙 [별지 제7호 서식] (2016.2.3. 개정) (3쪽 중 제1쪽)

부담금 경감 신청서

※ 제2쪽의 작성방법을 참고하시기 바라며, 색상이 어두운 난은 신청인이 적지 않습니다.
※ 고용・산재보험 토탈서비스(http://total.kcomwel.or.kr)에서도 신청할 수 있습니다.

접수번호	접수일자	처리기간 7일

신청인	①사업장 관리번호	②사업장명
	③소재지	(전화번호:) (휴대전화번호:) (전자우편주소:)
	④대표자 성명	⑤대표자 주민등록번호

⑥전년도말 현재 근로자수		⑦퇴직급여제도 설정대상 근로자수							
퇴직금 중간정산	⑧해당 근로자수			⑨최종 3년간 퇴직금 중 중간정산으로 지급된 금액		⑩최종 3년간 퇴직금 추계액			
퇴직연금 [확정기여(DC)형]	⑪계약체결일		⑫해당 근로자수	⑬가입자별 근속연수의 합		⑭가입자별 가입기간의 합			
퇴직연금 [확정급여(DB)형]	⑮계약체결일		⑯해당 근로자수	⑰최종 3년 퇴직금 추계액 (가입기간 3년 미만인 경우만 작성)		⑱과거기간 가입여부(아래의 해당하는 곳에 √ 표시)			
						해당( ), 해당 없음( )			
	⑲평균 근속연수	⑳적립금	㉑최종 적립비율	㉒총 가입기간	㉓장래 가입기간		㉔과거 가입기간		
					적립비율	기간	적립비율	기간	
퇴직보험, 출국만기보험 등	㉕해당 근로자수		㉖적립금액의 합	㉗퇴직금 추계액		㉘평균 근속연수			

「임금채권보장법 시행령」 제15조 제2항 및 같은 법 시행규칙 제9조 제1항에 따라 위와 같이 부담금 경감을 신청합니다.

년 월 일

신청인 (서명 또는 인)

근로복지공단 ○○지역본부(지사)장 귀하

첨부서류	1. 퇴직보험 등의 가입사실을 증명하는 서류 2. 사업장 현황(본사에서 전체 사업장에 대하여 퇴직보험 등에 가입한 경우만 해당합니다)	수수료 없음

210mm×297mm(백상지 80g/㎡)

(3쪽 중 제2쪽)

작성방법

1. 본사에서 전체 사업장에 대하여 퇴직연금 등에 가입한 경우, 본사에서 부담금 경감 신청서를 본사 관할 근로복지공단 지사에 제출하면 해당 사업 전부에 대하여 부담금 경감비율을 산정하여 개별 사업장의 해당 관할 근로복지공단 지사에 통보합니다.
   ※ 본사에서 전체 가입한 경우 사업장 현황(제3쪽의 서식)을 반드시 제출하시기 바랍니다.
2. ⑥란은 전년도 말일을 현재 기준으로 모든 근로자수를 적습니다.
3. ⑦란은 전년도 말일을 현재 기준으로 근속연수 1년 이상인 근로자수를 적습니다.
   ※ 퇴직금을 중간정산한 근로자의 경우 중간정산 이후의 근속연수가 1년 미만인 경우라도 해당 근로자의 총근속연수가 1년 이상인 경우에는 그 근로자를 포함하여 "전년도말 현재 근로자수"를 산정합니다.
4. ⑧란은 전년도 말일을 기준으로 퇴직금을 중간정산한 근로자수를 적습니다.
5. ⑨란은 전년도 말일을 기준으로 최종 3년간의 퇴직금에 대하여 전년도 기간 중에 중간정산으로 지급된 퇴직금 금액을 적습니다.
6. ⑩란은 전년도 중 중간정산을 하기 전 기준으로 전년도 말일 현재 근속기간 1년 이상인 근로자들의 최종 3년간의 퇴직금 추계액을 적습니다.
7. ⑪란은 확정기여형(DC형) 퇴직연금의 계약체결일을 적고, ⑫란은 전년도 말일 기준 확정기여형(DC형) 퇴직연금 가입근로자 중 근속기간 1년 이상인 근로자수를 적으며, ⑬란은 전년도 말일 이전 3년의 기간 동안에 확정기여형(DC형) 퇴직연금에 가입한 근속기간이 1년 이상인 근로자들의 근속기간을 합산하여 적습니다.
   ※ 근로자 근속기간이 3년 이상인 경우에는 3년을 그 근속기간으로 하고, 3년 이하인 경우에는 해당 가입기간을 근속기간으로 하여 합산합니다.(근속기간은 소수점 셋째자리에서 반올림합니다)
8. ⑭란은 전년도 말일 이전 3년의 기간 동안에 확정기여형(DC형) 퇴직연금가입에 따른 사용자의 부담금이 실제로 납부된 기간을 합산하여 적습니다.
   ※ 납부기간이 3년 이상인 경우에는 3년을 그 납부기간으로 하고, 3년 이하인 경우 해당 가입기간을 납부기간으로 하여 합산합니다.(연 단위로 계산하되, 납부기간은 소수점 셋째자리에서 반올림합니다)
9. ⑮란은 확정급여형(DB형) 퇴직연금의 계약체결일을 적고, ⑯란은 전년도 말일 기준 확정급여형(DB형) 퇴직연금 가입근로자 중 근속기간 1년 이상인 근로자수를 적습니다.
10. ⑰란은 ㉒란의 총가입기간이 3년 미만인 경우에만 작성하고, 전년도 말일 기준 확정급여형(DB형) 퇴직연금 가입근로자 중 근속기간이 1년 이상인 근로자들의 최종 3년간의 퇴직금 추계액을 적으며, ⑱란은 확정급여형(DB형) 퇴직연금을 계약 체결할 때 계약일 이전 과거의 근속기간에 대하여도 가입하였는지 여부를 표시합니다.
11. ⑲란의 평균 근속연수는 전년도 말일 기준 가입(정산) 근로자들의 근속연수의 합계를 가입(정산) 근로자수로 나누어 적되, 소수점 셋째자리에서 반올림하고 평균 근속연수가 3년을 넘는 경우에는 3년으로 적습니다. 근속연수는 실제 근로한 연수가 아니라 퇴직금 산정 시 기준이 되는 근속연수를 말합니다.
    ※ 예를 들어, 10년 근무 시 15년분의 퇴직금을 지급하는 퇴직금누진제 사업장의 경우 그 근속연수는 15년입니다.
12. ⑳란은 전년도 말일 기준 확정급여형(DB형)에 적립된 전체 금액을 적고, ㉑란은 전년도 말일 기준 근속기간 1년 이상인 근로자들의 최종 3년간에 대한 퇴직금 추계액 대비 적립금 비율을 적으며, ㉒란은 ㉓ 장래 가입기간과 ㉔ 과거 가입기간의 합산기간을 적습니다.
13. ㉓란은 장래 가입기간의 적립비율은 근속기간 1년 이상인 근로자들의 퇴직연금 계약 체결일 이후의 기간에 대한 퇴직금 추계액 대비 적립된 금액의 비율을 적고, 기간은 근속기간 1년 이상인 확정급여형(DB형) 가입근로자들의 전체 가입연수의 합계를 그 가입 근로자수로 나눈 값을 적습니다.(가입연수는 소수점 셋째자리에서 반올림합니다)
14. ㉔란의 과거 가입기간의 적립비율은 확정급여형(DB형) 퇴직연금에 가입한 근로자 중 퇴직연금 계약 체결일 이전의 기간에 대해 소급하기로 약정된 근속기간 1년 이상인 근로자의 과거가입기간에 대한 퇴직금 추계액 대비 적립된 금액의 비율을 말하며, 기간은 근속기간 1년 이상인 가입근로자의 계약 체결일 이전의 과거 가입연수의 합계를 그 가입근로자수로 나눈 값을 적습니다.
15. ㉕란은 해당 보험가입 근로자수를 적고, ㉖적립금액의 합은 여러 금융기관에 퇴직보험 등을 가입한 경우 각 퇴직보험 등에 적립된 금액을 합산하여 적되, 근속연수 1년 미만인 근로자는 각각 제외합니다.
16. ㉗란의 퇴직금 추계액은 전년도 말일 기준 퇴직금이 발생되는 근속연수 1년 이상인 근로자의 퇴직금 추계액을 적으며, ㉘란은 ⑲란의 평균 근속연수 산정방법을 참고하여 적습니다.

처리절차

이 신청서는 아래와 같이 처리됩니다.

신청인	취급기관 근로복지공단 지역본부 · 지사
신청서 작성 →	접수(민원실)
	↓ 사실확인(가입지원부)
경감내용 통보 ←	↓ 기록 · 관리 (부담금 경감 자료)

(3쪽 중 제3쪽)

사업장 현황

번호	사업장명	관리번호	사업장 소재지	전년도 말일 현재 근로자수	퇴직연금 등 제도 설정 대상 근로자수	비고

297㎜×210㎜[백상지(80g/㎡)]

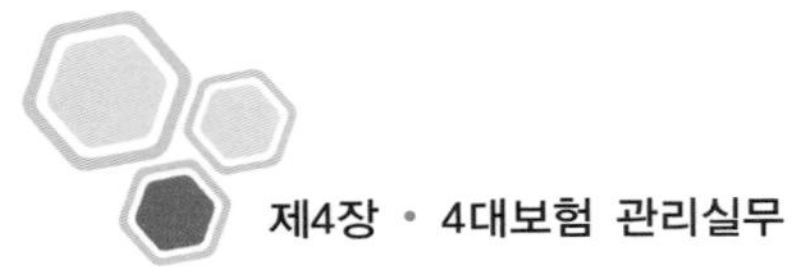

(10) 석면피해구제분담금

① 제도의 취지

석면으로 인한 건강피해자 및 유족에게 급여를 지급하기 위한 조치를 강구함으로써 석면으로 인한 건강피해를 신속하고 공정하게 구제하는 것을 목적으로 산재보험료 징수 시 통합하여 징수한다.

② 부과대상

- 전전년도 상시근로자수가 20명 이상인 사업주(건설본사는 상시인원 관계없이 부과)
- 건설업(사업의 당연일괄적용을 받지 않는 건설공사는 제외)

③ 상시근로자 산정

해당 보험연도의 전전년도의 상시근로자수를 기준으로 산정한다. 단, 해당 보험연도의 전전년도를 기준으로 상시근로자수를 산정할 수 없는 경우에는 「고용보험 및 산업재해보상보험의 보험료징수 등에 관한 법률」 제7조에 따른 보험관계의 성립일 현재 사용하는 근로자의 수를 기준으로 한다.

$$\text{전전년도의 상시근로자수} = \frac{\text{매월 말일 현재 사용하는 근로자수의 합}}{\text{조업월수}}$$

또한 사업주가 사업종류 변경으로 보험료 납부방법이 변경되는 경우에는 사업종류 변경일을 새로운 사업의 성립일로 보아 보험관계의 성립일 현재 사용하는 근로자의 수를 기준으로 한다.

④ 석면피해구제분담금률

해당 연도	석면피해구제분담금률
2013년 ~ 2016년	산재보험료 보수총액의 0.004%
2017년 ~ 2022년	산재보험료 보수총액의 0.003%
2023년	산재보험료 보수총액의 0.004%
2024년	산재보험료 보수총액의 0.006%

제7절 4대보험 정산

1 국민연금

(1) 개요

전년도 소득월액을 기준으로 당해 연도 보험료를 산정하므로 별도의 정산절차가 없다. 국민연금공단은 매년 7월부터 다음 해 6월까지 적용할 기준소득월액을 국세청에 신고된 지급명세서(원천징수영수증)를 참고하여 부과하므로 별도의 소득총액신고도 없다.

단, 전년도 12월 1일 이전 입사한 근로자 및 사용자로서 지급명세서 미제출자, 자료착오자, 개인사업자 등은 소득총액 신고를 5월 31일까지 하여야 한다.

소득총액은 근로자의 경우는 「근로소득원천징수영수증」상의 현 사업장의 ⑯번 계(조특법상의 비과세도 포함)이며, 개인사업장 사용자는 「부동산임대소득·사업소득 명세서」상 10번 소득금액이다.

또한 「근로소득원천징수영수증」상의 ⑪근무기간으로 산정하므로 근로소득 연말정산 시 근로자의 소득과 근무기간에 대한 정보가 국세청에 정확히 신고되어야 한다.

결정된 기준소득월액의 적용기간은 당해 연도 7월부터 다음 연도 6월까지이다.

(2) 기준소득월액 결정업무 일정

구 분	세부일정
㉠ 전년도 귀속 근로소득 자료를 국세청으로부터 입수하여 신고대상 선별	4월초
㉡ 개인사용자 및 소득자료 없는 근로자는 사업장에서 소득총액신고서 제출	5월말
㉢ 과세자료에 의한 결정대상자 기준소득월액 결정 내용 조회서비스 실시(공단 홈페이지, EDI 조회) ⇨ 사업장은 과세소득에 맞게 기준소득월액이 결정되었는지 확인하여 이상이 있는 경우만 정정신고	6월초
㉣ 당해연도 기준소득월액 정기결정통지서 사업장 발송	6월 중순

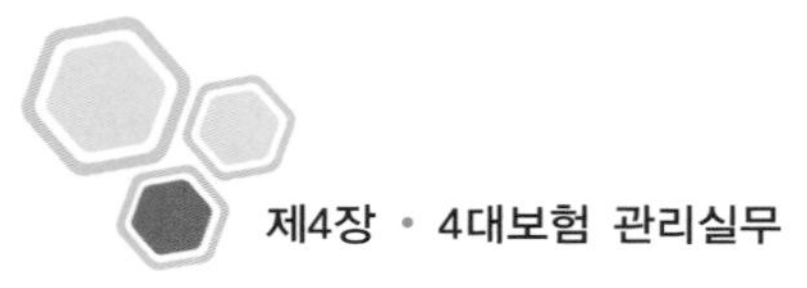

2 건강보험

직장가입자의 건강보험료는 당해 연도의 보수를 기준으로 보험료를 부과하는 것이 원칙이지만, 당해 연도의 소득이 확정되지 않았으므로 전년도 소득을 기준으로 보험료를 부과한 후 당해 연도 보수는 회계연도가 종료되어야 알 수 있으므로 정산이 반드시 필요하다.

정산의 종류는 수시정산, 퇴직정산, 연말정산이 있다.

(1) 수시정산

수시정산이란 당해 사업장 소속 직장가입자의 자격 또는 보수 등이 변동되었을 경우에 회사가 이를 공단에 신청하여야 하는데, 이에 대한 신청이 지연되었을 경우 가입자의 보험료를 다시 산정하여 기부과 보험료와의 차액을 추가징수 또는 반환하는 절차를 말한다.

(2) 퇴직정산

① 퇴직정산이란

연도 중 퇴직할 경우 당해 연도 보수총액을 근무월수로 나눈 보수월액으로 기납부한 보험료와 당해 연도 퇴직 시까지 납부하여야 할 보험료간의 정산을 말한다. 즉 「국민건강보험법 시행령」 제39조 제2항의 규정에 의거 사용자는 근로자 퇴직 시 근로자와 보험료를 정산한 후 공단과 정산절차를 거쳐야 한다.

② 신고서 제출시기

사유발생일로부터 14일 이내에 제출하여야 한다.

③ 신고서류

「직장가입자자격상실신고서」(별지 제4호의2 서식)를 제출하여야 한다.

④ 정산방법

㉠ 보수월액＝당해 연도 보수총액/근무월수
㉡ 월 납부해야 할 건강보험료＝보수월액 × 3.545%
㉢ 월 납부해야 할 장기요양보험료＝월 납부해야 할 건강보험료 × 12.95%
㉣ 당해 근로기간 중 납부해야 할 건강보험 및 장기요양보험료＝(㉡+㉢) × 정산대상 월수

ⓜ 정산보험료=ⓡ-근무기간동안 실제 납부한 건강 및 장기요양보험료

근무월수는 전년도 보수총액이 해당하는 개월수를 말하는데, 근무월수 산정방법은 다음과 같다.

- 1일이라도 근무하여 근로의 대가로 보수를 받은 경우 근무월수 산정에 포함
- 휴직(산업재해 등으로 휴직할 경우 포함) 기타의 사유로 보수의 일부 또는 전부가 지급되지 아니하여 고지유예 신청한 경우 해당 기간 동안은 근무월수 산정에서 제외[주)]
- 육아휴직기간 동안 고용보험에서 지급받는 보전적 급여는 보수에서 제외

주) 휴직발생 해당 연도의 휴직일이 속한 월과 종료월은 근무월수에 포함(단, 당해 연도 휴직일이 매월 1일인 경우 근무월수 산정에서 제외)

정산대상 월수는 취득월이 1일인 경우에는 포함하고, 1일이 아닌 경우에는 제외한다.

Q 실무사례

- 정산연도: 2024년
- 입사일: 2019.4.9.
- 상실일: 2024.10.10.
- 근무기간 동안 보수총액: 30,000,000원
- 근무기간 동안 납부한 건강보험료: 926,100원
- 근무기간 동안 납부한 장기요양보험료: 119,990원

문제 **퇴사 시 정산보험료는?**

해답

㉠ 보수월액 = 30,000,000원/10개월 = 3,000,000원
㉡ 월 납부해야 할 건강보험료 = 3,000,000원 × 3.545% = 106,350원(원단위 절사)
㉢ 월 납부해야 할 장기요양보험료 =106,350원 × 12.95% = 13,770원(원단위 절사)
㉣ 당해 근로기간 중 납부해야 할 건강보험료 = 106,350원 × 10개월 = 1,063,500원
㉤ 당해 근로기간 중 납부해야 할 장기요양보험료 = 13,770원 × 10개월 = 137,700원
㉥ 정산할 건강보험료 = 1,063,500원 - 926,100원 = 137,400원
㉦ 정산할 장기요양보험료 = 137,700원 - 119,990원 = 17,710원

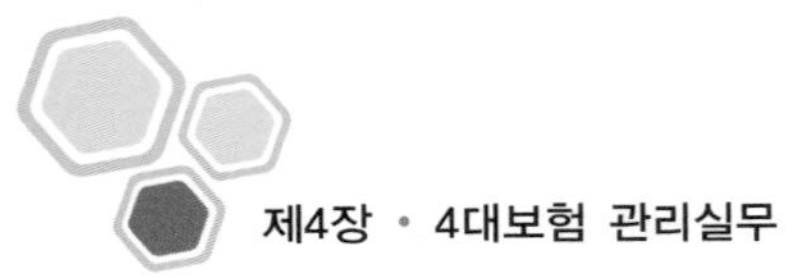

(3) 연말정산

① 연말정산이란

직장가입자의 건강보험료는 당해 연도 소득에 의해 부과되어야 하나, 연도 중에는 소득이 확정되지 않으므로 전년도 소득을 기준으로 우선 부과한 후, 다음 해 2월(개인대표자 5월) 사업장에서 확정된 소득에 의해 전년도 보험료를 다시 산정하여 기납부한 보험료와 정산하여 4월분(개인대표자 6월 또는 7월) 보험료에 부과(추가징수, 반환)하는 절차이다.

② 정산 시기

구 분	정산 시기
일반 근로자	매년 3월 10일까지 신고, 4월 정산 반영
개인사업장의 사용자	매년 5월 말일까지 신고, 6월 정산 반영(국세청 성실신고사용자는 매년 6월 말일까지 신고, 7월 정산 반영)

③ 정산대상자

정산대상자는 매년 12월 31일 현재 직장가입자 자격을 유지하고 있는 자를 대상으로 한다. 단, 다음의 자는 연말정산 제외대상자이다.

- 퇴사자
- 12월 입사자 중 12월 보험료 면제자
- 정산연도 기간 모두 보험료 납입고지 유예자, 군입대, 시설 수용의 사유로 보험료 납부대상 월이 없는 자 등

④ 연말정산 절차

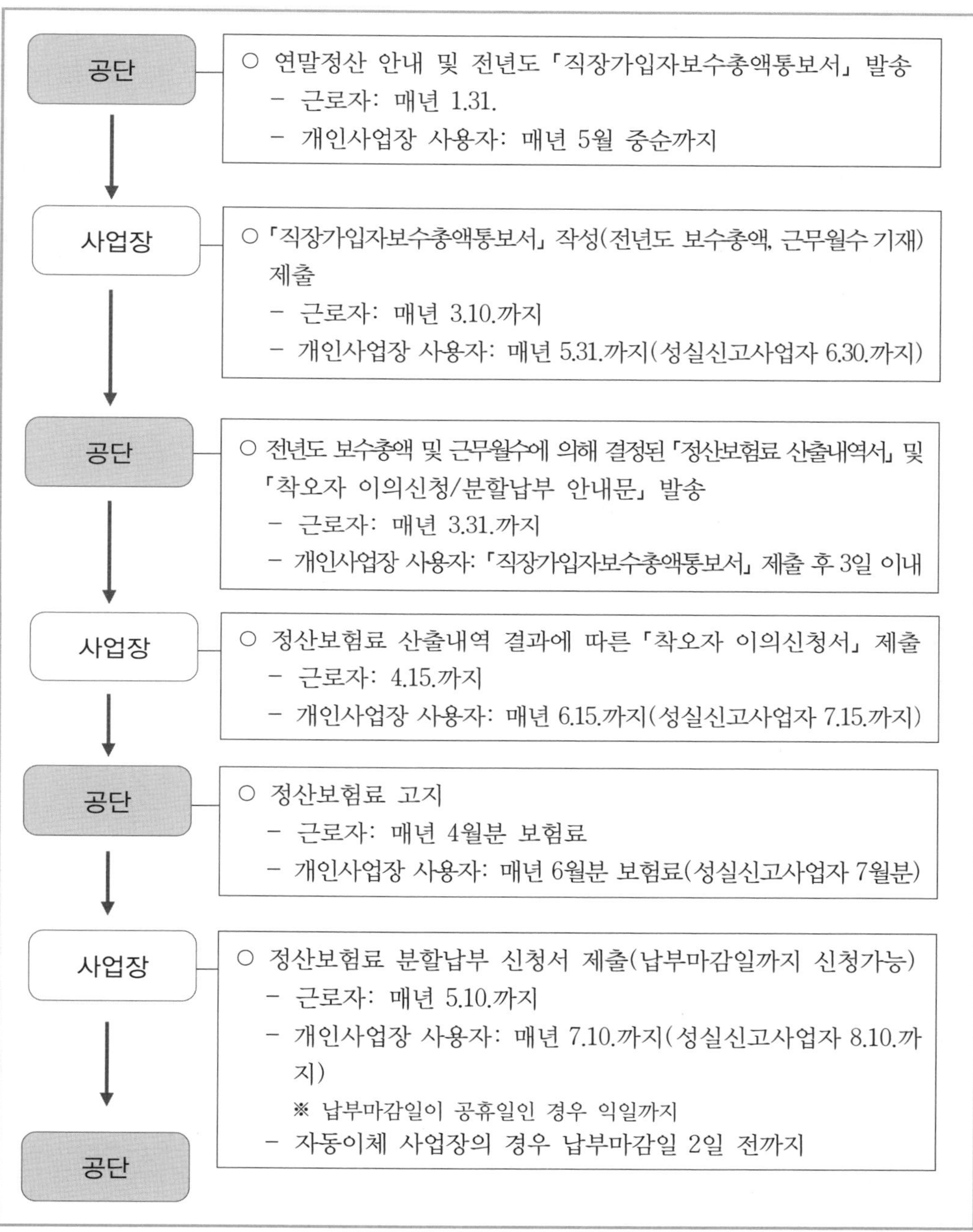
공단
○ 연말정산 안내 및 전년도 「직장가입자보수총액통보서」 발송
- 근로자: 매년 1.31.
- 개인사업장 사용자: 매년 5월 중순까지
사업장
○ 「직장가입자보수총액통보서」 작성(전년도 보수총액, 근무월수 기재) 제출
- 근로자: 매년 3.10.까지
- 개인사업장 사용자: 매년 5.31.까지(성실신고사업자 6.30.까지)
공단
○ 전년도 보수총액 및 근무월수에 의해 결정된 「정산보험료 산출내역서」 및 「착오자 이의신청/분할납부 안내문」 발송
- 근로자: 매년 3.31.까지
- 개인사업장 사용자: 「직장가입자보수총액통보서」 제출 후 3일 이내
사업장
○ 정산보험료 산출내역 결과에 따른 「착오자 이의신청서」 제출
- 근로자: 4.15.까지
- 개인사업장 사용자: 매년 6.15.까지(성실신고사업자 7.15.까지)
공단
○ 정산보험료 고지
- 근로자: 매년 4월분 보험료
- 개인사업장 사용자: 매년 6월분 보험료(성실신고사업자 7월분)
사업장
○ 정산보험료 분할납부 신청서 제출(납부마감일까지 신청가능)
- 근로자: 매년 5.10.까지
- 개인사업장 사용자: 매년 7.10.까지(성실신고사업자 8.10.까지)
※ 납부마감일이 공휴일인 경우 익일까지
- 자동이체 사업장의 경우 납부마감일 2일 전까지
공단

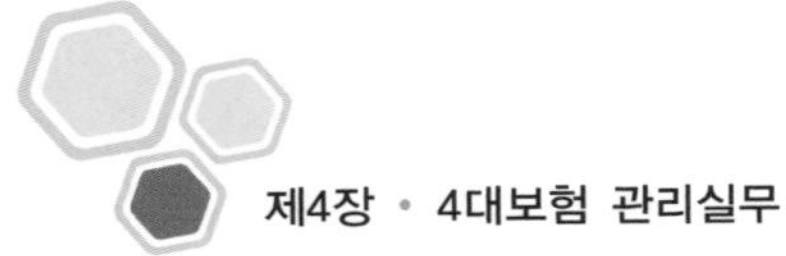

⑤ 근로자 연말정산 세부 일정

구 분		추진일정
㉠ 업무처리	직장가입자보수총액통보서 사업장 발송	3.31.까지
	직장가입자보수총액통보서 접수 및 입력	3.10.까지
㉡ 산출내역 통보	직장가입자 보험료 연말정산 산출내역서 통보	3.31.까지
㉢ 착오자 변경신청	직장가입자 보험료 정산내역 착오자 변경신청서 접수 · 처리	4.15.까지
㉣ 보수월액 결정	보수월액 결정	4.15.까지
㉤ 고지반영	4월분 보험료 고지에 정산분 반영 (개인사업장 사용자: 6월분 보험료고지에 정산분 반영) (성실사업장 사용자: 7월분 보험료고지에 정산분 반영)	4.15.까지
㉥ 분할납부 신청	연말정산 정산보험료 고지반영 납부마감일까지	5.10.까지

⑥ 연말정산 실시 방법(2023년도분 정산 기준)

구 분	대 상	실시 방법
서면 신고	정산대상자가 80인 이하인 사업장	•「직장가입자보수총액통보서」[표 1] 발송 (공단 → 사업장) •「직장가입자보수총액통보서」에 전년도 보수총액과 근무월수 작성 제출(사업장 → 공단)
전산매체(CD) 신고	정산대상자가 81인 이상인 사업장(EDI 가입사업장은 제외)	•「직장가입자보수총액통보서」 수록 디스켓 송부 (공단 → 사업장) •「직장가입자보수총액통보서」 작성 디스켓 제출 (사업장 → 공단) • 작성프로그램 : 공단 홈페이지에서 다운받아 사용주)
EDI 신고	EDI 가입 사업장	• EDI를 이용「직장가입자보수총액통보서」 발송 (공단 → 사업장) • EDI를 이용 전년도 보수총액과 근무월수를 작성하여 회신 • EDI login → 직장가입자 보수총액 통보서

주) •「직장가입자보수총액통보서」 전산매체 레이아웃대로 수록하여 제출
• 디스켓(3.5inch) 1개, Dump list 1부, 공문(제6절 각종 서식 참조) 제출
※ 디스켓신청 사업장은 반드시 text 파일 형식으로 제출

(4) 정산보험료 분할 납부

정산보험료는 4월분 보험료에 반영되어 고지된다. 그러나 정산보험료가 당월 납부할 보험료의 100% 이상인 경우에는 10회 이내로 분할납부가 가능하며 「정산보험료(추가정산분)분할납부 신청서」를 매년 5월 10일까지 제출하면 된다.

※ 자동이체 사업장은 납부마감일로부터 2일 이전(은행영업일)까지 신청하여야 청구금액 변경이 가능

(5) 직장가입자 보수총액통보서 작성방법

① 순번	② 증번호	③ 성명	④ 주민등록 번 호	⑤ 자격취득 (변동)일	⑥ 전년도 보험료 부과총액	⑦ 전년도 보수총액	⑧ 근무 월수
			공단에서	기재함			

①~⑥: 공단에서 작성하여 통보

⑦ 전년도 보수총액 ⑧ 근무월수는 사업장에서 작성하여 공단에 통보

① 전년도 보수총액

근로의 대가로 받은 봉급, 급료, 보수, 세비(歲費), 임금, 상여, 수당, 그 밖에 이와 유사한 성질의 금품으로서 다음 각 호의 것을 제외한 것을 말한다.

㉠ 퇴직금

㉡ 현상금, 번역료 및 원고료

㉢ 「소득세법」에 따른 비과세 근로소득. 다만, 다음 각 목의 것은 제외한다.

가. 「소득세법」 제12조 제3호 차목·파목 및 거목에 따라 비과세되는 소득주)

나. 직급보조비 또는 이와 유사한 성질의 금품

주) 「소득세법」 제12조 제3호의 차목, 파목, 거목의 내용

차. 외국정부(외국의 지방자치단체와 연방국가인 외국의 지방정부를 포함한다. 이하 같다) 또는 대통령령으로 정하는 국제기관에서 근무하는 사람으로서 대통령령으로 정하는 사람이 받는 급여. 다만, 그 외국정부가 그 나라에서 근무하는 우리나라 공무원의 급여에 대하여 소득세를 과세하지 아니하는 경우만 해당한다.

파. 작전임무를 수행하기 위하여 외국에 주둔 중인 군인·군무원이 받는 급여

거. 국외 또는 「남북교류협력에 관한 법률」에 따른 북한지역에서 근로를 제공하고 받는 대통령령으로 정하는 급여

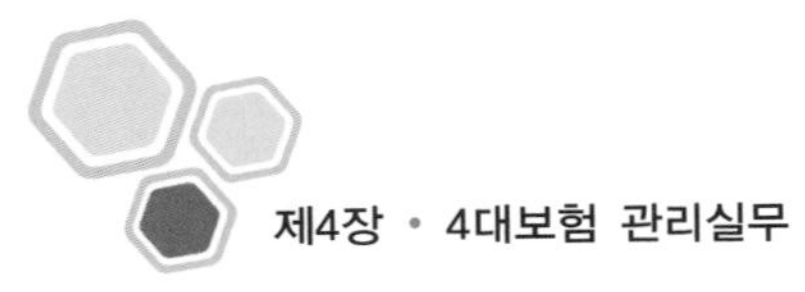

즉 「근로소득원천징수영수증」상의 ⑯ 계와 ⑱ 국외근로소득의 합계를 기재한다. 단, 비과세 소득 ⑱-1 야간근로수당, ⑳ 비과세 소득 계 항목에 국민건강보험법시행령 제33조의 보수가 포함되어 있을 경우 합산하여 기재하고, 근로소득 중 ⑮-3 임원의 퇴직 소득금액 한도초과액, ⑮ 인정상여 중 법인세법 시행령 제106조 제1항의 법인대표자의 인정상여인 항목은 보수에서 제외한다.

② 근무월수

근무월수는 전년도 보수총액이 해당하는 개월수를 말하는데, 근무월수 산정방법은 다음과 같다.

- 1일이라도 근무하여 근로의 대가로 보수를 받은 경우 근무월수 산정에 포함
- 휴직(산업재해 등으로 휴직할 경우 포함) 기타의 사유로 보수의 일부 또는 전부가 지급되지 아니하여 고지유예 신청한 경우 해당 기간 동안은 근무월수 산정에서 제외[주)]
- 육아휴직기간 동안 고용보험에서 지급받는 보전적 급여는 보수에서 제외

주) 휴직발생 해당 연도의 휴직일이 속한 월과 종료월은 근무월수에 포함(단, 당해 연도 휴직일이 매월 1일인 경우 근무월수 산정에서 제외)

(6) 보험료 정산 사례

① 고시적용 기간 동안의 보험료 정산

보수 관련 자료가 없거나 불명확한 경우 보건복지부장관이 고시하는 금액이 적용되므로 고시적용을 받지 않은 기간 동안 받은 총보수와 근무월수로 정산한다.

② 산업재해 등으로 인해 보수가 발생되지 않았을 경우 정산

근로관계는 유지되나 근로의 제공이 정지된 상태로서 대가성 보수가 지급되지 않으므로 근로 제공이 정지된 날로 공단에 「휴직자 등 직장가입자 보험료 납입 고지 유예 신청서(해지신청서)」를 제출하고 보험료 정산 시 해당 연도 보수총액은 근로제공이 정지된 날까지 사업장에서 근로의 대가로 지급한 보수총액과 그 보수총액이 해당하는 개월수를 근무월수로 하여 정산한다.

※ 휴직 기타의 사유로 보아 근로제공 정지기간 동안은 휴직전월의 보수월액으로 보험료 부과함.

③ 부당해고기간 급여

법원의 판결・화해 등에 의하여 부당 해고기간의 급여를 일시에 지급받는 경우에는 해고기간에 근로를 제공하고 지급받은 근로소득으로 보아 근로를 제공한 연도별로 연말정산하여야 하는 것이다(국세청, 법인 46013-1583, 1998.6.17.).

④ 개인사업장 사용자의 소득금액 결정

해당 사업장에서 발생한 사업소득과 부동산임대소득으로 결정된다. 따라서 「소득세법 시행규칙」 제101조(과세표준확정신고 관련서식) 제11호에 의한 별지 제40호 서식(1) 제9쪽 "❼ 사업소득명세서"의 ⑩ 소득금액(총수입금액-필요경비)란을 기재한다.

【과세표준확정신고 관련서식】 - 2개 이상의 사업소득이 있는 경우

❼ 사업소득명세서				
① 소 득 구 분 코 드	30	40		
③ 사 업 장 소 재 지	○○구○○동	○○구○○동		
	○○○-○○	○○○-○○		
④ 상 호	○○○○○	○○○○○		
⑤ 사 업 자 등 록 번 호	○○○-○○-○○○○○	○○○-○○-○○○○○		
⑧ 총 수 입 금 액	1,500,000,000	100,000,000		
⑨ 필 요 경 비	745,000,000	70,000,000		
⑩ 사업소득금액(⑧-⑨)	755,000,000	30,000,000		

㉠ 소속사업장이 사업소득(40)만 있는 경우
총보수는 30,000,000원이며 근무월수는 당해 연도 사업장 사업실시 월수 기재(사업개시일이 2023.5.20.이면 8개월이 됨)한다.

㉡ 소속사업장이 사업소득(40)과 부동산임대소득(30)이 동시(해당 사업장 사업자등록번호가 동일)에 있을 경우
총 보수는 785,000,000원이며 근무월수는 위와 동일 방식으로 기재한다.

㉢ 전년도 이월결손금 공제 여부
「소득세법」에서 이월결손금을 공제하는 것은 '종합소득과세표준액'을 산정하기 위한 절차이며 건강보험에서는 당해 연도 중 당해 사업장에서 발생한 소득을 기준으로 소득금액이 결정되므로 공제적용대상 아니다.

ⓔ 사용자의 보수월액(소득금액)이 해당 사업장의 가장 높은 보수월액을 적용받는 근로자보다 낮을 경우에는 당해 사업장 근로자의 최고 보수월액으로 사용자 보수월액을 결정한다.

⑤ 이중가입자

2개 이상 사업장에서 보수가 발생하는 가입자의 경우 보수를 합산하여 신고하지 않고 각각의 사업장에서 발생한 소속 사업장 보수총액으로 각각 신고한다(국민건강보험법 시행령 제36조 제4항).

그러나 이중가입자로서 주 사업장에서 근로소득을 합산 신고한 가입자의 연말정산은 다음과 같다.

(주)갑:	2023.1.1.~2023.12.31.까지	보수총액: 35,000,000원
(주)을:	2023.8.15.~2023.12.31.까지	보수총액: 12,000,000원

➡ 갑회사와 을회사 각각의 보수총액과 근무월수를 작성한다.

⑥ 연도 중에 사업장을 변경한 가입자(퇴직정산 후 재가입)

(주)갑:	2023.1.1.~4.30.	보수총액: 5,000,000원
(주)을:	2023.5.1.~12.31.현재까지	보수총액: 12,500,000원

➡ 현 근무처인 (주)을의 보수총액과 근무기간을 작성한다.

⑦ 연도 중 계열 사업장 간 근무처가 변동된 가입자

○○○중학교	2023.1.1.~2.28.	보수총액: 4,500,000원
○○○고등학교	2023.3.1.~12.31.현재까지	보수총액: 18,000,000원

➡ 현 근무지에서 보수총액 2,250만원과 근무월수 12월로 작성한다.

※ 계열사 간 이동이라고는 하나, 보수가 별도로 지급되어 정산을 최종 근무지에서 하지 못하는 경우는 현 소속 사업장의 보수총액과 근무월수만을 기재한다(종전 근무지는 퇴직정산으로 처리).

⑧ 보험료 납입고지 유예기간이 있는 가입자

2023년도 중 보험료 납입고지 유예기간이 있는 가입자의 보험료 연말정산

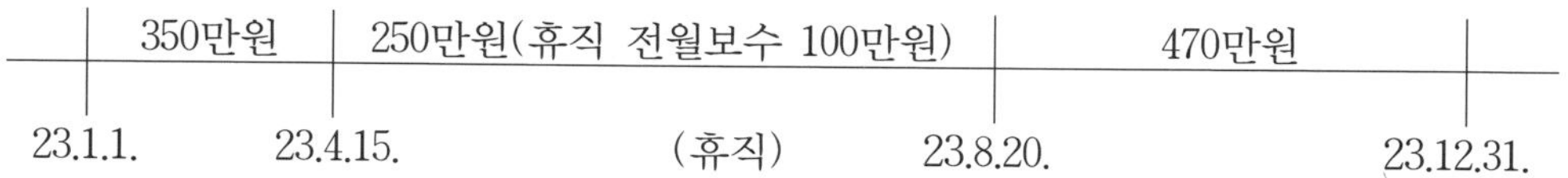

➡ 연간보수총액 820만원(350+470만원)에 근무월수 9월(1~4, 8~12)로 작성하며 정산 대상 월수는 8개월(1~4, 9~12)로 산정된다.

⑨ 출산전후 휴가기간

출산전후 휴가기간 동안 사업장으로부터 지급받는 급여는 보수에 포함하고, 고용보험에서 지급받는 급여는 보수에서 제외한다. 또한 출산전후 휴가기간은 연말(퇴직)정산 시 근무월수에 포함한다.

⑩ 연말정산대상자로 통보되었으나 이미 퇴사한 경우

「직장가입자 보수총액통보서」에 적색으로 두 줄 그은 후 '퇴직'이라고 기재하고, 파일의 경우 대상자 삭제한 후 「직장가입자 자격상실신고서」와 함께 제출한다. 단, 「직장가입자 자격상실신고서」를 기제출한 경우 제외한다.

⑪ 아파트관리사무소 소장, 구 · 시립에서 운영하는 어린이집(유치원) 원장, 문중에서 운영하는 사업체(본인의 소득이 아닌 경우)의 사용자등 사업자등록에 의하여 개인사업으로 분리는 되나 실제 사업소득이 발생되지 않는 경우와 발생되더라도 본인의 소득이 아닌 문중소득일 경우

일반 법인의 대표와 같은 방법으로 보험료 연말정산 하며, 연말정산 시기는 개입사업장 사용자와 동일하다.

⑫ 2023.12.1. 이전에 입사하였으나 자격취득 누락(지연)으로 「직장가입자 보수총액통보서」 명단에 없을 경우

「직장가입자 보수총액통보서」에 수기 작성(연간 총보수를 근무월수로 나누어 얻은 보수월액을 기재)하여 공단에 신고하여 대상자 등록 후 정산한다.

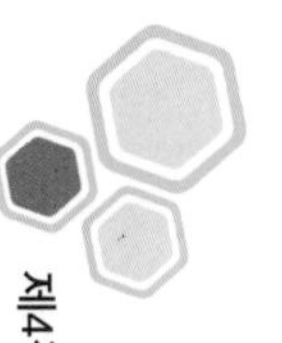

■ 국민건강보험법 시행규칙 [별지 제26호 서식] (2013.9.30. 개정)

직장가입자 보수 총액 통보서

※ 작성방법은 뒤쪽을 참고하시기 바라며, 바탕색이 어두운 난은 통보인이 적지 않습니다. (앞쪽)

접수번호	접수일	처리기간	즉시

사업장	단위사업장명		회계
	사업장 관리번호		명칭
	전화번호	팩스번호	작성자 성명

① 일련번호	② 건강보험증 번호	③ 성명	④ 주민등록번호(외국인등록번호)	⑤ 자격 취득일(변동일)	⑥ 전년도 보험료 부과 총액	⑦ 전년도 보수 총액	⑧ 근무 개월 수

「국민건강보험법 시행규칙」 제40조에 따라 위와 같이 직장가입자의 보수 총액 등을 통보합니다.

년 월 일

통보인(사용자) (서명 또는 인)

국민건강보험공단 이사장 귀하

297㎜×210㎜[백상지 80g/㎡]

(뒤쪽)

작성방법

① ~ ⑥: 일련번호, 건강보험증 번호, 성명, 주민등록번호(외국인등록번호), 자격 취득일(변동일), 전년도 보험료 부과 총액은 공단에서 통보합니다.

※ 가입자가 외국인 또는 재외국민인 경우 ④란은 외국인등록번호, 국내거소신고번호가 기재됩니다.

※ 전년도 보험료 부과 총액은 사용자 부담금을 제외한 **가입자 부담분만 기재됩**니다.

⑦ : 해당 사업장에서 해당 연도에 발생한 보수(소득)를 아래에 따라 적습니다.

▷ 근로자 - 직장가입자로서 근로의 대가로 받은 봉급, 급료, 보수, 세비(歲費), 임금, 상여, 수당, 그 밖에 이와 유사한 성질의 금품

- 비과세 근로소득 중 보수 총액 포함 항목: 「소득세법」 제12조 제3호 차목 · 파목 및 거목에 따라 비과세되는 소득과 직급보조비 또는 이와 유사한 성질의 금품
- 보수 총액 제외 항목: 퇴직금, 현상금 · 번역료 및 원고료, 「소득세법」에 따른 비과세 근로소득 일부
- 「소득세법 시행규칙」 제100조 제26호에 따른 근로소득원천징수 영수증의 ⑯ 계와 ⑱ 국외근로소득의 합계를 적습니다.
  (다만, 같은 영수증의 비과세 소득 ⑱-1야간근로수당과 ⑳ 비과세 소득 계 등에 직급보조비 등 「국민건강보험법 시행령」 제33조에 따른 보수가 포함되어 있을 경우 합산하여 적습니다)

▷ 개인사업장 사업주 - 해당 사업장 사업소득과 부동산임대소득의 합계(총수입금액에서 필요경비를 제외한 금액)를 적습니다.

⑧ : 직장가입자로서 전년도 보수 총액이 해당하는 개월 수를 적습니다. 다만, 개인사업장 사업주는 사업 시작일부터 적습니다.

- 1일이라도 근무하여 근로의 대가로 보수를 받은 경우 근무개월 수 산정에 포함합니다.
- 휴직(산업재해 등으로 휴직할 경우 포함), 그 밖의 사유로 보수의 전부 또는 일부가 지급되지 않은 기간은 근무개월 수 산정에서 제외합니다.

※ 육아휴직기간 동안 고용보험에서 지급받는 보전적(補塡的) 급여는 보수에서 제외하며 근무개월 수에서도 제외합니다.

처리 절차

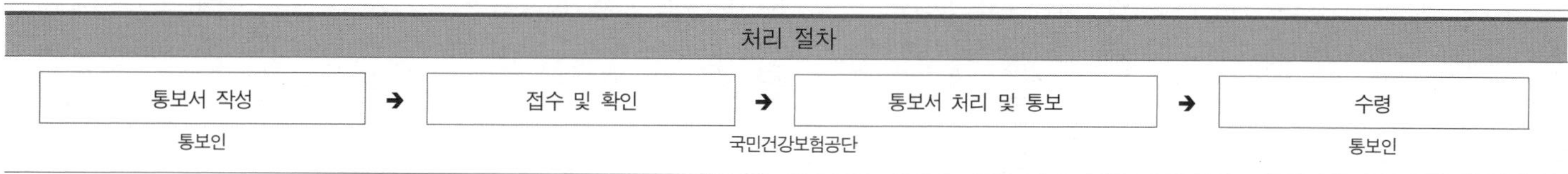

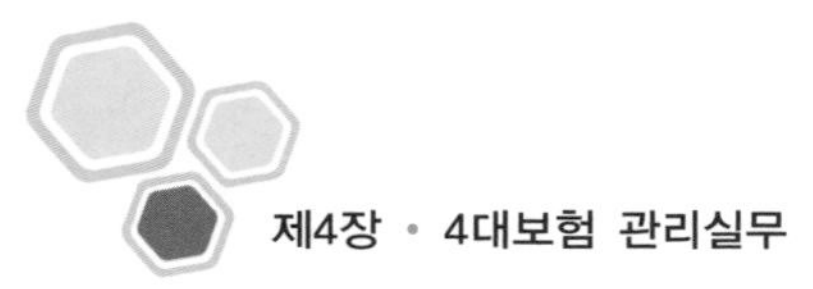

3 고용 · 산재보험(부과고지방식)

(1) 보험료의 정산

① 개요

건설업과 벌목업 등을 제외한 사업은 부과고지 납부방식으로 변경되어 당해 연도의 보수를 기준으로 보험료를 부과하는 것이 원칙이지만, 당해 연도의 소득이 확정되지 않았으므로 전년도 소득을 기준으로 보험료를 부과한 후 다음 연도 3월 15일까지 「보수총액신고서」를 공단에 제출하면 공단에서 보험료를 정산한다.

이 밖에도 보험관계 소멸 시 또는 사업종류 변경에 따른 납부방식 변경 시에도 정산한다. 이때 정산 결과 보험료가 부족하게 된 경우 사업주는 보험료를 추가 납부하여야 하고 보험료를 과납하게 된 경우에는 충당 또는 반환받게 된다.

또한, 2020.1.16. 이후 고용관계가 종료되는 근로자부터는 사업주가 해당 근로자에게 지급한 연간 보수총액을 근로자 자격상실(고용종료)시 신고하여 정산하는 퇴직정산 제도가 신설되었다.

② 정산시기

정산보험료는 4월분 월별보험료에 반영되어 고지된다. 그러나 소멸사업장은 정산일이 1일~15일인 경우에는 정산을 실시한 달에, 16일~말일인 경우에는 정산한 달의 다음 달에 합산하여 부과된다.

또한 매년 7월과 9월에 국세청 연계정산분은 다음과 같다.

구 분	정산시기
전전년도 수정 · 경정분	8월 월별보험료에 합산
전년도 수정 · 경정분	10월 월별보험료에 합산

③ 보험료의 정산 처리 절차

정산 결과 납부한 월별보험료(체납된 월별보험료 포함)의 합계보다 납부할 보험료가 많을 경우 공단에서 그 부족액을 추가 부과하게 된다.

㉠ 보험료 부족액이 정산을 실시한 달의 보험료를 초과하는 경우	그 부족액을 2등분하여 정산을 실시한 달의 보험료와 그 다음 달의 보험료에 각각 합산하여 국민건강보험공단에서 징수
㉡ 정산 결과 월별보험료의 합계보다 납부할 보험료가 적은 경우	과오납 처리되어 공단이 반환결정하고 반환금 지급은 국민건강보험공단에서 처리한다. 정산 결과 보험료 납부액이 과납되어 이를 충당 받고자 하는 경우 「보수총액신고서」에 선납충당의사를 기재하여 공단에 신청하여야 함.

④ 보험료의 확정 정산

근로복지공단이 사업장의 「보수총액신고서」에 따른 보험료 정산 후 실제 국세청의 소득신고자료 또는 공단 자체 수집자료와 비교하여 보험료를 확정정산 할 수 있다. 정산 결과 보험료의 부족 또는 반환 발생 시 보험료의 정산 처리절차에 따라 공단에서 처리한다.

⑤ 월별보험료의 고지

사업장의 고용・산재보험의 월별보험료를 공단에서 산정하게 되면 이를 국민건강보험공단에서 다음 달 10일까지 사업주가 납부할 수 있게 다른 사회보험료와 함께 합산(또는 분리) 고지한다.

공단의 월별보험료의 산정・부과는 매월 15일까지 마감되므로 사업주는 16일 이후 신고한 각종 신고서에 의한 사항은 당월의 월별보험료에 산정하여 부과할 수 없다.

따라서 매월 15일 이전에 신고한 각종 신고서에 따른 보험료는 당월의 보험료에 반영되어 산정・부과되나, 16일 이후에 신고된 각종 신고서에 따른 보험료는 다음 달의 월별보험료에 산정・부과된다.

Q 실무사례

문제 **연도 중 보수의 인상 및 인하 없이 보수총액이 그 전년도와 동일하고, 보험료율도 변동되지 않았는데 보험료 정산 결과 차액분이 추가 부과되었음. 이유는 무엇인가?**

해답

월보험료는 근로자 월별보험료에서 10원 미만 원단위 보험료를 버리고, 정산보험료는 근로자의 연간 보수총액을 기준으로 산출된 보험료에서 10원 미만 원단위 보험료를 버리고 산출하므로, 보험료의 차이가 있을 수 있음.

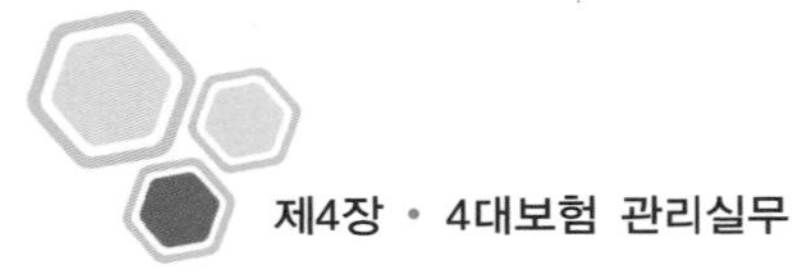

(2) 퇴직정산

① 퇴직정산의 기능

부과고지사업장에서 고용 관계가 종료된 근로자에 대하여 사업주가 실제로 납부하여야 할 보험료를 산정하여 기 부과된 보험료와 정산하는 절차로써 근로자의 퇴직시점에 보험료를 정산하여 보험료의 원천공제 편의 제고 및 정산 보험료 일시납 부담을 감소하고자 한다.

② 퇴직정산 신고 방법

4대사회보험 공통서식인 「근로자 자격상실(고용종료)신고서」에 근로자의 상실일, 상실사유 및 지급한 보수총액을 작성하여 근로복지공단(국민연금공단 · 국민건강보험공단)으로 신고하면 된다.

연도 중 요율 변경이 있어 보수총액을 기간별로 신고해야 하거나, 자활근로종사자 및 노동 조합 등으로부터 금품을 지급받는 노조전임자 등 보수총액을 보험사업별로 신고해야 하는 경우 「고용종료근로자 보수총액 구분 신고서」를 추가로 제출해야 한다.

③ 정산시기

퇴직정산 처리일이 업무마감일(매월 15일) 이전이면 업무마감일이 속한 달 보험료에 반영하고, 업무마감일 이후인 경우에는 그 다음달 보험료에 반영하여 고지한다.

④ 고용종료근로자 보수총액 수정신고

「근로자 고용종료(자격상실) 신고」 시 해당 근로자에게 지급한 보수총액을 신고하였으나 이후 추가로 보수를 지급하게 되었거나 착오 신고한 경우 「고용종료근로자 보수총액 수정신고서」를 제출한다.

⑤ 퇴직정산 Q&A

Q. 「근로자 고용종료(자격상실) 신고」 시 고용보험과 산재보험 보수총액을 각각 작성해야 하나요?

A. 예. 전보 또는 휴직 등의 사유로 해당 근로자의 고용보험과 산재보험 보수총액의 산정기간이 다르거나 각각의 보수총액에 차이가 있는 경우에는 보수총액을 달리하여 작성합니다.

Q. 일용근로자는 퇴직정산 대상인가요?

A. 아니요. 퇴직정산의 대상이 되는 근로자는 부과고지사업장에 근무하면서 고용정보가 관리되고 있는 상용근로자이며 일용근로자, 월 60시간 미만 단시간 상용근로자, 산재 고용정보 미신고 외국인근로자는 매년 3월 15일까지 「보수총액신고서」에 보수총액을 신고하여 정산합니다.

Q. 고용보험에 가입을 신청한 외국인이나 별정직·임기제 공무원도 퇴직정산 대상인가요?

A. 예. 고용보험에 가입을 신청한 임의가입 외국인과 별정직・임기제 공무원이 고용관계가 종료된 경우에는 「근로자 고용종료(자격상실)신고」를 제출하여 보험료를 정산하며, 고용보험 탈퇴신청을 한 경우에는 「고용종료근로자 보수총액 수정신고서」를 제출하여 실제 지급한 보수총액을 신고 합니다.

(3) 보수총액신고

① 보수총액신고서의 의의

사업주가 매월 납부하는 월별보험료는 근로자의 월평균보수에 기초하여 산정된 보험료이므로 실제 보험료 산정기간(매년 1월 1일 ~ 12월 31일) 동안 사업주가 근로자에게 지급한 보수총액에 따른 보험료와 정산이 필요하다.

월별보험료의 정산은 사업주가 매년 3월 15일까지 전년도에 지급한 개인별 보수총액을 신고하는 「보수총액신고서」에 따라 이루어진다. 따라서 「보수총액신고서」는 전년도 월별보험료의 정산과 동시에 해당 연도 보험료 부과자료인 개인별 월평균보수(당해 연도 4월부터 다음 연도 3월) 산정의 기초자료로 활용된다.

② 보수총액신고서 제출기한

구 분	제출기한
사업을 계속 운영 중인 사업장	매년 3월 15일까지
사업의 폐지 종료 등으로 보험관계가 소멸한 사업장	소멸일로부터 14일 이내

③ 보수총액신고서 기재사항

- 근로자 성명 및 주민번호
- 취득일, 상실일(전보일), 보험료부과구분 부호
- 근로자 개인별 전년도 연간보수총액, 월평균보수[주)]
- 매월 말일 현재 일용근로자와 그 밖의 근로자수(해당 근로자가 있는 경우에만 기재)
- 일용근로자 보수총액(일용근로자가 있는 경우만 경우에만 기재)
- 그 밖의 근로자 보수총액(그 밖의 근로자가 있는 경우만 기재)
  - 그 밖의 근로자란 1개월간 소정근로시간이 60시간 미만인 단시간근로자 및 외국인근로자 중 고용보험에 가입하지 아니한 근로자 중 근로자고용정보신고를 하지 않은 근

로자를 말함. 따라서 비록 단시간근로자 및 외국인근로자더라도 근로자고용신고를 한 경우는 일반근로자와 동일하게 신고

주) 근로자가 A→B사로 전보된 경우에는 전보일을 기준으로 A와 B에서 발생한 보수를 각각 신고

④ 보수총액신고서의 신고방법

「보수총액신고서」 신고 시에는 정보통신망 또는 전자적 기록매체를 이용하여 신고하도록 법으로 규정하고 있다. 단, 전년도 말일 현재 근로자수가 10명 미만에 해당하는 사업주는 보수총액의 신고를 서면으로 할 수 있다.

정보통신망을 통한 신고는 공단의 토탈서비스(total.comwel.or.kr)를 통한 신고를 말한다. 공단의 토탈서비스를 이용하여 보수총액을 신고하는 경우 토탈서비스상에서 보수총액 신고대상 근로자의 정보를 제공받을 수 있으므로 신고가 매우 편리하고 정확하다.

전자적 기록매체 등을 이용한 신고는 CD를 이용한 신고를 말하며 라벨지 부착 후 보수총액신고서와 함께 공단에 신고하여야 한다.

(4) 보수총액신고 관련 유의사항

① 보수총액신고서에 의한 고용정보 신고 대체 불가

- 사업장 정보가 틀린 경우에는 「보험관계변경신고서」를 제출한다.
- 공단에서 통보한 보수총액신고대상 근로자 중 누락이 있거나 틀린 내용이 있는 경우는 별도로 「근로자 고용신고서」 또는 「근로자 고용정보 정정신청서」를 제출하여야 한다.
- 근로자 고용신고 또는 고용정보 정정 없이 「보수총액신고서」상에 임의로 고용정보를 추가하거나 수정하는 경우 오류가 발생하며 오류가 발생한 근로자의 보수총액은 보험료 정산 시 산입되지 않음에 유의하여야 한다.
- 고용보험 피보험자격이 누락된 근로자도 고용센터에서 피보험자격취득 처리가 선행되어야만 보수총액신고 시 해당 근로자의 보수가 산입된다.

② 정산방식 및 분할고지

2012년 8월부터 보험료 산정방식이 ‘사업장’ 단위에서 ‘개인’ 단위로 변경됨에 따라 보수총액에 의한 정산방식이 기존의 [근로자 개인별 보수총액의 합×보험료율]에서 [근로자 개인별 보수총액×보험료율의 합산액]으로 변경되었다.

보수총액신고에 의한 정산결과(정산보험료의 부과・반환・추징)는 4월 보험료에 일괄

반영(연도 중 소멸사업장 제외)하며 정산을 통해 납부하여야 할 보험료가 당월 보험료를 초과할 경우 분할고지(1/2)한다.

③ 기타 신고서 유의사항

- 연도 중 산재보험 업종변경 사업장의 경우 별도의 신고란에 변경 전후의 보수총액을 구분하여 기재한다.
- 전년도 근로자(상용, 일용, 그 밖의 근로자 등 모두 포함) 사용이 없어 지급된 보수총액이 없는 경우에는 「□ 2024년도 근로자 사용 및 보수지급액 없음」에 √ 표시 신고한다.
- 전보근로자의 경우 전보일 기준으로 전보 이전 사업장과 전보 이후 사업장에서 발생한 보수를 구분하여 각각 작성한다. 즉 전보 이전 사업장에서는 고용종료(상실)일이 전보일, 전보 이후 사업장에서는 고용(취득)일이 전보일에 해당한다.
- '자활근로종사자' 및 '노동조합 등으로부터 금품을 지급받는 노조전임자'의 보수총액은 신고서 뒷면에 별도 기재한다.
- 특수형태 근로종사자는 보수총액신고서를 작성하지 않는다.

(5) 보수총액신고서의 수정 신고

보수총액신고서를 그 신고기한 내에 제출한 사업주는 다음과 같은 경우에 수정신고할 수 있다. 단, 사업주가 보수총액을 과소 신고해 공단이 이를 조사하겠다는 사실을 사업주에게 알린 후에는 수정신고 불가하다.

- 보수총액신고를 하였으나 신고한 보수총액이 실제로 신고하여야 하는 보수총액과 다를 경우
- 보수총액신고서에 누락된 근로자가 확인될 경우 해당 근로자의 보수총액을 수정신고하는 경우
- 일용근로자와 그 밖의 근로자의 신고한 보수총액이 실제로 신고하여야 하는 보수총액과 다를 경우

■ 고용보험 및 산업재해보상보험의 보험료징수 등에 관한 법률 시행규칙 [별지 제22호의4서식] 〈개정 2022. 12. 30.〉

[ ]산재보험 [ ]고용보험 ( )년도 보수총액신고서(근로자 · 예술인용)

※ 신고는 고용・산재보험 토탈서비스(total.comwel.or.kr)를 이용하거나 전자적 매체(CD 등)를 제출하는 방식으로 합니다(10명 미만 사업장은 서면으로도 신고할 수 있습니다).
※ [ ]에는 해당되는 곳에 "√" 표시를 하기 바라며, 색상이 어두운 난은 신고인이 적지 않습니다.

(앞쪽)

접수번호	접수일자	처리기간	5일

관리번호		사업장명		대표자		산재업종	(요율:)
사업장 소재지				전화번호		팩스번호	

성 명	주민(외국인) 등록번호	① 보험료 부과구분	산재보험			고용보험			
			취득일 (전입일)	전보일 (전출일)	② 연간 보수총액(원)	취득일 (전입일)	전보일 (전출일)	③ 종사지 코드	④ 연간 보수총액(원)

구분	산재보험			고용보험		
일용근로자 보수총액 (※뒤쪽 작성방법 제4호 참조)	⑤ 산재보험 일용근로자 보수총액			⑥ 고용보험 일용근로자 (단기예술인) 보수총액	근로자 종사 사업	
					예술인 종사 사업	
				⑥-1 65세 이후 새로 고용된 일용근로자 및 고용안정・직업능력개발만 적용된 고용허가외국인 일용근로자 보수총액 (실업급여만 적용 제외)		
그 밖의 근로자 보수총액(산재보험만 해당) (※뒤쪽 작성방법 제5호 참조)	⑦ 월 60시간 미만 단시간 상용근로자(일용 제외)					
	⑧ 산재 고용정보 미신고 외국인근로자					
⑨ 합계	산재 보험	②+⑤+⑦+⑧+⑭		고용 보험	근로자 종사 사업(④+⑥+⑮)	
					예술인 종사 사업(④+⑥)	

※ 「산업재해보상보험법」 제126조에 따라 「국민기초생활 보장법」 제15조에 따른 자활급여 수급자 중 고용노동부장관이 정하여 고시하는 사업에 종사하는 자(이하 "자활근로종사자"라 합니다) 및 노동조합 등으로부터 금품을 지급받는 "노조전임자"가 있는 경우에는 해당 근로자의 보수총액 등은 뒤쪽의 ⑬란에 적습니다.

⑩ 연도 중 산재보험 업종변경 사업장의 기간별 보수총액 (※ 연도 중 산재보험 업종변경이 있는 경우에만 적습니다)			⑪ 매월 말일 현재 일용근로자 및 그 밖의 근로자 수(※ ⑤,⑥ 또는 ⑦, ⑧ 해당 근로자가 있는 경우에만 적습니다)												
구분	업종변경 전 (. . .~ . . .)	업종변경 후 (. . .~ . . .)	구분	1월	2월	3월	4월	5월	6월	7월	8월	9월	10월	11월	12월
사업장의 보수총액(원)			일용근로자 및 그 밖의 근로자 수(명)												

「고용보험 및 산업재해보상보험의 보험료징수 등에 관한 법률」 제16조의10제1항・제2항, 같은 법 시행령 제19조의7제1항・제2항・제5항 및 같은 법 시행규칙 제16조의6에 따라 사업장 근로자・예술인의 보수총액 등을 위와 같이 신고합니다.

년 월 일

신고인(사업주) (서명 또는 인) / [ ] 보험사무대행기관 (서명 또는 인)

근로복지공단 ○○지역본부(지사)장 귀하

297㎜×210㎜[백상지(80g/㎡) 또는 중질지(80g/㎡)]

(뒤쪽)

⑬ 자활근로종사자 및 노동조합 등으로부터 금품을 지급받는 "노조전임자"의 보수총액(※ 해당 근로자가 있는 경우에만 적습니다)

관리번호			사업장명			사업장 소재지				
성명	주민등록번호 (외국인등록번호)	① 보험료 부과구분	산재보험			고용보험				
			취득일 (전입일)	전보일 (전출일)	⑭ 연간 보수총액(원)	취득일 (전입일)	전보일 (전출일)	③ 종사지 코드	⑮ 연간 보수총액(원)	
									실업급여	고용안정·직업능력개발

※ 위 ⑮란의 "고용보험 연간 보수총액"은 "실업급여"와 "고용안정·직업능력개발" 중 어느 한 부문만 적용될 수 있으므로 해당 부문을 구분하여 적습니다.
※ 노조전임자가 연도 중 일정 기간만을 노동조합에 전임한 경우에는 비전임기간의 보수총액도 ⑬란에 같이 적습니다.

작성방법

1. ①란의 "보험료 부과구분" 부호의 내용

부과구분부호	부과범위				대상 종사자
	산재보험		고용보험		
	산재보험	임금채권부담금	실업급여	고용안정·직업능력개발	
51	O	O	x	x	09. 고용보험미가입 외국인근로자 10. 월 60시간 미만 근로자 11. 항운노조원(임금채권부담금 부과대상)
52	O	x	x	x	03. 현장실습생(「산업재해보상보험법」 제123조 제1항에 따른 고용노동부장관이 정하는 현장실습생) 13. 항운노조원(임금채권부담금 소송승소)
54	O	x	O	O	22. 자활근로종사자(「국민기초생활보장법」 제14조의2에 따른 급여의 특례에 해당하는 자, 차상위계층, 주거·의료·교육급여 수급자)
55	x	x	O	O	05. 국가기관에서 근무하는 청원경찰 06. 「선원법」 및 「어선원 및 어선 재해보상보험법」 적용자 07. 해외파견자(「산업재해보상보험법」의 적용을 받지 않는 자)
56	x	x	O	x	01. 별정직·임기제(일반, 전문, 시간선택제, 한시)공무원 16. 노조전임자(노동조합 등 금품 지급) 25. 예술인 28. 고용허가외국인(당연적용대상 중 실급 임의가입자)
58	O	x	x	O	21. 자활근로종사자(생계급여 수급자)
60	O	O	x	O	27. 고용허가외국인(당연적용대상)

2. ②, ④, ⑭ 및 ⑮란의 "연간 보수총액"은 해당 연도에 발생된 보수총액을 적습니다.
* 근로자의 연간 보수총액: 「소득세법」 제20조에 따른 근로소득에서 같은 법 제12조 제3호에 따른 비과세 근로소득을 뺀 금액(연말정산에 따른 갑근세 원천징수 대상 근로소득과 동일합니다)
* 예술인의 연간 보수총액: 「소득세법」 제19조에 따른 사업소득과 같은 법 제21조에 따른 기타소득을 더한 금액에서 같은 법 제12조 제2호·제5호에 따른 비과세소득과 고용노동부장관이 정하여 고시하는 방법에 따라 산정한 필요경비를 뺀 금액
* 휴업·휴직 및 「근로기준법」 제74조에 따른 보호휴가(출산전후휴가 또는 유산·사산 휴가를 말합니다) 중의 보수는 고용보험 보수총액에는 포함시키고, 산재보험 보수총액에서는 제외합니다.

3. ③란의 "종사지 코드"는 신고연도 마지막 날(보험관계가 소멸된 사업장의 경우에는 소멸일을 말합니다)에 근로자·예술인이 실제로 종사하고 있는 사업장의 우편번호를 적습니다.
* 다만, 기간이 정해진 사업을 영위하는 사업장의 근로자·예술인은 본사 주소지의 우편번호를 적습니다.
* 사업주별 사업장 리스트는 고용·산재보험 토탈서비스(total.comwel.or.kr) 또는 고용보험(www.ei.go.kr)에서 조회할 수 있습니다.
4. ⑤ 및 ⑥란의 "일용근로자 보수총액"은 일용근로자(1개월 미만 동안 고용되는 근로자) 또는 단기예술인들의 연간 보수총액 합계액을 적고 ⑥-1 란은 ⑥의 일용근로자 보수총액 중 65세이후 새로 고용된 일용근로자 및 고용안정·직업능력개발만 적용된 고용허가외국인 일용근로자 보수총액 합계액을 적습니다.
5. ⑦ 및 ⑧란은 「고용보험법 시행령」 제3조 제1항에 따라 고용보험 적용제외자인 "월 60시간 미만 단시간 상용근로자 보수총액 합계액" 및 같은 영 제3조의3제2호 각 목에 해당하는 사람으로서 고용보험 가입을 신청하지 않은 외국인근로자 중 산재보험 고용정보를 신고하지 않은 "산재 고용정보 미신고 외국인근로자 보수총액 합계액"을 각각 적습니다.
6. ⑩란의 "연도 중 산재보험 업종변경 사업장의 기간별 보수총액"은 ⑨번의 합계금액을 업종변경 전과 후를 구분하여 적습니다(연도 중 산재보험 업종변경이 없는 경우에는 적지 않습니다).
7. ⑪란의 "매월 말일 현재 일용근로자 및 그 밖의 근로자수"는 매월 말일 현재 근무하는 일용근로자 및 그 밖의 근로자의 수를 적습니다(해당자가 없는 경우에는 적지 않습니다).
8. 사업장 정보가 틀린 경우 "보험관계 변경신고서", 근로자·예술인의 고용정보가 틀린 경우 "피보험자 고용정보 내용 변경 신고서", 신고가 누락된 근로자·예술인을 추가 신고하는 경우 "피보험자격취득 신고서"를 별도 제출합니다.
9. 근로자 또는 예술인이 다른 사업장으로 전보된 경우 전보 이전 사업장에서는 "전보일(전출일)"란에 전보된 일자를 적고, 전보 이후 사업장에서는 "취득일(전입일)"란에 전입일을 적습니다.

※ 변경 및 정정에 필요한 각종 서식은 근로복지공단 홈페이지(www.comwel.or.kr)에서 다운로드하고, 고용·산재보험 토탈서비스(total.comwel.or.kr)에서 전자신고가 가능합니다.

과납 보험료 선납 충당 또는 반환 신청서

과납된 [ ]산재보험료, [ ]고용보험료가 있을 경우 내야 할 보험료와 그 밖의 징수금에 선납 충당 또는 반환하여 주시기 바랍니다.

반환금 입금 계좌	(　　　　)은행	계좌번호:	예금주:

「고용보험 및 산업재해보상보험의 보험료징수 등에 관한 법률 시행령」 제31조 제2항·제56조의5제6항 제3호·제56조의6제8항 제3호 및 「임금채권보장법 시행령」 제21조에 따라 위와 같이 과납보험료를 [ ]선납 충당 [ ] 반환 신청합니다.

년　　월　　일

신고인(사업주)　　(서명 또는 인)/ [ ]보험사무대행기관　　(서명 또는 인)

근로복지공단 ○○지역본부(지사)장 귀하

■ 고용보험 및 산업재해보상보험의 보험료징수 등에 관한 법률 시행규칙 [별지 제22호의11서식] 〈개정 2022. 12. 30.〉 고용・산재보험 토탈서비스(total.comwel.or.kr)에서도 신고할 수 있습니다.

[ ] 산재보험 [ ] 고용보험 ( )년도 보수총액 수정신고서(근로자 · 예술인)

(앞쪽)

접수번호	접수일	처리기한 5일

관 리 번 호		사업장명		대표자		산재업종	
사업장소재지			전화번호			팩스번호	

성 명	주민등록번호 (외국인등록번호)	산재보험 수정신고		고용보험 수정신고	
		취득일(전입일)	① 연간 보수총액(원)	취득일(전입일)	② 연간 보수총액(원)

일용근로자 보수총액 (※ 수정사항이 있는 경우에만 작성)	③ 산재보험 일용근로자 보수총액		④ 고용보험 일용근로자 (단기 예술인) 보수총액	근로자 종사 사업	
				예술인 종사 사업	
			④-1 65세 이후 새로 고용된 일용근로자 및 고용안정・직업능력개발만 적용된 고용허가외국인 일용근로자 보수총액(실업급여만 적용 제외)		
그 밖의 근로자 보수총액 (※수정사항이 있는 경우에만 작성)	⑤ 월60시간 미만 단시간 상용근로자(일용 제외)				
	⑥ 산재 고용정보 미신고 외국인근로자				

※ 「산업재해보상보험법」 제126조에 따라 「국민기초생활 보장법」 제15조에 따른 자활급여 수급자 중 고용노동부장관이 정하여 고시하는 사업에 종사하는 자(이하 "자활근로종사자"라 합니다) 및 노동조합 등으로부터 금품을 지급받는 "노조전임자"가 있는 경우에는 해당 근로자의 보수총액 등은 뒤쪽의 ⑨란에 작성합니다.

⑦ 연도 중 산재보험 업종변경 사업장 기간별 보수총액(※ 수정사항이 있는 경우에만 작성)		
구분	업종변경 전 (. . ~ . .)	업종변경 후 (. . ~ . .)
사업장보수총액 (원)		

⑧ 매월 말일 현재 일용근로자 및 그 밖의 근로자 수(※ 수정사항이 있는 경우에만 작성)												
구분	1월	2월	3월	4월	5월	6월	7월	8월	9월	10월	11월	12월
일용근로자 및 그 밖의 근로자 수(명)												

「고용보험 및 산업재해보상보험의 보험료징수 등에 관한 법률」 제16조의11・제48조의2 제8항 제2호・제48조의3제8항 제2호 및 같은 법 시행규칙 제16조의10에 따라 위와 같이 우리 사업장의 보수총액을 수정신고합니다.

년 월 일

신고인(사용자・대표자) (서명 또는 인) / [ ] 보험사무대행기관 (서명 또는 인)

근로복지공단 ○○지역본부(지사)장 귀하

297mm×210mm[백상지(80g/㎡) 또는 중질지(80g/㎡)]

(뒤쪽)

⑨ 자활근로종사자 및 노동조합 등으로부터 금품을 지급받는 노조전임자 보수총액 수정신고서(※ 수정 대상 근로자만 작성)

관리번호		사업장명		사업장소재지		
성명	주민등록번호 (외국인등록번호)	산재보험 수정신고		고용보험 수정신고		
		취득일(전입일)	⑩ 연간 보수총액(원)	취득일(전입일)	⑪ 연간 보수총액(원)	
					실업급여	고용안정 • 직업능력개발

※ ⑪ 연간 보수총액은 실업급여와 고용안정 • 직업능력개발 중 어느 한 부문만 적용될 수 있으므로 해당 부문을 구분하여 적습니다.
※ '노조전임자' 가 연도 중 노조에 일정 기간만을 전임한 경우 비전임기간의 보수총액도 ⑨란에 같이 적습니다.

작성방법

1. 수정 대상 근로자 또는 예술인에 대해서만 신고합니다.
   가. 산재보험 "근로자 고용신고" 또는 고용보험 "피보험자격 취득신고" 가 누락된 근로자 또는 예술인을 추가 신고할 경우에는 피보험자격취득 신고서를 별도 제출합니다.
   나. 근로자 자격취득 신고서 또는 피보험자격 취득신고서는 근로복지공단 홈페이지(www.comwel.or.kr)에서 내려 받거나 고용 • 산재토탈서비스(total.comwel.or.kr)에서 전자신고 가능합니다.
2. ① 및 ②란의 "연간 보수총액" 은 해당 연도에 발생된 보수총액을 적습니다.
   가. 근로자의 경우
      1) 연간 보수총액: 「소득세법」 제20조에 따른 근로소득에서 같은 법 제12조 제3호에 따른 비과세 근로소득을 뺀 금액(연말정산에 따른 갑근세 원천징수 대상 근로소득과 동일)
      2) 휴업 • 휴직 및 「근로기준법」 제74조에 따른 보호휴가(출산전후 휴가 또는 유산 • 사산휴가) 중의 보수는 고용보험 보수총액에는 포함하고, 산재보험 보수총액에서는 제외
   나. 예술인의 경우
      - 연간 보수총액: 「소득세법」 제19조에 따른 사업소득과 같은 법 제21조에 따른 기타소득을 더한 금액에서 같은 법 제12조 제2호 • 제5호에 따른 비과세소득과 고용노동부장관이 정하여 고시하는 방법에 따라 산정한 필요경비를 뺀 금액
3. ③ 및 ④란의 "일용근로자 보수총액" 은 일용근로자 또는 단기예술인(계약 기간이 1개월 미만인 근로자 또는 예술인)의 연간 보수총액 합계액을 적습니다(수정사항이 없는 경우에는 적지 않습니다).
4. ④-1란은 ④ 일용근로자 보수총액 중 "65세 이후 새로 고용된 일용근로자 보수총액과 고용보험 중 고용안정 • 직업능력개발만 적용되고 실업급여는 적용되지 않는 고용허가외국인 일용근로자 보수총액" 의 합계액을 적습니다(수정사항이 없는 경우에는 적지 않습니다).
5. ⑤란은 「고용보험법 시행령」 제3조 제1항에 따라 고용보험 적용제외자인 "월 60시간 미만 단시간 상용근로자 보수총액 합계액" 을 적고, ⑥란은 같은 영 제3조의3제2호 각 목에 해당하는 사람으로서 고용보험 가입을 신청하지 않은 외국인근로자 중 산재보험 고용정보를 신고하지 않은 "산재 고용정보 미신고 외국인근로자 보수총액 합계액" 을 적습니다(수정사항이 있는 경우에만 적습니다).
6. ⑦란의 "연도 중 산재보험 업종변경 사업장 기간별 보수총액" 은 산재보험 사업장 보수총액을 업종변경 전과 후를 구분하여 적습니다(수정사항이 없는 경우에는 적지 않습니다).
7. ⑧란의 "매월 말 현재 일용근로자 및 그 밖의 근로자 수" 는 매월 말 현재 근무하는 일용근로자의 수 및 그 밖의 근로자의 수의 합계를 적습니다(수정사항이 없는 경우에는 적지 않습니다).
8. 근로자 또는 예술인이 다른 사업장으로 전보된 경우 전보 이전 사업장에서는 "취득일(전입일)" 란에 취득일을 적고, 전보 이후 사업장에서는 "취득일(전입일)" 란에 전입일을 적기 바랍니다.

(6) 보수총액신고서 작성방법

1) 개요

- 2024년도 중 보수가 지급된 모든 근로자에 대하여 신고
- 일용근로자 보수총액 입력과 관련하여 일반사업장용과 65세 이후 새로 고용된 일용근로자가 있는 사업장용으로 구분하여 작성
- 고용보험, 산재보험 각각의 보수총액은 연령에 관계없이 연간 지급된 보수총액 전액을 기재[다만, 만 65세 이전에 고용된 근로자는 고용보험 전사업(실업급여, 고안직능) 부과되며 만 65세 이후에 고용된 근로자는 고용보험료 중 고안직능만 부과됨]
- 공단에서 통보한 근로자 명단에 누락이 있는 경우에는 별도로 「근로자고용신고서」 또는 「피보험자격취득신고서」 제출하여 누락 근로자가 보수총액신고서에 반영된 후 보수총액신고 작성 요망
- CD를 이용하여 신고하는 사업장은 보수총액신고서에 사업장 정보를 기재하여 CD와 신고서를 함께 제출
- 보수총액신고서에 근로자 성명 2자, 주민번호 2자리, 취득일, 상실일이 기재되어 있는 사업장에서는 성명과 주민번호를 추가 기재하지 않음.
  ※ 고용보험 피보험자격취득내역의 변경 또는 정정이 필요한 경우 고용센터(국번없이 1350)로 문의
- 「보험료징수법」 개정으로 보험료 산정방식이 사업장단위에서 '개인'단위로 변경
  ⇒ 근로자 개인별 보수총액 × 보험료율의 합산액
- 보수총액신고서에 의한 정산처리 4월 보험료에 일괄반영(소멸사업장은 제외)
  ⇒ 정산을 통해 납부하여야 할 보험료가 당월 보험료를 초과할 경우 분할고지(1/2)

2) 신고서 작성요령

▣ 사업장 현황

[　]산재보험 [　]고용보험 (2024)년도 보수총액신고서(근로자 · 예술인용)

※ 신고방법은 고용 · 산재 토탈서비스(total.kcomwel.or.kr) 또는 전자매체(CD)를 이용하여 신고합니다(단, 10인 미만 사업장은 서면신고 가능)
※ 작성방법은 뒤쪽을 참고하시기 바라며, 바탕색이 어두운 칸은 신고인이 적지 않습니다. (앞쪽)

접수번호	접수일자	처리기간 5일

관리번호	사업장명	대표자	산재업종	(요율: 　)
사업장소재지		전화번호	팩스번호	

보수총액신고서는 대량의 근로자 고용정보가 포함되어 있어 토탈서비스 또는 전자기록매체 이용 신고가 의무이며, 10인 미만 사업장의 경우만 서면신고가 가능하다.

▣ 근로자 고용정보 및 보수총액

성명	주민(외국인) 등록번호	① 보험료 부과 구분	산재보험			고용보험			
			취득일 (전입일)	전보일 (전출일)	② 연간 보수총액 (원)	취득일 (전입일)	전보일 (전출일)	③ 종사지 코드	④ 연간 보수총액 (원)

• ① 보험료부과 구분란 : 산재보험 또는 고용보험 중 일부 보험료가 부과 제외되는 근로자 여부를 표시. 기신고된 보험료 부과구분 정보를 공단에서 제공
(보험료부과 부호가 틀린 경우 「근로자고용정보 정정신청서」를 공단에 제출하여 근로자 정보를 변경한 후에 새로운 보수총액 신고 자료를 이용하여 작성)

부과 구분 부호	부과범위				대상 종사자
	산재보험		고용보험		
	산재 보험	임금채권 부담금	실업 급여	고용안정직 업능력개발	
51	○	○	x	x	09. 고용보험미가 외국인근로자 10.월60시간 미만 근로자 11. 항운노조원(임금채권부담금 부과대상)
52	○	x	x	x	03. 현장실습생(「산업재해보상보험법」 제123조 제1항에 따른 "고용노동부장관이 정하는 현장실습생") 13. 항운노조원(임금채권부담금 소송승소)
54	○	x	○	○	22. 자활근로종사자(「국민기초생활보장법」 제14조의2에 따른 급여의 특례에 해당하는 자, 차상위계층, 주거 · 의료 · 교육급여 수급자)
55	x	x	○	○	05. 국가기관에서 근무하는 청원경찰 06. 「선원법」 및 「어선원 및 어선 재해보상보험법」적용자 07. 해외파견자 (「산업재해보상보험법」의 적용을 받지 않는 자)
56	x	x	○	x	01. 별정직 · 임기제(일반, 전문, 시간선택제, 한시)공무원 16. 노조전임자(노동조합 등 금품 지급) 25. 예술인 28. 고용허가외국인(당연적용대상 중 실급 임의가입자)
58	○	x	x	○	21. 자활근로종사자(생계급여 수급자)
60	○	○	x	○	27. 고용허가외국인(당연적용대상)

• 취득일란 : 근로자 고용일(입사일). 전보근로자의 경우 전보 이후 사업장에서는 전보일(공단에서 정보 제공)

• 전보일란 : 전보 이전 사업장에서는 전보일(공단에서 정보제공)

• ③ 종사지 코드: 신고연도 마지막 날(보험관계가 소멸된 사업장의 경우에는 소멸일을 말

합니다)에 근로자·예술인이 실제로 종사하고 있는 사업장의 우편번호를 적음. 다만, 기간이 정하여져 있는 사업을 영위하는 사업장의 근로자·예술인은 본사 주소지의 우편번호를 적음

• ②란, ⑤란, ⑭란 및 ⑮란의 연간보수총액 : 해당 연도에 발생한 보수총액 작성

> • 「소득세법 시행규칙」 제100조 제26호에 따른 근로소득원천징수영수증의 '⑯의 계' 금액을 기재(단, 조세특례법상의 비과세(⑱-11, ⑱-14, ⑱-15, ⑱-16, ⑱-31) 항목에 금액이 있는 경우 포함하여 기재)
> • 휴업·휴직 및 보호휴가(산전후 휴가 또는 유산·사산휴가) 중의 보수는 고용보험 보수총액에는 포함, 산재보험 보수총액에서는 제외(단, 휴직 이전에 지급사유가 발생한 보수를 휴직기간 중에 지급한 경우라면 고용·산재보험 보수총액에 모두 포함)
> • 예술인의 연간 보수총액: 「소득세법」 제19조에 따른 사업소득과 같은 법 제21조에 따른 기타소득을 더한 금액에서 같은 법 제12조 제2호·제5호에 따른 비과세소득과 고용노동부장관이 정하여 고시하는 방법에 따라 산정한 필요경비를 뺀 금액

■ 일용근로자 보수총액

일용근로자 보수총액 (※뒤쪽 작성방법 제4호 참조)	⑤ 산재보험 일용근로자 보수총액		⑥ 고용보험 일용근로자(단기예술인) 보수총액	근로자 종사 사업	
				예술인 종사 사업	
			⑥-1 65세 이후 새로 고용된 일용근로자 및 고용안정·직업능력개발만 적용된 고용허가외국인 일용근로자 보수총액(실업급여만 적용 제외)		

⑤ 및 ⑥란의 "일용근로자 보수총액"은 일용근로자(1개월 미만 동안 고용되는 근로자) 또는 단기예술인들의 연간 보수총액 합계액을 적고 ⑥-1란은 ⑥의 일용근로자 보수총액 중 65세 이후 새로 고용된 일용근로자 및 고용안정·직업능력개발만 적용된 고용허가외국인 일용근로자 보수총액 합계액을 기재

※ 근로내용확인신고서를 제출하지 않은 일용근로자의 보수도 합산하여 신고하여야 하며 관할지사에 근로내용확인신고서도 제출하여야 함.

▣ 그 밖의 근로자 보수총액(월 60시간 미만 단시간 상용근로자, 산재 근로자가입 정보 미신고 외국인근로자

그 밖의 근로자 보수총액(산재보험만 해당) (※뒤쪽 작성방법 제5호 참조)	⑦ 월 60시간 미만 단시간 상용근로자(일용 제외)	
	⑧ 산재 고용정보 미신고외국인근로자	

⑦ 및 ⑧란은 「고용보험법 시행령」 제3조 제1항에 따라 고용보험 적용제외자인 "월 60시간 미만 단시간 상용근로자 보수총액 합계액" 및 같은 영 제3조의3제2호 각 목에 해당하는 사람으로서 고용보험 가입을 신청하지 않은 외국인근로자 중 산재보험 고용정보를 신고하지 않은 "산재 고용정보 미신고 외국인근로자 보수총액 합계액"을 각각 기재

※ 고용기간이 3개월 이상인 근로자는 근로자고용(취득)신고 및 보수총액을 신고하여야 함.

▣ 연도 중 산재보험 업종 변경 사업장 기간별 보수총액

⑩ 연도 중 산재보험 업종변경 사업장의 기간별 보수총액
(※ 연도 중 산재보험 업종변경이 있는 경우에만 적습니다)

구분	업종변경 전 (. . .~ . . .)	업종변경 후 (. . .~ . . .)
사업장의 보수총액(원)		

⑩ (산재보험 업종) ⑨번의 합계금액을 업종변경 전과 후를 구분하여 기재

▣ 매월 말일 현재 일용근로자와 그 밖의 근로자수

⑪ 매월 말일 현재 일용근로자 및 그 밖의 근로자 수 (※ ⑤,⑥ 또는 ⑦, ⑧ 해당 근로자가 있는 경우에만 적습니다)

1월	2월	3월	4월	5월	6월	7월	8월	9월	10월	11월	12월

⑪ 매월 말일 현재 근무하는 일용근로자의 수 및 그 밖의 근로자수란 : 매월 말일 현재 고용하는 일용근로자, 그 밖의 근로자의 수를 기재

■ 자활근로종사자 및 노동조합 등으로부터 금품을 지급받는 노조전임자 보수총액신고

부호	부과범위				대상근로자(적용기간)	
	산재보험		고용보험			
	산재	임채	실업급여	고안직능	~ 2016.12.26.	2016.12.27.~
54	○	×	○	○	자활근로종사자(급여특례 · 차상위계층)	자활근로종사자(급여특례 · 차상위계층, 주거급여 · 의료급여 또는 교육급여 수급자)
56	×	×	○	×	별정직 · 임기제 공무원, 노동조합 등으로부터 금품을 지급받는 노조전임자	
58	○	×	×	○	자활근로종사자(국민기초생활보장수급권자)	자활근로종사자(생계급여 수급자)

※ 「고용보험법」 제113조의2(「국민기초생활 보장법」의 수급자에 대한 특례) 등이 2016.12.27.자로 개정됨에 따라 자활근로종사자 중 주거급여 · 의료급여 또는 교육급여 수급자는 고용보험 실업급여 보험료 부과대상이 므로 「고용보험피보험자내용변경신고서」를 공단에 제출하여 보험료 부과구분 부호를 변경 바람.

| 자활근로자의 실업급여 적용관련 법 개정사항 |

현 행	개정(2016.12.27.~)
기초생활수급자: 실업급여 적용 제외	생계급여 수급자: 실업급여 적용 제외
	주거급여 · 의료급여 또는 교육급여수급자 등 그 밖의 수급자: 실업급여 적용

보험 구분	자활근로종사자(54, 58)	노조전임자(56)
산재보험(임채 제외) 고용보험 고안 · 직능	연도 중 자활근로(급여특례, 차상위계층, 기초생활수급권자) 해당 기간 중 발생한 보수총액	연도 중 노조비전임기간 중 발생한 보수총액
고용보험 실업급여	연도 중 자활근로(급여특례, 차상위계층) 해당기간 중 발생한 보수총액 ※ 2016.12.27.부터 주거급여 · 의료급여 또는 교육 급여 수급자 포함	연도 중 노조전임기간+노조비전임기간 전체 보수총액

※ 노조전임자의 보험료 부과구분 부호가 미신고 또는 착오 기재된 경우 「피보험자 · 고용정보 내역 정정 신청서」를 공단에 제출하여 근로자정보 정정 후 공단 고객지원센터로 보수총액신고서를 재요청 바람.

실무사례

[노동조합 등으로부터 금품을 지급받은 노조전임자 보수총액신고서 작성 예시]

- 노조전임자 이xx의 2024년도 보수지급 및 보장자격 변동내용
  - 2024. 1월~6월 8,000,000원 비전임기간(산재보험 부과대상, 고용보험 두 사업 모두 부과대상)
  - 2024. 7월~12월 6,800,000원 노조전임기간(산재보험 부과 제외, 고용보험 고용안정·직업능력개발사업 부과 제외)

※ 2024년도 보수총액신고서 작성 예시

성명	①보험료 부과구분	산 재 보 험			고 용 보 험			
		취득일	상실일	②연간보수총액(원)	취득일	상실일	③연간보수총액(원) 실업급여	③연간보수총액(원) 고용안정 · 직업능력개발
이xx	56	2013.2.5.		8,000,000	2013.2.5.		14,800,000	8,000,000

※ 근로시간면제자와는 다름에 유의할 것

(7) 실무 Q&A

문제 **건강보험 보수총액신고서를 산재 · 고용보험 보수총액신고서로 같이 신고할 수 있는지?**

해답

건강보험의 적용대상과 고용 · 산재보험의 적용대상이 서로 달라 보수총액신고서를 같이 사용할 수 없음. 예를 들어, 건강보험의 경우 사업주도 보험가입자에 해당하여 보수총액 신고 시 사업주의 소득도 보수총액에 포함되나, 고용 · 산재보험에서는 사업주의 소득은 보수총액신고대상에 해당하지 않으므로 건강보험의 보수총액신고서를 같이 사용할 수 없음.

문제 **2024년도 근로자가 전혀 없었는데도 신고해야 하는지?**

해답

신고해야 함.
보수총액신고서식의 ④(2024년도 근로자 사용 및 보수지급액 없음) 항목에 체크[√]하셔서 제출하시면 됩니다.

문제 **2025년 3월 15일까지 산재 · 고용보험 보수총액신고서는 반드시 제출해야 하는지?**

해답

제출해야 함. 건설업 및 벌목업을 제외한 전 사업은 2024년 고용 · 산재보험의 월별보험료 산정을

위한 보수총액신고서를 반드시 3월 15일까지 신고하여야 함.
보수총액신고서는 사업장의 전년도 보험료 정산과 월별보험료 산정부과를 위한 근로자의 월평균 보수를 산정하는 기초자료가 되므로 매년 3월 15일까지 근로복지공단에 별도 신고하여야 함. 고용·산재보험의 경우 보수총액신고서를 신고기한 이후 제출한 경우 4월 이후의 월별보험료가 정상적으로 산정되지 않아 이후 월별보험료를 재산정하는 번거로움이 발생하게 됨.

문제 **공단에서 산정하는 '근로자 부담분 실업급여'와 사업주가 근로자에게서 원천공제하는 '근로자 부담분 실업급여'는 일치하는지?**

해답

공단이 매월 부과하는 월별보험료는 전년도 '보수총액신고서 상의 월평균보수' 또는 '고용신고서 상의 월평균보수'를 기준으로 산정하고, 사업주가 근로자에게서 원천공제하는 실업급여는 실제 지급되는 월보수를 기준으로 산정하기 때문에 차이가 있을 수 있음.
차액은 다음 연도에 보수총액신고를 통해 정산하게 됨.

문제 **산재·고용보험 보수총액신고서는 근로복지공단에 전자 신고하여야 한다고 하는데, 어떻게 하여야 하는지?**

해답

보수총액신고는 반드시 전자신고 또는 전자적 매체에 의한 신고를 하여야 함. 신고대상자수가 10명 미만 사업장에서는 문서로 신고하실 수도 있으나 전자신고 시 신고절차가 대폭 간소화되므로 전자신고를 통해 한층 수월하게 업무를 처리할 수 있음.
전자신고는 근로복지공단 토탈서비스(total.kcomwel.or.kr)에 접속하여 [기존 회원이 아닌 경우 임시 아이디]를 이용하면 됨. ※ 단, 공인인증서 필요

문제 **근로자가 퇴직 시 퇴직 시점에서 보험(고용보험)료를 정산하여 그 결과를 공단에서 사업장에 통지하는지?**

해답

근로자가 퇴직하여도 해당 근로자 개인별로 보험료를 정산하지는 않음. 사업주는 근로자 퇴직 시 고용보험료를 확정하여 원천징수하게 되고, 퇴직정산 처리일이 업무마감일(매월 15일) 이전이면 업무마감일이 속한 달 보험료에 반영하고, 업무마감일 이후인 경우에는 그 다음달 보험료에 반영함.

문제 **휴직근로자도 보수총액신고를 해야 하는지?**

해답

신고해야 함.
연도 중 휴직기간이 포함된 근로자의 경우 산재는 제외, 고용은 포함하여 연간보수총액을 기재함.
단, 「고용보험법」에 따라 받는 육아휴직 급여, 산전후휴가 급여는 비과세소득으로 보험료부과대

상이 아니니 보수총액 작성 시 참고하기 바람.

문제 **전보근로자는 어떻게 보수총액 신고하나요?**

해답

전보근로자의 경우 전보일 기준으로 전보이전 사업장과 전보이후 사업장에서 발생한 보수를 각각 구분하여 작성함. 전보이전 사업장은 종료(상실)일이 전보일, 전보이후 사업장은 고용(취득)일이 전보일에 해당함.

문제 **정산 대상 근로자에 대한 근로소득 자료는 어떻게 구성되나요?**

해답

사업장에서 국세청에 신고한 근로소득 중 소득세법상 비과세금액(급식비 등)을 제외한 『근로소득자료』입니다. 다만, 일용근로자 보수가 국세청에 신고한 (일용)원천징수이행상황신고금액으로 산정될 경우 일부 비과세 금액이 포함될 수 있음.

문제 **일용근로자에 대한 국세청 신고 근로소득은 어떻게 산정되나요?**

해답

공단 또는 국세청에 신고한 일용 근로소득 합계와 국세청에 신고한 「(일용)원천징수이행상황신고금액」 중 큰 금액을 기준으로 산정

참고

[부과고지 사업장 정산보험료 소멸시효 기산일] 「고용산재보험료징수법」 제43조(보험료 정산에 따른 권리의 소멸시효)
제16조의9 제3항에 따른 정산 보험료의 소멸시효 및 제19조 제2항 및 제4항에 따른 확정보험료의 소멸시효는 다음 보험연도의 첫날(연도 중 소멸의 경우 소멸한 날)부터 진행함.
※ 기존(기산일: 3월 16일) → 개선(기산일: 연도 초일)

4 고용 · 산재보험(자진신고방식)

(1) 개요

건설업과 벌목업 등의 자진신고 납부방식은 매년 3월 31일까지 확정보험료와 개산보험료를 신고하여야 하며, 확정보험료는 3월 31일까지 개산보험료는 일괄납부 또는 분납의 형태로 납부하여야 한다.

(2) 개산보험료의 산정

① 의의

개산보험료라 함은 매 보험연도마다 그 1년간(보험연도 중에 보험관계가 성립한 경우에는 그 성립일로부터 그 보험연도의 말일까지의 기간)에 사용할 모든 근로자에게 지급할 보수총액 추정액에 보험료율을 곱하여 산정한 금액을 말한다.

② 개산보험료의 산정원칙

보험가입자가 1년간 사용할 근로자에게 지급할 보수총액을 추정하여 그 보수총액에 해당 보험료율을 곱하여 산정한다. 다만, 추정액이 전년도 보수총액의 70% 이상 130% 이내인 경우에는 전년도 확정보수총액을 당해 보험연도의 보수총액 추정액으로 한다.

> 개산보험료 = 당해 연도 추정보수총액 × 보험료율

문제 **2023년도 보수총액이 1억2천만원이고 2024년도 보수총액의 추정액이 1억원인 사업장에서의 2024년도 개산보험료는?**

해답

- 2024년도 보수총액의 추정액이 2023년도 보수총액의 83%으로 70% 이상 130% 이하의 범위에 포함되므로 2023년도 보수총액을 2024년도 보수총액 추정액으로 보아 보험료를 산정함.
- 즉, 이 경우 2024년도 개산보험료 = 1억2천만원(보수총액 추정액) × 보험료율

③ 보수총액 추정이 곤란한 경우(노무비율에 의한 산정)

건설공사에서 보수총액 추정액을 결정하기 곤란한 경우에는 고용노동부장관이 고시하는 노무비율에 의하여 보수총액을 결정한다. 즉, 보수총액 추정액은 총공사금액에 노무비율을 곱한 금액이다.

개산보험료 = 총공사금액 × 노무비율 × 보험료율

④ 개산보험료 보수총액 신고시 유의사항

2014.1.1.부터 만 65세 이후에 고용된 자는 실업급여를 부담하지 않으므로 보수총액 산정시 실업급여 부분에 해당하는 금액은 제외한다.

(3) 개산보험료의 신고 · 납부

① 사업주는 당해 보험연도의 3월 31일까지(보험연도 중에 보험관계가 성립한 경우 그 성립일부터 70일 이내에) 보험료신고서를 작성하여 공단에 제출하고 동 보험료에 대하여는 국고수납대리점(시중은행) 또는 우체국에 자진납부하여야 한다.
단, 건설공사 등 기간의 정함이 있는 사업으로서 보험관계 성립일부터 70일 이내에 종료되는 사업의 경우 그 사업의 종료일 전일까지 신고 · 납부하여야 한다.

② 보험료는 매년 사업주가 당해 보험연도의 3월 31일까지(보험연도 중에 성립한 사업장은 성립일부터 70일 이내에) 납부하여야 하며, 계속사업장 또는 6월말 이전에 성립된 사업장은 사업주의 신청(반드시 개산보험료 신고 시 신청)에 의해 분할납부가 가능하다.

③ 또한 분할납부할 수 있는 보험료를 당해 보험연도 3월 31일까지(연도 중 성립한 경우에는 성립일로부터 70일 이내)에 일시납부한 경우에는 3%를 경감받을 수 있다. 즉 개산보험료는 선납주의로 자진신고 · 자진납부를 원칙으로 한다.

| 분할납부 시 납부기한(연간 적용사업장[주]) |

기 별	산정대상 기간	납부기한
제1기	1/1 ~ 3/31	3/31
제2기	4/1 ~ 6/30	5/15
제3기	7/1 ~ 9/30	8/15
제4기	10/1 ~ 12/31	11/15

주) 보험연도 중 보험관계 성립 시 분할납부

④ 분할납부는 원칙적으로 연 4회로 되어 있으나, 연도 중 보험관계가 성립된 경우는 그 산정기간이 1년 미만이므로 횟수를 2회~3회로 조정. 단, 당해 보험연도의 7월 이후에 성립한 사업 또는 건설공사 등 기간의 정함이 있는 사업으로서 그 기간이 6월 미만인 사업은 분할납부가 인정되지 아니하므로 보험관계 성립일로부터 70일 이내에 전액을 납부하여야 한다.

■ 고용보험 및 산업재해보상보험의 보험료징수 등에 관한 법률 시행규칙[별지 제23호서식] 〈개정 2023. 6. 30.〉

(　　　)년도 고용 · 산재보험(임금채권부담금 등) 보험료신고서

※ 뒤쪽의 유의사항과 작성방법을 읽고 작성하기 바라며, [　]에는 해당되는 곳에 "√" 표시를 합니다.

(앞쪽)

접수번호	접수일	처리기간 5일

신고 사업장	사업장관리번호 :			공사명(건설공사) :	
	사업장명칭 :	대표자 :		소재지 :	
	전화번호 :	휴대전화 :		FAX :	E-mail :

(　　)년 확정보험료	구분		산정기간	①보수총액	②보험료율	③확정보험료액 (①×②)	개산보험료액 ④신고액	개산보험료액 ⑤납부액	⑥추가납부할 금액(③-④)	⑦초과액(⑤-③) 충당액	⑦초과액(⑤-③) 반환액
	산재보험	근로자 (임금채권부담금 등 포함)	~		/1,000						
		노무제공자			/1,000						
		계									
	고용보험	실업급여	~		/1,000						
		고용안정·직업능력개발	~		/1,000						
		계									

(　　)년 개산보험료 (추정보험료)	구분		산정기간	⑧보수총액	⑨보험료율	⑩개산보험료액 (⑧×⑨)	⑪분할납부 여부
	산재보험	근로자 (임금채권부담금 등 포함)			/1,000		[　]일시납부 [　]분할납부
		노무제공자			/1,000		
		계					
	고용보험	실업급여	~		/1,000		[　]일시납부 [　]분할납부
		고용안정·직업능력개발	~		/1,000		
		계					

※ 퇴직보험 등에 가입한 사업장은 별도로 임금채권부담금 경감신청서를 제출하여 임금채권부담금을 경감받으시기 바랍니다.

확정보험료 보수총액 대비 개산보험료 보수총액 감소(30% 초과) 사유
[　]근로자 감소 [　]휴업
[　]그 밖의 사유:

※ 분할납부는 개산보험료로 한정하며, 분할납부를 원하는 경우 뒤쪽의 분할납부신청서 작성
※ 일시납부를 하는 경우 3% 할인

(　　)년도 확정보험료 산정 기초 보수총액

구분	산재보험 인원	산재보험 보수총액	고용보험 인원	고용보험 보수총액
1월	명	원	명	원
2월	명	원	명	원
3월	명	원	명	원
4월	명	원	명	원
5월	명	원	명	원
6월	명	원	명	원
7월	명	원	명	원
8월	명	원	명	원
9월	명	원	명	원
10월	명	원	명	원
11월	명	원	명	원
12월	명	원	명	원
합계	명	원	명	원
월평균	명	원	명	원

「고용보험 및 산업재해보상보험의 보험료징수 등에 관한 법률 시행령」 제20조, 제26조 및 같은 법 시행규칙 제17조, 제22조 제1항에 따라 위와 같이 신고합니다.

년　　월　　일

신고인(보험가입자)　　　　(서명 또는 인)

[　]보험사무대행기관　　　　(서명 또는 인)

근로복지공단 ○○지역본부(지사)장 귀하

297mm×210mm[백상지 80g/㎡(재활용품)]

(뒤쪽)

유의사항

1. 체납보험료(④신고액-⑤납부액)는 국민건강보험공단의 고지서에 따라 납부하여 주시기 바랍니다.
2. 임금채권부담금 경감대상 사업주분께서는 별도로 임금채권부담금 경감신청서를 제출해야 합니다.
3. ⑥란의 추가납부할 금액은 분할납부할 수 없습니다.
4. ⑩란의 개산보험료를 3월 31일까지 일시납부하는 경우에는 3% 할인 혜택이 있습니다(6개월 미만의 건설공사 사업장 또는 해당 연도 중 7월 1일 이후 성립된 사업장의 경우 분할납부 불가).
5. 연간 보험료를 분할 계산할 경우, 2기 이후 금액은 동일하게 하고 나머지는 제1기 금액에 합산합니다.
6. 건설업자가 아닌 자가 시공하는 건설공사로서 해당 연도 이후 준공되는 공사의 경우, 오른쪽 상단에 건설공사의 기간 및 금액 명세를 적어 주시기 바랍니다.

작성방법

1. ①란의 보수총액은 전년도 중 모든 근로자에게 지급하였거나 지급하기로 한 보수총액(대표자임금 제외, 보험료신고서 앞면의 '확정보험료 산정 기초 보수총액'의 합계액)을 적습니다.
2. ③란의 확정보험료액은 표시된 계산방식에 따라 계산하여 주시기 바라며, 계산 결과 추가로 납부하여야 할 금액이 나온 경우 그 금액을 ⑥란에 적고, 초과액이 나온 경우에는 ⑦란 중 충당액란에 적습니다. ⑦란의 충당액이 ⑩란의 개산보험료액보다 많을 경우에는 충당 후 남은 금액을 반환액에 적습니다.
3. ⑧란은 해당 연도에 모든 근로자에게 지급할 것으로 추정되는 보수총액을 적습니다. 다만, 추정된 보수총액이 ①란의 전년도 확정보수총액 대비 70/100 ~ 130/100인 경우에는 ①란의 보수총액과 동일하게 적어 주시기 바라며, 70/100 미만으로 추정되는 경우에는 ⑧란 아래의 "확정보험료 보수총액 대비 개산보험료 보수총액 감소(30% 초과) 사유" 표시 부분의 해당하는 사유에 "√" 표시를 해주시기 바랍니다.
4. ⑪란은 ⑩란에 따른 금액을 일시납부하실 것인지 분할납부하실 것인지를 선택하여 "√" 표시를 해주시기 바랍니다.

건설공사

공사명		
전체공사기간	년 월 일 ~ 년 월 일	
공사금액명세	총공사금액	
	해당 연도 시공예정액	
	다음 연도 이월예정액	

개산보험료의 분할납부신청서

「고용보험 및 산업재해보상보험의 보험료징수 등에 관한 법률」 제17조 제3항(「임금채권보장법」 제16조)에 따라 개산보험료의 분할납부를 신청합니다.

※ 확정보험료(추가납부해야 할 금액)는 분할납부가 안 됨을 유의하세요.

구분		개산보험료	제1기	제2기	제3기	제4기
산재보험 (임채권부담금 등 포함)		원	원	원	원	원
고용보험	실업급여	원	원	원	원	원
	고용안정·직업능력개발	원	원	원	원	원
	계	원	원	원	원	원

년 월 일

신청인(보험가입자 또는 보험사무대행기관) (서명 또는 인)

근로복지공단 ○○지역본부(지사)장 귀하

과납보험료 충당신청서

「고용보험 및 산업재해보상보험의 보험료징수 등에 관한 법률 시행령」 제31조 제2항(「임금채권보장법 시행령」 제21조)에 따라 과납보험료를 충당 신청합니다.

구분		납부할 금액	충당 신청액	충당 후 납부액
산재보험 (임채권부담금 등 포함)		원	원	원
고용보험	실업급여	원	원	원
	고용안정·직업능력개발	원	원	원
	계	원	원	원
반환금 입금 계좌				( )은행
계좌번호:			예금주:	

년 월 일

신청인(보험가입자 또는 보험사무대행기관) (서명 또는 인)

근로복지공단 ○○지역본부(지사)장 귀하

(4) 개산보험료의 감액조정

① 의의

보험연도 중에 사업의 규모를 축소하여 실제의 개산보험료 총액이 이미 신고한 개산보험료 총액보다 30% 이상으로 감소하게 된 경우에는 사업주의 신청에 의하여 그 초과액을 감액할 수 있도록 함으로써 보험가입자의 재정 부담을 완화해주는 제도이다.

② 감액요건

- 개산보험료의 감액사유가 사업규모의 축소에 의할 것
- 개산보험료 감소규모가 30% 이상일 것
- 보험가입자가 감액조정신청을 하였을 것

③ 감액절차

감액사유가 발생한 경우 「개산보험료감액조정신청서」와 매출원장 등을 작성하여 공단에 제출하고 감액 결정될 경우 개산보험료에 대한 감액금액이 통지된다.

감액신청사유 또는 감액조정 보험료의 산정을 위하여 사실증명, 임금대장 등이 필요하며 개산보험료를 완납한 경우는 충당 또는 반환을 받고 분할납부의 경우는 납부할 개산보험료에서 감액된 금액을 공제하고 납부하게 된다.

■ 고용보험 및 산업재해보상보험의 보험료징수 등에 관한 법률 시행규칙 [별지 제29호서식] (2021.12.31. 개정)

고용·산재보험토탈서비스(total.comwel.or.kr)에서도 신청할 수 있습니다.

[ ]고용보험 [ ]산재보험 개산보험료 감액조정신청서

※ 뒤쪽의 유의사항 및 작성방법을 읽고 작성하기 바랍니다. (앞쪽)

접수번호	접수일	처리기간 5일

사업장	사업장관리번호	대표자
	사업장명	전화번호
	소재지	
감액조정신청사유		

구 분			⑥ 산정기간	⑦ 보수총액	⑧ 보험료율	⑨ 개산보험료	⑩ 감액보험료
산재보험(임금채권부담금)		⑪기 신고액			/1,000		(⑪-⑫)
		⑫조정신청액			/1,000		
고용보험	감액보험료 총계		–	–	–	–	
	실업급여	⑬기 신고액			/1,000		(⑬-⑭)
		⑭조정신청액			/1,000		
	고용안정 · 직업능력개발	⑮기 신고액			/1,000		(⑮-⑯)
		⑯조정신청액			/1,000		

산재보험(임금채권부담금)보수총액 추정명세			고용보험 보수총액 추정명세		
월 별	⑰ 인 원	⑱ 보수총액	월 별	⑲ 인 원	⑳ 보수총액
1			1		
2			2		
3			3		
4			4		
5			5		
6			6		
7			7		
8			8		
9			9		
10			10		
11			11		
12			12		
계			계		

「고용보험 및 산업재해보상보험의 보험료징수 등에 관한 법률」 제18조 제2항(「임금채권보장법」 제16조에 따라 준용하는 경우를 포함) 및 같은 법 시행규칙 제21조에 따라 위와 같이 신청합니다.

년 월 일

신청인(보험가입자) (서명 또는 인)

[ ]보험사무대행기관 (서명 또는 인)

근로복지공단 ○○지역본부(지사)장 귀하

210mm×297mm[백상지(80g/㎡) 또는 중질지(80g/㎡)]

(뒤쪽)

유의사항

1. 개산보험료 감액조정은 실제의 개산보험료액이 이미 신고한 개산보험료 총액보다 100분의 30 이상으로 감소하게 된 때에 신청할 수 있습니다.
2. 감액신청 사유 또는 감액보험료의 산정을 위하여 별도의 서류(사실증명, 임금대장 등)가 필요할 수 있습니다.

작성방법

1. 고용보험, 산재보험 중 신청하려는 난에 "√" 표시를 하시기 바랍니다.
2. ⑤ 감액신청 사유는 휴업, 사업규모 축소 등 감액신청 사유를 적습니다.
3. ⑪,⑬,⑮ 기 신고액은 당초 신고한 개산보험료 산정명세를 적습니다.
4. ⑫,⑭,⑯ 조정신청액은 감액신청에 따라 해당연도 중 실제 지급 예상되는 보수액과 보험료액을 적습니다.
5. 보수총액 추정명세(⑰~⑳)은 신청일 현재까지의 실지급 보수총액과 향후 지급예상액을 월별로 적습니다.

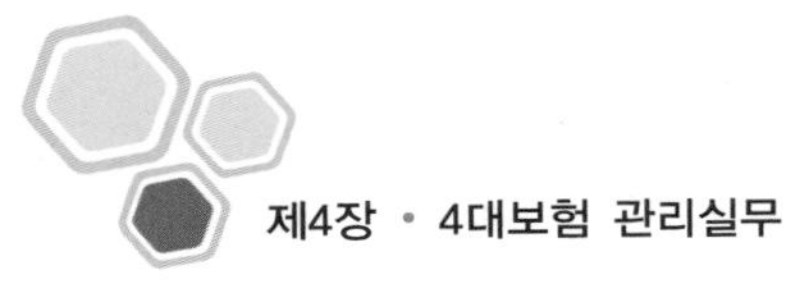

(5) 개산보험료 경정청구제도

① 의의

법정기한 내에 개산보험료를 신고한 사업주가 개산보험료를 초과하여 신고·납부한 경우 이를 경정청구할 수 있도록 하여 보험료 납부 사업주에 대한 권익을 보호해 주는 제도이다.

② 경정요건

- 법정기한 내에 개산보험료를 신고하였을 것
- 이미 신고한 개산보험료가 신고하여야 할 개산보험료를 초과할 것
- 법정신고기한이 지난 후 1년 이내에 경정을 청구할 것

③ 경정청구절차

경정청구를 하고자 하는 경우 「개산보험료(확정보험료) 경정청구서」를 작성하여 공단에 제출하고 공단은 경정청구를 받은 날로부터 2월 이내에 경정청구에 대한 결과를 청구인에게 통지한다.

경정청구사유 또는 경정청구 보험료의 산정을 위하여 사실증명, 임금대장 등이 필요하며 개산보험료를 완납한 경우는 충당 또는 반환을 받고 분할납부의 경우는 납부할 개산보험료에서 감액된 금액을 공제하고 납부하게 된다.

■ 고용보험 및 산업재해보상보험의 보험료징수 등에 관한 법률 시행규칙 [별지 제26호 서식] (2015.12.31. 개정)

[ ] 고용보험 [ ] 산재보험 (　　)년도 [ ] 개산보험료 [ ] 확정보험료 경정청구서

※ 작성방법은 뒷면을 참고하여 주시기 바라며, 색상이 어두운 난은 신청인이 적지 않습니다. (앞면)

접수번호		접수일		처리기간 2개월
사업장관리번호				
신고인	상호・법인명			
	소재지			전화번호
	대표자			
신고 내용	법정 신고일			
	최초 신고일			
	경정청구 이유			
경정 청구 사항	구분	최초신고(경정 전)	경정청구	
	보험료 종류			
	보수총액			
	보험료액			
	그 밖에 필요한 사항			

「고용보험 및 산업재해보상보험의 보험료징수 등에 관한 법률 시행령」 제23조・제26조 및 같은 법 시행규칙 제19조에 따라 위와 같이 청구합니다.

년 월 일

신고(신청)인 (서명 또는 인)

[ ] 보험사무대행기관 (서명 또는 인)

근로복지공단 ○○○○지역본부(지사)장 귀하

210mm×297mm[일반용지 60g/㎡(재활용품)]

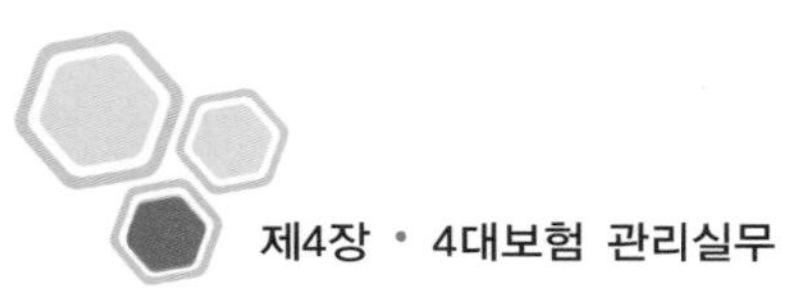

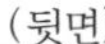
(뒷면)

첨부서류	1. 최초 보험료신고서 사본 2. 경정청구 사유 증명자료	수수료 없 음

작성방법
1. 고용보험, 산재보험 중 신청하려는 난에 "√" 표시를 하시기 바랍니다. 2. "법정 신고일"란에는 보험료신고의 법정신고기한을 적습니다. 3. "최초 신고일"란에는 실제로 보험료신고를 한 날을 적습니다. 4. "보험료 종류"란에는 개산·확정보험료 여부 및 해당 연도를 적습니다. 5. "보험료액"란에는 경정청구 전·후의 보험료액을 적습니다. 6. "그 밖에 필요한 사항"란에는 경정청구에 참고할 사항이 있으면 이를 적습니다.

(6) 확정보험료의 산정

① 의의

확정보험료라 함은 매 보험연도의 초일(보험연도 중에 보험관계가 성립한 경우에는 성립일)부터 연도 말일 또는 보험관계가 소멸한 날의 전날까지 지급한 보수총액에 보험료율을 곱하여 산정한 금액을 말한다.

② 확정보험료의 산정원칙

당해 보험연도 중 실제 지급한 보수총액(지급하기로 결정되었으나 미지급된 보수포함)에 보험료율을 곱하여 산정한다.

③ 보수총액 결정이 곤란한 경우(노무비율에 의한 산정)

건설공사도 실제 지급된 보수총액에 보험료율을 곱하여 산정함이 원칙이나 보수총액을 결정하기 곤란한 경우에는 고용노동부장관이 정하여 고시한 노무비율로 보수총액을 결정하여 확정보험료를 산정할 수 있다.

확정보험료 = 〔직영인건비+ (외주비[주] × 하도급노무비율)〕 × 보험료율

주) 외주비는 원수급인이 하도급 준 공사의 총공사금액(외주비)에서 하수급인에 대한 사업주 인정 승인을 받아 하도급 준 공사의 공사금액(외주비)을 제외하고 산정

건설업의 경우를 보면 다음과 같다. 즉 본사소속의 현장근무직원(간접노무비)의 보수가 고용・산재보험이 서로 상이하게 처리된다.

구 분	고용보험	산재보험
건설본사	사무(내근)직원 + 본사소속 현장근무직원[주]	사무(내근)직원
건설현장	현장일용직 + 외주비×노무비율	본사소속 현장근무직원[주] + 현장일용직 + 외주비×노무비율

주) 현장소장, 기사 등을 말함.

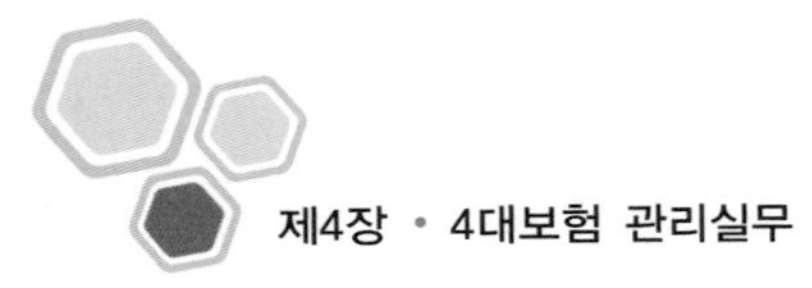

참고

[노무비율 고시액]

구분	일반 건설업	하도급 건설업	벌목업(1m³당)
2024	총공사금액의 27%	하도급공사금액의 30%	10,703원
2023	총공사금액의 27%	하도급공사금액의 30%	10,763원
2022	총공사금액의 27%	하도급공사금액의 30%	10,716원
2021	총공사금액의 27%	하도급공사금액의 30%	10,704원
2020	총공사금액의 27%	하도급공사금액의 30%	10,718원
2019	총공사금액의 27%	하도급공사금액의 30%	10,830원
2018	총공사금액의 27%	하도급공사금액의 30%	10,585원
2017	총공사금액의 27%	하도급공사금액의 30%	10,562원
2016	총공사금액의 27%	하도급공사금액의 31%	10,909원
2015	총공사금액의 27%	하도급공사금액의 31%	10,160원

④ 하수급인 사업주 인정 승인을 받은 공사

하수급인 사업주 인정 승인을 받은 공사는 하수급인이 보험료 신고·납부 주체가 된다. 원수급인의 신청에 의해 하수급인 사업주 인정 승인을 받은 공사에 대해서는 하수급인이 반드시 그 공사에 대한 보수총액을 포함하여 신고하고 보험료를 납부한다. 따라서 하수급인이 확정보험료를 신고하지 않거나 사실과 다르게 신고한 경우 가산금과 연체금이 부과된다.

(7) 확정보험료의 신고 · 납부

① 신고 · 납부기한

다음 보험연도의 3월 31일까지(보험관계가 보험연도 중에 소멸한 경우는 소멸한 날부터 30일 이내) 확정보험료를 신고·납부하여야 한다. 개산보험료를 확정보험료보다 초과 납부한 경우에는 초과금액을 반환받거나 충당 신청할 수 있다.

사업주가 국가·지방자치단체인 경우에는 그 보험연도의 말일(보험연도 중에 보험관계가 소멸한 사업에 있어서는 그 소멸일부터 30일)까지 신고·납부할 수 있다.

② 개산보험료 미납상태의 확정정산

개산보험료 미납상태의 확정정산 시 연체금 부과기준은 다음과 같다.

㉠ 당초 징수 결정한 개산보험료	그 법정 납부기일 다음 날부터 확정보험료의 법정납부기일까지의 기간에 대해서 당초 징수 결정한 개산보험료를 기준으로 연체금 부과
㉡ 감액차액분	확정보험료 및 확정부담금의 법정납부기일 익일부터 실제 납부한 날의 전일까지의 기간
㉢ 추가 징수하는 확정보험료 및 확정부담금	그 법정납부기일 익일부터 실제 납부한 날의 전일까지의 기간

(8) 확정보험료 경정청구

① 의의

법정기한 내에 확정보험료를 신고한 사업주가 확정보험료를 초과하여 신고・납부한 경우 이를 경정청구할 수 있도록 하여 보험료 납부 사업주에 대한 권익을 보호해 주는 제도이다.

② 경정청구요건

- 법정기한 내에 확정보험료를 신고하였을 것
- 이미 신고한 확정보험료가 신고하여야 할 확정보험료를 초과할 것
- 법정신고기한이 지난 후 1년 이내에 경정청구할 것

③ 경정청구절차

확정보험료의 경정청구를 하고자 하는 경우 「개산보험료(확정보험료) 경정청구서」를 작성하여 공단에 제출하고 공단은 경정청구를 받은 날로부터 2월 이내에 경정청구에 대한 결과를 청구인에게 통지한다.

경정청구사유 또는 경정청구 보험료액의 산정을 위하여 사실증명, 임금대장 등이 필요하며 확정보험료를 완납한 경우에는 충당 또는 반환을 받고, 미납된 경우에는 납부할 보험료에 대하여 감액된 금액을 납부하게 된다.

(9) 확정보험료 수정신고

① 의의

법정기한 내에 확정보험료를 신고한 사업주가 확정보험료를 미달하여 신고・납부한 경우 이를 수정신고할 수 있도록 하여 보험료 납부 사업주에 대한 권익을 보호해 주는 제도이다.

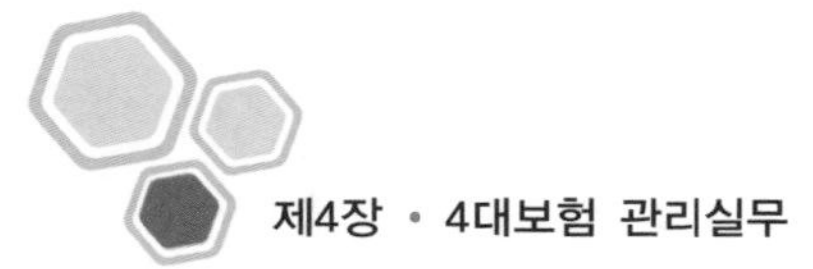

② 수정신고요건

> • 법정기한 내에 확정보험료를 신고하였을 것
> • 이미 신고한 확정보험료가 신고하여야 할 확정보험료에 미달할 것
> • 공단이 확정보험료 조사계획 통지하기 전까지 신고

③ 수정신고절차

확정보험료 수정신고를 하고자 하는 경우 「확정보험료 수정신고서」를 작성하여 공단에 제출하여야 하고 이에 따른 보험료 차액을 납부한다.

법정기한 내 확정보험료를 신고한 사업주는 이미 신고한 확정보험료가 신고해야 할 확정보험료에 미달하는 경우 공단이 확정보험료 조사계획 통지 전까지 신고하는 경우 수정신고 결과 추징금에 대한 가산금 50%를 경감한다.

(10) 건설업 확정정산

① 의의

확정보험료의 정산은 공단과 보험 가입자 간에 당해 보험년도의 개산보험료액과 확정 보험료액과의 차액에 대해 추가징수·반환 관계를 정리하는 일련의 과정으로써 공단 소속 6개 지역본부의 확정정산 전담부(팀)에서 수행하는 건설업 정산 업무이다.

② 정산절차

근로복지공단은 매년 말일까지 다음연도의 확정보험료 정산 계획을 수립하고 "확정정산 사업장 선정위원회"에서 선정한 확정정산 대상 사업장을 지역본부장에게 시달하고, 지역본부장은 선정된 정산대상 사업장을 관련 전산시스템에 입력하고 그 선정사유와 정산 실시일자, 조사자 등을 서면으로 해당 사업장에 통지(서면정산 실시 결과 적정할 경우 현지 조사 제외 가능)한다.

지역본부장은 서면정산 관계서류를 제출하지 않거나 임금(또는 보수)총액이 명확하지 아니하여 현지정산이 필요하다고 인정되는 사업장에 한하여 현지정산 실시한다.

③ 정산대상

• 보험료신고서의 확정보수(임금)총액과 국세청으로부터 수집한 자료의 보수(임금)총액이 일치하지 않는 사업장

- 확정보험료신고서의 전년도 개산보험료신고액 대비 반환 또는 충당금액의 비율이 높은 사업장
- 보험료신고서의 확정보수(임금)총액과 사업개시공사금액에 의한 보수(임금)총액이 일치하지 않는 사업장
- 세무비리 등 각종 신고에 있어서 잡음이 많은 사업장, 최근 3년 동안 조사대상사업장에 선정되지 아니한 사업장, 그 밖에 보수(임금)총액이 불명확하거나 조사 및 정산이 필요하다고 인정되는 사업장

※ 최근 3년 이내에 확정정산결과 성실 신고한 것으로 확인된 사업장은 다음연도 선정대상에서 제외

④ 정산기준

확정정산은 전년도 확정보험료(부담금, 분담금 포함)에 한하여 실시하지만 정산계획에 따라 정산 대상 사업장 선정 후 다음연도에 실시하는 사업장은 전전년도에 대하여 실시한다.

전년도 확정보험료에 대한 정산실시 결과 산재 및 고용보험료의 추가징수 합계액이 신고액 대비 10% 이상 발생하거나 추가징수 합계액이 2천만원 이상인 경우에는 소멸시효가 끝나는 기간까지 정산한다. 다만, 추가징수 합계액이 200만원 미만인 경우는 제외한다.

■ 고용보험 및 산업재해보상보험의 보험료징수 등에 관한 법률 시행규칙[별지 제30호서식] <개정 2023. 6. 30.>

[ ] 고용보험 [ ] 산재보험 (　　)년도 확정보험료 수정신고서

※ 작성방법은 뒤쪽을 참고하여 주시기 바라며, 색상이 어두운 난은 신청인이 적지 않습니다. (앞쪽)

접수번호	접수일	처리기간 5일

사업장관리번호			
신고인	상호 · 법인명		
	소재지		전화번호
	대표자		

신고 내용	법정 신고일	
	최초 신고일	
	수정신고 이유	

경정청구 사항	구 분	최초신고(수정신고 전)	수정신고
	보험료 종류		
	보험료액		
	그 밖에 필요한 사항		

「고용보험 및 산업재해보상보험의 보험료징수 등에 관한 법률」 제19조 제5항 · 제6항, 제48조의6 제13항 제2호 및 같은 법 시행규칙 제23조에 따라 위와 같이 신고합니다.

년　　월　　일

신고(신청)인　　　　(서명 또는 인)

[ ] 보험사무대행기관　　　　(서명 또는 인)

근로복지공단 ○○○○지역본부(지사)장 귀하

210mm×297mm(일반용지 60g/㎡(재활용품))

(뒤쪽)

첨부서류	1. 최초 보험료신고서 사본 2. 수정신고 사유 증명자료	수수료 없 음

작성방법
1. 고용보험, 산재보험 중 신고하려는 난에 '√" 표시를 하시기 바랍니다. 2. "법정 신고일"란에는 보험료신고의 법정신고기한을 적습니다. 3. "최초 신고일"란에는 실제로 보험료신고를 한 날을 적습니다. 4. "보험료 종류"란에는 확정보험료의 해당연도를 적습니다. 5. "보험료액"란에는 수정신고 전ㆍ후의 보험료액을 적습니다. 6. "그 밖에 필요한 사항"란에는 수정신고에 참고할 사항이 있으면 이를 적습니다.

(11) 소멸시효 등

① 소멸시효

보험료 및 기타 징수금을 징수하는 권리나 반환을 받은 권리 및 보험급여를 받을 권리의 소멸시효는 3년이므로 이전 3년간의 개산보험료, 확정보험료 및 가산금에 대하여 조사하여 납입 고지한다. 이때 확정보험료의 소멸시효는 다음 보험연도의 초일(보험연도 중에 보험관계가 소멸한 사업에 있어서는 보험관계소멸일)부터 진행된다.

② 직권조사징수

사업주가 법정기한 내에 개산·확정보험료를 신고하지 아니하거나 그 신고가 사실과 다른 때에는 공단은 직권으로 조사하여 납부하여야 할 보험료를 징수하게 되며 이에 따른 연체금 및 가산금 등을 추가로 부과하게 된다.

(12) 보험료신고서 작성방법

1) 확정보험료

① 건설업 본사

확정보험료 = 실제 지급한 보수총액주) × 보험료율

주) 지급하기로 결정되었으나 미지급된 보수 포함

고용보험 보수주)	산재보험 보수
전체 근로자의 보수－(공사현장 일용근로자 보수＋대표자 등 보수)	전체 근로자의 보수－공사현장에서 발생되는 보수(본사소속 현장소장, 기사 등 직원에 대한 보수, 건설현장 일용근로자 보수, 대표자 등 보수)
손익계산서상 인건비 전체(대표자 제외) + 원가명세서상의 본사소속(현장소장, 기사 포함) 전체 근로자 보수	손익계산서상 인건비 전체(대표자 제외)

주) 65세 이후에 고용된 근로자의 경우 실업급여의 보수에서 제외

② 건설업 현장

건설공사(일괄유기사업 포함)도 실제 지급된 보수총액(지급하기로 결정되었으나 미지급된 보수 포함)에 보험료율을 곱하여 산정함이 원칙이나, 보수총액을 결정하기 곤란한 외

주비 등의 경우에는 고시된 하도급 노무비율을 사용한다.

> 확정보험료 = 〔직영근로자에게 지급된 보수 + (외주비×하도급노무비율)〕 × 보험료율

자기공사, 원도급공사, 하도급받은 공사 중 하수급인 사업주 인정 승인받은 공사에서 발생한 보수는 포함하고, 원수급인이 하도급을 준 공사(외주비)에서 하수급인 사업주 인정 승인받은 공사는 제외한다.

2) 개산보험료

> 개산보험료 = 1년간 전체 근로자에게 지급할 보수총액의 추정액 × 보험료율

개산보험료 보수총액이 전년도 확정보험료 보수총액의 70% 이상 130% 이하인 경우에는 전년도 확정보험료 보수총액과 동일하게 기재한다.

3) 보험료율

① 고용보험료율

> 고용보험료율 = 실업급여요율 + 고용안정·직업능력개발사업 요율

② 산재보험료율

> 산재보험료율 = 산재보험료율 + 임금채권부담금 비율 + 석면피해구제분담금 비율

4) 개산보험료의 일시납 및 분납여부 선택

개산보험료의 분할납부 여부 항목에 [✓]일시납부 표시하고, 납부기한 내에 일시납부하면 3% 공제된다(전자신고 시 5천원 추가경감). 분할납부 여부 항목에 [✓]분할납부 표시하면 해당 보험료를 4기(3/31, 5/15, 8/15, 11/15)로 나누어 납부할 수 있다.

제8절

근로자 내용변경 등 신고

구 분	국민연금	건강보험	고용보험	산재보험
처리 기관	국민연금공단 관할지사	국민건강보험공단 관할지사	고용노동부 고용센터	근로복지공단 관할지사
신고 대상	• 성명 • 주민등록번호 • 특수직종근로자 해당 여부 • 취득일, 상실일 등	• 성명 • 주민등록번호 • 취득일	• 성명 • 주민등록번호 • 휴직종료일 • 자활근로종사자의 보장자격 변경(고용보험만 해당)	
신고 기한	• 내용변경: 사유발생일이 속하는 달의 다음 달 15일까지 • 내용정정(국민연금 고유): 착오발견 즉시	사유발생일로부터 14일 이내		
신고 서류	• 내용변경 :사업장가입자내용 변경신고서 • 내용정정(국민연금 고유): 국민연금 사업장가입자 내용변경(정정)신고서	직장가입자내역 변경신고서	피보험자내역 변경신고서	근로자정보변경 신고서
신고처	4대사회보험 각 기관 지사 및 인터넷(www.4insure.or.kr) [전자민원] 신고 (단, 건설공사는 근로복지공단 지사로 신고)			
유의 사항	① 사업장가입자이었던 자, 타인명의 취업근로자는 국민연금공단에 이첩하여 처리 ② 사업장가입자의 내용변경·정정은 가입기간의 변경 등 징수 및 급여(수급권)에 영향을 미치	① 근무내역 변경이 있을 경우 직장가입자 근무처·근무내역변동통보서를 별도 제출 또는 전자민원 [내역변경]-[건강보험 직장가입자 근무처 및 근무내역변동 신		① 부과고지대상 사업장만 신고(건설업 및 벌목업 사업장은 산재보험 근로자정보변경 신고대상이 아님) ② 고용일, 고용종료일, 전보일, 휴직일, 휴직종료일이 정정된 경우에 근

구 분	국민연금	건강보험	고용보험	산재보험
	는 사항이므로 정확히 확인 후에 신고 * 내용정정은 국민연금공단에서만 접수 처리함.	고]에서 신고 ② 단위사업장 현황 또는 영업소 현황의 내역변경이 있을 경우 국민건강보험공단 관할 지사로 신고		로복지공단 관할 지사에 서면으로 정정 요청

1 국민연금

(1) 신고대상

근로자에게 다음의 변경이 있는 경우에는 근로자 내용변경 및 정정신고를 하여야 한다.

내용변경(4대기관 공통)	• 성명 • 주민등록번호 • 특수직종근로자 해당 여부 등
내용정정(국민연금 고유)	• 취득일 • 상실일 • 기준소득월액 등

(2) 신고기한 및 신고서류

내용변경은 사유발생일의 다음 달 15일까지 국민연금공단 또는 4대보험 토탈서비스(www.4insure.or.kr)의 전자민원에서, 내용정정은 착오발견 즉시 국민연금공단 관할지사에 다음의 서류를 제출한다.

구 분	신고서류	신고기한	신고처
내용변경 (4대기관 공통)	「사업장가입자 내용변경신고서」	사유발생일의 다음 달 15일까지	국민연금공단 또는 4대보험 토탈서비스(www.4insure.or.kr)의 전자민원
내용정정 (국민연금 고유)	「국민연금 사업장가입자 내용변경(정정)신고서」	착오발견 즉시	국민연금공단

(3) 유의사항

사업장가입자의 내용변경・정정은 가입기간의 변경 등 징수 및 급여(수급권)에 영향을 미치는 사항이므로 정확히 확인한 후에 신고하여야 한다. 그리고 취득일, 상실일, 기준소득월액 등의 내용정정사유는 국민연금공단에서만 접수 처리한다.

참고

[사업장가입자 취득(상실) 취소 신고 방법 변경] (2022.7.1.이후)

기존 내용변경으로 신고되던 취득취소, 상실취소는 상실신고 및 취득신고로 변경

변동사유	신고방법
취득취소(최종자격)	상실신고서(상실사유 26.취득취소)
상실취소	취득신고서(취득사유 15.상실취소)

■ 고용보험 및 산업재해보상보험의 보험료징수 등에 관한 법률 시행규칙[별지 제22호의10서식] 〈개정 2022. 12. 30.〉

[ ]국민연금 사업장가입자 내용 변경 신고서
[ ]건강보험 직장가입자 내용 변경 신고서
[ ]고용보험 피보험자 내용 변경 신고서(근로자 종사 사업장)
[ ]산재보험 근로자 내용 변경 신고서(근로자 종사 사업장)

※ 뒤쪽의 유의사항 및 작성방법을 읽고 작성하기 바라며, 색상이 어두운 난은 신고인이 적지 않습니다. (앞쪽)

접수번호		접수일		처리기간	3일

사업장	사업장관리번호 □□□-□□-□□□□□-□	
	명칭	
	전화번호	FAX번호
	소 재 지 우편번호(　　　)	

보험사무 대행기관	번호	명칭

하수급인 관리번호	※ 건설공사 등의 미승인 하수급인의 경우만 해당합니다.

일련번호	성명	주민(외국인)등록번호 · 국내거소신고번호	변경내용			
			변경일	부호	변경 전	변경 후

[내용변경부호]: 1. 성명 2. 주민(외국인)등록번호 · 국내거소신고번호 3. 특수직종근로자 해당 여부(국민연금만 해당) 4. 자격취득일자(국민연금 · 건강보험만 해당) 5. 자활근로종사자의 보장자격[생계급여 수급자 ⇔ 급여특례 · 차상위계층, 주거급여 · 의료급여 또는 교육급여 수급자](고용보험만 해당) 6. 휴직 종료일(고용 · 산재보험만 해당) 7. 자격상실일자(국민연금 · 건강보험만 해당)

※ 건강보험 자격상실일을 변경할 경우 "직장가입자 보험료 정산내역 착오자 변경 신청서"를 별도 해당 기관으로 신고하기 바랍니다.

위와 같이 신고합니다.

년　　월　　일

신고인(대표자)　　(서명 또는 인)

[ ]보험사무대행기관　　(서명 또는 인)

국민연금공단 이사장 · 국민건강보험공단 이사장 · 근로복지공단 ○○지역본부(지사)장 귀하

210mm×297mm[백상지(80g/㎡) 또는 중질지(80g/㎡)]

(뒤쪽)

유의사항

1. 근무처 또는 근무내역이 변경될 경우 건강보험은 국민건강보험공단이 정한 "직장가입자(근무처 · 근무내역) 변동 신고서"를 작성하여 국민건강보험공단에 제출하고, 근무처가 변경될 경우 고용 · 산재보험은 「고용보험법 시행규칙」 별지 제17호서식의 고용보험 피보험자 전근 신고서 및 「고용보험 및 산업재해보상보험의 보험료징수 등에 관한 법률 시행규칙」 별지 제22호의9서식의 산재보험 근로자 전보 신고서를 작성하여 근로복지공단에 제출하기 바랍니다.
2. 건강보험증은 가입자 또는 피부양자가 신청하는 경우 발급됩니다. 신청은 가까운 지사방문, 고객센터(☎ 1577-1000), 홈페이지(www.nhis.or.kr), 모바일앱 등을 통해 가능합니다.

작성방법

1. 가입자의 성명 및 주민등록번호(외국인등록번호 · 국내거소신고번호)란에는 주민등록표 등본(외국인등록증 또는 국내거소신고증)상의 성명 및 주민등록번호, 외국인등록번호 또는 국내거소신고번호를 적습니다.
2. 변경 연월일 및 부호를 적습니다.
3. 변경 전 내용과 변경 후 내용을 적습니다.

처리 절차

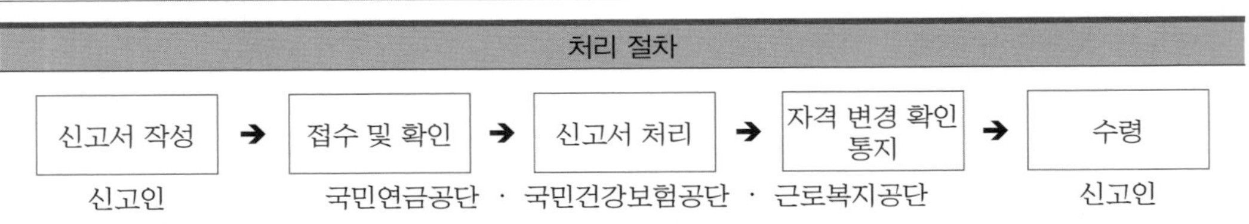

210mm×297mm[백상지(80g/㎡) 또는 중질지(80g/㎡)]

2 건강보험

(1) 신고대상

변동통보 대상은 다음과 같다.

구 분	내 용	변동일자
내역변경	직장가입자의 성명 · 주민등록번호 변경(규칙 제4조 제5항)	
근무처 변동	자격취득 · 상실절차 없이 자격연계 • 인사이동으로 신분의 변동 없이 근무처가 변경된 공무원 * 공무원↔군인, 공무원↔교직원, 교직원↔교직원(모사업장은 가능)전출 · 입은 제외 • 모사업장 내의 인사이동으로 전출 · 입된 근로자 또는 교직원 • 단위사업장 내의 인사이동으로 전출 · 입된 근로자 또는 공무원 · 교직원	전입한 날(공무원), 소속 사업장 또는 단위사업장이 변동된 날
근무내역 변동	보험료 감면 또는 감면해제 • 해외근무, 현역군입대, 보충역 · 상근예비역의 교육소집기간, 시설수용, 도서벽지 근무 · 거주, 감면 해제	근무내역이 변동된 날

(2) 신고기한 및 신고서류

사유발생일로부터 14일 이내에 다음의 서류를 국민건강보험공단 관할지사 또는 4대보험 토탈서비스(www.4insure.or.kr)의 전자민원에서 제출한다.

구 분	신고서류
① 내역변경	직장가입자내역변경신고서(별지 제9호 서식)
② 근무처 변동	직장가입자(근무처 · 근무내역)변동신고서[주)]
③ 근무내역 변동	

주) • 군입대자 또는 시설수용자는 입영통지서 또는 재소자증명서 등 증빙서류 1부
• 도서벽지 거주자는 주민등록표등본 1부
• 인사명령서 등 관련서류 1부
• 복직자(군입대 등)는 전역증 사본 1부

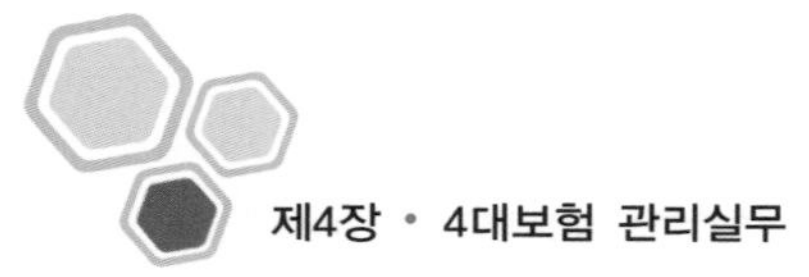

(3) 유의사항

근무내역 변경이 있을 경우에는 직장가입자 근무처·근무내역변동통보서를 별도 제출 또는 전자민원 [내역변경]의 [건강보험 직장가입자 근무처 및 근무내역변동 신고]에서 신고한다. 그리고 단위사업장 현황 또는 영업소 현황의 내역변경이 있을 경우 국민건강보험공단 관할지사로 신고한다.

직장가입자 (근무처, 근무내역) 변동 신고서

접 수 일		
일 련 번 호		
사 업 장 (기 관)	①관리번호	
	②명 칭	
	③전화번호	

연번	④성 명	⑤주민(외국인)등록번호	⑥변동부호	⑦변동일자	전근무처	근무처, 근무내역 변동내역				
					⑧전근무처기호	⑨단위사업장기호	⑩영업소기호	⑪회계부호	⑫직종부호	⑬감면(해제)사유
1										
2										
3										
4										
5										

위와 같이 변동 사항을 신고합니다.

20 . . .

사용자 (직인)

국민건강보험공단 ○○지사장 귀하

주) 진한부분은 작성하지 마시고, 작성요령은 뒷 면을 참고하시기 바랍니다.

297㎜×210㎜(일반용지 60g/㎡(재활용품))

(뒷 면)

직장가입자 근무처, 근무내역 변동 신고서 기재요령

【공　통】

① ~ ③ : 사업장 또는 기관의 관리번호, 명칭, 전화번호를 기재합니다.
④ ~ ⑤ : 가입자의 성명, 주민(외국인)등록번호를 기재합니다.(외국인의 경우 외국인등록번호, 재외국민은 국내거소신고번호를 기재합니다.)
⑥ ~ ⑦ : 변동부호를 기재하고, 변동 년월일을 기재합니다.
♣ 변동부호 : 전입(전입기관보험료납부)<1>, 전입(전출기관보험료납부)<61>,회계직종변경<2>, 감면(해제)사유발생<3>, 단위사업장변동<4>, 영업소변동<5>

【변동사유　전입(전입기관보험료납부)<1>, 전입(전출기관보험료납부)<61>일 경우】

⑧ : 전근무처 기호를 기재합니다.
※ 근무처 변동으로 보수월액이 변동된 경우에는 「직장가입자보수월액변경신청서」를 작성하여 주시기 바랍니다.

【변동사유　회계 · 직종변경<2>일 경우】

⑪ ~ ⑫ : 변동된 회계부호와 직종부호를 기재합니다.
※ 근무처 변동으로 보수월액이 변동된 경우에는 「직장가입자보수월액변경신청서」를 작성하여 주시기 바랍니다.

【변동사유　감면(해제)사유발생<3>일 경우】

⑬ : 감면(해제)사유 부호를 기재합니다.
※ 감면(해제)사유<부호>
해외근무(전액)<11>, 해외근무(반액)<12>, 군입대<21>, 상근예비역(훈련)<22>, 공중보건의(예비역훈련)<23>, 특수시설수용<31>, 도서벽지(사업장)<41>, 도서벽지(거주지)<42>, 도서벽지(파견지)<43>, 기타휴직<81>, 육아휴직<82>, 질병휴직<83>, 감면해제(도서벽지)<98>, 감면해제(도서벽지제외)<99>
※ 휴직 후 복직신고 할 경우에는 「직장가입자 복직 및 보험료 분할납부 신청서」를 작성하여 주시기 바랍니다.

【변동사유 : 단위사업장 변동<4>일 경우】 : '납부단위'를 구분하여 관리하지 않는 근로자 사업장은 기재하지 않습니다.

⑨ : - 공무원 및 교직원 사업장 : 변동된 단위기관 기호를 기재합니다.
- 근로자 사업장 : 납부단위를 구분하여 관리 시, 변동된 납부단위 기호를 기재합니다.

【변동사유 : 영업소변동<5>일 경우】 : 영업소를 관리하지 않는 사업장은 기재하지 않습니다.

⑩ : 변동된 영업소 기호를 기재합니다.

3 고용 · 산재보험

(1) 근로자 전근 · 전보신고

1) 고용보험 피보험자의 전근신고

① 신고사유 및 시기

사업주는 피보험자를 자신의 하나의 사업장에서 다른 사업장으로 전근시켰을 때에는 전근일로부터 14일 이내에 공단에 신고한다. 전근의 경우 당해 사업주와의 근로관계는 중단되지 않으므로 피보험기간도 중단없이 계속되는 것으로 처리한다.

☞ 저자주: 고용보험에서는 '전근'으로, 산재보험에서는 '전보'로 용어 사용함.

② 신고내용

- 근로자 성명
- 근로자 주민등록번호
- 전근일
- 전근 사업장 명칭 및 관리번호

전근신고서상의 전근(전보)일자는 사업주가 지시한 발령일을 기재한다.

③ 신고 시 유의사항

'전근'이라 함은 피보험자가 근무하는 장소가 동일한 사업주의 하나의 사업장에서 다른 사업장으로 변동된 것을 말하는 것으로 사업장의 변동이 아닌 단순한 출장은 전근으로 인정되지 아니한다. 즉, 전근과 출장의 구분은 인사발령 여부, 지휘감독자의 변경, 급여지급장소의 변경 여부 등을 종합적으로 판단하여 행하여야 한다.

그리고, 일괄적용사업장 사업개시번호가 변경되는 경우 고용보험만 전근 신고하고, 산재보험은 전보신고 대상이 아니다.

전근 전 사업장과 전근 후 사업장이 동일한 지사 관할인 경우에도 전근 신고를 해야 하며, 전근신고서는 전근 후 사업장에서 신고하고, 전근 후 사업장 소재지 관할지사에서 처리한다.

> **참고**
>
> **[사업장의 흡수 · 합병 및 분리 시 고용보험 피보험자 처리]**
> 사업주 내에서 사업장이 통합 · 분리되거나, 사업장 그 자체는 동일성을 유지하면서, 흡수 · 합병 · 승계 및 분리 등으로 인하여 사업주만 변동되는 경우 피보험자가 피보험기간의 단절 등에 따른 불이익이 없도록 피보험자격 취득 또는 상실처리를 하지 아니하고, 고용보험법 시행령 제11조 규정에 의한 전근에 준하여 처리함

2) 산재보험 근로자 전보신고

① 신고사유 및 시기

사업주는 근로자를 다른 사업장으로 전보한 경우 그 사유 발생일로부터 14일 이내에 공단에 신고한다. 전보란 동일한 사업주가 운영하는 하나의 사업장에서 다른 사업장으로 근로자의 근무장소가 변동된 것을 말한다. 따라서 전보의 경우 사업주와의 근로관계는 중단되지 않는다.

산재보험의 경우 근로자 고용정보는 사업장관리번호로 처리 · 관리하므로 일괄적용사업장(건설업 등) 근로자의 사업개시번호가 변동된 것은 전보에 해당하지 않는다. 그러나 고용보험의 경우 피보험자 전근은 사업개시가 변동되는 것도 전보에 해당한다.

② 신고내용

- 근로자 성명
- 근로자 주민등록번호
- 전보일
- 전보 사업장 명칭 및 관리번호

③ 신고 시 유의사항

동일 법인이더라도 재단 지회의 경우에는 본 · 지사 관계가 아닌 독립된 사업장이므로 서로 간 인사이동이 있었다 하더라도 전보라 볼 수 없으므로 「근로자 고용종료신고서」 및 「근로자 고용신고서」를 제출해야 한다.

전보 이전 사업장(전보 전 사업장)과 전보 사업장(전보 후 사업장)이 동일한 지사 관할인 경우에도 전보신고를 해야 한다.

전보사업장(전보 후 사업장)이 사업장 관리번호가 없는 경우 새로이 보험관계를 적용한

후에 신고 가능하다.

전보신고서는 전근사업장(전보 후 사업장)에서 신고하고, 전근사업장(전보 후 사업장) 소재지 관할지사에서 처리한다.

문제 **전보신고는 어떤 경우에 하는지?**

해답

동일 사업주가 운영하는 기업에 소속된 근로자의 근무장소가 변경된 경우에 전보신고를 해야 함. 예를 들면, A라는 기업이 서울에 본사가 있고 대전, 부산에 지사가 있고 서울, 대전, 부산이 별도로 산재보험에 가입된 경우 서울에서 부산으로 전보되면 부산지사에서 전보신고를 해야 함.

■ 고용보험 및 산업재해보상보험의 보험료징수 등에 관한 법률 시행규칙 [별지 제22호의9 서식] (2021.12.31. 개정)

[ ]고용보험 피보험자 전근 신고서
[ ]산재보험 근로자 전보 신고서

※ 유의사항을 읽고 작성하기 바라며, [ ]에는 해당되는 곳에 √표를 합니다.

접수번호	접수일자	처리기간 3일(고용보험은 7일)

사업장	전근(전보) 이전 사업장	전근(전보) 사업장
사업장관리번호		
명칭		
소재지		
전화번호		
하수급인관리번호 (건설공사 등 미승인 하수급인에만 해당)		
보험사무대행기관번호		
보험사무대행기관명		

	구분	성명	주민등록번호	전근(전보)일
피보험자 (근로자)	[ ]고용[ ]산재			년 월 일
	[ ]고용[ ]산재			년 월 일
	[ ]고용[ ]산재			년 월 일
	[ ]고용[ ]산재			년 월 일
	[ ]고용[ ]산재			년 월 일

「고용보험법 시행령」 제9조, 같은 법 시행규칙 제9조, 「고용보험 및 산업재해보상보험의 보험료징수 등에 관한 법률 시행령」 제19조의7 제7항 제4호, 같은 조 제8항 제1호 및 같은 법 시행규칙 제16조의9 제2항에 따라 위와 같이 신고합니다.

년 월 일

신고인(대표자) (서명 또는 인)

[ ]보험사무대행기관 (서명 또는 인)

근로복지공단 ○○지역본부(지사)장 귀하

유의사항

1. 이 신고서는 근로자가 근무하는 장소가 같은 사업주의 하나의 사업장에서 다른 사업장으로 변동된 경우 작성합니다.
2. 전근 사업장(전보 후 사업장)을 관할하는 근로복지공단 지사로 제출하기 바랍니다.

개인정보 수집 및 이용 동의서

본인은 이 건 민원사무처리에 대한 고객만족도 조사 및 관련 제도개선에 필요한 의견조사를 위해 전화번호, 휴대전화번호 등을 수집・이용하는 것에 동의합니다.

년 월 일

위와 같이 개인정보를 수집・이용하는데 동의하십니까? ([ ] 동의함 [ ] 동의안함)

신고인 (서명 또는 인)

210mm×297mm[백상지(80g/㎡) 또는 중질지(80g/㎡)]

(2) 근로자 휴직 등 신고

① 신고사유 및 시기

사업주는 근로자가 휴업 또는 휴직하는 경우 그 사유 발생일로부터 14일 이내에 공단에 신고한다. 휴직 등의 신고는 고용·산재보험 모두 근로복지공단에 신고해야 한다.

휴직 등의 신고사유는 다음과 같다.

- 사업장 사정에 의한 휴업·휴직
- 근로자 사정에 의한 휴직
- 출산전후휴가, 유산·사산휴가
- 노조전임자[주)] (산재보험만 해당)
- 육아휴직, 육아기 근로시간 단축

주) 사업주로부터 보수를 지급받는 노조전임자 및 노동조합 등으로부터 금품을 지급받는 노조전임자 모두 포함(단, 타임오프제 시행에 따른 근로시간면제자는 노조전임자에 해당하지 않으므로 휴직사유에 해당하지 않음)
노조전임자는 고용보험 실업급여만 부과되므로 신분변동(일반근로자→노조전임자)이 있는 경우에는 「피보험자·고용정보 내역정정신청서」를 제출하여야 함.

② 보험료 부과

휴업·휴직기간 동안 발생한 보수에 대해 고용·산재보험의 보험료 부과내용은 다음과 같다.

구 분	고용보험	산재보험
월별보험료 부과 여부	부과 × (단, 노조전임자는 부과 ○)	부과 ×
보수총액 산입 여부 (정산보험료 부과)	산입 ○	산입 ×

단, 사유가 '육아기 근로시간단축'인 경우는 고용보험료 및 산재보험료가 부과된다(월별보험료 및 정산보험료 모두 부과됨).

※ 고용보험료 지원을 받고 있는 사업장의 규모(고용보험 가입근로자수에서 제외) 판단을 위하여 신고 받음.

③ 신고내용

• 근로자 성명
• 근로자 주민등록번호
• 휴업·휴직 기간의 시작일 또는 종료일
• 휴직사유 등

④ 신고 시 유의사항

고용보험 피보험자격취득이 누락된 근로자의 경우에 고용보험 근로자 휴직 등의 신고를 하는 경우에는 고용보험 피보험자격취득신고를 먼저 처리한 후에만 신고 가능하다.

Q 실무사례

문제 휴직자에 대해 근로자 고용정보 신고를 해야 하는지?

해답

휴직기간 동안의 보수는 산재보험 월별보험료 및 정산보험료, 고용보험 월별보험료 산정이 제외되므로 반드시 신고해야 함. 다만, 휴직 사유가 노조전임자일 경우 휴직기간의 보수는 고용보험 월별보험료 산정에서 제외 되지 않음.

문제 노조전임자에 대하여 근로자고용정보 신고를 해야 하는지?

해답

노조전임기간(사업주로부터 보수를 지급받는 노조전임자 및 노동조합 등으로부터 금품을 지급받는 노조전임자 모두 포함) 산재보험료를 부과하지 않으므로 근로자 휴직 등의 신고를 하여야 함. 다만 타임오프제 시행에 따른 근로시간면제자는 노조전임자가 아니므로 휴직 등의 신고대상이 아니며, 해당 기간 동안의 보수 또한 보험료 산정에서 제외되지 않음.

■ 고용보험 및 산업재해보상보험의 보험료징수 등에 관한 법률 시행규칙 [별지 제22호의8서식] (2021.12.31. 개정)

고용 • 산재보험토탈서비스(total.comwel.or.kr)에서도 신고할 수 있습니다.

근로자 휴직 등 신고서

※ 뒤쪽의 유의사항과 작성방법을 읽고 작성하기 바라며, [ ]에는 해당하는 곳에 √ 표시를 합니다. (앞쪽)

접수번호	접수일자	처리기간 3일

사업장	사업장관리번호 □□□ — □□ — □□□□□ — □			
	명칭			
	소재지			
	전화번호	팩스번호	전자우편주소	휴대전화번호

번호	성 명	주민등록번호	휴업 · 휴직 등		휴업 · 휴직 등 사유
			시작일	종료일	
		–			[ ] 휴업 · 휴직(사업장 사정) [ ] 육아휴직 [ ] 휴직(병가 등 근로자 사정) [ ] 유산 · 사산 휴가 [ ] 노조전임자 [ ] 출산전후휴가 [ ] 기타( ) [ ] 육아기 근로시간단축
		–			[ ] 휴업 · 휴직(사업장 사정) [ ] 육아휴직 [ ] 휴직(병가 등 근로자 사정) [ ] 유산 · 사산 휴가 [ ] 노조전임자 [ ] 출산전후휴가 [ ] 기타( ) [ ] 육아기 근로시간단축
		–			[ ] 휴업 · 휴직(사업장 사정) [ ] 육아휴직 [ ] 휴직(병가 등 근로자 사정) [ ] 유산 · 사산 휴가 [ ] 노조전임자 [ ] 출산전후휴가 [ ] 기타( ) [ ] 육아기 근로시간단축
		–			[ ] 휴업 · 휴직(사업장 사정) [ ] 육아휴직 [ ] 휴직(병가 등 근로자 사정) [ ] 유산 · 사산 휴가 [ ] 노조전임자 [ ] 출산전후휴가 [ ] 기타( ) [ ] 육아기 근로시간단축
		–			[ ] 휴업 · 휴직(사업장 사정) [ ] 육아휴직 [ ] 휴직(병가 등 근로자 사정) [ ] 유산 · 사산 휴가 [ ] 노조전임자 [ ] 출산전후휴가 [ ] 기타( ) [ ] 육아기 근로시간단축
		–			[ ] 휴업 · 휴직(사업장 사정) [ ] 육아휴직 [ ] 휴직(병가 등 근로자 사정) [ ] 유산 · 사산 휴가 [ ] 노조전임자 [ ] 출산전후휴가 [ ] 기타( ) [ ] 육아기 근로시간단축

「고용보험 및 산업재해보상보험의 보험료징수 등에 관한 법률」 제16조의10 제5항, 같은 법 시행령 제19조의7 제7항 제1호부터 제3호까지 및 같은 법 시행규칙 제16조의9 제1항에 따라 위와 같이 우리 사업장의 근로자가 휴업 · 휴직 등을 하였음을 신고합니다.

년 월 일

신고인(사용자 · 대표자) (서명 또는 인)

[ ] 보험사무대행기관 (서명 또는 인)

근로복지공단 ○○지역본부(지사)장 귀하

210mm×297mm[백상지(80g/㎡) 또는 중질지(80g/㎡)]

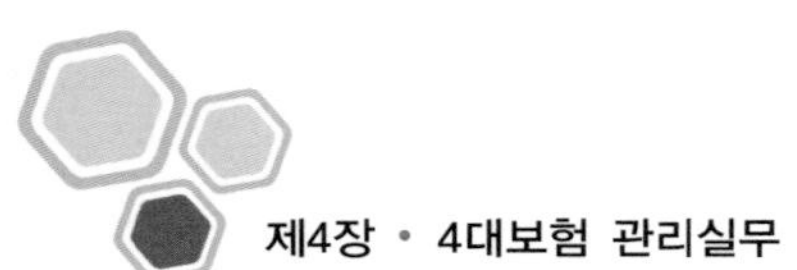

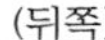

유의사항

1. 이 신고서는 근로자가 휴가 또는 휴직 등의 사유로 근로를 제공하지 않거나 일부만 제공하는 경우에 작성합니다.
2. 고용관계는 유지되면서 휴가 또는 휴직하는 경우에는 해당 기간 동안의 보수에 대해 산재보험료는 부과되지 않습니다.
3. 고용보험료의 경우 휴가 또는 휴직기간 동안의 보수에 대해서는 월별보험료는 부과되지 않으며, 보험료 정산 시 정산보험료에 산입하여 부과됩니다. 다만, 휴직 등의 사유가 노조전임자일 경우는 고용보험 월별보험료가 부과됩니다.
4. 육아기 근로시간 단축 근로자는 고용보험료 및 산재보험료의 부과대상이며, 고용보험료 지원을 받고 있는 사업장의 규모(고용보험 가입근로자 수에서 제외) 판단을 위해 신고를 받는 것이므로 고용보험료 지원 사업장이 아닌 경우에는 신고를 하지 않습니다.
5. 노동조합 등으로부터 금품을 지급 받는 노조전임자의 경우 고용보험 고용안정 · 직업능력개발사업 보험료 부과 제외 대상이므로 별도로 근로자 고용정보 정정신청서를 제출하기 바랍니다.

작성방법

1. 사업장란에는 사업장관리번호 등 관련내역을 빠짐없이 작성합니다.
2. 휴업 · 휴직 등 사유란의 [ ]에는 해당하는 곳에 √ 표시를 하며, 해당 사항이 없는 경우에는 기타 항목에 √ 표시를 하고 해당 사유를 작성합니다.

(3) 근로자 정보변경 신고

① 신고사유 및 시기

사업주는 근로자의 성명, 주민등록번호, 휴직종료일이 변경된 경우 변경일로부터 14일 이내에 공단에 신고한다.

② 신고대상

- 근로자 성명
- 근로자 주민등록번호
- 자활근로종사자의 보장자격(기초생활수급자 ⇔ 급여특례 · 차상위계층) : 고용보험만 해당
- 휴직종료일

③ 신고 시 유의사항

- 부과고지대상 사업장만 신고한다. 즉 건설업 및 벌목업 등의 자진신고대상 사업장은 산재보험 근로자 정보변경신고대상이 아니다.
- 근로자의 근무장소가 변경된 경우는 고용보험 「피보험자 전근신고서」, 산재보험「근로자 전보신고서」, 근로자의 월평균보수가 변경된 경우는「월평균보수 변경신고서」로 별도 신고한다.
- 근로자의 성명 · 주민등록번호가 변경되는 경우에는 가족관계증명부, 법원판결문, 변경통지서 등을 첨부하여 정보변경신고서를 공단에 제출한다.
- 자활센터 또는 지방자치단체 자활사업에 참여하고 있는 자활근로자 중 취득신고 후 보장자격이 변동된 경우 변동된 날로부터 14일 이내에 신고한다.

(4) 근로자 가입정보 정정

① 신청사유

근로자의 '고용일, 고용종료일, 전보일, 휴직일, 휴직사유, 보험료부과구분'의 고용정보를 정정하는 경우 공단에 신청할 수 있다.

종전에는 고용정보 정정을 요청하는 일반문서를 접수하면 공단에서 확인 후 직권처리하였으나 민원불편이 있어 민원신청이 가능하도록 하였다. 그러나 고용정보의 정정은 각 기관의 고유업무이므로 4대보험 공통으로 처리할 수 없으므로 국민연금, 건강보험, 고용보험

가입자 내역 정정은 각각 해당 기관으로 신청하여야 한다.

② 신청 항목

고용보험	산재보험
• 취득일(고용일) • 상실일(고용종료일) • 전근(전보)일 • 휴직시작일 • 휴직사유 • 보험료부과구분주)	
• 주소정근로시간 • 직종 등 기타 취득신고 내용 • 상실사유 • 이직사유(이직확인서) • 평균임금 등 기타 이직 확인 내용	–

주) 단, 자활근로종사자의 보장자격 변경은 고용보험 「피보험자내역 변경신고서」로 신고함.

고용보험 피보험자내역의 정정(고용보험 피보험자격 취득일, 상실일, 전보일의 정정)은 고용센터에 별도로 요청하여야 하나, 고용보험의 휴직 및 보험료부과구분의 정보(피보험자 내역이 아님)는 고용보험료 부과를 위한 정보이므로 보험료 부과기관인 근로복지공단에 정정 신청한다.

③ 정정신청방법

서면신고는 근로복지공단으로 방문・우편・팩스로 제출하나, 고용정보정정 신청대상 근로자가 10인 이상인 경우에는 근로복지공단 토탈서비스(http : //total.comwel. or.kr)에 전자신고한다.

또한 고용정보 정정업무는 공단의 고유업무이므로 타기관 EDI를 사용할 수 없다.

주소정근로시간, 직종 등 기타 취득신고 내용, 상실사유, 이직사유(이직확인서), 평균임금 등 기타 이직 확인 내용 정정은 반드시 그 사실관계를 확인할 수 있는 근로계약서, 급여대장, 급여계좌 이체내역, 출근부 등 자료 제출 필요하다.

④ 노동조합 등으로부터 금품을 지급받는 노조전임자의 신분변동 시 정정신청

노동조합 등으로부터 금품을 지급받은 노조전임자의 경우도 고용보험 실업급여에 있어서는 보험료가 부과되므로 신분변동의 경우(일반근로자에서 노동조합 등으로부터 금품을 지급받은 노조전임자 또는 노조전임자에서 일반근로자로 변동) 공단에 근로자 고용정보 정정신청을 하여야 한다.

변경일에는 일반근로자에서 노동조합 등으로부터 금품을 지급받는 신분변동일(또는 노조전임자에서 일반근로자로의 신분변동일)을 기재한다. 신분변동시에만 변경일을 기재하고, 그 외 정보 정정신청은 고용일부터 정정처리되므로 별도로 변경일을 기재하지 않는다.

사업주로부터 보수를 지급받는 노조전임자는 고용보험료가 실업급여 및 고용안정・직업능력개발사업 모두 부과되므로 보험료 부과구분 정정신청에 해당하지 않는다.

타임오프제 시행에 따른 근로시간면제자는 노조전임자에 해당하지 않으므로 보험료부과구분 정정신청에 해당하지 않는다(근로시간면제자는 일반근로자와 동일하게 고용・산재보험료 모두 부과).

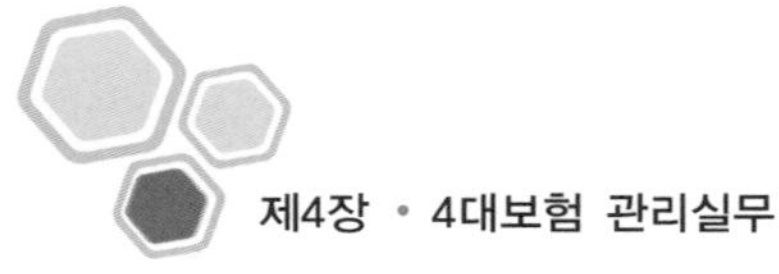

[별지 제3호 서식]

피보험자 · 고용정보 내역 정정 신청서

접수번호		접수일자		처리기간 7일
사업장관리번호				
사업장	사업장명		전화번호	
	소재지		FAX번호	

보험구분	성명	생년월일	성별	외국인여부	정정 내용				
					정정부호	정정 전	정정 후	변경일	정정사유
□고용 □산재			□ 남 □ 여	□					
□고용 □산재			□ 남 □ 여	□					
□고용 □산재			□ 남 □ 여	□					
□고용 □산재			□ 남 □ 여	□					
□고용 □산재			□ 남 □ 여	□					
제출서류	‣ 상기 사실을 입증할 수 있는 근로계약서, 급여대장, 급여계좌이체내역, 출근부 등 자료를 구비하여 제출								

작성방법

[보험구분] 정정하고자 하는 해당보험에 √표시(고용 · 산재보험 동시 정정 시 양쪽 모두 √표시)

[정정부호]

- 공통사항: 3.취득일(고용일) 4.상실일(고용종료일) 5.전근일(전보일) 6.휴직시작일 8.휴직사유 9.보험료 부과구분
- 고용보험: 1.주소정근로시간 2.직종 등 기타 취득신고 내용 3.상실사유 4.이직사유(이직확인서) 5. 평균임금 등 기타 이직 확인 내용

[변경일] 노조로부터 금품을 지급받는 노조전임자의 신분변동(일반근로자↔노조전임자 상호신분변동)시에만 기재

[정정사유] 정정사유를 구체적으로 기재

유의사항

1. 피보험자격 등에 관한 사항을 거짓으로 신고한 경우에는 『고용보험법』 제118조 및 『고용보험 및 산업재해보상보험의 보험료 징수 등에 관한 법률』 제50조에 따라 300만원 이하의 과태료가 부과될 수 있습니다.
2. 성명, 주민등록번호, 자활근로종사자 보장자격, 휴직종료일의 변경은「피보험자 내역변경신고서·근로자 정보변경 신고서」를 작성하여 제출하시기 바랍니다.
3. 국민연금, 건강보험 관련 사항은 별도로 해당기관으로 각각 신고하시기 바랍니다.

위와 같이 정정 신청합니다.

. . .

신청인(사업주 또는 보험사무대행기관): (서명 또는 인)

근로복지공단 00지역본부(지사장) 귀하

210㎜×297㎜(일반용지 60g/㎡(재활용품))

(5) 근로자 가입정보 취소

① 신청사유

근로자의 '고용, 고용종료, 전보, 휴직 등의 사실이 없거나 착오신고한 경우' 이를 취소하기 위해서는 공단에 민원신청하면 된다.

종전에는 고용정보 신고 취소를 요청하는 일반문서를 접수하면 공단에서 확인 후 직권처리하였으나 민원불편이 있어 민원신청이 가능하도록 하였다. 그러나 고용정보의 취소는 각 기관의 고유업무이므로 4대보험 공통으로 처리할 수 없으므로 국민연금, 건강보험, 고용보험 가입자 내역 취소는 각각 해당 기관으로 신청하여야 한다.

② 신청 항목

- 고용신고 취소신청
- 근로자 고용종료신고 취소신청
- 근로자 전보신고 취소신청
- 휴직 등 신고
- 이직확인

③ 정정신청방법

취소신청서 통합서식에 취소하여야 하는 고용정보 항목에 체크하여 신청하면 된다. 단, 휴직 등 신고 취소는 별도의 서식을 사용하여야 한다.

서면신고는 근로복지공단으로 방문・우편・팩스로 제출하면 되고, 고용정보신고 취소신청 대상 근로자가 10인 이상인 경우에는 근로복지공단 토탈서비스(http://total.comwel.or.kr)에 전자신고한다.

고용정보 취소업무는 공단의 고유업무이므로 타기관 EDI를 사용할 수 없다.

취소신청 시 반드시 그 사실관계를 확인할 수 있는 근로계약서, 급여대장, 급여계좌 이체내역, 출근부 등 자료 제출이 필요하다.

[별지 제2호 서식]

피보험자 · 고용정보 내역 취소 신청서

접수번호		접수일자				처리기간 7일	
사업장관리번호							
사업장	사업장명					전화번호	
	소재지					FAX번호	
보험구분	성명	생년월일	성별	외국인여부	취소부호	취소내용	취소사유
□고용 □산재			□ 남 □ 여	□			
□고용 □산재			□ 남 □ 여	□			
□고용 □산재			□ 남 □ 여	□			
□고용 □산재			□ 남 □ 여	□			
□고용 □산재			□ 남 □ 여	□			
거래은행 계좌번호 신고서	은행명					예금주명	피보험자 및 고용정보 취소 등으로 보험료 반환금액이 발생할 경우 입금될 계좌입니다.
	계좌번호						

작성방법

1. [보험구분] 취소하고자 하는 해당보험에 √표시(고용·산재보험 동시 정정 시 양쪽 모두 √표시)
2. [취소부호] 1. 취득일(고용일) 2. 상실일(고용종료일) 3. 전근일(전보일) 4. 휴직일 5. 이직확인
3. [취소내용] 피보험자 및 고용정보 내역의 항목 중 취소하고자하는 내용을 작성
4. [취소사유] 취소사유를 구체적으로 기재
5. 근로계약서, 급여대장, 급여계좌이체내역, 출근부 등 사실관계 확인할 수 있는 증빙서류 제출

유의사항

1. 피보험자격 등에 관한 사항을 거짓으로 신고한 경우에는 『고용보험법』 제118조 및 『고용보험 및 산업재해보상보험의 보험료 징수 등에 관한 법률』 제50조에 따라 300만원 이하의 과태료가 부과될 수 있습니다.
2. 국민연금, 건강보험 관련 사항은 별도로 해당기관으로 각각 신고하시기 바랍니다.

위와 같이 취소 신청합니다.

. . .

신청인(사업주 또는 보험사무대행기관): (서명 또는 인)

근로복지공단 00지역본부(지사장) 귀하

210㎜×297㎜(일반용지 60g/㎡(재활용품))

근로소득원천징수 관리실무

제1절 원천징수제도의 이해

1 원천징수의 개요

(1) 의의

원천징수란 소득 또는 수입을 지급할 때 이를 지급하는 자(원천징수의무자)가 그 소득 또는 수입을 받는 사람(소득자)의 세금을 미리 공제(징수)하여 그 징수한 세금을 대신 납부하고, 소득자에게는 공제분을 차감한 금액을 지급하는 제도이다.

따라서 원천징수제도는 소득의 귀속자인 납세의무자와 원천징수세액을 신고・납부하는 납부자가 다르다.

> 원천징수의무자 → 소득・수입을 지급하는 자(예 : 회사 또는 사용자)
> 소득귀속자 → 소득・수입을 받는 자(예 : 근로자)

(2) 원천징수대상 소득

「소득세법」상 원천징수대상 소득은 다음과 같으며 거주자, 비거주자 여부에 따라 달리 적용된다. 이 중에서 회사의 인건비와 관련된 원천징수대상 소득은 사업소득, 근로소득, 기타소득, 퇴직소득이다.

적용대상	원천징수대상 소득
거주자	이자소득, 배당소득, 사업소득, 근로소득, 연금소득, 기타소득, 퇴직소득
비거주자	국내원천소득 중 원천징수대상인 이자, 배당, 선박 등의 임대소득, 사업소득, 인적용역소득, 근로소득, 퇴직소득, 사용료소득, 토지건물의 양도소득, 유가증권 양도소득, 기타소득

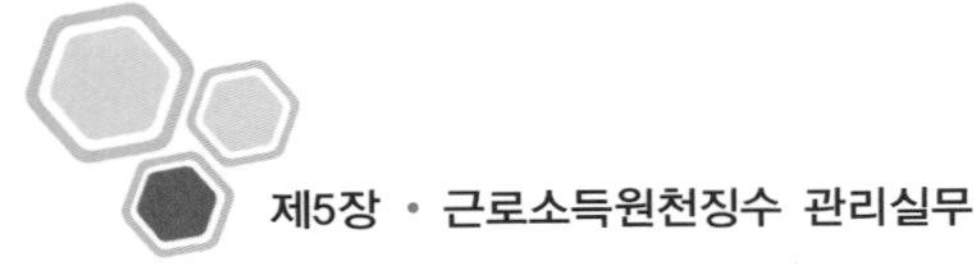

2 원천징수의 종류

원천징수는 원천징수로써 납세의무가 종결되었는지 여부에 따라 완납적 원천징수와 예납적 원천징수로 구분할 수 있다. 완납적 원천징수는 '분리과세'라고도 한다.

(1) 완납적 원천징수

완납적 원천징수란 분리과세되는 일용직 근로소득, 연금소득, 기타소득을 지급받는 경우 소정의 원천징수세율을 적용하여 추후 정산 등의 절차 없이 원천징수로써 납세의무를 종결시키는 것을 말한다. 따라서 완납적 원천징수대상 소득만 있는 경우 별도의 종합소득 확정신고(또는 연말정산) 의무가 없다.

완납적 원천징수대상 소득(분리과세대상 소득)의 종류는 다음과 같다.

소득의 종류	분리과세대상 소득
① 근로소득	일용직 근로자의 근로소득
② 연금소득	연 1,500만원 이하의 연금소득(선택적 분리과세[주])
③ 기타소득	복권 · 승마 · 경륜 · 슬러트머신 등의 당첨금(당연 분리과세) 연간 기타소득금액이 300만원 이하(선택적 분리과세[주])

주) 선택적 분리과세란 분리과세와 종합과세 중 유리한 것으로 선택하여 신고할 수 있는 것을 말함.

(2) 예납적 원천징수

예납적 원천징수란 소득 · 수입을 지급할 때 원천징수세율을 적용하여 원천징수한 후 추후에 과세표준 확정신고(또는 연말정산)의 방법으로 정산하여야 하는 것으로 정산 시 이미 원천징수된 세액은 기납부세액으로 공제받는 것을 말한다. 즉 원천징수로써 납세의무가 종결되지 않는 원천징수제도를 말한다.

예납적 원천징수는 완납적 원천징수를 제외한 모든 원천징수대상 소득이 해당한다.

3 원천징수의무자

원천징수제도에 대한 세법의 규정은 소득 · 수입의 지급자가 아닌 지급받는 자인 소득자를 기준으로 적용하고 있다. 따라서 인건비를 지급받는 개인은 「소득세법」의 규정을 적용받으므로 국내에서 지급자가 법인이든 개인이든 소득세법의 규정에 따라 원천징수하여야 한다.

즉 원천징수의무자는 국내에서 개인에게 인건비를 지급하는 법인사업자와 개인사업자 모두 해당된다.

참고

• 소득세 집행기준 127-0-1 【원천징수의무자의 범위】

① 국내에서 거주자나 비거주자에게 세법에 따른 원천징수대상 소득을 지급하는 자는 그 거주자나 비거주자에 대한 소득세를 원천징수해야 한다.

② 소득을 지급하는 자가 사업자등록번호 또는 고유번호가 없는 경우에도 원천징수의무자에 해당되는 경우 원천징수납부의무가 있다.

③ 원천징수를 해야 할 자를 대리하거나 그 위임을 받은 자의 행위는 수권(授權) 또는 위임의 범위에서 본인 또는 위임인의 행위로 보아 원천징수의무규정을 적용한다.

④ 사업자(법인을 포함한다)가 음식·숙박용역이나 서비스용역을 공급하고 그 대가를 받을 때 봉사료를 함께 받아 해당 소득자에게 지급하는 경우에는 그 사업자가 그 봉사료에 대한 소득세를 원천징수하여야 한다.

4 원천징수시기

(1) 일반적인 경우

원천징수시기는 소득의 귀속기준이 아닌 원천징수대상 소득을 지급할 때 원천징수하는 것이 원칙이며(지급기준), 미지급하는 경우에는 원천징수시기 특례에 따라 원천징수하여야 한다.

소득의 구분	원천징수시기
사업소득	소득을 지급하는 때
근로소득	
기타소득	
퇴직소득	

소득을 지급하는 때에 원천징수하여 그 지급일이 속하는 달의 다음 달 10일까지 원천징수이행상황신고서를 제출하고 원천징수세액을 납부하여야 한다.

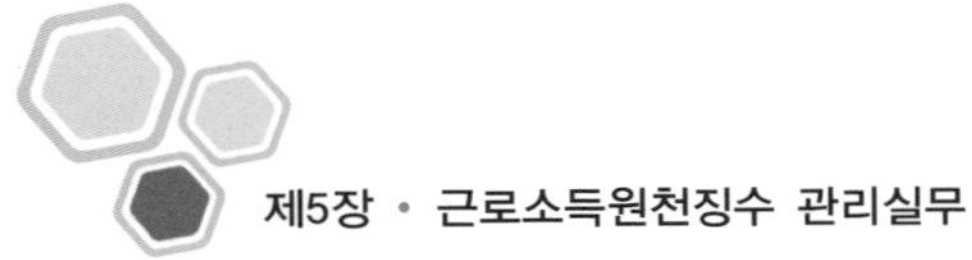

(2) 원천징수시기 특례

원천징수의무자가 1월부터 12월 귀속분의 소득을 미지급하는 경우에도 다음과 같이 원천징수하여 그 다음 달 10일까지 신고·납부하여야 한다.

소득의 구분	원천징수시기 특례	
	1월부터 11월 귀속분을 12월 말일까지 미지급하는 경우	12월 귀속분을 다음 해 2월 말일까지 미지급하는 경우
연말정산대상 사업소득	12월 말일	다음 해 2월 말일
근로소득		
퇴직소득		

5 원천징수의 특례

(1) 원천징수의 면제

원천징수의무자가 소득세가 과세되지 아니하거나 면제되는 소득을 지급할 때에는 소득세를 원천징수하지 아니한다(소득법 제154조).

(2) 원천징수의 배제

원천징수대상 소득으로서 발생 후 지급되지 아니함으로써 소득세가 원천징수되지 아니한 소득이 종합소득에 합산되어 종합소득에 대한 소득세가 과세된 경우에 그 소득을 지급할 때에는 소득세를 원천징수하지 아니한다(소득법 제155조).

(3) 원천징수의 제외

원천징수대상 소득을 지급하면서 원천징수를 하지 않았으나, 그 소득금액이 이미 종합소득 또는 법인세 과세표준에 합산하여 신고·납부하거나 세무서장 등이 소득세 등을 부과·징수한 경우에는 원천징수 제외대상이다.

즉, 원천징수시기가 수입시기보다 빠른 일반적인 경우에 원천징수의무자가 소득 지급 시 원천징수를 하지 않았으나, 소득자가 스스로 종합소득세 확정신고한 경우의 과세문제는 다음과 같다.

① 원천징수하지 않은 경우 원천징수의무자의 원천징수세액 납부 여부

이미 소득자가 종합소득세 등 신고 시 합산하여 납부하였으므로 추가 납부할 필요 없다.

② 원천징수 등 납부지연가산세 대상 여부

원천징수의무자에게 원천징수 등 납부지연가산세는 부과한다.

③ 지급명세서 제출 의무 여부 및 불이익

원천징수대상 소득에 대해 원천징수 여부에 관계없이 지급명세서 제출의무가 있으며, 지급명세서미제출가산세를 적용한다.

(4) 과세최저한

다음의 기타소득에 대해서는 원천징수하지 않는다(소득법 제84조).

① 기타소득금액이 매 건마다 5만원 이하인 경우

② 「한국마사회법」에 따른 승마투표권, 「경륜 · 경정법」에 따른 승자투표권, 「전통소싸움 경기에 관한 법률」에 따른 소싸움경기투표권 및 「국민체육진흥법」에 따른 체육진흥투표권의 구매자가 받는 환급금[주)]으로서 건별로 승마투표권, 승자투표권, 소싸움경기투표권, 체육진흥투표권의 권면에 표시된 금액의 합계액이 10만원 이하이고 다음 각 목의 어느 하나에 해당하는 경우

가. 적중한 개별투표당 환급금이 10만원 이하인 경우

나. 단위투표금액당 환급금이 단위투표금액의 100배 이하이면서 적중한 개별투표당 환급금이 200만원 이하인 경우

③ 복권, 경품권, 그 밖의 추첨권에 당첨되어 받는 금품 중 「복권 및 복권기금법」 제2조에 따른 복권 당첨금복권당첨금을 복권 및 복권 기금법령에 따라 분할하여 지급받는 경우에는 분할하여 지급받는 금액의 합계액) 또는 슬롯머신(비디오게임을 포함한다) 및 투전기(投錢機), 그 밖에 이와 유사한 기구(이하 "슬롯머신 등"이라 한다)를 이용하는 행위에 참가하여 받는 당첨금품 · 배당금품 또는 이에 준하는 금품(이하 "당첨금품 등"이라 한다)에 따른 당첨금품 등이 건별로 200만원 이하인 경우

④ 해당 과세기간의 가상자산소득금액이 250만원 이하인 경우(2023.1.1.부터 시행)

주) 발생 원인이 되는 행위의 적법 또는 불법 여부는 고려하지 아니함.

(5) 소액부징수

다음의 소득을 제외한 원천징수대상 소득을 지급할 때 원천징수세액이 1,000원 미만인 경

우에는 소득세를 징수하지 아니한다(소득법 제86조). 이를 '원천징수 소액부징수'라 한다.

① 이자소득

② 의료보건용역 사업소득(「부가가치세법 시행령」 제35조 제4호에 따른 조제용역의 공급으로 발생하는 사업소득 중 소득세법 시행규칙 제88조로 정하는 바에 따라 계산한 의약품가격이 차지하는 비율에 상당하는 소득은 제외)

③ 인적용역의 사업소득(접대부 · 댄서 또는 이와 유사한 용역의 공급으로 발생하는 소득은 제외)

따라서 일용근로자를 제외한 일반급여자에게 급여를 지급할 때 원천징수세액이 1,000원 미만인 경우에는 원천세를 징수하지 않는다.

일용근로자의 경우에는 지급시점에서 지급액에 대한 원천징수할 근로자별 세액의 합계액을 기준으로 판단하는 것이므로 일용근로자의 급여를 일정기간 단위로 일괄지급하는 경우에는 일괄지급액에 대한 일별 징수세액의 합계액을 기준으로 소액부징수 규정을 적용하는 것이다(소득, 법인 46013-558, 1998.3.6.).

제2절

근로소득의 개요

1 근로소득의 세액계산 흐름

(1) 흐름도

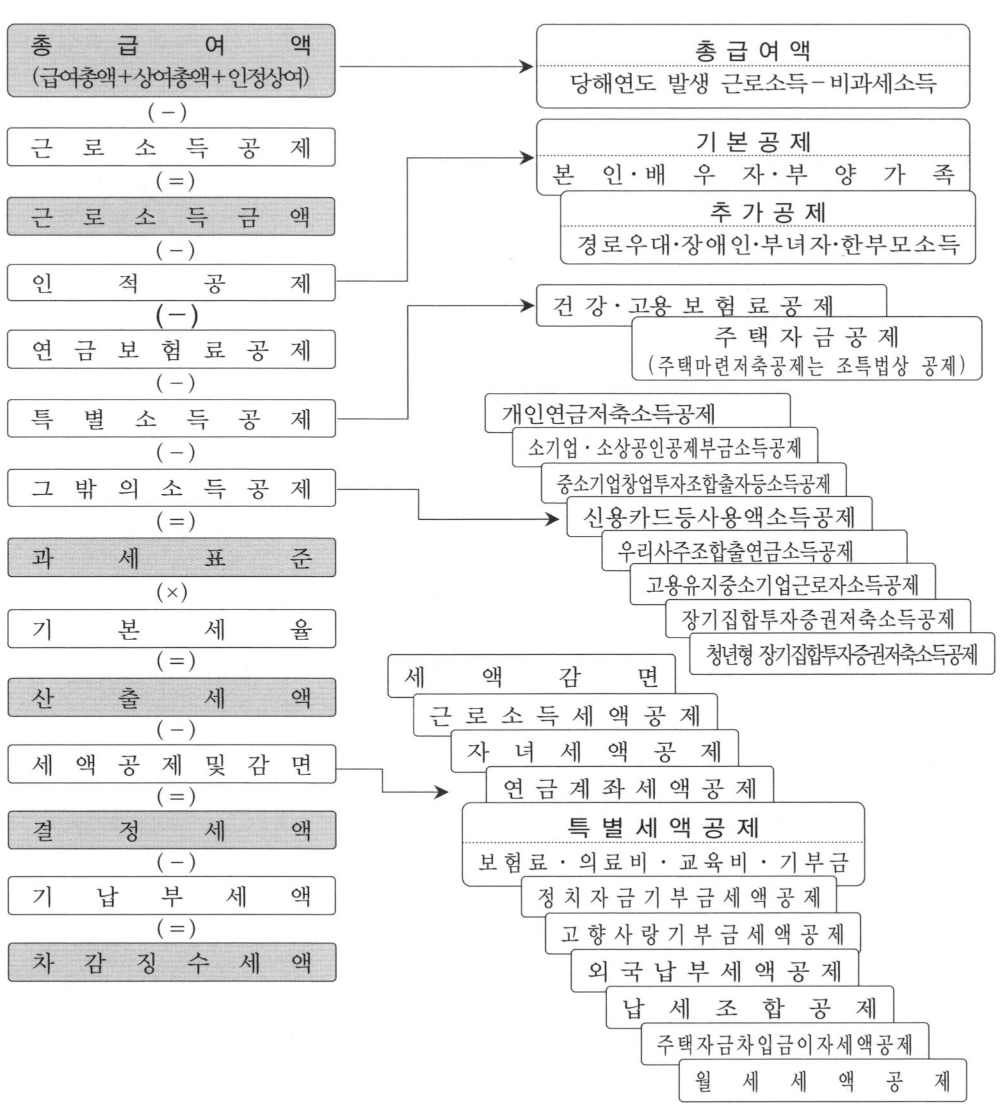

총 급 여 액
(급여총액+상여총액+인정상여)
총급여액
당해연도 발생 근로소득－비과세소득
(－)
근 로 소 득 공 제
(＝)
근 로 소 득 금 액
(－)
인 적 공 제
기본공제
본 인·배 우 자·부 양 가 족
추가공제
경로우대·장애인·부녀자·한부모소득
(－)
연 금 보 험 료 공 제
(－)
특 별 소 득 공 제
건 강·고용 보 험 료 공 제
주 택 자 금 공 제
(주택마련저축공제는 조특법상 공제)
(－)
그 밖 의 소 득 공 제
개인연금저축소득공제
소기업·소상공인공제부금소득공제
중소기업창업투자조합출자등소득공제
신용카드등사용액소득공제
우리사주조합출연금소득공제
고용유지중소기업근로자소득공제
장기집합투자증권저축소득공제
청년형 장기집합투자증권저축소득공제
(＝)
과 세 표 준
(×)
기 본 세 율
(＝)
산 출 세 액
(－)
세 액 공 제 및 감 면
세 액 감 면
근 로 소 득 세 액 공 제
자 녀 세 액 공 제
연 금 계 좌 세 액 공 제
특별세액공제
보험료·의료비·교육비·기부금
정치자금기부금세액공제
고향사랑기부금세액공제
외국납부세액공제
납 세 조 합 공 제
주택자금차입금이자세액공제
월 세 세 액 공 제
(＝)
결 정 세 액
(－)
기 납 부 세 액
(＝)
차 감 징 수 세 액

(2) 근로소득 세액계산의 이해

근로소득에 대한 결정세액은 흐름도와 같이 계산하지만, 매월 원천징수하는 근로소득세는 이 방법으로 계산하지 않는다.

즉 매월 급여를 지급할 때는 비과세 근로소득을 제외한 월급여액과 공제대상 가족의 수를 반영한 근로소득간이세액표를 이용하여 원천징수세액을 계산하고, 1년간의 급여에 대한 근로소득에 대해서 연말정산을 할 때 상기 (1)의 근로소득 세액계산 흐름대로 계산하게 된다.

따라서 연말정산을 할 때 각 근로자의 인적공제 등을 제대로 반영하여 흐름도와 같이 세액계산을 하여 매월 원천징수당한 세액과 비교하여 환급 또는 추가징수세액을 결정한다.

2 근로소득의 종류

(1) 근로소득의 구분

근로소득은 다음과 같이 구분한다. 연말정산대상 소득은 일반급여자의 근로소득에 한한다.

구 분	근로소득의 종류
① 원천징수의무 여부에 따라	㉠ 원천징수대상 근로소득 ⇨ 매월 또는 반기별로 원천징수를 함.
	㉡ 원천징수대상 아닌 근로소득 ⇨ 납세조합에 가입하여 원천징수하거나 근로자가 직접 다음 해 5월에 소득세 확정신고함.
② 근로소득자의 근로제공기간에 따라	㉠ 일반급여자 근로소득 ⇨ 일용근로자 외의 자의 근로소득
	㉡ 일용근로자 근로소득 ⇨ 3월(또는 1년) 이상 계속 고용되어 있지 아니한 자의 근로소득

(2) 원천징수대상 아닌 근로소득

근로소득 중 원천징수대상이 아닌 근로소득의 범위는 다음과 같다(소득법 제127조 제1항 제4호).

① 외국기관 또는 우리나라에 주둔하는 국제연합군(미군 제외)으로부터 받는 근로소득

② 국외에 있는 비거주자 또는 외국법인으로부터 받는 근로소득. 단, 외국법인(또는 비거주자)의 국내사업장의 국내원천소득을 계산함에 있어서 손금 또는 필요경비로 계상되는 것과 국외에 있는 외국법인(국내지점 또는 국내영업소는 제외)으로부터 받는 근로소득 중 제156조의7에 따라 소득세가 원천징수되는 파견근로자의 소득은 제외

■ **원천징수대상 근로소득에 해당하는 경우**

1. 외국법인의 연락사무소에서 근무하는 직원의 경우 연락사무소에서 지급하는 급여
2. 당해 주식에 대한 매입비용을 국내의 자회사가 전적으로 부담하는 경우
3. 내국법인의 국외사업장 등에 파견된 직원이 거주자에 해당하는 경우 내국법인이 당해 직원에게 지급하는 급여
4. 내국법인이 외국인 근로자의 급여를 손금으로 계상하는 경우

■ **원천징수대상 아닌 근로소득에 해당하는 경우**

1. 외국본점의 거래은행을 통하여 각 직원의 계좌로 직접 송금하는 경우
2. 국내의 자회사에 근무한 임직원이 외국의 모법인으로부터 주식매수선택권을 부여받아 이를 행사하는 시점에서 발생하는 이익
3. 외국법인이 본사 직원을 국내에 파견하고 직원급여를 직접 외국법인 본사에서 직원에게 지급하는 경우
4. 내국법인이 해외파견근무계약에 의해 임직원을 해외관계회사에 파견한 경우 당해 해외관계회사가 임직원에게 지급하는 급여

(3) 일용근로자 근로소득

일용근로자가 지급받는 급여를 일용직 근로소득이라 한다. '일용근로자'는 근로를 제공한 날 또는 시간에 따라 근로대가를 계산하거나 근로를 제공한 날 또는 시간의 근로 성과에 따라 급여를 계산하여 받는 자로서 다음에 규정된 자를 말한다(소득령 제20조).

구 분	일용근로자의 범위
건설공사	다음 각 호의 자를 제외한 자 1. 동일한 고용주에게 계속하여 1년 이상 고용된 자 2. 다음 각 목의 업무에 종사하기 위하여 통상 동일한 고용주에게 계속하여 고용되는 자 가. 작업준비를 하고 노무에 종사하는 자를 직접 지휘・감독하는 업무 나. 작업현장에서 필요한 기술적인 업무, 사무・타자・취사・경비 등의 업무 다. 건설기계의 운전 또는 정비업무

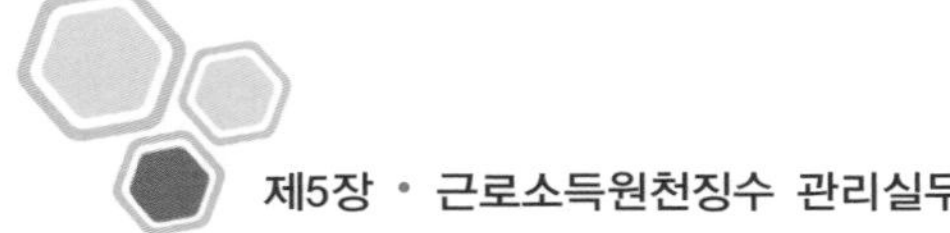

구 분	일용근로자의 범위
하역작업 (항만근로자 포함)	1. 통상 근로를 제공한 날에 근로대가를 받지 아니하고 정기적으로 근로대가를 받는 자 2. 다음 각 목의 업무에 종사하기 위하여 통상 동일한 고용주에게 계속하여 고용되는 자 가. 작업준비를 하고 노무에 종사하는 자를 직접 지휘·감독하는 업무 나. 주된 기계의 운전 또는 정비업무
그 외의 업무	근로계약에 따라 동일한 고용주에게 3월 이상 계속하여 고용되어 있지 아니한 자

이 경우 '근로계약'은 문서에 의한 계약만을 말하는 것은 아니며, '근로를 제공한 날 또는 시간에 따라 급여를 계산하여 지급받는'이라 함은 급여의 계산방법을 말하는 것이지 그 계산된 급여의 지급방법을 말하는 것은 아니다(소득세 집행기준 14-20-1).

또한 일용근로자의 범위 적용시 '3월'이라 함은 「민법」 제160조에 따라 역에 의하여 계산한 기간을 말한다. 근로계약상 근로제공에 대한 시간 또는 일수나 그 성과에 의하지 아니하고 월정액에 의하여 급여를 지급받는 경우에는 그 고용기간에 불구하고 일용근로자가 아닌 자(일반급여자)의 근로소득으로 본다.

3 근로소득의 범위

근로소득은 근로계약에 의하여 종속적 지위에서 근로를 제공하고 받는 각종 대가로 해당 과세기간(1.1.~12.31.)에 발생한 다음의 소득으로 한다.

① 근로제공으로 받는 봉급·급료·보수·세비·임금·상여·수당과 이와 유사한 성질의 급여
② 법인의 주주총회·사원총회 또는 이에 준하는 의결기관의 결의에 의하여 상여로 받은 소득(잉여금처분에 의한 상여)
③ 「법인세법」에 의하여 상여로 처분된 금액(인정상여)
④ 퇴직으로 인하여 받는 소득으로서 퇴직소득에 속하지 아니하는 소득
⑤ 종업원 등 또는 대학의 교직원이 지급받는 직무발명보상금[주)]

주) 종업원 등 또는 대학의 교직원이 퇴직 후에 지급받는 직무발명보상금은 기타소득에 해당

「소득세법」에서 규정하는 '근로자'에는 「소득세법」에서 특별히 임원을 제외하고 있는 경우 외에는 임원이 포함되는 것으로 한다. 임원이라 함은 「법인세법 시행령」 제40조 제1항에 따른 임원을 말한다(소득세 기본통칙 12-0…1).

(1) 급여 등

근로의 제공으로 인하여 받는 봉급・급료・보수・세비・임금・상여・수당과 이와 유사한 성질의 급여는 근로소득으로 한다.

① 봉급・급료・보수	주로 정신적 근로자가 지급받는 금액
② 임금	주로 육체적 근로자가 지급받는 금액
③ 세비	국회의원이 지급받는 금액
④ 상여	봉급・급료・임금 등에 가산하여 부정기적으로 지급받는 대가
⑤ 수당	급료・임금 등에 가산하여 별도의 명목이나 기준에 따라 지급받는 대가

(2) 수당 등의 급여성 대가

다음의 수당 등은 근로소득의 범위에 포함되는 것으로 한다. 이때 비과세 근로소득이나 근로소득에 포함되지 않는 소득은 제외된다.

구 분	비 고
① 근로수당, 가족수당, 전시수당, 물가수당, 출납수당, 직무수당 등	• 예 : 근속수당, 연차수당, 가계보조비, 효도휴가비, 승무수당 • 일정요건인 경우 비과세 근로소득임 (Ⅱ. 비과세 근로소득 참조).
② 급식수당, 주택수당, 피복수당 등	• 일정요건인 경우 비과세 근로소득임 (Ⅱ. 비과세 근로소득 참조).
③ 기술수당, 보건수당 및 연구수당 등	• 예 : 체력단련비 • 일정요건인 경우 비과세 근로소득임 (Ⅱ. 비과세 근로소득 참조).
④ 시간외근무수당, 통근수당, 개근수당, 특별공로금 등	• 예 : 장기근속 포상금, 무사고 포상금, 성과급 • 일정요건인 경우 비과세 근로소득임 (Ⅱ. 비과세 근로소득 참조).

구 분	비 고
⑤ 보험회사 등 금융기관의 내근사원이 받는 집금수당과 보험가입자의 모집, 증권매매의 권유 또는 저축의 권장으로 인한 대가 등	
⑥ 벽지수당, 해외근무수당 등	• 일정요건인 경우 비과세 근로소득임 (Ⅱ. 비과세 근로소득 참조).
⑦ 기밀비, 교제비 등으로서 업무를 위하여 사용된 것이 분명하지 아니한 급여	
⑧ 공로금, 위로금, 개업축하금 등	• 예: 기본급여 외에 광고유치, 판매실적 등에 따라 추가로 받는 수당 등
⑨ 학자금, 장학금 등	• 일정요건인 경우 비과세 근로소득임 (Ⅱ. 비과세 근로소득 참조).
⑩ 여비의 명목으로 받은 연액 또는 월액의 급여	• 일정요건인 경우 비과세 근로소득임 (Ⅱ. 비과세 근로소득 참조).
⑪ 휴가비 등	• 일정요건인 경우 비과세 근로소득임 (Ⅱ. 비과세 근로소득 참조).

(3) 잉여금처분에 의한 상여

주주총회·사원총회 또는 이에 준하는 의결기관이 임원, 노무사원 기타 종업원에게 상여금을 지급하기로 결의하는 경우 그 결의에 의하여 지급받는 상여를 말한다(소득법 제20조).

「법인세법」상 잉여금처분에 의한 상여금 지급은 손금불산입된다(법인령 제43조 제1항).

또한 기존에 손금인정되는 이익잉여금 처분에 의한 성과급 손금산입규정은 2018.1.1. 이후 개시하는 사업연도분부터는 폐지되어 손금인정되지 않는다.

이때 손금불산입되는 잉여금처분에 의한 상여는 「법인세법」의 세무조정에 따른 소득처분(인정상여 등)으로 보아 원천징수해야 한다.

(4) 인정상여

① 인정상여란

법인세 확정신고·수정신고·경정청구·기한후신고와 세무서장 등이 법인세액을 결정·경정함에 따라 익금산입금액을 소득처분함에 있어서 임직원에게 귀속된 것으로 보거나 그 귀속자가 불분명한 때에는 대표자에게 귀속된 것으로 보아 상여로 소득처분을 한다(소득법 제20조). 이를 '인정상여'라 한다.

인정상여에 해당하는 세무조정 사례

① 채권자가 불분명한 사채이자(원천징수상당액은 제외)
② 수령자가 불분명한 채권·증권에 대한 이자(원천징수상당액은 제외)
③ 임원퇴직금 한도초과액
④ 임원상여금 한도초과액
⑤ 업무와 관련없는 가지급금 인정이자
⑥ 증빙불비 비용
⑦ 현금매출액 계상 누락액
⑧ 업무용 승용자동차 손금부인액

② 사실상 대표자란

'사실상의 대표자'란 대외적으로 회사를 대표할 뿐만 아니라 업무집행에 있어서 이사회의 일원으로 의사결정에 참여하고 집행 및 대표권을 가지며 회사에 대하여 책임을 지는 자를 말한다(법인통칙 67-106…17).

따라서 당해 법인의 대표자가 아니라는 사실이 객관적인 증빙이나 법원의 판결에 의하여 입증되는 경우를 제외하고는 등기상의 대표자를 그 법인의 대표자로 본다(법인통칙 67-106…19).

③ 대표자 상여처분 시 대표자 판정

사외로 유출된 금액의 귀속이 불분명하여 대표자에게 상여처분함에 있어서 대표자는 다음과 같이 판정한다(법인세 집행기준 67-106-3).

1. 주주임원(소액주주 제외) 및 그와 특수관계에 있는 자가 소유하는 주식 등을 합하여 해당 법인의 발행주식총수 또는 출자총액의 100분의 30 이상을 소유하고 있는 경우의 그 임원이 법인의 경영을 사실상 지배하고 있는 경우에는 그 자를 대표자로 하고, 대표자가 2명 이상인 경우에는 사실상의 대표자로 한다.
2. 사실상의 대표자란 대외적으로 회사를 대표할 뿐만 아니라 업무집행에 있어서 이사회의 일원으로 의사결정에 참여하고 집행 및 대표권을 가지며 회사에 대하여 책임을 지는 자를 말한다.
3. 사업연도 중에 대표자가 변경된 경우 대표자 각인에게 귀속된 것이 분명한 금액은 이

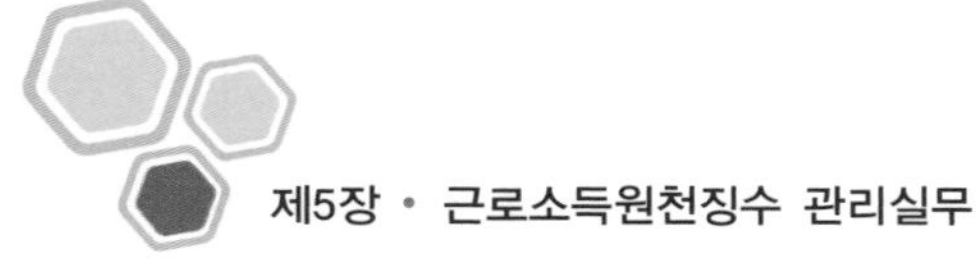

를 대표자 각인에게 구분하여 처분하고, 귀속이 분명하지 아니한 경우에는 재직기간의 일수에 따라 구분계산하여 이를 대표자 각인에게 상여로 처분한다.

4. 해당 법인의 대표자가 아니라는 사실이 객관적인 증빙이나 법원의 판결에 따라 입증되는 경우를 제외하고는 등기상의 대표자를 그 법인의 대표자로 본다.
5. 법원의 가처분결정에 따라 직무집행이 정지된 법인의 대표자는 그 정지된 기간 중에는 대표자로서의 직무집행에서 배제되는 것이므로 법인등기부상에 계속 대표자로 등재되어 있는 경우에도 법인의 영업에 관한 장부 또는 증빙서류를 성실히 비치 기장하지 아니하여 발생되는 그 귀속이 불분명한 소득 등은 이를 그 직무집행이 배제된 명목상의 대표자에게 처분할 수 없는 것으로 한다. 따라서 이 경우에는 사실상의 대표자로 직무를 행사한 자를 대표자로 한다.

참고

- 소득통칙 2의2-0…1 【사망 시 인정상여처분소득 등의 과세 여부】
  영 제192조에 의한 소득금액변동통지서를 받기 전에 소득의 귀속자가 사망한 경우에는 이에 대한 소득세를 과세하지 아니한다.
- 소득통칙 127-0…2 【인정상여에 대한 원천징수세액의 납세의무자】
  귀속이 불분명하여 「법인세법 시행령」 제106조의 규정에 따라 대표자에 대하여 상여로 처분하는 경우 그 상여처분이 귀속되는 대표자는 법인의 당해 결산사업연도 중 그 상여가 발생한 시점의 대표자로 한다.
- 법인통칙 67-106…18 【직무집행이 정지된 대표자에 대한 소득처분 】
  법원의 가처분결정에 의하여 직무집행이 정지된 법인의 대표자는 그 정지된 기간 중에는 대표자로서의 직무집행에서 배제되는 것이므로 법인등기부상에 계속 대표자로 등재되어 있는 경우에도 법인의 영업에 관한 장부 또는 증빙서류를 성실히 비치 기장하지 아니하여 발생되는 그 귀속이 불분명한 소득 등은 이를 직무집행이 배제된 명목상의 대표자에게 처분할 수 없는 것으로 한다. 따라서 이 경우에는 사실상의 대표자로 직무를 행사한 자를 대표자로 한다.

(5) 근로소득으로 보는 퇴직금 등

① 임원퇴직금 한도초과액

근로대가의 명칭 여하에 관계없이 현실적 퇴직을 원인으로 지급받는 소득은 퇴직급여지급규정 유무에 관계없이 퇴직소득에 해당하며, 임원의 경우 임원퇴직급여지급규정에 따른 금액을 지급하더라도 「소득세법」에서 정한 임원퇴직금 한도초과액에 대해서는 근로소득으로 과세한다(소득법 제20조).

임원퇴직금 한도초과액은 다음과 같이 계산한다(소득법 제22조 제3항, 소득령 제42조의2 제6항).

<table>
<tr><th colspan="3">임원퇴직금 한도초과액 = Ⅰ - Ⅱ - Ⅲ</th></tr>
<tr><td>Ⅰ</td><td colspan="2">임원의 퇴직소득금액(공적연금 관련법에 따라 받는 일시금은 제외)</td></tr>
<tr><td rowspan="3">Ⅱ
(2011년 이전 근속 있는 경우)</td><td colspan="2">Max = [①, ②]</td></tr>
<tr><td>①</td><td>[2011년 12월 31일 이전 근속분]임원퇴직금 중 다음의 하나에 해당하는 금액
㉠ 정관에 퇴직금 및 퇴직위로금 등으로서 지급할 금액이 정해진 경우(임원퇴직금을 계산할 수 있는 기준이 정관에 기재된 경우 포함)
㉡ 정관에서 위임된 퇴직급여규정이 있는 경우
㉢ '㉠, ㉡' 외의 경우: 퇴직일 직전 1년간 임원 총급여액×10%×근속연수</td></tr>
<tr><td>②</td><td>임원 퇴직소득금액 × (2011년 12월 31일 이전 근무기간/전체 근무기간)</td></tr>
<tr><td rowspan="2">Ⅲ
한도
(①+②)</td><td>① (2012년 1월 1일부터 2019년 12월 31일까지 근무분)</td><td>2019년 12월 31일부터 소급하여 3년주1)(2012년 1월 1일부터 2019년 12월 31일까지의 근무기간이 3년 미만인 경우에는 해당 근무기간)동안 지급받은 총급여의 연평균환산액 × 10% × (2012년 1월 1일부터 2019년 12월 31일까지의 근무기간주2)/12) × 3</td></tr>
<tr><td>② (2020년 1월 1일 이후 근무분)</td><td>퇴직한 날부터 소급하여 3년주1)(2020년 1월 1일부터 퇴직한 날까지의 근무기간이 3년 미만인 경우에는 해당 근무기간)동안 지급받은 총급여의 연평균환산액 × 10% × (2020년 1월 1일 이후의 근무기간주2)/12) × 2</td></tr>
</table>

주1) 근무기간이 3년 미만인 경우에는 개월 수로 계산한 해당 근무기간을 말하며, 1개월 미만의 기간이 있는 경우에는 이를 1개월로 봄.
주2) 1년 미만의 기간은 개월 수로 계산하며, 1개월 미만의 기간이 있는 경우에는 이를 1개월로 봄.

㉠ 임원의 범위

임원은 다음 각 호의 어느 하나에 해당하는 직무에 종사하는 자를 말한다(법인령 제40조 제1항).

> ㉮ 법인의 회장·사장·부사장·이사장·대표이사·전무이사 및 상무이사 등 이사회의 구성원 전원과 청산인
> ㉯ 합명회사, 합자회사 및 유한회사의 업무집행사원 또는 이사
> ㉰ 유한책임회사의 업무집행자
> ㉱ 감사
> ㉲ 그밖에 '㉮~㉱'에 준하는 직무에 종사하는 자

㉡ 총급여의 범위(소득법 제22조 제4항 제2호, 소득령 제42조의2 제7항)

총급여액에 포함되는 금액	총급여액에 포함되지 않는 금액
1. 근로를 제공함으로써 받는 봉급·급료·보수·세비·임금·상여·수당과 이와 유사한 성질의 급여 2. 법인의 주주총회·사원총회 또는 이에 준하는 의결기관의 결의에 따라 상여로 받는 소득 3. 근무기간 중 해외현지법인에 파견되어 국외에서 지급받는 급여	1. 「법인세법」에 따라 상여로 처분된 금액(인정상여) 2. 퇴직함으로써 받는 소득으로서 퇴직소득에 속하지 아니하는 소득 3. 종업원 등 또는 대학의 교직원이 지급받는 직무발명보상금(퇴직한 후에 지급받는 직무발명보상금[주)]은 제외) 4. 해외현지법인에 파견되어 국외에서 지급받는 급여 중 정관 또는 정관의 위임에 따른 임원의 급여지급규정이 있는 법인의 주거보조비, 교육비수당, 특수지수당, 의료보험료, 해외체재비, 자동차임차료 및 실의료비 및 이와 유사한 급여로서 해당 임원이 국내에서 근무할 경우 국내에서 지급받는 금액을 초과해 받는 금액 5. 임원상여금 한도초과액

주) 퇴직한 후에 지급받는 직무발명보상금은 기타소득에 해당함.

㉢ 연평균환산급여 계산 시 근무기간

근무기간이 3년 미만인 경우에는 개월 수로 계산한 해당 근무기간을 말하며, 1개월 미만의 기간이 있는 경우에는 이를 1개월로 본다.

또한 연평균급여 계산 시 근무기간은 임원으로의 재직기간을 의미하며, 한도적용대상 퇴직금을 계산함에 있어 총퇴직금에서 차감할 2011.12.31. 퇴직 가정시 퇴직소득금액은 회사규정에 따라 실제 지급되는 금액을 의미한다(법규소득 2013-246, 2013.7.25.).

② 경영성과급의 퇴직연금 불입액에 대한 소득 구분

퇴직급여로 지급되기 위하여 적립(근로자가 적립금액 등을 선택할 수 없는 것으로서 다음에 정하는 방법에 따라 적립되는 경우에 한정)되는 급여는 근로소득이 아니다(소득령 제38조 제2항, 소득칙 제15조의3).

1. 「근로자퇴직급여 보장법」 제4조 제1항에 따른 퇴직급여제도의 가입대상이 되는 근로자(임원을 포함) 전원이 적립할 것. 다만, 각 근로자가 다음 각 목의 어느 하나에 해당하는 날에 향후 적립하지 아니할 것을 선택할 수 있는 것이어야 한다.
   가. 사업장에 제2호에 따른 적립 방식이 최초로 설정되는 날(해당 사업장에 최초로 근무하게 된 날에 제2호의 적립 방식이 이미 설정되어 있는 경우에는 「근로자퇴직급여 보장법」 제4조 제1항에 따라 최초로 퇴직급여제도의 가입대상이 되는 날)
   나. 제2호의 적립 방식이 변경되는 날
2. 적립할 때 근로자가 적립 금액을 임의로 변경할 수 없는 적립 방식을 설정하고 그에 따라 적립할 것
3. 제2호의 적립 방식이 「근로자퇴직급여보장법」 제6조 제2항에 따른 퇴직연금규약, 같은 법 제19조 제1항에 따른 확정기여형퇴직연금규약 또는 「과학기술인공제회법」 제16조의2에 따른 퇴직연금급여사업을 운영하기 위하여 과학기술인공제회와 사용자가 체결하는 계약에 명시되어 있을 것
4. 사용자가 확정기여형퇴직연금(DC형)계좌 및 「과학기술인공제회법」 제16조 제1항에 따른 퇴직연금급여를 지급받기 위하여 설정하는 계좌에 적립할 것

따라서 확정기여형(DC형) 퇴직연금규약에 부담금의 산정방법, 지급시기, 불입방법 등을 구체적으로 명시하여 이에 따라 불입하는 경영성과급은 「소득세법 시행령」 제38조 제2항에 따라 근로소득에 해당하지 않는다(소득, 원천세과-10, 2014.1.14.).

참고

- 회사의 종업원이 임원으로 취임하여 퇴직금을 지급받은 후 임원으로 근무하던 중 퇴직하는 경우 「소득세법」 제22조 제3항에 따른 총급여의 연평균환산액을 산정함에 있어 임원으로 근무한 기간이 3년 미만인 경우 "근무기간"은 임원으로 실제 근무한 기간으로 계산하는 것이며, "2011.12.31. 퇴직하였다고 가정할 때 지급받을 퇴직소득금액"은 불특정다수에게 적용되는 퇴직금지급규정에 따라 2011.12.31. 퇴직 시 실제 지급받을 수 있는 퇴직소득금액을 말하는 것임(법규소득 2013-246, 2013.7.25.).
- 2012년 1월 1일 이후 대표이사의 급여를 연봉제로 전환함에 따라 향후 퇴직급여를 지급하지 아니하는 조건으로 퇴직금을 중간정산하는 경우 2012년 1월 1일 이후 퇴직소득과 2011년 12월 31일 퇴직소득의 합계액을 퇴직소득으로 원천징수하고, 이를 초과하는 금액은 근로소득으로 원천징수하는 것이며, 2011년 12월 31일 이전분 퇴직소득 계산 시 손금에 산입하지 아니하는 금액은 근로소득으로 보아 원천징수하는 것임(법규소득 2012-389, 2012.12.10.).
- 법인이 노사합의로 결정된 명예퇴직금 지급규정에 의해 명예퇴직금을 지급함에 있어

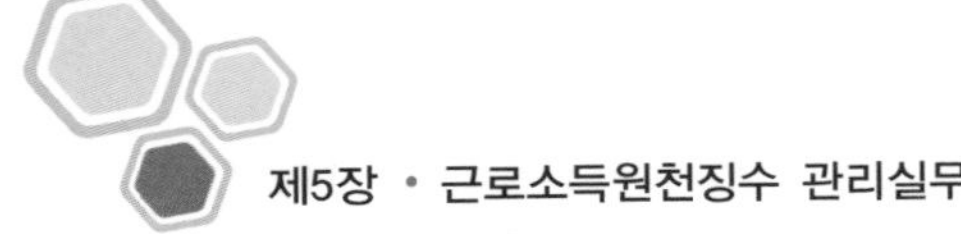

장래에 퇴직자 자녀가 대학에 입학하는 때에는 학자금을 확정·지급하기로 한 경우 당해 직원에게 퇴직 후 지급하는 자녀학자금은 근로소득에 해당함(서면1팀-770, 2006.6.13.).

- 종업원(임원 포함)이 퇴직함으로써 지급받는 급여 중 퇴직급여지급규정·취업규칙 또는 노사합의에 의한 지급규정에 따라 불특정다수의 근로자를 대상으로 하여 지급되는 퇴직수당·퇴직위로금 기타 이와 유사한 성질의 급여는 퇴직소득에 해당하는 것임(서면인터넷방문상담1팀-1641, 2007.12.3.).
- 근로자가 급여규정에 의하여 재직 중의 경영성과에 따라 퇴직 후 지급받는 성과급은 근로소득에 해당함(소득세과-2614, 2008.7.30.).

(6) 직무발명보상금

① 직무발명보상금이란

임직원이 회사의 업무(직무)와 관련하여 발명을 하고 그 대가로 회사로부터 보상을 받는 제도를 말한다. 여기서 '직무발명'이란 종업원, 법인의 임원 또는 공무원이 그 직무에 관하여 발명한 것이 성질상 사용자·법인 또는 국가나 지방자치단체의 업무 범위에 속하고 그 발명을 하게 된 행위가 종업원 등의 현재 또는 과거의 직무에 속하는 발명을 말한다(「발명진흥법」 제2조 제2호).

② 근로소득과 기타소득

2017.1.1. 이후 발생하는 소득분부터 종업원 등(또는 대학의 교직원)이 지급받는 직무발명보상금은 근로소득에 해당한다(소득법 제20조). 그러나 종업원 등(또는 대학의 교직원)이 퇴직한 후에 지급받는 직무발명보상금은 기타소득에 해당한다(소득법 제21조 제1항 제22호의2).

③ 비과세 대상

「발명진흥법」 제2조 제2호에 따른 직무발명으로 받는 다음의 보상금(이하 "직무발명보상금"이라 한다)으로서 연 700만원 이하의 금액은 비과세에 해당한다(소득법 제12조 제3호 어목).

- 「발명진흥법」 제2조 제2호에 따른 종업원 등이 사용자 등으로부터 받는 보상금. 단, 보상금을 지급한 사용자 등과 대통령령으로 정하는 특수관계에 있는 자[주1)]가 받는 보상금은 제외
- 대학의 교직원 또는 대학과 고용관계가 있는 학생이 소속 대학에 설치된 「산업교육진흥 및 산학연협력촉진에 관한 법률」 제25조에 따른 산학협력단으로부터 같은 법 제32조 제1항 제4호[주2)]에 따라 받는 보상금

주1) - 사용자가 개인사업자인 경우: 해당 개인사업자 및 그와 친족관계에 있는 자
- 사용자가 법인인 경우: 해당 법인의 지배주주등(법인세법 시행령 제43조 제7항에 따른 지배주주등) 및 그와 특수관계(친족관계 또는 경영지배관계)에 있는 자

> [법인세법 시행령 제43조 제7항의 지배주주 등의 범위]
> "지배주주등"이란 법인의 발행주식총수 또는 출자총액의 1% 이상의 주식 또는 출자지분을 소유한 주주 등으로서 그와 특수관계에 있는 자와의 소유 주식 또는 출자지분의 합계가 해당 법인의 주주등 중 가장 많은 경우의 해당 주주등(이하 "지배주주등"이라 한다)을 말함

주2) 동법 제31조 제1항 제2호부터 제7호까지의 재원 수입에 기여한 교직원 및 학생에 대한 보상금

| 직무발명보상금의 소득구분 |

구 분	소득의 종류
• 종업원 등(또는 대학의 교직원 등)이 지급받는 직무발명보상금	근로소득
• 종업원 등(또는 대학의 교직원 등)이 퇴직한 후에 지급받는 직무발명보상금	기타소득
• 「발명진흥법」 제2조 제2호에 따른 직무발명으로 받는 직무발명보상금으로서 연 700만원 이하의 금액	비과세

참고

비과세되는 직무발명보상금에는 대표이사도 포함됨(소득, 서면-2016-소득-5703 [소득세과-1752], 2016.11.21.).

4 근로소득의 수입시기

근로소득의 수입시기는 근로소득이 몇 년도 귀속분인지를 결정하는 기준이 된다. 근로소득별 수입시기는 다음과 같다(소득령 제49조).

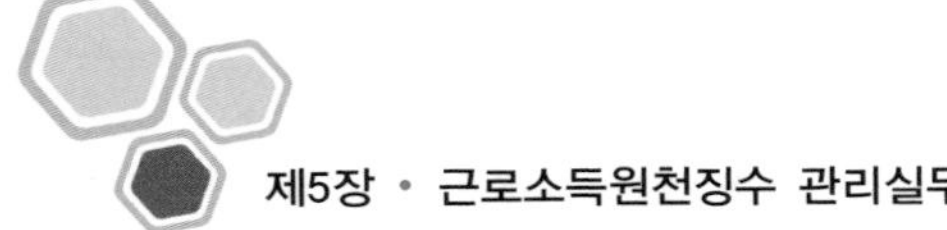

<table>
<tr><th colspan="2">근로소득의 구분</th><th>수입시기</th></tr>
<tr><td colspan="2">① 급여</td><td>근로제공일</td></tr>
<tr><td colspan="2">② 잉여금처분에 의한 상여</td><td>법인의 잉여금처분결의일</td></tr>
<tr><td colspan="2">③ 인정상여</td><td>법인의 결산사업연도 중 근로제공일(월평균금액을 계산한 것이 2년에 걸친 때에는 각각 해당 사업연도 중 근로제공일)</td></tr>
<tr><td rowspan="3">④ 성과급상여</td><td>자산수익률 · 매출액 등 계량적 요소에 따라 성과급상여를 지급하기로 한 경우</td><td>계량적 요소가 확정되는 날이 속하는 연도</td></tr>
<tr><td>계량적 · 비계량적 요소를 평가하여 그 결과에 따라 차등 지급하는 경우</td><td>개인별 지급액이 확정되는 연도(재직 중 성과에 따라 퇴직 후 지급받는 경우도 포함)</td></tr>
<tr><td>자기주식으로 성과급을 지급하는 경우</td><td>계량적 요소가 확정되는 날이 속하는 연도 또는 개인별 지급액이 확정되는 연도(상여금의 평가는 지급 당시의 시가에 의하여 계산)</td></tr>
<tr><td colspan="2">⑤ 주식매수선택권</td><td>주식매수선택권을 행사한 날</td></tr>
<tr><td colspan="2">⑥ 근로소득으로 보는 퇴직위로금 등</td><td>지급받거나 지급받기로 한 날</td></tr>
<tr><td colspan="2">⑦ 급여를 소급인상하고 이미 지급된 금액과의 차액을 추가로 지급하는 경우</td><td>근로제공일이 속하는 연 · 월</td></tr>
<tr><td colspan="2">⑧ 도급, 기타 이와 유사한 계약에 의하여 급여를 과세표준확정신고 기간 개시일 전에 급여 미확정 시</td><td>급여가 확정된 날. 다만, 확정된 날 전에 실제로 받은 금액은 그 받은 날</td></tr>
</table>

(1) 급여와 정기상여

근로제공일이 속하는 연도이다. 따라서 임금이 체불되어 미지급상태에 있더라도 근로를 제공한 날이 속하는 연도의 수입금액으로 본다(소득, 조심 2014서0050, 2014.2.12.).

또한 계약직사원의 처우개선과 관련 정규직사원과의 급여차액에 대한 합의금(38개월분 정산)을 받은 경우 그 소득의 수입시기는 근로제공연도(급여정산기간)의 근로소득으로 보아야 한다(소득, 심사소득 2012-0195, 2013.3.15.).

(2) 성과급 상여

① 계량적 요소를 평가하여 지급하는 경우

매출액 · 영업이익률 등 계량적 요소에 따라 성과급상여를 지급하기로 한 경우 당해 성과급상여의 귀속시기는 계량적 요소가 확정되는 날이 속하는 연도가 되는 것이다(소득, 서면인터넷방문상담1팀-361, 2008.3.19.).

② 계량적 · 비계량적 요소를 평가하여 차등 지급하는 경우

법인이 그 직원에 대한 성과급상여를 지급함에 있어서 직원들에 대한 직전 연도의 계량적 · 비계량적 요소를 평가하여 그 결과에 따라 차등 지급하는 경우 당해 성과급상여의 귀속시기는 당해 직원들의 개인별 지급액이 확정되는 연도가 되는 것이다(서일 46011-10528, 2003.4.28., 소득-2614, 2008.7.30., 서면1팀-361, 2008.3.19., 소득, 원천세과-1075, 2009.12.29.).

③ 자기주식으로 성과급을 지급하는 경우

자기주식으로 성과급을 지급하는 경우 계량적 요소가 확정되는 날이 속하는 연도 또는 개인별 지급액이 확정되는 연도이며, 자기주식으로 지급한 상여금의 평가는 지급 당시의 시가에 의하여 계산하는 것으로 이 경우 시가는 상여금을 지급하는 날의 증권거래소 최종 시세가액으로 하는 것이다(서면2팀-1147, 2006.6.17.).

④ 잉여금처분에 의하지 않은 성과상여금

법인이 결산상 성과상여금을 비용처리하고 주주총회 결의 등의 이익처분 과정을 거치지 않는 경우 성과상여금을 지급받는 자의 근로소득 수입시기는 근로제공에 따른 상여의 지급에 따른 귀속시기와 동일한 것이므로 법인이 비용을 계상하고 근로자가 근로를 제공한 사업연도의 근로소득으로 하는 것이다(법인, 서면인터넷방문상담2팀-754, 2005.6.1.).

참고

외국법인의 국내자회사가 장기근속 유도 등의 목적으로 일정금액 이상의 보수를 이연프로그램에 편입하여 운용실적에 따라 결정된 금액을 권리확정일에 해당 임원이 현금으로 지급받기로 한 경우 해당 변동급여와 운용수익은 근로소득에 해당하는 것이며, 수입시기는 권리확정일임(사전-2015-법인령해석소득-0016, 2015.3.30.).

예규사례

❑ **퇴직 시까지 미지급 받은 수당의 근로소득 수입시기**(서면인터넷방문상담1팀-166, 2006.2.6.)

종업원이 자체 규정에 의해 기본 연봉계약 외에 지급받는 수당은 근로소득이 되는 것이며 퇴직시까지 미지급 받은 동 수당에 대한 근로소득 수입시기는 제(諸) 조건이 성취되어 개인별 지급액이 확정되는 연도를 근로소득 수입시기로 하는 것임.

❑ **조건부 성과급의 귀속시기**(서이 46013-11307, 2002.7.8.)

외국법인의 국내지점이 일부 종업원에 대한 성과급 성격으로 외국소재 본점의 주식을 구입하여 해외소재 신탁회사에 신탁하고 일정한 조건이 성취되는 때 당해 주식을 지급하기로 한 경우의 근로소득의 수입시기는 당해 주식의 지급방법에 따라 조건이 성취되는 날로 하는 것임.

(3) 잉여금처분에 의한 상여

잉여금처분에 의한 상여의 수입시기는 잉여금처분결의일이 속하는 연도이다.

예를 들어, 12월말 법인의 경우 2024년 귀속에 대한 잉여금처분결의가 2025년 2월에 행해졌다면 잉여금처분결의에 의한 법인세 손금귀속시기는 2024년이지만, 근로소득의 수입시기는 2025년이 된다.

(4) 인정상여

법인의 결산사업연도 중 근로제공일(월평균금액을 계산한 것이 2년에 걸친 때에는 각각 해당 사업연도 중 근로제공일)이 속하는 연도이다.

즉 인정상여의 수입시기는 법인세 정기신고, 수정신고, 결정・경정받는 경우 모두 근로제공일이 속하는 연도로 동일하다.

참고

인정상여처분으로 인한 소득세에 관한 한 '납세자가 사기 기타 부정한 행위로써 국세를 포탈한 경우'에 해당한다고 볼 수는 없고, 부과제척기간은 원칙으로 돌아가 5년이 된다고 보아야 함(소득, 서울행정법원 2010구합12668, 2011.7.14.).

(5) 부당해고기간 소급 지급분

부당해고기간 급여의 귀속시기는 법원의 판결・화해 등에 의하여 부당해고기간의 급여를 일시에 지급받는 경우에는 해고기간에 근로를 제공하고 지급받는 근로소득으로 보아 근로를 제공한 연도별로 연말정산하여야 하는 것이다(법인 46013－1583, 1998.6.17. ; 소득통칙 20－38…3).

예규사례

❑ **법원의 조정판결에 따라 받은 합의금의 소득구분과 원천징수 여부**(법규소득 2012－452, 2012.11.22.)

거주자가 민사소송 진행 중 법원의 조정결정에 따라 소송을 취하하는 조건으로 지급받는 합의금은 「소득세법」 제21조 제1항 제17호(사례금)에 따른 기타소득에 해당하고, 이를 지급하는 자는 기타소득세를 원천징수하여야 하는 것임.

❑ **법원판결에 의하여 부당면직기간 동안 받은 금원의 소득구분과 수입시기 등**(법규소득 2011－0391, 2011.10.19.)

- 부당면직 취소 등 소송을 제기하여 법원의 직권면직 무효 확정판결에 따라 부당면직기간에 해당하는 급여상당액을 지급받는 경우 동 금원은 부당면직기간에 근로를 제공하고 지급받는 근로소득에 해당하는 것이며, 원천징수의무자는 법원의 판결에 따라 지급하는 동 근로소득을 부당면직기간의 해당 귀속연도별로 「소득세법 기본통칙」 20－38…3 제2항에 의하여 원천징수하는 것임.
- 또한 소득의 종류를 오인하여 기타소득으로 원천징수한 경우 귀속연도별로 「국세기본법」 제45조, 제45조의2, 제45조의3, 「소득세법」 제70조의 규정에 따라 종합소득세 신고를 하는 것임.

❑ **부당해고기간 원천징수세액의 국세부과 제척기간**(재경부 조세정책과－285, 2004.3.18.)

거주자가 법원의 판결에 의하여 부당해고기간의 급여를 일시에 지급받는 경우 당해 급여액에 대한 원천징수세액은 「국세기본법」 제26조의2 및 동법 시행령 제12조의3 규정에 따라 실제 지급한 급여액에 대한 원천징수세액의 법정납부기한(통상 실제 급여를 지급한 날의 다음 달 10일)의 다음 날부터 5년이 경과한 후에는 부과할 수 없는 것임.

❑ **해고무효소송 결과 법원의 조정결정에 따라 받는 금액의 소득구분 등**(법규소득 2010－0317, 2010.11.19.)

해고 근로자가 해고무효 및 미지급 임금 청구소송 결과 법원의 조정결정에 따라 사용자로부터 지급받는 금액은 「소득세법」 제20조에 따른 근로소득에 해당하는 것이며, 해당 근로소득은 해고기간에 근로를 제공하고 지급받는 것으로 보는 것임.

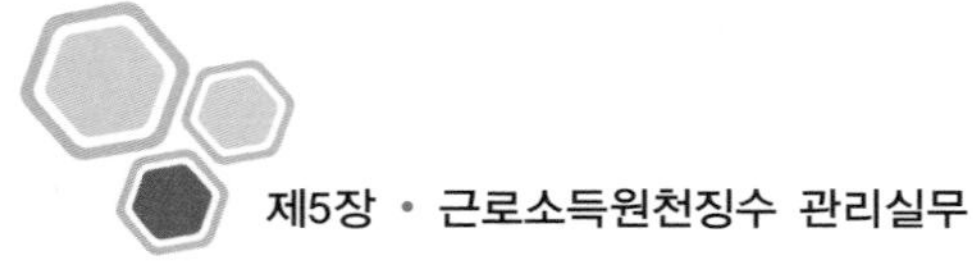

(6) 연차수당

① 연차수당을 미지급금으로 계상한 경우

지급기준일이 속하는 각 사업연도 종료일에 미지급 연(월)차수당을 합리적으로 산정한 후 미지급금으로 계상하여 손금에 산입한 경우, 연(월)차수당의 수입시기는 당해 연(월)차수당을 손금으로 계상한 때가 되는 것이다(소득, 원천세과-252, 2011.4.26.).

② 퇴직 시 지급받는 연차수당

근로기준법에 의한 연차 유급휴가일에 근로를 제공하고 지급받는 연차수당의 귀속연도는 소정의 근로일수를 개근한 연도의 다음 연도가 되는 것이며, 퇴직할 때까지 지급받지 못한 수당에 대한 근로소득의 귀속연도는 조건이 성취되어 개인별 지급액이 확정되는 연도로 하는 것이다(소득, 서면인터넷방문상담1팀-357, 2008.3.19.).

③ 연차수당의 지급대상 기간이 2개 연도에 걸쳐 있는 경우

연차수당의 지급대상기간이 2개 연도에 걸쳐 있는 경우에는 그 지급대상 연도별로 안분하여 당해 연차수당의 근로소득 수입시기를 판단한다(서면2팀-2646, 2004.12.16.).

참고

법인이 「근로기준법」의 개정으로 근로자의 연차보상일수가 감소함에 따라 단체협약에 의해 향후 근로자별 예상재직기간(이하 "보상기간"이라 함)에 해당하는 연차수당 감소액 중 일부를 보상금으로 지급하는 경우, 해당 보상금은 단체협약에 의해 개인별 지급액이 확정되는 날이 속하는 연도의 근로소득으로 봄. 이때 협약조건에 따라 보상기간 중 퇴직하는 근로자에 대한 기간 미경과 보상금을 법인이 환수하는 경우 해당 환수하는 금액은 해당 근로자가 퇴직하는 날이 속하는 연도의 근로소득에서 차감함(소득세 집행기준 20-49-1).

(7) 기타의 경우

① 주식매수선택권

주식매수선택권을 행사함으로써 얻은 이익인 근로소득의 수입시기는 당해 선택권을 행사한 날이며, 이때 행사일이란 종업원이 법인에게 행사를 청구한 날을 말한다(서일 46011-10675, 2003.5.28.).

② 근로소득으로 보는 퇴직위로금 등

근로소득에 해당하는 퇴직위로금 등의 수입시기는 지급받거나 지급받기로 한 날이다(소득령 제49조 제1항 제4호).

노사합의에 따라 명예퇴직하는 종업원에 대한 보상차원에서 일정요건에 따라 퇴직 후 지급하는 자녀 학자금은 근로소득에 해당하는 것이며, 그 수입시기는 지급받거나 지급받기로 한 날로 하는 것이다(소득, 서면인터넷방문상담1팀-73, 2007.1.11.).

③ 급여를 소급인상하고 이미 지급된 금액과의 차액을 추가로 지급하는 경우

급여를 소급인상하고 이미 지급된 금액과의 차액을 추가로 지급하는 경우 소급인상분 급여의 귀속시기는 '근로제공일이 속하는 연, 월'로 하는 것이다(법인 46013-830, 1995.3.28.).

④ 도급, 기타 이와 유사한 계약에 의하여 급여를 과세표준 확정신고기간 개시일 전에 급여 미확정된 경우

그 급여가 확정된 날을 수입시기로 본다. 단, 확정된 날 전에 실제로 받은 금액은 그 받은 날로 한다(소득령 제49조 제2항).

⑤ 사이닝보너스

특별한 능력 또는 우수한 능력이 있는 근로자가 기업과 근로계약을 체결하면서 지급받는 사이닝보너스는 소득세법 제20조에 따른 근로소득으로 한다. 이 사이닝보너스를 근로계약 체결 시(계약기간 내 중도퇴사 시 일정금액을 반환하는 조건) 일시에 선지급하는 경우에는 당해 사이닝보너스를 계약조건에 따른 근로기간 동안 안분하여 계산한 금액을 각 과세연도의 근로소득수입금액으로 한다(소득통칙 20-0…5).

예규사례

❑ **권리제한부 주식을 부여받은 경우 근로소득 수입시기**(서면1팀-1341, 2005.11.4.)

- 외국인 투자기업의 임직원이 해외관계회사로부터 일정기간 양도가 제한된 권리부주식을 부여받은 경우 당해 주식 부여로 인한 근로소득의 수입시기는 당해 주식을 부여받은 날이 되는 것이며, 이때 근로소득은 주식을 부여받는 날의 시가로 하는 것임. 단, 임직원이 약정된 근로제공기간이 경과되기 전에 퇴사함에 따라 주식을 반납하는 경우에는 반납한 주식을 당초 주식을 부여받은 연도의 근로소득에서 차감하여 근로소득세를 재정산하는 것임.
- 통상적인 야간근로에 대하여 노사합의에 의한 시간외수당을 추가로 지급하는 경우 근로소득의 귀속시기는 근로자가 근로를 제공한 연도가 되는 것으로 「소득세법 기본통칙」 137-1의 규정에 의하여 근로소득세액의 연말정산을 다시 하여야 하는 것임(서면2팀-990,

2006.5.30.).

❑ **M&A 시 합의에 의하여 지급하는 위로금의 귀속시기 및 소득구분**(서면1팀-1192, 2004.8.26.)

M&A와 관련하여 노사합의에 의해 지급하는 위로금은 근로소득에 해당하며, 당해 위로금은 노사합의가 체결되어 지급의무가 확정되는 날이 속하는 연도의 근로소득으로 보는 것임.

❑ **신용카드회원 유치 임직원에게 부여하는 포인트에 대한 소득의 귀속시기**(법인, 서면인터넷방문상담1팀-1042, 2006.7.25.)

금융기관의 임직원이 근로의 제공으로 인하여 지급받는 기본급여 외에 불특정다수인에게 신용카드 가입을 권장하고 그 가입자의 신용카드 사용실적에 따라 포인트를 부여받아 이를 사용(일정기간 내 미사용 시 소멸)함에 있어 당해 임직원이 동 포인트를 사용함으로 인해 얻는 경제적 이익은 당해 포인트를 사용하는 날이 속하는 연도의 근로소득에 해당함.

5 근로소득 원천징수시기

(1) 일반적인 경우

매월분의 급여와 상여금은 소득을 실제 지급할 때 원천징수하여야 한다.

(2) 원천징수시기 특례

근로소득은 발생하였으나 미지급한 경우 원천징수시기 및 연말정산시기를 확정함으로써 원천징수가 원활하게 이루어질 수 있도록 실제 지급 여부에 불구하고 다음에 해당하는 날에 지급한 것으로 본다(소득법 제135조).

구 분		원천징수시기 특례
① 1~11월 급여를 12월말까지 미지급한 경우		당해 연도 12.31.
② 12월 급여를 다음 해 2월말까지 미지급한 경우		다음 연도 2월 말일
③ 이익 또는 잉여금처분에 따른 상여를 처분결정일로부터 3개월이 되는 날까지 미지급한 때		이익·잉여금 처분결정일로부터 3개월이 되는 날[주)]
④ 인정상여	법인세 결정·경정 시 처분되는 상여 등	소득금액변동통지서를 받은 날
	법인의 신고 시 처분되는 상여 등	법인세 신고일
	법인세 수정신고 시 처분되는 인정상여 등	수정신고일

주) 다만, 그 처분이 1.1.~12.31.까지의 사이에 결정된 경우에 다음 연도 2월 말일까지 그 상여를 지급하지 아니한 때에는 그 상여는 2월 말일에 지급한 것으로 봄.

예규사례

❑ **해외본사로부터 파견된 외국인근로자의 근로소득**(서이 46017-10667, 2002.3.28.)

외국법인에서 파견되어 국내지점에 근무하는 근로자의 급여의 일부를 동 외국법인에서 당해 근로자에게 직접 지급하고 본·지점 간의 사전약정된 보상규정에 의거 추후 국내지점이 이를 보상해 주는 경우, 동 급여소득은 소득세법 제20조 제1항의 규정에 의한 갑종근로소득에 해당하며, 이 경우 국내지점은 별도의 절차없이 지급의무가 확정되므로 외국법인 본점이 당해 근로자에게 급여를 지급하는 시점에 미지급부채 등으로 계상하고 소득세법 제134조의 규정에 의거 원천징수하여야 함.

6 근로소득의 수입금액

근로소득에 대한 수입금액의 계산 기준은 해당 연도에 수입하였거나 수입할 금액의 합계액으로 한다.

(1) 금전으로 받은 경우

구 분		근로소득의 수입금액
① 원화로 받은 경우		당해 금전가액
② 외화로 받은 경우	정기급여일 전에 받음.	지급받은 날의 기준환율(재정환율)
	정기급여일 이후에 받음.	정기급여일의 기준환율(재정환율)

(2) 금전 외의 것으로 받은 경우

구 분	근로소득의 수입금액
① 제조업자·생산업자 또는 판매업자의 제조·생산 또는 판매물품	그 제조업자 등의 판매가액
② 제조업자·생산업자 또는 판매업자 외의 자가 제공한 물품[주)]	정상가액
③ 주식발행법인으로부터 신주인수권을 받은 경우(주주로서 받는 경우 제외)	신주인수권 납입한 날의 신주가액 - 신주발행가액
④ 이외의 경우	법인세법 시행령 제89조 준용

주) 그에 대한 부가가치세 매출세액을 회사가 부담하거나 매입세액을 매출세액에서 공제하지 아니하는 때에는 회사가 부담하거나 공제하지 아니한 부가가치세 상당액도 수입금액에 포함시켜야 함.

- 「외국환거래법」에 의한 기준환율 또는 재정환율 조회방법
  서울외국환중개(주) 홈페이지(http : //www.smbs.biz)의 메뉴 중 [환율조회]에서 조회
- 급여를 삭감한 경우에는 삭감 후의 급여를 근로소득 수입금액으로 함. 그리고 급여를 반납한 경우 노사 간의 합의에 의하여 급여를 자진반납형식으로 일률적으로 삭감하고 삭감 후의 급여액만을 인건비로 회계처리하는 때에는 삭감 후의 급여액만을 근로소득 수입금액으로 함.

 비과세 근로소득

(1) 차량운전보조수당

다음의 요건을 모두 만족하는 차량운전보조금 중 월 20만원 이내의 금액은 비과세 근로소득에 해당한다. 2022년부터는 본인 명의로 임차한 차량에 대해서도 비과세 적용 가능하도록 개정되었다.

비과세 요건
① 종업원(임원 포함)이 소유하거나 본인 명의로 임차한 차량일 것[주)]
② 종업원이 직접 운전하여 사용자의 업무수행에 이용할 것
③ 시내출장 등에 소요된 실제 여비를 지급받지 않을 것
④ 사업체의 규칙 등에 의하여 지급기준에 따라 소요경비를 받을 것

주) 「자동차관리법」 제3조 제1항에 따른 이륜자동차도 포함됨.

참고

- 타인(배우자 등)명의로 등록된 차량에 대하여는 자가운전보조금 비과세 규정을 적용할 수 없는 것임(서일 46011-10263, 2003.3.6.).
- 본인과 배우자 공동명의로 등록된 차량에 대하여는 자가운전보조금 규정을 적용할 수 있으나(재소득-591, 2006.9.20.), 부모, 자녀 등 배우자 외의 자와 공동명의인 차량에 대하여는 동 규정을 적용할 수 없음(서면1팀-372, 2008.3.20. ; 서면1팀-327, 2008.3.13.).
- 단지 직원의 출·퇴근 편의를 위하여 지급하는 교통보조금은 자가운전보조금이 아님. 즉, 근로소득으로 과세대상임(서면1팀-293, 2008.3.6.).
- 소득통칙 12-12…1 [자기차량운전보조금을 지급받는 경우의 근로소득금액]

종업원이 시내출장 등에 따른 여비를 별도로 지급받으면서 연액 또는 월액의 자기차량운전보조금을 지급받는 경우 시내출장 등에 따라 소요된 실제 여비는 실비변상적인 급여로 비과세하나, 자기차량운전보조금은 근로소득에 포함함.

- 비과세되는 자가운전보조금은 차량운행에 따른 소요경비의 증빙서류 비치 여부에 관계없이 사규에 의하여 실제적으로 지급받는 월 20만원 이내의 금액임(법인 46013-2726, 1996.9.25.).
- 자가운전보조금이 '연봉계약서'에 포함되어 있고, 당해 사업체의 규칙 등에 의하여 지급기준이 정하여져 있는 경우로서 당해 종업원이 자기 소유차량으로 직접 운전하여 사용자의 업무수행에 이용하고 시내출장 등에 소요된 실제 여비를 받지 아니하는 경우에는 당해 규정에 의한 금액(월 20만원 한도)은 실비변상적인 성질의 급여로 비과세되는 자가운전보조금에 해당함(서이 46013-12204, 2002.12.9.).
- 종업원의 개인소유 차량을 회사의 업무수행에 이용하고 실제로 소요된 유류대 등을 개별 항목별로 회사규정에 따라 지급하는 경우 그 전체 금액을 자가운전보조금으로 보는 것임(소득, 법인 46013-2029, 1999.7.21.).
- 종업원이 지급받는 월 20만원 이내의 자가운전보조금 비과세 규정에서 '종업원'의 범위에는 임원도 이에 포함되는 것임(법인 46013-1123, 1996.4.12.).
- 부부 공동명의 소유 차량을 각자 별도 직접 운전하여 사용자의 업무수행에 이용하고 시내출장 등에 소요된 각자 실제 여비를 받는 대신에 그 소요경비를 당해 사업체의 규칙 등에 의하여 정하여진 지급기준에 따라 받는 금액 중 20만원 이내의 금액은 각자의 비과세 근로소득에 해당함(소득, 원천세과-688, 2011.10.28.).

예규 Point

❑ **2 이상의 근무지로부터 각각 지급받는 경우**(서면1팀-1272, 2006.9.14.)

근로자가 2 이상의 회사에 근무하면서 각각 지급받은 자가운전보조금은 지급하는 회사를 기준으로 월 20만원 이내의 금액을 비과세하는 것임.

(2) 연구보조수당

다음의 자가 받는 연구보조비 중 월 20만원 이내의 금액은 비과세 근로소득에 해당한다.

「유아교육법」·「초·중등교육법」·「고등교육법」에 따른 학교 및 이에 준하는 학교(특별법에 따른 교육기관을 포함)(사무직원 제외)의 교원	월 20만원 이내 금액
다음의 연구기관 등에서 연구활동에 직접 종사하는 자(대학교원에 준하는 자격을 가진 자에 한함) 및 직접적으로 연구활동을 지원하는 자[주)] ① 「특정연구기관 육성법」의 적용을 받는 연구기관 ② 특별법에 따라 설립된 정부출연 연구기관 ③ 「지방자치단체출연 연구원의 설립 및 운영에 관한 법률」에 따라 설립된 지방자치단체출연 연구원	
「기초연구 진흥 및 기술개발 지원에 관한 법률 시행령」에 따른 중소기업 또는 벤처기업의 기업부설연구소와 연구개발전담부서에서 연구활동에 직접 종사하는 자	

주) '직접적으로 연구활동을 지원하는 자'는 다음의 자를 제외한 자를 말함.
① 연구활동에 직접 종사하는 자(대학교원에 준하는 자격을 가진 자에 한함)
② 건물의 방호·유지·보수·청소 등 건물의 일상적 관리에 종사하는 자
③ 식사제공 및 차량의 운전에 종사하는 자

참고

- 교과지도비를 학교운영위원회 예산에 편입하고 연구보조비 지급규정에 의해 교원에 지급한 월 20만원 이내 금액은 비과세대상임(제도 46011-11351, 2001.6.5.).
- 사립대학의 조교는 교원의 범위에 포함되므로 조교가 지급받은 연구보조비는 근로소득으로 보지 아니하나, 산업체 겸임교원은 연구보조비의 지급대상이 되는 교원의 범위에 포함되지 아니함.
- 학사학위 등 학력이 인정되는 평생교육법에 의한 원격대학은 학생편입학, 학사일정, 학위수여 등 학교 설립 및 운영에 관한 주요 규정에 「고등교육법」을 준용하고 있어 그 실질내용이 「고등교육법」에 의한 학교와 같으므로 원격대학의 교원이 받는 연구보조비도 비과세대상 연구보조비에 해당함.
- 연구팀은 그 구성원이 소속부서의 업무를 떠나 당해 팀의 연구활동에 전념하는 것이 요구되는 조직을 말하며, 연구기관의 장이 연구기관의 업무 전반을 통할하는 것만으로는 연구활동에 직접 종사하는 것으로 볼 수 없음.
- 「초·중등교육법」에 의한 교육기관이 학교운영위원회 심의를 거쳐 지급되는 연구보조비는 그 명칭에 상관없이 소득세 비과세대상임(소득세제과-50, 2007.1.22.).

 예규 Point

❑ **방과후학교 수업대가의 비과세 연구보조비 해당 여부**(재소득-484, 2007.8.31.)

「초·중등교육법」에 의한 교육기관이 학생들로부터 받은 방과후학교 수업료(특기·적성교육비 또는 보충수업비)를 수업시간당 일정금액으로 교원에게 지급하는 금액은 연구보조를 위하여 지급하는 것으로 볼 수 없으므로 비과세하는 연구보조비에 해당하지 아니함.

(3) 기타 실비변상적인 급여

① 「선원법」에 의하여 받는 식료

「선원법」에 의하여 승선 중인 선원이 제공받는 식료품에 대하여는 비과세 근로소득에 해당하나 휴가기간 동안에 지급받는 급식비는 비과세 근로소득이 아니다.

참고

승선 중인 선원이 「선원법」에 의하여 제공받는 식료품은 비과세되지만, 식료품비 등 명목으로 일정액의 현금을 지급받는 경우에는 과세대상 근로소득에 해당하는 것임(서면1팀-1064, 2005.9.7.).

② 제복·제모 및 제화

법령·조례에 의한 제복 착용자	제복, 제모, 제화
병원·시험실·금융회사 등·공장·광산 근무자	작업복 또는 그 직장에서만 착용하는 피복
특수한 작업·역무 종사자	

참고

직원들에게 지급한 피복이 회사의 마크가 없고 외출복으로도 착용가능한 일반피복의 경우 과세대상 근로소득으로 봄.

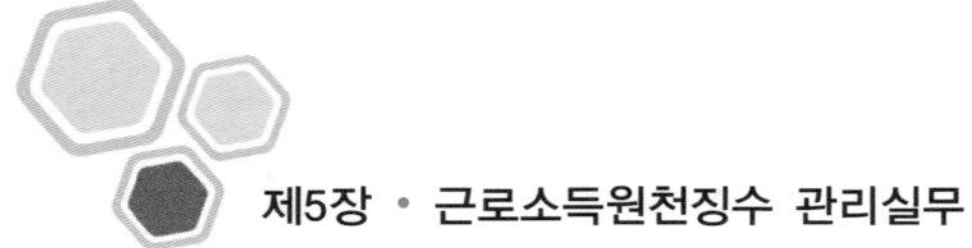

③ 특수분야 종사자의 위험수당 등

특수분야에 종사하는 군인 등이 받는 다음의 수당 등은 비과세 근로소득이다.

구분(특수분야에 종사)	비과세인 수당 등
군인	낙하산강하위험수당, 수중파괴작업위험수당, 잠수부위험수당, 고전압위험수당, 폭발물위험수당, 항공수당(기획재정부령으로 정하는 유지비행훈련수당[주1]을 포함), 비무장지대근무수당, 전방초소근무수당, 함정근무수당(기획재정부령으로 정하는 유지항해훈련수당[주2]을 포함), 수륙양용궤도차량승무수당
경찰공무원	경찰특수전술업무수당
경호공무원	경호수당

주1) 「군인 등의 특수근무수당에 관한 규칙」 별표 2의 군인등의 장려수당 제11호부터 제13호까지에 해당하는 수당

주2) 「군인 등의 특수근무수당에 관한 규칙」 별표 2의 군인등의 장려수당 제14호에 해당하는 수당

④ 선장 · 경찰공무원 등의 수당

선원법에 따른 선원으로서 선원법 제2조[주1] 제3호 및 제4호에 따른 선장 및 해원[주2]이 받는 승선수당	월 20만원 이내 금액
경찰공무원의 함정근무수당, 항공수당	해당 수당 금액
소방공무원의 함정근무수당, 항공수당, 화재진화수당	
광산근로자의 입갱수당, 발파수당	

주1) 선원법 제2조

1. "선원"이란 이 법이 적용되는 선박에서 근로를 제공하기 위하여 고용된 사람을 말한다. 다만, 대통령령으로 정하는 사람(선박검사원, 도선사 등)은 제외한다.
2. 생략
3. "선장"이란 해원(海員)을 지휘 · 감독하며 선박의 운항관리에 관하여 책임을 지는 선원을 말한다.
4. "해원"이란 선박에서 근무하는 선장이 아닌 선원을 말한다.

주2) 국외근로자 비과세 규정 및 생산직근로자 비과세 규정을 받는 자 제외

⑤ 국가 · 지방자치단체가 지급하는 보조금

국가 또는 지방자치단체가 지급하는 다음의 어느 하나에 해당하는 것은 비과세 근로소득이다.

- 「영유아보육법 시행령」 제24조 제1항 제7호에 따른 비용 중 보육교사의 처우개선을 위하여 지급하는 근무환경개선비
- 「유아교육법 시행령」 제32조 제1항 제2호에 따른 사립유치원 수석교사·교사의 인건비
- 전문과목별 전문의의 수급 균형을 유도하기 위하여 전공의에게 지급하는 수련보조수당

예규 Point

❑ **국가가 전공의에게 지급하는 수련보조수당**(재소득 46073-69, 2003.5.21.)

국가가 의료 인력의 전문과목 간 불균형 현상을 해결하기 위한 대책의 일환으로 흉부외과 등 기피과목의 국립 및 특수법인 병원 등의 전공의에게 지급하는 수련보조수당은 소득세 과세대상에 해당하지 않음.

⑥ 취재수당·벽지수당

다음의 취재수당·벽지수당 중 월 20만원 이내의 금액은 비과세 근로소득이다.

구 분	비과세 요건
취재수당	다음에 종사하는 기자(논설위원 및 만화가 포함)가 받는 취재수당 • 「방송법」에 의한 방송 • 「뉴스통신진흥에 관한 법률」에 따른 뉴스통신 • 「신문 등의 진흥에 관한 법률」에 따른 신문[일반일간신문, 특수일간신문 및 인터넷신문(해당 신문을 경영하는 기업이 직접 발행하는 「잡지 등 정기간행물의 진흥에 관한 법률」에 따른 정기간행물 포함)]을 경영하는 언론기업 및 「방송법」에 의한 방송채널사업
벽지수당	다음의 벽지에 근무함으로써 받는 벽지수당 • 「공무원특수지근무수당 지급대상지역 및 기관과 그 등급별 구분에 관한 규칙」 별표 1의 지역 • 「지방공무원특수지근무수당 지급대상지역 및 기관과 그 등급별 구분에 관한 규칙」 별표 1의 지역(같은 표 제1호의 벽지지역과 제2호의 도서지역 중 군지역의 경우 지역 및 등급란에 규정된 면지역 전체를 말한다) • 「도서·벽지교육진흥법 시행규칙」 별표의 지역 • 「광업법」에 의하여 광업권을 지정받아 광구로 등록된 지역 • 「소득세법 시행규칙」 별표 1의 의료취약지역(의료인만 비과세)

참고

- 비과세되는 벽지수당은 내규로 정한 지급규정이 있어야 하며 동 수당이 본점(주된 사업소 소재지 또는 기타 당해 벽지수당지급대상 지역이 아닌 곳)에서 근무하는 자의 동일 직급일반급여에 추가하여 지급하는 것일 경우에 한하여 동법에 규정하는 벽지수당으로 보는 것임(서일 46011-11610, 2003.11.12.).
- 영종도에 근무함으로 인하여 급여에 추가하여 지급받은 벽지수당은 비과세(서일 46011-11759, 2002.12.27.)되나, 종업원이 벽지수당 대신 지급받는 출퇴근보조비는 근로소득에 포함되는 것임(서이 46013-10719, 2001.12.11.).

⑦ 천재 · 지변 기타 재해로 지급받는 급여

근로자가 천재 · 지변 기타 재해로 지급받는 급여는 비과세 근로소득에 해당한다. 집중폭우로 거주용 주택이 완전 침수되어 생활상의 어려움을 겪고 있는 직원에게 이사회의 의결을 거쳐 일정금액의 생활보조금을 지급하는 경우 지급받은 근로자는 천재 · 지변 기타 재해로 인해 받는 실비변상적 급여에 해당한다(소득 46011-2326, 1998.8.18.).

⑧ 수도권 외의 지역으로 이전에 의한 이전지원금

수도권 외의 지역으로 이전하는 「국가균형발전 특별법」 제2조 제10호에 따른 공공기관의 소속 공무원이나 직원에게 한시적으로 지급하는 월 20만원 이내의 이전지원금(2013.1.1. 이후 발생하는 소득분부터 적용)은 비과세대상이다.

⑨ 종교관련종사자의 종교활동 목적으로 지급받은 금품

종교관련종사자가 소속 종교단체의 규약 또는 소속 종교단체의 의결기구의 의결 · 승인 등을 통하여 결정된 지급 기준에 따라 종교 활동을 위하여 통상적으로 사용할 목적으로 지급받은 금액 및 물품은 비과세 대상이다.

(4) 식사대 등

근로자가 사내급식 등의 식사 또는 식사를 제공받지 않는 경우의 식사대(월 20만원 이내의 금액)는 비과세 근로소득에 해당한다.

<table>
<tr><th colspan="2">구 분</th><th>비과세 요건</th></tr>
<tr><td rowspan="2">식사 또는
기타
음식물</td><td>사내급식 또는
외부급식</td><td>근로자에게 무상 제공하는 음식물로서 다음 요건을 충족하는 것
① 통상적으로 급여에 포함되지 아니하는 것
② 음식물의 제공 여부로 급여에 차등이 없는 것
③ 사용자가 추가부담으로 제공하는 것</td></tr>
<tr><td>식권</td><td>① 위 '①, ②, ③'의 요건에 해당될 것
② 기업 외부의 음식업자와 음식물 공급계약을 체결하고 그 사용자가 교부하는 식권
③ 당해 식권이 현금으로 환급할 수 없을 것</td></tr>
<tr><td colspan="2">금전</td><td>월 20만원 이내의 식사대만 비과세</td></tr>
</table>

참고

- 임직원이 음식업자가 아닌 편의점 및 커피숍에서 사용하는 해당 식권의 금액은 비과세되는 식사・기타 음식물에 해당하지 않음(소득, 원천세과-190, 2011.4.4.).
- 건설공사현장에서 제공되는 숙식비는 일용근로자의 일급여에 포함되나 현물로 제공되는 식사는 비과세됨(법인 46013-1556, 1997.6.11.).
- 야간근무 등 시간외근무를 하는 경우에 별도로 제공받는 식사 기타 음식물이 아닌 식사 등을 제공받는 자가 식사대를 별도로 지급받는 경우 현물로 제공받는 식사 및 기타 음식물에 대하여는 비과세대상에 해당하나, 식사대로 별도로 지급받는 금액은 제공받는 식사 및 기타 음식물 가액의 많고 적음에 관계없이 전액 과세되는 근로소득으로 봄.
- 근로자가 2 이상의 회사에 근무하면서 식사대를 매월 각 회사로부터 중복하여 지급받는 경우에는, 각 회사의 식사대 합계금액 중 월 10만원(2023년부터 20만원) 이내의 금액만 비과세함(서면1팀-1334, 2005.11.3.).
- 식사대가 연봉계약서에 포함되어 있고, 회사의 사규 또는 급여지급기준 등에 식사대에 대한 지급기준이 정하여져 있는 경우로서 당해 종업원이 식사 기타 음식물을 제공받지 아니하는 경우에는 비과세되는 식사대에 해당하는 것이나, 연봉계약서에 식사대가 포함되어 있지 아니하고, 급여지급기준에 식사대에 대한 지급기준이 정하여져 있지 아니한 경우에는 비과세되지 않음.
- 사용자로부터 식사・기타 음식물을 제공받고 있는 근로자가 별도로 식사대를 지급 받는 경우에는 식사・기타 음식물에 한하여 비과세됨(서면인터넷상담1팀-1603, 2007.11.22.).

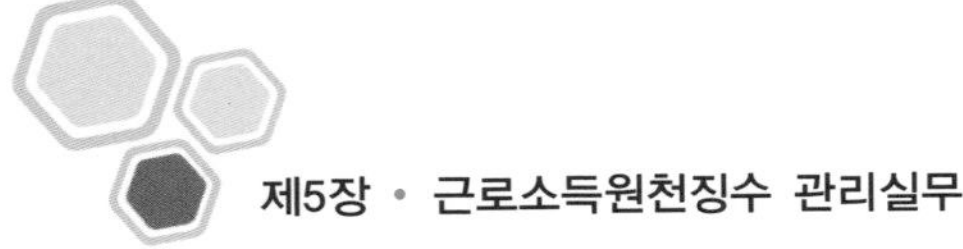

예규 Point

❑ **현물과 현금으로 중복 지급 시**(법인 46013-1683, 1997.6.23.)

근로자에 대한 식사에 대해 일부는 현물로 제공하고 일부는 현금으로 지급 시 현물분은 비과세되나 현금분은 과세됨.

(5) 출산 · 보육수당 · 가족수당

근로자 또는 그 배우자의 출산이나 만 6세 이하 자녀의 보육과 관련하여 지급받는 급여(가족수당 포함)로서 월 20만원 이내의 금액은 비과세 근로소득에 해당한다.

참고

- 자녀보육수당 지급시 만 6세 이하 기준의 적용은 과세기간 개시일 기준으로 적용함.
- 근로자가 6세 이하의 자녀 2인을 둔 경우에는 자녀수에 상관없이 월 10만원(2024년부터 20만원) 이내의 금액을 비과세함(서면1팀-567, 2006.5.1.).
- 동일한 직장에서 맞벌이하는 근로자가 6세 이하의 자녀 1인에 대하여 각각 보육수당을 수령하는 경우에는 소득자별로 각각 월 10만원(2024년부터 20만원) 이내의 금액을 비과세함(서면1팀-1245, 2006.9.12.).
- 보육수당을 분기별로 지급하거나, 소급해서 수개월분을 일괄지급하는 경우 그 지급 월을 기준으로 10만원(2024년부터 20만원) 이내의 금액을 비과세함. 즉, 3달분을 한꺼번에 30만원 지급 시 해당 월의 10만원(2024년부터 20만원)만 비과세함(서면1팀-1464, 2004.10.28. ; 서면1팀-276, 2007.2.23.).

예규 Point

❑ **2 이상의 근무지로부터 중복해서 받는 경우**(서면1팀-1334, 2005.11.3.)

근로자가 2 이상 회사에 근무하면서 6세 이하 자녀보육수당을 매월 각 회사로부터 중복하여 지급받는 경우 각 회사의 보육수당 합계금액 중 월 10만원(2024년부터 20만원) 이내의 금액에 대하여만 비과세하는 것임.

❑ **출산수당**(서면1팀-1058, 2005.9.6.)

출산으로 사용자로부터 지급받는 금액 중 월 10만원(2024년부터 20만원) 이내의 금액은 비과세하고 초과하는 금액은 근로소득으로 과세

❑ **교육비공제 적용 여부**(원천세과-451, 2010.6.1.)

6세 이하 자녀에 대해 교육비를 실비로 지원하는 금액 중 월 10만원(2024년부터 20만원) 이내의 금액은 자녀보육수당으로 비과세한 경우에도 당해 교육비는 교육비공제를 받을 수 있는 것임.

(6) 생산직근로자 등의 연장근로수당 등

월정액급여 210만원 이하로서 직전 과세기간의 총급여액이 3,000만원 이하인 생산직근로자 등(일용직근로자 포함)의 연장·야간·휴일근로수당 등은 비과세 근로소득으로 본다. 이를 요약하면 다음과 같다.

<table>
<tr><th>구 분</th><th>비과세 대상</th><th>비과세 한도</th></tr>
<tr><td>① 광산 근로자</td><td rowspan="3">「근로기준법」에 의한 연장근로수당, 야간근로수당, 휴일근로수당</td><td>한도 없음</td></tr>
<tr><td>② 공장 근로자</td><td rowspan="3">연 240만원[주)]</td></tr>
<tr><td>③ 통계청장이 고시하는 한국표준직업분류에 따른 운전 및 운송 관련직 종사자, 돌봄·미용·여가 및 관광·숙박시설·조리 및 음식 관련 서비스직 종사자, 매장 판매 종사자, 상품 대여 종사자, 통신 관련 판매직 종사자, 운송·청소·경비·가사·음식·판매·농림·어업·계기·자판기·주차관리 및 기타 서비스 관련 단순 노무직 종사자 중 기획재정부령으로 정하는 자</td></tr>
<tr><td>④ 어업 영위하는 자에게 고용된 근로자 (선장 제외)</td><td>선원법에 의하여 받는 생산수당(비율급으로 받는 경우에는 월고정급 초과하는 비율급)</td></tr>
</table>

주) 일용근로자의 경우 한도 없음.

참고

생산직 일용근로자가 「근로기준법」에 의한 연장시간근로·야간근로 또는 휴일근로로 인하여 통상임금에 가산하여 받는 급여는 월정액급여에 관계없이 비과세됨(소득 46011-2615, 1997.10.10.).

① 적용대상 근로자의 범위

㉠ 공장(자동차정비공장 포함) 또는 광산에서 근로를 제공하는 자로서 통계청장이 고시하는 한국표준직업분류에 의한 생산 및 관련 종사자 중 「소득세법 시행규칙」 [별표 2]의 직종에 종사하는 자

㉡ 어업을 영위하는 자에게 고용되어 어선에 승무하는 선원으로 선장을 제외한 자(항해사, 기관사, 통신사, 의사 등은 포함됨)

㉢ 통계청장이 고시하는 한국표준직업분류에 따른 운전 및 운송 관련직 종사자, 돌봄・미용・여가 및 관광・숙박시설・조리 및 음식 관련 서비스직 종사자, 매장 판매 종사자, 상품 대여 종사자, 통신 관련 판매직 종사자, 운송・청소・경비・가사・음식・판매・농림・어업・계기・자판기・주차관리 및 기타 서비스 관련 단순 노무직 종사자 중 소득세법 시행규칙 [별표 2]에 규정된 직종에 종사하는 근로자

[별표 2] (2021.3.16. 개정)

생산 및 그 관련직의 범위(제9조 제1항 및 제2항 관련) (2021. 3. 16. 제목개정)

직 종			한국표준 직업분류번호
연 번	대분류	중분류	
1	서비스 종사자	돌봄 서비스직	4211
		미용 관련 서비스직	422
		여가 및 관광 서비스직	4321
		숙박시설 서비스직	4322
		조리 및 음식 서비스직	44
2	판매 종사자	매장 판매 및 상품 대여직	52
		통신 관련 판매직	531
3	기능원 및 관련 기능 종사자	식품가공 관련 기능직	71
		섬유・의복 및 가죽 관련 기능직	72
		목재・가구・악기 및 간판 관련 기능직	73
		금속 성형 관련 기능직	74
		운송 및 기계 관련 기능직	75
		전기 및 전자 관련 기능직	76
		정보 통신 및 방송장비 관련 기능직	77
		건설 및 채굴 관련 기능직	78
		기타 기능 관련직	79

직 종			한국표준 직업분류번호
연 번	대분류	중분류	
4	장치·기계 조작 및 조립 종사자	식품가공 관련 기계 조작직	81
		섬유 및 신발 관련 기계 조작직	82
		화학 관련 기계 조작직	83
		금속 및 비금속 관련 기계 조작직	84
		기계 제조 및 관련 기계 조작직	85
		전기 및 전자 관련 기계 조작직	86
		운전 및 운송 관련직	87
		상하수도 및 재활용 처리 관련 기계 조작직	88
		목재·인쇄 및 기타 기계 조작직	89
5	단순노무 종사자	건설 및 광업 관련 단순 노무직	91
		운송 관련 단순 노무직	92
		제조 관련 단순 노무직	93
		청소 및 경비 관련 단순 노무직	94
		가사·음식 및 판매 관련 단순 노무직	95
		농림·어업 및 기타 서비스 단순 노무직	99

비고: 위 표의 한국표준직업분류번호는 통계청 고시 제2017-191호(2017. 7. 3.) 한국표준직업분류에 따른 분류번호로서 2단위 분류번호(44, 52, 71, 72, 73, 74, 75, 76, 77, 78, 79, 81, 82, 83, 84, 85, 86, 87, 88, 89, 91, 92, 93, 94, 95, 99)는 중분류 직종, 3단위 분류번호(422, 531)는 소분류 직종, 4단위 분류번호(4211, 4321, 4322)는 세분류 직종의 분류번호임.

참고

- 소득세 집행기준 12-17-1 **【공장 또는 광산에서 근로를 제공하는 자의 범위】**

① "공장"이라 함은 제조시설 및 그 부대시설을 갖추고 한국표준산업분류에 의한 제조업을 경영하기 위한 사업장을 말하는 것으로 해당 사업장에 고용되거나 파견된 근로자로서 제조·생산활동에 참여하여 근로를 제공하는 자는 이에 포함되는 것이나, 그 외 건설업체 등의 직원으로서 공장시설의 신설 및 증·개축업무 또는 유지·보수용역을 제공하는 자는 동 규정에 의한 "공장에서 근로를 제공하는 자"에 포함되지 않는다.

② 건설업을 경영하는 업체의 건설현장에서 근로를 제공하는 일용근로자는 "공장에서 근로를 제공하는 자"에 해당하지 않으므로 동 건설일용근로자에게 지급되는 야간근로수당 등은 비과세하지 않는다.

③ 생산직근로자의 범위에는 제조업을 경영하는 자로부터 제조공정의 일부를 도급받아 용역을 제공하는 "소사장제" 업체에 고용되어 공장에서 생산직에 종사하는 근로

자도 포함된다.

④ 작업반장 · 작업조장 또는 직공반장의 직위에 있는 근로자가 자기통제하의 생산관련 다른 종사자와 함께 직접 그 작업에 종사하면서 그 작업의 수행을 통제하는 직무를 함께 수행하는 경우에는 생산직근로자로 보는 것이며, 단위작업의 수행에 직접적으로 참여하지 않고 통제 및 감독업무만을 수행하는 경우는 생산직근로자의 범위에 해당하지 않는다.

• 운수업을 주업으로 하는 업체가 다수의 자기차량(또는 타인의 차량)을 전문적으로 정비하기 위하여 별도로 설치한 자동차정비공장은 소득세법 시행령 제17조 제1항 제1호에 규정하는 공장에 해당되며, 동 공장에서 주로 육체적인 업무에 종사하는 정비사로서 월정액급여가 100만원(현재는 210만원) 이하인 자는 야간근로수당 등이 연간 240만원 한도로 비과세되는 생산직근로자로 봄(법인 46013－4471, 1995.12.6.).

② 월정액급여의 범위

월정액급여 = 매월 급여총액
(－) 상여 등 부정기적 급여
(－) 실비변상적 성질의 급여[주1)]
(－) 복리후생적 성질의 급여[주2)]
(－) 연장근로수당 · 야간근로수당 · 휴일근로수당[주3)]

주1) 「소득세법 시행령」 제12조에 따라 비과세되는 실비변상적 성질의 급여를 말함.
(예: 차량운전보조수당, 연구수당 등)

주2) 소득세법 시행령 제17조의4에 따른 복리후생적 성질의 급여

1. 종업원 또는 비출자임원(소액주주임원 포함)이 제공받는 사택제공이익
2. 중소기업 종업원이 주택(주택에 부수된 토지 포함)의 구입 · 임차에 소요되는 자금을 저리 또는 무상으로 대여 받음으로써 얻는 이익
3. 종업원이 계약자이거나 종업원 또는 그 배우자 및 그 밖의 가족을 수익자로 하는 보험 · 신탁 또는 공제와 관련하여 사용자가 부담하는 보험료 · 신탁부금 또는 공제부금 중 다음의 보험료 등
   (1) 단체순수보장성보험 또는 단체환급부보장성보험의 보험료 중 연 70만원 이내의 금액
   (2) 임직원의 고의(중과실을 포함한다) 외의 업무상 행위로 인한 손해의 배상청구를 보험금의 지급사유로 하고 임직원을 피보험자로 하는 보험의 보험료
4. 공무원이 국가 또는 지방자치단체로부터 공무 수행과 관련하여 받는 상금과 부상 중 연 240만원 이내의 금액

주3) 「근로기준법」에 의한 연장근로, 야간근로 또는 휴일근로로 인하여 통상임금에 가산하여 받는 급여 및 「선원법」에 의하여 받는 생산수당(비율급으로 받는 경우에는 월 고정급을 초과하는 비율급)을 말함.

참고

- 월정액급여에 포함되는 항목 예시
  - 급여총액은 매월 지급받는 봉급 · 급료 · 보수 · 임금 · 수당 기타 이와 유사한 성질의 급여의 합계액임.
  - 비과세되는 식사대는 실비변상적인 급여가 아니므로 월정액급여에 해당함.
  - 연간 상여금총액을 매월 급여지급 시 분할하여 지급받는 경우에는 월정액급여에 해당함(소득통칙 12-17…2 ②).
  - 임금협상 결과 1월분부터 소급인상하기로 함에 따라 이미 지급된 급여와 인상금액과의 차액을 소급하여 지급하는 경우 월정액급여의 계산은 1월분부터 인상된 금액으로 재계산함.
- 월정액급여에서 제외되는 상여 등 부정기적인 급여라 함은 성과급, 수당 등 명칭 여하에 관계없이 통상적으로 매월 지급받는 경우가 아닌 급여를 말함(소득 46011-2327, 1997.9.2.).
- 생산직근로자의 월정액급여에는 부정기적으로 받는 연 · 월차수당은 포함되지 아니하나 통상적으로 매월 지급되는 급여에 해당하는 때에는 월정액급여의 범위에 포함됨(서면1팀-1040, 2006.7.25.).
- 상여금지급규정 등에 의하여 당해 연도 중 3개월을 제외한 나머지 9개월 동안 정기적으로 매월 지급되는 상여금은 「소득세법 시행령」 제13조의 규정에 의한 월정액급여에 포함하는 것임(소득 46011-20015, 2000.7.15.).
- 「근로기준법」상 유급휴가일(유휴일)에 근로를 제공함으로 인하여 통상임금에 가산하여 지급받는 유휴수당은 휴일근로수당에 포함되는 것이나 월차수당은 이에 해당하지 아니하는 것임(서면1팀-171, 2005.2.3.).

예규 Point

❑ 의약품도매법인의 배송담당 직원 등은 생산직근로자 연장시간 근로수당 비과세를 적용할 수 없음(법규소득 2011-384, 2011.9.28.)

의약품도매업체에서 상품 입 · 출고와 배송을 담당하는 직원은 한국표준직업분류에 따른 도매판매종사자(3단위 분류번호 511)로서 생산직 또는 그 관련직에 종사하는 근로자에 해당하지 아니하여 비과세를 적용할 수 없음.

❑ 소사장제 회사에 고용된 자(소득 46011-21009, 2000.7.18.)

제조업을 영위하는 자로부터 제조공정의 일부를 도급받는 용역업체(예 : 소사장제 회사)에 고용된 자로서 당해 제조업체의 공장 내에서 실질적인 생산활동에 종사하는 자는 생산직근로자에 해당됨.

❑ **공장시설의 신설 및 증·개축공사에 종사하는 건설일용근로자**(재소득-501, 2007.9.1.)

공장시설의 신설 및 증·개축공사에 종사하는 건설일용근로자는 공장에서 근로를 제공하는 자(생산직근로자)에 해당하지 않음.

❑ **연장근로수당 등을 포함하여 연봉을 책정하는 경우**(소득 46011-21009, 2000.7.18.)

연간의 연장시간·야간·휴일근로로 인한 가산급여액을 포함해 생산직근로자의 연봉을 책정하는 경우도 실제의 연장시간근로 등으로 인한 급여는 비과세대상임. 다만, 실제로 연장시간근로 등을 하지 않는 자가 연장시간근로수당 등의 항목으로 받는 급여는 제외함.

❑ **매달 받던 개근수당을 특정한 달에 못 받는 경우에도 개근수당이 월정액급여 계산시 포함되는지 여부**(재소득 22601-287, 1991.3.5.)

근로자가 지급받은 특정수당이 통상적으로 매월 계산되어 지급되는 급여에 해당하는 때에는 월정액급여의 범위에 포함되는 것임.

(7) 본인 학자금

법정 요건에 해당하는 입학금·수업료·수강료 기타 공납금(당해 연도에 납입할 금액을 한도로 함)은 비과세 근로소득에 해당한다.

교육기관의 범위	비과세 요건
「초·중등교육법」 및 「고등교육법」에 의한 학교(외국에 있는 유사한 교육기관 포함)	다음 요건을 모두 충족 ① 당해 근로자(출자임원 포함)가 종사하는 사업체의 업무와 관련있는 교육·훈련을 위하여 받는 것일 것 ② 당해 근로자가 종사하는 사업체의 규칙 등에 의하여 정하여진 지급기준에 따라 받는 것일 것 ③ 교육·훈련기간이 6월 이상인 경우 교육·훈련 후 당해 교육기간을 초과하여 근무하지 아니하는 때에는 지급받은 금액을 반납할 것을 조건으로 하여 받는 것일 것
「근로자직업능력개발법」에 의한 직업능력개발훈련시설	

참고

• 종업원이 사설어학원 수강료를 지원받는 금액은 비과세 소득으로 보는 학자금에 해당 안됨(서면1팀-1499, 2004.11.8.).
• 자치회비 및 교재비는 비과세되는 학자금에 해당 안됨(서면1팀-1673, 2007.12.6.).
• 종업원이 「사내근로복지기금법」 제14조 및 동법 시행령 제19조의 규정에 의하여 지급받는 자녀학자금은 과세대상 근로소득에 해당하지 아니하는 것임(재소득-67, 2003.12.1.).

(8) 국외근로소득

국외 등에서 근로를 제공하고 받는 급여(그 근로의 대가를 국내에서 받는 경우 포함) 중 다음의 급여는 비과세 근로소득에 해당한다.

구 분	비과세 한도
① 원양어업선박[주1)] 또는 국외 등을 항행하는 선박에서 근로를 제공하는 자	월 500만원
② 국외 등의 건설현장[주2)]에서 근로를 제공하는 자(설계 및 감리업무 수행하는 자 포함)	월 500만원
③ 공무원(「외무공무원법」 제32조에 따른 재외공관 행정직원, 재외공관 행정직원과 유사한 업무를 수행하는 자로서 「재외한국문화원·문화홍보관 행정직원에 관한 규정」(문체부 훈령) §2(5)에 따른 "행정직원" 포함)과 「대한무역투자진흥공사법」에 따른 대한무역투자진흥공사, 「한국관광공사법」에 따른 한국관광공사, 「한국국제협력단법」에 따른 한국국제협력단, 「한국국제보건의료재단법」에 따른 한국국제보건의료재단의 종사자[주3)] 산업인력공단의 직원[주4)]	국내에서 근무할 경우에 지급받을 금액상당액을 초과하여 지급받은 금액 중 실비변상적 성격의 급여로 외교부장관이 기획재정부장관과 협의하여 고시하는 금액
④ 「남북교류협력에 관한 법률」에 따른 북한지역에서 근무하는 근로자	월 100만원
⑤ '①, ②, ③, ④' 외의 국외 근무 근로자(국외 등을 항행하는 항공기의 근로자 포함)	월 100만원

주1) 원양산업발전법에 따라 허가를 받은 원양어업용인 선박을 말함.
주2) 국외 등의 건설현장은 국외 등의 건설공사 현장과 그 건설공사를 위하여 필요한 장비 및 기자재의 구매, 통관, 운반, 보관, 유지・보수 등이 이루어지는 장소를 말함.
주3) 2011.7.1. 이후 최초로 발생하는 소득부터 적용
주4) 2024년에 발생하는 소득 분부터 적용

참고

- 원양어업선박에 승선하는 승무원이 원양어업에 종사함으로써 받는 급여와 국외 등을 항행하는 선박 또는 항공기의 승무원이 국외 등을 항행하는 기간의 근로에 대하여 받는 급여에 한함. 다만, 외국을 항행하는 기간에는 당해 선박이나 항공기가 화물의 적재・하역 기타 사유로 국내에 일시적으로 체재하는 기간을 포함함.

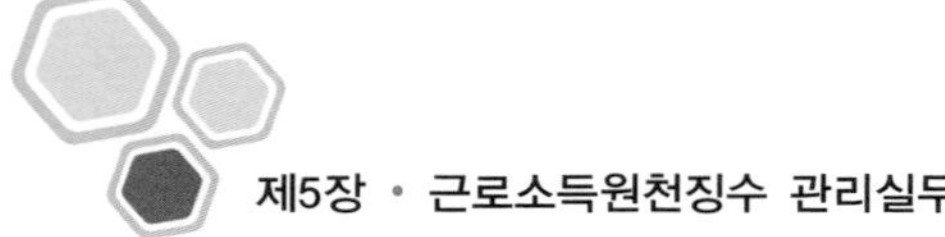

- 국외근로소득을 국내에서 지급받는 경우를 포함하며, “국외 또는 북한지역에서 근로를 제공하고 받는 보수”는 해외 또는 북한지역에 주재하면서 근로를 제공하고 받는 급여를 말하며 출장, 연수 등을 목적으로 출국한 기간 동안의 급여상당액은 국외근로소득으로 보지 아니함(소득통칙 12-16…1).
- 국외근로소득은 월 100만원(또는 500만원)을 공제하고 과세하며, 당해 월의 국외근로소득이 월 100만원(또는 500만원) 이하인 경우에는 그 급여를 한도로 하여 비과세하며, 당해 월의 국외근로소득이 100만원(또는 500만원) 이하가 될 때에는 그 부족액은 다음 달 이후의 급여에서 이월하여 공제하지 아니함. 이 경우 공제금액을 계산함에 있어서 국외근무기간이 1월 미만인 경우에는 1월로 봄. 또한 당해 월의 근로소득에는 당해 월에 귀속하는 국외근로로 인한 상여 등을 포함함(소득통칙 12-16…4).

  ☞ 저자주 : 비과세금액이 기본통칙 개정이 안 되었으나 세법개정내용을 반영하여 수정하였음.
- 국외근로소득 비과세 급여는 근로기간과 관계없이 국외에 주재하면서 근로를 제공하고 받는 보수 중 월 100만원 이내의 금액을 말하며, 국외근로기간이 1월 미만인 경우에도 월액으로 환산하지 아니한 실급여액에서 100만원을 공제함(서일 46011-10845, 2003.6.25.).
- 해당 월의 급여(당해 월에 귀속하는 국외근로로 인한 상여 포함)가 100만원(원양어업・국외 등 항행선박은 500만원) 이하인 경우 그 부족액은 다음 달로 이월하여 공제하지 아니하며, 일용근로자 여부에 관계없이 비과세함(서면1팀-1324, 2007.9.27.).

예규 Point

❑ 해외파견기간 급여의 국외근로소득 해당 사례(재소득 46073-75, 2003.5.29.)

국내업체의 직원이 해외에 파견되어 장비 등의 설치・가동에 관한 용역을 외국회사에 제공하고 파견기간 중 받는 근로소득은 비과세되는 국외근로소득에 해당함.

❑ 국외 해역 탐사 석유시추선에서 근로를 제공하는 경우(서면1팀-1704, 2007.12.14.)

국외 해역에서 자원을 탐사하는 석유시추선에서 근로를 제공하는 자는 “국외 등을 항행하는 선박에서 근로를 제공하는 자”에 포함되는 것으로 당해 거주자가 국외 등을 항행하는 기간의 근로에 대하여 받는 급여에 한하여 비과세를 적용하는 것임.

❑ 국외근로 비과세 적용자의 식대 비과세 적용 여부(소득, 원천세과-616, 2009.7.16.)

국외근로소득에 대한 비과세를 적용받고 있는 해외파견근로자가 월 10만원(2023년부터 20만원) 이하의 식사대를 그 사용자인 내국법인으로부터 지급받는 경우 당해 식사대에 대하여는 소득세 비과세를 적용받을 수 있는 것이며 근무기간이 1월 미만인 경우 1월로 보는 것임.

실무사례

문제 **급여액이 다음과 같은 국외근로소득자의 비과세소득을 차감한 총급여액은?**

1월~3월 : 월 80만원, 4월~ 6월 : 월 120만원
7월~9월 : 월 130만원, 10월~12월 : 월 150만원

해답

300만원
국외근로소득은 월 100만원 이내의 금액만 비과세하고, 해당 월의 급여가 100만원 이하인 경우 그 미달액은 이월공제하지 않음.
(4월~6월 : 20만원×3)+(7월~9월 : 30만원×3)+(10월~12월 : 50만원×3)=300만원

(9) 일직료 · 숙직료 · 여비

일직료 · 숙직료 또는 여비로서 실비변상 정도의 금액은 다음의 요건을 갖춘 경우 비과세 근로소득이다.

구 분	비과세 요건
일직료 · 숙직료	① 취업규칙 등의 지급기준이 있을 것 ② 사회통념상 타당하다고 인정되는 범위 내의 지급기준일 것 ③ 실비변상정도 금액일 것
여비	

참고

- 회사의 업무수행 중에 실제 소요되는 주차비, 교통비 등을 회사규정에 의한 지급기준으로 지급함에 있어 근로자에게 증빙없이 단순히 운행보조비를 지급하는 경우에는 실비변상적인 급여에 해당하지 않는 것임(서면1팀-1391, 2006.10.9.).
- 일직 · 숙직료에 대한 실비변상 정도의 금액에 대한 판단은 회사의 사규 등에 의하여 그 지급기준이 정하여져 있고, 사회통념상 타당하다고 인정되는 범위 내에서는 비과세되는 급여로 보는 것이며, 이때 숙직료 등을 월단위로 모아서 지급한다 할지라도 그 판단은 1일 숙직료 등을 기준으로 판단해야 하는 것임(법인 46013-3228, 1996.11.19.).
- 시외지역 영업업무를 수행하는 종업원에게 매월 지급하는 자가운전보조금 명목의 금액은 비과세되는 자가운전보조금에 해당하지 아니하는 것이며 시외출장 등에 소요된 실제 비용을 출장비로 지급받는 금액은 실비변상적인 급여로서 비과세되는 것임(소득, 법인 46013-575, 1997.2.25.).

(10) 복리후생적 성질의 급여

① 사택제공이익

다음의 자가 사택을 제공받음으로써 얻는 이익은 복리후생적 성질의 비과세 근로소득이다.

① 비주주인 임원

② 소액주주인 임원

③ 임원이 아닌 종업원(비영리법인 또는 개인의 종업원 포함)

④ 국가, 지방자치단체로부터 근로소득을 지급받는 자

소액주주의 범위(소득칙 제9조의2 제3항, 법인령 제50조 제2항)

발행주식총수 또는 출자총액의 1%에 미달하는 주식등을 소유한 주주등(해당 법인의 국가, 지방자치단체가 아닌 지배주주등의 특수관계인인 자는 제외)

| 사택의 요건 |

구 분	비과세 근로소득으로 보는 사택	근로소득으로 보는 사택
사용자가 소유	무상 또는 저가로 제공하는 경우	그 외의 경우
사용자가 임차	사용자가 직접 임차한 주택을 무상으로 제공하는 경우로서 다음의 경우를 제외하고는 임대차기간 중 종업원 등이 전근, 퇴직 또는 이사하는 때에 다른 종업원 등이 당해 주택에 입주하는 경우에 한함. ① 입주한 종업원 등이 전근, 퇴직, 이사한 후 당해 사업장의 종업원 등 중에서 입주희망자가 없는 경우 ② 당해 임차주택의 계약 잔여기간이 1년 이하인 경우로서 주택임대인이 주택임대차계약의 갱신을 거부하는 경우	종업원 등의 명의로 임차한 주택

참고

- 사택은 주택법 제2조 제1호에서 규정하는 주택을 말하는 것으로써 호텔은 주택에 해당하지 아니하므로 레지던스 호텔은 사택의 범위에 포함되지 않음(소득, 원천세과-299, 2011.5.24.).
- 이전대상 종업원 중 일부가 사택을 제공받지 못하더라도 「소득세법 시행령」 제38조 제1항 제6호 단서 및 같은 법 시행규칙 제15조의2의 규정에 따른 사택을 제공받는 종업원이 얻는 이익은 근로소득에서 제외됨(소득, 원천세과-720, 2011.11.11.).
- 사용자가 임차한 주택을 무상으로 제공하지 않고 종업원 등이 주택임차료의 일부를 부담하는 경우는 사택에 해당하지 않음(소득, 46011-21446, 2000.12.22.).
- 근로소득의 범위에서 제외되는 "사택"에는 「소득세법 시행령」 제38조 제1항 제6호 단서 및 동법 시행규칙 제15조의2의 규정을 충족하면서 해외에 소재하는 주택도 포함하며(서면1팀-344, 2005.3.29.), 주택규모에 대한 제한은 없음(재소득 46013-124, 2001.6.20.).
- 사용자가 종업원에게 임차보증금을 저리 또는 무상으로 대여한 후 종업원명의로 임대차계약을 체결하는 경우 당해 임차주택은 「소득세법 시행규칙」 제15조의2에 따른 사택의 범위에 해당하지 아니하고, 동 금전대여이익은 근로자의 근로소득에 해당되는 것임(재소득-72, 2008.4.25.).
- 출자자 또는 출연자가 아닌 임원(상장법인의 소액주주 포함)과 종업원이 사용하는 사택 또는 합숙소의 유지비, 관리비, 사용료와 이에 관련되는 지출금은 업무무관지출에 해당되지 아니하는 것이며, 출자자 또는 출연자가 아닌 임원(상장법인의 소액주주 포함)과 종업원이 자기의 주된 생활근거지가 아닌 지역에 소재하는 공장 등에 근무하게 되어 사택 또는 합숙소를 제공받음으로써 얻는 이익은 근로소득에서 제외되는 것이나, 당해 근로소득자의 생활과 관련된 사적비용(냉난방비, 전기, 수도, 가스, 전화요금 등)으로 지출되는 금액은 근로소득에 해당되는 것임(법인 46012-3960, 1995.10.24.).
- 해외근무자가 주택수당을 지급받으면서 임대차 계약의 명의만 회사로 한 경우에는 소득세법 시행규칙 제15조의2의 사택에 해당하지 아니함(서면1팀-344, 2005.3.29.).

예규 Point

❑ **외국인근로자 연봉책정 시 추정주거비용을 차감하는 경우의 사택**(재소득-65, 2005.9.6.)

외국인근로자에게 제공된 사택이 「소득세법」상 요건을 갖춘 사택에 해당되는 경우 본국에서 해외근무에 따른 연봉책정 시 본국에서의 주거비용을 감안하여 결정되는 추정주거비용을 차감하더라도 회사가 부담한 사택임차료는 근로소득의 범위에서 제외되는 것임.

❑ **사택의 축소로 받는 이사보조금**(서면1팀-1362, 2004.10.5.)

사택의 축소로 인하여 이주하는 종업원이 지급받는 "이사보조금"은 근로의 제공으로 인하여 받는 급여의 일종으로서 근로소득에 해당함.

❑ **외국법인 국내지점 파견근로자의 사택**(서면2팀-2460, 2004.11.26.)

외국법인의 종업원 등이 사택을 제공받음으로써 얻는 이익도 「소득세법」에서 정한 요건을 충족하면 근로소득에 해당하지 아니하며, 이때 사택은 외국법인의 본점 또는 지점이 직접 임차하여 종업원 등에게 무상으로 제공하는 사택도 포함하는 것임.

❑ **사택이 재개발됨에 따라 수령한 이주비를 종업원에게 대여한 경우 근로소득 해당 여부**(서이 46012-10294, 2003.2.10.)

종업원 사택이 재개발됨에 따라 회사가 수령한 "이주비"를 동 사택에 거주하던 종업원에게 대여해 동 종업원이 주택의 구입·임차자금으로 사용 시 인정이자 계산대상이며 근로소득에 해당됨.

❑ **지방발령자가 하숙하는 경우의 타지역 근무수당**(서면1팀-63, 2005.1.14.)

지방에 근무하게 되는 근로자가 이사를 하지 않고 근무지에서 하숙을 하는 경우에 고용주로부터 "타지역 근무수당"의 명칭으로 지급받는 금전은 근로소득에 해당하는 것임.

② 주택자금대여이익

종업원이 주택(주택부수토지 포함)의 구입 또는 임차에 소요되는 자금을 저리 또는 무상으로 대여받음으로써 얻는 이익은 근로소득으로 본다(소득령 제38조 제1항 제7호). 그러나, 「조세특례제한법 시행령」 제2조에 따른 중소기업 종업원의 경우에는 비과세 근로소득에 해당한다(소득령 제17조의4 제2호).

근로소득 대상금액 = 가중평균이자율(또는 당좌대출이자율[주])을 적용한 이자상당액 − 근로자가 실제 부담한 이자

주) 2016.3.7. 이후부터 당좌대출이자율: 4.6%(종전은 6.9%)

③ 보험 관련 경제적 이익

㉠ 단체보장성보험

종업원이 계약자이거나 종업원 또는 그 배우자 및 그 밖의 가족을 수익자로 하는 보험・신탁 또는 공제와 관련하여 사용자가 부담하는 보험료・신탁부금 또는 공제부금 중 다음의 보험료 중 연간 70만원 이하의 금액은 근로소득으로 보지 아니하며, 그 초과금액은 근로소득에 해당한다(소득령 제17조의4 제3호 가목, 제38조 제12호, 제16호).

구 분		비과세 근로소득	과세대상 근로소득
단체순수 보장성 보험료	① 종업원의 사망, 상해 또는 질병을 보험금의 지급사유로 하고 ② 종업원을 피보험자와 수익자로 하는 ③ 만기에 납입보험료를 환급하지 아니하는 보험	연간 70만원 이하의 금액	연간 70만원을 초과하는 금액
단체환급부 보장성 보험료	① 종업원의 사망, 상해 또는 질병을 보험금의 지급사유로 하고 ② 종업원을 피보험자와 수익자로 하는 ③ 만기에 납입보험료를 초과하지 아니하는 범위 안에서 환급하는 보험	적용사업장의 사용자가 된 날	

㉡ 손해배상보험

비과세 근로소득	과세대상 근로소득
① 임직원의 고의(중과실 포함) 외의 업무상 행위로 인한 손해의 배상청구를 보험금의 지급사유로 하고 임직원을 피보험자로 하는 보험의 보험료(소득령 제17조의4 제3호 나목) ②「선원법」에 의한 선원의 재해보상을 위하여 선박소유자가 자기를 보험계약자 및 수익자로 하고 선원을 피보험자로 한 보험의 보험료(소득통 20-38…1)	종업원을 피보험자와 수익자로 하고 사용자가 부담하는 선원보험료, 상해보험료 등

④ 보육비용

「영유아보육법 시행령」에 따라 사업주가 부담하는 다음의 보육비용

- 직장어린이집을 설치하고 지원하는 운영비
- 지역어린이집과 위탁계약을 맺고 지원하는 위탁보육비

⑤ 공무원 포상금

공무원이 국가 또는 지방자치단체로부터 공무 수행과 관련하여 받는 상금과 부상 중 연 240만원 이내의 금액은 비과세된다(소득령 제17조의4 제4호).

(11) 기타의 비과세 근로소득

① 병역의무의 수행을 위하여 징집 · 소집 또는 지원에 의하여 복무 중인 자로서 병장급 이하의 현역병(지원하지 아니하고 임용된 하사 포함), 의무경찰, 그밖에 이에 준하는 자가 받는 급여

② 법률에 의하여 동원된 자가 동원직장에서 받는 급여

③ 「산업재해보상보험법」에 의하여 수급권자가 지급받은 요양급여, 휴업급여, 장해급여, 간병급여, 유족급여, 유족특별급여, 장해특별급여 및 장의비 또는 근로제공으로 인한 부상, 질병 또는 사망과 관련하여 근로자나 그 유족이 지급받은 배상, 보상 또는 위자 성질의 급여

④ 「근로기준법」 또는 「선원법」에 의하여 근로자, 선원 및 그 유족이 지급받은 요양보상금, 휴업보상금, 상병보상금, 일시보상금, 장해보상금, 유족보상금, 행방불명보상금, 소지품유실보상금, 장의비 및 장제비

⑤ 「고용보험법」에 의하여 받는 실업급여, 육아휴직급여, 출산전후휴가급여 등, 육아기 근로시간 단축급여, 「제대군인 지원에 관한 법률」에 따른 전직지원금 및 「국가공무원법」·「지방공무원법」에 따른 공무원 또는 「사립학교교직원 연금법」·「별정우체국법」을 적용받는 사람이 관련 법령에 따라 받는 육아휴직수당 및 「사립학교법」 제70의2에 따라 임명된 사무직원이 학교의 정관 또는 규칙에 따라 지급받는 육아휴직수당(월 150만원 한도)

⑥ 「국민연금법」에 따라 받는 반환일시금(사망으로 받는 것만 해당한다) 및 사망일시금

⑦ 「공무원연금법」, 「공무원 재해보상법」, 「군인연금법」, 「군인 재해보상법」, 「사립학교교직원 연금법」 또는 「별정우체국법」에 따라 받는 공무상요양비 · 요양급여 · 장해일시금 · 비공무상 장해일시금 · 비직무상 장해일시금 · 장애보상금 · 사망조위금 · 사망보상금 · 유족일시금 · 퇴직유족일시금 · 유족연금일시금 · 퇴직유족연금일시금 · 퇴역유족연금일시금 · 순직유족연금일시금 · 유족연금부가금 · 퇴직유족연금부가금 · 퇴역유족연금부가금 · 유족연금특별부가금 · 퇴직유족연금특별부가금 · 퇴역유족연금특별부가금 · 순직유족보상금 · 직무상유족보상금 · 위험직무순직유족보상금 · 재해부조금 · 재난부조금 또는 신체 · 정신상의 장해 · 질병으로 인한 휴직기간에 받는 급여

⑧ 「국가유공자 등 예우 및 지원에 관한 법률」 또는 「보훈대상자 지원에 관한 법률」에 의하여 받는 보훈급여금, 학습보조비 및 「전직대통령 예우에 관한 법률」에 의하여 받는 연금

⑨ 작전임무를 수행하기 위하여 외국에 주둔 중인 군인, 군무원이 받는 급여

⑩ 종군한 군인, 군무원이 전사한 경우 그 전사한 날이 속하는 과세기간의 급여

⑪ 「국민건강보험법」, 「고용보험법」 또는 「노인장기요양보험법」에 따라 국가, 지방자치단체 또는 사용자가 부담하는 부담금(주주 또는 출자임원분 포함)

⑫ 「국군포로의 송환 및 대우 등에 관한 법률」에 따른 국군포로가 받는 보수 및 퇴직일시금

⑬ 「교육기본법」 제28조 제1항에 따라 받는 장학금 중 대학생이 근로를 대가로 지급받는 장학금(「고등교육법」 제2조 제1호부터 제4호까지의 규정에 따른 대학에 재학하는 대학생에 한함)

참고

- 「공무원수당 등에 관한 규정」 제10조에 의하여 지급되는 가족수당(6세 이하 자녀에 대한 가족수당에 한함)과 같은 규정 제11조의3에 의하여 지급되는 월 10만원(2024년부터 20만원) 이내의 육아휴직수당은 비과세되는 것임(2008년부터는 「국가공무원법」 등에 의한 육아휴직수당은 전액 비과세)(서면1팀－1664, 2004.12.16.).
- 노사 간 단체협약에 의하여 업무 외의 원인으로 인한 부상・질병 등으로 휴직한 자가 받는 급여 및 업무상 부상 등으로 요양 중에 있는 자가 「산업재해보상보험법」에 의한 휴업급여 등과는 별도로 매월 지급받는 생계보조금(위자료의 성질이 있는 급여 제외)은 과세대상 근로소득에 해당하는 것임(법인 46013－1262, 1997.5.6.).
- 산전후휴가급여를 사업자가 근로자에게 미리 지급하고 대위신청한 금액은 비과세대상에 해당하는 것이며 산전후휴가일이 수입시기임(원천－695, 2010.9.6.).
- 「근로기준법」에 따라 임산부의 보호휴가기간 중 사용자가 지급하는 산전후휴가급여 등은 과세대상 근로소득에 해당(원천－624, 2010.7.29.)
- 근로자가 「고용보험법 시행령」 제28조에 따라 지급받는 임금피크제 보전수당은 과세대상 근로소득에 해당함(소득, 원천세과－71, 2010.1.22.).

8 유형별 근로소득 사례

(1) 의료비 보조금

근로소득 아닌 것	근로소득인 것
「산업안전보건법」에 의하여 종업원에게 정기적으로 건강진단을 실시하고 사업주가 의료기관에 지급하는 건강진단비	① 「산업안전보건법」에 의한 것이 아닌 경우로서 근로자가 부담하여야 할 건강진단비를 사업주가 부담하는 경우의 당해 건강진단비 ② 사용자로부터 지급받는 의료비 보조금 ③ 의료업 영위 법인이 임직원·임직원 가족에게 의료용역을 제공하고 의료보험 본인부담금의 일부를 경감하여 주는 경우 당해 경감액

(2) 경조금 · 휴가비 등

근로소득 아닌 것	근로소득인 것
① 종업원에게 지급한 경조금(관혼상제) 중 사회통념상 타당하다고 인정되는 범위 내의 금액 ② 국외에 근무하는 내국인근로자 또는 국내에 근무하는 외국인근로자의 본국 휴가에 따른 여비는 다음의 조건과 범위 내에서 비과세되는 실비변상적 급여로 봄. ㉮ 조건 ㉠ 회사의 사규 또는 고용계약서 등에 본국 이외의 지역에서 1년 이상(1년 이상 근무하기로 규정된 경우 포함) 근무한 근로자에게 귀국여비를 회사가 부담하도록 되어 있을 것 ㉡ 해외근무라고 하는 근무환경의 특수성에 따라 직무수행상 필수적이라고 인정되는 휴가일 것 ㉯ 범위 : 왕복교통비(항공비의 운행관계상 부득이한 사정으로 경유지에서 숙박한 경우 그 숙박비 포함)로서 가장 합리적 또는 경제적이라고 인정되는 범위 내의 금액	① 사회통념상 타당하다고 인정되는 범위(경조사비 지급규정, 경조사 내용, 법인의 지급능력, 종업원의 직위·연봉 등을 종합적으로 감안하여 사실 판단) 내의 금액을 초과하여 지급한 경조금 ② 관광여행이라고 인정되는 부분의 금액

참고

"사회통념상 타당하다고 인정되는 범위"는 경조사비 지급규정, 경조사 내용, 법인의 지급능력, 종업원의 직위·연봉 등을 종합적으로 감안하여 사실 판단할 사항임(법인 46012-339, 2003.5.23.).

(3) 포상금 등

근로소득 아닌 것	근로소득인 것
① 우수제안자, 표어모집당선자 또는 직장테니스대회 우승자에게 지급하는 상금 등(기타소득) ② 공무원이 국가 또는 지방자치단체로부터 공무수행과 관련하여 받는 상금과 부상 중 연240만원 이내의 금액	① 신규채용시험이나 사내교육을 위한 출제·감독·채점 또는 강의교재 등을 작성하고 근로자가 지급받는 수당·강사료·원고료 금액 ② 모범종업원 및 그 가족에게 지급하는 포상금에 해당되는 금액 ③ 업무실적 우수근로자에게 지급하는 포상성격의 해외여행경비지원액

참고

- 소득통칙 12-18…1 【중앙행정기관의 승인을 얻어 지급하는 상금과 부상의 범위】
  비과세되는 상금과 부상이라 함은 특별법에 의하여 설립된 법인이 관계 중앙행정기관의 장의 승인을 받은 상금지급규정에 의하여 지급하는 경우 외에는 같은 성질의 상금이라 하더라도 지급 시마다 그 상금액을 명시하여 관계 중앙행정기관의 장의 별도 승인을 얻어 지급하는 상금 또는 부상을 말함.
- 소득세 집행기준 12-18-1 【비과세대상 상금과 부상의 범위】
  「소득세법 시행령」 제18조 제1항 제7호의 "관계중앙행정기관의 승인을 얻어 지급하는 상금과 부상"에 해당하여 소득세가 과세되지 아니하는 상금과 부상이라 함은 특별법에 따라 설립된 법인이 관계 중앙행정기관의 장의 승인을 받은 상금지급규정에 의하여 지급하는 경우 외에는 같은 성질의 상금이라 하더라도 지급 시마다 그 상금액을 명시하여 관계 중앙행정기관의 장의 별도 승인을 얻어 지급하는 상금 또는 부상을 말하며 단지 예산승인만으로 지급하는 일반적인 포상은 이에 포함하지 아니함.

〈사례〉

- 중소기업진흥공단 등 특별법에 따라 설립된 법인이 수여하는 부상금은 관계중앙행정기관의 장의 승인을 받은 경우에 한하여 비과세되는 것이나, 특별법에 따라 설립되지 않은 전국경제인연합회, 한국무역협회가 수여하는 부상금은 비과세대상에 해당되지 않음.

• 「에너지이용합리화법」에 따라 설립된 에너지관리공단이 에너지절약 홍보를 목적으로 "전 국민 에너지절약 UCC 공모전"을 주관하면서 관계 중앙행정기관의 장인 지식경제부장관(현 : 산업통상자원부)의 승인을 얻어 그 입상자에게 시상하는 상품은 비과세되는 기타소득에 해당함.
• 재단법인 국민체육진흥재단이 체육유공자에게 지급하는 금품의 경우 재단법인국민체육진흥재단은 「국민체육진흥법 및 국민체육진흥기금에 관한 법률」에 따른 법인이 아니고 「민법」에 따라 설립된 법인으로 특별법에 따라 설립된 법인에 해당하지 않으므로 비과세대상이 아님.
• 회사가 임직원의 물품구입대금을 전부 또는 일부 지급하는 경우로서 휴대폰과 같이 당해 물품의 용도가 업무용인지 혹은 일반생활용인지 불분명한 때에는 당해 물품의 "등록명의" 또는 "업무용"이라는 형식적인 지급사유와 관계없이 임직원의 근로소득에 해당함(서일 46011-11408, 2003.10.8.).

(4) 포기 · 반납한 임금

근로소득 아닌 것	근로소득인 것
노사 간 합의에 의하여 급여를 자진 반납하는 형식으로 일률적으로 급여를 삭감하고 삭감 후의 급여액을 인건비로 회계처리하는 경우에 그 삭감한 금액(소득, 재소득 46073-13, 1998.4.1.)	① 근로자가 사용자와 합의하여 임금채권을 포기한 경우에 그 포기한 임금(서일 46011-11906, 2003.12.26.) ② 법인의 임원이 장부상 인건비로 계상된 미지급 성과급을 자발적인 의사에 따라 포기하는 경우에는 해당 임원이 성과급을 포기 시에 그 포기한 성과급(소득, 원천세과-543, 2013.11.13.)

예규사례

❑ 급여의 미수령 여부 및 미수령 급여의 포기 여부는 고용주와 근로자 당사자 간 채권 · 채무 관계일 뿐 국세의 납부의무화는 관계 없으므로, 급여 미수령금액을 총수입금액에 산입하여 종합소득세를 과세한 당초 처분은 정당함(심사소득 2003-0189, 2003.6.23.).

❑ 법인의 대주주인 상근임원이 비상근임원으로 전환하면서 임원퇴직금지급규정에 규정된 퇴직금의 수령을 주주총회에서 전액 포기한 경우에는 당해 대주주가 퇴직금 포기 시에 퇴직금을 수령한 것으로 보아 동 포기금액에 대하여는 퇴직소득세를 원천징수하는 것이며, 이 경우 당해 법인은 각 사업연도의 소득금액계산상 임원 퇴직금 한도 내의 금액을 손금에 산입하되 동 포기금액을 익금에 산입하여야 함(서이 46012-12368, 2002.12.30.).

(5) 명절선물대 등

근로소득 아닌 것	근로소득인 것
–	① 추석, 설날 등 명절에 지급받은 선물 ② 종업원이 지급받는 생일축하금

(6) 이사 등 보조금

근로소득 아닌 것	근로소득인 것
① 전근하는 종업원이 지급받는 부임수당(부임준비과정에서 실제 발생한 숙박비, 교통비, 식비) 중 이사에 소요되는 비용 ② 해외지점 근무자를 국내로 발령 시 실지 이사 소요 비용	① 전근하는 종업원의 부임수당 중 이사 소요 금액을 초과하는 금액 ② 회사전임명령으로 거주지를 달리하는 지역에서 근무하는 직원을 위한 거주비(숙박비 등)와 왕복 귀가교통비

근로소득의 원천징수방법

❶ 매월 급여 지급시 원천징수방법

(1) 월별 납부자

매월 급여를 지급하는 경우 「근로소득 간이세액표」에 의하여 원천징수한다. 간이세액표의 적용방법은 다음과 같다.

㉠ 당해 근로자의 월급여총액에서 비과세 급여를 제외한 급여액을 적용한다.
㉡ 공제대상 인원을 파악한다.
- 본인은 무조건공제대상이므로 1인으로 한다.
- 배우자가 있으면 1인으로 한다(주민등록상의 배우자임).
- 기타부양가족의 경우 직계존속(남자 · 여자 60세 이상만 해당), 직계비속(20세 이하) 등의 공제대상 인원을 각각 1인으로 한다.
- 20세 이하의 직계비속이 있는 경우에는 그 수만큼 더한다.
- 간이세액표상의 행에서 해당 월급여액을, 열에서 공제대상 인원을 찾아 적용하면 된다.

(2) 반기별 납부자

반기별 납부자의 경우도 근로자에게 매월 급여 지급 시 근로소득 간이세액표를 참고하여 소득세를 원천징수한 후, 반기별로 6개월분을 신고 · 납부한다.

참고

[급여명세서와 급여대장]
- 급여명세서 : 급여일에 임 · 직원에게 교부하는 명세서로서 개개인의 간략한 인적사항과 급여지급액의 내역과 공제내역 등이 기재되어 있다. 따라서 급여명세서는 인별로 각각 작성해서 1부는 근로자에게 교부하고, 1부는 내부관리용으로 보관한다.
- 급여대장 : 월별로 모든 임 · 직원의 급여내역을 나타내는 서식으로 간략한 인적사항과 급여지급액의 내역과 공제내역 등이 기재되어 있다.

❷ 상여금 지급시 원천징수방법

(1) 상여금 지급대상 기간이 있는 경우

지급대상 기간이 있는 상여금과 급여를 같이 지급할 때 원천징수하는 근로소득세는 다음의 산식으로 계산한다.

〔(상여금 + 상여금지급기간 총급여) / 지급대상 기간의 월수〕에 대한 간이세액표상의 근로소득세액 × 지급대상 기간의 월수 − 지급대상 기간의 기납부한 근로소득세액(가산세 제외)

상여금을 분기 마지막달마다 100%씩 지급한다고 가정할 때 신경종씨의 9월 급여 2,583,000원과 상여금 2,583,000원에 대한 근로소득세를 계산하면 다음과 같다.

〔(2,583,000 + 2,583,000 × 3월) / 3〕에 대한 간이세액표상의 갑근세액× 3
− 87,600(7, 8월 근로소득세액의 합계)
= 143,480 × 3 − 87,600 = 342,780(9월 원천징수할 근로소득세액)

월급여액 (비과세소득 제외)	공제대상 가족의 수				
	1인	2인	3인	4인	5인
3,440,000 이상 3,460,000 이하	162,230	143,480	93,420	74,670	57,890

(세액은 임의적 수치임)

(2) 상여금 지급대상 기간이 없는 경우

지급대상 기간이 없는 상여금은 1월 1일(또는 직전에 상여 등을 받은 달의 다음 달)부터 당해 상여금 등의 지급일이 속하는 달까지를 지급대상 기간으로 하여 위의 방법으로 계산하면 된다.

(3) 인정상여

1) 법인세 과세표준 신고 시 처분하는 인정상여

① 연말정산이 종료된 귀속연도분의 소득처분

법인세 과세표준 신고 시 처분하는 인정상여의 원천징수시기는 법인세 신고일이며, 그 인정상여의 근로소득 수입시기는 결산사업연도 중 근로제공일이 속하는 연도이다. 따라서 해당 귀속자의 연말정산을 인정상여 포함하여 재정산하여야 하고, 법인세 과세표준 신고일의 다음 달 10일까지 원천세 신고·납부하여야 한다.

예를 들어, 12월말 법인이 법인세 과세표준 신고 시 대표자 인정상여분이 있고, 법인세 신고를 2월 28일까지 한 경우에는 3월 10일까지 원천세 신고 시 대표자의 전년도 연말정산을 인정상여 포함해서 재정산하여 신고하여야 한다.

참고

[인정상여에 따른 원천징수이행상황신고서 작성방법 등]

12월말 법인이 3월 중에 2024년 귀속 법인세 과세표준을 신고하면서 인정상여 발생한 경우

1. 원천징수이행상황신고서 작성 및 제출방법
   (1) 연말정산 신고 시 3월 10일까지 이미 제출한 원천징수이행상황신고서를 수정하는 것이 아님.
   (2) 신고서 작성요령
   - '① 신고구분'란: 매월 납부자는 '매월' 과 '소득처분'을 선택하여 ○표 표시하고, 반기납부자는 '반기'와 '소득처분'을 동시에 선택하여 ○표 표시(이와 같이 구분 표시하지 않으면 국세청 전자신고 시 오류 발생)
   - ② 귀속연월란: 2025년 2월
   - ③ 지급연월란: 2025년 3월
   - 연말정산(A04)란:
     - ④ 인원란: 상여 소득처분한 인원
     - ⑤ 총지급액란: 상여 소득처분한 금액
     - ⑥ 소득세 등란: 상여 소득처분으로 증가한 소득세(2025년 3월 10일 제출한 근로소득지급명세서와 2025년 4월 10일 수정제출한 근로소득지급명세서의 차감징수세액의 차이금액)를 각각 기재

2. 지급명세서의 수정분 제출
   2025년 4월 10일까지 수정된 지급명세서 제출(매월납부자와 반기별납부자 모두)

3. 징수세액 납부
2025년 4월 10일까지 차감징수세액의 차이금액을 납부(매월납부자와 반기별납부자 모두)

② 연말정산이 종료되지 않은 귀속연도분의 소득처분

연말정산이 종료되지 않은 귀속연도분을 소득처분하는 경우에는 지급대상 기간이 없는 상여로 보아 근로소득세를 원천징수하여 다음 달까지 신고·납부하여야 한다.

2) 법인세 결정·경정 시 처분되는 인정상여

세무서장이 법인세 결정·경정 시 처분하는 인정상여는 상여처분되는 사업연도를 귀속연도로 하여 연말정산을 재정산하여야 하며, 소득금액변동통지서를 받은 날에 지급한 것으로 보아 원천징수하여야 한다.

「원천징수이행상황신고서」는 소득금액변동통지서상의 소득금액만을 기재하여 신고하며, 수정신고 형식을 취하지 아니한다. 또한, 귀속연월은 해당 연도의 다음 연도 2월로 표시한다. 예를 들어, 2024년 귀속분은 '2025년 2월'로 표시한다.

3) 법인세 수정신고 시 처분되는 인정상여

법인세 수정신고 시 처분하는 인정상여는 상여처분되는 사업연도를 귀속연도로 하여 연말정산을 재정산하여야 하며, 수정신고일에 지급한 것으로 보아 원천징수하여야 한다.

3 연말정산 실무

(1) 연말정산 의의

원천징수대상 근로소득은 매월 근로소득 지급 시 근로소득 간이세액표에 의해 원천징수를 하지만, 매월 원천징수한 세액의 합계가 1년간 발생한 총근로소득에 대한 정확한 세액은 아니다. 따라서 매년 1월부터 12월까지 발생한 1년간의 총근로소득에 대한 세액을 계산한 후 매월 원천징수한 세액의 합계액과 비교하여 추가 징수 또는 환급을 해 주는데, 이것을 '연말정산'이라 한다.

계속근로자의 경우에는 다음 해 2월분의 급여를 지급하는 때에 직전 연도 1월부터 12월까지 지급한 총근로소득에 대해 연말정산을 한다. 중도퇴직자의 경우에는 퇴직하는 날이 속하는 달의 근로소득을 지급하는 때에 당해 연도 1월부터 퇴직하는 날이 속하는 달까지 지급한 총근로소득에 대해 연말정산을 한다.

(2) 연말정산 과정 및 일정

① 연말정산 사전준비

연말정산 안내 (1월 초)
「회사가 근로자에게」

⇨ ① 회사는 근로자에게 연말정산 일정 및 정보 제공
② 국세청 홈페이지 연말정산 안내 등

소득공제 증명서류 수집 (1.11.~1.31.)
「근로자」

⇨ ① 연말정산 간소화 서비스 이용(1.15.~)
(※ 연말정산 간소화 서비스 제공 자료는 근로자 스스로 공제요건 충족 여부를 검토하여야 함)
② 연말정산 간소화 서비스에서 제공하지 않는 영수증 등 수집(안경 구입비, 교복 구입비 등)

소득자별 근로소득 원천징수부 작성 (1월 초~1월 말)
「회사」

⇨ 소득자별 근로소득원천징수부의 '근로소득지급명세'란 등 확인

소득・세액공제신고서 등 제출 (1.20.~2.5.)
「근로자가 회사에게」

⇨ ① 소득・세액공제신고서와 소득・세액공제 증명서류를 제출
② 다음의 소득・세액공제를 받고자 하는 근로자는 추가 서류를 작성하여 제출
- 기부금 세액공제 : 기부금명세서
- 의료비 세액공제 : 의료비지급명세서
- 신용카드 등 소득공제 : 신용카드 등 소득공제 신청서

② 연말정산 세액 계산

서류 검토 및 보완 요청 (1.20.~2.10.)
「회사가 근로자에게」

⇨ ① 근로자가 제출한 소득공제신고서와 증명서류 등 검토
② 근로자가 누락한 증명서류 등 발견 시 추가 제출 안내

연말정산 세액계산 (2.15.~2월말)
「회사」

⇨ 연말정산 세액 계산

③ 연말정산 마무리

근로소득원천징수 영수증의 작성 및 교부 (2월 말~3.5.) 「회사가 근로자에게」	① 근로소득원천징수영수증(소득자보관용)을 작성하여 근로자에게 교부 ② 근로자는 「원천징수영수증」 기재내용 확인하여 오류 발견 시 회사에 수정 요청
⬇	
지급명세서 제출 (3.2.~3.10.) 「회사가 세무서에」	① 지급명세서(근로소득원천징수영수증 발행자보고용) : 3.10.까지(월별, 반기별 납부자 모두) ② 「기부금명세서」와 「의료비지급명세서」를 전산매체로 함께 제출
⬇	
원천징수이행상황신고서 제출 및 환급신청 (3.2.~3.10.) 「회사가 세무서에」	① 원천징수이행상황신고서 제출 및 세액납부 • 월별 납부자 : 3.10.까지 • 반기별 납부자 : 7.10.까지 ② 회사는 조정환급과 환급신청 중 선택 • 환급신청의 경우 2023년 2월분 「원천징수이행상황신고서」 제출시(3.10. 기한) 연말정산 환급도 함께 신청
⬇	
연말정산 환급금 수령 (~3월 말) 「세무서가 회사에」	환급세액은 회사가 세무서로부터 받아 근로자에게 지급 (연말정산 환급세액은 세무서에서 근로자에게 직접 지급하지 않음)

※ 상기 ①, ②, ③의 일정은 회사 사정에 의해 조정 가능함.

(3) 연말정산 시기

① 일반적인 경우

원천징수의무자는 월별 납부・반기별 납부 여부에 불구하고 2025년 2월분의 근로소득을 지급하는 때에 ① 2024년도의 연간 급여액에 대하여 연말정산을 하며, ② 2025년 2월분의 급여 등에 대하여는 「근로소득 간이세액표」에 의하여 원천징수한다.

② 중도퇴직의 경우

중도에 퇴직하는 경우에는 퇴직하는 달의 근로소득을 지급하는 때에 연말정산을 한다. 이때 근로소득자는 연말정산 시 공제받지 못한 종합소득공제 금액이 있는 경우에는 다음

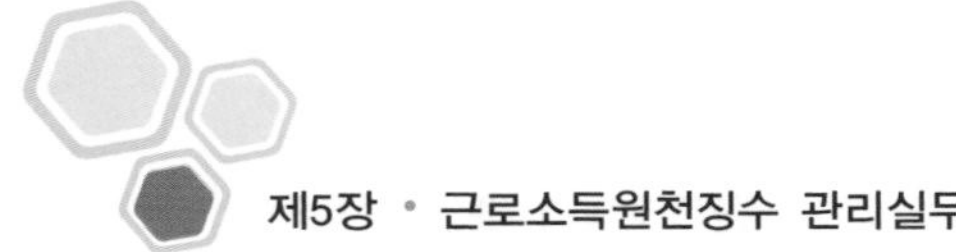

해 5월 종합소득세 과세표준 확정신고하여 추가로 공제받을 수 있다(소득법 제134조 제2항, 서이 46013-12186, 2003.12.24.).

③ 2월분 급여 미지급된 경우

2월분의 근로소득을 2월 말일까지 지급하지 아니하거나 2월분의 근로소득이 없는 경우에는 2월 말일에 연말정산을 한다(소득법 제134조 제2항 제1호).

④ 근로소득을 추가 지급하는 경우

근로소득에 대한 연말정산을 한 후 당해 과세기간의 근로소득을 추가로 지급하는 때에는 추가로 지급하는 때에 근로소득세액의 연말정산을 다시 하여야 한다.

⑤ 인정상여 처분되는 경우

법인세 과세표준 확정신고(또는 수정신고, 결정 · 경정) 시 상여로 처분되는 금액을 '인정상여'라 하며, 이는 근로를 제공한 날의 수입금액으로 본다. 따라서 다음에 해당되는 날의 다음 달 10일까지 연말정산을 재정산해서 신고 납부하여야 한다.

㉠ 법인세 신고에 의한 인정상여	법인세 실제 신고일
㉡ 법인세 수정신고, 경정청구에 의한 인정상여	법인세 수정신고일 또는 경정청구일
㉢ 법인세 결정 또는 경정에 의한 인정상여	소득금액변동통지서를 받은 날

4 인적공제 실무

(1) 기본공제 개요

종합소득이 있는 거주자(자연인에 한함)는 다음에 해당하는 기본공제대상자 1인당 연 150만원을 곱한 금액을 공제한다. 이때 근무월수가 1년 미만인 경우에도 월할계산을 하지 아니한다.

비거주자의 경우에는 기본공제 및 추가공제 중 근로자 본인에 대한 공제만 가능하다. 비거주자가 12월 31일 현재 거주자에 해당되는 때에는 거주자로 본다.

| 기본공제대상자 요약 |

<table>
<tr><th colspan="2">본인과의 관계</th><th>소득금액 요건</th><th>연령 요건</th><th>생계 요건</th><th>일시 퇴거</th></tr>
<tr><td colspan="2">본인</td><td>없음</td><td>없음</td><td>없음</td><td>없음</td></tr>
<tr><td colspan="2">배우자</td><td rowspan="8">연간 소득금액 100만원 이하(또는 총급여 500만원 이하의 근로소득만 있는 경우</td><td>없음</td><td>없음</td><td>없음</td></tr>
<tr><td rowspan="7">부양가족</td><td>직계비속</td><td rowspan="2">만 20세 이하
(2004.1.1. 이후 출생)</td><td colspan="2" rowspan="2">없음</td></tr>
<tr><td>동거입양자</td></tr>
<tr><td>위탁아동</td><td>만 18세 미만</td><td colspan="2"></td></tr>
<tr><td>본인(또는 배우자)의 직계존속</td><td>만 60세 이상
(1964.12.31. 이전 출생)</td><td>주민등록표상 동거가족으로서 생계를 같이함
주거형편에 따른 별거 인정</td><td></td></tr>
<tr><td>본인(또는 배우자)의 형제자매</td><td>만 20세 이하 또는
만 60세 이상</td><td rowspan="2">주민등록표상 동거가족으로서 생계를 같이함.</td><td rowspan="2">인정</td></tr>
<tr><td>「국민기초생활보장법」상 수급자</td><td>없음</td></tr>
</table>

① 소득금액 요건

「소득세법」상 다음의 종합소득금액, 퇴직소득금액, 양도소득금액의 합계액이 연간 100만원 이하 또는 근로소득만 있는 경우에는 총급여 500만원 이하의 경우도 해당한다.

<table>
<tr><td rowspan="6">종합소득금액
(비과세, 분리과세소득 제외)</td><td>이자소득금액 = 총수입금액</td></tr>
<tr><td>배당소득금액 = 총수입금액＋G－UP대상 배당소득×10%</td></tr>
<tr><td>사업소득금액 = 총수입금액－필요경비</td></tr>
<tr><td>근로소득금액 = 총급여액－근로소득공제</td></tr>
<tr><td>연금소득금액 = 총연금액－연금소득공제</td></tr>
<tr><td>기타소득금액 = 총수입금액－필요경비</td></tr>
<tr><td>퇴직소득금액</td><td>= 퇴직급여 및 명예퇴직수당 등의 합계액</td></tr>
<tr><td>양도소득금액</td><td>= 양도가액－(취득가액＋필요경비＋장기보유특별공제액)</td></tr>
</table>

② 연령 요건

장애인과 기초생활수급자는 연령요건을 적용하지 아니한다. 그리고 연령 판단 시 과세기간 중에 당해 연령에 해당되는 날이 있는 경우 공제대상자가 된다.

③ 생계 요건

주민등록표상 동거가족으로서 현실적으로 생계를 같이하여야 한다. 다만, 다음의 경우는 동거가족이 아니더라도 근로자의 소득에 의존하여 생활하는 경우 생계요건을 충족한 것으로 본다.

주거형편상 별거	일시퇴거
직계존속이 독립된 생계능력이 없어 근로자가 실제로 부양하고 있는 경우를 말함.	취학, 질병의 요양, 근무상 또는 사업상의 형편으로 주민등록을 일시적으로 옮긴 경우를 말함.

(2) 기본공제대상자의 판정시기

기본공제 및 추가공제대상 여부의 판정은 다음과 같다.

① 일반적인 경우	해당 연도의 12.31.(과세기간 종료일)
② 12.31. 전에 사망한 경우	사망일 전일
③ 12.31. 전에 장애가 치유된 경우	치유일 전일

(3) 이중공제 배제

① 2인 이상의 공제대상 가족에 해당하게 되는 경우 : 「과세표준확정신고서」, 「근로소득자 소득·세액 공제신고서」 등에 기재된 바에 따라 그 중 1인의 공제대상가족으로 한다.

② 공제대상 가족을 각자의 공제대상으로 신고 또는 정확히 알 수 없는 경우

- 거주자의 공제대상 배우자가 다른 거주자의 공제대상 부양가족에 해당하는 경우 배우자공제를 적용한다.
- 거주자의 공제대상 부양가족이 다른 거주자의 공제대상 부양가족에 해당하는 경우 직전 연도에 부양가족으로 인적공제를 받은 거주자의 공제대상 부양가족으로 한다. 다만, 직전 연도에 부양가족으로 인적공제를 받은 사실이 없는 때에는 해당 연도의 종합소득금액이 가장 많은 거주자의 공제대상 부양가족으로 한다.

• 거주자의 추가공제대상자가 다른 거주자의 추가공제대상자에 해당하는 때에는 기본공제를 하는 거주자의 추가공제대상자로 한다.

③ 당해 연도의 중도에 사망하였거나, 외국에서 영주하기 위하여 출국한 거주자의 공제대상 가족으로서 상속인 등 다른 거주자의 공제대상 가족에 해당하는 경우 : 피상속인 또는 출국한 거주자의 공제대상 가족으로 한다. 단, 피상속인·출국자의 인적공제액이 소득금액 초과 시 초과분에 대하여는 다른 거주자가 공제 가능하다.

(4) 추가공제 개요

연령요건, 소득금액 요건을 충족하여 기본공제대상이 되는 사람(이하 '기본공제대상자'라 함)이 다음에 해당하는 경우 다음의 금액을 추가로 공제한다. 이때 근무월수가 1년 미만인 경우에도 월할계산을 하지 아니하며, 비거주자의 경우는 비거주자 본인에 대한 공제만 가능하다.

추가공제 항목	공제 요건	공제 금액
① 경로우대자공제	70세 이상인 경우(1954.12.31. 이전 출생자)	1인당 연 100만원
② 장애인공제	장애인인 경우	1인당 연 200만원
③ 부녀자공제	당해 거주자(종합소득금액이 3천만원 이하) 본인이 • 배우자 있는 여성인 경우 • 배우자 없는 여성으로서 부양가족이 있는 세대주인 경우	연 50만원
④ 한부모소득공제	배우자 없는 거주자로서 기본공제대상자인 직계비속 또는 입양자가 있는 경우	연 100만원

① 경로우대자공제

기본공제대상자가 12월 31일(사망한 자는 사망일 전일) 현재 70세 이상인 경우 100만원을 추가로 공제한다.

② 장애인공제

기본공제대상자 중 장애인이 있는 경우 1인당 연 200만원을 추가로 공제한다. 이때 장애인의 범위와 제출서류는 다음과 같다.

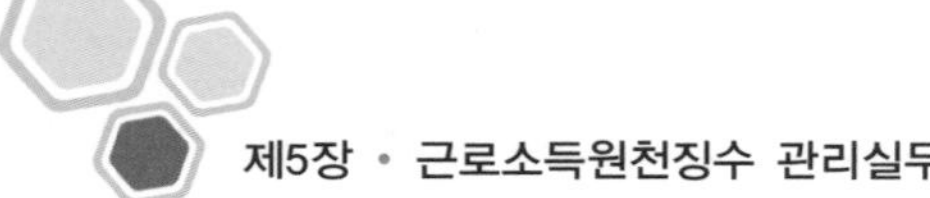

구 분	제출서류	발급기관
㉠ 「장애인복지법」에 의한 장애인	장애인증명서	의료기관(한의원 포함), 읍・면・동사무소
	장애인등록증(수첩・복지카드) 사본	읍・면・동사무소
㉡ 「국가유공자 등 예우 및 지원에 관한 법률」에 의한 상이자주1) 및 이와 유사한 자로서 근로능력이 없는 자주2)	상이자증명서	국가보훈처
㉢ 항시 치료를 요하는 중증환자로서 취업, 취학이 곤란한 상태에 있는 자	장애인증명서주3)	의료기관주4)

주1) 전상군경, 공상군경, 4・19혁명부상자, 공상공무원, 특별공로상이자로서 1급 내지 7급의 상이를 입은 자

주2) 「국가유공자 등 예우 및 지원에 관한 법률 시행령」 [별표 3]에 규정한 상이등급구분표에 게기하는 상이자와 같은 정도의 신체장애가 있는 자(소득통칙 50-107…1)

주3) 장애인증명서를 의료기관에서 발급받는 때에는 담당의사나 진단이 가능한 의사를 경유하여야 하고 발행자란의 기재는 의료기관명과 직인 및 경유한 의사가 서명 또는 날인을 하여야 함(서일 46011-10490, 2003.4.18.).

주4) 국민건강보험공단이 발급하는 중증진료 등록확인증은 암 특정질병에 의한 의료비 경감목적으로 한 것으로 세법상 장애인(지병에 의해 평상시 치료를 요하고 취학・취업이 곤란한 상태에 있는 자)으로 항시 치료를 요하는 중증환자의 장애인공제 증명서류로는 적합하지 않음.

③ 부녀자공제

거주자 본인이 여성으로 해당 과세기간의 종합소득금액이 3천만원 이하로서 다음에 해당하는 경우 연 50만원을 공제한다.

배우자 있는 여성	배우자 없는 여성(미혼, 이혼, 사별한 여성)
배우자의 소득 유무에 불구하고 공제대상임.	부양가족이 있는 여성으로서 주민등록상 세대주여야 공제대상임.

④ 한부모소득공제

해당 거주자가 배우자가 없는 사람으로서 기본공제대상자인 직계비속 또는 입양자가 있는 경우 연 100만원을 추가로 공제한다. 단, 거주자가 여성으로서 부녀자공제와 한부모소득공제를 동시에 충족하는 경우에는 부녀자공제를 적용하지 아니하고 한부모소득 공제를 적용받는다.

[소득공제 요건]
① 배우자 없는 거주자가
② 기본공제대상자인 직계비속 또는 입양자가 있는 경우

5 특수한 경우의 원천징수방법

(1) 일용근로자

일용직근로자를 고용하는 경우에는 「일용직잡급대장」을 작성하고 일용근로자의 주민등록증 사본을 보관한다. 일급 150,000원까지는 세금이 없으므로 원천징수할 필요가 없고 그 이상부터는 일급을 지급할 때 원천징수한다.

일용직근로자의 원천징수세액은 다음과 같이 계산한다.

원천징수세액 = (일급 − 150,000원) × 6% × (1 − 55%) × 일수

예를 들어, (주)나토얀에서 일용직 직원 1명의 일당이 200,000원이며, 10일 근로에 따른 2,000,000원에서 소득세 등 14,850원을 차감한 1,985,150원을 송금한다.

일용근로자 소득세 계산
1일 소득세를 계산하여 근로일수를 곱하여 계산하면 된다. ① 1일 소득세 = (200,000원 − 150,000원) × 6% × (1−55%) = 1,350원 ② 10일 소득세 = 1,350원 × 10일 = 13,500원 ③ 10일 지방소득세 = 13,500원 × 10% = 1,350원 ④ 원천징수할 소득세 = 13,500원 + 1,350원 = 14,850원

(2) 이중근무자

동시에 2 이상의 근로소득이 발생하는 이중근무자의 경우 기중에는 각각의 회사에서 매월 급여 등 지급 시 근로소득 간이세액표에 의해 각각 원천징수한다. 그리고 다음과 같이 주된 근무지에서 종된 근무지의 근로소득을 합산하여 연말정산하거나, 각각의 회사에서 연말정산하고 다음 해 5월에 종합소득과세표준 신고·납부하는 방법 중 하나를 선택해서 하면 된다.

근무지신고서	2024년 12월 말일까지 주된 근무지와 종된 근무지를 정하여 주된 근무지의 원천징수의무자에게 「근무지(변동)신고서」를 제출한다.
종된 근무지의 「근로소득원천징수영수증」	종된 근무지에서 교부받은 「근로소득원천징수영수증」을 주된 근무지에 제출한다.

(3) 외국인근로자

1) 외국인근로자의 범위

고용 당시의 국내거주 여부에 관계없이 모든 외국인근로자가 대상이 되며(서면2팀-141, 2005.1.20.), 일용근로자는 제외한다.

2010.1.1.부터는 해당 과세연도 종료일 현재 대한민국의 국적을 가지지 아니한 사람만 해당된다.

2) 외국인근로자의 비과세 근로소득의 범위

다음의 급여는 비과세 근로소득에 해당한다.

구 분	비과세 요건	비 고
외국정부 등에 근무하는 외국인	외국정부(외국의 지방자치단체와 연방국가인 외국의 지방정부 포함) 또는 국제기관(국제연합과 그 소속기구의 기관을 말함)에서 근무하는 사람 중 대한민국 국민이 아닌 사람이 그 직무수행의 대가로 받는 급여[주1)]	단, 그 외국정부가 그 나라에서 근무하는 우리나라 공무원의 급여에 대하여 소득세 과세하지 아니하는 경우에 한함(상호면세주의).
외국인 임직원 (출자임원 포함)	–	외국인근로자 세율적용특례 (19% 단일세율)만 적용[주2)]

주1) "직무수행의 대가로 받는 급여"에는 외국정부 및 국제기관이 일반적으로 기업이 경영하는 수익사업을 직접 경영하는 경우 이에 종사하고 받는 급여는 포함하지 않음(소득세 집행기준 12-14-1).

주2) 2010.1.1.부터 총급여의 30% 비과세 적용 안함.

3) 외국인근로자에 대한 과세특례

외국인근로자(임원 포함, 일용근로자 제외)가 2026년 12월 31일 이전에 국내에서 최초로 근로를 제공하기 시작하는 경우 국내에서 근무함으로써 받는 근로소득으로서 국내에서 최초 근로 제공한 날부터 20년* 이내에 끝나는 과세기간까지 받는 근로소득에 대해서는 19% 단일세율을 곱한 금액으로 세액을 납부하고, 종합소득 계산 시 단일세율 적용한 근로소득은 합산하지 아니한다. 이 경우 「소득세법」 및 이 법에 따른 소득세와 관련된 비과세, 공제, 감면 및 세액공제에 관한 규정은 적용하지 아니한다(조특법 제18조의2 제2항).

*[부칙] 법 시행(2023년 1월 1일) 당시 국내에서 최초로 근로를 제공한 날부터 20년이 지나지 아니한 외국인근로자에 대해서도 적용(부칙 2022.12.31 법률 제19199호 제10조)

① 외국인근로자의 요건

외국인인 임원 또는 사용인(일용근로자 제외)으로서 해당 과세연도 종료일 현재 대한민국의 국적을 가지지 아니한 사람만 해당한다.

② 근로제공 요건

다음의 외국인투자기업을 제외한 다음의 특수관계인(특수관계기업)에게 근로를 제공한 경우를 제외하고 국내에서 근무함으로써 받는 근로소득이어야 한다. 다만, 「외국인투자 촉진법 시행령」 제20조의2 제5항 제1호에 따른 지역본부에 근무함으로써 받는 근로소득의 경우에는 국내에서 최초로 근로를 제공한 날부터 20년 이내에 끝나는 과세기간까지 받는 근로소득에 대해서는 19% 단일세율을 적용할 수 있다(조특법 제18조의2 제2항).

구 분	내 용
㉠ 외국인투자기업의 범위	12.31. 현재 「조세특례제한법」 제121조의2에 따라 법인세, 소득세, 취득세 및 재산세를 각각 감면받는 기업 또는 동법 제116조의2 제3항부터 제10항에 따른 감면요건을 갖춘 기업을 말한다.
㉡ 특수관계인의 범위	12.31. 현재 외국인근로자가 근로를 제공하는 기업과 「국세기본법 시행령」 제1조의2 제1항 및 제3항에 따른 친족관계 또는 경영지배관계에 있는 경우의 해당 기업을 말한다. 다만, 경영지배관계에 있는지를 판단할 때 같은 조 제4항 제1호 나목의 요건은 적용하지 아니한다.

③ 신청절차

과세특례를 적용받고자 하는 외국인근로자(해당 과세연도 종료일 현재 대한민국의 국적을 가지지 아니한 사람만 해당)는 연말정산 또는 종합소득 과세표준확정신고를 하는 때에 「근로소득자 소득·세액공제신고서」에 「외국인근로자 단일세율적용신청서」를 첨부하여 원천징수의무자·납세조합 또는 납세지 관할 세무서장에게 제출하여야 한다.

④ 원천징수 특례

외국인근로자(원천징수 신청일 현재 대한민국 국적을 가지지 아니한 사람만 해당)는 근로제공일이 속하는 달의 다음 달 10일까지 「단일세율적용 원천징수신청서」를 원천징수의무자를 거쳐 원천징수 관할 세무서장에게 제출하는 경우 원천징수의무자는 외국인근로자에게 매월분의 근로소득을 지급할 때 근로소득간이세액표에 불구하고 해당 근로소득에 19%를 곱한 금액을 원천징수할 수 있다.

구 분	19% 단일세율
과세특례	근로소득[주1)]에 19%를 곱한 금액을 그 세액으로 함(분리과세)[주2)]
원천징수특례	원천징수세액을 간이세액표와 단일세율 중 선택하여 원천징수할 수 있음(단일세율 선택한 경우에는 근로제공일의 다음 달 10일까지 「단일세율적용원천징수신청서」를 세무서장에게 제출하여야 함).
연말정산 시	단일세율 적용 시 외국인근로자가 원천징수의무자에게 다음 해 2월말까지 「근로소득자소득공제신고서」에 「외국인근로자단일세율적용신청서」(조특법 별지 제8호 서식)를 첨부하여 제출하여야 함.
지급명세서 기재방법	총급여(㉑), 근로소득금액(㉓), 차감소득금액(㊷), 과세표준(㊿)란에 같은 금액을 기재하고 단일세율인 19%를 적용하여 산출세액(51) 및 결정세액(64)란에 기재
세액계산	근로소득 = 과세표준 (×)세율 19% 산출세액 = 결정세액 (−)기납부세액 납부(환급)세액

주1) 근로소득의 범위: 「소득세법」 및 이 법에 따른 소득세와 관련된 비과세(「소득세법」 제12조 제3호 저목의 복리후생적 성질의 급여 중 사택제공이익, 중소기업 종업원의 주택자금대여이익, 단체순수보장성보험 중 연간 70만원 이내의 금액 등에 대한 비과세는 제외), 공제, 감면 및 세액공제에 관한 규정은 적용하지 아니함

주2) 지급명세서(원천징수영수증) 작성 시 비과세, 소득공제·감면 및 세액공제에 관한 규정은 적용하지 아니함.

[별지 제8호 서식] (2019.3.20. 개정)

외국인근로자 단일세율적용신청서

❶ 신청인	성명	외국인등록번호
	국적	직책
	주소	

❷ 단일세율 적용신청 근로소득(과세기간: 년도)

근 무 처	사업자등록번호	소 재 지	근 로 소 득

위의 근로소득에 대하여 「조세특례제한법」 제18조의2 제2항 및 같은 법 시행령 제16조의2 제4항에 따라 외국인근로자 단일세율의 적용을 신청합니다.

년 월 일

신청인(소득자) (서명 또는 인)

귀하

210mm×297mm[백상지 80g/㎡ 또는 중질지 80g/㎡]

[별지 제8호의2 서식] (2019.3.20. 개정)

외국인근로자 단일세율적용 원천징수(포기)신청서

❶ 원천징수 의무자	법인명(상호)	대표자(성명)
	사업자등록번호	주민등록번호
	소재지(주소)	

❷ 소득자	성 명	외국인등록번호 또는 여권번호
	국 적	
	주 소	

❸ 구 분	[ ] 단일세율적용 신청 [ ] 단일세율적용 포기

위의 소득자에 대하여 「조세특례제한법」 제18조의2 제5항 및 같은 법 시행령 제16조의2 제5항 또는 제6항에 따라 매월분의 근로소득을 지급할 때 단일세율의 적용(포기)을 신청합니다.

년 월 일

신청인(소득자) (서명 또는 인)

세 무 서 장 귀하

210mm×297mm[백상지 80g/㎡ 또는 중질지 80g/㎡]

제4절

원천징수세액의 신고 · 납부

❶ 신고 · 납부방법

(1) 월별 납부자

원천징수의무자는 원천징수한 소득세를 그 징수일이 속하는 달의 다음 달 10일까지 「원천징수이행상황신고서」를 관할세무서에 제출하여야 하고, 은행 또는 체신관서 등에 납부하여야 한다.

(2) 반기별 납부자

직전 과세기간 또는 신규사업장의 경우 신청일이 속하는 반기의 상시고용인원이 20명 이하인 원천징수의무자(금융 및 보험업 제외)로서 원천징수 관할세무서장으로부터 원천징수세액을 매 반기별로 납부할 수 있도록 승인을 받거나 국세청장이 정하는 바에 따라 지정을 받은 자는 그 징수일이 속하는 반기의 마지막 달의 다음 달 10일까지 신고 · 납부할 수 있다.

구 분	1월 ~ 6월 징수분	7월 ~ 12월 징수분
신고 · 납부기한	7월 10일까지	다음 해 1월 10일까지

(3) 본점일괄납부승인자

① 본점일괄납부승인이란

법인의 지점 · 영업소 등 사업장으로서 독립채산제에 의해 독자적으로 회계 사무를 처리하는 경우 원천징수세액은 각 지점 등에서 납부하여야 하나, 지점 · 영업소 등에서 지급하는 소득에 대한 원천징수세액을 본점 등에서 전자계산조직 등에 의하여 일괄계산하는 경우(「부가가치세법」상 사업자단위과세자로 등록한 법인 포함)로서 본점 관할세무서장에게 「원천징수세액 본점일괄납부신청서」를 제출하는 경우 본점(또는 주사무소)에서 일괄하여 원천징수세액을 납부할 수 있는 제도를 말한다(법인령 제7조 제6항 제2호 나목).

본점일괄납부는 모든 세목을 신청하거나 세목별로 부분 신청할 수 있다.

② 신청절차

본점일괄납부승인을 하려는 법인은 원천징수세액을 일괄납부하려는 달의 말일부터 1개월 전까지 「원천징수세액 본점일괄납부신청서」를 본점 관할 세무서장에게 제출하여야 한다(법인칙 제2조의3).

③ 원천세 신고납부 등

원천징수이행상황신고서	매월분 본점일괄납부대상 사업장의 원천징수내역(원천징수이행상황표상 총지급액, 징수할 세액, 납부할 세액)에 대해 이를 본점이 1장으로 작성하여 제출
지급명세서	본점에서 일괄 제출 (지점분에 대해서는 지점 사업자등록번호 기재)
연말정산 실시	연말정산은 지점별로 실시하고 지점분 환급세액을 본점에서 일괄 조정환급하거나 환급신청

④ 철회신청

원천징수세액 본점 일괄납부 법인이 당해 원천징수세액을 각 지점별로 납부하고자 하는 때에는 「원천징수세액 본점일괄납부 철회신청서」(원천징수사무처리규정 별지 제5호 서식)를 본점 관할세무서장에게 제출하여야 한다. 단, 해당 법인의 정보시스템 운영이 중단되는 등 부득이한 사유가 있는 경우 외에는 승인받은 날이 속하는 날부터 3년 이내에는 철회신청 불가하다(원천징수사무처리규정 제34조 제3항).

(4) 개인지방소득세의 특별징수

소득세를 원천징수하는 자는 원천징수세액의 10%를 지방소득세로 특별징수하여야 하며, 원천징수세액을 납부할 때 별도의 납부서로 납부하여야 한다. 별도의 신고서 제출은 없다.

단, 지방소득세로 징수할 세액이 고지서 1장당 2천원 미만인 경우에는 그 지방소득세를 징수하지 아니한다(지방세법 제103조의 60).

(5) 농어촌특별세의 징수

「소득세법」의 원천징수의 예에 따라 감면받은 세액의 20%를 농어촌특별세로 징수한다. 징수하여야 할 농어촌특별세가 1,000원 미만인 경우 징수하지 아니한다. 근로소득자의 경우 농어촌특별세의 과세대상은 주택자금차입금 이자세액공제를 받은 자이다(구 조감법 제92조의4).

(6) 납세지

원천징수세액의 납세지는 원천징수의무자를 기준으로 판단하며 다음과 같다.

<table>
<tr><th colspan="2">원천징수의무자</th><th>납세지</th></tr>
<tr><td colspan="2">거주자</td><td>• 주된 사업장 소재지(주된 사업장 이외의 사업장에서 원천징수를 하는 경우에는 그 사업장 소재지)
• 사업장이 없는 경우에는 거주자의 주소지(또는 거소지)</td></tr>
<tr><td colspan="2">비거주자</td><td>• 주된 국내사업장 소재지(주된 국내사업장 이외의 국내사업장에서 원천징수를 하는 경우에는 그 국내사업장 소재지)
• 국내사업장이 없는 경우에는 비거주자의 거류지(체류지)</td></tr>
<tr><td rowspan="5">법인</td><td>내국법인</td><td>본점(또는 주사무소) 소재지</td></tr>
<tr><td>외국법인</td><td>주된 국내사업장 소재지</td></tr>
<tr><td>지점 · 영업소가 독립채산제에 의하여 독립적으로 회계사무 처리</td><td>그 사업장의 소재지. 단, 그 사업장의 소재지가 국외에 있는 경우에는 그 법인의 본점 또는 주사무소의 소재지</td></tr>
<tr><td>본점일괄납부승인을 받은 경우</td><td rowspan="2">본점(또는 주사무소) 소재지</td></tr>
<tr><td>사업자단위과세사업자 승인을 받은 경우</td></tr>
</table>

2 원천징수불이행에 대한 제재

(1) 소득세 : 원천징수 등 납부지연가산세

국가 · 지방자치단체 · 지방자치단체조합 외의 원천징수의무자	국가 · 지방자치단체 · 지방자치단체조합
원천징수하여야 할 세액(또는 납세조합이 징수한 세액)을 법정납부기한까지 미납부(과소납부)한 경우에는 미납부세액(과소납부세액)의 50%를 한도로 다음 ㉠, ㉡의 금액을 합한 금액을 가산세로 함. 단, ㉠과 ㉡ 중 법정납부기한의 다음 날부터 납부고지일까지의 기간에 해당하는 금액을 합한 금액은 10%를 한도로 함.[주1)] ㉠ 미납부세액(과소납부세액) × 3% ㉡ 미납부세액(과소납부세액) × 법정납부기한의 다음 날부터 납부일까지의 기간(납부고지일부터 납부고지서에 따른 납부기한까지의 기간은 제외) × 0.022%[주2)]	가산세 적용제외대상이나, 국가 등으로부터 근로소득을 지급받는 자가 부당하게 소득공제를 받아 국가 등이 원천징수하여야 할 세액을 그 기간 내에 미달납부한 때에는 '국가 등 외의 원천징수의무자의 경우'에 따라 계산한 가산세를 근로자로부터 징수하여 납부하여야 함.

주1) 체납된 국세의 납부고지서별 · 세목별 세액이 150만원 미만인 경우에는 ㉡의 가산세를 적용하지 않음(국기법 제47조의5 제5항)

주2) 2022.2.15. 이후 기간분부터 적용(2022.2.14. 이전 기간분은 0.025% 적용)

참고

- 우리나라에 주둔하는 미군에 대하여는 가산세를 적용하지 아니함.
- 원천징수의무자가 매월분 급여에 대해 간이세액표에 의한 세액보다 과소납부한 경우에도 원천징수납부지연가산세 적용 원칙임.

(2) 개인지방소득세

특별징수분인 지방소득세(소득세분)를 법정납부기한까지 미납부(과소납부)한 때에는 미납부(과소납부) 세액의 50%(① 및 ② 의 금액을 합한 금액은 10%)를 한도로 하여 다음 각 호의 금액을 합한 금액을 가산세로 부과한다. 단, ③의 가산세를 부과하는 기간은 60개월(1개월 미만은 없는 것으로 봄)을 초과할 수 없다(지방세기본법 제56조 제1항).

① 미납부(과소납부분)세액 × 3% ② 미납부(과소납부분)세액 × 법정납부기한의 다음 날부터 자진납부일(납세고지일)까지의 일수 × 0.022% ③ 다음 계산식에 따라 납세고지서에 따른 납부기한이 지난 날부터 1개월이 지날 때마다 계산한 금액: 납부하지 아니한 세액 또는 과소납부분 세액(가산세 제외) × 0.022%

또한, 납세고지서별 · 세목별 세액이 30만원 미만인 경우에는 ③의 가산세를 적용하지 아니한다(지방세기본법 제56조 제2항).

(3) 농어촌특별세

농어촌특별세를 미납부(과소납부)한 경우 해당 본세의 결정 · 경정 및 징수의 예에 따라 다음과 같이 가산세를 계산한다(농특세법 제8조 제2항 제1호).

구 분	가산세액
미납부한 경우 미달 납부한 경우	미납부(과소납부분)세액×납부기한의 다음 날부터 자진납부일(납세고지일)까지의 일수×0.022%주)
초과환급받은 경우	초과환급세액×환급일의 다음 날부터 자진납부일(납세고지일)까지의 일수×0.022%주)

주) 2022.2.15. 이후 기간분부터 적용(2022.2.14. 이전 기간분은 0.025% 적용)

(4) 원천징수납부지연가산세 적용배제

① 우리나라 주둔 미군

우리나라에 주둔하는 미군에 대해서는 원천징수 등 납부지연가산세를 적용하지 않는다.

② 연금소득 등

다음의 소득을 지급하는 자에 대해서는 원천징수 등 납부지연가산세를 적용하지 않는다.

㉠ 국민연금, 공무원연금, 군인연금, 사립학교교직원연금, 「별정우체국법」에 따른 연금, 연계노령연금, 연계퇴직연금에 따라 연금소득을 지급하는 자 ㉡ 국민연금, 공무원연금, 군인연금, 사립학교교직원연금, 「별정우체국법」에 의한 연금에 따라 퇴직소득을 지급하는 자

3 원천징수세액의 환급

(1) 소득세

원천징수의무자가 환급할 소득세가 원천징수하여 납부할 소득세를 초과하는 경우에는 조정하여 환급하며, 조정환급은 다른 원천징수세목(소득세, 법인세, 농어촌특별세) 간에도 가능하다. 다만, 당해 원천징수의무자의 환급신청이 있는 경우에는 원천징수 관할세무서장이 그 초과액을 환급한다.

조정환급이란 원천징수의무자가 이미 원천징수하여 납부한 세액에 과오납이 있어 납세의무자(소득자)에게 환급할 세액이 발생하였을 때, 원천징수의무자가 원천징수하여 납부할 다른 세액에서 직접 환급하여 주고 나머지 세액만 납부하는 것을 말한다.

참고

소득세 집행기준 137-201-1 **【원천징수의무자 소재불명 시 근로소득세 과오납금의 환급방법】**

① 근로소득세액에 대한 연말정산에서 발생한 환급세액을 원천징수의무자가 원천징수 관할세무서장에게 환급신청을 한 후 폐업 등으로 소재 불명됨에 따라 해당 환급세액을 원천징수의무자를 통하여 근로자에게 환급되도록 하는 것이 사실상 불가능한 경우에는 원천징수 관할세무서장이 해당 환급세액을 근로자에게 직접 지급할 수 있다.

② 세무서장이 부도상태의 체납세액이 있는 법인의 근로자들로부터 근로소득세의 연말정산 환급세액에 대해 환급신청을 받은 경우에는 근로자가 실제 부담하여 납부된 세액에 한하여 근로소득자에게 환급한다.

(2) 개인지방소득세

과오납된 세액이 있는 경우에는 특별징수하여 납입할 개인지방소득세에서 조정하여 환부한다. 조정환부할 개인지방소득세가 그 달에 특별징수하여 납입할 개인지방소득세를 초과하는 경우에는 다음 달 이후에 특별징수하여 납입할 개인지방소득세에서 조정하여 환부한다.

(3) 농어촌특별세

연말정산 시 농어촌특별세는 환급이 발생하지 않는다. 다만, 연말정산에 의한 농어촌특별세에 과오납 등이 있어 환급할 세액이 발생한 경우에는 소득세와 같은 방법으로 조정하여 환급한다.

> • 소득세가 환급세액이 발생하고 농어촌특별세가 납부세액이 발생한 경우에는 원천징수이행상황신고에서 조정하고 차액만 납부 또는 환급함.
> • 농어촌특별세는 별도로 납부하지 않고 본세(소득세) 납부서상의 농어촌특별세란에 기재하여 함께 납부하며, 농어촌특별세의 과오납 등으로 인하여 환급할 세액이 발생한 경우에는 소득세와 같은 방법으로 조정하여 환급함.

4 원천징수이행상황신고서 작성방법

(1) 개요

원천징수신고 · 납부는 지급일이 속하는 달의 다음 달 10일까지 하는 것이며, 귀속월과 지급월이 동일한 경우에는 원천징수이행상황신고서상에 귀속월과 지급월이 동일하나, 다른 경우에는 지급월 기준으로 다음 달 10일까지 신고 · 납부한다.

(2) 귀속시기와 지급시기가 동일한 경우

귀속시기와 지급시기가 동일한 경우에는 연말정산분 신고 시 다음과 같이 신고 · 납부한다.

2024년 2월분의 급여 등을 2월에 지급하는 경우

① 월별 납부자

신고 구분	귀속연월	지급연월	제출연월일
매월, 연말	2024년 2월	2024년 2월	2024년 3월 10일

② 반기별 납부자(2024년 1월～2024년 6월까지의 지급분)

㉠ 연말정산분 환급신청 시

신고 구분	귀속연월	지급연월	제출연월일
반기, 연말	2024년 1월	2024년 2월	2024년 3월 10일

※ 2024년 1, 2월분과 연말정산분을 합계하여 신고하고, 2024년 7월 10일 신고 시에는 3월부터 6월 지급분에 해당하는 내역만 신고

㉡ 연말정산분 정상신고 시

신고 구분	귀속연월	지급연월	제출연월일
반기	2024년 1월	2024년 6월	2024년 7월 10일

(3) 귀속시기와 지급시기가 다른 경우

① 월별 납부자(귀속기준으로 각각 별지 작성)

신고 구분	귀속연월	지급연월	제출연월일
매월(1월 귀속분)	2024년 1월	2024년 2월	2024년 3월 10일
연말	2024년 2월	2024년 2월	2024년 3월 10일

※ 연말정산 환급액을 조정환급하는 경우 2022년 1월 귀속분에서 조정(동시 신고)

② 반기별 납부자(2023년 12월분부터 2024년 5월분까지의 귀속분)

㉠ 연말정산분 환급신청시

신고 구분	귀속연월	지급연월	제출연월일
반기, 연말	2024년 1월	2024년 2월	2024년 3월 10일

※ 2023년 12월분과 2024년 1월분 및 연말정산분을 합계하여 신고하고, 2024년 7월 10일 신고 시에는 2월분부터 5월분에 해당하는 내역만 신고

㉡ 연말정산분 정상신고시

신고 구분	귀속연월	지급연월	제출연월일
반기	2024년 1월	2024년 6월	2024년 7월 10일

■ 소득세법 시행규칙 [별지 제21호서식](2023.12.29 개정) (10쪽 중 제1쪽)

① 신고구분						[ ]원천징수이행상황신고서 [ ]원천징수세액환급신청서	② 귀속연월	년 월
매월	반기	수정	연말	소득처분	환급신청		③ 지급연월	년 월

원천징수의무자	법인명(상호)		대표자(성명)		일괄납부 여부	여, 부
					사업자단위과세 여부	여, 부
	사업자(주민)등록번호		사업장 소재지		전화번호	
					전자우편주소	@

❶ 원천징수 명세 및 납부세액 (단위: 원)

소득자 소득구분			코드	원천징수명세					⑨ 당월 조정 환급세액	납부세액	
				소득지급(과세 미달, 일부 비과세 포함)		징수세액					
				④ 인원	⑤ 총지급액	⑥ 소득세 등	⑦ 농어촌특별세	⑧ 가산세		⑩ 소득세 등(가산세 포함)	⑪ 농어촌특별세
개인(거주자 · 비거주자)	근로소득	간이세액	A01								
		중도퇴사	A02								
		일용근로	A03								
		연말정산 합계	A04								
		연말정산 분납신청	A05								
		연말정산 납부금액	A06								
		가감계	A10								
	퇴직소득	연금계좌	A21								
		그 외	A22								
		가감계	A20								
	사업소득	매월징수	A25								
		연말정산	A26								
		가감계	A30								
	기타소득	연금계좌	A41								
		종교인소득 매월징수	A43								
		종교인소득 연말정산	A44								
		가상자산	A49								
		인적용역	A59								
		그 외	A42								
		가감계	A40								
	연금소득	연금계좌	A48								
		공적연금(매월)	A45								
		연말정산	A46								
		가감계	A47								
	이자소득		A50								
	배당소득		A60								
	금융투자소득		A71								
	저축 등 해지 추징세액 등		A69								
	비거주자 양도소득		A70								
법인	내 · 외국법인원천		A80								
수정신고(세액)			A90								
총합계			A99								

❷ 환급세액 조정 (단위: 원)

전월 미환급 세액의 계산			당월 발생 환급세액				⑱ 조정대상 환급세액 (⑭+⑮+⑯+⑰)	⑲ 당월조정 환급세액계	⑳ 차월이월 환급세액 (⑱-⑲)	㉑ 환급신청액
⑫ 전월 미환급세액	⑬ 기환급 신청세액	⑭ 차감잔액 (⑫-⑬)	⑮ 일반환급	⑯ 신탁재산 (금융회사 등)	⑰ 그 밖의 환급세액 금융회사 등	⑰ 그 밖의 환급세액 합병 등				

원천징수의무자는 「소득세법 시행령」 제185조제1항에 따라 위의 내용을 제출하며, 위 내용을 충분히 검토하였고 원천징수의무자가 알고 있는 사실 그대로를 정확하게 적었음을 확인합니다.

년 월 일

신고인 (서명 또는 인)

세무대리인은 조세전문자격자로서 위 신고서를 성실하고 공정하게 작성하였음을 확인합니다.

세무대리인 (서명 또는 인)

세 무 서 장 귀하

신고서 부표 등 작성 여부 ※ 해당란에 "○" 표시를 합니다.		
부표(4~5쪽)	환급(7쪽~9쪽)	승계명세(10쪽)

세무대리인	
성명	
사업자등록번호	
전화번호	

국세환급금 계좌신고	
예입처	
예금종류	
계좌번호	

210mm×297mm[백상지80g/㎡ 또는 중질지80g/㎡]

(10쪽 중 제2쪽)

작성방법 (1)

※ 참고사항
○ 신고서(부표 등) 작성 여부란에는 원천징수이행상황신고서(부표) 작성 여부를 해당란의 ( )안에 "○"표시를 합니다. 다만, 근로소득(A01, A02, A03, A04, A10) 중 파견근로에 대한 대가, 기타소득 중 비거주자의 가상자산소득(A49), 이자소득(A50), 배당소득(A60), 금융투자소득(A71), 법인원천(A80)에 해당하는 소득을 지급하거나 저축 등 해지 추징세액 등(A69) 및 연금저축해지가산세를 징수한 원천징수의무자 및 비거주자 또는 외국법인에게 국내원천소득을 지급한 원천징수의무자는 반드시 원천징수이행상황신고서(부표)를 작성하여 신고해야 합니다.
○ 원천징수 세액을 환급신청하는 경우 원천징수세액환급신청서 부표, 기납부세액 명세서, 전월미환급세액 조정명세서, 환급신청대상 소득 지급명세서 등을 제출해야 합니다.
○ 「소득세법」 제21조제1항제26호에 따른 종교인소득에 관하여는 2018년 1월 1일 이후에 발생하는 종교인소득에 대하여 원천징수하는 경우부터 적용됩니다.
○ 「소득세법」 제119조제12호타목에 따른 비거주자의 가상자산소득에 관하여는 2025년 1월 1일 이후에 발생하는 가상자산소득에 대하여 원천징수하는 경우부터 적용됩니다.
○ 「소득세법」 제4조제1항제2호의2에 따른 금융투자소득(A71)에 관하여는 2025년 1월 1일 이후에 발생하는 금융투자소득에 대하여 원천징수하는 경우부터 적용됩니다.
○ 「소득세법」 제21조제1항제19호에 따른 인적용역소득(A59)에 관하여는 2024년 1월 1일 이후에 지급하는 인적용역소득에 대하여 원천징수하는 경우부터 적용됩니다.

1. 원천징수대상소득을 지급하는 원천징수의무자(대리인, 위임받은 자 또는 「소득세법」 제164조 및 「법인세법」 제120조에 따라 지급명세서를 작성하여 제출해야 하는 자를 포함합니다)는 납부(환급)세액의 유무와 관계없이 이 서식을 작성하여 제출해야 하며, 귀속연월이 다른 소득을 당월분과 함께 원천징수하는 경우에는 이 서식을 귀속월별로 각각 별지로 작성하여 제출합니다.
   • 「부가가치세법」 제5조제2항 및 제3항에 따라 사업자단위로 등록한 경우 법인의 본점 또는 주사무소에서는 사업자단위과세사업자로 전환되는 월 이후 지급하거나, 연말정산하는 소득에 대해 원천징수이행상황신고서를 작성하여 제출합니다.
2. 기본사항 및 소득구분
   가. ① 신고구분란은 매월분 신고서는 "매월"에, 반기별 신고서는 "반기"에, 수정신고서는 "수정"에, 소득처분에 따른 신고 시에는 "소득처분"에 "○"표시(지점법인 · 국가기관 및 개인은 제외합니다)를 하며, 매월분 신고서에 계속근무자의 연말정산분이 포함된 경우에는 "매월" 및 "연말"란 두 곳에 모두 "○"표시를 합니다. 원천징수세액을 환급신청하려는 경우 "환급신청"란에도 "○" 표시를 합니다.
   나. ② 귀속연월란은 소득발생 연월[반기별납부자는 반기 개시월(예: 상반기는 ××년 1월)을 말합니다]을 적습니다.
   다. ③ 지급연월란은 지급한 월(또는 지급시기 의제월)[반기별납부자는 반기 종료월(예: 상반기는 ××년 6월)을 말합니다]을 적습니다.
   라. ⑤ 총지급액란은 비과세 및 과세미달을 포함한 총지급액(금융투자소득의 경우 금융투자소득금액)을 적습니다. 다만, 비과세 근로소득의 경우 「소득세법 시행령」 제214조제1항제2호의2 및 제2호의3에 해당하는 금액은 제외하며, 비과세 종교인소득의 경우 「소득세법」 제12조제5호아목에 해당하는 금액(「소득세법 시행령」 제19조제3항제3호에 따른 금액을 제외한 금액을 말합니다)은 제외합니다.
   마. [A26]연말정산란은 보험모집인 등 사업소득자(중도해약자를 포함합니다) 연말정산분을 함께 적습니다.
   바. 가산세(⑧ · ⑩)란에는 소득세 · 법인세 또는 농어촌특별세의 가산세가 있는 경우 이를 포함하여 적습니다.
   사. 비거주자 국내원천소득 중 개인분은 아래의 예와 같이 소득종류별로 거주자분과 합산하여 해당 소득란에 적고, 비거주자 중 법인분은 법인원천[A80]란에 합산하여 적습니다.
      예) 임대 · 인적용역 · 사용료소득 등은 사업소득[A25, A26, A30]란, 유가증권양도소득 등은 비거주자 양도소득[A70]란에 합산합니다.
3. 원천징수 명세 및 납부세액(❶)과 환급세액 조정(❷)
   가. 소득지급(④ · ⑤)란에는 과세미달분과 비과세를 포함한 총지급액(금융투자소득의 경우 금융투자소득금액)과 총인원을 적고, 퇴직 · 기타 · 연금소득의 연금계좌란은 연금계좌에서 지급된 금액을 적습니다(그 외는 연금계좌 외로 지급되는 금액을 적음). 다만, 총지급액은 근로소득(A02, A04) 퇴직소득(A20), 사업소득(A26), 기타소득(A44)의 경우에는 주(현), 종(전) 근무지 등으로부터 지급받은 소득을 합산하여 원천징수하는 경우에는 총지급액의 합계액을 적습니다.
   나. 징수세액(⑥ ~ ⑧)란에는 각 소득별로 발생한 납부 또는 환급할 세액을 적되, 납부할 세액의 합계는 총합계 (A99의 ⑥ ~ ⑧)에 적고, 환급할 세액은 해당란에 "△"표시하여 적은 후 그 합계액은 ⑮ 일반환급란에 적습니다["△" 표시된 세액은 어떠한 경우에도 총합계를 (A99의 ⑥ ~ ⑪)란에는 적지 않습니다] .

210mm×297mm[백상지 80g/㎡ 또는 중질지 80g/㎡]

작성방법 (2)

다. 근로소득 연말정산 분납신청(A05)은 분납할 인원(④), 징수세액(⑥ ~ ⑧)만 기재, 징수세액란은 A04 = A05 + A06이 되도록 적습니다.

1) 인원(④), 총지급액(⑤)의 가감계(A10) = (A01 + A02 + A03 + A04), 징수세액(⑥ ~ ⑧)의 가감계(A10) = (A01 + A02 + A03 + A06)

※ 3월 신고분 분납신청(A05) = 4월 신고분 납부금액(A06) + 5월 신고분 납부금액(A06)

라. 근로소득 · 사업소득 · 기타소득, 연금소득 경우 납부할 세액 또는 환급할 세액의 계산은 코드별 가감 계[A10, A30, A40, 또는 A47]의 금액을 기준으로 합니다.

1) 징수세액(⑥ ~ ⑧)란에 납부할 세액만 있는 경우에는 소득별로 납부세액(⑩ · ⑪)란에 옮겨 적습니다.

2) 징수세액(⑥ ~ ⑧)란에 환급할 세액만 있는 경우에는 그 합계를 ⑮ 일반환급란에 적습니다.

3) 징수세액(⑥ ~ ⑧)란에 각 소득종류별로 납부할 세액과 환급할 세액이 각각 있는 경우는 다음과 같이 적습니다.

가) 납부할 세액의 합계가 조정대상 환급세액보다 큰 경우에는 ⑱ 조정대상환급세액란의 금액을 ⑨ 당월조정환급세액란에 코드[A10, A20, · ·]순서대로 적어 조정환급하고, 잔액은 납부세액(⑩ · ⑪)란에 적습니다.

나) 납부할 세액의 합계가 환급할 세액인 ⑱ 조정대상환급세액보다 작은 경우에는 위와 같은 방법으로 조정하여 환급하고, 그 나머지는 납부세액(⑩ · ⑪)란에 적지 아니하며, ⑳ 차월이월 환급세액란에 적습니다.

※ 위의 가) 및 나)에 따른 세목(소득세 · 법인세 및 농어촌특별세)간 조정환급은 그 조정환급 명세를 원천징수이행상황신고서에 적은 경우에만 가능하며, 원천징수이행상황신고서에 적지 않고 임의 조정하여 충당한 경우에는 무납부로 처리됩니다.

다) ⑨ 당월조정환급세액란의 합계액[A99코드의 ⑨]은 ⑲ 당월조정환급세액계란에 옮겨 적습니다.

4) ⑰ 그 밖의 환급세액란은 금융회사 등이 「소득세법 시행령」 제102조에 따라 환매조건부채권의 매매거래에 따른 원천징수세액을 환급하는 금액 및 「법인세법 시행령」 제114조의2에 따라 환매조건부채권 등의 매매거래에 따른 원천징수세액을 환급하는 금액을 "금융회사 등"란에 적어 먼저 법인세부터 ⑨ 당월조정환급세액란에서 조정환급하고, 나머지는 위 3)의 방법과 같이 조정합니다.

또한 합병법인이 피합병법인의 최종 차월 이월 환급세액을 승계하거나, 사업자단위과세로 지점 등의 최종 차월 이월 환급세액을 승계하는 경우 그 승계금액을 "합병 등"란에 적을 수 있습니다. "합병 등"란에 피합병법인 및 지점 등의 최종 차월이월 환급세액을 적은 경우에는 합병 및 사업자단위과세 전환 등에 따른 차월이월 환급세액 승계 명세서(제10쪽)를 제출해야 합니다.

5) ⑳ 차월이월 환급세액 중 환급받으려는 금액을 ㉑ 환급신청액에 적고 원천징수세액환급신청서 부표를 작성합니다.

마. 저축 등 해지 추징세액 등(A69)란은 이 서식 부표의 [C41, C42, C43, C44, C45, C46]의 합계를 적습니다.

바. 납부세액의 납부서는 신고서 · 소득종류별(근로소득세, 퇴직소득세 등)로 별지에 작성하여 납부합니다.

4. 반기별 신고 · 납부자의 신고서 작성방법

가. 인원

1) 간이세액(A01): 반기(6개월)의 마지막 달의 인원을 적습니다.

2) 중도퇴사(A02): 반기(6개월) 중 중도퇴사자의 총인원을 적습니다.

3) 일용근로(A03): 월별 순인원의 6개월 합계 인원을 적습니다.

4) 사업(A25) · 기타소득(A40): 지급명세서 제출대상인원(순인원)을 적습니다.

5) 퇴직(A20) · 이자(A50) · 배당(A60) 및 법인원천(A80): 지급명세서 제출대상 인원을 적습니다.

나. 지급액: 신고 · 납부 대상 6개월 합계액을 적습니다.

다. 귀속월, 지급월, 제출일은 다음과 같이 적습니다.

1) 1월 신고 · 납부: 귀속월 201X년 7월, 지급월 201X년 12월, 제출일 201X년 1월

2) 7월 신고 · 납부: 귀속월 201X년 1월, 지급월 201X년 6월, 제출일 201X년 7월

라. 반기납 포기를 하는 경우 반기납 개시월부터 포기월까지의 신고서를 한 장으로 작성합니다.

(예) 2010년 4월 반기납 포기: 귀속연월에는 반기납 개시월(2010년 1월)을, 지급연월에는 반기납 포기월(2010년 4월)을 적습니다.

※ **수정원천징수이행상황신고서 작성방법**(① 신고구분란에 수정으로 표시된 경우를 말합니다)

1. 처음 신고분 자체의 오류정정만 수정신고대상에 해당합니다(따라서 추가지급 등에 의한 신고는 귀속연월을 정확히 적어 정상신고해야 합니다).
2. 수정신고서는 별지로 작성 · 제출하며, 귀속연월과 지급연월은 반드시 수정 전 신고서와 동일하게 적습니다.
3. 수정 전의 모든 숫자는 상단에 빨강색으로, 수정 후 모든 숫자는 하단에 검정색으로 적습니다.
4. 수정신고로 발생한 납부 또는 환급할 세액은 수정 신고서의 [A90]란은 적지 않으며, 그 세액은 수정신고하는 월에 제출하는 당월분 신고서의 수정신고 [A90]란에 옮겨 적어 납부 · 환급세액을 조정해야 합니다.

210mm×297mm[백상지 80g/㎡ 또는 중질지 80g/㎡]

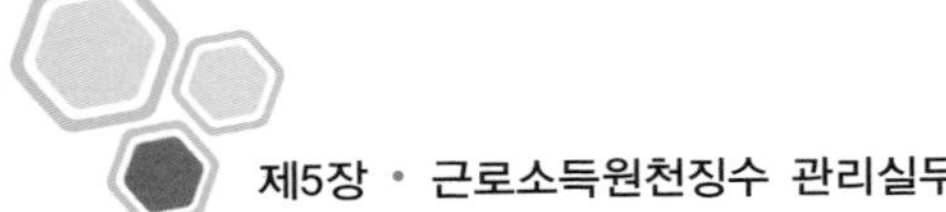

(10쪽 중 제4쪽)

사업자등록번호 □□□-□□-□□□□□

원천징수이행상황신고서 부표

(단위: 원)

소득자 소득구분				코드	소득지급 인원	소득지급 총지급액	징수세액 소득세 등	징수세액 농어촌특별세	징수세액 가산세	조정환급세액	납부세액 소득세 등(가산세)	납부세액 농어촌특별세
거주자(개인)	이자·배당소득	비과세소득	장기주택마련저축	C01								
			비과세종합저축	C02								
			개인연금저축	C03								
			장기저축성보험차익	C05								
			조합 등 예탁금	C06								
			조합 등 출자금	C07								
			농어가목돈마련저축	C08								
			우리사주 배당소득	C10								
			농업회사법인 배당소득	C20								
			영농·영어조합법인 배당소득	C23								
			재형저축 이자·배당소득·	C40								
			개인종합자산관리계좌 이자·배당소득	C60								
			청년우대형 주택청약종합저축	C27								
			장병내일준비적금	C31								
			기타 비과세이자소득	C19								
			기타 비과세배당소득	C29								
		세금특례	기타 이자·배당소득	C11								
			영농·영어조합법인 배당소득	C54								
			농업회사법인 배당소득	C55								
			부동산집합투자기구등 집합투자증권의 배당소득	C56								
			고위험·고수익투자신탁 배당소득	C57								
			개인종합자산관리계좌 이자·배당소득	C93								
			공모부동산집합투자기구의 집합투자증권의 배당소득	C94								
		세금우대	이자소득(9%)	C12								
			배당소득(9%)	C22								
			특정사회기반시설 집합투자기구 배당소득(9%)	C95								
		일반세율(14%) 분리과세	기타 분리과세 이자소득	C13								
			직장공제회 초과반환금(기본세율)	C18								
			부동산집합투자기구등 집합투자증권의 배당소득	C58								
			기타 분리과세 배당소득	C39								
			투융자집합투자기구 배당소득	C96								
		일반과세	이자소득	C14								
			배당소득	C24								
		고배당기업	배당소득(9%)	C91								
			배당소득(25%)	C92								
		비실명소득	비실명이자소득	C15								
			비실명배당소득	C25								
		비영업대금이익(25%)		C16								
		출자공동사업자(25%)		C26								
		이자·배당소득 계		C30								
	금융투자소득	비과세소득	비과세종합저축	C32								
			재형저축	C33								
			개인종합자산관리계좌	C34								
			기타 비과세 금융투자소득	C47								
		분리과세 9%	특정사회기반시설집합투자기구	C35								
			공모부동산집합투자기구	C36								
			세금우대종합저축	C37								
			개인종합자산관리계좌	C78								
		분리과세 14%	투융자집합투자기구	C38								
		일반과세		C79								
		금융투자소득 계		C80								
		개인종합자산관리계좌 중도해지 등 추징세액		C97								
	근로	파견근로에 대한 대가	19%	C59								
	해지추징세액 등	벤처기업투자신탁	3.5%	C41								
		장기주택마련저축	4.8%	C42								
		연금저축	2%	C43								
		소기업·소상공인공제부금	2%	C44								
		주택청약종합저축	6%	C45								
		장기집합투자증권저축	6%	C46								
		청년형장기집합투자증권저축	6%	C48								
		해지추징 계		C50								

210mm×297mm[백상지 80g/㎡ 또는 중질지 80g/㎡]

(10쪽 중 제5쪽)

소득자 소득구분				코드	소득지급		징수세액			조정환급세액	납부세액	
					인원	총지급액	소득세 등	농어촌특별세	가산세		소득세 등(가산세)	농어촌특별세
비거주자(개인)	이자		제한, 20%	C61								
	배당		제한, 20%	C62								
	사업	선박 등 임대, 사업	2%	C63								
		인적용역	20%, 3%	C64								
		사용료	제한, 20%	C65								
	양도	유가증권 양도	10%, 20%	C66								
		부동산 양도	10%, 20%	C67								
	기타	가상자산	10%, 20%	C77								
		그 외	20%	C68								
	근로	파견근로에 대한 대가	19%	C69								
	비거주자 계			C70								
법인원천	내국법인	이자	14%	C71								
		투자신탁의 이익	14%	C72								
		신탁재산 분배	14%	C73								
		신탁업자 징수분	14%	C74								
		비영업대금의 이익(25%)		C75								
		비과세 소득 등		C76								
	외국법인(국내원천소득)	이자	제한, 20%	C81								
		배당	제한, 20%	C82								
		선박 등 임대, 사업	2%	C83								
		인적용역	20%, 3%	C84								
		사용료	제한, 20%	C85								
		유가증권양도	10%, 20%	C86								
		부동산 양도	10%, 20%	C87								
		기타 가상자산	10%, 20%	C89								
		기타 가상자산 외	20%	C88								
	법인세 계			C90								

210mm×297mm[백상지 80g/㎡ 또는 중질지 80g/㎡]

원천징수이행상황신고서 부표 작성방법

◇ 이 서식은 원천징수이행상황신고서 제1쪽의 근로소득(A01, A02, A03, A04, A10) 중 파견근로에 대한 대가, 기타소득 중 가상자산소득(A49), 이자소득(A50), 배당소득(A60), 금융투자소득(A71), 비거주자양도소득(A70), 법인원천(A80) 원천징수명세(④ ~ ⑧) 및 납부세액(⑩ · ⑪), 저축해지추징세액(A69), 사업소득(A25, A26, A30), 기타소득(A40) 중 비거주자분에 대한 원천징수명세 및 납부세액 대하여 아래의 작성방법에 따라 적어야 합니다.
◇ 이 서식의 신고내용이 변경되는 경우에는 원천징수이행상황신고서 제1쪽의 내용도 수정하여 작성해야 합니다.

1. [C01-C10, C20, C23, C27, C31, C40, C60]: 「조세특례제한법」의 장기주택마련저축, 비과세종합저축, 개인연금저축, 조합 등 예탁금, 조합 등 출자금, 농어가목돈마련저축, 우리사주 배당소득, 농업회사법인 배당소득, 영농(영어)조합법인 배당소득, 재형저축, 개인종합자산관리계좌, 청년우대형 주택청약종합저축, 장병내일준비적금 등 비과세 이자 · 배당소득과 「소득세법」의 저축성보험차익에 해당하지 않은 비과세 보험차익으로 소득세가 비과세되는 해당 저축상품의 소득지급란의 인원, 총지급액을 적으며 이자소득 또는 배당소득의 합계액을 적습니다.
2. [C19, C29]는 「조세특례제한법」 및 「소득세법」에 따라 비과세되는 저축상품([C01-C10, C20, C23, C28, C40] 란 작성대상 저축상품 제외)에 해당되는 소득에 대하여 소득지급란의 인원, 총지급액을 적으며 이자 또는 배당소득의 해당란에 각각 적습니다.
3. [C11, C54, C55, C56, C57, C93, C94]은 장기채권 (30%), 「조세특례제한법」의 영농(영어)조합법인 배당소득 등 특례세율이 적용되는 이자 또는 배당소득의 소득지급란의 인원, 총지급액을 적으며 이자 또는 배당소득의 해당란에 각각 적습니다.
4. [C12, C22, C95]는 「조세특례제한법」의 세금우대종합저축 및 특정사회기반시설 집합투자기구의 소득지급란의 인원, 총지급액을 적으며 이자 또는 배당소득의 해당란에 각각 적습니다.
5. [C13, C18, C39, C58]은 「조세특례제한법」 또는 「소득세법」에 따라 일반세율이 적용되면서 분리과세되는 소득과 직장공제회초과반환금(기본세율)으로 분리과세 해당되는 소득의 소득지급란의 인원, 총지급액을 적으며 이자 또는 배당소득의 해당란에 각각 적습니다.
6. [C14, C24]는 일반세율(22%, 20%, 15%, 14% 등)이 적용되고, 거주자에 지급하는 소득지급란의 인원, 총지급액을 적으며 이자 또는 배당소득의 해당란에 적습니다.
7. [C15, C25]는 「금융실명거래 및 비밀보장에 관한 법률」에 따라 90% 세율이 적용되는 비실명 거래분과 「소득세법」에 따라 비실명 소득에 대한 원천징수명세를 이자소득 또는 배당소득의 해당란에 적습니다.
8. [C16]은 비영업대금의 이자소득에 대한 원천징수명세를 적습니다.
9. [C26]은 「소득세법」 제17조제1항제8호에 따라 출자공동사업자의 배당소득에 대한 원천징수명세를 적습니다.
10. [C30]은 이자 · 배당소득의 원천징수합계액을 적으며 C30, C61, C62의 합계액과 A50, A60의 합계액과 일치해야 합니다.
11. [C59], [C69] 란은 원천징수이행상황신고서 근로소득(A01, A02, A03, A04, A10) 중 사용내국법인이 파견외국법인에게 지급한 파견근로에 대한 대가의 원천징수 명세를 적습니다.
12. [C41](벤처기업투자신탁)란: 벤처기업투자신탁의 수익증권에 투자하여 소득공제를 받은 거주자가 투자일부터 3년이 지나기 전에 벤처기업투자신탁의 수익증권을 양도하거나 환매하는 경우 해당 벤처기업투자신탁을 취급하는 금융기관이 추징하는 해지 추징세액을 적고, 해당 금융회사 등이 추징하는 배당소득은 [C24](일반과세)란에 적습니다.
13. [C42](장기주택마련저축추징세액)란은 장기주택마련저축에 가입하고 주택자금공제를 받은 자가 계약일부터 5년 이내에 중도해지 하는 경우에는 해당 저축기관이 추징하는 해지 추징세액(근로소득)을 적고, 해당 금융회사 등이 추징하는 이자소득은 [C14](일반과세)란에, 배당소득은 [C24](일반과세)란에 적습니다.
14. [C43](연금저축해지가산세)란은 연금저축을 계약일부터 5년 이내에 중도해지하는 경우에는 해당 저축취급 금융회사 등이 추징하는 해지가산세(세목: 근로소득)를 적으며, 저축납입계약만료 전에 해지하거나 연금 외의 형태로 지급받아 기타소득으로 과세되는 경우에는 (제1쪽) [A40](기타소득)란에만 적습니다. 연금소득은 (제1쪽) [A45](연금소득 매월징수)란에만 적습니다.
15. [C44](소기업 · 소상공인공제부금 해지가산세)란은 소기업 · 소상공인공제계약이 가입일부터 5년 이내에 중도해지하는 경우에는 중소기업중앙회가 추징하는 해지가산세(세목: 근로소득)를 적으며, 공제계약해지로 인한 기타소득은 (제1쪽)[A40](기타소득)란에만 적습니다.
16. [C45](주택청약종합저축추징세액)란은 주택청약종합저축에 가입하고 주택자금공제를 받은 자가 계약일부터 5년 이내에 중도해지하거나 국민주택규모 초과 주택에 당첨된 경우에는 해당 저축기관이 추징하는 해지 추징세액(근로소득)을 적고, 해당 금융회사 등이 추징하는 이자소득은 [C14](일반과세)란에 적습니다.
17. [C46](장기집합투자증권저축추징세액)란은 장기집합투자증권저축에 가입하고 장기집합투자증권저축 소득공제를 받은 자가 계약일부터 5년 이내에 중도해지하는 경우에는 해당 저축기관이 추징하는 해지 추징세액(근로소득)을 적고, 해당 금융회사 등이 추징하는 이자소득은 [C14](일반과세)란에 적습니다.
18. [C48](청년형장기집합투자증권저축추징세액)란은 청년형장기집합투자증권저축에 가입하고 청년형장기집합투자증권저축 소득공제를 받은 자가 계약일부터 3년 이내에 중도해지하는 경우에는 해당 저축기관이 추징하는 해지 추징세액(근로소득)을 적고, 해당 금융회사 등이 추징하는 배당소득은 [C14](일반과세)란에 적습니다.
19. [C50]란은 저축 등 해지 추징세액의 합계액을 적으며 추징세액은 근로소득세로 납부합니다.
20. [C61-C70, C77](비거주자)란은 「소득세법」상 비거주자에게 지급하는 이자소득 · 배당소득 · 사업소득 · 양도소득 · 기타소득 및 근로소득에 대한 원천징수명세를 적으며, 신고서 제1쪽의 해당 소득 [A25], [A40], [A50], [A60], [A69], [A70]란에 각각 적습니다.
21. [C71](이자)란은 내국법인에 지급하는 일반세율의 이자소득의 원천징수세액을 적습니다. [C72](투자신탁의 이익)란은 「소득세법」 제17조제1항제5호에 따른 집합투자기구로부터의 이익 중 투자신탁의 이익에 대한 원천징수세액을 적습니다.
22. [C73](신탁재산 분배)란은 「자본시장과 금융투자업에 관한 법률」에 따른 신탁업자가 신탁이익을 분배하면서 원천징수한 명세를 적습니다.
23. [C74](신탁업자 징수분)란은 「자본시장과 금융투자업에 관한 법률」에 따른 신탁업자가 집합투자업자의 신탁재산에 원천징수한 명세를 적고, 신탁업자가 신탁재산 귀속소득에 대하여 원천징수한 명세는 [C72]투자신탁의 이익란에 적습니다.
24. [C75](비영업대금의 이익)란은 내국법인에 지급한 비영업대금의 이익에 대한 원천징수명세를 적습니다.
25. [C76](비과세법인소득)란은 내국법인에 지급한 비과세 소득금액을 적습니다.
26. [C81-C89]란은 외국법인의 국내원천소득에 대한 원천징수명세를 적습니다.
27. [C90](법인세계)란은 법인(외국법인 포함)에 지급한 소득에 대한 원천징수 합계액을 적습니다[법인원천(A80)=법인세 계(C90)]
28. [C32, C33, C34, C47]란은 「조세특례제한법」에 따른 비과세종합저축, 재형저축, 개인종합자산관리계좌 등으로부터 발생한 비과세 금융투자소득의 소득지급 인원과 금융투자소득금액의 합계액을 각각 적습니다.
29. [C35, C36, C37, C78]란은「조세특례제한법」의 분리과세(9%) 적용 특정사회기반시설집합투자기구, 공모부동산집합투자기구, 세금우대종합저축, 개인종합자산관리계좌로부터 발생하여 지급한 금융투자소득을 [C38]은「조세특례제한법」의 분리과세(14%) 적용 투융자집합투자기구로부터 발생한 금융투자소득을 소득지급 인원과 금융투자소득금액의 합계액을 각각 적습니다.
30. [C79]란은 일반세율(20%)이 적용되고, 금융투자소득의 소득지급 인원과 금융투자소득금액의 합계액을 적습니다.
31. [C80]란은 금융투자소득 총지급액의 합계액을 적으며 A71의 금액과 일치해야 합니다.
32. [C97]란은 개인종합자산관리계좌의 계좌보유자가 최초로 계약을 체결한 날부터 3년이 되는 날 전에 계약을 중도해지하거나 계약기간 중 납입한 금액의 합계액을 초과하는 금액을 인출하여 「조세특례제한법」 제91조의18제8항제2호 및 같은 조 제9항에 따라 원천징수된 금융투자소득세액을 적습니다.

◇ 채권 등의 중도매매 관련 원천징수이행상황신고 시에는 아래와 같은 방법으로 원천징수이행상황신고서를 작성하기 바랍니다.
o 「소득세법」 제46조가 적용되는 채권의 중도매매의 경우 채권 등을 거주자 등으로부터 매수한 법인은 개인보유기간의 이자상당액에 대하여 원천징수해야 하며, 거주자에게 원천징수영수증을 발급하고 지급명세서를 제출합니다.
o 채권과세 특례의 경우 비거주자는 [C61]소득지급란의 인원 및 총지급액에 개인보유기간의 이자상당액을 포함하여 작성하며, 「소득세법 시행령」 제102조에 따른 환매조건부채권의 매매거래 시 원천징수한 세액을 포함하여 적고, 환급세액을 조정환급세액란에 적습니다.

210mm×297mm[백상지 80g/㎡ 또는 중질지 80g/㎡]

(10쪽 중 제7쪽)

사업자등록번호 □□□-□□-□□□□□

원천징수세액환급신청서 부표

(단위: 원)

소득의 종류	귀속 연월	지급 연월	코드	인 원	소 득 지급액	① 결정 세액	기납부 원천징수세액			③ 차감 세액	④ 분납 금액	⑤ 조정 환급 세액	⑥ 환급 신청액
							② 계	기납부 세액 [주(현)]	기납부 세액 [종(전)]				
합계													

작 성 방 법

1. 「소득세법 시행규칙」 제93조 등에 따라 제출합니다.
2. 이 부표는 원천징수세액환급신청서(제1쪽)의 ㉑ 환급신청란에 환급신청액을 적어 환급신청을 한 경우 작성합니다.
3. 소득의 종류란은 환급대상 원천징수 세목의 소득을 적습니다.
4. 귀속연월은 신청한 환급세액이 발생한 “원천징수이행상황신고서(제1쪽)”의 ② 귀속연월을 적습니다.
   지급연월은 신청한 환급세액이 발생한 “원천징수이행상황신고서(제1쪽)”의 ③ 지급연월을 적습니다.
5. 코드란은 환급 신청대상 원천징수 소득의 해당 코드(제1쪽의 코드 참조)를 적으며, 인원란은 환급대상 소득에 해당하는 원천징수이행상황신고서(제1쪽)의 소득자 소득구분 및 코드에 해당하는 인원을 적습니다. 소득지급액란은 “원천징수이행상황신고서(제1쪽)의 ⑤ 총지급액의 작성방법을 준용하여 작성합니다.
6. ① 결정세액, 기납부 원천징수세액(② 계, 기납부세액[주(현)], 기납부세액[종(전)]란은 환급대상 소득에 해당하는 지급명세서의 결정세액, 기납부원천징수세액의 합계액을 적어야 하며, 기납부세액[주(현), 종(전)]이 있는 경우에는 “기납부세액 명세서(제8쪽)”를 작성해야 합니다.
7. ③ 차감세액란은 환급대상 소득에 해당하는 지급명세서의 차감징수세액의 합계액과 일치해야 합니다.
8. ④ 분납금액란은 “원천징수이행상황신고서(제1쪽)”의 ⑥소득세 등(A05)의 금액과 일치해야 합니다.
9. ⑤ 조정환급세액란은 환급할 세액에서 차감한 같은 세목의 납부할 세액을 포함하여 적으며, ④ 분납금액에서 ③ 차감세액과 ⑥ 환급신청액을 각각 차감한 금액과 일치해야 합니다.
10. 합계의 ⑥ 환급신청액란은 “원천징수이행상황신고서(제1쪽)”의 ㉑ 환급신청액란의 금액과 일치해야 합니다. “환급신청 시 원천징수이행상황신고서(제1쪽)”의 2. 환급세액 조정의 ⑫ 전월미환급세액란에 금액이 있는 경우에는 ”전월미환급세액 조정명세서(제9쪽)“를 작성하여 제출해야 합니다.
11. 환급신청서 부표에 포함되는 소득지급명세서는 별도로 제출합니다. 다만, 지급명세서 법정제출기한 내에 해당 지급명세서를 제출한 경우에는 별도로 제출할 필요가 없습니다.
12. 환급신청자가 “기납부세액 명세서(제8쪽)” 및 “전월미환급세액 조정명세서(제9쪽)”를 제출하지 않은 경우에는 원천징수 관할 세무서장은 즉시 해당 명세서를 추가로 제출할 수 있도록 안내하고, 그 제출기간은 환급처리기간에 포함하지 않습니다.

210mm×297mm[백상지 80g/㎡ 또는 중질지 80g/㎡]

(10쪽 중 제8쪽)

사업자등록번호 □□□-□□-□□□□□

기 납 부 세 액 명 세 서

(단위: 원)

❶ 원천징수 신고 납부 현황

소득의 구분	귀속연월	지급연월	코드	인원	총지급액	징수세액		
						① 소득세 등	② 농어촌 특별세	가산세
합 계								

❷ 지급명세서 기납부세액 현황

소득의 구분	성명	주민등록번호	주(현)근무지		종(전)근무지 결정세액				계	
			③ 소득세 등	④ 농어촌 특별세	종(전) 근무지	사업자 등록번호	소득세 등	농어촌 특별세	소득세 등	농어촌 특별세
합 계										

❸ 기납부세액 차이 조정 현황

소득세 등			농어촌특별세			사 유
① 소득세 등 합계	③ 소득세 등 합계	차이금액 (③ - ①)	② 농어촌 특별세 합계	④ 농어촌 특별세 합계	차이금액 (④ - ②)	

작 성 방 법

1. 「소득세법 시행규칙」 제93조 등에 따라 제출합니다.
2. [1. 원천징수 신고 납부 현황]은 환급신청 대상 세목에 대한 원천징수 신고 납부 현황을 적습니다. 작성대상이 많은 경우 [1. 원천징수 신고 납부 현황]에 대해 합계를 적고 해당 명세에 대한 형식을 참고하여 별지 형식으로 제출할 수 있습니다.
3. [2. 지급명세서 기납부세액 현황]은 환급신청 대상 세목에 대한 지급명세서 기납부세액을 적습니다. 작성대상이 많은 경우 [2. 지급명세서 기납부세액 현황]에 대하여 합계를 적고 해당 명세에 대한 형식을 참고하여 별지 형식으로 제출할 수 있습니다.
4. [1. 원천징수 신고납부 현황]의 ① 소득세 등의 합계와 [2. 지급명세서 기납부세액 현황]의 주(현)근무지 ③ 소득세 등의 합계와 일치해야 합니다. 또한 [1. 원천징수 신고납부 현황]의 ② 농어촌특별세의 합계와 [2. 지급명세서 기납부세액 현황]의 주(현)근무지 ④ 농어촌특별세의 합계와 일치해야 합니다.
5. [1. 원천징수 신고납부 현황]의 ① 소득세 등의 합계, ② 농어촌특별세의 합계와 [2. 지급명세서 기납부세액 현황]의 주(현)근무지 ③ 소득세 등의 합계, ④ 농어촌특별세의 합계가 일치하지 않는 경우에는 [3. 기납부세액 차이 조정 현황]을 작성해야 합니다.
6. [3. 기납부세액 차이 조정 현황]은 [1. 원천징수 신고 납부 현황] 과 [2. 지급명세서 기납부세액 현황]을 비교하여 작성하여 차이 금액이 발생하는 경우 해당 사유를 명확히 적고 적을 내용이 많은 경우 별지로 작성하여 제출할 수 있습니다.

210mm×297mm[백상지 80g/㎡ 또는 중질지 80g/㎡]

(10쪽 중 제9쪽)

사업자등록번호 □□□-□□-□□□□□

전월미환급세액 조정명세서

(단위: 원)

❶ 환급 신청 시 전월미환급세액 명세

귀속연월	지급연월	신고구분	세목 및 코드	① 발생환급세액	② 같은 세목의 납부할 세액	③ 당월발생 환급세액 (① - ②)

❷ 환급세액 조정 현황

귀속연월	지급연월	전월미환급세액			⑦ 당월 발생 환급세액	⑧ 조정 대상 환급세액	⑨ 당월 조정 환급세액	⑩ 차월 이월 환급세액
		④ 전월 미환급세액	⑤ 기환급 세액	⑥ 차감 잔액				

작성방법

1. 「소득세법 시행규칙」 제93조 등에 따라 제출합니다.
2. "전월미환급세액 조정명세서"는 환급신청 시 전월미환급세액이 있는 경우에 작성합니다.
3. [1. 환급 신청 시 전월미환급세액 명세]는 환급신청 시 「원천징수이행상황신고서 2. 환급세액 조정」의 ⑫ 전월미환급세액란에 금액이 있는 경우에는 해당 ⑫ 전월미환급세액의 최초 발생 시의 명세를 적습니다. 신고구분란에는 해당 ⑫ 전월미환급세액의 발생 사유를 연말정산, 수정신고 등 해당되는 사유를 구분하여 적습니다.
   세목 및 코드는 해당 ⑫ 전월미환급세액의 세목 및 해당 세목의 코드를 적습니다.
4. [2. 환급세액 조정 현황]은 「원천징수이행상황신고서 2. 환급세액 조정」란을 참고하여 작성합니다.
   ⑦ 당월발생환급세액란에는 [1. 환급 신청 시 전월미환급세액 명세]의 ③ 당월발생급세액을 적습니다. ⑩ 차월이월환급세액란은 환급신청 시 「원천징수이행상황신고서 2. 환급세액 조정」의 ⑫ 전월미환급세액과 일치해야 합니다.

210mm×297mm[백상지 80g/㎡ 또는 중질지 80g/㎡]

(10쪽 중 제10쪽)

사업자등록번호 □□□-□□-□□□□□

합병 및 사업자단위과세 전환 등에 따른 차월이월 환급세액 승계 명세

(단위: 원)

승계대상 사업자		차월이월 환급세액 승계 근거		승계대상 차월이월 환급세액 명세		
사업자등록번호	상호	일자	근거	귀속연월	지급연월	차월이월 환급세액
합 계						

작 성 방 법

1. 합병 또는 사업자단위과세 전환 등으로 인해 피합병법인 또는 지점 등의 차월이월 환급세액을 합병법인 또는 사업자단위과세 본점(또는 주사무소) 등이 승계하는 경우에 합병 및 사업자단위과세 전환 등에 따른 차월이월 환급세액 승계 명세를 작성해야 합니다.
2. 승계대상 사업자등록번호 및 상호란은 피합병법인 및 지점 법인의 사업자등록번호를 적습니다.
3. 차월이월 환급세액 승계 근거란은 차월이월 환급세액 승계 근거가 발생한 일자와 근거(코드)를 적습니다.

승계근거	합병	사업자단위과세전환	그 밖의 원인
코드	1	2	3

4. 승계대상 차월이월 환급세액 명세란은 승계할 차월이월 환급세액이 발생한 "원천징수이행상황신고서(제1쪽)"의 ② 귀속연월, ③ 지급연월, ⑳ 차월이월 환급세액란의 금액을 적습니다.
5. 합병 및 사업자단위과세전환 등에 따른 차월이월 환급세액 승계 명세를 착오 또는 거짓으로 적은 경우 과소납부 등으로 가산세를 부담할 수 있으므로 정확히 작성해야 합니다.

210mm×297mm[백상지 80g/㎡ 또는 중질지 80g/㎡]

5 지급명세서 제출

(1) 제출시기

개인 또는 법인들에게 소득을 지급하면서 원천징수한 내역에 대해 소득자에게 교부해 주는 증빙을 원천징수영수증이라 하고, 소득자보관용 · 발행자보관용 · 발행자보고용으로 3장이 있으며, 이중 발행자보고용을 제출하는 것을 '지급명세서의 제출'이라고 한다. 이때 지급명세서의 소득종류별 제출기한은 다음과 같다.

지급명세서 종류	제출기한[주)]
이자소득, 배당소득, 기타소득(종교인소득 제외), 연금소득 등	2월 말일
일반급여자의 근로소득, 퇴직소득, 사업소득, 기타소득 중 종교인소득	3월 10일

주) 휴업 또는 폐업한 경우에는 휴 · 폐업일이 속하는 분기의 마지막 달의 다음달 말일까지 제출한다. 단, 일용근로자의 경우는 2021.7월 지급분부터 지급일이 속하는 달의 다음 달 말일까지 제출하여야 한다. 또한, 「고용보험법」에 따른 근로내용확인신고를 제출할 때 '소득세등'란을 기재한 경우에는 일용근로소득 지급명세서를 제출한 것으로 본다.

(2) 제출방법

원칙적으로 「국세기본법」 규정에 의한 정보통신망에 의하여 제출하거나 전산처리된 테이프 또는 디스켓 등으로 제출하여야 하나, 직전 연도에 제출한 지급명세서의 매수가 50매 미만인 자 또는 상시 근로자의 수(매월 말일 현황에 의한 평균인원수)가 10인 이하인 자는 문서로 제출할 수 있다. 단, 법인, 금융보험업자, 개인복식부기의무자, 국가 · 지방자치단체 또는 지방자치단체조합은 문서로 제출할 수 없다.

(3) 미제출 등 가산세

① 가산세액

지급명세서를 미제출하였거나 제출된 지급명세서가 불분명한 경우 또는 제출된 지급명세서에 기재된 지급금액이 사실과 다른 경우에는 다음의 가산세를 부담하여야 한다. 단, 제출기한 경과 후 3개월 이내에 제출하는 경우에는 0.5%로 한다.

구 분	근로소득(일용근로소득 제외), 사업소득❶	일용근로소득
제출기한	다음 연도 3/10일까지	지급일의 다음 달 말일까지
미제출	미제출 또는 불분명한 지급금액×1%	미제출 또는 불분명한 지급금액×0.25%
부실기재		
지연제출	제출기한이 지난 후 3개월 이내에 제출하는 경우 : 지급금액×0.5%	제출기한이 지난 후 1개월 이내에 제출하는 경우 : 지급금액×0.125%

❶ 제출기한 3/10일에 해당하는 퇴직소득, 종교인소득도 해당됨

② 지급명세서가 불분명한 경우

'불분명한 지급금액'이란 제출된 지급명세서에 지급자 또는 소득자의 주소·성명·고유번호(주민등록번호)나 사업자등록번호·소득의 종류·소득의 귀속연도 또는 지급액을 기재하지 아니하였거나 잘못 기재하여 지급사실을 확인할 수 없는 경우 등을 말한다.

③ 가산세 한도

지급명세서 제출불성실가산세는 과세기간 단위로 5천만원(「중소기업기본법」 제2조 제1항에 따른 중소기업이 아닌 기업은 1억원)을 한도로 한다. 단, 해당 의무를 고의적으로 위반한 경우에는 한도를 적용하지 않는다(국세기본법 제49조).

참고

- 소득구분 착오로 근로소득을 기타소득으로 지급명세서를 제출한 경우 근로소득 지급명세서를 제출하지 아니하였으므로 「소득세법」 제81조 제1항 제1호에 따른 지급명세서 미제출가산세를 적용함(소득, 원천세과-259, 2012.5.11.).
- 당초 제출한 일용근로소득 지급명세서에 지급금액을 착오로 과다기재하여 수정 제출하는 경우 과다기재분에 대하여는 지급명세서 보고불성실가산세를 적용함(소득, 서면법규과-393, 2013.4.8.).
- 단순 착오로 원천징수의무자와 소득자 명의를 잘못 기재하여 원천징수하고 신고·납부하고, 지급명세서를 제출한 경우 원천납부불성실가산세는 적용하지 않으나, 지급명세서 보고불성실가산세는 적용됨(소득, 원천세과-590, 2012.11.2.).

④ 종교인소득 지급명세서 제출불성실 가산세 적용 시기

종교인소득의 지급명세서 제출불성실 가산세는 2020.1.1. 이후 발생하여 지급하는 소득분부터 적용한다.

(4) 간이지급명세서 제출

① 제출대상 및 시기

소득세 납세의무가 있는 개인에게 일용근로자가 아닌 상용근로자에게 지급하는 근로소득 또는 원천징수대상 사업소득, 인적용역 기타소득(소득세법 제21조 제1항 제19호에 해당하는 기타소득)을 국내에서 지급하는 자는 간이지급명세서를 그 지급일이 속하는 달의 다음 달 말일(휴업, 폐업 또는 해산한 경우에는 휴업일, 폐업일 또는 해산일이 속하는 달의 다음 달 말일)까지 원천징수 관할 세무서장에게 제출하여야 한다(소득세법 제164조의3 제1항). 단, 근로소득은 2026년 1월 1일부터의 지급분에 대해서 적용하므로 2025년 12월 31일까지는 종전 규정대로 반기별로 제출해도 된다.

제출대상 소득	제출기한	
근로소득[주)]	1월~6월 지급분	7월 31일까지
	7월~12월 지급분	다음 해 1월 31일까지
사업소득	지급일의 다음 달 말일까지	
기타소득		

주) 2025년 12월 31일까지 지급분 적용. 2026년 1월 1일부터는 지급일의 다음 달 말일까지 제출해야 함.

참고

[소득세법 제21조 제1항 제19호에 해당하는 기타소득]

19. 다음 각 목의 어느 하나에 해당하는 인적용역(제15호부터 제17호까지의 규정을 적용받는 용역[주)]은 제외)을 일시적으로 제공하고 받는 대가

가. 고용관계 없이 다수인에게 강연을 하고 강연료 등 대가를 받는 용역

나. 라디오 · 텔레비전방송 등을 통하여 해설 · 계몽 또는 연기의 심사 등을 하고 보수 또는 이와 유사한 성질의 대가를 받는 용역

다. 변호사, 공인회계사, 세무사, 건축사, 측량사, 변리사, 그 밖에 전문적 지식 또는 특별한 기능을 가진 자가 그 지식 또는 기능을 활용하여 보수 또는 그 밖의 대가를 받고 제공하는 용역

라. 그 밖에 고용관계 없이 수당 또는 이와 유사한 성질의 대가를 받고 제공하는 용역

주) 제15호 문예 · 학술 · 미술 · 음악 또는 사진에 속하는 창작품(「신문 등의 자유와 기능보장에 관한 법률」에 따른 정기간행물에 게재하는 삽화 및 만화와 우리나라의 창작품 또는 고전을 외국어로 번역하거나 국역하는 것을 포함)에 대한 원작자로서 받는 소득으로서 다음 각 목의 어느 하나에 해당하는 것
가. 원고료

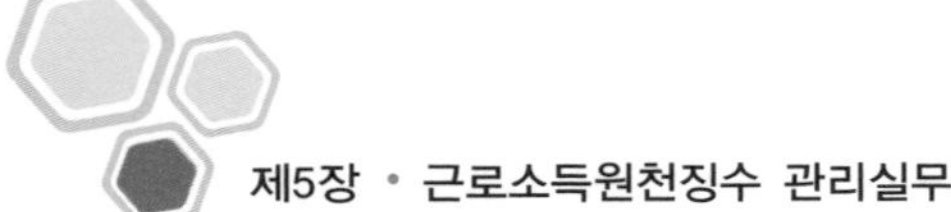

나. 저작권사용료인 인세(印稅)
다. 미술 · 음악 또는 사진에 속하는 창작품에 대하여 받는 대가
제16호 재산권에 관한 알선수수료
제17호 사례금

② 가산세

해당 간이지급명세서를 그 기한까지 제출하지 아니한 경우에는 다음의 가산세를 부과한다(소득세법 제81조의 11).

미제출	제출하지 아니한 지급금액 × 0.25%
부실기재	불분명하거나 사실과 다른 분의 지급금액 × 0.25%
지연제출	제출기한이 지난 후 1개월 이내에 제출하는 경우 : 지급금액 × 0.125%

단, 다음의 경우에는 미제출 가산세를 부과하지 않는다(소득세법 제81조의 11 제3항).

1. 2026년 1월 1일부터 2026년 12월 31일(원천징수세액을 반기별로 납부하는 원천징수의무자의 경우에는 2027년 12월 31일)까지 상용 근로소득소득을 지급하는 경우로서 해당 소득에 대한 간이지급명세서를 그 소득 지급일(소득세법 제135조[주])를 적용받는 소득에 대해서는 해당 소득에 대한 과세연도 종료일을 말함)이 속하는 반기의 마지막 달의 다음 달 말일(휴업, 폐업 또는 해산한 경우에는 휴업일, 폐업일 또는 해산일이 속하는 반기의 마지막 달의 다음 달 말일)까지 제출하는 경우
2. 2024년 1월 1일부터 2024년 12월 31일까지 기타소득을 지급하는 경우로서 해당 소득에 대한 지급명세서를 그 소득 지급일이 속하는 과세연도의 다음 연도의 2월 말일(휴업, 폐업 또는 해산한 경우에는 휴업일, 폐업일 또는 해산일이 속하는 달의 다음다음 달 말일)까지 제출하는 경우

주) 소득세법 제135조[근로소득 원천징수시기에 대한 특례]

③ 부실기재 지급금액이 5% 이하인 경우

일용근로소득 또는 상용근로소득, 원천징수대상 사업소득, 인적용역 기타소득에 대하여 제출된 지급명세서 등(지급명세서 또는 간이지급명세서)이 불분명하거나 제출된 지급명세서 등에 기재된 지급금액이 사실과 다른 경우에 해당하는 경우로서 지급명세서 등에 기재된 각각의 총 지급금액에서 불분명하거나 사실과 다른 지급금액의 비율이 5% 이하인 경우에는 불분명하거나 사실과 다른 경우에 해당하는 가산세(부실기재 가산세)는 부과하지 아니한다(소득세법 제81조의11 제4항).

이 때, 일용근로소득과 원천징수대상 사업소득, 인적용역 기타소득은 2024년 1월 1일 이

후에 지급하는 소득분부터, 상용근로소득은 2026년 1월 1일부터 적용한다(2023.12.31 법률 제19933호 제6조).

④ 휴 · 폐업 사업자

휴업, 폐업 또는 해산을 이유로 다음과 같이 지급명세서를 제출한 자는 간이지급명세서 제출의무가 면제된다(소득세법 시행령 제213조 제2항).

상반기 중 휴업, 폐업 또는 해산한 경우	하반기 중 휴업, 폐업 또는 해산한 경우
지급명세서를 해당 연도의 7월 31일까지 제출한 자	지급명세서를 해당 연도의 다음 연도 1월 31일까지 제출한 자

(5) 가산세 중복적용 배제

사업소득의 지급명세서(가산세율 1%), 간이지급명세서(가산세율 0.25%)를 기한까지 제출하지 아니한 경우, 지급사실이 불분명하거나 기재된 금액이 사실과 다른 경우에는 높은 가산세율인 지급명세서 미제출 등 가산세만 적용한다.

단, 연말정산대상 사업소득은 지급명세서와 간이지급명세서 제출 불성실 가산세를 중복적용한다(소득세법 제81조의11 제5항)

(6) 지급명세서 제출 면제

사업소득 간이지급명세서를 제출한 경우에는 지급명세서를 제출한 것으로 본다. 단, 연말정산대상 사업소득은 제외되므로 모두 제출하여야 한다(소득세법 제164조 제7항).

세무 Tip 지급명세서와 간이지급명세서 제출기한

1. 지급명세서

구 분	소득 귀속	제출기한
이자소득, 배당소득, 연금소득, 기타소득	1월~12월	익년 2월 말일까지
근로소득(일용근로소득 제외), 사업소득, 퇴직소득, 종교인소득	1월~12월	익년 3월 10일까지
일용근로소득[주1)]	2024년 1월~12월	지급일의 다음 달 말일까지

2. 간이지급명세서

구 분	소득 지급	제출기한
상용 근로소득	1월~6월	7월 말일까지
	7월~12월	익년 1월 말일까지
원천징수대상 사업소득[주2)], 인적용역 기타소득	2024년 1월~12월	지급일의 다음 달 말일까지[주3)]

주1) 2021.7월 지급분부터 지급일의 다음 달 말일까지 제출
주2) 2021.7월 지급분부터 지급일의 다음 달 말일까지 제출
주3) 휴업·폐업 또는 해산한 경우에는 휴업일·폐업일 또는 해산일이 속하는 달의 다음달 말일까지

■ 소득세법 시행규칙 [별지 제24호서식(1)](2023.12.29 개정) (8쪽 중 제1쪽)

관리번호	

[ ]근로소득 원천징수영수증
[ ]근로소득 지 급 명 세 서
([ ]소득자 보관용 [ ]발행자 보관용 [ ]발행자 보고용)

거주구분		거주자1/비거주자2	
거주지국		거주지국코드	
내 · 외국인		내국인1 /외국인9	
외국인단일세율적용		여 1 / 부 2	
외국법인소속 파견근로자 여부		여 1 / 부 2	
종교관련종사자 여부		여 1 / 부 2	
국적		국적코드	
세대주 여부		세대주1, 세대원2	
연말정산 구분		계속근로1, 중도퇴사2	

구분				
징 수 의무자	① 법인명(상 호)		② 대 표 자(성 명)	
	③ 사업자등록번호		④ 주 민 등 록 번 호	
	③-1 사업자단위과세자 여부	여1 / 부2	③-2 종사업장 일련번호	
	⑤ 소 재 지(주소)			
소득자	⑥ 성 명		⑦ 주 민 등 록 번 호(외국인등록번호)	
	⑧ 주 소			

	구 분		주(현)	종(전)	종(전)	⑯-1 납세조합	합 계
Ⅰ 근무처별 소득명세	⑨ 근 무 처 명						
	⑩ 사업자등록번호						
	⑪ 근무기간		~	~	~	~	~
	⑫ 감면기간		~	~	~	~	~
	⑬ 급 여						
	⑭ 상 여						
	⑮ 인 정 상 여						
	⑮-1 주식매수선택권 행사이익						
	⑮-2 우리사주조합인출금						
	⑮-3 임원 퇴직소득금액 한도초과액						
	⑮-4 직무발명보상금						
	⑯ 계						
Ⅱ 비과세 및 감면소득명세	⑱ 국외근로	M0X					
	⑱-1 야간근로수당	O0X					
	⑱-2 출산 · 보육수당	Q0X					
	⑱-4 연구보조비	H0X					
	⑱-5						
	⑱-6						
	~						
	⑱-40 비과세식대	P01					
	⑲ 수련보조수당	Y22					
	⑳ 비과세소득 계						
	⑳-1 감면소득 계						

	구 분				⑲ 소 득 세	⑳ 지방소득세	㉑ 농어촌특별세
Ⅲ 세액명세	㉓ 결 정 세 액						
	기납부 세 액	㉔ 종(전)근무지 (결정세액란의 세액을 적습니다)	사업자 등록 번호				
		㉕ 주(현)근무지					
	㉖ 납부특례세액						
	㉗ 차 감 징 수 세 액(㉓-㉔-㉕-㉖)						

위의 원천징수액(근로소득)을 정히 영수(지급)합니다.

년 월 일

징수(보고)의무자 (서명 또는 인)

세 무 서 장 귀하

(8쪽 중 제2쪽)

구분						금액
Ⅳ 정산명세	㉑ 총급여(⑯, 외국인단일세율 적용시 연간 근로소득)					
	㉒ 근로소득공제					
	㉓ 근로소득금액					
	종합소득공제	기본공제	㉔ 본 인			
			㉕ 배 우 자			
			㉖ 부 양 가 족(명)			
		추가공제	㉗ 경 로 우 대(명)			
			㉘ 장 애 인(명)			
			㉙ 부 녀 자			
			㉚ 한 부 모 가 족			
		연금보험료공제	㉛ 국민연금보험료		대상금액	
					공제금액	
			㉜ 공적연금 보험료 공제	㉮ 공무원연금	대상금액	
					공제금액	
				㉯ 군인연금	대상금액	
					공제금액	
				㉰ 사립학교교직원연금	대상금액	
					공제금액	
				㉱ 별정우체국연금	대상금액	
					공제금액	
		특별소득공제	㉝ 보험료	㉮ 건강보험료(노인장기요양보험료포함)	대상금액	
					공제금액	
				㉯ 고용보험료	대상금액	
					공제금액	
			㉞ 주택자금	㉮ 주택임차차입금 원리금상환액	대출기관	
					거주자	
				㉯ 장기주택저당차입금 이자상환액 / 2011년 이전 차입분	15년 미만	
					15년~29년	
					30년 이상	
				2012년 이후 차입분(15년 이상)	고정금리 이거나, 비거치상환 대출	
					그 밖의 대출	
				2015년 이후 차입분 / 15년 이상	고정금리이면서 비거치상환 대출	
					고정금리 이거나, 비거치상환 대출	
					그 밖의 대출	
				10년~15년	고정금리 이거나, 비거치상환 대출	
			㉟ 기부금(이월분)			
			㊱ 계			
	㊲ 차 감 소 득 금 액					
	그 밖의 소득공제	㊳ 개인연금저축				
		㊴ 소기업·소상공인 공제부금				
		㊵ 주택마련저축소득공제	㉮ 청약저축			
			㉯ 주택청약종합저축			
			㉰ 근로자주택마련저축			
		㊶ 투자조합출자 등				
		㊷ 신용카드등 사용액				
		㊸ 우리사주조합 출연금				
		㊹ 고용유지 중소기업 근로자				
		㊺ 장기집합투자증권저축				
		㊻ 청년형 장기집합투자증권저축				
		㊼ 그 밖의 소득공제 계				
	㊽ 소득공제 종합한도 초과액					

구분					금액
㊾ 종합소득 과세표준					
㊿ 산출세액					
세액감면	51 「소득세법」				
	52 「조세특례제한법」(53 제외)				
	53 「조세특례제한법」 제30조				
	54 조세조약				
	55 세 액 감 면 계				
세액공제	56 근로소득				
	57 자녀			공제대상자녀 (명)	
				출산·입양자 (명)	
	연금계좌	58 「과학기술인공제회법」에 따른 퇴직연금		공제대상금액	
				세액공제액	
		59 「근로자퇴직급여 보장법」에 따른 퇴직연금		공제대상금액	
				세액공제액	
		60 연금저축		공제대상금액	
				세액공제액	
		60-1 개인종합자산관리계좌 만기시 연금계좌 납입액		공제대상금액	
				세액공제액	
	특별세액공제	61 보험료	보장성	공제대상금액	
				세액공제액	
			장애인전용 보장성	공제대상금액	
				세액공제액	
		62 의료비		공제대상금액	
				세액공제액	
		63 교육비		공제대상금액	
				세액공제액	
		64 기부금 / ㉮ 정치자금 기부금	10만원 이하	공제대상금액	
				세액공제액	
			10만원 초과	공제대상금액	
				세액공제액	
		㉯ 고향사랑 기부금	10만원 이하	공제대상금액	
				세액공제액	
			10만원 초과	공제대상금액	
				세액공제액	
		㉰ 특례기부금		공제대상금액	
				세액공제액	
		㉱ 우리사주조합 기부금		공제대상금액	
				세액공제액	
		㉲ 일반 기부금(종교단체 외)		공제대상금액	
				세액공제액	
		㉳ 일반기부금(종교단체)		공제대상금액	
				세액공제액	
		65 계			
		66 표준세액공제			
	67 납세조합공제				
	68 주택차입금				
	69 외국납부				
	70 월세액			공제대상금액	
				세액공제액	
	71 세 액 공 제 계				
72 결 정 세 액(㊿-55-71)					
82 실효세율(%) (72/㉑)×100					

(8쪽 중 제3쪽)

㊽ 소득 · 세액공제 명세[인적공제항목은 해당란에 "○"표시(장애인 해당 시 해당 코드 기재)를 하며, 각종 소득공제 · 세액공제 항목은 공제를 위하여 실제 지출한 금액을 적습니다.]																	
인적공제 항목						각종 소득공제 · 세액공제 항목											
관계코드	성 명	기본공제		경로우대	출산입양	자료구분	보험료				의료비					교육비	
내 · 외국인	주민등록번호	부녀자	한부모	장애인	자녀		건강	고용	보장성	장애인 전용 보장성	일반	미숙아 · 선천성 이상아	난임	65세이상 · 장애인 건강보험산정 특례자	실손 의료 보험금	일반	장애인 특수교육
인적공제 항목에 해당하는 인원수를 적습니다.						국세청 계											
						기타 계											
0		○				국세청											
	(근로자 본인)					기타											
						국세청											
	-					기타											
						국세청											
	-					기타											

각종 소득공제 · 세액공제 항목										
자료구분		신용카드등 사용액공제								기부금
		신용카드	직불카드등	현금영수증	도서공연등사용분 (총급여 7천만원 이하자만 기재)		전통시장사용분		대중교통 이용분	
					1~3월	4~12월	1~3월	4~12월		
국세청 계										
기타 계										
국세청										
기타										
국세청										
기타										

작 성 방 법

「소득세법」 제149조 제1호에 해당하는 납세조합이 「소득세법」 제127조 제1항 제4호 각 목에 해당하는 근로소득을 연말정산하는 경우에도 사용하며, 이 경우 "⑨ 근무처명"란 및 "⑩ 사업자등록번호"란에는 실제 근무처의 상호 및 사업자번호를 적습니다. 다만, 근무처의 사업자등록이 없는 경우 납세조합의 사업자등록번호를 적습니다.

1. 거주지국과 거주지국코드는 근로소득자가 비거주자에 해당하는 경우에만 적으며, 국제표준화기구(ISO)가 정한 ISO코드 중 국명약어 및 국가코드를 적습니다(※ ISO국가코드: 국세청홈페이지→국세정책/제도→국제조세정보→참고자료실→국제표준화기구(ISO)가 정한 국가코드에서 조회할 수 있습니다) 예) 대한민국 : KR, 미국 : US
2. 근로소득자가 외국인에 해당하는 경우에는 "내 · 외국인"란에 "외국인 9"를 선택하고 "국적 및 국적코드"란에 국제표준화기구(ISO)가 정한 ISO코드 중 국명약어 및 국가코드를 적습니다. 해당 근로소득자가 외국인근로자 단일세율적용신청서를 제출한 경우 "외국인단일세율 적용"란에 여1을 선택합니다. 또한, 근로소득자가 종교관련종사자에 해당하는 경우에는 "종교관련종사자 여부"란에 여1을 선택합니다.
3. 원천징수의무자가 「부가가치세법」에 따른 사업자단위 과세자에 해당할 경우 ③-1에서 여1을 선택하고, ③-2에 소득자가 근무하는 사업장의 종사업장 일련번호를 적습니다.
4. 원천징수의무자는 지급일이 속하는 연도의 다음 연도 3월 10일(휴업 또는 폐업한 경우에는 휴업일 또는 폐업일이 속하는 달의 다음 다음 달 말일을 말합니다)까지 지급명세서를 제출해야 합니다.
5. "Ⅰ. 근무처별 소득명세"란은 비과세소득을 제외한 금액을 해당 항목별로 적고, "Ⅱ. 비과세 및 감면소득 명세"란에는 지급명세서 작성대상 비과세소득 및 감면대상을 해당 코드별로 구분하여 적습니다(적을 항목이 많은 경우 "Ⅱ. 비과세 및 감면소득 명세"란의 "⑳ 비과세소득 계"란 및 "⑳-1 감면세액 계"란에 총액만 적고, "Ⅱ.비과세 소득"란을 별지로 작성할 수 있습니다).
6. 「소득세법」 제127조 제1항 제4호의 각 목에 해당하는 근로소득과 그 외 근로소득[주(현)란] 더하여 연말정산하는 때에는 "⑯-1 납세조합"란에 각각 근로소득납세조합과 「소득세법」 제127조 제1항 제4호 각 목에 해당하는 근로소득을 적고, 「소득세법」 제150조에 따른 납세조합공제금액을 "㊲ 납세조합공제"란에 적습니다. 합병, 기업형태 변경 등으로 존속 법인 등이 연말정산을 하는 경우에는 피합병법인에서 발생한 소득과 기업형태 변경 전의 법인에서 발생한 소득은 근무처별 소득명세 종(전)란에 별도로 적습니다. 또한, 동일회사 내 사업자등록번호가 다른 곳에서 전입 등을 하여 해당 법인이 연말정산을 하는 경우에는 전입하기 전 지점 등에서 발생한 소득은 "근무처별 소득명세 종(전)"란에 별도로 적습니다.
7. "㉑ 총급여"란에는 "⑯계"란의 금액을 적되, 외국인근로자가 「조세특례제한법」(이하 이 서식에서 "조특법"이라 합니다) 제18조의2 제2항에 따라 단일세율을 적용하는 경우에는 "⑯계"의 금액과 비과세소득금액을 더한 금액을 적습니다. 이 경우 소득세와 관련한 비과세 · 공제 · 감면 및 세액공제에 관한 규정은 적용하지 않습니다.
8. "종합소득 특별소득공제(㉝~㉟)"란과 "그 밖의 소득공제(㊳~㊼)"란은 근로소득자 소득 · 세액 공제신고서(별지 제37호서식)의 공제액을 적습니다(소득공제는 서식에서 정하는 바에 따라 순서대로 소득공제를 적용하여 종합소득과세표준과 세액을 계산합니다).
9. "연금계좌(㊽~㊿-1)"란과 "특별세액공제(61~66)"란은 근로소득자 소득 · 세액 공제신고서(별지 제37호서식)의 공제대상금액 및 세액공제액을 적습니다.

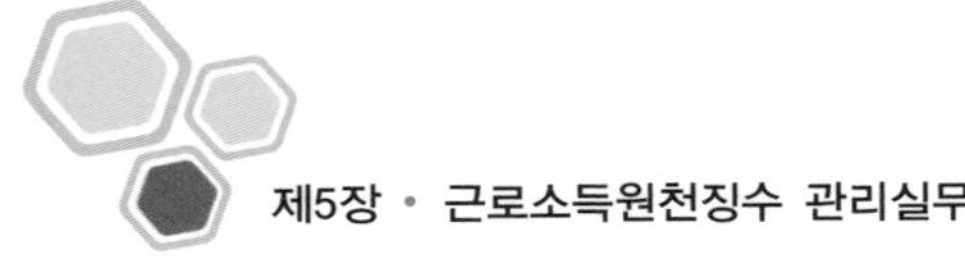

(8쪽 중 제5쪽)

비과세 및 감면 소득 코드

구분	법조문	코드	기재란	비과세항목	지급명세서 작성 여부
비과세	소득세법 §12 3 가	A01		복무 중인 병(兵)이 받는 급여	×
	소득세법 §12 3 나	B01		법률에 따라 동원 직장에서 받는 급여	×
	소득세법 §12 3 다	C01		「산업재해보상보험법」에 따라 지급받는 요양급여 등	×
	소득세법 §12 3 라	D01		「근로기준법」등에 따라 지급받는 요양보상금 등	×
	소득세법 §12 3 마	E01		「고용보험법」 등에 따라 받는 육아휴직급여 등	×
		E02		「국가공무원법」 등에 따라 받는 육아휴직수당 등	×
	소득세법 §12 3 바	E10		「국민연금법」에 따라 받는 반환일시금(사망으로 받는 것에 한함) 및 사망일시금	×
	소득세법 §12 3 사	F01		「공무원연금법」 등에 따라 받는 요양비 등	×
	소득세법 §12 3 아	G01	⑱-5	비과세 학자금(소득령 § 11)	○
	소득세법 §12 3 자	H02		소득령 §12 2 ~ 3(일직료 · 숙직료 등)	×
		H03		소득령 §12 3(자가운전보조금)	×
		H04		소득령 §12 4, 8(법령에 따라 착용하는 제복 등)	×
		H05	⑱-18	소득령 §12 9 ~ 11(경호수당, 승선수당 등)	○
		H06	⑱-4	소득령 §12 12 가(연구보조비 등)-「유아교육법」, 「초 · 중등교육법」	○
		H07	⑱-4	소득령 §12 12 가(연구보조비 등)-「고등교육법」	○
		H08	⑱-4	소득령 §12 12 가(연구보조비 등)-특별법에 따른 교육기관	○
		H09	⑱-4	소득령 §12 12 나(연구보조비 등)	○
		H10	⑱-4	소득령 §12 12 다(연구보조비 등)	○
		H14	⑱-22	소득령 §12 13 가(보육교사 근무환경개선비)-「영유아보육법 시행령」	○
		H15	⑱-23	소득령 §12 13 나(사립유치원 수석교사 · 교사의 인건비)-「유아교육법 시행령」	○
		H11	⑱-6	소득령 §12 14 (취재수당)	○
		H12	⑱-7	소득령 §12 15 (벽지수당)	○
		H13	⑱-8	소득령 §12 16 (천재 · 지변 등 재해로 받는 급여)	○
		H16	⑱-24	소득령 §12 17 (정부 · 공공기관 중 지방이전기관 종사자 이전지원금)	○
		H17	⑱-30	소득령 §12 18(종교관련종사자가 소속 종교단체의 규약 또는 소속 종교단체의 의결기구의 의결 · 승인 등을 통하여 결정된 지급 기준에 따라 종교 활동을 위하여 통상적으로 사용할 목적으로 지급받은 금액 및 물품)	○
	소득세법 §12 3 차	I01	⑱-19	외국정부 또는 국제기관에 근무하는 사람에 대한 비과세	○
	소득세법 §12 3 카	J01		「국가유공자 등 예우 및 지원에 관한 법률」에 따라 받는 보훈급여금 및 학습보조비	×
	소득세법 §12 3 타	J10		「전직대통령 예우에 관한 법률」에 따라 받는 연금	×
	소득세법 §12 3 파	K01	⑱-10	작전임무 수행을 위해 외국에 주둔하는 군인 등이 받는 급여	○
	소득세법 §12 3 하	L01		종군한 군인 등이 전사한 경우 해당 과세기간의 급여	×
	소득세법 §12 3 거	M01	⑱	소득령 §16①1(국외 등에서 근로에 대한 보수) 100만원	○
		M02	⑱	소득령 §16①1(국외 등에서 근로에 대한 보수) 300만원	○
		M03	⑱	소득령 §16①2(국외근로)	○
	소득세법 §12 3 너	N01		「국민건강보험법」 등에 따라 사용자 등이 부담하는 보험료	×
	소득세법 §12 3 더	O01	⑱-1	생산직 등에 종사하는 근로자의 야간수당 등	○
	소득세법 §12 3 러	P01	⑱-40	비과세 식사대(월 20만원 이하)	○
		P02		현물 급식	×
	소득세법 §12 3 머	Q01	⑱-2	출산, 6세 이하의 자녀의 보육 관련 비과세 급여(월 10만원 이내)	○
	소득세법 §12 3 버	R01		국군포로가 지급받는 보수 등	×
	소득세법 §12 3 서	R10	⑱-21	「교육기본법」 제28조제1항에 따라 받는 장학금	○
	소득세법 §12 3 어	R11	⑱-29	소득령 17의3 비과세 직무발명보상금	○
	소득세법 §12 3 저	V01		사택 제공 이익	×
		V02		주택 자금 저리 · 무상 대여 이익	×
		V03		종업원 등을 수익자로하는 보험료 · 신탁부금 · 공제부금	×
		V04		공무원이 받는 상금과 부상(연 240만원 이내)	×
	구 조특법 § 15	S01	⑱-11	주식매수선택권 비과세	○
	조특법 §16의2	U01	⑱-31	벤처기업 주식매수 선택권 행사이익 비과세	○
	조특법 § 88의4⑥	Y02	⑱-14	우리사주조합 인출금 비과세(50%)	○
		Y03	⑱-15	우리사주조합 인출금 비과세(75%)	○
		Y04	⑱-16	우리사주조합 인출금 비과세(100%)	○
	소득세법 §12 3 자	Y22	⑲	소득령 §12 13 다(전공의 수련보조수당)	○
감면	조특법 §18	T01	⑱-12	외국인 기술자 소득세 감면(50%)	○
		T02	⑱-36	외국인 기술자 소득세 감면(70%)	○
	조특법 §19	T30	⑱-33	성과공유 중소기업의 경영성과급에 대한 세액공제 등	○
	조특법 §29조의6	T40	⑱-34	중소기업 청년근로자 및 핵심인력 성과보상기금 수령액에 대한 소득세 감면 등(50%)	○
		T41	⑱-37	중견기업 청년근로자 및 핵심인력 성과보상기금 수령액에 대한 소득세 감면 등(30%)	○
		T42	⑱-38	중소기업 청년근로자 및 핵심인력 성과보상기금 수령액에 대한 소득세 감면 등(청년 90%)	○
		T43	⑱-39	중견기업 청년근로자 및 핵심인력 성과보상기금 수령액에 대한 소득세 감면 등(청년 50%)	○
	조특법 §18조의3	T50	⑱-35	내국인 우수인력의 국내복귀에 대한 소득세 감면	○
	조특법 §30	T12	⑱-27	중소기업 취업자 소득세 감면(70%)	○
		T13	⑱-32	중소기업 취업자 소득세 감면(90%)	○
	조세조약	T20	⑱-28	조세조약상 소득세 면제(교사 · 교수)	○

(8쪽 중 제6쪽)

연금 · 저축 등 소득 · 세액 공제명세서

1. 인적사항	① 상 호		② 사업자등록번호	
	③ 성 명		④ 주민등록번호	
	⑤ 주 소		(전화번호:)	
	⑥ 사업장 소재지		(전화번호:)	

2. 연금계좌 세액공제

1) 퇴직연금계좌

* 퇴직연금계좌에 대한 명세를 작성합니다.

퇴직연금 구분	금융회사 등	계좌번호 (또는 증권번호)	납입금액	세액공제금액

2) 연금저축계좌

* 연금저축계좌에 대한 명세를 작성합니다.

연금저축 구분	금융회사 등	계좌번호 (또는 증권번호)	납입금액	소득 · 세액 공제금액

3) 개인종합자산관리계좌 만기 시 연금계좌 납입액

* 납입 연금저축계좌 · 퇴직연금계좌에 대한 명세를 작성합니다.

연금 구분	금융회사 등	계좌번호 (또는 증권번호)	납입금액	세액공제금액

3. 주택마련저축 소득공제

* 주택마련저축 소득공제에 대한 명세를 작성합니다.

저축 구분	금융회사 등	계좌번호 (또는 증권번호)	납입금액	소득공제금액

4. 장기집합투자증권저축 소득공제

* 장기집합투자증권저축 소득공제에 대한 명세를 작성합니다.

금융회사 등	계좌번호 (또는 증권번호)	납입금액	소득공제금액

5. 중소기업 창업투자조합 출자 등에 대한 소득공제

* 중소기업창업투자조합 출자 등 소득공제에 대한 명세서를 작성합니다.

투자연도	투자구분	금융기관 등	계좌번호 (또는 증권번호)	납입금액

6. 청년형 장기집합투자증권저축 소득공제

* 청년형 장기집합투자증권저축 소득공제에 대한 명세서를 작성합니다.

가입일	계약기간	금융기관 등	계좌번호 (또는 증권번호)	납입금액	소득공제금액

작 성 방 법

1. 연금계좌 세액공제, 주택마련저축, 장기집합투자증권저축, 중소기업 창업투자조합 출자, 청년형 장기집합투자증권저축 등 소득공제를 받는 소득자에 대해서는 해당 소득 · 세액 공제에 대한 명세를 작성해야 합니다. 해당 계좌별로 납입금액과 소득 · 세액 공제금액을 적고, 공제금액이 영(0)인 경우에는 적지 않습니다.
2. 퇴직연금계좌에서 "퇴직연금 구분"란은 퇴직연금[확정기여형(DC), 개인형(IRP), 중소기업퇴직연금] · 과학기술인공제회로 구분하여 적습니다.
3. 연금저축계좌에서 "연금저축 구분"란은 개인연금저축과 연금저축으로 구분하여 적습니다.
4. 개인종합자산관리계좌 만기 시 연금계좌 납입액에서 "연금 구분"란은 연금저축계좌와 퇴직연금계좌로 구분하여 적습니다.
   - 개인종합자산관리계좌 만기 시 연금계좌 납입액 공제세액은 개인종합자산관리계좌의 계약기간이 만료되고 해당 계좌잔액의 전부 또는 일부를 연금저축계좌 · 퇴직연금계좌로 납입한 경우 그 납입한 금액을 납입한 날이 속하는 과세기간의 연금계좌 납입액에 포함합니다(전환금액의 10%, 300만원 한도).
5. 주택마련저축 소득공제의 "저축 구분"란은 청약저축, 주택청약종합저축 및 근로자주택마련저축으로 구분하여 적습니다.
6. 중소기업창업투자조합 출자 등 소득공제의 "투자 구분"란은 벤처 등(「조세특례제한법」 제16조제1항제3호 · 제 4호 · 제 6호), 조합1(「조세특례제한법」 제16조제1항제1호 · 제5호), 조합2(「조세특례제한법」 제16조제1항제2호) 로 구분하여 적습니다.
7. 청년형 장기집합투자증권저축에서 "계약기간" 란은 계약기간을 개월 수로 적습니다(월수 계산 시 1월 미만은 1월로 합니다).
8. 공제금액란은 근로소득자가 적지 않을 수 있습니다.

(8쪽 중 제7쪽)

[ ]월세액 · [ ]거주자 간 주택임차차입금 원리금 상환액 소득 · 세액공제 명세서 [무주택자 해당 여부 [ ]여, [ ]부]

1. 인적사항	① 상 호	② 사업자등록번호
	③ 성 명	④ 주민등록번호
	⑤ 주 소 (전화번호:)	
	⑥ 사업장 소재지 (전화번호:)	

2. 월세액 세액공제 명세

⑦ 임대인 성 명 (상 호)	⑧ 주민등록번호 (사업자번호)	⑨ 유형	⑩ 계약 면적(㎡)	⑪ 임대차계약서상 주소지	⑫ 계약서상 임대차 계약기간		⑬ 연간 월세액(원)	⑭ 세액공제금액 (원)
					개시일	종료일		

※ ⑨ 유형 **구분코드** - 단독주택: 1, 다가구: 2, 다세대주택: 3, 연립주택: 4, 아파트: 5, 오피스텔: 6, 고시원: 7, 기타: 8
※ ⑫ 계약서상 임대차계약기간 - 개시일과 종료일은 예시와 같이 기재 **(예시)** 2013.01.01.

3. 거주자 간 주택임차차입금 원리금 상환액 소득공제 명세

1) 금전소비대차 계약내용

⑮ 대주(貸主)	⑯ 주민등록번호	⑰ 금전소비대차 계약기간	⑱ 차입금 이자율	원리금 상환액			㉒ 공제금액
				⑲ 계	⑳ 원금	㉑ 이자	

2) 임대차 계약내용

㉓ 임대인 성 명 (상 호)	㉔ 주민등록번호 (사업자번호)	㉕ 유형	㉖ 계약 면적(㎡)	㉗ 임대차계약서상 주소지	㉘ 계약서상 임대차 계약기간		㉙ 전세보증금 (원)
					개시일	종료일	

※ ㉕ 유형 **구분코드** - 단독주택: 1, 다가구: 2, 다세대주택: 3, 연립주택: 4, 아파트: 5, 오피스텔: 6, 고시원: 7, 기타: 8
※ ㉘ 계약서상 임대차계약기간 - 개시일과 종료일은 예시와 같이 기재 **(예시)** 2013.01.01.

작 성 방 법

1. 월세액 세액공제나 거주자 간 주택임차자금 차입금 원리금 상환액 공제를 받는 근로소득자에 대해서는 해당 소득 · 세액공제에 대한 명세를 작성해야 합니다.
2. 해당 임대차 계약별로 연간 합계한 월세액 · 원리금상환액과 소득 · 세액공제금액을 적으며, 공제금액이 "영(0)"인 경우에는 적지 않습니다.
3. ⑨, ㉕ 유형은 단독주택, 다가구주택, 다세대주택, 연립주택, 아파트, 오피스텔, 고시원, 기타 중에서 해당되는 **유형의 구분코드**를 적습니다.
4. ㉙ 전세보증금은 과세기간 종료일(12.31.) 현재의 전세보증금을 적습니다.

(8쪽 중 제8쪽)

관리번호	

근로소득 원천징수영수증(매월분)

([ ]소득자 보관용 [ ]발행자 보관용 [ ]발행자 보고용)

거주구분		거주자1/비거주자2	
거주지국		거주지국코드	
내 · 외국인		내국인1 /외국인9	
외국인단일세율적용		여 1 / 부 2	
국적		국적코드	

징 수 의무자	① 법인명(상 호)	② 대 표 자(성 명)
	③ 사업자등록번호	④ 주 민 등 록 번 호
	⑤ 소 재 지 (주소)	
소득자	⑥ 성 명	⑦ 주 민 등 록 번 호
	⑧ 주 소	

	구 분		국 내	국 외	합 계
I 근무처별소득명세	⑨ 근 무 처 명				
	⑩ 사업자등록번호				
	⑪ 근무기간		~	~	~
	⑫ 감면기간		~	~	~
	⑬ 급 여				
	⑭ 상 여				
	⑮ 인 정 상 여				
	⑮-1 주식매수선택권 행사이익				
	⑮-2 우리사주조합인출금				
	⑮-3 임원 퇴직소득금액 한도초과액				
	⑮-4				
	⑯ 계				
II 비과세 및 감면소득명세	⑱ 국외근로	M0X			
	⑱-1 야간근로수당	O0X			
	⑱-2 출산 · 보육수당	Q0X			
	⑱-4 연구보조비	H0X			
	⑱-5				
	⑱-6				
	~				
	⑱-39				
	⑲ 수련보조수당	Y22			
	⑳ 비과세소득 계				
	⑳-1 감면소득 계				

III 세액계산	㉑ 근로소득			차 감 납 부 세 액	
	㉒			㉗ 소 득 세	
	㉓ 간이세액표에 의한 소득세			㉘ 지방소득세	
	세액공제	㉔ 외국납부			
		㉕ 납세조합 [(㉓-㉔)× 5/100]		㉙ 농어촌특별세	
	㉖ 납부특례세액				

위의 납부 세액을 영수합니다.

년 월 일

납세조합 (서명 또는 인)

세 무 서 장 귀하

작 성 방 법

1. 「소득세법」 제149조 제1호에 해당하는 납세조합이 「소득세법」 제127조 제1항 제4호 각 목에 해당하는 근로소득에 대해 매월분의 소득세를 원천징수하는 경우에 사용합니다.
2. "⑨ 근무처명"란 및 "⑩ 사업자등록번호"란에는 실제 근무처의 상호 및 사업자번호를 적습니다. 다만, 근무처의 사업자등록이 없는 경우 납세조합의 사업자등록번호를 적습니다.

주민세(종업원분) 처리실무

제1절

주민세(종업원분) 신고 · 납부

1 부과기준

(1) 과세대상

"종업원분"이란 종업원의 급여총액을 과세표준으로 하여 부과하는 주민세를 말한다. 즉, 종업원 급여총액의 월평균금액이 150백만원을 초과하는 경우에는 매월 10일까지 주민세(종업원분)를 신고 · 납부하여야 한다. 사업을 폐지한 경우라도 해당 월에 지급한 급여 총액에 대하여 신고 · 납부한다.

(2) 납세의무자 및 납세지

① 납세의무자

종업원분의 납세의무자는 종업원에게 급여를 지급하는 사업주로 한다(지방세법 제75조 제3항). 여기서 "사업주"란 지방자치단체에 사업소를 둔 자를 말한다(지방세법 제74조 제5호).

② 납세지

급여를 지급한 날(월 2회 이상 급여를 지급하는 경우에는 마지막으로 급여를 지급한 날을 말한다) 현재의 사업소 소재지(사업소를 폐업하는 경우에는 폐업하는 날 현재의 사업소 소재지를 말한다)를 관할하는 지방자치단체에서 사업소별로 각각 부과한다(지방세법 제76조 제3항).

(3) 과세표준 및 세율

① 과세표준

과세표준은 종업원에게 지급한 그 달의 급여총액이다(지방세법 제84조의2). 여기서 그 달의 급여총액은 해당 월에 지급한 정기급여의 총액과 상여금 · 특별수당 등 비정기적 급여의 총액을 말한다.

"종업원의 급여총액"이란 사업소의 종업원에게 지급하는 봉급, 임금, 상여금 및 이에 준하는 성질을 가지는 급여로서 「소득세법」 제20조 제1항에 따른 근로소득에 해당하는 급여의 총액을 말한다. 다만, 다음에 해당하는 급여는 제외한다(지방세법 시행령 제78조의2).

㉠「소득세법」 제12조 제3호에 따른 비과세대상 급여 ㉡「근로기준법」 제74조 제1항에 따른 출산전후휴가를 사용한 종업원이 그 출산전후휴가 기간 동안 받는 급여 ㉢「남녀고용평등과 일·가정 양립 지원에 관한 법률」 제19조에 따른 육아휴직을 한 종업원이 그 육아휴직 기간 동안 받는 급여 ㉣ 6개월 이상 계속하여 육아휴직을 한 종업원이 직무 복귀 후 1년 동안 받는 급여

② 세율

종업원분의 표준세율은 0.5%로 한다. 지방자치단체의 장은 조례로 정하는 바에 따라 종업원분의 세율을 0.5%의 50% 범위에서 가감할 수 있다(지방세법 제84조의3).

(4) 종업원의 범위

"종업원"이란 사업소에 근무하거나 사업소로부터 급여를 지급받는 임직원, 그 밖의 종사자로서 급여의 지급 여부와 상관없이 사업주 또는 그 위임을 받은 자와의 계약에 따라 해당 사업에 종사하는 사람(국외근무자는 제외)을 말한다(지방세법 제74조 제8호, 지방세법 시행령 제78조의3 제1항).

여기서 계약은 그 명칭·형식 또는 내용과 상관없이 사업주 또는 그 위임을 받은 자와 한 모든 고용계약으로 하고, 현역 복무 등의 사유로 해당 사업소에 일정 기간 사실상 근무하지 아니하더라도 급여를 지급하는 경우에는 종업원으로 본다(지방세법 시행령 제78조의3 제2항).

(5) 사업소의 기준

"사업소"란 인적 및 물적 설비를 갖추고 계속하여 사업 또는 사무가 이루어지는 장소를 말한다. 여기서 "인적 및 물적 설비를 갖추고 계속하여 사업 또는 사무가 이루어지는 장소"인 사업소에 해당되는지 여부는 동일 건물 내 또는 인접한 장소에 동일 사업주에 속하기는 하나 그 기능과 조직을 달리하는 2개 이상의 사업장이 있는 경우 그 각각의 사업장을 별개의 사업소로 볼 것인지의 여부는 그 각 사업장의 인적, 물적 설비에 독립성이 인정되어 각기 별개의 사업소로 볼 수 있을 정도로 사업 또는 사무 부문이 독립되어 있는지 여부에 의해 가려져야 할 것으로서, 이는 건물의 간판이나 사무소의 표지 등과 같은 단순히 형식적으로 나타나는 사업장의 외관보다는 사업소세의 목적, 장소적 인접성과 각 설비의 사용관계, 사업 상호 간의 관련성과 사업수행방법, 사업조직의 횡적·종적 구조와 종업원에 대한 감독 구조 등 실질 내용에 관한 제반 사정을 종합하여 판단하여야 한다(조세심판원 조심 2013지0666, 2013.12.12.).

2 면세점 및 비과세

(1) 면세 기준

납세의무 성립일(종업원에게 급여를 지급하는 때)이 속하는 달부터 최근 1년간 해당 사업소 종업원 급여총액의 월평균금액이 150백만원(300만원 × 50인) 이하인 경우에는 종업원분을 부과하지 아니한다(지방세법 제84조의4 제1항).

(2) 월평균금액 산정방법

월 평균금액의 산정방법은 다음과 같다. 이 경우 개업 또는 휴 · 폐업 등으로 영업한 날이 15일 미만인 달의 급여총액과 그 개월 수는 종업원 급여총액의 월평균금액 산정에서 제외한다(지방세법 시행령 제85조의2 제1항).

$$\text{월 평균금액} = \frac{\text{납세의무 성립일이 속하는 달을 포함하여 최근 12개월간}^{주)}\ \text{지급한 급여총액}}{\text{해당 개월수}}$$

주) 사업기간이 12개월 미만인 경우에는 납세의무성립일이 속하는 달부터 개업일이 속하는 달까지의 기간을 말함.

(3) 비과세

다음 각 호의 어느 하나에 해당하는 자에 대하여는 주민세를 부과하지 아니한다(지방세법 제77조).

① 국가, 지방자치단체 및 지방자치단체조합
② 주한외국정부기관 · 주한국제기구 · 「외국 민간원조단체에 관한 법률」에 따른 외국 민간원조단체(이하 "주한외국원조단체"라 한다) 및 주한외국정부기관 · 주한국제기구에 근무하는 외국인. 다만, 대한민국의 정부기관 · 국제기구 또는 대한민국의 정부기관 · 국제기구에 근무하는 대한민국의 국민에게 주민세와 동일한 성격의 조세를 부과하는 국가와 그 국적을 가진 외국인 및 그 국가의 정부 또는 원조단체의 재산에 대하여는 주민세를 부과한다.

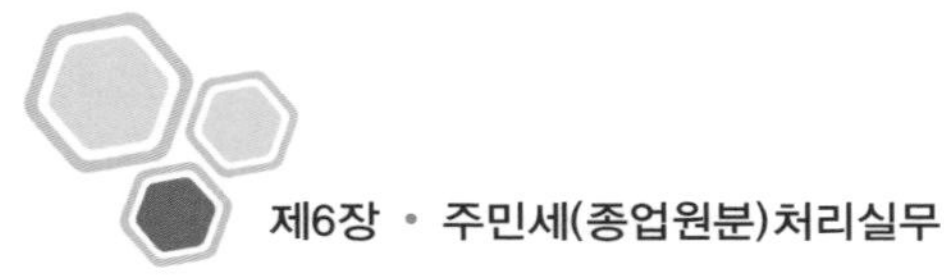

3 징수방법 및 납부

(1) 신고납부

종업원분의 징수는 신고납부의 방법으로 한다. 종업원분의 납세의무자는 매월 납부할 세액을 다음 달 10일까지 납세지를 관할하는 지방자치단체의 장에게 신고하고 납부하여야 한다(지방세법 제84조의6 제1항, 제2항).

(2) 보통징수와 가산세

① 보통징수

종업원분의 납세의무자가 신고 또는 납부의무를 다하지 아니하면 산출세액 또는 그 부족세액에 무신고가산세 · 납부불성실가산세를 합한 금액을 세액으로 하여 보통징수의 방법으로 징수한다(지방세법 제84조의6 제3항).

② 무신고가산세

납세의무자가 법정신고기한까지 무신고한 경우의 무신고가산세는 다음과 같다(지방세기본법 제53조).

무신고가산세 = 무신고 납부세액 × 20% (사기 · 기타 부정한 행위는 40%)

③ 과소신고가산세 · 초과환급신고가산세

납세의무자가 법정신고기한까지 과소신고한 납부세액과 초과환급신고한 환급세액이 있는 경우의 과소신고 · 초과환급신고가산세(이하 '과소신고납부세액등'이라 함)는 다음과 같다(지방세기본법 제54조 제1항).

과소신고 • 초과환급신고가산세 = 과소신고납부세액등 × 10%

이 때, 사기나 그 밖의 부정한 행위로 과소신고하거나 초과환급신고한 경우에는 다음의 금액을 가산세로 부과한다(지방세기본법 제54조 제2항).

부정과소신고 가산세
= 부정과소신고 납부세액등 × 40% + (과소신고납부세액등-부정과소신고납부세액등[주]) × 10%

주) 부정과소신고납부세액등 = 부정과소신고납부세액등 과세표준 ÷ 과소신고납부세액등 과세표준

④ 납부지연가산세

납세의무자가 지방세 관계법에 따른 납부기한까지 지방세를 납부하지 아니하거나 납부하여야 할 세액보다 적게 납부(이하 "과소납부"라 함)한 경우에는 다음의 계산식에 따라 산출한 금액을 가산세로 부과한다(지방세기본법 제55조).

납부하지 아니한 세액 또는 과소납부분(납부하여야 할 금액에 미달하는 금액) 세액 × 납부기한의 다음 날부터 자진납부일 또는 납세고지일까지의 기간 × 0.022%

(3) 신고의무

종업원분의 납세의무자는 조례로 정하는 바에 따라 필요한 사항을 신고하여야 한다(지방세법 제84조의7 제1항). 납세의무자가 조례로 정하는 바에 따른 신고를 하지 아니할 경우에는 세무공무원은 직권으로 조사하여 과세대장에 등재할 수 있다(지방세법 제84조의7 제2항).

(4) 대장비치

지방자치단체의 장은 종업원분 과세대장을 갖추어 두고, 필요한 사항을 등재하여야 한다. 이 경우 해당 사항을 전산처리하는 경우에는 과세대장을 갖춘 것으로 본다(지방세법 시행령 제85조의4 ①). 지방자치단체의 장은 직권조사로 과세대장에 등재하였을 때에는 그 사실을 납세의무자에게 통지하여야 한다(지방세법 시행령 제85조의4 제2항).

예규판례

- 동일한 건물에 위치한 다른 사업장과 기능적으로 다른 업무를 수행하고 있는 경우 별개의 사업장으로 볼 수 있는지 여부(대법원 2019두36254, 2019.6.13.)
  - 이 사건 각 영업지점 등 소속 종업원들은 원고에 의해 채용되어 해당 사업부문에 배치되고 있고 순환근무제도, 현장직원의 전환배치제도 등을 운영하면서 해당 사업부문에서 다른 사업부문으로 이동하는 것에 별다른 제약도 없어 보이는데, 이러한 이 사건 각 영업지점 등 소속 종업원들이 원고의 다른 종업원들과 동일한 건물에서 함께 근무하고 있으므로, 사업장별 업무의 기능이 다소 상이하다는 점만을 내세워 기능별로 별개의 사업소가 있다고 섣불리 단정하여서는 아니되며, 동일한 건물에 위치한 다른 사업장과 기능적으로 다른 업무를 수행하고 있다고 하더라도, 이를 별개의 사업소로 볼 수 없음.
- 법인이 판촉업무를 도급받아 종업원을 파견한 대형할인매장 등의 일부를 법인의 사업소로 보고 그 각각의 종업원 수가 면세점에 미달하므로 기 신고납부한 주민세종업원분을 환급하여야 한다는 주장의 당부(조심 2014지1441, 2015. 3.31.)
  - 청구법인이 대형할인매장 등에 파견한 종업원(인적설비)에 대한 지휘, 감독을 하고, 이들에게 급여를 지급하는 사용자인 점 등에 비추어 쟁점사업소 각각을 사업소로 보아 종업원 수가 주민세종업원분의 면세점에 미달하는 것으로 보아야 한다는 청구주장은 받아들이기 어려움.
- 판촉사원이 파견된 각 판매장을 본사와는 독립된 별도의 사업소로 판단하여 해당 판매장의 판촉사원을 청구법인 본사의 종업원에서 제외시켜야 하는지 여부(감심2015-450, 2015.9.10.)
  - 법인의 판촉사원이 파견된 각 판매장은 사업이 수행되는 별도의 독립된 장소를 갖추지 못하였으므로 인적 및 물적설비가 구비된 '사업소'로 볼 수 없고, 채용된 각 판촉장의 판촉사원은 법인과의 계약에 따라 해당 사업에 종사하는 사람으로서 법인으로부터 급여를 지급받는 '종업원'에 해당하여 해당 사업장에 근무하고 있는 종업원에 대한 근무지 귀속은 근로감독관계에 있는 장소인 본사로 보는 것이 타당하다. 따라서 처분청에서 각 판매장의 판촉사원을 본사 종업원에 포함시켜 면세점 여부를 판단한 처분은 잘못이 없음.

중소기업 고용지원 특례

(1) 개요

「중소기업기본법」 제2조에 따른 중소기업의 사업주가 종업원을 추가로 고용(해당 월의 종업원수가 50명을 초과하는 경우만 해당)하여 50인을 초과하게 되어 주민세 종업원분의 납세의무자가 되는 경우에는 일정금액을 과세표준에서 공제하여 중소기업의 고용창출을 지원하고자 하는 제도이다.

(2) 공제액의 계산

① 공제액

공제액은 다음과 같다. 이 경우 직전 연도의 월평균 종업원수가 50명 이하인 경우에는 50명으로 간주하여 산출한다(지방세법 제84조의5 제1항).

> 공제액 = (신고한 달의 종업원수 − 직전 사업연도의 월평균 종업원수) × 월 적용급여액

여기서 '월 적용급여액'은 해당 월의 종업원 급여 총액을 해당 월의 종업원수로 나눈 금액으로 한다(지방세법 제84조의5 제3항).

또한 휴업 등의 사유로 직전 연도의 월평균 종업원수를 산정할 수 없는 경우에는 사업을 재개한 후 종업원분을 최초로 신고한 달의 종업원수를 직전 연도의 월평균 종업원수로 본다(지방세법 제84조의5 제4항).

② 종업원수의 산정

종업원수의 산정은 종업원의 월 통상인원을 기준으로 한다. 이 경우 월 통상인원의 산정방법은 다음과 같다(지방세법 시행령 제85조의3).

> 월 통상인원 = 해당 월의 상시고용 종업원수 +
> (해당 월의 수시 고용종업원의 연인원 ÷ 해당 월의 일수)

(3) 월평균 종업원수 계산 특례

다음 각 호의 어느 하나에 해당하는 중소기업에 대해서는 다음 각 호에서 정하는 달부터 1년 동안 월평균 종업원수 50명에 해당하는 월 적용급여액을 종업원분의 과세표준에서 공제한다(지방세법 제84조의5 제2항).

① 사업소를 신설하면서 50명을 초과하여 종업원을 고용하는 경우	종업원분을 최초로 신고하여야 하는 달
② 해당 월의 1년 전부터 계속하여 매월 종업원수가 50명 이하인 사업소가 추가 고용으로 그 종업원수가 50명을 초과하는 경우(해당 월부터 과거 5년 내에 종업원수가 1회 이상 50명을 초과한 사실이 있는 사업소의 경우는 제외)	해당 월의 종업원분을 신고하여야 하는 달

■ 지방세법 시행규칙[별지 제39호의2서식](2022.6.7 개정)

주민세(종업원분) 신고서

※ 색상이 어두운 난은 신청인이 작성하지 아니하며, 제3쪽의 작성방법을 읽고 작성하시기 바랍니다. (3쪽중 제1쪽)

접수번호	접수일자	관리번호

신고인(납세자)	① 사업소명(상호)	
	② 성명(법인명)	③ 주민(법인)등록번호
	④ 본점 소재지	⑥ 사업자등록번호
	⑤ 사업소(과세대상) 소재지	
	⑦ 전화번호	⑧ FAX번호

년 월분 신고납부 (급여지급일: 년 월 일)	⑨ 종업원 수 (소수점 이하 1자리까지 기재)	⑩ 최근 1년간 종업원 급여총액의 월평균금액 (소수점 이하 1자리까지 기재)	과세표준		
			⑪ 급여총액	⑫ 과세제외 급여액	⑬ 과세급여총액
	인	원	원	원	원

「지방세법」 제84조의5에 따른 과세표준 공제액

⑭ 직전 연도 월평균 종업원수 (소수점 이하 1자리까지 기재)	⑮ 신고월의 월 적용급여액 (⑬ /⑨)	⑯ 과세표준 공제액 (⑮×(⑨-⑭))
인	원	원

납부할 세액	⑰ 산출과표 (⑬-⑯)	원	⑱ 산출세액 (⑰×0.5%)	원	무신고가산세	원
					과소신고가산세	원
					납부지연가산세	원
					⑲ 가산세 합계	원
	⑳ 신고세액합계 (⑱+⑲)					원

「지방세법」 제84조의6 및 같은 법 시행령 제85조의4에 따라 위와 같이 신고합니다.

년 월 일

신고인(납세자) (서명 또는 인)

시장 · 군수 · 구청장 귀하

접수증

(접수번호)

성 명 (법 인 명)		주 소		
년 주민세(종업원분) 신고서 접수증입니다.	접수자		접수일	
	성명	(서명 또는 인)		

210mm×297mm(일반용지 60g/㎡(재활용품))

(3쪽중 제2쪽)

급여 총괄표

<table>
<tr><td rowspan="4">납세
의무자</td><td colspan="4">사업소명(상호)</td></tr>
<tr><td colspan="2">성명(법인명)</td><td colspan="2">주민(법인)등록번호</td></tr>
<tr><td colspan="2">사업소(과세대상) 소재지</td><td colspan="2">사업자등록번호</td></tr>
<tr><td colspan="2">전화번호</td><td colspan="2">FAX 번호</td></tr>
</table>

사업소 인원 (소수점 이하 1자리까지 기재)	계	상시고용종업원	수시고용종업원	비고

20○○년 월분 급여 합계(급여지급일: 20○○년 월 일)

과 세 대 상		비과세대상		비 고
구 분	급여액	구 분	급여액	
기본급		기본급		
수 당		수 당		
상여금		상여금		
기 타		기 타		
합 계		합 계		

최근 12개월간 월급여총액(소수점 이하 1자리까지 기재)

※ 신고월(급여지급일이 속한 달) 이전 최근 12개월간의 월급여를 순서대로 기재합니다.

월별	평균	○○년	○○년	○○년	○○년	○○년	○○년	○○년	○○년	○○년	○○년	○○년	○○년
		월	월	월	월	월	월	월	월	월	월	월	신고월
급여총액													

직전 연도 월별 종업원수 (소수점 이하 1자리까지 기재)

※「지방세법」 제84조의5에 따른 중소기업 고용지원 공제 대상에 해당하는 경우만 작성합니다

월별	계	1월	2월	3월	4월	5월	6월	7월	8월	9월	10월	11월	12월
종업원수													

(3쪽 중 제3쪽)

작성방법

□ 신고인(납세자)란

① **사업소명(상호)**: 「부가가치세법」 제8조,「법인세법」 제111조,「소득세법」 제168조에 따라 사업자등록을 한 경우 등록된 상호명을, 사업자등록을 하지 않은 경우에는 내부관리명칭을 사업소명으로 적습니다.

※ 사업소: 「지방세법」 제74조 제4호에 따라 인적 및 물적 설비를 갖추고 계속하여 사업 또는 사무가 이루어지는 장소를 말합니다.

② **성명(법인명)**: 개인의 경우 성명, 법인의 경우 법인등기부등본상의 상호명을 적습니다.

③ **주민(법인)등록번호**: 개인은 주민등록번호, 외국인은 외국인등록번호, 법인은 법인등록번호를 적습니다.

④ **본점 소재지**: 법인등기부등본상 본점 소재지를 적습니다.

⑤ **사업소(과세대상) 소재지**: 신고하려는 사업소의 도로명 주소 또는 지번주소를 적습니다.

⑥ **사업자등록번호**: 해당 사업소에 사업자등록을 한 경우에는 사업자등록번호를 적고, 사업자등록을 하지 않은 경우에는 빈 칸으로 둡니다.

⑦ **전화번호**: 연락이 가능한 유선전화 또는 휴대전화 번호를 적습니다.

※ 기재착오, 계산착오 등으로 과세관청에서 연락이 필요한 경우에 활용합니다.

⑧ **FAX번호**: 수신이 가능한 FAX번호를 기재하되, 기재를 원하지 않는 경우 생략할 수 있습니다.

□ 신고납부란

⑨ **종업원 수**: 「지방세법 시행규칙」 제38조의2에 따른 월 통상인원[해당 월의 상시고용 종업원수 + (해당 월의 수시고용 종업원의 연인원/해당 월의 일수)]을 산출하여 기재합니다.

※ 수시고용 종업원의 연인원은 수시고용 종업원이 근무한 일수의 합계를 의미합니다.
(예시) 수시고용 종업원 3명이 각 10일, 15일, 20일씩 근무한 경우: (10×1 + 15×1 + 20×1) = 45

⑩ **최근 1년간 종업원 급여총액의 월평균금액**: 신고월을 포함하여 최근 12개월간 해당 사업소의 종업원에게 지급한 급여총액을 12로 나눈 값을 기재합니다. 이 경우 개업 또는 휴·폐업 등으로 영업한 날이 15일미만인 달의 급여총액과 그 개월수는 제외합니다.

⑪ **급여총액**: 신고월에 종업원에게 지급한 급여의 총액을 적습니다.

⑫ **과세제외급여액**: 「소득세법」 제12조 제3호에 따른 비과세 대상 급여액을 적습니다.

⑬ **과세급여총액**: 급여총액에서 과세제외급여액을 차감한 금액(⑪-⑫)을 적습니다.

□ 「지방세법」 제84조의5에 따른 과세표준 공제액란

⑭ **직전 연도 월평균 종업원 수**: 「중소기업기본법」 제2조에 따른 중소기업의 사업주가 종업원을 추가로 고용한 경우 직전 연도의 월평균 종업원 수를 기재하되, 그 수가 50명 이하인 경우에는 50명으로 기재합니다.

⑮ **신고월의 월 적용급여액**: 과세급여총액(⑬)을 종업원 수(⑨)으로 나눈 값을 적습니다.

⑯ **과세표준 공제액**: 다음 계산식에 따라 산출한 값을 적습니다. 이 경우 다음 각 호의 어느 하나에 해당하는 경우에는 다음 각 호에서 정하는 달부터 1년간만 월평균 종업원 수 50명에 해당하는 월 적용급여액을 공제액으로 합니다.

과세표준 공제액 = 신고월의 월 적용급여액(⑮) x [신고월의 종업원 수(⑨) - 직전 연도 월평균 종업원 수(⑭)]

1. 사업소를 신설하면서 50명을 초과하여 종업원을 고용하는 경우: 종업원분을 최초로 신고하여야 하는 달
2. 해당 월의 1년 전부터 계속하여 매월 종업원 수가 50명 이하인 사업소가 추가 고용으로 그 종업원수가 50명을 초과하는 경우(과거 5년 내에 종업원 수가 1회 이상 50명을 초과한 사실이 있는 사업소의 경우는 제외함): 해당 월의 종업원분을 신고하여야 하는 달

□ 납부할 세액란

⑰ **산출과표**: 과세급여총액에서 공제액을 차감한 액수(⑬-⑯)를 적습니다.

⑱ **산출세액**: 산출과표(⑰)에 「지방세법」 제84조의3에 따른 세율을 곱하여 산출한 세액을 적습니다.

⑲ **가산세 합계**: 「지방세기본법」 제53조의 무신고 가산세, 같은 법 제54조의 과소신고가산세, 같은 법 제55조의 납부지연가산세를 산출하여 합계금액을 적습니다. 이 경우 같은 법 제57조에 따른 가산세의 감면사유에 해당하는 경우에는 감면 후의 금액을 적습니다.

⑳ **신고세액 합계**: 신고인이 납부하여야 할 세액의 합계(⑱+⑲)를 적습니다.

□ 문의사항은 시(군·구) 과(☎ -)로 문의하시기 바랍니다.

210mm×297mm[백상지(80g/㎡) 또는 중질지(80g/㎡)]

고용지원을 위한 조세특례

제1절

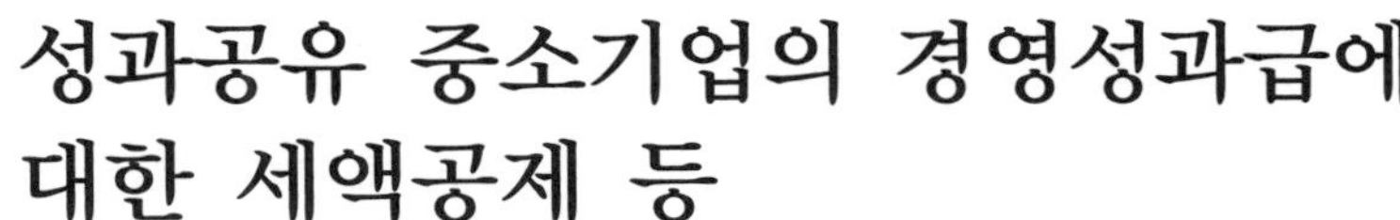

성과공유 중소기업의 경영성과급에 대한 세액공제 등

1 개요

「중소기업 인력지원 특별법」 제27조의2 제1항에 따른 중소기업(이하 “성과공유 중소기업”이라 함)이 일정 요건의 상시근로자에게 2024년 12월 31일까지 일정 요건으로 정하는 경영성과급을 지급하는 경우 그 경영성과급의 15%에 상당하는 금액을 해당 과세연도의 소득세(사업소득에 대한 소득세만 해당) 또는 법인세에서 공제한다. 다만, 성과공유 중소기업의 해당 과세연도의 상시근로자 수가 직전 과세연도의 상시근로자 수보다 감소한 경우에는 공제하지 아니한다(조특법 제19조 제1항).

또한, 성과공유 중소기업의 근로자 중 일정 요건에 해당하는 사람을 제외한 근로자가 해당 중소기업으로부터 2024년 12월 31일까지 경영성과급을 지급받는 경우 그 경영성과급에 대한 소득세의 50%에 상당하는 세액을 감면한다(조특법 제19조 제2항).

2 세액공제 요건

(1) 성과공유 중소기업의 범위

성과공유 중소기업이란 중소기업(중소기업기본법 제2조 제1항에 따른 중소기업)에 근무하는 근로자의 임금 또는 복지 수준을 향상시키기 위하여 다음에 정하는 성과공유 유형 중 어느 하나에 해당하는 방법으로 근로자와 성과를 공유하고 있거나 공유하기로 약정한 중소기업을 말한다(중소기업인력지원특별법 제27조의2 제1항).

> 1. 중소기업과 근로자가 경영목표 설정 및 그 목표 달성에 따른 성과급 지급에 관한 사항을 사전에 서면으로 약정하고 이에 따라 근로자에게 지급하는 성과급(우리사주조합을 통하여 성과급으로서 근로자에게 지급하는 우리사주를 포함한다) 제도의 운영
> 2. 중소기업인력지원특별법 제35조의5 제1호에 따른 중소기업 청년근로자 및 핵심인력에 대한 성과보상공제사업의 가입
> 3. 다음 각 목의 어느 하나의 요건에 해당하는 임금수준의 상승
>   가. 근로자의 해당 연도 평균임금 증가율이 직전 3개 연도 평균임금 증가율의 평균보다

큰 것
나. 근로자의 해당 연도 평균임금 증가율이 전체 중소기업의 임금증가율을 고려하여 중소벤처기업부장관이 정하여 고시하는 비율보다 클 것
4. 「근로복지기본법」 제32조 · 제50조 또는 제86조의2에 따른 우리사주제도 · 사내근로복지기금 또는 공동근로복지기금의 운영
5. 「상법」 제340조의2 · 제542조의3 또는 「벤처기업 육성에 관한 특별조치법」 제16조의3에 따른 주식매수선택권의 부여
6. 그 밖에 성과공유 활성화를 위하여 중소벤처기업부장관이 정하여 고시하는 유형

(2) 경영성과급의 범위

성과공유 중소기업의 경영성과급이란 「중소기업 인력지원 특별법 시행령」 제26조의2 제1항 제1호에 따른 성과급을 말한다(조특법 시행령 제17조 제2항).

중소기업과 근로자가 경영목표 설정 및 그 목표 달성에 따른 성과급 지급에 관한 사항을 사전에 서면으로 약정하고 이에 따라 근로자에게 지급하는 성과급(우리사주조합을 통하여 성과급으로서 근로자에게 지급하는 우리사주를 포함) 제도의 운영

(3) 세액공제대상인 상시근로자의 범위

세액공제대상인 상시근로자는 「근로기준법」에 따라 근로계약을 체결한 내국인 근로자를 말한다. 다만, 다음 각 호의 어느 하나에 해당하는 사람은 제외한다(조특령 제17조 제1항).

1. 근로계약기간이 1년 미만인 근로자(근로계약의 연속된 갱신으로 인하여 그 근로계약의 총 기간이 1년 이상인 근로자는 제외)
2. 「근로기준법」 제2조 제1항 제9호에 따른 단시간근로자. 다만, 1개월간의 소정근로시간이 60시간 이상인 근로자는 상시근로자로 봄.
3. 「법인세법 시행령」 제40조 제1항 각 호의 어느 하나에 해당하는 임원[주1)]
4. 해당 기업의 최대주주 또는 최대출자자(개인사업자의 경우에는 대표자를 말함)와 그 배우자
5. 제4호에 해당하는 자의 직계존비속(그 배우자를 포함) 및 「국세기본법 시행령」 제1조의2 제1항에 따른 친족관계[주2)]인 사람
6. 「소득세법 시행령」 제196조에 따른 근로소득원천징수부에 의하여 근로소득세를 원천

징수한 사실이 확인되지 않고, 다음 각 목의 어느 하나에 해당하는 금액의 납부사실도 확인되지 않은 자
가. 「국민연금법」 제3조 제1항 제11호 및 제12호에 따른 부담금 및 기여금
나. 「국민건강보험법」 제69조에 따른 직장가입자의 보험료
7. 해당 과세기간의 총급여액이 7천만원을 초과하는 근로자

주1) 「법인세법 시행령」 제40조 제1항
1. 법인의 회장, 사장, 부사장, 이사장, 대표이사, 전무이사 및 상무이사 등 이사회의 구성원 전원과 청산인
2. 합명회사, 합자회사 및 유한회사의 업무집행사원 또는 이사
3. 유한책임회사의 업무집행자
4. 감사
5. 그 밖에 제1호부터 제4호까지의 규정에 준하는 직무에 종사하는 자

주2) 「국세기본법 시행령」 제1조의2 제1항에 따른 친족관계
1. 4촌 이내의 혈족
2. 3촌 이내의 인척
3. 배우자(사실상의 혼인관계에 있는 자를 포함한다)
4. 친생자로서 다른 사람에게 친양자 입양된 자 및 그 배우자 · 직계비속
5. 본인이 「민법」에 따라 인지한 혼인 외 출생자의 생부나 생모(본인의 금전이나 그 밖의 재산으로 생계를 유지하는 사람 또는 생계를 함께하는 사람으로 한정한다)

(4) 세액감면대상인 근로자의 범위

성과공유 중소기업의 근로자 중 다음 각 호에 해당하는 사람을 제외한 근로자가 해당 중소기업으로부터 2024년 12월 31일까지 경영성과급을 지급받는 경우 그 경영성과급에 대한 소득세의 50%에 상당하는 세액을 감면한다(조특법 제19조 제2항).

1. 해당 과세기간의 총급여액이 7천만원을 초과하는 사람
2. 해당 기업의 최대주주 또는 최대출자자(개인사업자의 경우에는 대표자를 말함)와 그 배우자
3. 제2호에 해당하는 자의 직계존비속(그 배우자를 포함) 또는 제2호에 해당하는 사람과 「국세기본법 시행령」 제1조의2 제1항에 따른 친족관계에 있는 사람

3 세액공제액

(1) 세액공제액 계산

성과공유 중소기업이 세액공제대상인 상시근로자에게 세액공제대상에 해당하는 경영성과급을 지급하는 경우 그 경영성과급의 15%에 상당하는 금액을 세액공제한다.

(2) 세액공제의 배제

성과공유 중소기업의 해당 과세연도의 상시근로자 수가 직전 과세연도의 상시근로자 수보다 감소한 경우에는 공제하지 아니한다.

상시근로자의 수는 다음의 계산식에 따라 계산한 수(100분의 1 미만의 부분은 없는 것으로 함)로 한다(조특령 제17조 제3항).

$$\frac{\text{해당 과세연도의 매월 말 현재 상시근로자 수의 합}}{\text{해당 과세연도의 개월 수}}$$

여기서, 1개월간의 소정근로시간이 60시간 이상인 단시간 근로자 1명은 0.5명으로 하여 계산하되, 다음 각 목의 요건을 모두 충족하는 경우에는 0.75명으로 하여 계산한다(조특령 제23조 제11항).

가. 해당 과세연도의 상시근로자 수(1개월간의 소정근로시간이 60시간 이상인 단시간 근로자 제외)가 직전 과세연도의 상시근로자 수(1개월간의 소정근로시간이 60시간 이상인 단시간 근로자 제외)보다 감소하지 아니하였을 것
나. 기간의 정함이 없는 근로계약을 체결하였을 것
다. 상시근로자와 시간당 임금(「근로기준법」 제2조 제1항 제5호에 따른 임금, 정기상여금·명절상여금 등 정기적으로 지급되는 상여금과 경영성과에 따른 성과금을 포함한다), 그 밖에 근로조건과 복리후생 등에 관한 사항에서 「기간제 및 단시간근로자 보호 등에 관한 법률」 제2조 제3호에 따른 차별적 처우가 없을 것
라. 시간당 임금이 「최저임금법」 제5조에 따른 최저임금액의 100분의 130(중소기업의 경우에는 100분의 120) 이상일 것

4 세액감면액

(1) 일반적인 경우

$$\text{종합소득산출세액} \times \frac{\text{근로소득금액}}{\text{종합소득금액}} \times \frac{\text{경영성과급}}{\text{해당 근로자의 총급여액}} \times 50\%$$

(2) 중소기업 취업자 소득세감면과 동시에 받는 경우

$$\left[\left(\text{산출세액} \times \frac{\text{근로소득금액}}{\text{종합소득금액}}\right) - \text{중소기업취업자에 대한 소득세 감면세액}\right] \times \frac{\text{경영성과급}}{\text{해당 근로자의 총급여액}} \times 50\%$$

5 세액공제와 세액감면의 신청

(1) 세액공제의 신청

세액공제를 받으려는 성과공유 중소기업은 과세표준신고와 함께 세액공제신청서 및 공제세액계산서를 납세지 관할 세무서장에게 제출해야 한다(조특령 제17조 제5항).

(2) 세액감면의 신청

① 근로자

세액감면을 받으려는 자는 경영성과급을 지급받은 날이 속하는 달의 다음 달 말일까지 세액감면신청서를 원천징수의무자에게 제출해야 한다(조특령 제17조 제9항).

② 원천징수의무자

세액감면신청서를 제출받은 원천징수의무자는 감면 대상 명세서를 신청을 받은 날이 속하는 달의 다음 달 말일까지 원천징수 관할 세무서장에게 제출해야 한다(조특령 제17조 제10항).

예규 Point

❑ 성과공유 중소기업의 경영성과급에 대한 세액공제 적용 시 상시근로자 수 계산 방법(서면법인2022-590, 2022.3.24.)

「근로기준법」에 따라 근로계약을 체결한 근로자가 성과공유 중소기업 경영성과급 세액공제 적용대상 사업연도와 직전 사업연도 중 어느 하나의 사업연도에 상시근로자에 해당하지 않는 경우에는 해당 사업연도와 직전 사업연도에서 해당 근로자를 제외하고 상시근로자 수를 계산하는 것임.

❑ 성과공유 중소기업의 경영성과급에 대한 세액공제 적용이 가능한지 여부(사전법령해석법인 2021-831, 2021.10.19.)

「중소기업 인력지원 특별법」 제27조의2 제1항에 따른 중소기업이 2020과세연도에 「조세특례제한법 시행령」 제17조에서 규정하는 요건을 갖추어 경영성과급 지급약정을 체결하고 그 약정에 따라 중소기업에 해당하는 2020과세연도에 대한 경영성과급을 2021과세연도에 지급하는 경우, 지급하는 과세연도에 규모의 확대 등으로 중소기업에 해당하지 않게 되었더라도 「조세특례제한법」 제19조(성과공유 중소기업의 경영성과급에 대한 세액공제 등)에 따른 세액공제가 가능한 것임.

❑ 세액공제 대상인 중소기업이 조세특례제한법상 중소기업인지 중기법상 중소기업인지 여부(기준법령해석법인2021-90, 2021.10.15.)

「조세특례제한법」 제19조(성과공유 중소기업의 경영성과급에 대한 세액공제 등)를 적용함에 있어 그 적용대상이 되는 중소기업은 「중소기업기본법」 제2조 제1항에 따른 중소기업을 말하는 것임.

❑ 성과공유 중소기업의 경영성과급에 대한 세액공제가 적용 가능한지 여부(서면법령해석법인 2020-1920, 2020.12.14.)

조특법상 요건을 충족하는 경우에는 성과공유기업 확인서를 발급 받지 아니하였더라도 해당 세액공제 대상에 해당함.

참고 PLUS

1. 조세특례제한법상 중소기업의 범위

「조세특례제한법 시행령」 제2조에 따른 중소기업(이하 '조특법상 중소기업'[주])이라 함)을 말하며, 조특법상 중소기업의 요건은 다음 (1), (2), (3)의 요건을 모두 충족하여야 한다. 단, 과세연도 종료일 현재 기업회계기준에 따라 작성한 재무상태표상의 자산총액이 5천억원 이상인 경우에는 중소기업이 아니다.

또한 기업이 「중소기업기본법 시행령」 제3조 제1항 제2호, 별표 1 및 별표 2의 개정으로 새로이 중소기업에 해당하게 되는 때에는 그 사유가 발생한 날이 속하는 과세연도부터 중소기업으로 보고, 중소기업에 해당하지 아니하게 되는 때에는 그 사유가 발생한 날이 속하는 과세연도와 그 다음 3개 과세연도까지 중소기업으로 본다(조특령 제2조 제5항).

또한 (1), (2), (3)의 요건을 적용함에 있어서 2 이상의 서로 다른 사업을 영위하는 경우에는 사업별 사업수입금액이 큰 사업을 주된 사업으로 본다(조특령 제2조 제3항).

주) **조특법 시행령 부칙**(제27848호, 2017.2.7.) **제3조**(중소기업 및 중견기업의 범위확대에 관한 적용례) : 제2조 제1항의 개정규정은 법률 제14390호 조세특례제한법 일부개정법률 시행(2017.1.1.) 이후 개시하는 과세연도 분(투자, 고용 또는 연구・인력개발비의 경우에는 법률 제14390호 조세특례제한법 일부개정법률 시행 이후 개시하는 과세연도에 투자하거나 고용을 개시하거나 연구・인력개발비가 발생하는 분을 말함)부터 적용함.

(1) 규모 기준

매출액이 업종별로 「중소기업기본법 시행령」 별표 1의 규정에 의한 규모기준("평균매출액 등"은 "매출액"으로 보며, 이하 '중소기업기준'이라 함) 이내여야 한다.

매출액은 과세연도 종료일 현재 기업회계기준에 따라 작성한 해당 과세연도 손익계산서상의 매출액으로 한다. 다만, 창업・분할・합병의 경우 그 등기일의 다음 날(창업의 경우에는 창업일)이 속하는 과세연도의 매출액을 연간 매출액으로 환산한 금액을 말한다(조특칙 제2조 제4항).

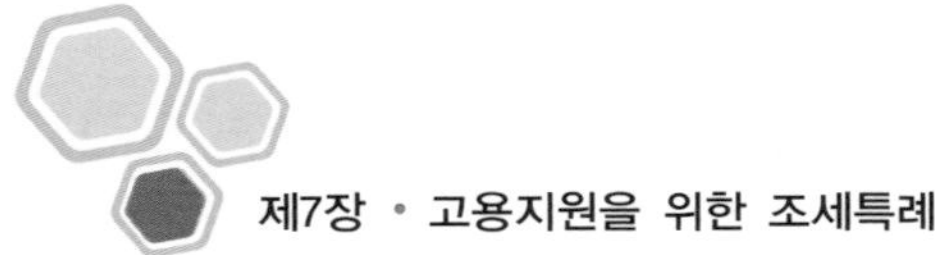

「중소기업기본법 시행령」 [별표 1] (2017.10.17. 개정)

주된 업종별 평균매출액등의 중소기업 규모 기준(제3조 제1항 제1호 가목 관련)

해당 기업의 주된 업종	분류기호	규 모
1. 의복, 의복액세서리 및 모피제품 제조업	C14	평균매출액 등 1,500억원 이하
2. 가죽, 가방 및 신발 제조업	C15	
3. 펄프, 종이 및 종이제품 제조업	C17	
4. 1차 금속 제조업	C24	
5. 전기장비 제조업	C28	
6. 가구 제조업	C32	
7. 농업, 임업 및 어업	A	평균매출액 등 1,000억원 이하
8. 광업	B	
9. 식료품 제조업	C10	
10. 담배 제조업	C12	
11. 섬유제품 제조업(의복 제조업은 제외한다)	C13	
12. 목재 및 나무제품 제조업(가구 제조업은 제외한다)	C16	
13. 코크스, 연탄 및 석유정제품 제조업	C19	
14. 화학물질 및 화학제품 제조업(의약품 제조업은 제외한다)	C20	
15. 고무제품 및 플라스틱제품 제조업	C22	
16. 금속가공제품 제조업(기계 및 가구 제조업은 제외한다)	C25	
17. 전자부품, 컴퓨터, 영상, 음향 및 통신장비 제조업	C26	
18. 그 밖의 기계 및 장비 제조업	C29	
19. 자동차 및 트레일러 제조업	C30	
20. 그 밖의 운송장비 제조업	C31	
21. 전기, 가스, 증기 및 공기조절 공급업	D	
22. 수도업	E36	
23. 건설업	F	
24. 도매 및 소매업	G	
25. 음료 제조업	C11	평균매출액 등 800억원 이하
26. 인쇄 및 기록매체 복제업	C18	
27. 의료용 물질 및 의약품 제조업	C21	
28. 비금속 광물제품 제조업	C23	
29. 의료, 정밀, 광학기기 및 시계 제조업	C27	
30. 그 밖의 제품 제조업	C33	
31. 수도, 하수 및 폐기물 처리, 원료재생업 (수도업은 제외한다)	E (E36 제외)	
32. 운수 및 창고업	H	
33. 정보통신업	J	

해당 기업의 주된 업종	분류기호	규 모
34. 산업용 기계 및 장비 수리업	C34	평균매출액 등 600억원 이하
35. 전문, 과학 및 기술 서비스업	M	
36. 사업시설관리, 사업지원 및 임대 서비스업 (임대업은 제외한다)	N (N76 제외)	
37. 보건업 및 사회복지 서비스업	Q	
38. 예술, 스포츠 및 여가 관련 서비스업	R	
39. 수리(修理) 및 기타 개인 서비스업	S	
40. 숙박 및 음식점업	I	평균매출액 등 400억원 이하
41. 금융 및 보험업	K	
42. 부동산업	L	
43. 임대업	N76	
44. 교육 서비스업	P	

비고
1. 해당 기업의 주된 업종의 분류 및 분류기호는 「통계법」 제22조에 따라 통계청장이 고시한 한국표준산업분류에 따른다.
2. 위 표 제19호 및 제20호에도 불구하고 자동차용 신품 의자 제조업(C30393), 철도 차량 부품 및 관련 장치물 제조업(C31202) 중 철도 차량용 의자 제조업, 항공기용 부품 제조업(C31322) 중 항공기용 의자 제조업의 규모 기준은 평균매출액 등 1,500억원 이하로 한다.

(2) 독립성 기준

「독점규제 및 공정거래에 관한 법률」 제31조 제1항에 따른 공시대상기업집단에 속하는 회사 또는 같은 법 제33조에 따라 공시대상기업집단의 국내 계열회사로 편입·통지된 것으로 보는 회사에 해당하지 않으며, 실질적인 독립성이 「중소기업기본법 시행령」 제3조 제1항 제2호에 적합하여야 한다. 이 경우 「중소기업기본법 시행령」 제3조 제1항 제2호 나목의 주식 등의 간접소유 비율을 계산할 때 「자본시장과 금융투자업에 관한 법률」에 따른 집합투자기구를 통하여 간접 소유한 경우는 제외하며, 「중소기업기본법 시행령」 제3조 제1항 제2호 다목을 적용할 때 "평균매출액등이 별표 1의 기준에 맞지 아니하는 기업"은 "매출액이 「조세특례제한법 시행령」 제2조 제1항 제1호에 따른 중소기업기준에 맞지 않는 기업"으로 본다(조특령 제2조 제1항 제3호).

「중소기업기본법 시행령」 제3조 제1항 제2호 다목에 따른 관계기업에 속하는 기업인지의 판단은 과세연도 종료일 현재를 기준으로 한다(조특칙 제2조 제8항).

[중소기업기본법 시행령 제3조 제1항 제2호]
소유와 경영의 실질적인 독립성이 다음 각 목의 어느 하나에 해당하지 아니하는 기업일 것
가. 삭제(2020.6.9.)

나. 자산총액이 5천억원 이상인 법인(외국법인 포함, 비영리법인 및 제3조의2 제3항 각 호의 어느 하나에 해당하는 자[주1] 제외)이 주식 등의 30% 이상을 직접 또는 간접적으로 소유한 경우로서 최다출자자인 기업. 이 경우 최다출자자는 해당 기업의 주식 등을 소유한 법인 또는 개인으로서 단독으로 또는 다음의 어느 하나에 해당하는 자와 합산하여 해당 기업의 주식 등을 가장 많이 소유한 자를 말하며, 주식 등의 간접소유 비율에 관하여는 「국제조세조정에 관한 법률 시행령」 제2조 제3항을 준용함.[주2]

① 주식 등을 소유한 자가 법인인 경우 : 그 법인의 임원

② 주식 등을 소유한 자가 ①에 해당하지 아니하는 개인인 경우 : 그 개인의 친족

다. 관계기업에 속하는 기업의 경우에는 중소기업기본법 시행령 제7조의4[주3]에 따라 산정한 평균매출액 등이 「중소기업기본법 시행령」 제3조 제1항 제1호에 따른 [별표 1]의 기준에 맞지 아니하는 기업

주1) 다음 각 호의 어느 하나에 해당하는 자의 범위
(1) 「벤처투자 촉진에 관한 법률」 제2조 제10호에 따른 벤처투자회사
(2) 「여신전문금융업법」에 따른 신기술사업금융사업자
(3) 「벤처기업육성에 관한 특별조치법」에 따른 신기술창업전문회사
(4) 「산업교육진흥 및 산학연협력촉진에 관한 법률」에 따른 산학협력기술지주회사
(5) 그 밖에 제(1)호부터 제(4)호까지의 규정에 준하는 경우로서 중소기업 육성을 위하여 중소벤처기업부장관이 정하여 고시하는 자

주2) 「국제조세조정에 관한 법률 시행령」 제2조 제3항에 의한 주식의 간접소유비율은 다음 각 호의 방법으로 계산한다.
⑴ 다른 쪽의 주주인 법인(이하 "주주법인"이라 한다)의 의결권 있는 주식의 50퍼센트 이상을 어느 한쪽이 소유하고 있는 경우: 주주법인이 소유하고 있는 다른 쪽의 의결권 있는 주식이 그 다른 쪽의 의결권 있는 주식에서 차지하는 비율(이하 이 항에서 "주주법인의주식소유비율"이라 한다)
⑵ 주주법인의 의결권 있는 주식의 50퍼센트 미만을 어느 한쪽이 소유하고 있는 경우: 그 소유비율에 주주법인의 주식소유 비율을 곱한 비율
⑶ 제1호 및 제2호를 적용할 때 주주법인이 둘 이상인 경우: 주주법인별로 제1호 및 제2호에 따라 계산한 비율을 더한 비율
(4) 어느 한쪽과 주주법인, 그리고 이들 사이의 하나 이상의 법인이 주식소유관계를 통하여 연결되어 있는 경우: 제1호부터 제3호까지의 계산방법을 준용하여 계산한 비율

주3) 「중소기업기본법 시행령」 제7조의4
⑴ 관계기업에 속하는 지배기업과 종속기업의 평균매출액 등의 산정은 별표 2에 따른다. 이 경우 평균매출액 등은 「중소기업기본법 시행령」 제7조에 따라 산정한 지배기업과 종속기업 각각의 평균매출액을 말한다.
⑵ (1)에 따른 지배기업과 종속기업이 상호간 의결권 있는 주식 등을 소유하고 있는 경우에는 그 소유비율 중 많은 비율을 해당 지배기업의 소유 비율로 본다.

[별표 2] 관계기업의 평균매출액등의 산정기준(제7조의4 제1항 관련) (2014.4.14. 개정)

1. 이 표에서 사용하는 용어의 뜻은 다음과 같다.
   가. "형식적 지배"란 지배기업이 종속기업의 주식등을 100분의 50 미만으로 소유하고 있는 것을 말한다.
   나. "실질적 지배"란 지배기업이 종속기업의 주식등을 100분의 50 이상으로 소유하고 있는

것을 말한다.

다. "직접 지배"란 지배기업이 자회사(지배기업의 종속기업을 말한다. 이하 이 표에서 같다) 또는 손자기업(자회사의 종속기업을 말하며, 지배기업의 종속기업으로 되는 경우를 포함한다. 이하 이 표에서 같다)의 주식등을 직접 소유하고 있는 것을 말한다.

라. "간접 지배"란 지배기업이 손자기업의 주주인 자회사의 주식등을 직접 소유하고 있는 것을 말한다.

2. 지배기업이 종속기업에 대하여 직접 지배하되 형식적 지배를 하는 경우에는 지배기업 또는 종속기업의 평균매출액등으로 보아야 할 평균매출액등(이하 "전체 평균매출액등"이라 한다)은 다음 각 목에 따라 계산한다.

가. 지배기업의 전체 평균매출액등은 그 지배기업의 평균매출액등에 지배기업의 종속기업에 대한 주식등의 소유비율과 종속기업의 평균매출액등을 곱하여 산출한 평균매출액등을 합산한다.

나. 종속기업의 전체 평균매출액등은 그 종속기업의 평균매출액등에 지배기업의 종속기업에 대한 주식등의 소유비율과 지배기업의 평균매출액등을 곱하여 산출한 평균매출액등을 합산한다.

3. 지배기업이 종속기업에 대하여 직접 지배하되 실질적 지배를 하는 경우에는 지배기업 또는 종속기업의 전체 평균매출액등은 다음 각 목에 따라 계산한다.

가. 지배기업의 전체 평균매출액등은 그 지배기업의 평균매출액등에 종속기업의 평균매출액등을 합산한다.

나. 종속기업의 전체 평균매출액등은 그 종속기업의 평균매출액등에 지배기업의 평균매출액등을 합산한다.

4. 지배기업이 손자기업에 대하여 간접 지배를 하는 경우에는 지배기업 또는 손자기업의 전체 평균매출액등은 다음 각 목에 따라 계산한다.

가. 지배기업의 전체 평균매출액등은 그 지배기업의 평균매출액등에 지배기업의 손자기업에 대한 주식등의 간접 소유비율과 손자기업의 평균매출액등을 곱하여 산출한 평균매출액등을 합산한다.

나. 손자기업의 전체 평균매출액등은 그 손자기업의 평균매출액등에 지배기업의 손자기업에 대한 주식등의 간접 소유비율과 지배기업의 평균매출액등을 곱하여 산출한 평균매출액등을 합산한다.

5. 제4호에서 지배기업의 손자기업에 대한 주식등의 간접 소유비율은 다음과 같다. 다만, 자회사가 둘 이상인 경우에는 각 자회사별로 계산한 소유비율을 합한 비율로 한다.

가. 지배기업이 자회사에 대하여 실질적 지배를 하는 경우에는 그 자회사가 소유하고 있는 손자기업의 주식등의 소유비율

나. 지배기업이 자회사에 대하여 형식적 지배를 하는 경우에는 그 소유비율과 그 자회사의 손자기업에 대한 주식등의 소유비율을 곱한 비율

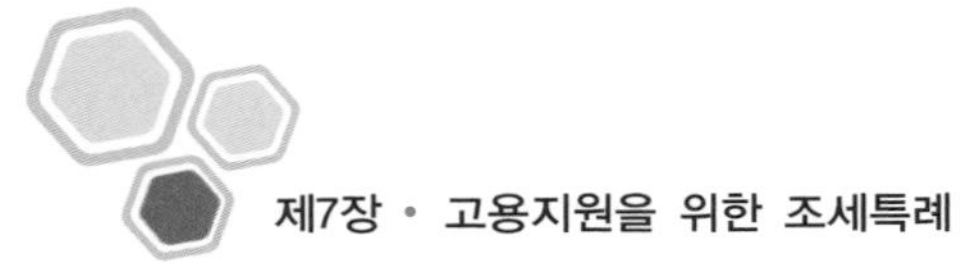

(3) 다음의 소비성서비스업을 주된 사업으로 영위하지 아니할 것(조특령 제29조 제3항)

1. 호텔업 및 여관업(「관광진흥법」에 따른 관광숙박업은 제외)
2. 주점업(일반유흥주점업, 무도유흥주점업 및 「식품위생법 시행령」 제21조에 따른 단란주점 영업만 해당하되, 「관광진흥법」에 따른 외국인전용유흥음식점업 및 관광유흥음식점업은 제외)
3. 그 밖에 오락·유흥 등을 목적으로 하는 사업으로서 기획재정부령으로 정하는 사업

2. 중소기업 유예기간

(1) 중소기업 유예기간

중소기업이 그 규모의 확대 등으로 자산총액이 5천억원 이상에 해당되거나 매출액이 업종별로 「중소기업기본법 시행령」 별표 1의 규정에 의한 규모기준을 초과 또는 독립성기준(관계기업에 속하는 기업의 경우에는 매출액 등이 별표 1의 기준에 맞지 아니하는 기업으로 한정)의 요건을 갖추지 못하게 되어 중소기업에 해당하지 아니하게 된 때에는 최초로 그 사유가 발생한 날이 속하는 과세연도와 그 다음 3개 과세연도(이하 "유예기간"이라 함)까지는 이를 중소기업으로 보고, 유예기간이 경과한 후에는 과세연도별로 중소기업 해당 여부를 판정한다(조특령 제2조 제2항).

(2) 중소기업 유예기간 제외

중소기업이 다음 각 호의 사유로 중소기업에 해당하지 아니하게 된 경우에는 유예기간을 적용하지 아니하고, 유예기간 중에 있는 기업에 대해서는 해당 사유가 발생한 날(제2호에 따른 유예기간 중에 있는 기업이 중소기업과 합병하는 경우에는 합병일로 한다)이 속하는 과세연도부터 유예기간을 적용하지 아니한다(조특령 제2조 제2항 단서).

1. 「중소기업기본법」의 규정에 의한 중소기업외의 기업과 합병하는 경우
2. 유예기간 중에 있는 기업과 합병하는 경우
3. 실질적인 독립성 기준(관계기업에 속하는 기업의 경우에는 매출액 등이 별표 1의 기준에 맞지 아니하는 기업은 제외) 의 요건을 갖추지 못하게 되는 경우
4. 창업일이 속하는 과세연도 종료일부터 2년 이내의 과세연도 종료일 현재 중소기업기준을 초과하는 경우

■ 조세특례제한법 시행규칙 [별지 제8호의3서식] (2022.3.18. 개정)

성과공유 중소기업의 경영성과급에 대한 세액공제 공제세액계산서

❶ 신청인	① 상호 또는 법인명	② 사업자등록번호
	③ 대표자 성명	④ 생년월일
	⑤ 주소 또는 본점소재지 (전화번호:)	
❷ 과세연도	년 월 일부터 년 월 일까지	

❸ 세액공제 계산내용

가. 경영성과급 계산

⑥ 성명(생년.월.일)		⑦ 경영성과급 서면약정여부	⑧ 총급여액 7천만원 이하 여부	⑨ 경영성과급 금액	⑩ 성과급 합계액
A	(. .)	여, 부	여, 부		
B	(. .)	여, 부	여, 부		
C	(. .)	여, 부	여, 부		
D	(. .)	여, 부	여, 부		
E	(. .)	여, 부	여, 부		

나. 상시근로자 수 계산

구 분	해당(직전) 과세연도의 매월 말 현재 상시근로자 수												⑩	⑪	상시 근로자수
	월	월	월	월	월	월	월	월	월	월	월	월	합계	개월수	(=⑩÷⑪)
해당 세연도															⑫
직전 세연도															⑬

다. 공제세액 계산

⑭ 경영성과급 (= ⑩)	⑮ 공제율	⑯ 세액공제금액(⑭×⑮)
	15%	

「조세특례제한법 시행령」 제17조 제5항에 따라 위와 같이 성과공유 중소기업의 경영성과급에 대한 세액공제 공제세액계산서를 제출합니다.

년 월 일

신청인 (서명 또는 인)

세무서장 귀하

작 성 방 법

1. "성과공유 중소기업"이란 「중소기업 인력지원 특별법」 제27조의2 제1항에 따른 성과공유 중소기업을 말합니다.
2. "경영성과급"이란 「중소기업 인력지원 특별법 시행령」 제26조의2 제1항 제1호에 따라 중소기업과 근로자가 경영목표 설정 및 그 목표 달성에 따른 성과급 지급에 관한 사항을 사전에 서면으로 약정하고 이에 따라 근로자에게 지급하는 성과급(우리사주조합을 통하여 성과급으로 지급하는 우리사주 포함)을 말합니다.
3. 나. 상시근로자 수를 계산할 때 「근로기준법」 제2조 제1항 제9호에 따른 단시간근로자 중 1개월 간의 소정근로시간이 60시간 이상인 근로자 1명은 0.5명으로 계산하되, 「조세특례제한법 시행령」 제23조 제11항 제2호 각 목의 지원요건을 모두 충족하는 상시근로자는 0.75명으로 하여 계산하며, 상시근로자 수 중 100분의 1 미만은 없는 것으로 합니다.
4. "⑩ 합계"란 해당 과세연도의 매월 말 현재 상시근로자 수의 합을 적습니다.
5. "⑪ 개월수"란은 해당 과세연도의 개월 수를 적습니다.
6. 상시근로자 수가 전년보다 감소(⑫-⑬<0)한 경우에는 공제를 적용하지 않습니다.

210mm×297mm[백상지 80g/㎡ 또는 중질지 80g/㎡]

■ 조세특례제한법 시행규칙 [별지 제8호의4서식] (2019.3.20. 신설)

성과공유 중소기업 경영성과급 소득세 감면 신청서

1. 신청인	① 성명	② 주민등록번호
	③ 주소	

2. 감면 요건

적용 요건	여	부
④ 총급여액 7천만원 이하		
⑤ 최대주주 및 특수관계인		

3. 감면대상 성과급

⑥ 지급확정일	년 월 일
⑦ 지급금액	원

「조세특례제한법」 제19조 제2항 및 같은 법 시행령 제17조 제9항에 따라 위와 같이 성과공유 중소기업 경영성과급 수령액에 대한 소득세 감면을 신청합니다.

년 월 일

신청인 (서명 또는 인)

원천징수의무자 귀하

유 의 사 항

1. 공제신청서를 사실과 다르게 신청하는 경우에는 부당하게 감면받은 세액에 가산세를 가산하여 추징하게 됩니다.
2. 감면을 신청한 경우 수령한 경영성과급에 대한 소득세의 50%를 감면받을 수 있습니다.
3. 지급확정일은 계량적 요소에 따라 성과급을 지급하는 경우는 계량적 요소가 확정된 날을 말하며, 계량적·비계량적 요소로 평가하여 그 결과에 따라 지급하는 경우 개인별 지급액이 확정되는 날을 말합니다.
4. "⑤ 최대주주 및 특수관계인"이란 해당 기업의 최대주주 또는 최대출자자(개인사업자의 경우 대표자)와 그 배우자 및 그 직계존속, 친족관계에 있는 사람을 의미합니다.

210mm× 297mm[백상지 80g/㎡ 또는 중질지 80g/㎡]

■ 조세특례제한법 시행규칙 [별지 제8호의5서식] (2019.3.20. 신설)

성과공유 중소기업 경영성과급 소득세 감면 대상 명세서

<table>
<tr><td rowspan="2">1. 원천징수의무자</td><td>상 호</td><td>사업자등록번호</td></tr>
<tr><td colspan="2">사업장소재지
(전화번호:　　　　　　)</td></tr>
</table>

2. 감면 적용 대상자 명단

성 명	주민 등록번호	경영성과급 서면약정여부	총급여액 7천만원 이하 여부	최대주주, 특수관계인 해당 여부	경영성과급 금액
		여, 부	여, 부	여, 부	
		여, 부	여, 부	여, 부	
		여, 부	여, 부	여, 부	
		여, 부	여, 부	여, 부	

「조세특례제한법」 제19조 제2항 및 같은 법 시행령 제17조 제10항에 따라 성과공유 중소기업 경영성과급 수령액에 대한 소득세 감면 대상 명세서를 제출합니다.

년　　월　　일

원천징수의무자　　　　　　(서명 또는 인)

세무서장　귀하

작성방법

1. "성과공유 중소기업"이란 「중소기업 인력지원 특별법」 제27조의2 제1항에 따른 성과공유 중소기업을 말합니다.
2. "최대주주 및 특수관계인"이란 해당 기업의 최대주주 또는 최대출자자(개인사업자의 경우 대표자)와 그 배우자 및 그 직계존속, 친족관계에 있는 사람을 의미합니다.

210mm× 297mm[백상지 80g/㎡ 또는 중질지 80g/㎡]

제2절

경력단절여성 고용 기업에 대한 세액공제

1 개요

중소기업 또는 중견기업이 일정 요건을 모두 충족하는 여성(경력단절 여성)과 2022년 12월 31일까지 1년 이상의 근로계약을 체결하는 경우에는 고용한 날부터 2년이 되는 날이 속하는 달까지 해당 경력단절 여성에게 지급한 일정 요건에 해당하는 인건비의 30%(중견기업은 15%)에 상당하는 금액을 해당 과세연도의 소득세(사업소득에 대한 소득세만 해당) 또는 법인세에서 공제한다(조특법 제29조의3).

2 공제대상

(1) 중소기업 및 중견기업 범위

① 중소기업의 범위

조세특례제한법상의 중소기업으로 '제1절 성과공유 중소기업의 경영성과급에 대한 세액공제'의 「참고 plus」를 참조하기 바란다.

② 중견기업의 범위

"중견기업"이란 다음 각 호의 요건을 모두 갖춘 기업을 말한다(조특령 제9조 제4항).

1. 중소기업이 아닐 것
1의2. 「중견기업 성장촉진 및 경쟁력 강화에 관한 특별법 시행령」 제2조 제1항 제1호 또는 제2호에 해당하는 기관이 아닐 것[주1)]
2. 다음 각 목의 어느 하나에 해당하는 업종을 주된 사업으로 영위하지 아니할 것. 이 경우 둘 이상의 서로 다른 사업을 영위하는 경우에는 사업별 사업 수입금액이 큰 사업을 주된 사업으로 본다.
   가. 조특령 제29조 제3항에 따른 소비성서비스업[주2)]
   나. 「중견기업 성장촉진 및 경쟁력 강화에 관한 특별법 시행령」 제2조 제2항 제2호 각 목의 업종[주3)]

3. 소유와 경영의 실질적인 독립성이 「중견기업 성장촉진 및 경쟁력 강화에 관한 특별법 시행령」 제2조 제2항 제1호에 적합할 것[주4)]
4. 직전 3개 과세연도의 매출액(매출액은 조특령 제2조 제4항에 따른 계산방법[주5)]으로 산출하며, 과세연도가 1년 미만인 과세연도의 매출액은 1년으로 환산한 매출액을 말함)의 평균금액이 5천억원 미만인 기업일 것

주1) 제1호 「공공기관의 운영에 관한 법률」 제4조에 따른 공공기관
제2호 「지방공기업법」에 따른 지방공기업

주2) ① 호텔업 및 여관업(「관광진흥법」에 따른 관광숙박업은 제외)
② 주점업(일반유흥주점업, 무도유흥주점업 및 「식품위생법 시행령」 제21조에 따른 단란주점 영업만 해당하되, 「관광진흥법」에 따른 외국인전용유흥음식점업 및 관광유흥음식점업은 제외)
③ 그 밖에 오락·유흥 등을 목적으로 하는 사업으로서 기획재정부령으로 정하는 사업

주3) 금융업, 보험 및 연금업, 금융 및 보험 관련 서비스업

주4) 「중견기업 성장촉진 및 경쟁력 강화에 관한 특별법 시행령」 제2조 제2항 제1호는 다음과 같다.
1. 소유와 경영의 실질적인 독립성이 다음 각 목의 어느 하나에 해당하지 아니하는 기업일 것
가. 「독점규제 및 공정거래에 관한 법률」 제31조 제1항에 따른 상호출자제한기업집단에 속하는 기업
나. 「독점규제 및 공정거래에 관한 법률 시행령」 제38조 제2항에 따른 상호출자제한기업집단 지정기준인 자산총액 이상인 기업 또는 법인(외국법인을 포함한다. 이하 같다)이 해당 기업의 주식(「상법」 제344조의3에 따른 의결권 없는 주식은 제외한다) 또는 출자지분(이하 "주식등"이라 한다)의 100분의 30 이상을 직접적 또는 간접적으로 소유하면서 최다출자자인 기업. 이 경우 최다출자자는 해당 기업의 주식등을 소유한 법인 또는 개인으로서 단독으로 또는 다음의 어느 하나에 해당하는 자와 합산하여 해당 기업의 주식등을 가장 많이 소유한 자로 하며, 주식등의 간접소유비율에 관하여는 「국제조세조정에 관한 법률 시행령」 제2조 제3항을 준용한다.
1) 주식등을 소유한 자가 법인인 경우: 그 법인의 임원
2) 주식등을 소유한 자가 개인인 경우: 그 개인의 친족

주5) 기업회계기준에 따라 작성한 손익계산서상의 매출액으로 한다. 다만, 창업·분할·합병의 경우 그 등기일의 다음 날(창업의 경우에는 창업일)이 속하는 과세연도의 매출액을 연간 매출액으로 환산한 금액을 말한다.

(2) 경력단절 여성의 요건

세액공제대상이 되는 경력단절 여성의 요건은 다음을 모두 충족하여야 한다.

- 해당 기업 또는 해당 기업과 대통령령으로 정하는 분류[주1)]를 기준으로 동일한 업종의 기업에서 1년 이상 근무(대통령령으로 정하는 바에 따라 경력단절 여성의 근로소득세가 원천징수되었던 사실이 확인되는 경우[주2)]로 한정)하였을 것
- 대통령령으로 정하는 결혼·임신·출산·육아 및 자녀교육의 사유로 퇴직하였을 것
- 해당 기업에서 퇴직한 날부터 2년 이상 15년 미만의 기간이 지났을 것

• 해당 기업의 최대주주 또는 최대출자자(개인사업자의 경우에는 대표자를 말함)나 그와 대통령령으로 정하는 특수관계인이 아닐 것

주1) 한국표준산업분류상의 중분류를 말함.
주2) 기업이 경력단절 여성의 근로소득세를 원천징수하였던 사실이 확인되는 경우는 「소득세법 시행령」 제196조 제1항에 따른 근로소득원천징수부를 통하여 근로소득세를 원천징수한 사실이 확인되는 경우로 한다(조특령 제26조의3 제3항).

① 적용대상자의 범위

해당 기업 또는 해당 기업과 한국표준산업분류상의 중분류를 기준으로 동일한 업종의 기업에서 1년 이상 근무(근로소득원천징수를 통하여 경력단절 여성의 근로소득세가 원천징수되었던 사실이 확인되는 경우로 한정)한 후 퇴직한 여성근로자여야 한다(조특령 제26조의3 제2항, 제3항).

② 퇴사사유

"대통령령으로 정하는 결혼・임신・출산・육아 및 자녀교육의 사유"란 다음 각 호의 어느 하나에 해당하는 경우를 말한다(조특령 제26조의3 제4항).

1. 퇴직한 날부터 1년 이내에 혼인한 경우(가족관계기록사항에 관한 증명서를 통하여 확인되는 경우로 한정)
2. 퇴직한 날부터 2년 이내에 임신하거나 기획재정부령으로 정하는 난임시술[주)]을 받은 경우(의료기관의 진단서 또는 확인서를 통하여 확인되는 경우에 한정)
3. 퇴직일 당시 임신한 상태인 경우(의료기관의 진단서를 통하여 확인되는 경우로 한정)
4. 퇴직일 당시 8세 이하의 자녀가 있는 경우
5. 퇴직일 당시 「초・중등교육법」 제2조에 따른 학교에 재학 중인 자녀가 있는 경우

주) 「모자보건법」에 따른 보조생식술을 말함

③ 적용제외자의 범위

해당 기업의 최대주주 또는 최대출자자(개인사업자의 경우에는 대표자를 말함)나 그와 「국세기본법 시행령」 제1조의2 제1항에 따른 친족관계에 해당하는 특수관계인이 아니어야 한다(조특령 제26조의3 제5항).

「국세기본법 시행령」 제1조의2 제1항에 따른 친족관계의 범위

1. 4촌 이내의 혈족
2. 3촌 이내의 인척
3. 배우자(사실상의 혼인관계에 있는 자를 포함한다)
4. 친생자로서 다른 사람에게 친양자 입양된 자 및 그 배우자 · 직계비속
5. 본인이 「민법」에 따라 인지한 혼인 외 출생자의 생부나 생모(본인의 금전이나 그 밖의 재산으로 생계를 유지하는 사람 또는 생계를 함께하는 사람으로 한정한다)

(3) 세액공제 요건 및 공제율

① 공제대상 인건비의 범위

세액공제대상

인건비는 근로의 대가로 지급하는 비용으로서 다음 각 호의 인건비를 제외한 금액을 말한다(조특령 제26조의3 제1항).

1. 「소득세법」 제22조에 따른 퇴직소득에 해당하는 금액
2. 「소득세법」 제29조 및 「법인세법」 제33조에 따른 퇴직급여충당금
3. 「소득세법 시행령」 제40조의2 제2호에 따른 퇴직연금계좌에 납부한 부담금 및 「법인세법 시행령」 제44조의2 제2항에 따른 퇴직연금등의 부담금

② 세액공제율

구 분	중소기업	중견기업	그외 기업
세액공제율	30%	15%	0%

③ 적용시기

이 공제율은 2022.12.31.까지 경력단절여성을 고용하는 경우부터 적용한다.

종전에는 2015.1.1. 이후 경력단절여성을 재고용하는 경우부터 적용했으며, 2017.12.31.까지는 중소기업에만 재고용되는 경력단절여성 인건비의 10%를 세액공제 적용하였다.

(4) 공제신청

기업은 해당 과세연도의 과세표준 신고를 할 때 세액공제신청서를 제출하여야 한다.

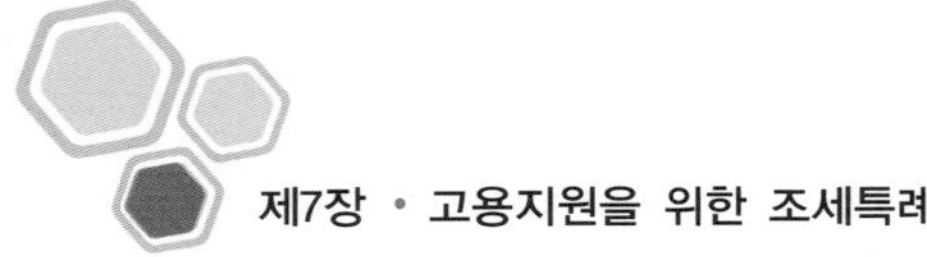

(5) 농특세 과세 및 최저한세

① 농특세 과세

농특세 과세대상이다. 따라서 감면받은 세액의 20%에 상당하는 금액을 당해 본세의 신고·납부서에 당해 본세의 세액과 농어촌특별세의 세액 및 그 합계액을 각각 기재하여 신고·납부하여야 한다.

② 최저한세

최저한세대상이다.

3 사후관리

(1) 이월공제

해당 과세연도에 납부할 세액이 없거나 최저한세액에 미달하여 공제받지 못한 부분은 해당 과세연도의 다음 과세연도 개시일부터 10년 이내에 끝나는 각 과세연도에 이월하여 그 이월된 각 과세연도의 소득세(사업소득만 해당) 또는 법인세에서 공제한다(조특법 제144조 제1항).

(2) 공제순서

각 과세연도에 공제할 금액과 이월된 미공제 금액이 중복되는 경우에는 이월된 미공제 금액을 먼저 공제하고 그 이월된 미공제 금액 간에 중복되는 경우에는 먼저 발생한 것부터 차례대로 공제한다(조특법 제144조 제2항).

■ 조세특례제한법 시행규칙 [별지 제10호의2서식(1)] (2022.3.18 개정)

경력단절 여성 고용 기업 세액공제신청서

접수번호	접수일자	처리기간 즉시

❶ 신청인	① 상호 또는 법인명	② 사업자등록번호
	③ 대표자 성명	④ 생년월일
	⑤ 주소 또는 본점소재지 (전화번호:)	

❷ 과세연도	년 월 일부터 년 월 일까지

❸ 세액공제 계산내용

가. 경력단절 여성

	⑥ 성명(생년.월.일)	⑦ 종전 근무기간 1년 이상 여부	⑧ 결혼・임신・출산・육아・자녀교육 사유 여부 (혼인일, 임신 또는 난임시술 연월일)	⑨ 해당 기업의 최대주주・최대 출자자 또는 그와 친족관계 여부
A	(. .)	[ ]여, [ ]부	[ ]여, [ ]부(. .)	[ ]여, [ ]부
B	(. .)	[ ]여, [ ]부	[ ]여, [ ]부(. .)	[ ]여, [ ]부
C	(. .)	[ ]여, [ ]부	[ ]여, [ ]부(. .)	[ ]여, [ ]부
D	(. .)	[ ]여, [ ]부	[ ]여, [ ]부(. .)	[ ]여, [ ]부
E	(. .)	[ ]여, [ ]부	[ ]여, [ ]부(. .)	[ ]여, [ ]부

나. 퇴직한 날부터 2년 이상 15년 미만 기간 내 재입사 여부

	⑩ 종전 입사일자	⑪ 종전 퇴직일자	⑫ 재입사 일자	⑬ 퇴직한 날부터 2년 이상 15년 미만 기간 내 재입사 여부	⑭ 인건비 지급액	⑯ 공제율	⑰ 세액공제금액 (⑮×⑯)
A				[ ]여, [ ]부			
B				[ ]여, [ ]부			
C				[ ]여, [ ]부			
D				[ ]여, [ ]부			
E				[ ]여, [ ]부			
합 계	-	-	-	-	⑮		

「조세특례제한법 시행령」 제26조의3 제6항에 따라 위와 같이 경력단절 여성 고용 기업 세액공제신청서를 제출합니다.

년 월 일

신청인 (서명 또는 인)

세무서장 귀하

작 성 방 법

1. ⑧ 결혼・임신・출산・육아・자녀교육 사유 여부(혼인일, 임신 또는 난임시술 연월일)란에는 결혼・임신・출산・육아・자녀교육으로 퇴직했는지 여부와 혼인일, 임신 또는 난임시술 연월일을 적습니다. 이 경우 혼인일은 가족관계기록사항에 관한 증명서를 통하여 확인되는 일자로 하며, 임신일은 의료기관의 진단에 따라 추정되는 임신일자를 적습니다.
2. ⑯ 공제율은 중소기업은 30%, 중견기업은 15%를 적용합니다.

210mm×297mm[백상지 80g/㎡ 또는 중질지 80g/㎡]

육아휴직 복귀자를 복직시킨 기업에 대한 세액공제

① 개요

중소기업 또는 중견기업이 일정 요건을 모두 충족하는 사람(육아휴직 복귀자)을 2022년 12월 31일까지 복직시키는 경우에는 복직한 날부터 1년이 되는 날이 속하는 달까지 해당 육아휴직 복귀자에게 지급한 일정 요건의 인건비의 30%(중견기업의 경우에는 15%)에 상당하는 금액을 해당 과세연도의 소득세(사업소득에 대한 소득세만 해당) 또는 법인세에서 공제한다. 다만, 해당 중소기업 또는 중견기업의 해당 과세연도의 상시근로자 수가 직전 과세연도의 상시근로자 수보다 감소한 경우에는 공제하지 아니한다(조특법 제29조의3 제2항).

② 공제대상

(1) 중소기업 및 중견기업 범위

조세특례제한법상 중소기업 또는 중견기업으로서 '경력단절여성 고용 기업에 대한 세액공제'와 동일하다.

(2) 육아휴직 복귀자의 요건

다음의 요건을 충족하는 육아휴직자여야 한다.

1. 해당 기업에서 1년 이상 근무하였을 것(근로소득원천징수부에 따라 해당 기업이 육아휴직 복귀자의 근로소득세를 원천징수하였던 사실이 확인되는 경우로 한정)
2. 「남녀고용평등과 일·가정 양립 지원에 관한 법률」 제19조 제1항에 따라 육아휴직한 경우로서 육아휴직 기간이 연속하여 6개월 이상일 것
3. 해당 기업의 최대주주 또는 최대출자자(개인사업자의 경우에는 대표자를 말한다)나 그와 대통령령으로 정하는 특수관계인이 아닐 것

[참고]

[남녀고용평등과 일 · 가정 양립 지원에 관한 법률 제19조 제1항의 내용]

사업주는 임신 중인 여성 근로자가 모성을 보호하거나 근로자가 만 8세 이하 또는 초등학교 2학년 이하의 자녀(입양한 자녀를 포함한다. 이하 같다)를 양육하기 위하여 휴직(이하 "육아휴직"이라 한다)을 신청하는 경우에 이를 허용하여야 한다. 다만, 대통령령으로 정하는 경우에는 그러하지 아니하다.

남녀고용평등과 일 · 가정 양립 지원에 관한 법률 시행령 제10조(육아휴직의 적용 제외)

법 제19조 제1항 단서에 따라 사업주가 육아휴직을 허용하지 아니할 수 있는 경우란 육아휴직을 시작하려는 날(이하 "휴직개시예정일"이라 한다)의 전날까지 해당 사업에서 계속 근로한 기간이 6개월 미만인 근로자가 신청한 경우를 말한다.

① 적용대상자의 범위

해당 중소기업 등이 육아휴직자를 2022년 12월 31일까지 복직시킨 경우를 말한다.

② 적용제외자의 범위

해당 기업의 최대주주 또는 최대출자자(개인사업자의 경우에는 대표자를 말함)나 그와 「국세기본법 시행령」 제1조의2 제1항에 따른 친족관계에 해당하는 특수관계인이 아니어야 한다(조특령 제26조의3 제4항).

「국세기본법 시행령」 제1조의2 제1항에 따른 친족관계의 범위

1. 4촌 이내의 혈족
2. 3촌 이내의 인척
3. 배우자(사실상의 혼인관계에 있는 자를 포함한다)
4. 친생자로서 다른 사람에게 친양자 입양된 자 및 그 배우자 · 직계비속
5. 본인이 「민법」에 따라 인지한 혼인 외 출생자의 생부나 생모(본인의 금전이나 그 밖의 재산으로 생계를 유지하는 사람 또는 생계를 함께하는 사람으로 한정)

(3) 세액공제 요건 및 공제율

① 공제대상 인건비의 범위

세액공제대상 인건비는 근로의 대가로 지급하는 비용으로서 다음 각 호의 인건비를 제외한 금액을 말한다(조특령 제26조의3 제1항).

1. 「소득세법」 제22조에 따른 퇴직소득에 해당하는 금액
2. 「소득세법」 제29조 및 「법인세법」 제33조에 따른 퇴직급여충당금
3. 「소득세법 시행령」 제40조의2 제2호에 따른 퇴직연금계좌에 납부한 부담금 및 「법인세법 시행령」 제44조의2 제2항에 따른 퇴직연금 등의 부담금

② 세액공제율

구 분	중소기업	중견기업	그외 기업
세액공제율	30%	15%	0%

③ 세액공제 적용제외

해당 중소기업 또는 중견기업의 해당 과세연도의 상시근로자 수가 직전 과세연도의 상시근로자 수보다 감소한 경우에는 공제하지 아니한다. 여기서 상시근로자 및 상시근로자 수의 계산방법에 관하여는 조세특례제한법 시행령 제23조 제10항부터 제13항까지의 규정을 준용한다.

참 고

[상시근로자의 의의 및 상시근로자 수의 계산방법]

조세특례제한법 시행령 제23조

⑩ 상시근로자는 「근로기준법」에 따라 근로계약을 체결한 내국인 근로자로 한다. 다만, 다음 각 호의 어느 하나에 해당하는 사람은 제외한다.

1. 근로계약기간이 1년 미만인 근로자. 다만, 근로계약의 연속된 갱신으로 인하여 그 근로계약의 총 기간이 1년 이상인 근로자는 상시근로자로 본다.
2. 「근로기준법」 제2조 제1항 제9호에 따른 단시간근로자. 다만, 1개월간의 소정근로시간이 60시간 이상인 근로자는 상시근로자로 본다.
3. 「법인세법 시행령」 제40조 제1항 각 호의 어느 하나에 해당하는 임원
4. 해당 기업의 최대주주 또는 최대출자자(개인사업자의 경우에는 대표자를 말한다)와 그 배우자
5. 제4호에 해당하는 자의 직계존비속(그 배우자를 포함한다) 및 「국세기본법 시행령」 제1조의2 제1항에 따른 친족관계인 사람
6. 「소득세법 시행령」 제196조에 따른 근로소득원천징수부에 의하여 근로소득세를 원천징수한 사실이 확인되지 아니하고, 다음 각 목의 어느 하나에 해당하는 금액의 납부사실도 확인되지 아니하는 자

가. 「국민연금법」 제3조 제1항 제11호 및 제12호에 따른 부담금 및 기여금
나. 「국민건강보험법」 제69조에 따른 직장가입자의 보험료

⑪ 상시근로자 수는 제1호의 계산식에 따라 계산한 수로 한다. 이 경우 근로자 1명은 0.5명으로 하여 계산하되, 아래의 지원요건을 모두 충족하는 경우에는 0.75명으로 하여 계산한다.

1. 계산식

상시근로자수 = 해당 과세연도의 매월 말 현재 상시근로자 수의 합 / 해당 과세 연도의 개월 수

2. 지원요건
   가. 해당 과세연도의 상시근로자 수(제10항 제2호 단서에 따른 근로자는 제외한다)가 직전 과세연도의 상시근로자 수(제10항 제2호 단서에 따른 근로자는 제외한다)보다 감소하지 아니하였을 것
   나. 기간의 정함이 없는 근로계약을 체결하였을 것
   다. 상시근로자와 시간당 임금(「근로기준법」 제2조 제1항 제5호에 따른 임금, 정기상여금・명절상여금 등 정기적으로 지급되는 상여금과 경영성과에 따른 성과금을 포함한다), 그 밖에 근로조건과 복리후생 등에 관한 사항에서 「기간제 및 단시간근로자 보호 등에 관한 법률」 제2조 제3호에 따른 차별적 처우가 없을 것
   라. 시간당 임금이 「최저임금법」 제5조에 따른 최저임금액의 100분의 130(중소기업의 경우에는 100분의 120) 이상일 것

⑫ 제11항에 따라 계산한 상시근로자 수 중 100분의 1 미만 부분은 없는 것으로 한다.

⑬ 해당 과세연도에 창업 등을 한 내국인의 경우 다음을 직전 또는 해당 과세연도의 상시근로자 수로 본다.

1. 창업(조특법 제6조 제10항 제1호부터 제3호까지의 규정에 해당하는 경우는 제외한다) 한 경우의 직전 과세연도의 상시근로자 수: 0
2. 법 제6조 제10항 제1호(합병・분할・현물출자 또는 사업의 양수 등을 통하여 종전의 사업을 승계하는 경우는 제외한다)부터 제3호까지의 어느 하나에 해당하는 경우의 직전 과세연도의 상시근로자 수: 종전 사업, 법인전환 전의 사업 또는 폐업 전의 사업의 직전 과세연도 상시근로자 수
3. 다음의 경우 직전 또는 해당 과세연도의 상시근로자 수: 직전 과세연도의 상시근로자 수는 승계시킨 기업의 경우에는 직전 과세연도 상시근로자 수에 승계시킨 상시근로자 수를 뺀 수로 하고, 승계한 기업의 경우에는 직전 과세연도 상시근로자 수에 승계한 상시근로자 수를 더한 수로 하며, 해당 과세연도의 상시근로자 수는 해당 과세연도 개시일에 상시근로자를 승계시키거나 승계한 것으로 보아 계산한 상시근로자 수로 한다.
   가. 해당 과세연도에 합병・분할・현물출자 또는 사업의 양수 등에 의하여 종전의 사업부문에서 종사하던 상시근로자를 승계하는 경우
   나. 제11조 제1항에 따른 특수관계인으로부터 상시근로자를 승계하는 경우

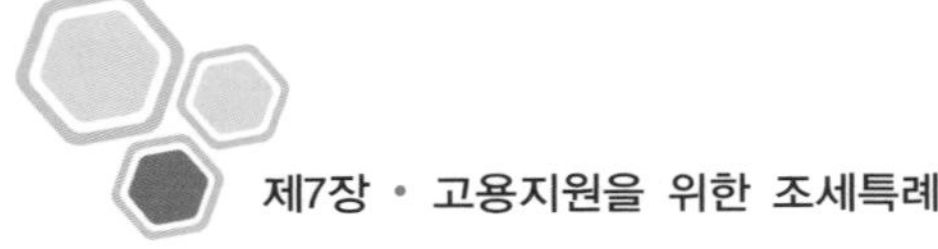

④ 적용시기

이 공제율은 중소기업 등이 2022.12.31.까지 육아휴직자를 복귀시킨 경우에 적용한다. 이는 육아휴직 복귀자의 자녀 1명당 한 차례에 한정하여 적용한다(조특법 제29조의3 제4항).

(4) 공제신청

기업은 해당 과세연도의 과세표준 신고를 할 때 세액공제신청서를 제출하여야 한다.

(5) 농특세 과세 및 최저한세

① 농특세 과세

농특세 과세대상이다. 따라서 감면받은 세액의 20%에 상당하는 금액을 당해 본세의 신고·납부서에 당해 본세의 세액과 농어촌특별세의 세액 및 그 합계액을 각각 기재하여 신고·납부하여야 한다.

② 최저한세

최저한세 대상이다.

(6) 사후관리

① 추가징수

소득세 또는 법인세를 공제받은 기업이 해당 기업에 복직한 날부터 1년이 지나기 전에 해당 육아휴직 복귀자와의 근로관계를 종료하는 경우에는 근로관계가 종료한 날이 속하는 과세연도의 과세표준신고를 할 때 공제받은 세액상당액을 소득세 또는 법인세로 납부하여야 한다.

② 이월공제

해당 과세연도에 납부할 세액이 없거나 최저한세액에 미달하여 공제받지 못한 부분은 해당 과세연도의 다음 과세연도 개시일부터 10년 이내에 끝나는 각 과세연도에 이월하여 그 이월된 각 과세연도의 소득세(사업소득) 또는 법인세에서 공제한다(조특법 제144조 제1항).

③ 공제순서

각 과세연도에 공제할 금액과 이월된 미공제 금액이 중복되는 경우에는 이월된 미공제 금액을 먼저 공제하고 그 이월된 미공제 금액 간에 중복되는 경우에는 먼저 발생한 것부터 차례대로 공제한다(조특법 제144조 제2항).

■ 조세특례제한법 시행규칙 [별지 제10호의2서식(2)] (2021.3.16. 개정)

육아휴직 후 고용유지기업 세액공제신청서

접수번호	접수일자	처리기간 즉시

❶ 신청인	① 상호 또는 법인명	② 사업자등록번호
	③ 대표자 성명	④ 생년월일
	⑤ 주소 또는 본점소재지 (전화번호:)	

❷ 과세연도	년 월 일부터 년 월 일까지

❸ 세액공제 계산내용

가. 육아휴직 복귀자

	⑥ 성명(생년.월.일)	⑦ 종전 근무기간 1년 이상 여부	⑧ 육아휴직기간 6개월 이상 여부 (휴직시작일 ~ 종료일)	⑨ 해당 기업의 최대주주 · 최대 출자자 또는 그와 친족 관계 여부
A	(. .)	여, 부	여, 부(. . ~ . .)	여, 부
B	(. .)	여, 부	여, 부(. . ~ . .)	여, 부
C	(. .)	여, 부	여, 부(. . ~ . .)	여, 부
D	(. .)	여, 부	여, 부(. . ~ . .)	여, 부
E	(. .)	여, 부	여, 부(. . ~ . .)	여, 부

나. 공제세액 계산

⑩ 인건비 지급액		⑫ 공제율	⑬ 세액공제금액 (⑪×⑫)
A			
B			
C			
D			
E			
⑪ 합계			

「조세특례제한법 시행령」 제26조의3 제6항에 따라 위와 같이 육아휴직 후 고용유지 기업 세액공제신청서를 제출합니다.

년 월 일

신청인 (서명 또는 인)

세무서장 귀하

작 성 방 법

1. ⑧ 육아휴직으로 휴직한 기간이 연속하여 6개월 이상인지 여부와 육아휴직 시작연월일과 종료연월일을 적습니다.
2. ⑫ 공제율은 중소기업은 30%, 중견기업은 15%를 적용합니다.

210mm×297mm[백상지 80g/㎡ 또는 중질지 80g/㎡]

제4절 근로소득을 증대시킨 기업에 대한 세액공제

1 개요

(1) 근로소득 증대시킨 기업에 대한 세액공제

중소기업 또는 중견기업이 근로소득을 증대시키는 일정 요건을 모두 충족하는 경우에는 2025년 12월 31일이 속하는 과세연도까지 직전 3년 평균 초과 임금증가분의 20%(중견기업은 10%)에 상당하는 금액을 해당 과세연도의 소득세(사업소득에 대한 소득세만 해당) 또는 법인세에서 공제한다(조특법 제29조의4 제1항).

☞ 저자주: 2023.1.1.부터는 중소기업 또는 중견기업 외의 기업은 적용제외. 단, 2023.1.1.전에 개시한 과세연도까지 요건 충족한 경우는 적용함.

(2) 정규직 전환 근로자의 임금증가액에 대한 세액공제

중소기업 또는 중견기업이 일정 요건을 모두 충족하는 경우에는 2025년 12월 31일이 속하는 과세연도까지 근로기간 및 근로형태 등 일정 요건을 충족하는 정규직 전환 근로자(이하 "정규직 전환 근로자"라 함)에 대한 임금증가분 합계액의 20%(중견기업은 10%)에 상당하는 금액을 해당 과세연도의 소득세(사업소득에 대한 소득세만 해당) 또는 법인세에서 공제한다(조특법 제29조의4 제3항).

☞ 저자주: 2023.1.1.부터는 중소기업 또는 중견기업 외의 기업은 적용제외. 단, 2023.1.1.전에 개시한 과세연도까지 요건 충족한 경우는 적용함.

(3) 중소기업 평균임금증가분 초과 임금증가액에 대한 세액공제

중소기업이 일정 요건을 모두 충족하는 경우에는 2025년 12월 31일이 속하는 과세연도까지 전체 중소기업의 평균임금증가분을 초과하는 임금증가분의 20%에 상당하는 금액을 '(1) 근로소득 증대시킨 기업에 대한 세액공제' 금액 대신 해당 과세연도의 소득세(사업소득에 대한 소득세만 해당) 또는 법인세에서 공제할 수 있다(조특법 제29조의4 제5항).

2 공제대상 등

(1) 공제대상 기업

① 근로소득 증대시킨 기업에 대한 세액공제

세액공제대상 기업은 근로소득을 증대시키는 조세특례제한법상 중소기업 또는 중견기업이다.

② 정규직 전환 근로자의 임금증가액에 대한 세액공제

세액공제대상 기업은 ①과 동일하다.

③ 중소기업 평균임금증가분 초과 임금증가액에 대한 세액공제

세액공제대상 기업은 조세특례제한법상 중소기업만 해당된다.

(2) 근로소득 증대시킨 기업에 대한 세액공제 요건

다음의 요건을 모두 충족하는 경우 2025년 12월 31일이 속하는 과세연도까지 직전 3년 평균 초과 임금증가분에 대해 세액공제한다. 단, 창업 및 휴업 등의 사유로 '직전 3년 평균 임금 증가율의 평균'을 계산할 수 없는 경우에는 적용하지 아니한다(조특령 제26조의4 제12항).

- 대통령령으로 정하는 상시근로자(이하 "상시근로자"라 함)의 해당 과세연도의 평균임금 증가율이 직전 3개 과세연도의 평균임금 증가율의 평균(이하 "직전 3년 평균임금 증가율의 평균"이라 함)보다 클 것
- 해당 과세연도의 상시근로자 수가 직전 과세연도의 상시근로자 수보다 크거나 같을 것

① 상시근로자의 범위

"대통령령으로 정하는 상시근로자"란 「근로기준법」에 따라 근로계약을 체결한 근로자로서 다음 각 호의 어느 하나에 해당하는 자는 제외한다(조특령 제26조의4 제2항).

1. 「법인세법 시행령」 제40조 제1항 각 호[주1)]의 어느 하나에 해당하는 임원
2. 「소득세법」 제20조 제1항 제1호 및 제2호[주2)]에 따른 근로소득의 금액의 합계액(비과세 소득의 금액은 제외)[주3)]이 7천만원 이상인 근로자
3. 기획재정부령으로 정하는 해당 기업의 최대주주 또는 최대출자자[주4)](개인사업자의 경우에는 대표자를 말함) 및 그와 「국세기본법 시행령」 제1조의2 제1항[주5)]에 따른 친족관계인 근로자
4. 「소득세법 시행령」 제196조에 따른 근로소득원천징수부에 의하여 근로소득세를 원천징수한 사실이 확인되지 아니하는 근로자
5. 근로계약기간이 1년 미만인 근로자(다만, 근로계약의 연속된 갱신으로 인하여 그 근로계약의 총 기간이 1년 이상인 근로자는 제외)
6. 「근로기준법」 제2조 제1항 제9호에 따른 단시간근로자[주6)]

주1) 「법인세법 시행령」 제40조 제1항 각 호의 범위
  1. 법인의 회장, 사장, 부사장, 이사장, 대표이사, 전무이사 및 상무이사 등 이사회의 구성원 전원과 청산인
  2. 합명회사, 합자회사 및 유한회사의 업무집행사원 또는 이사
  3. 유한책임회사의 업무집행자
  4. 감사
  5. 그 밖에 제1호부터 제4호까지의 규정에 준하는 직무에 종사하는 자

주2) 「소득세법」 제20조 제1항 제1호 및 제2호
  1. 근로를 제공함으로써 받는 봉급 · 급료 · 보수 · 세비 · 임금 · 상여 · 수당과 이와 유사한 성질의 급여
  2. 법인의 주주총회 · 사원총회 또는 이에 준하는 의결기관의 결의에 따라 상여로 받는 소득

주3) 해당 과세연도의 근로제공기간이 1년 미만인 상시근로자가 있는 경우에는 해당 상시근로자의 근로소득의 금액을 해당 과세연도 근무제공월수로 나눈 금액에 12를 곱하여 산출한 금액을 해당 상시근로자의 근로소득의 금액으로 본다(조특령 제26조의4 제9항).

주4) 기획재정부령으로 정하는 해당 기업의 최대주주 또는 최대출자자
  1. 해당 법인에 대한 직접보유비율[보유하고 있는 법인의 주식 또는 출자지분(이하 이 조에서 "주식등"이라 한다)을 그 법인의 발행주식총수 또는 출자총액(자기주식과 자기출자지분은 제외한다)으로 나눈 비율을 말한다. 이하 같다]이 가장 높은 자가 개인인 경우에는 그 개인
  2. 해당 법인에 대한 직접보유비율이 가장 높은 자가 법인인 경우에는 해당 법인에 대한 직접보유비율과 「국제조세조정에 관한 법률 시행령」 제2조 제3항을 준용하여 계산한 간접소유비율을 합하여 계산한 비율이 가장 높은 개인

주5) 「국세기본법 시행령」 제1조의2 제1항
  1. 4촌 이내의 혈족
  2. 3촌 이내의 인척
  3. 배우자(사실상의 혼인관계에 있는 자를 포함한다)
  4. 친생자로서 다른 사람에게 친양자 입양된 자 및 그 배우자 · 직계비속
  5. 본인이 「민법」에 따라 인지한 혼인 외 출생자의 생부나 생모(본인의 금전이나 그 밖의 재산으로 생계를 유지하는 사람 또는 생계를 함께하는 사람으로 한정)

주6) 「근로기준법」 제2조 제1항 제9호에 따른 단시간근로자: 1주 동안의 소정근로시간이 그 사업장에서 같은 종류의 업무에 종사하는 통상 근로자의 1주 동안의 소정근로시간에 비하여 짧은 근로자

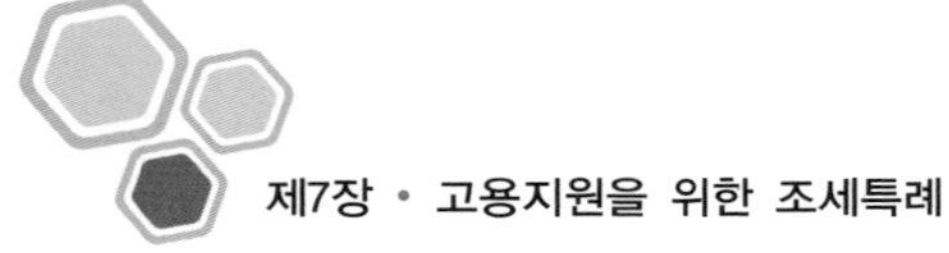

또한 합병, 분할, 현물출자 또는 사업의 양수 등으로 인하여 종전의 사업부문에서 종사하던 상시근로자를 합병법인, 분할신설법인, 피출자법인 등(이하 "합병법인 등"이라 함)이 승계하는 경우에는 해당 상시근로자는 종전부터 합병법인 등에 근무한 것으로 본다(조특령 제26조의4 제11항).

② 상시근로자 수

상시근로자 수는 다음과 같이 계산한다. 이 경우 1% 미만의 부분은 없는 것으로 한다(조특령 제26조의4 제3항).

$$\text{상시근로자 수} = \frac{\text{해당 과세연도의 매월 말 현재 상시근로자 수의 합}}{\text{해당 과세연도의 개월 수}}$$

세액공제를 받으려는 과세연도의 종료일 전 5년 이내의 기간 중에 퇴사하거나 새로 상시근로자의 제외 범위에 해당하게 된 근로자가 있는 경우에는 상시근로자 수를 계산할 때 해당 근로자를 제외하고 계산하며, 세액공제를 받으려는 과세연도의 종료일 전 5년 이내의 기간 중에 입사한 근로자가 있는 경우에는 해당 근로자가 입사한 과세연도의 평균임금 증가율을 계산할 때 해당 근로자를 제외하고 계산한다(조특령 제26조의4 제10항).

③ 임금의 범위

임금이란 다음과 같이 소득세법 제20조 제1항 제1호, 제2호에 따른 소득의 합계액(비과세소득 금액은 제외)을 말한다(조특령 제26조의4 제4항).

1. 근로를 제공함으로써 받는 봉급 · 급료 · 보수 · 세비 · 임금 · 상여 · 수당과 이와 유사한 성질의 급여
2. 법인의 주주총회 · 사원총회 또는 이에 준하는 의결기관의 결의에 따라 상여로 받는 소득

④ 평균임금

평균임금 계산은 다음과 같다. 이 경우 1천원 이하 부분은 없는 것으로 한다(조특령 제26조의4 제5항).

$$\text{평균임금} = \frac{\text{해당 과세연도 상시근로자의 임금의 합계}}{\text{해당 과세연도의 상시근로자 수}}$$

또한 해당 과세연도의 근로제공기간이 1년 미만인 상시근로자가 있는 경우에는 해당 상시근로자의 근로소득의 금액 또는 임금을 해당 과세연도 근무제공월수로 나눈 금액에 12를 곱하여 산출한 금액을 해당 상시근로자의 근로소득의 금액 또는 임금으로 본다(조특령 제26조의4 제9항).

그리고 세액공제를 받으려는 과세연도의 종료일 전 5년 이내의 기간 중에 퇴사하거나 새로 상시근로자의 제외 범위에 해당하게 된 근로자가 있는 경우에는 평균임금을 계산할 때 해당 근로자를 제외하고 계산하며, 세액공제를 받으려는 과세연도의 종료일 전 5년 이내의 기간 중에 입사한 근로자가 있는 경우에는 해당 근로자가 입사한 과세연도의 평균임금 증가율을 계산할 때 해당 근로자를 제외하고 계산한다(조특령 제26조의4 제10항).

⑤ 평균임금 증가율

평균임금 증가율 계산은 다음과 같다. 이 경우 1만분의 1 미만의 부분은 없는 것으로 한다(조특령 제26조의4 제6항).

$$\text{평균임금 증가율} = \frac{\text{해당 과세연도 평균임금} - \text{직전 과세연도 평균임금}}{\text{직전 과세연도 평균임금}}$$

⑥ 직전 3년 평균임금 증가율의 평균

직전 3개 과세연도의 평균임금 증가율의 평균(이하 "직전 3년 평균임금 증가율의 평균"이라 함)은 다음 계산식에 따라 계산하며, 1만분의 1 미만의 부분은 없는 것으로 한다. 이 경우 직전 2년 과세연도 평균임금 증가율 또는 직전 3년 과세연도 평균임금 증가율이 음수인 경우에는 영으로 보아 계산한다(조특령 제26조의4 제7항).

$$\frac{\begin{array}{c}(\text{직전 과세연도 평균임금 증가율} + \text{직전 2년 과세연도 평균임금 증가율} \\ + \text{직전 3년 과세연도 평균임금 증가율})\end{array}}{3}$$

⑦ 직전 과세연도의 평균임금 증가율이 음수 또는 직전 3년 평균임금 증가율의 평균(양수인 경우로 한정)의 30% 미만인 경우

'④, ⑤, ⑥' 대신 다음의 정하는 바에 따라 각각 평균임금 및 평균임금 증가율, 직전 3년 평균임금 증가율의 평균 및 직전 3년 평균 초과 임금증가분을 계산한다(조특령 제26조의4 제8항, 조특칙 제14조의2 제2항).

1. 평균임금

$$\frac{(\text{해당 과세연도 평균임금} + \text{직전 과세연도 평균임금})}{2}$$

2. 평균임금 증가율

$$\frac{(\text{제1호에 따른 평균임금} - \text{직전 2년 과세연도 평균임금})}{\text{직전 2년 과세연도 평균임금}}$$

3. 직전 3년 평균임금 증가율의 평균(직전 2년 과세연도 평균임금 증가율 또는 직전 3년 과세연도 평균임금 증가율이 음수인 경우에는 각각 '0'으로 보아 계산)

$$\frac{(\text{직전 2년 과세연도 평균임금 증가율} + \text{직전 3년 과세연도 평균임금 증가율})}{2}$$

4. 직전 3년 평균초과임금 증가분

[제1호에 따른 평균임금 − 직전 2년 과세연도 상시근로자의 평균임금 × (1 + 직전 3년 평균임금 증가율의 평균)] × 직전 과세연도 상시근로자 수

(3) 정규직 전환 근로자의 임금증가액에 대한 세액공제 요건

중소기업 또는 중견기업이 다음 각 호의 요건을 모두 충족하는 경우에는 2025년 12월 31일이 속하는 과세연도까지 근로기간 및 근로형태 등 일정 요건을 충족하는 정규직 전환 근로자(이하 "정규직 전환 근로자"라 함)에 대한 임금 증가분의 합계액의 20%(중견기업은 10%)에 상당하는 금액을 해당 과세연도의 소득세(사업소득에 대한 소득세만 해당한다) 또는 법인세에서 공제한다(조특법 제29조의4 제3항).

1. 해당 과세연도에 정규직 전환 근로자가 있을 것
2. 해당 과세연도의 상시근로자 수가 직전 과세연도의 상시근로자 수보다 크거나 같을 것

① 정규직 전환 근로자의 범위

"정규직 전환 근로자"란 「근로기준법」에 따라 근로계약을 체결한 근로자로서 다음 각 호의 요건을 모두 갖춘 자를 말한다(조특령 제26조의4 제13항).

1. 직전 과세연도 개시일부터 해당 과세연도 종료일까지 계속하여 근무한 자로서 「소득세법 시행령」 제196조의 근로소득원천징수부에 따라 매월분의 근로소득세를 원천징수한 사실이 확인될 것
2. 해당 과세연도 중에 비정규직 근로자(「기간제 및 단시간근로자 보호 등에 관한 법률」에 따른 기간제근로자 또는 단시간근로자를 말함)에서 비정규직 근로자가 아닌 근로자로 전환하였을 것
3. 직전 과세연도 또는 해당 과세연도 중에 다음의 어느 하나에 해당하는 자가 아닐 것
   (1) 「법인세법 시행령」 제40조 제1항 각 호의 어느 하나에 해당하는 임원
   (2) 「소득세법」 제20조 제1항 제1호 및 제2호에 따른 근로소득의 금액의 합계액(비과세소득은 제외)이 7천만원 이상인 근로자[주1)]
   (3) 기획재정부령으로 정하는 해당 기업의 최대주주 또는 최대출자자(개인사업자의 경우에는 대표자를 말함)[주2)] 및 그와 「국세기본법 시행령」 제1조의2 제1항[주3)]에 따른 친족관계인 근로자

주1) 해당 과세연도의 근로제공기간이 1년 미만인 상시근로자가 있는 경우에는 해당 상시근로자의 근로소득의 금액 또는 임금을 해당 과세연도 근무제공월수로 나눈 금액에 12를 곱하여 산출한 금액을 해당 상시근로자의 근로소득의 금액으로 본다(조특령 제26조의4 제9항).

주2) 기획재정부령으로 정하는 해당 기업의 최대주주 또는 최대출자자
1. 해당 법인에 대한 직접보유비율[보유하고 있는 법인의 주식 또는 출자지분(이하 이 조에서 "주식등"이라 한다)을 그 법인의 발행주식총수 또는 출자총액(자기주식과 자기출자지분은 제외한다)으로 나눈 비율을 말한다. 이하 같다]이 가장 높은 자가 개인인 경우에는 그 개인
2. 해당 법인에 대한 직접보유비율이 가장 높은 자가 법인인 경우에는 해당 법인에 대한 직접보유비율과 「국제조세조정에 관한 법률 시행령」 제2조 제3항을 준용하여 계산한 간접소유비율을 합하여 계산한 비율이 가장 높은 개인

주3) 「국세기본법 시행령」 제1조의2 제1항
1. 4촌 이내의 혈족
2. 3촌 이내의 인척
3. 배우자(사실상의 혼인관계에 있는 자를 포함한다)
4. 친생자로서 다른 사람에게 친양자 입양된 자 및 그 배우자 · 직계비속
5. 본인이 「민법」에 따라 인지한 혼인 외 출생자의 생부나 생모(본인의 금전이나 그 밖의 재산으로

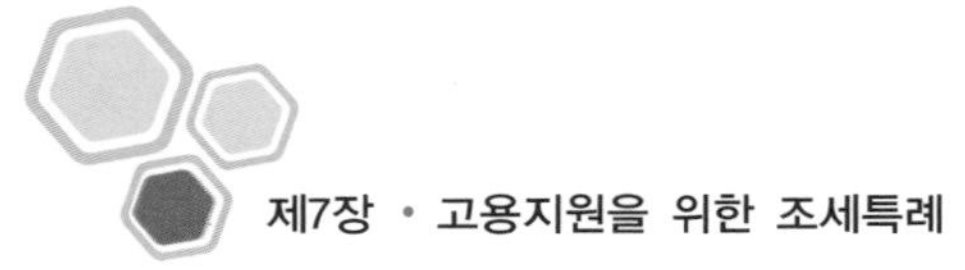

생계를 유지하는 사람 또는 생계를 함께하는 사람으로 한정)

② 정규직 전환 근로자의 임금 증가분 합계액

정규직 전환 근로자의 임금 증가분 합계액은 정규직 전환 근로자의 해당 과세연도 임금 합계액에서 직전 과세연도 임금 합계액을 뺀 금액을 말한다. 이 경우 직전 과세연도 또는 해당 과세연도의 기간이 1년 미만인 경우에는 임금 합계액을 그 과세연도의 월수(1월 미만의 일수는 1월로 함)로 나눈 금액에 12를 곱하여 산출한 금액을 임금 합계액으로 본다(조특령 제26조의4 제14항).

(4) 중소기업 평균임금증가분 초과 임금증가액에 대한 세액공제 요건

① 공제대상 요건

중소기업이 다음 각 호의 요건을 모두 충족하는 경우에는 2025년 12월 31일이 속하는 과세연도까지 전체 중소기업의 평균임금증가분을 초과하는 임금증가분의 20%에 상당하는 금액을 '(1) 근로소득 증대시킨 기업에 대한 세액공제 요건'에 따른 금액 대신 해당 과세연도의 소득세(사업소득에 대한 소득세만 해당) 또는 법인세에서 공제할 수 있다(조특법 제29조의4 제5항).

단, 창업 및 휴업 등의 사유로 '직전 3년 평균임금 증가율의 평균'을 계산할 수 없는 경우에는 적용하지 아니한다(조특령 제26조의4 제12항).

1. 상시 근로자의 해당 과세연도의 평균임금 증가율이 전체 중소기업 임금증가율을 고려하여 대통령령으로 정한 비율[주)]보다 클 것
2. 해당 과세연도의 상시근로자 수가 직전 과세연도의 상시근로자 수보다 크거나 같을 것
3. 직전 과세연도의 평균임금 증가율이 음수가 아닐 것

주) "전체 중소기업 임금증가율을 고려하여 대통령령으로 정한 비율"이란 각각 전체 중소기업의 직전 3년 평균임금 증가율을 고려하여 기획재정부령으로 정하는 비율(32/1,000)을 말한다(조특령 제26조의4 제16항, 조특칙 제14조의2 제3항).

② 상시근로자의 범위, 상시근로자 수, 평균임금 증가율 등

'(1) 근로소득 증대시킨 기업에 대한 세액공제 요건'과 동일하다.

③ 전체 중소기업 평균임금증가분을 초과하는 임금증가분

전체 중소기업의 평균임금증가분을 초과하는 임금증가분은 다음 계산식에 따라 계산한 금액으로 한다(조특법 제29조의4 제6항).

전체 중소기업의 평균임금증가분을 초과하는 임금증가분
= 〔해당 과세연도 상시근로자의 평균임금 − 직전 과세연도 상시근로자의 평균임금 × (1 + 전체 중소기업 임금증가율을 고려하여 대통령령으로 정한 비율)〕 × 직전 과세연도 상시근로자 수

여기서 전체 중소기업 임금증가율을 고려하여 대통령령으로 정한 비율은 각각 전체 중소기업의 직전 3년 평균임금 증가율을 고려하여 3.2%를 말한다(조특령 제26조의4 제16항, 조특칙 제14조의2 제3항).

(5) 세액공제율

세액공제율은 다음과 같다.

구 분	중소기업	중견기업
① 근로소득 증대시킨 기업에 대한 세액공제	20%	10%
② 정규직 전환 근로자의 임금증가액에 대한 세액공제	20%	10%
③ 중소기업 평균임금증가분 초과 임금증가액에 대한 세액공제	20%	0%

3 세액공제신청 및 추징 등

(1) 세액공제신청

해당 과세연도의 과세표준 신고를 할 때 세액공제신청서 및 공제세액계산서를 제출하여야 한다. 또한 모든 세액감면, 세액공제와 중복 적용된다.

(2) 세액공제 추징

① 근로소득 증대시킨 기업에 대한 세액공제 추징

근로소득 증대시킨 기업에 대한 세액공제 추징 규정은 없다.

② 정규직 전환 근로자의 임금증가액에 대한 세액공제 추징

정규직 전환 근로자의 임금증가액에 대한 세액공제받은 중소기업 또는 중견기업이 공제를 받은 과세연도 종료일부터 1년이 되는 날이 속하는 과세연도의 종료일까지의 기간 중

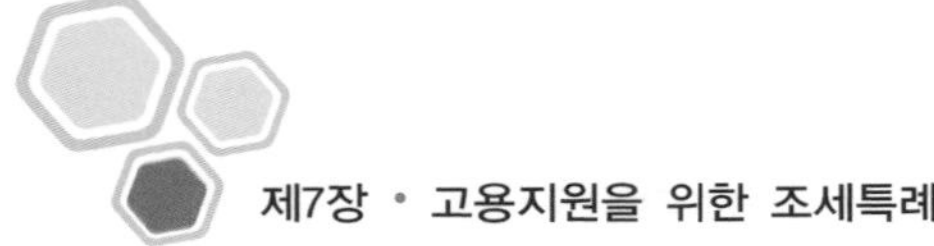

정규직 전환 근로자와의 근로관계를 종료하는 경우에는 근로관계가 종료한 날이 속하는 과세연도의 과세표준신고를 할 때 다음의 금액을 소득세 또는 법인세로 납부하여야 한다(조특법 제29조의4 제4항, 조특령 제26조의4 제15항).

$$\text{공제받은 세액} \times \frac{\text{공제받은 과세연도의 정규직 전환 근로자 중 근로관계를 끝낸 근로자 수}}{\text{공제받은 과세연도의 정규직 전환 근로자 수}}$$

③ 중소기업 평균임금증가분 초과 임금증가액에 대한 세액공제 추징

중소기업 평균임금증가분 초과 임금증가액에 대한 세액공제 추징 규정은 없다.

(3) 농특세 과세 및 최저한세

① 농특세 과세

농특세 과세대상이다. 따라서 감면받은 세액의 20%에 상당하는 금액을 당해 본세의 신고・납부서에 당해 본세의 세액과 농어촌특별세의 세액 및 그 합계액을 각각 기재하여 신고・납부하여야 한다.

② 최저한세

최저한세 대상이다.

4 사후관리

(1) 이월공제

해당 과세연도에 납부할 세액이 없거나 최저한세액에 미달하여 공제받지 못한 부분은 해당 과세연도의 다음 과세연도 개시일부터 10년 이내에 끝나는 각 과세연도에 이월하여 그 이월된 각 과세연도의 소득세(사업소득) 또는 법인세에서 공제한다.

(2) 공제순서

각 과세연도에 공제할 금액과 이월된 미공제 금액이 중복되는 경우에는 이월된 미공제 금액을 먼저 공제하고 그 이월된 미공제 금액 간에 중복되는 경우에는 먼저 발생한 것부터 차례대로 공제한다.

예규 Point

❑ **근로소득 증대 기업에 대한 세액공제 적용 시, 근로제공기간이 1년 미만 근로자의 평균임금 산정방법**(서면법인2023-854, 2023.8.2.)

「조세특례제한법」 제29조의4 근로소득 증대 기업에 대한 세액공제를 적용함에 있어서 '직전 3년 평균 초과 임금증가분' 또는 중소기업의 경우 '전체 중소기업의 평균임금 증가분을 초과하는 임금증가분' 계산 시, 평균임금 증가분을 산정하는 기간 동안 해당 과세연도 중 근로제공기간이 1년 미만인 상시근로자의 임금액은 해당 상시근로자에게 지급한 임금액을 해당 과세연도의 근무제공월수로 나눈 금액에 12를 곱하여 산출하는 것임

❑ **신규입사자가 근로제공기간이 1년 미만인 상시근로자에 해당하는지 여부**
(서면법인2020-4163, 2020.12.18.)

신규입사자가 조특령 제26조의4 제2항에 따른 상시근로자의 요건을 충족하고, 실제 근로를 제공한 경우에는 근로제공기간 1년 미만 상시근로자에 해당함

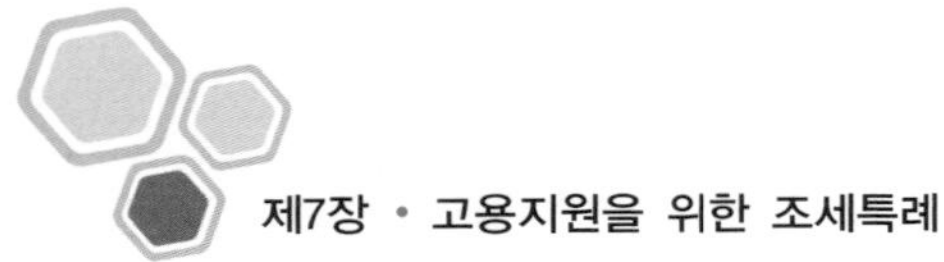

■ 조세특례제한법 시행규칙 [별지 제10호의3서식](2023.6.7. 개정)

근로소득 증대 기업에 대한 세액공제신청서

(앞쪽)

① 신청인	① 상호 또는 법인명	② 사업자등록번호
	③ 대표자 성명	④ 생년월일
	⑤ 주소 또는 본점소재지 (전화번호:)	

② 과세연도	년 월 일부터 년 월 일까지

③ 세액공제액 계산내용

가. 세제지원 요건: ㉗ 〉 ㉛ 또는 ㉞ 〉 ㉟ 이고, ⑧ ≥ ⑨이어야 함

1. 상시근로자 수 계산

상시근로자 수(=⑥/⑦)		⑥ 과세연도 매월 말 현재 상시근로자 수의 합	⑦ 과세연도 개월 수
⑧ 해당 과세연도 상시근로자 수			
⑨ 직전 과세연도 상시근로자 수			
⑩ 직전 2년 과세연도 상시근로자 수			
⑪ 직전 3년 과세연도 상시근로자 수			
⑫ 직전 4년 과세연도 상시근로자 수			

2. 평균임금 계산(일반적인 경우: ㉘이 양수이면서 ㉛의 30% 이상인 경우)

평균임금(=⑬/⑭)		⑬ 상시근로자 임금의 합계	⑭ 상시근로자 수(=⑧~⑫)
⑮ 해당 과세연도 평균임금			
⑯ 직전 과세연도 평균임금			
⑰ 직전 2년 과세연도 평균임금			
⑱ 직전 3년 과세연도 평균임금			
⑲ 직전 4년 과세연도 평균임금			

3. 각 과세연도별 입사자 제외시 평균임금 계산(일반적인 경우: ㉘이 양수이면서 ㉛의 30% 이상인 경우)

평균임금(=⑳/㉑)		⑳ 상시근로자 임금의 합계	㉑ 상시근로자 수
㉒ 해당 과세연도 평균임금			
㉓ 직전 과세연도 평균임금			
㉔ 직전 2년 과세연도 평균임금			
㉕ 직전 3년 과세연도 평균임금			
㉖ 직전 4년 과세연도 평균임금			

4. 평균임금 증가율(일반적인 경우: ㉘이 양수이면서 ㉛의 30% 이상인 경우)

㉗ 해당 과세연도 평균임금 증가율[=(㉒-⑯)/⑯]	
㉘ 직전 과세연도 평균임금 증가율[=(㉓-⑰)/⑰]	
㉙ 직전 2년 과세연도 평균임금 증가율[=(㉔-⑱)/⑱]	
㉚ 직전 3년 과세연도 평균임금 증가율[=(㉕-⑲)/⑲]	

5. 직전 3년 평균임금 증가율의 평균(일반적인 경우: ㉘이 양수이면서 ㉛의 30% 이상인 경우)[㉛=(㉘+㉙+㉚)/3]	
6. 직전 3년 평균 초과 임금증가분[㉜={⑮-⑯×(1+㉛)}×⑨]	

7. ㉘이 음수이거나, ㉘이 양수이지만 ㉛의 30% 미만인 경우 ⑮,㉗,㉛,㉜의 계산 특례

㉝ 해당 과세연도 평균임금[=(⑮+⑯)/2]	
㉞ 해당 과세연도 평균임금 증가율[{=(㉝-⑰)/⑰]	
㉟ 직전 3년 평균임금 증가율의 평균[=(㉙+㉚)/2]	
㊱ 직전 3년 평균 초과 임금증가분[={㉝-⑰×(1+㉟)}×⑨]	

나. 세제지원 요건: 중소기업의 경우 ㉗ 〉 3.2%이며, ⑧ ≥ ⑨ 이고, ㉘ ≥ 0 인 경우에 적용됨

㊲ 중소기업 계산특례[={⑮-⑯×(1+3.2%)}×⑨]	
④ 세액공제액[(㉜ 또는 ㊱) × 세액공제율(중소기업은 20%, 중견기업은 10%)}, ㊲에 해당하는 중소기업의 경우 ㊲ × 20%]	

「조세특례제한법 시행령」 제26조의4 제17항에 따라 위와 같이 근로소득 증대 기업에 대한 세액공제신청서를 제출합니다.

년 월 일

신청인 (서명 또는 인)

세무서장 귀하

210mm×297mm[백상지 80g/㎡ 또는 중질지 80g/㎡]

(뒤쪽)

작성방법

1. ⑧란부터 ⑫란까지의 "상시근로자 수"를 계산할 때 다음 각 목에 해당하는 자는 제외하고, 100분의 1 미만 부분은 없는 것으로 합니다.
   가. 「법인세법 시행령」 제40조 제1항 각 호의 어느 하나에 해당하는 임원
   나. 「소득세법」 제20조 제1항 제1호 및 제2호에 따른 근로소득의 금액이 7천만원 이상인 근로자
   다. 해당 기업의 최대주주 또는 최대출자자(개인사업자의 경우에는 대표자를 말한다) 및 그와 「국세기본법 시행령」 제1조의2 제1항에 따른 친족관계인 근로자
   라. 「소득세법 시행령」 제196조에 따른 근로소득원천징수부에 의하여 근로소득세를 원천징수한 사실이 확인되지 아니하는 근로자
   마. 근로계약기간이 1년 미만인 근로자(다만, 근로계약의 연속된 갱신으로 인하여 그 근로계약의 총 기간이 1년 이상인 근로자는 제외합니다)
   바. 「근로기준법」 제2조 제1항 제9호에 따른 단시간근로자
2. ⑬란 및 ⑳란의 "상시근로자 임금의 합계"를 계산할 때, 임금은 「소득세법」 제20조 제1항 제1호 및 제2호에 따른 소득의 합계액을 말합니다.
3. ⑮란부터 ⑲란까지, ㉒란부터 ㉖란까지 및 ㉝란의 "평균임금"을 계산할 때, 1천원 이하 부분은 없는 것으로 합니다.
4. ㉗란부터 ㉚란까지 및 ㉞란의 "평균임금 증가율"을 계산할 때, 1만분의 1 미만 부분은 없는 것으로 합니다.
5. ㉛란 및 ㉟란의 "직전 3년 평균임금 증가율의 평균"을 계산할 때, 1만분의 1 미만 부분은 없는 것으로 하고, ㉙란 또는 ㉚란의 값이 음수(陰數)인 경우에는 영으로 보아 계산합니다.
6. 해당 과세연도의 근로제공기간이 1년 미만인 상시근로자가 있는 경우에는 해당 근로자의 근로소득 금액 또는 임금을 해당 과세연도 근무제공 월수로 나눈 금액에 12를 곱하여 산출한 금액을 해당 근로자의 근로소득 금액 또는 임금으로 봅니다.
7. 세액공제를 받으려는 과세연도의 종료일 전 5년 이내의 기간 중에 퇴사하거나 새로 제1호 각 목의 어느 하나에 해당하게 된 근로자가 있는 경우에는 상시근로자 수 및 평균임금을 계산할 때 해당 근로자를 제외하고 계산하며, 세액공제를 받으려는 과세연도의 종료일 전 5년 이내의 기간 중에 입사한 근로자가 있는 경우에는 해당 근로자가 입사한 과세연도의 평균임금 증가율을 계산할 때 해당 근로자를 제외하고 계산합니다.
8. 합병, 분할, 현물출자 또는 사업의 양수 등으로 인하여 종전의 사업부문에서 종사하던 상시근로자를 합병법인, 분할신설법인, 피출자법인 등이 승계하는 경우에는 해당 상시근로자는 종전부터 합병법인, 분할신설법인, 피출자법인 등에 근무한 것으로 봅니다.
9. 창업 및 휴업 등의 사유로 ㉛란 또는 ㉟란의 "직전 3년 평균임금 증가율의 평균"을 계산할 수 없는 경우에는 세액공제를 신청할 수 없습니다.

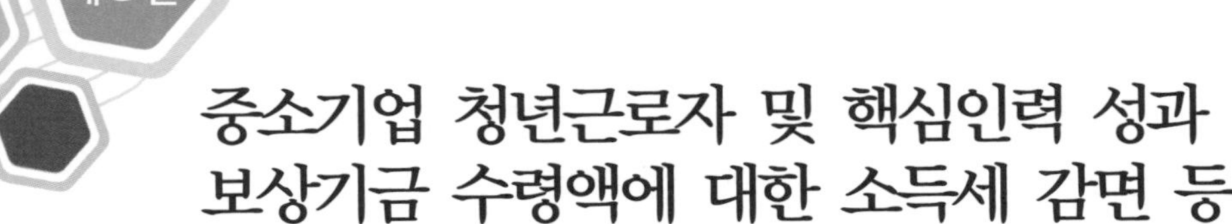

제5절 중소기업 청년근로자 및 핵심인력 성과보상기금 수령액에 대한 소득세 감면 등

1 개요

「중소기업 인력지원 특별법」 제35조의2에 따른 중소기업 핵심인력 성과보상기금(이하 '성과보상기금'이라 함)의 공제사업(일명 '내일채움공제'와 '청년재직자 내일채움공제')에 2024년 12월 31일까지 가입한 중소기업 또는 중견기업의 근로자가 공제납입금을 5년(중소기업 또는 중견기업의 청년근로자를 대상으로 하는 공제사업에 가입하여 만기까지 납입한 후에 핵심인력을 대상으로 하는 공제사업에 연계하여 납입하는 경우에는 해당 기간을 합산하여 5년) 이상 납입하고 그 성과보상기금으로부터 공제금을 수령하는 경우에 해당 공제금 중 해당 기업이 부담한 기여금(이하 '기여금'이라 함) 부분에 대해서는 근로소득으로 보아 소득세를 부과하되, 소득세의 50% 또는 90%(중견기업 근로자는 30% 또는 50%)에 상당하는 세액을 감면한다(조특법 제29조의6 제1항).

이는 중소기업과 중견기업 직원들의 장기근속을 위한 유인책으로 핵심인력을 키우는데 목적이 있는 사업으로 중소(중견)기업 사업주와 핵심인력이 공동으로 적립한 공제금을 5년 이상 장기재직한 핵심인력에게 성과보상금 형태로 지급하는 공제이다.

2 공제대상 등

(1) 공제대상

① 가입대상 중소기업 또는 중견기업의 범위

내일채움공제 가입대상은 「중소기업기본법」 제2조 제1호에 따른 중소기업과 조세특례제한법 시행령 제9조 제3항에 따른 중견기업('경력단절여성 고용기업에 대한 세액공제' 참조)을 말한다.

「중소기업기본법」상 중소기업 등으로 부동산업, 주점업(일반유흥 주점업, 무도유흥 주점업 및 기타 주점업), 기타 갬블링 및 베팅업, 무도장 운영업 등을 제외한 종업원 1인 이상의 기업이다.

그리고 휴·폐업 기업이나 국세 체납 중인 기업은 가입이 제한된다.

② 중소기업 핵심인력의 범위

중소기업 핵심인력이란 「중소기업기본법」 제2조 제1항에 따른 중소기업의 핵심인력(기간제, 단시간근로자 제외)으로서 직무 기여도가 높아 해당 중소기업의 대표자가 장기재직이 필요하다고 지정하는 근로자(학력, 경력, 자격 무관)를 말한다. 단, 다음의 사람은 제외한다(조특령 제26조의6 제1항).

> 1. 해당 기업의 최대주주 또는 최대출자자(개인사업자의 경우에는 대표자를 말함)와 그 배우자
> 2. 제1호에 해당하는 사람의 직계존비속(그 배우자를 포함) 또는 제1호에 해당하는 사람과 「국세기본법 시행령」 제1조의2 제1항에 따른 친족관계에 있는 사람[주)]

주) '친족관계'는 다음과 같다.

1. 4촌 이내의 혈족
2. 3촌 이내의 인척
3. 배우자(사실상의 혼인관계에 있는 자를 포함한다)
4. 친생자로서 다른 사람에게 친양자 입양된 자 및 그 배우자 · 직계비속
5. 본인이 「민법」에 따라 인지한 혼인 외 출생자의 생부나 생모(본인의 금전이나 그 밖의 재산으로 생계를 유지하는 사람 또는 생계를 함께하는 사람으로 한정한다)

③ 성과보상기금의 범위

「중소기업 인력지원 특별법」 제35조의2에 따른 중소기업 핵심인력 성과보상기금으로서 사업주와 핵심인력이 5년간 다음과 같이 공동 납입하여야 한다.

구 분	납입액		
	핵심인력(근로자)	사업주	정부
내일채움공제	핵심인력과 사업주가 1:2이상의 비율로 매월 34만원 이상, 1만원 단위로 공동납입 *		-
청년재직자내일채움공제	5년간 720만원 (최소 월 12만원)	5년간 1,200만원 (최소 월 20만원)	3년간 1,080만원 (7회 분할)

* (예) 매월 핵심인력 10만원 +사업주 24만원 납입

④ 납입기간

공제납입금을 5년이상 납입하여야 한다. 이 때, 중소기업 또는 중견기업의 청년근로자를 대상으로 하는 공제사업(청년내일채움공제)에 가입하여 만기까지 납입한 후에 핵심인력을 대상으로 하는 공제사업(내일채움공제)에 연계하여 납입하는 경우에는 해당 기간을 합산하여 계산한다.

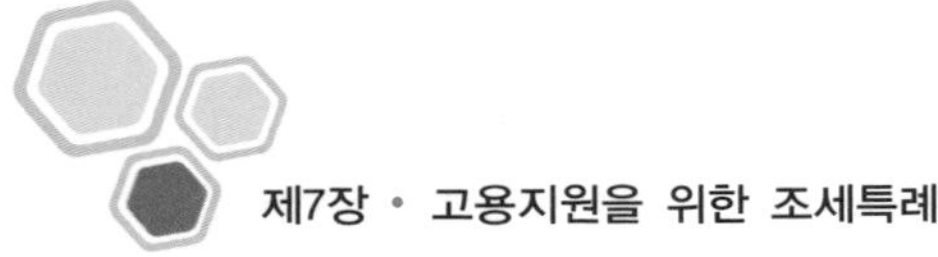

(2) 감면세액 등

① 기여금에 대한 근로소득 감면세액

핵심인력의 근로소득에 대한 감면세액은 다음 계산식에 따라 계산한다(조특령 제26조의6 제3항).

$$종합소득산출세액 \times \frac{근로소득금액}{종합소득금액} \times \frac{기여금}{해당\ 근로자의\ 총급여액} \times 50\%\ (청년의\ 경우\ 90\%)^{주)}$$

주) 중견기업 근로자는 30%(청년의 경우 50%)

② 공제납입금과 기여금을 제외한 금액

공제금 중 핵심인력이 납부한 공제납입금과 기여금을 제외한 금액은 「소득세법」 제16조 제1항의 이자소득으로 보아 소득세를 부과한다(조특법 제29조의6 제2항).

③ 기업이 납입한 기여금 혜택

중소기업 또는 중견기업이 납입한 기여금 전액은 손금(비용)인정되며, 조특법 제10조에 따른 연구 및 인력개발비 세액공제 적용대상이다. 다만, 가목에 따른 납입비용은 세액공제 대상에서 제외하고, 나목에 따른 환급받은 금액은 납입비용에서 뺀다(조특칙 제7조 제10항).

> 가. 조특령 제26조의6 제1항 각 호의 어느 하나에 해당하는 사람주)에 대한 납입비용
> 나. 중소기업 핵심인력 성과보상기금에 가입한 이후 5년 이내에 중도해지를 이유로 중소기업이 환급받은 금액(환급받은 금액 중 이전 과세연도에 빼지 못한 금액이 있는 경우에는 해당 금액을 포함)

주) 조특령 제26조의6 제1항 각 호의 어느 하나에 해당하는 사람
1. 해당 기업의 최대주주 또는 최대출자자(개인사업자의 경우에는 대표자를 말한다)와 그 배우자
2. 제1호에 해당하는 자의 직계존비속(그 배우자를 포함한다) 또는 제1호에 해당하는 사람과 「국세기본법 시행령」 제1조의2 제1항에 따른 친족관계에 있는 사람

3 세액감면신청

(1) 세액감면신청

근로자는 감면을 신청하려는 경우 감면신청서를 공제금을 수령하는 달이 속하는 달의 다음 달 말일까지 원천징수의무자에게 제출하여야 한다(조특령 제26조의6 제4항).

그리고, 원천징수의무자는 근로자가 감면을 받는 경우 신청을 받은 달이 속하는 달의 다음 달 10일까지 원천징수 관할세무서장에게 감면대상 명세서를 제출하여야 한다(조특령 제26조의6 제5항).

(2) 농특세 비과세 및 최저한세

① 농특세 과세

근로자가 감면받은 세액은 농특세 비과세대상이다.

② 최저한세

최저한세 대상 아니다.

예규 Point

❑ 내일채움공제 지자체 연계지원금 및 청년재직자 내일채움공제 만기공제금 소득세 과세 여부(기획재정부소득-463, 2019.8.9.)

근로자가 「중소기업인력지원 특별법」 제35조의2에 따른 성과보상기금으로부터 공제금을 수령하는 경우 국가 또는 지방자치단체의 지원금인 경우에는 그 지원금에 해당하는 부분은 소득세가 과세되지 아니하는 것이며 그 밖에 그 재원이 공기업 등의 지원금인 경우에는 과세대상 근로소득에 해당하는 것임.

❑ 고용노동부가 주관하는 청년내일채움공제 만기환급금 중 정부지원금 및 기업기여금으로 적립한 부분의 소득세 과세 여부(서면법령해석소득 2018-3289, 2019.3.14.)

「고용정책기본법」 제25조, 「고용보험법」 제25조 및 「청년고용촉진특별법」 제7조 등에 근거하여 고용노동부가 주관하는 청년내일채움공제에 가입한 거주자가 해당 공제의 만기에 지급받는 공제금 중 정부가 부담하는 정부지원금 및 정부가 지급하는 채용 유지지원금에서 기업기여금으로 적립한 부분은 소득세 과세대상에 해당하지 않는 것임.

4 실무 Q&A

※ 참고자료: 내일채움공제 홈페이지(www.spcplan.or.kr)의 자주하는 질문

문제 1 **내일채움공제는 무엇인가요?**

해답 1

내일채움공제는 중소기업에 근무하는 우수인력의 장기재직을 촉진하기 위하여 사업주가 핵심인

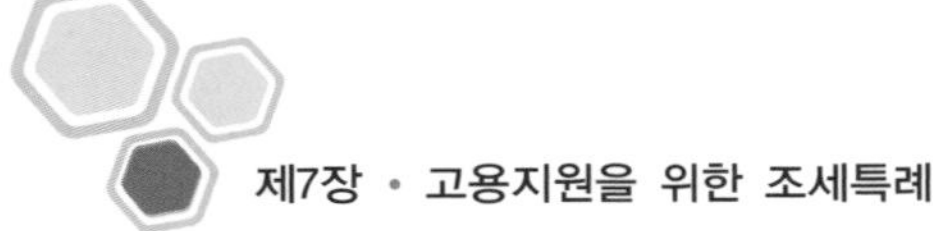

력을 지정하고, 사업주와 핵심인력이 5년간 일정금액을 공동으로 납입한 후 5년간 장기재직 시, 공동적립금과 복리이자 전액을 핵심인력에게 장기재직 성과보상금(인센티브)으로 지급하는 제도입니다.

문제 2 **내일채움공제에 가입할 수 있는 중소기업의 자격은 어떻게 됩니까?**

해답 2

내일채움공제는 "중소기업기본법"상 중소기업이 가입대상이며, 부동산업, 주점업, 사행업종 등이고, 다음의 업종은 제외됩니다.

> * 가입 제외 업종
> – 부동산업(68), 주점업(일반유흥 주점업 56211, 무도유흥 주점업 56212, 기타 주점업 56219)
> – 기타 갬블링 및 베팅업(91249), 무도장 운영업(91291)

또한, 휴・폐업 기업, 국세체납 기업 및 내일채움공제 납부금을 6개월 이상 연체 중인 기업, 부정한 방법으로 공제금을 지급받으려고 하여 중소기업진흥공단에 의해 계약이 해지된 후 1년이 경과되지 않은 기업은 가입이 제한됩니다.

문제 3 **내일채움공제에 가입할 수 있는 핵심인력의 자격은 어떻게 됩니까?**

해답 3

핵심인력은 직무 기여도가 높아 해당 중소기업의 대표자가 장기재직이 필요하다고 지정한 근로자로서 학력, 연령, 자격, 경력 등의 제한은 없습니다.

문제 4 **가입 후 중소기업 범위를 초과해도 기존계약은 유효하나요?**

해답 4

공제가입 이후 중소기업 범위를 초과하여도 기존계약은 유지됩니다(단, 신규청약은 불가).

문제 5 **중소기업 유예기간 중인 기업도 가입이 가능한가요?**

해답 5

중소기업 유예기간 중에도 공제가입이 가능합니다.

문제 6 **계약직 및 일용직 근로자도 공제에 가입할 수 있나요?**

해답 6

내일채움공제는 "근로기준법" 제2조 1항에 따른 근로자를 대상으로 하며, "기간제 및 단시간근로자보호 등에 관한 법률"에 따른 기간제, 단시간근로자는 가입대상에서 제외됩니다.

문제 7 **공제 가입인원의 제한이 있습니까?**

해답 7

내일채움공제는 가입인원의 제한이 없으며, 중소기업 재직 근로자 중 사업주가 지정하는 핵심인력은 모두 가입 가능합니다.

문제 8 **중소기업 대표자도 핵심인력의 자격으로 가입할 수 있습니까?**

해답 8

내일채움공제는 중소기업 근로자(핵심인력)에게 지급하는 성과보상금(인센티브)이므로 개인기업의 대표자 및 법인기업의 대표이사는 핵심인력의 자격으로는 가입할 수 없습니다.

문제 9 **공제가입 절차 및 구비서류는 어떻게 되나요?**

해답 9

내일채움공제는 중소기업진흥공단 지역본(지)부 방문 가입 및 홈페이지를 통한 온라인 가입이 모두 가능합니다.

* 방문가입: 중소기업진흥공단 전국 지역본(지)부 방문 〉 청약서 작성 · 접수
* 온라인가입: 홈페이지 공인인증서 로그인 〉 청약서 작성 · 접수

문제 10 **계약을 중도해지 하려면 어떻게 해야 합니까?**

해답 10

공제에 가입한 중소기업과 핵심인력은 필요한 경우 공제계약을 중도해지할 수 있습니다. 해지신청은 관할 지역본(지)부를 통해 서면으로 신청하실 수 있으며, 중도해지 환급금청구서에는 중소기업 및 핵심인력의 서명 또는 날인이 반드시 필요합니다. 다만, 다음의 경우에는 공제계약이 자동으로 해지됩니다.

* 중소기업의 휴 · 폐업, 부도, 근로자의 사망 등 공제계약의 유지가 불가능한 경우
* 공제부금을 연속하여 6개월 이상 미납한 경우

문제 11 **공제계약의 연장 및 재가입이 가능한가요?**

해답 11

내일채움공제는 5년 만기이며 가입기간의 단축 및 연장은 불가합니다. 다만, 만기 또는 중도해지 후 재가입이 가능하며, 만기 공제금 수령 후 재가입 시에는 가입기간을 3년~5년으로 선택 가능합니다.

문제 12 **핵심인력납입금 및 기업기여금의 비율은 어떻게 되나요?**

해답 12

핵심인력(근로자)납입금 대 기업기여금의 비율은 1:2 이상이어야 합니다.
(핵심인력 12만원 납입 시 기업 최소 24만원 이상 납입)

문제 13 **공제부금의 납부는 자동이체만 가능한가요?**

해답 13

공제부금은 납부일(매월 5일, 15일, 25일 중 선택)에 자동이체방식으로 수납 처리되며, 자동이체 지정일에 미납된 공제부금은 다음 납부일까지 총 3회에 한하여 자동이체로 수납합니다. (자동이체 납부일이 공휴일인 경우 다음 영업일에 수납처리)

* (ex) 공제부금 납부일이 매월 15일일 경우, 당월 25일 및 익월 5일까지 자동이체로 수납처리. 단, 3회까지 납부하지 않을 경우 해당 월의 공제부금은 미납 처리됩니다.

문제 14 **공제부금에 대한 지급이자율은 어떻게 결정됩니까?**

해답 14

공제부금에 대한 지급이자율은 매년 자산운용위원회의 심의·의결에 따라 결정되며, 홈페이지를 통해 공지하여 드립니다.

문제 15 **공제부금 납입금액의 변경이 가능한가요?**

해답 15

핵심인력 및 중소기업의 자금사정 등에 따라 계약금액의 증액 또는 감액이 가능하며, 월 납입금액의 조정은 최초 가입일로부터 3개월이 경과한 시점부터 가능합니다. 다만, 납입금액 비율은 1:2 이상을 유지하여야 하며(1:3, 1:4 등 기업부담금 비율 상향 조정은 가능하지만, 1:1 등 하향조정은 불가) 5년간 최소 가입금액(2,000구좌) 이하로는 감액할 수 없습니다.

문제 16 **공제부금 납입이 지연(미납)되면 불이익이 있나요?**

해답 16

공제부금이 연속 6개월 이상 미납되면 해당 공제계약은 해지되며, 기업의 신규청약도 제한됩니다.

문제 17 **핵심인력의 휴직기간 동안 공제금의 납부 중지(유예)가 가능한가요?**

해답 17

공제부금은 다음의 경우에 한하여 납부중지가 가능합니다.

1. 핵심인력의 병역의무 이행(해당 기간)
2. 중소기업의 재해로 인한 납부 중지(최대 6개월)
3. 핵심인력의 입원치료로 인한 납부 중지(최대 6개월)

기타사유에 의한 공제부금의 연속 6개월 이상 미납 시 공제계약은 해지됩니다.

문제 18 납부한 공제부금은 예금자보호법에 따라 보호받을 수 있나요?

해답 18

예금자보호법에 따라 5,000만원까지 보호받을 수 있는 대상은 "예금자보호법" 제2조에 따른 금융기관(은행, 증권사, 상호저축은행 등)의 금융상품에 한하여 적용됩니다. 내일채움공제는 "예금자보호법"의 적용대상은 아니지만, 「중소기업인력지원특별법」에 따라 정부가 설치한 기금으로, 기금의 관리・운용에 대하여 주무관청(중소기업청)의 관리・감독을 받고 있으며, 「중소기업진흥에 관한 법률」 제68조에 의해 설립된 준정부기관인 중소기업진흥공단이 안전하게 관리・운용하고 있습니다.

문제 19 공제금 수령 절차 및 구비서류는 어떻게 되나요?

해답 19

공제부금의 만기해지(또는 중도해지) 시 중소기업진흥공단 지역본(지)부 방문 또는 내일채움공제 홈페이지를 통해 공제금의 지급을 서면으로 청구하실 수 있습니다(단, 중도해지는 방문신청만 가능).

문제 20 공제계약의 중도해지 시 해지환급금은 어떻게 지급되나요?

해답 20

공제계약 중도해지 시, 핵심인력납입금 및 중소기업기여금은 중도해지 이자를 가산하여 각각 지급합니다. 단, 다음의 사유에 의한 중도해지 시 해지환급금은 아래와 같이 지급합니다.

<table>
<tr><th colspan="2" rowspan="2">공제계약 해지사유</th><th colspan="2">해지환급금의 수급권자</th></tr>
<tr><th>중소기업 기여금 및 해지 이자</th><th>핵심인력 납입금 및 해지 이자</th></tr>
<tr><td rowspan="4">① 중소기업 귀책에 따른 해지</td><td>중소기업기여금을 연속 6개월 이상 미납</td><td rowspan="4">핵심인력</td><td rowspan="9">핵심인력</td></tr>
<tr><td>기업의 휴/폐업, 도산</td></tr>
<tr><td>임금삭감 가입, 임금인상분 대체지급</td></tr>
<tr><td>권고사직, 명예퇴직, 불공정 계약파기</td></tr>
<tr><td rowspan="3">② 핵심인력 귀책에 따른 해지</td><td>핵심인력납입금을 연속 6개월 이상 미납</td><td rowspan="3">중소기업</td></tr>
<tr><td>핵심인력의 자진퇴사</td></tr>
<tr><td>배임/횡령 등 불법행위에 따른 징계해고</td></tr>
<tr><td rowspan="2">③ 기타</td><td>중소기업과 핵심인력이 동시에 공제부금을 연속 6개월 이상 미납</td><td>중소기업</td></tr>
<tr><td>핵심인력의 사망, 업무상 재해로 인한 해지</td><td>핵심인력</td></tr>
</table>

문제 21 **공제 가입자에 대한 세제혜택이 있나요?**

해답 21

공제에 가입한 중소기업의 납입금에 대해서는 전액 손금(비용)으로 인정되며, 추가로 연구·인력개발비 세액공제(당해 연도 발생액의 25% 또는 직전 연도 대비 증가액의 50%)가 적용됩니다.

문제 22 **중도해지 시, 중소기업이 수혜받은 세제혜택은 어떻게 되나요?**

해답 22

핵심인력 귀책에 따른 중도해지 시, 기업납입금에 대하여 이미 적용받은 세제혜택은 국세청이 정하는 요구 절차에 따라 환급 정산토록 조치될 수 있습니다(관련세법 참조). 이 경우, 중소기업진흥공단은 중도해지 내역 등을 국세청에 통지할 수 있습니다.

문제 23 **핵심인력의 공제부금 만기 수령 시 세금이 부과되나요?**

해답 23

공제부금의 만기 시 핵심인력은 본인납입금 이외에도 기업기여금 및 복리이자를 합산한 금액을 수령하게 되며, 기업기여금 및 복리이자는 핵심인력의 근로소득 및 이자소득에 해당되어 과세대상에 포함됩니다.

문제 24 **내일채움공제 홈페이지 회원가입 시 아이디, 비밀번호 등록이 필요한가요?**

해답 24

내일채움공제 홈페이지는 회원의 아이디, 비밀번호 등록 없이 공인인증서 로그인으로 청약신청 및 납부내역 확인 등 각종 조회가 가능합니다.

문제 25 **공제가입기간 중 기업이 법인전환, 합병, 분할하면 공제계약은 어떻게 됩니까?**

해답 25

개인기업의 법인전환 또는 기업의 합병 및 분할, 영업양수도 등에 따라 공제계약자가 변경될 경우 중소기업진흥공단 지역본(지)부 방문 또는 내일채움공제 홈페이지에서 계약자변경신청서를 작성하여 변경승인 요청을 하셔야 합니다.

문제 26 **공제계약을 취소할 수 있습니까?**

해답 26

공제계약은 최초납입금 납부 후 15일 이내에 취소가 가능하며, 중소기업진흥공단 지역본부 방문 또는 내일채움공제 홈페이지를 통해 서면으로 계약취소 신청을 하실 수 있습니다. 이 경우 기업 및 핵심인력이 납부한 납입금은 반환됩니다. 또한, 최초납입금 납부 이전에는 청약의 철회가 가능합니다.

문제 27 공제가입 시 핵심인력의 기존임금 삭감 또는 임금 인상분 대체지급 방식의 가입이 허용되나요?

해답 27

내일채움공제는 중소기업 근로자의 저임금, 저복지, 저인식에 따른 이직 폐해를 줄이기 위하여 중소기업의 우수 직무기여자에 대한 장기재직 성과보상금(인센티브)을 지급하는 제도입니다. 따라서, 기존 임금의 삭감 가입 및 임금 인상분 대체지급 등은 동 제도의 본래 정책취지인 장기재직 촉진과 무관한 부당활용 행위로서 약관상 금지하고 있으며, 임금후퇴 방식 가입 확인 시 기업의 귀책에 따른 중도해지 사유로 인정됩니다.

문제 28 중소기업기여금은 핵심인력의 통상임금에 포함되나요?

해답 28

중소기업기여금은 근로제공 이외에 '5년 이상 재직'의 추가적인 조건이 충족되어야 지급되는 인센티브로 고정성이 없어 통상임금에 해당하지 않습니다.

문제 29 기업납입금에 대한 회계처리는 어떤 계정과목으로 해야 하나요?

해답 29

회사부담금의 회계처리 계정과목은 손익계산서상 "연구인력개발비" 또는 "인력개발비" 항목으로 처리하시는 것이 가장 적정합니다. 회사부담금은 근로자의 장기재직 성과보상금으로서 인건비(성과급)의 일종으로 볼 수 있지만, 법인세법 시행령 손비인정 범위 조항, 소득세법 시행령 필요경비 인정 범위 조항에서 인건비 또는 종업원의 급여, 복리후생비 내역과 별도로 구분하여 표시하고 있으며, 조세특례제한법 시행령 및 시행규칙상 연구인력개발비 세액공제 인정 조항에서도 인건비가 아닌 "인력개발비"로 따로 구분하고 있습니다.

회계처리와 세무처리가 반드시 일치할 필요는 없지만, 일반적인 인건비와 구분하여 회계처리를 하게 되면, 추후 세무처리 시 연구·인력개발비 세액공제를 보다 명확히 적용할 수 있습니다.

■조세특례제한법 시행규칙 [별지 제10호의6서식](2023.3.20 개정)

중소기업 청년근로자 및 핵심인력 성과보상기금 수령액에 대한 소득세 감면신청서

1. 신청인	①성명	② 주민등록번호	
	③주소	④근로자 유형	[ ] 청년(15세~34세) [ ] 그 외

2. 중소기업 청년근로자 및 핵심인력 성과보상기금 가입 기간(5년)	
⑤ 가 입 일	년 월 일
⑥ 종 료 일	년 월 일

3. 중소기업 청년근로자 및 핵심인력 성과보상기금에서 만기 시 수령한 공제금	
⑦ 총 수령 금액	원
- ⑧ 기업이 부담한 기여금(감면대상)	원
- ⑨ 근로자가 납부한 공제납입금(旣 과세)	원
- ⑩ 그 외 금액(이자소득세 과세)	원

「조세특례제한법」 제29조의6제1항 및 같은 법 시행령 제26조의6제4항에 따라 위와 같이 중소기업 청년근로자 및 핵심인력 성과보상기금 수령액에 대한 소득세 감면을 신청합니다.

년 월 일

신청인

(서명 또는 인)

원천징수의무자 귀하

첨부서류	중소기업 청년근로자 및 핵심인력 성과보상기금에서 공제납입금을 수령하였다는 것을 증명하는 서류 1부	수수료 없 음

유 의 사 항

1. 감면신청서를 사실과 다르게 신청하는 경우에는 부당하게 감면받은 세액에 가산세를 가산하여 추징하게 됩니다.
2. 감면을 신청한 경우 청년근로자 및 핵심인력 성과보상기금 만기 시 수령한 공제금 중 기업이 부담한 기여금에 대해 중소기업의 경우 소득세의 50%(청년근로자 90%), 중견기업의 경우 30%(청년근로자 50%)를 감면받을 수 있습니다.

210mm× 297mm[백상지 80g/㎡ 또는 중질지 80g/㎡]

■ 조세특례제한법 시행규칙 [별지 제10호의7서식] (2023.12.29. 개정)

중소기업 청년근로자 및 핵심인력 성과보상기금 수령액에 대한 소득세 감면 대상 명세서

<table>
<tr><td rowspan="2">1. 원천징수의무자</td><td>상 호</td><td colspan="2">사업자등록번호</td></tr>
<tr><td>사업장소재지
(전화번호:)</td><td>원천징수의무자 유형</td><td>[ ] 중소기업
[ ] 중견기업</td></tr>
</table>

2. 감면 적용 대상자 명단

<table>
<tr><td rowspan="2">성 명</td><td rowspan="2">주민 등록번호</td><td rowspan="2">중소기업 청년근로자 및 핵심인력 성과보상 기금 가입일</td><td rowspan="2">중소기업 청년근로자 및 핵심인력 성과보상 기금 종료일</td><td rowspan="2">만기 시 수령한 공제금 중 기업이 부담한 기여금</td><td>근로자 유형</td></tr>
<tr><td>1. 청년(15세~34세)
2. 그 외</td></tr>
<tr><td></td><td></td><td></td><td></td><td></td><td></td></tr>
<tr><td></td><td></td><td></td><td></td><td></td><td></td></tr>
<tr><td></td><td></td><td></td><td></td><td></td><td></td></tr>
<tr><td></td><td></td><td></td><td></td><td></td><td></td></tr>
<tr><td></td><td></td><td></td><td></td><td></td><td></td></tr>
<tr><td></td><td></td><td></td><td></td><td></td><td></td></tr>
</table>

「조세특례제한법」 제29조의6제1항 및 같은 법 시행령 제26조의6제5항에 따라 중소기업 청년근로자 및 핵심인력 성과보상기금 수령액에 대한 소득세 감면 대상 명세서를 제출합니다.

년 월 일

원천징수의무자 (서명 또는 인)

세무서장 귀하

작성방법

1. 만기 시 수령한 공제금 중 기업이 부담한 기여금란에는 기업이 해당 청년근로자 및 핵심인력을 위하여 성과보상기금 가입일부터 종료일까지 성과보상기금에 부담한 기여금 총액을 적습니다.
2. 근로자 유형란에는 청년(15세~34세)에 해당하는 경우는 '1'을 적고, 그 외의 경우는 '2'를 적습니다.

210mm× 297mm[백상지 80g/㎡ 또는 중질지 80g/㎡]

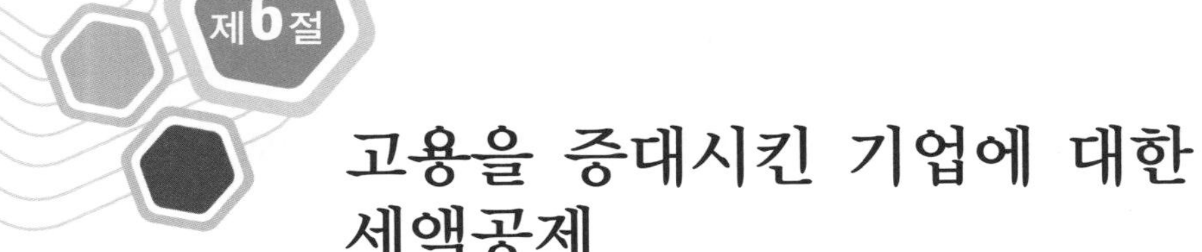

제6절 고용을 증대시킨 기업에 대한 세액공제

1 개요

내국인(소비성서비스업 등 일정 업종을 경영하는 내국인은 제외)의 2024년 12월 31일이 속하는 과세연도까지의 기간 중 해당 과세연도의 일정요건에 해당하는 상시근로자(이하 "상시근로자"라 한다)의 수가 직전 과세연도의 상시근로자의 수보다 증가한 경우에는 일정 금액을 해당 과세연도와 해당 과세연도의 종료일부터 1년(중소기업 및 중견기업의 경우에는 2년)이 되는 날이 속하는 과세연도까지의 소득세(사업소득에 대한 소득세만 해당한다) 또는 법인세에서 공제한다(조특법 제29조의7 제1항).

2 공제대상 등

(1) 공제대상 기업

「법인세법」에 따른 내국법인과 「소득세법」에 따른 거주자 모두 공제대상이다. 단, 다음의 소비성서비스업은 제외한다.

1. 호텔업 및 여관업(「관광진흥법」에 따른 관광숙박업은 제외)
2. 주점업(일반유흥주점업, 무도유흥주점업 및 「식품위생법 시행령」 제21조에 따른 단란주점 영업만 해당하되, 「관광진흥법」에 따른 외국인전용유흥음식점업 및 관광유흥음식점업은 제외)
3. 그 밖에 오락·유흥 등을 목적으로 하는 사업으로서 기획재정부령으로 정하는 사업

(2) 세액공제 요건 및 금액

2024년 12월 31일이 속하는 과세연도까지의 기간 중 해당 과세연도의 상시근로자의 수가 직전 과세연도의 상시근로자의 수보다 증가한 경우에는 다음에 따른 금액을 더한 금액을 해당 과세연도와 해당 과세연도의 종료일부터 1년(중소기업 및 중견기업의 경우에는 2년)이 되는 날이 속하는 과세연도까지의 소득세(사업소득에 대한 소득세만 해당한다) 또는 법

인세에서 공제한다.

① 청년 정규직 근로자와 장애인 근로자, 60세 이상인 근로자(이하 "청년 등 상시근로자"라 한다) 상시근로자 수가 증가한 경우

청년 등 상시근로자 수가 증가한 경우에는 다음의 금액을 공제한다.

청년 등 상시근로자 수의 증가한 인원 수 × 400만원(중견기업은 800만원)[주)]

주) 2022년까지는 수도권 밖의 지역의 경우는 500만원(중견기업은 900만원, 중소기업은 1,300만원)

단, 중소기업의 경우에는 다음 각 목에 따른 금액을 공제한다.

가. 수도권 내의 지역에서 증가한 경우: 1,100만원 나. 수도권 밖의 지역에서 증가한 경우: 1,200만원

② 청년 등 상시근로자 외 상시근로자 수가 증가한 경우

청년 등 상시근로자 외 상시근로자 수가 증가한 경우에는 다음의 금액을 공제한다.

청년 등 상시근로자 외 상시근로자 수의 증가한 인원 수 × 0원(중견기업은 450만원)

단, 중소기업의 경우에는 다음 각 목에 따른 금액을 공제한다.

가. 수도권 내의 지역에서 증가한 경우: 700만원 나. 수도권 밖의 지역에서 증가한 경우: 770만원

(3) 상시근로자 등의 범위

① 상시근로자 범위

상시근로자는 「근로기준법」에 따라 근로계약을 체결한 내국인 근로자로 한다. 다만, 다음 각 호의 어느 하나에 해당하는 사람은 제외한다(조특령 제26조의7 제2항, 제23조 제10항).

1. 근로계약기간이 1년 미만인 근로자. 다만, 근로계약의 연속된 갱신으로 인하여 그 근로계약의 총기간이 1년 이상인 근로자는 상시근로자로 봄.
2. 「근로기준법」 제2조 제1항 제9호에 따른 단시간근로자. 다만, 1개월간의 소정근로시간이 60시간 이상인 근로자는 상시근로자로 봄.
3. 「법인세법 시행령」 제40조 제1항 각 호의 어느 하나에 해당하는 임원
4. 해당 기업의 최대주주 또는 최대출자자(개인사업자의 경우에는 대표자를 말함)와 그 배우자
5. 제4호에 해당하는 자의 직계존비속(그 배우자를 포함) 및 「국세기본법 시행령」 제1조의2 제1항에 따른 친족관계인 사람
6. 「소득세법 시행령」 제196조에 따른 근로소득원천징수부에 의하여 근로소득세를 원천징수한 사실이 확인되지 아니하고, 다음 각 목의 어느 하나에 해당하는 금액의 납부사실도 확인되지 아니하는 자
   가. 「국민연금법」 제3조 제1항 제11호 및 제12호에 따른 부담금 및 기여금
   나. 「국민건강보험법」 제69조에 따른 직장가입자의 보험료

② 청년 등 상시근로자 범위

청년 등 상시근로자란 상시근로자 중 다음 각 호의 어느 하나에 해당하는 사람을 말한다.

1. 15세 이상 29세 이하인 사람 중 다음 각 목의 어느 하나에 해당하는 사람을 제외한 사람. 다만, 해당 근로자가 조특령 제27조 제1항 제1호 각 목의 어느 하나에 해당하는 병역[주1)]을 이행한 경우에는 그 기간(6년을 한도로 한다)을 현재 연령에서 빼고 계산한 연령이 29세 이하인 사람을 포함한다.
   가. 「기간제 및 단시간근로자 보호 등에 관한 법률」에 따른 기간제근로자 및 단시간근로자
   나. 「파견근로자보호 등에 관한 법률」에 따른 파견근로자
   다. 「청소년 보호법」 제2조 제5호 각 목에 따른 업소[주2)]에 근무하는 만 19세 미만인 청소년
2. 「장애인복지법 」의 적용을 받는 장애인과 「국가유공자 등 예우 및 지원에 관한 법률」에 따른 상이자, 「5 · 18민주유공자예우 및 단체설립에 관한 법률」 제4조 제2호에 따른 5·18민주화운동부상자와 「고엽제후유의증 등 환자지원 및 단체설립에 관한 법률」 제2조 제3호에 따른 고엽제후유의증환자로서 장애등급 판정을 받은 사람
3. 근로계약 체결일 현재 연령이 60세 이상인 사람

주1) 조특령 제27조 제1항 제1호 각 목은 다음과 같다.
가. 「병역법」 제16조 또는 제20조에 따른 현역병(같은 법 제21조, 제25조에 따라 복무한 상근예비역 및 의무경찰 · 의무소방원을 포함한다)

나. 「병역법」 제26조 제1항에 따른 사회복무요원
다. 「군인사법」 제2조 제1호에 따른 현역에 복무하는 장교, 준사관 및 부사관

주2) 「청소년 보호법」 제2조 제5호 내용은 다음과 같다.

5. “청소년유해업소”란 청소년의 출입과 고용이 청소년에게 유해한 것으로 인정되는 다음 가목의 업소(이하 “청소년 출입·고용금지업소”라 한다)와 청소년의 출입은 가능하나 고용이 청소년에게 유해한 것으로 인정되는 다음 나목의 업소(이하 “청소년고용금지업소”라 한다)를 말한다. 이 경우 업소의 구분은 그 업소가 영업을 할 때 다른 법령에 따라 요구되는 허가·인가·등록·신고 등의 여부와 관계없이 실제로 이루어지고 있는 영업행위를 기준으로 한다.

가. 청소년 출입·고용금지업소
1) 「게임산업진흥에 관한 법률」에 따른 일반게임제공업 및 복합유통게임제공업 중 대통령령으로 정하는 것
2) 「사행행위 등 규제 및 처벌 특례법」에 따른 사행행위영업
3) 「식품위생법」에 따른 식품접객업 중 대통령령으로 정하는 것
4) 「영화 및 비디오물의 진흥에 관한 법률」 제2조 제16호에 따른 비디오물감상실업·제한관람가비디오물소극장업 및 복합영상물제공업
5) 「음악산업진흥에 관한 법률」에 따른 노래연습장업 중 대통령령으로 정하는 것
6) 「체육시설의 설치·이용에 관한 법률」에 따른 무도학원업 및 무도장업
7) 전기통신설비를 갖추고 불특정한 사람들 사이의 음성대화 또는 화상대화를 매개하는 것을 주된 목적으로 하는 영업. 다만, 「전기통신사업법」 등 다른 법률에 따라 통신을 매개하는 영업은 제외한다.
8) 불특정한 사람 사이의 신체적인 접촉 또는 은밀한 부분의 노출 등 성적 행위가 이루어지거나 이와 유사한 행위가 이루어질 우려가 있는 서비스를 제공하는 영업으로서 청소년보호위원회가 결정하고 여성가족부장관이 고시한 것
9) 청소년유해매체물 및 청소년유해약물등을 제작·생산·유통하는 영업 등 청소년의 출입과 고용이 청소년에게 유해하다고 인정되는 영업으로서 대통령령으로 정하는 기준에 따라 청소년보호위원회가 결정하고 여성가족부장관이 고시한 것
10) 「한국마사회법」 제6조 제2항에 따른 장외발매소
11) 「경륜·경정법」 제9조 제2항에 따른 장외매장

나. 청소년고용금지업소
1) 「게임산업진흥에 관한 법률」에 따른 청소년게임제공업 및 인터넷컴퓨터게임시설제공업
2) 「공중위생관리법」에 따른 숙박업, 목욕장업, 이용업 중 대통령령으로 정하는 것
3) 「식품위생법」에 따른 식품접객업 중 대통령령으로 정하는 것
4) 「영화 및 비디오물의 진흥에 관한 법률」에 따른 비디오물소극장업
5) 「화학물질관리법」에 따른 유해화학물질 영업. 다만, 유해화학물질 사용과 직접 관련이 없는 영업으로서 대통령령으로 정하는 영업은 제외한다.
6) 회비 등을 받거나 유료로 만화를 빌려 주는 만화대여업
7) 청소년유해매체물 및 청소년유해약물 등을 제작·생산·유통하는 영업 등 청소년의 고용이 청소년에게 유해하다고 인정되는 영업으로서 대통령령으로 정하는 기준에 따라 청소년보호위원회가 결정하고 여성가족부장관이 고시한 것

③ 상시근로자 수 계산

상시근로자 수는 다음의 계산식에 따라 계산한 수(1% 미만의 부분은 없는 것으로 함)로 한다(조특령 제26조의7 제7항).

$$\frac{\text{해당 과세연도의 매월 말 현재 상시근로자 수의 합}}{\text{해당 과세연도의 개월 수}}$$

1개월간의 소정근로시간이 60시간 이상인 단시간근로자 1명은 0.5명으로 하여 계산하되, 다음 각 목의 지원요건을 모두 충족하는 경우에는 0.75명으로 하여 계산한다(조특령 제26조의7 제8항, 제23조 제11항 각 호 외의 부분 후단 및 제11항 제2호).

가. 해당 과세연도의 상시근로자 수(1개월간의 소정근로시간이 60시간 이상인 단시간근로자는 제외)가 직전 과세연도의 상시근로자 수(1개월간의 소정근로시간이 60시간 이상인 단시간근로자는 제외)보다 감소하지 아니하였을 것
나. 기간의 정함이 없는 근로계약을 체결하였을 것
다. 상시근로자와 시간당 임금(「근로기준법」 제2조 제1항 제5호에 따른 임금, 정기상여금・명절상여금 등 정기적으로 지급되는 상여금과 경영성과에 따른 성과금을 포함한다), 그 밖에 근로조건과 복리후생 등에 관한 사항에서 「기간제 및 단시간근로자 보호 등에 관한 법률」 제2조 제3호에 따른 차별적 처우가 없을 것
라. 시간당 임금이 「최저임금법」 제5조에 따른 최저임금액의 130%(중소기업의 경우에는 120%) 이상일 것

④ 청년 등 상시근로자 수 계산

청년 등 상시근로자 수는 다음의 계산식에 따라 계산한 수(1% 미만의 부분은 없는 것으로 함)로 한다.

$$\frac{\text{해당 과세연도의 매월 말 현재 청년 등 상시근로자 수의 합}}{\text{해당 과세연도의 개월 수}}$$

⑤ 창업 등의 경우

해당 과세연도에 창업 등을 한 내국인의 경우에는 조세특례제한법 시행령 제23조 제13항을 준용한다(조특령 제26조의7 제9항).

참고

조세특례제한법 시행령 제23조 제13항

⑬ 해당 과세연도에 창업 등을 한 내국인의 경우에는 다음 각 호의 구분에 따른 수를 직전 또는 해당 과세연도의 상시근로자 수로 본다.

1. 창업(법 제6조 제10항 제1호부터 제3호까지의 규정에 해당하는 경우는 제외한다)한 경우의 직전 과세연도의 상시근로자 수: 0
2. 법 제6조 제10항 제1호(합병·분할·현물출자 또는 사업의 양수 등을 통하여 종전의 사업을 승계하는 경우는 제외한다)부터 제3호까지의 어느 하나에 해당하는 경우의 직전 과세연도의 상시근로자 수: 종전 사업, 법인전환 전의 사업 또는 폐업 전의 사업의 직전 과세연도 상시근로자 수
3. 다음 각 목의 어느 하나에 해당하는 경우의 직전 또는 해당 과세연도의 상시근로자 수: 직전 과세연도의 상시근로자 수는 승계시킨 기업의 경우에는 직전 과세연도 상시근로자 수에 승계시킨 상시근로자 수를 뺀 수로 하고, 승계한 기업의 경우에는 직전 과세연도 상시근로자 수에 승계한 상시근로자 수를 더한 수로 하며, 해당 과세연도의 상시근로자 수는 해당 과세연도 개시일에 상시근로자를 승계시키거나 승계한 것으로 보아 계산한 상시근로자 수로 한다.
   가. 해당 과세연도에 합병·분할·현물출자 또는 사업의 양수 등에 의하여 종전의 사업부문에서 종사하던 상시근로자를 승계하는 경우
   나. 제11조 제1항에 따른 특수관계인으로부터 상시근로자를 승계하는 경우

3 세액공제신청 및 추징 등

(1) 세액공제 신청

① 공제신청

해당 과세연도의 과세표준 신고를 할 때 세액공제신청서 및 공제세액계산서를 제출하여야 한다.

② 세액공제와 중복 적용

다른 세액공제와도 중복 적용된다.

③ 세액감면과 중복 적용

조세특례제한법 제6조(창업중소기업 등에 대한 세액감면) 제7항에 따라 소득세 또는 법

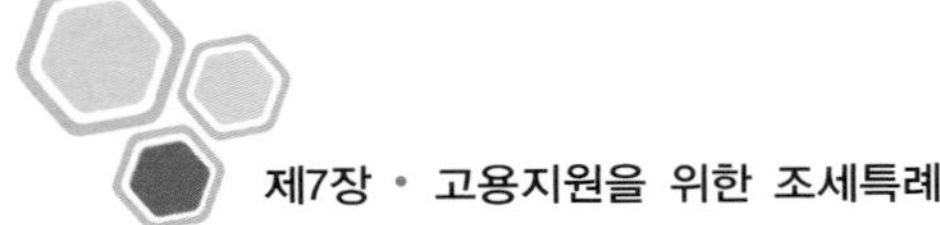

인세를 감면받는 경우에는 중복 적용하지 아니한다(조특법 제127조 제4항 단서).

(2) 세액공제 추징

① 추가공제 배제

소득세 또는 법인세를 공제받은 내국인이 공제를 받은 과세연도의 종료일부터 2년이 되는 날이 속하는 과세연도의 종료일까지의 기간 중 전체 상시근로자의 수가 최초로 공제를 받은 과세연도에 비하여 감소한 경우에는 감소한 과세연도부터 다음의 ㉠과 ㉡를 적용하지 아니하고, 청년 등 상시근로자의 수가 최초로 공제를 받은 과세연도에 비하여 감소한 경우에는 감소한 과세연도부터 다음의 ㉠을 적용하지 아니한다(조특법 제29조의7 제2항, 조특령 제26조의7 제5항).

㉠ 청년 등 상시근로자 수 증가에 대한 세액공제
㉡ 청년 등 상시근로자 수 외의 상시근로자 수 증가에 대한 세액공제

② 추가납부세액

이 경우 납부하여야 할 소득세액 또는 법인세액은 다음의 구분에 따라 계산한 금액으로 하며, 이를 해당 과세연도의 과세표준을 신고할 때 소득세 또는 법인세로 납부하여야 한다(조특령 제26조의7 제5항). 이때 최초로 공제받은 과세연도에 청년 등 상시근로자에 해당한 자는 이후 과세연도에도 청년 등 상시근로자로 보아 청년 등 상시근로자 수를 계산한다(조특령 제26조의7 제6항).

1) 최초로 공제받은 과세연도의 종료일부터 1년이 되는 날이 속하는 과세연도의 종료일까지의 기간 중 최초로 공제받은 과세연도보다 상시근로자 수 또는 청년 등 상시근로자 수가 감소하는 경우: 다음의 구분에 따라 계산한 금액(해당 과세연도의 직전 1년 이내의 과세연도에 공제받은 세액을 한도로 한다)

가) 상시근로자 수가 감소하는 경우: 다음의 구분에 따라 계산한 금액

구 분	납부세액
㉠ 청년 등 상시근로자의 감소한 인원 수가 상시근로자의 감소한 인원 수 이상인 경우	[최초로 공제받은 과세연도 대비 청년 등 상시근로자의 감소한 인원 수(최초로 공제받은 과세연도에 청년 등 상시근로자의 증가한 인원 수를 한도로 한다) − 상시근로자의 감소한 인원 수] × (제1호의 금액[주1] − 제2호의 금액[주2]) + (상시근로자의 감소한 인원 수 × 제1호의 금액)

구 분	납부세액
㉡ 그 밖의 경우	[최초로 공제받은 과세연도 대비 청년 등 상시근로자의 감소한 인원 수(상시근로자의 감소한 인원 수를 한도로 한다)×제1호의 금액] + [최초로 공제받은 과세연도 대비 청년 등 상시근로자 외 상시근로자의 감소한 인원(상시근로자의 감소한 인원 수를 한도로 한다)×제2호의 금액]

주1) ❷ 공제대상 등 (2) 세액공제 요건 및 금액의 ①에 따라 공제받은 금액
주2) ❷ 공제대상 등 (2) 세액공제 요건 및 금액의 ②에 따라 공제받은 금액

나) 상시근로자 수는 감소하지 않으면서 청년 등 상시근로자 수가 감소한 경우: 최초로 공제받은 과세연도 대비 청년 등 상시근로자의 감소한 인원 수(최초로 공제받은 과세연도에 청년 등 상시근로자의 증가한 인원 수를 한도로 한다)×(제1호의 금액－제2호의 금액)

2) "1)"에 따른 기간의 다음 날부터 최초로 공제받은 과세연도의 종료일부터 2년이 되는 날이 속하는 과세연도의 종료일까지의 기간 중 최초로 공제받은 과세연도보다 상시근로자 수 또는 청년 등 상시근로자 수가 감소하는 경우: 다음의 구분에 따라 계산한 금액("1)"에 따라 계산한 금액이 있는 경우 그 금액을 제외하며, 해당 과세연도의 직전 2년 이내의 과세연도에 공제받은 세액의 합계액을 한도로 한다)

가) 상시근로자 수가 감소하는 경우: 다음의 구분에 따라 계산한 금액

구 분	납부세액
㉠ 청년 등 상시근로자의 감소한 인원 수가 상시근로자의 감소한 인원 수 이상인 경우	[최초로 공제받은 과세연도 대비 청년 등 상시근로자의 감소한 인원 수(최초로 공제받은 과세연도에 청년 등 상시근로자의 증가한 인원 수를 한도로 한다)－상시근로자의 감소한 인원 수]×(제1호의 금액－제2호의 금액)×직전 2년 이내의 과세연도에 공제받은 횟수+(상시근로자의 감소한 인원 수×제1호의 금액×직전 2년 이내의 과세연도에 공제받은 횟수)
㉡ 그 밖의 경우	최초로 공제받은 과세연도 대비 청년 등 상시근로자 및 청년 등 상시근로자 외 상시근로자의 감소한 인원 수(상시근로자의 감소한 인원 수를 한도로 한다)에 대해 직전 2년 이내의 과세연도에 공제받은 세액의 합계액

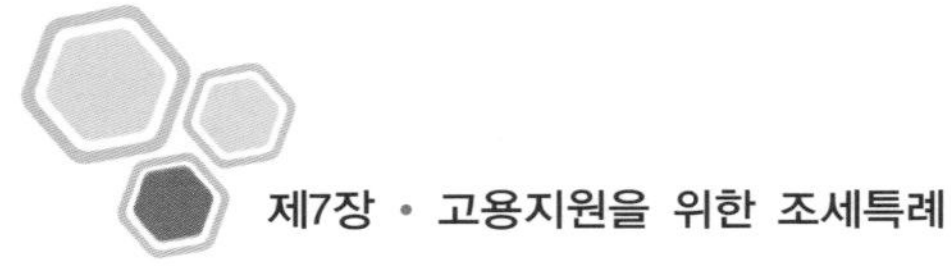

나) 상시근로자 수는 감소하지 않으면서 청년 등 상시근로자 수가 감소한 경우: 최초로 공제받은 과세연도 대비 청년 등 상시근로자의 감소한 인원 수(최초로 공제받은 과세연도에 청년 등 상시근로자의 증가한 인원 수를 한도로 한다)×(제1호의 금액－제2호의 금액)×직전 2년 이내의 과세연도에 공제받은 횟수

③ 2020년 고용 감소에 따른 유예적용

2020년에 고용 감소가 있는 경우에는 다음과 같이 2020년은 추가공제 및 고용 감소에 따른 추가 납부 적용을 유예했다가 2021년부터 적용하는 것으로 개정됐다.

㉠ 2020년 12월 31일이 속하는 과세연도

소득세 또는 법인세를 공제받은 내국인이 2020년 12월 31일이 속하는 과세연도의 전체 상시근로자의 수 또는 청년등 상시근로자의 수가 최초로 공제받은 과세연도에 비하여 감소한 경우에는 최초로 공제받은 과세연도의 종료일부터 3년이 되는 날이 속하는 과세연도의 종료일까지의 기간에 대하여 "(2) 세액공제 추징의 ① 추가공제 배제"에 따른다. 다만, 2020년 12월 31일이 속하는 과세연도에 대해서는 "② 추가납부세액"은 적용하지 않는다.

㉡ 2021년 12월 31일이 속하는 과세연도

"㉠"을 적용받은 내국인이 2021년 12월 31일이 속하는 과세연도의 전체 상시근로자의 수 또는 청년등 상시근로자의 수가 최초로 공제받은 과세연도에 비하여 감소하지 아니한 경우에는 "(2) 세액공제 요건 및 금액의 ①, ②"에 따른 금액을 더한 금액을 2021년 12월 31일이 속하는 과세연도부터 최초로 공제받은 과세연도의 종료일부터 2년(중소기업 및 중견기업의 경우에는 3년)이 되는 날이 속하는 과세연도까지 소득세(사업소득에 대한 소득세만 해당) 또는 법인세에서 공제한다.

㉢ 2022년 12월 31일이 속하는 과세연도

"㉡"을 적용받은 내국인이 2022년 12월 31일이 속하는 과세연도의 전체 상시근로자의 수 또는 청년등 상시근로자의 수가 최초로 공제받은 과세연도에 비하여 감소한 경우에는 최초로 공제받은 과세연도의 종료일부터 3년이 되는 날이 속하는 과세연도의 종료일까지 "(2) 세액공제 추징의 ① 추가공제 배제"에 따른다.

(3) 농특세 과세 및 최저한세

① 농특세 과세

농특세 과세대상이다. 따라서 감면받은 세액의 20%에 상당하는 금액을 당해 본세의 신고・납부서에 당해 본세의 세액과 농어촌특별세의 세액 및 그 합계액을 각각 기재하여 신고・납부하여야 한다.

② **최저한세**

최저한세 대상이다.

4 사후관리

(1) 이월공제

해당 과세연도에 납부할 세액이 없거나 최저한세액에 미달하여 공제받지 못한 부분은 해당 과세연도의 다음 과세연도 개시일부터 10년 이내에 끝나는 각 과세연도에 이월하여 그 이월된 각 과세연도의 소득세(사업소득) 또는 법인세에서 공제한다.

(2) 공제순서

각 과세연도에 공제할 금액과 이월된 미공제 금액이 중복되는 경우에는 이월된 미공제 금액을 먼저 공제하고 그 이월된 미공제 금액 간에 중복되는 경우에는 먼저 발생한 것부터 차례대로 공제한다.

예규 Point

❑ **합병한 경우 고용증대세액공제 적용방법**(기획재정부조세특례-30, 2024.1.15.)

(질의1) 의제사업연도(합병등기일이 속하는 피합병법인의 사업연도)에 합병법인 및 피합병법인의 고용증대세액공제 적용과 관련하여 전년 대비 증가한 상시근로자 수 계산방법

(답변1) -(직전 과세연도) 피합병법인의 직전과세연도 상시근로자수를 가감
-(해당 과세연도) 피합병법인의 의제사업연도 상시근로자수를 가감

(질의2) 의제사업연도에 대한 피합병법인의 1차 연도분 고용증대세액공제(최초공제) 적용 가능 여부

(답변2) 적용 불가

(질의3) 의제사업연도에 대한 피합병법인의 2차・3차 연도분 고용증대세액공제(잔여공제) 적용 가능 여부

(답변3) 적용 불가

❑ **사업의 포괄적 양수도의 경우 양도자의 고용증대 세액공제 이월액의 공제방법**(사전법규소득 2023-574, 2023.11.15.)

2이상의 사업장을 운영하는 개인사업자의 경우 상시근로자의 수는 전체 사업장을 기준으로 계산하는 것임. 양도자의 사업의 양도 전 발생한 고용증대세액공제액 중 「조세특례제한법」 제132조에 따른 소득세 최저한세액에 미달하여 공제받지 못한 부분에 상당하는 금액은, 「조세특례제한법 시행령」 제23조 제13항 제3호 각 목 외의 부분에 따라 사업자별 직전 또는 해당 과세연도의 상시근로자 수를 계산하는 규정에 따라 계산한 양도자의 상시근로자 수가 최초로 공제를 받은 과세연도에 비하여 감소하지 아니한 경우에 같은 법 제144조에 따라 이월하여 공제하는 것임

❑ **사업의 포괄양수도 방법으로 법인전환하는 경우 고용증대세액공제 적용을 위한 상시근로자 수 계산방법**(사전법규소득2022-1052, 2023.10.12.)

사업의 포괄양수도 방법으로 법인전환하는 경우 고용증대세액공제 적용을 위한 상시근로자 수 계산은 조특령 제23조 제13항 제3호가 적용되는 것임

❑ **고용증대세액공제 사후관리 유예규정 적용방법**(기획재정부조세특례-1005, 2023.9.27.)

「조세특례제한법」 제29조의7 제1항에 따라 세액을 공제받은 내국인이 2020년 12월 31일이 속하는 과세연도의 청년등상시근로자 수가 최초로 공제받은 과세연도에 비하여 감소하였으나 전체 상시근로자 수는 유지되었고 그 다음 과세연도에 청년등상시근로자 수 및 전체 상시근로자 수가 최초로 공제받은 과세연도에 비하여 감소한 경우, 2020년 12월 31일이 속하는 과세연도의 다음 과세연도에 동법 시행령 제26조의7 제5항에 따라 계산한 금액을 동법 제29조의7 제5항이 적용되지 않는다면 동법 동조 제2항 후단에 따라 2020년 12월 31일이 속하는 과세연도에 납부하였어야 할 금액을 한도로 하여 납부하여야 하는 것임

❑ **사업의 포괄양수도로 법인전환 후 상시근로자 수가 감소하는 경우 추가납부세액 계산 방법**(사전법규법인2022-1190, 2023.9.25.)

사업의 포괄양수도로 법인전환 후 상시근로자 수가 감소하는 경우 감소한 인원수에 대해 개인사업자가 공제받은 세액과 법인이 공제받은 세액의 합계액을 법인세로 납부

❑ **고용증대세액공제 적용방법**(기획재정부조세특례-906, 2023.8.28.)

(질의1) 「조세특례제한법」 제29조의7 제1항 제1호의 공제(우대공제) 대상인 청년등상시근로자 고용증대 기업이 동법동조항 제2호의 공제(일반공제)를 선택하여 적용할 수 있는지 여부

(답변1) 일반공제 선택 적용 가능

(질의2) 사후관리 기간 중 청년 근로자 수는 감소하고, 그 외 근로자의 수는 증가하여 전체 근로자의 수는 증가 또는 유지한 경우, 잔여 공제기간에 대해 우대공제액이 아닌 일반공제액이 적용되는지 여부

(답변2) 잔여 기간에 대해 일반공제액 적용

(질의3) 일반공제만 신청하여 적용받은 후 '청년등상시근로자 수'와 '청년등상시근로자 외 상시근로자 수'가 모두 감소한 경우 추가 납부세액 계산방법

(답변3) 청년등상시근로자 감소인원에 대해 일반공제액 추가납부

(질의4) '18년 고용증대세액공제 적용 후 '20년 고용감소로 특례규정(「조세특례제한법」 제29

조의7 제5항)에 따라 사후관리를 유예받았으나, '21년에 '20년보다 고용이 감소한 경우 추가납부세액 계산방법

(답변4) '20년에 납부하였어야 할 세액을 한도로 추가납부세액 계산

❑ **청년등상시근로자와 청년등외 상시근로자의 고용증감 인원을 통산하여 증가한 상시근로자의 인원 수를 한도로 쟁점세액공제 대상 상시근로자의 고용증가 인원 수를 산정하는 것으로 하여 청구인의 경정청구를 거부한 처분(부작위)의 당부**(조심2023부6839, 2023.7.21.)

청구법인이 경정청구를 제기한 2019사업연도 당시에는 쟁점규정에 "증가한 상시근로자의 인원 수를 한도로 한다"는 규정이 없었던 점, 2019.12.31. 법률 제16835호로 개정된 조특법의 부칙에서 개정된 쟁점규정에 대해 개별적용례를 규정하지 아니한 채 제1조(시행일)에서 "이 법은 2020년 1월 1일부터 시행한다"고 규정하였고, 제2조(일반적 적용례) 제1항에서 "이 법 중 소득세(양도소득세는 제외한다) 및 법인세에 관한 개정규정은 이 법 시행 이후 개시하는 과세연도분부터 적용한다"고 규정하고 있어 개정된 쟁점규정은 2020.1.1. 이후 개시하는 과세연도분부터 적용되는 것이고, 이 건 경정청구 대상 과세기간인 2019사업연도에는 적용되지 아니하는 것으로 보는 것이 타당한 점, 세액공제 대상 상시근로자 인원 수의 산정에 있어 납세자에게 다소 불리하게 개정된 쟁점규정을 2019사업연도에 대해서도 적용하는 것으로 해석할 경우 소급과세금지의 원칙을 위배할 소지가 있는 점 등에 비추어 처분청이 쟁점세액공제와 관련하여 청구법인의 경정청구를 거부한 처분은 잘못이 있는 것으로 판단됨. 따라서 경정청구 거부처분은 취소됨.

❑ **'18년도에 최초로 고용증대세액공제를 받은 경우 사후관리 기준이 '공제를 받은 직전 과세연도('17년도)'의 상시근로자 수인지, 또는 '최초로 공제를 받은 과세연도('18년도)'의 상시근로자 수인지 여부**(기획재정부조세특례-679, 2023.7.4.)

「조세특례제한법」 제29조의7(2019.12.31. 법률 제16835호로 개정되기 전의 것)에 따라 2018년 최초로 고용증대세액공제 적용을 받은 경우에 대한 사후관리 규정 적용은 법률 제16835호 「조세특례제한법」 일부개정법률 제29조의7 제2항 및 같은 법 부칙 제17조에 따라 최초로 공제를 받은 과세연도를 기준으로 판단하는 것임.

❑ **사업양수로 종전사업을 승계한 경우 고용증대세액공제 등의 잔여기간 공제 적용 여부**(사전법규법인2023-149, 2023.6.27.)

거주자가 「조세특례제한법」 제29조의7에 따른 고용을 증대시킨 기업에 대한 세액공제 및 같은 법 제30조의4에 따른 중소기업 사회보험료 세액공제를 적용받은 후 영위하던 사업을 법인에 사업의 양수도를 통해 승계시킨 경우 해당 사업을 양수한 법인은 거주자의 잔여 공제연도에 대하여 고용증대세액공제 및 중소기업 사회보험료 세액공제를 승계하여 적용받을 수 없는 것임.

❑ **고용증대 세액공제 등의 최저한세 이월액을 사업 양도 후 계속 적용받을 수 있는지**(사전법규소득2023-267, 2023.6.22.)

거주자의 특정한 사업과 관련하여 발생한 「조세특례제한법」 제29조의7 및 같은 법 제30조의

4에 따라 공제할 세액 중 해당 과세연도에 같은 법 제132조에 따른 소득세 최저한세액에 미달하여 공제받지 못한 부분에 상당하는 금액은, 위 사업에 관한 일체의 권리와 의무를 포괄적으로 양도하더라도 같은 법 제29조의7 제2항 및 같은 법 제30조의4 제2항에 해당하지 않는 경우에는 같은 법 제144조 제1항에 따라 이월하여 공제하는 것임.

❑ **정년퇴직 후 재(再)고용된 60세 이상의 근로자가 「청년 등 상시근로자」에 해당하는지 여부** (서면법규법인2022-3940, 2023.6.15.)

정년퇴직으로 근로관계가 실질적으로 단절된 후, 「근로기준법」에 따라 새로운 근로계약을 체결(근로계약기간 1년 이상)한 경우, 계약 체결일 현재 60세 이상인 경우에는 청년등 상시근로자에 해당함.

❑ **2022과세연도에 대해 고용증대세액공제를 적용한 중소기업이 2023년 이후 과세연도에 대한 세액공제 방법**(서면법인2023-1263, 2023.6.8.)

중소기업이 2022년에 고용증대세액공제를 받은 경우 2024년까지 조세특례제한법 §29의7에 따라 고용증대세액공제를 적용하며, 2023년에 2022년보다 상시근로자 수가 증가하는 경우 고용증대세액공제와 통합고용세액공제 중 선택하여 세액공제 적용하는 것임.

❑ **고용증대세액공제 추가공제 적용방법**(서면법인2023-978, 2023.5.26.)

청년 등 수는 감소, 전체 상시근로자수는 유지되는 경우(최초 과세연도에는 29세 이하였으나, 이후 과세연도에 30세 이상이 된 경우 포함) 잔여 공제연도에 대해서는 조세특례제한법 제29조의7 제1항 제2호의 공제액을 적용함.

❑ **지자체의 입찰조건으로 인하여 특수관계인으로부터 고용을 승계한 경우 상시근로자 수 계산방법**(서면법규법인2022-3932, 2023.5.11.)

지자체의 입찰조건으로 인하여 특수관계인으로부터 상시근로자를 승계하는 경우에도 상시근로자 수는 조특령 §23⑬(3)에 따라 계산하는 것임.

❑ **사업장유형이 변경(공동→단독)되는 경우 최저한세로 이월된 고용증대세액공제액 공제방법** (사전법규소득2022-830, 2023.3.21.)

단독사업장으로 변경되기 전 발생한 공동사업자별 고용증대세액공제액 중 소득세 최저한세액에 미달하여 공제받지 못한 부분에 상당하는 금액은 공동사업자별 상시근로자 수가 최초로 공제를 받은 과세연도에 비하여 감소하지 아니한 경우에는 같은 법 제144조에 따라 이월하여 공제하는 것임.

❑ **청년등 상시근로자수는 감소하였으나 전체 상시근로자 수는 유지되는 경우 고용증대세액공제의 추가공제 적용방법**(기획재정부조세특례-215, 2023.3.6.)

청년 증가인원에 대해 조세특례제한법 제29조의7 제1항 제1호에 따른 세액공제를 적용받은 후 다음 과세연도에 청년 등은 감소(최초 과세연도에는 29세 이하였으나, 이후 과세연도에 30세 이상이 되어 청년 수가 감소하는 경우를 포함)하였으나 전체 상시근로자의 수는 유지되는 경우, 잔여 공제연도에 대해서는 조세특례제한법 제29조의7 제1항 제2호의 공제액을 적용하여 공제가 가능함.

❑ **공동사업자가 폐업 후 단독으로 사업을 다시 개시하여 폐업 전의 사업과 같은 종류의 사업을 하는 경우의 조세특례제한법 제29조의7에 따른 고용증대세액공제 적용을 위한 상시근로자수 계산 방법**(사전법규소득2022-648, 2023.1.11.)

폐업 후 사업을 다시 개시하여 폐업 전의 사업과 같은 종류의 사업을 하는 경우에 「조세특례제한법 시행령」 제23조 제13항 제2호에 따라 폐업 전의 사업의 직전 과세연도 상시근로자 수를 직전 과세연도의 상시근로자 수로 보는 것이며, 폐업 전에 공동사업을 영위한 경우 직전 과세연도의 상시근로자 수는 손익분배비율(약정된 손익분배비율이 없는 경우에는 지분비율)에 따라 공동사업자별로 계산하는 것임.

❑ **공동사업장의 구성원이 증가한 경우 공동사업자의 고용증대세액공제 적용방법**(서면법규소득2021-8159, 2023.1.11.)

고용증대세액공제를 적용함에 있어서 공동사업장의 공동사업자별 상시근로자 수는 같은 조 제2항에 따른 손익분배비율에 따라 계산하는 것이고, 공동사업자의 증가로 손익분배비율이 변경되는 경우에는 「조세특례제한법 시행령」 제23조 제13항 제3호 각 목 외의 부분에 따라 직전 또는 해당 과세연도의 상시근로자 수를 계산하는 것임.

❑ **사업연도 변경 시 고용증대세액공제 및 사회보험료 세액공제에 대한 추가공제 적용방법과 사후관리기한**(서면법규법인2022-2972, 2022.12.30.)

중소기업에 해당하는 내국법인이 「조세특례제한법」 제29조의7 제1항에 따라 2021.1.1.~2021.12.31. 사업연도(제2기)의 법인세에서 최초로 고용증대세액공제를 받고 사업연도를 변경한 경우

[사업연도 변경내역: 2022.1.1.~2022.3.31.(제3기), 2022.4.1.~2023.3.31.(제4기), 2023.4.1.~2024.3.31.(제5기)]

- 고용증대세액공제의 추가공제는 최초로 공제를 받은 사업연도의 종료일부터 2년이 되는 날이 속하는 사업연도까지(제3기부터 제5기까지) 적용하되, 제3기의 경우 '최초로 공제받은 세액×3개월/12개월'에 상당하는 금액을 공제하고, 제5기의 경우 '최초로 공제받은 세액×9개월/12개월'에 상당하는 금액을 공제하는 것이며,
- 고용증대세액공제를 최초로 공제받은 사업연도의 종료일로부터 2년이 되는 날이 속하는 사업연도의 종료일(2024.3.31.)까지의 기간 중 전체 상시근로자의 수가 최초로 공제를 받은 사업연도에 비하여 감소한 경우에는 감소한 사업연도부터 추가공제를 적용하지 아니하고 같은 법 시행령 제26조의7 제5항에 따라 계산한 금액을 납부하여야 하는 것임.

❑ **고용증대세액공제시 직전 사업연도 상시근로자 수 계산방법**

(서면법인2021-7754, 2022.12.22.)

특수관계인으로부터 상시근로자를 승계받고, 조세특례제한법 제6조 제10항 제1호~제3호까지에 해당하지 않는 내국법인이 고용증대세액공제 적용 시 직전 과세연도의 상시근로자 수는 직전 과세연도 상시근로자 수에 승계한 상시근로자 수를 더한 수로 보는 것임.

❑ **고용증대세액공제 적용 시 상시근로자의 범위**(서면법인2022-585, 2022.10.31.)

고용을 증대시킨 기업에 대한 세액공제를 적용함에 있어 상시근로자는 「근로기준법」에 따라 근로계약을 체결한 내국인 근로자로서 「조세특례제한법 시행령」 제23조 제10항 각 호의 어느 하나에 해당하지 않는 사람을 말하는 것임.

❑ **상시근로자 수 계산 방법**(서면법인2022-2176, 2022.10.31.)

- 「근로기준법」에 따라 근로계약을 체결한 내국인 근로자의 근로계약기간이 1년 이상인 경우로서 「조세특례제한법 시행령」 제23조 제10항 각 호에 해당하지 않으면 상시근로자로 보는 것이며, 청년 정규직 근로자는 「조세특례제한법 시행령」 제26조의7 제3항 제1호에 해당하는 근로자로 기간제근로자는 제외됨.
- 「근로기준법」에 따라 근로계약을 체결한 내국인 근로자의 당초 근로계약기간이 1년 미만인 경우 상시근로자에 해당하지 않으며, 근로계약의 연속된 갱신으로 근로계약의 총 기간이 1년 이상인 경우 갱신일이 속하는 월부터 상시근로자에 포함하는 것입니다. 다만, 「조세특례제한법 시행령」 제23조 제10항 각 호에 해당하는 경우에는 상시근로자에서 제외됨.

❑ **사업장 유형이 변경되는 경우 기발생한 고용증대세액공제효과에 대한 사후관리 등**
(서면법규소득2021-5552, 2022.06.20.)

'고용을 증대시킨 기업에 대한 세액공제'는 해당 과세연도의 상시근로자의 수가 직전 과세연도의 상시근로자의 수보다 증가한 경우에, 해당 거주자의 일정한 과세연도까지의 소득세에 대하여 적용되는 것임.

❑ **고용증대세액공제액 산정시 한도규정 적용 시기**(기획재정부조세특례-322, 2022.5.4.)

「조세특례제한법」 제29조의7(2019.12.31. 법률 제16835호로 개정된 것)제1항에 따른 '증가한 상시근로자의 인원수 한도' 규정이 2020.1.1. 전 개시하는 과세연도에도 적용됨.

❑ **신규 창업한 법인의 해당 과세연도 상시근로자 수 계산 방법**
(서면법인2021-7994, 2022.4.21.)

신설 내국법인이 「조세특례제한법 시행령」 제26조의7 제7항에 따른 상시근로자수를 계산함에 있어 "해당 과세연도의 개월 수"는 「법인세법」 제6조에 따른 사업연도 개시일부터 종료일까지의 개월 수를 의미함.

❑ **법인전환의 경우 미공제 세액을 승계받을 수 있는지 여부 등**
(서면법규법인2021-20, 2022.1.25.)

「조세특례제한법」 제144조에 따른 미공제 세액이 있는 개인사업자가 법인으로 전환하는 경우로서 같은 법 제32조 제1항에 따른 법인전환에 해당하지 않는 경우, 전환 후 법인은 해당 개인 사업자의 미공제 세액을 승계하여 공제받을 수 없는 것임.

❑ **고용증대세액공제가 적용되는 상시근로자에 해당하는지**
(서면법령해석법인2021-5958, 2021.12.07.)

파견사업자로부터 역무를 제공받는 경우 해당 파견근로자는 상시근로자의 범위에 포함되지 않으나 파견법에 따라 직접고용한 자로서 근로기준법에 따라 근로계약을 체결하고 조특령 제23조 제1항 각 호의 어느 하나에 해당하지 않는 자는 상시근로자의 범위에 포함하는 것임.

❑ **공동사업자가 고용증대 세액공제를 받은 후 2년 이내 탈퇴하면서 상시근로자를 승계시킨 경우 사후관리 적용여부**(사전법령해석소득2020-774, 2021.11.30.)

공동사업자가 탈퇴하는 경우라도 그 종사하던 상시근로자를 나머지 공동사업자가 승계하는 경우에 승계시킨 공동사업자의 직전 또는 해당 과세연도의 상시근로자 수는 같은 법 시행령 제23조 제13항 제3호에 따라 계산하는 것임.

❑ **고용증대세액공제를 적용받은 사업자가 해당 과세연도말 폐업한 경우, 조특법 §29의7 ② 에 따른 사후관리 적용여부**(사전법령해석소득2021-1013, 2021.11.29.)

「조세특례제한법」 제29조의7 제2항에 따라 상시근로자의 수가 감소한 경우에는 「조세특례제한법 시행령」 제26조의7 제5항에 따라 계산한 금액을 해당 과세연도의 과세표준을 신고할 때 소득세 또는 법인세로 납부하여야 함.

❑ **과세연도 중 30세가 되는 청년 정규직 근로자를 고용한 후 다음 과세연도에 추가 납부 시, 청년 상시근로자 수 산정방법**(기준법령해석법인2021-135, 2021.8.20.)

과세연도 중 30세가 되는 청년근로자를 고용한 후 다음 과세연도에 전체 상시근로자 등 감소로 추가납부세액 계산 시 청년근로자 수는 최초로 공제받은 과세연도 매월 말 현재 청년근로자에 해당한 자는 이후 과세연도에도 동일한 매월 말 현재 청년근로자로 보아 청년근로자를 계산함.

❑ **조세특례제한법에 따른 이월세액공제 적용방법**(기준법령해석법인2021-134, 2021.8.5.)

최저한세의 적용으로 인하여 공제받지 못한 이월세액을 그 다음사업연도에 공제받을 수 있음에도 공제받지 않은 경우 이월공제기간 이내에는 공제가능함.

❑ **고용증대세액공제 사후관리에 따른 추가납부세액 납부방법**(서면법인2020-5929, 2021.7.29.)

고용을 증대시킨 기업에 대한 세액공제액 중 소득세 최저한세액에 미달하여 공제받지 못한 부분에 상당하는 금액을 이월한 후 상시근로자 수가 최초로 공제를 받은 과세연도에 비하여 감소한 경우 조특령 제26조의7 제5항 제1호에 따라 계산한 금액을 공제받은 세액을 한도로 소득세로 납부하고 나머지 금액은 이월된 세액공제액에서 차감하는 것임.

❑ **고용증대세액공제 적용시 월 중 신규 입사자의 매월 말 상시근로자 수 포함 여부** (사전법령해석소득2021-341, 2021.6.30.)

내국인 신규근로자가 입사한 월의 월 근로소득에 대한 원천징수한 사실이 확인되지 아니하는 경우, 입사한 월에 대한 「국민연금법」 제3조 제1항 제11호 및 제12호 따른 부담금 및 기여금 또는 「국민건강보험법」 제69조에 따른 직장가입자의 보험료 중 하나의 납부사실이 확인되는 경우에는 입사한 월말 현재 상시근로자 수에 포함하는 것임.

❑ **고용증대세액공제 적용 시 상시근로자 수 증가인원 계산방법**(서면법령해석법인2021-1922, 2021.6.16.)

개인사업자가 창업일이 속하는 과세연도에 법인으로 전환하는 경우 법인사업자의 증가한 상시근로자수는 해당 연도 전체 증가한 상시근로자수에서 개인사업자의 상시근로자 증가 인원수를 차감하여 계산함.

❑ **고용증대 세액공제를 적용받던 개인사업자가 법인전환 시, 전환법인이 개인사업자의 세액공제를 승계받아 공제가능한지 여부**(사전법령해석법인2021-432, 2021.5.11.)

고용증대 세액공제를 적용받던 거주자가 법인으로 적격전환하여 청년 등 상시근로자의 수가 공제를 받은 직전 과세연도에 비하여 감소하지 아니한 경우 전환법인은 거주자로부터 승계받은 고용증대 세액공제를 적용 받을 수 있음

❑ **상시근로자의 수가 감소하고 다음해 다시 증가한 경우 '고용을 증대시킨 기업에 대한 세액공제' 대상인지 여부**(서면법인 2020-5510, 2021.1.18.)

조세특례제한법 제29조의7 제1항에 따른 '고용을 증대시킨 기업에 대한 세액공제' 대상인지 여부는 매 과세기간별로 판단하는 것임. 따라서 조세특례제한법 제29조의7 제1항을 적용받던 중 전체 상시근로자의 수가 최초로 공제받은 과세연도에 비하여 감소하여 직전 과세연도 제2항에 의해 공제받은 세액에 상당하는 금액을 납부하였더라도, 당해 과세연도의 상시근로자의 수가 직전 과세연도보다 증가한 경우 제29조의7 제1항에 따라 별도로 공제가 가능한 것임.

❑ **고용을 증대시킨 기업에 대한 세액공제 적용시 신규로 사업을 개시한 경우 상시근로자 수 계산 방법**(서면법령해석소득 2020-3817, 2020.12.31.)

신규로 사업을 개시한 개인사업자가 「조세특례제한법 시행령」 제26조의7 제7항에 따른 상시근로자수를 계산함에 있어 "해당 과세연도의 개월 수"는 「소득세법」 제5조에 따른 과세기간 개시일부터 과세기간 종료일까지의 개월 수를 의미하는 것임.

❑ **고용을 증대시킨 기업에 대한 세액공제 대상에 해당하는지 여부**
(서면법인 2020-1569, 2020.12.24.)

사업의 양수 또는 특수관계인으로부터 상시근로자를 승계하는 경우에 있어 승계한 기업의 직전 과세연도의 상시근로자 수는 조세특례제한법시행령 제23조 제13항 제3호에 따라 승계한 상시근로자 수를 포함하여 계산하는 것이며, 해당 과세연도의 상시근로자 수는 해당 과세연도 개시일에 상시근로자를 승계한 것으로 보아 계산하는 것임.

❑ **수도권 내 · 외 다수의 사업장을 가지고 있는 중소기업의 고용증대세액공제 계산방법**
(서면법령해석법인 2020-4043, 2020.12.14.)

수도권 내 · 외에 위치한 다수의 사업장을 가지고 있는 내국법인의 전체 상시근로자 수가 직전 과세연도 대비 증가(수도권 내 · 외 모두 증가)한 경우로서 수도권 내 · 외를 포함한 전체 청년등 상시근로자 수는 감소하였으나, 수도권 외의 지역에서 청년등 상시근로자 수가 증가

한 경우, 해당 내국법인은 수도권 내・외를 구분하여 증가한 상시근로자의 인원 수 한도를 적용하되, 수도권 외 청년등 상시근로자 수 증가분에 대하여는 청년등 상시근로자 외 상시근로자 수가 증가한 것으로 보아 「조세특례제한법」 제29조의7 제1항에 따라 고용증대세액공제액을 계산하는 것임.

❑ 기업유형이 변경된 경우의 고용증대세액공제 적용 방법

(사전법령해석법인 2020-1010, 2020.11.27.)

중소기업이 고용증대세액공제를 적용받은 후 다음 과세연도 이후에 중소기업에 해당하지 않더라도 공제세액 추징사유에 해당하지 않는 경우 2년간 동일한 금액을 공제받을 수 있음.

❑ 고용을 증대시킨 기업에 대한 세액공제 대상에 해당하는지 여부

(서면법인 2020-247, 2020.11.19.)

사업의 양수 등을 통하여 종전의 사업을 승계한 경우의 직전 과세연도 상시근로자 수는 조세특례제한법시행령 제23조 제13항 제3호에 따라 승계한 상시근로자 수를 포함하여 계산하는 것임.

❑ 고용증대세액공제액 계산시 분할신설법인의 상시근로자 수 산출 방법

(서면법인 2020-3242, 2020.10.29.)

고용증대세액공제 적용에 있어 분할신설법인의 직전년도와 당해연도의 상시근로자 수 계산은 직전 과세연도의 상시근로자 수는 분할 시에 승계한 상시근로자 인원수만큼 상시근로자 수를 가산하여 분할 이전부터 근로하는 것으로 보아 계산하는 것이고, 해당 과세연도의 상시근로자 수는 승계한 상시근로자를 해당 과세연도 개시일부터 근로한 것으로 보는 것임.

❑ 고용을 증대시킨 기업에 대한 세액공제 사후관리 적용방법

(사전법령해석소득2020-478, 2020.10.21.)

고용을 증대시킨 기업에 대한 세액공제액 중 소득세 최저한세액에 미달하여 공제받지 못한 부분에 상당하는 금액을 이월한 후 상시근로자 수가 최초로 공제를 받은 과세연도에 비하여 감소한 경우 조특령 제26조의7 제5항 제1호에 따라 계산한 금액을 공제받은 세액을 한도로 소득세로 납부하고 나머지 금액은 이월된 세액공제액에서 차감하는 것임.

❑ 고용을 증대시킨 기업에 대한 세액공제 적용 여부(서면법령해석법인 2020-487, 2020.9.28.)

법 제29조의7 제1항 각 호에 따른 세액공제를 적용받은 후 다음 과세연도 이후에 규모의 확대 등으로 중견기업에 해당하지 않더라도 해당 과세연도의 법인세에서 공제받은 금액을 해당 과세연도의 종료일로부터 2년이 되는 날이 속하는 과세연도까지의 법인세에서 공제

❑ 법인분할 시 고용을 증대시킨 기업에 대한 세액공제 등의 적용방법

(서면법인 2019-1423, 2020.9.28.)

고용증대세액공제를 적용함에 있어 법인분할 시 분할법인과 분할신설법인에 대해 조세특례제한법시행령 제23조 제13항 제3호에서 각각의 상시근로자 수 계산방법을 구체적으로 규정하고 있어 이에 따라 각 법인별로 구분하여 공제 적용하는 것임.

❑ **고용을 증대시킨 기업에 대한 세액공제 적용 관련 휴직자의 상시근로자 포함 여부**
(서면법인 2020-1079, 2020.9.24.)

고용을 증대시킨 기업에 대한 세액공제 적용 시 상시근로자는 「근로기준법」에 따라 근로계약을 체결한 내국인 근로자로서 「조세특례제한법 시행령」 제23조 제10항 각 호의 어느 하나에 해당하지 않는 사람을 말함.

❑ **개인사업자의 법인전환 시 직전과세연도의 상시근로자 수 계산방법**
(서면법인 2019-3499, 2020.9.11.)

개인사업자의 법인 전환에 따른 내국법인이 「조세특례제한법」 제29조의7의 고용증대기업의 세액공제를 적용함에 있어 창업으로 보지 않는 것이며, 직전 과세연도의 상시근로자 수는 법인전환 전의 사업의 직전 과세연도 상시근로자 수로 하는 것임.

❑ **고용증대세액공제 적용 시 기간제 근로자의 상시근로자수 포함 여부**
(서면법인 2019-2363, 2020.9.8.)

고용을 증대시킨 기업에 대한 세액공제 적용 시 상시근로자는 「근로기준법」에 따라 근로계약을 체결한 내국인 근로자로서 「조세특례제한법」 제23조 제10항 각 호의 어느 하나에 해당하지 않는 사람을 말하는 것으로, 「근로기준법」에 따라 근로계약기간이 1년 이상인 근로자는 상시근로자에 해당되는 것임.

❑ **법인분할에 따른 사업부분 승계 시 상시근로자 수 계산방법**
(서면법인 2020-2824, 2020. 8.25.)

법인이 사업부문 분할에 따른 모법인의 상시 근로자를 자법인에게 승계하는 경우, 조세특례제한법 시행령 제23조[고용창출투자세액공제] 제13항 제3호에 의해 상시근로자 수를 계산함.

❑ **영업정지 기간을 해당 과세연도의 개월수에서 차감할 수 있는지 여부**
(사전법령해석소득 2020-603, 2020.8.7.)

「조세특례제한법」 제29조의7 고용을 증대시킨 기업에 대한 세액공제에 따라 상시근로자수 계산시 같은법 시행령 제26조7 제7항의 해당 과세연도의 개월수에서 영업정지기간은 차감하지 않는 것임.

❑ **거주자가 법인으로 전환시 직전사업연도 상시근로자 수 계산**(서면법인2019-2140, 2020.8.6.)

거주자가 조세특례제한법 시행령 제26조의7 제7항 및 조세특례제한법 시행령 제23조 제13항에 의해 계산한 상시근로자 수가 직전사업년도 보다 감소하지 않는 경우에는, 해당 과세연도 종료일부터 1년(중소기업 또는 중견기업은 2년)이 되는 날까지 소득세 또는 법인세에서 공제함.

❑ **법인으로 현물출자 전환시 고용증대 세액 공제 방법**(서면법인 2020-1813, 2020.7.23.)

고용증대세액공제 적용시 거주자가 하는 사업을 법인으로 전환하여 새로운 법인을 설립하는 경우 전환법인으로 승계되는 상시근로자는 감소된 상시근로자로 보지 아니함.

❑ 본점 및 지점을 운영하는 법인의 고용증대 여부에 대한 판단(서면법인 2019-3754, 2020.7.10.)

「조세특례제한법」 제29조의7 적용 시 본점 및 지점을 운영하는 법인의 상시 근로자 수의 증대 여부는 본점 및 지점을 포함한 법인 전체를 기준으로 판단하는 것임.

❑ 신설 회계법인의 직전 과세연도의 상시 근로자 수 계산 방법
(서면법인 2020-2188, 2020.7.6.)

신설회계 법인이 창업에 해당하는 경우에는 "상시근로자의 수"를 적용할 때, 직전 근로자 수는 "0"으로 적용하는 것임.
다만, 신설 회계법인이 창업에 해당하는지 여부는 조세특례제한법 제6조 10항 및 조세특례제한법 시행령 제23조 13항을 준용하여 사실 판단하여야 함.

❑ 내국법인의 대표이사가 다른 내국법인 설립 시 상시근로자수 산정 방법
(사전법령해석법인 2019-103, 2019.6.13.)

내국법인의 대표이사가 동일업종의 다른 내국법인 설립 후 대표이사 취임 및 기존 내국법인의 퇴사자를 채용한 경우 고용승계에 해당한다면 신설법인의 직전 과세연도의 상시근로자수는 승계한 상시근로자수를 더하여 산정

❑ 2이상의 사업장을 영위하는 개인사업자의 고용증대 여부에 대한 판단
(사전법령해석소득 2019-119, 2019.5.22.)

「조세특례제한법」 제29조의7 적용 시 2이상의 사업장을 운영하는 개인사업자의 상시 근로자 수의 증대 여부는 해당 사업자의 전체 사업장을 기준으로 판단하는 것임.

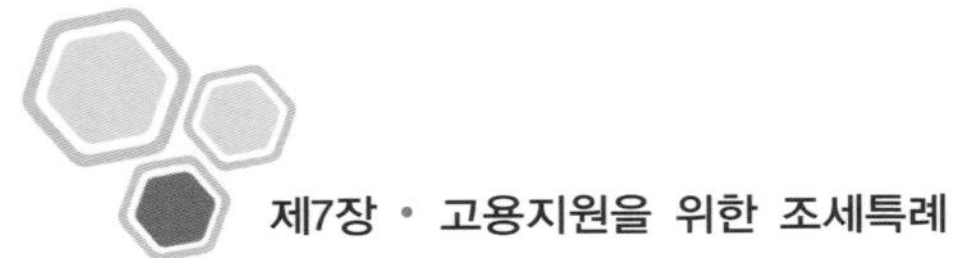

■ 조세특례제한법 시행규칙 [별지 제10호의8서식](2023.03.20 개정)

고용 증대 기업에 대한 공제세액계산서

(3쪽 중 제1쪽)

❶ 신청인	① 상호 또는 법인명	② 사업자등록번호
	③ 대표자 성명	④ 생년월일
	⑤ 주소 또는 본점소재지 (전화번호:)	

❷ 과세연도	년 월 일부터 년 월 일까지

❸ 공제세액 계산내용

가. 1차년도 세제지원 요건: ⑧ 〉 0

1. 상시근로자 증가 인원

⑥ 해당 과세연도 상시근로자 수	⑦ 직전 과세연도 상시근로자 수	⑧ 상시근로자 증가 인원 수 (⑥-⑦)

2. 청년등 상시근로자 증가 인원

⑨ 해당 과세연도 청년등 상시근로자 수	⑩ 직전 과세연도 청년등 상시근로자 수	⑪ 청년등 상시근로자 증가 인원 수 (⑨-⑩)

3. 청년등 상시근로자 외 상시근로자 증가 인원

⑫ 해당 과세연도 청년등 상시근로자 외 상시근로자 수	⑬ 직전 과세연도 청년등 상시근로자 외 상시근로자 수	⑭ 청년등 상시근로자 외 상시근로자 증가 인원 수(⑫-⑬)

4. 1차년도 세액공제액 계산

구분	구분		직전 과세연도 대비 상시근로자 증가 인원 수 (⑧ 상시근로자 증가 인원 수를 한도)	1인당 공제금액	⑮ 1차년도 세액공제액
중소기업	수도권 내	청년등		1천1백만원	
		청년등 외		7백만원	
	수도권 밖	청년등		1천3백만원	
		청년등 외		7백7십만원	
	계				
중견기업	수도권 내	청년등		8백만원	
		청년등 외		4백5십만원	
	수도권 밖	청년등		9백만원	
		청년등 외		4백5십만원	
	계				
일반기업	수도권 내	청년등		4백만원	
		청년등 외			
	수도권 밖	청년등		5백만원	
		청년등 외			
	계				

210mm×297mm[백상지 80g/㎡ 또는 중질지 80g/㎡]

(3쪽 중 제2쪽)

나. 2차년도 세제지원 요건: ⑱ ≥ 0

1. 상시근로자 증가 인원

⑯ 2차년도(해당 과세연도) 상시근로자 수	⑰ 1차년도(직전 과세연도) 상시근로자 수	⑱ 상시근로자 증가 인원 수(⑯-⑰)

2. 2차년도 세액공제액 계산(상시근로자 감소여부)

1차년도(직전 과세연도) 대비 상시근로자 감소여부	1차년도(직전 과세연도) 대비 청년 등 상시근로자 수 감소여부	⑲ 1차년도(직전 과세연도) 청년 등 상시근로자 증가 세액공제액	⑳ 1차년도(직전 과세연도) 청년 등 외 상시 근로자 증가 세액공제액	㉑ 2차년도 세액공제액
부	부			
	여			
여				

다. 3차년도 세제지원 요건(중소 · 중견기업만 해당): ㉔ ≥ 0

1. 상시근로자 증가 인원

㉒ 3차년도(해당 과세연도) 상시근로자 수	㉓ 1차년도(직전전 과세연도) 상시근로자 수	㉔ 상시근로자 증가 인원 수(㉒-㉓)

2. 3차년도 세액공제액 계산(상시근로자 감소여부)

1차년도(직전전 과세연도) 대비 상시근로자 감소여부	1차년도(직전전 과세연도) 대비 청년 등 상시근로자 수 감소여부	㉕ 1차년도(직전전 과세연도) 청년 등 상시근로자 증가 세액공제액	㉖ 1차년도(직전전 과세연도) 청년 등 외 상시 근로자 증가 세액공제액	㉗ 3차년도 세액공제액
부	부			
	여			
여				

라. 최초로 공제받은 과세연도 대비 2020년 12월 31일이 속하는 과세연도에 상시근로자 수 등이 감소하여 2020년 12월 31일이 속하는 과세연도에 2차년도 세액공제가 유예된 경우 세제지원 요건: ㉚ ≥ 0

1. 상시근로자 수 증가인원

최초 공제받은 과세연도	㉘ 최초 공제받은 과세연도 상시근로자 수	㉙ 해당 과세연도 상시근로자 수(2022년)	㉚ 상시근로자 증가 인원 수
2018.12.31일이 속하는 과세연도			
2019.12.31일이 속하는 과세연도			

2. 유예세액 계산

최초 공제받은 과세연도	최초 공제받은 과세연도 대비 청년 등 상시근로자 수 감소여부	㉛ 해당 과세연도 청년 등 상시근로자 증가 세액공제액	㉜ 해당 과세연도 청년 등 외 상시 근로자 증가 세액공제액	㉝ 세액공제액 (유예 적용분)
2018.12.31일이 속하는 과세연도	부			
	여			
2019.12.31일이 속하는 과세연도	부			
	여			

❹ 세액공제액 [⑮ 1차년도 세액공제액 + ㉑ 2차년도 세액공제액 + ㉗ 3차년도 세액공제액 + ㉝ 세액공제액(유예 적용분)]	

「조세특례제한법 시행령」 제26조의7 제10항에 따라 위와 같이 공제세액계산서를 제출합니다.

년 월 일

신청인 (서명 또는 인)

세무서장 귀하

210mm×297mm[백상지 80g/㎡ 또는 중질지 80g/㎡]

(3쪽 중 제3쪽)

작성방법

※ (작성요령) 2020년, 2021년에 「조세특례제한법」 제29조의7에 따라 고용증대 세액공제를 신청한 기업이 2022년 분에 대해 추가로 고용증대세액공제를 신청하는 경우의 작성방법은 다음과 같습니다.

- 1차년도는 직전 과세연도보다 상시근로자 수가 증가하여 최초로 공제받은 과세연도, 2·3차년도는 추가공제가 적용되는 과세연도(1차연도 과세연도의 종료일부터 1년, 중소기업 및 중견기업의 경우 2년)를 말합니다.

작성항목	해당 과세연도	직전 과세연도	직전전 과세연도	비고
가. 1차년도 세제지원 요건	2022년 귀속	2021년 귀속		2022년 최초공제
나. 2차년도 세제지원 요건	2022년 귀속	2021년 귀속		2021년 최초공제분 추가공제
다. 3차년도 세제지원 요건	2022년 귀속		2020년 귀속	2020년 최초공제분 추가공제

1. 근로자 수는 다음과 같이 계산하되, 100분의 1 미만의 부분은 없는 것으로 합니다.
   가. 상시근로자 수: 매월 말 현재 상시근로자 수의 합 / 과세연도의 개월 수
   나. 청년등 상시근로자 수: 매월 말 현재 청년등 상시근로자 수의 합 / 과세연도의 개월 수
   다. 청년등 상시근로자 외 상시근로자 수: 매월 말 현재 청년등 상시근로자 외 상시근로자 수의 합 / 과세연도의 개월 수
2. 청년등 상시근로자의 1인당 공제금액은 2021.12.31. 및 2022.12.31.이 속하는 과세연도의 상시근로자 증가분에 대해 100만원 한시 상향 적용합니다.

구 분	중소기업		중견기업		일반기업	
	수도권	지방	수도권	지방	수도권	지방
청년등 상시근로자 수 증가	1,100만원	1,300만원	800만원	900만원	400만원	500만원
청년등 외 상시근로자 수 증가	700만원	770만원	450만원	450만원	-	-

3. ⑥란부터 ⑧란까지의 상시근로자란 「근로기준법」에 따라 근로계약을 체결한 내국인 근로자로서 다음의 어느 하나에 해당하는 사람을 제외한 근로자를 말합니다.
   가. 근로계약기간이 1년 미만인 근로자. 다만, 근로계약의 연속된 갱신으로 인하여 그 근로계약의 총 기간이 1년 이상인 근로자는 상시근로자로 봅니다.
   나. 「근로기준법」 제2조 제1항 제9호에 따른 단시간근로자. 다만, 1개월간의 소정근로시간이 60시간 이상인 근로자는 상시근로자로 봅니다.
   다. 「법인세법 시행령」 제40조 제1항 각 호의 어느 하나에 해당하는 임원
   라. 해당 기업의 최대주주 또는 최대출자자(개인사업자의 경우에는 대표자를 말한다)와 그 배우자
   마. 라목에 해당하는 자의 직계존비속(그 배우자를 포함) 및 「국세기본법 시행령」 제1조의2 제1항에 따른 친족관계인 사람
   바. 「소득세법 시행령」 제196조에 따른 근로소득원천징수부에 의하여 근로소득세를 원천징수한 사실이 확인되지 않고, 「국민연금법」 제3조 제1항 제11호 및 제12호에 따른 부담금 및 기여금 또는 「국민건강보험법」 제69조에 따른 직장가입자의 보험료에 해당하는 금액의 납부사실도 확인되지 아니하는 자
4. ⑨란부터 ⑪란까지의 청년등 상시근로자란 15세 이상 29세 이하인 근로자 중 다음 각 목의 어느 하나에 해당하는 사람을 제외한 근로자(해당 근로자가 병역을 이행한 경우에는 그 기간(6년을 한도로 합니다)을 현재 연령에서 빼고 계산한 연령이 29세 이하인 사람을 포함)와 근로계약 체결일 현재 「장애인복지법」의 적용을 받는 장애인, 「국가유공자 등 예우 및 지원에 관한 법률」에 따른 상이자, 「5·18민주유공자예우 및 단체설립에 관한 법률」 제4조 제2호에 따른 5·18민주화운동부상자와 「고엽제후유의증 등 환자지원 및 단체설립에 관한 법률」 제2조 제3호에 따른 고엽제후유의증환자로서 장애등급 판정을 받은 사람(5·18민주화운동부상자, 고엽제후유의증환자로서 장애등급 판정을 받은 사람은 2019년 과세연도부터 적용됩니다), 근로계약 체결일 현재 연령이 60세 이상인 사람을 말합니다.
   가. 「기간제 및 단시간근로자 보호 등에 관한 법률」에 따른 기간제근로자 및 단시간근로자
   나. 「파견근로자보호 등에 관한 법률」에 따른 파견근로자
   다. 「청소년 보호법」 제2조 제5호 각 목에 따른 업소에 근무하는 같은 조 제1호에 따른 청소년
5. ⑫란부터 ⑭란까지의 청년등 상시근로자 외 상시근로자란 상시근로자 중 청년등 상시근로자가 아닌 상시근로자를 말합니다.
6. ㉑,㉗,㉝ 계산 시 각 공제금액(청년/청년 외)은 전체 상시근로자 수 증가분을 한도로 합니다.
7. 2차, 3차년도 상시근로자 또는 청년 등 상시근로자 감소 시에는「소득세법 시행규칙」 별지 제51호 서식'추가납부세액계산서', 별지 제40호 서식(1)'종합소득세·농어촌특별세 과세표준확정신고 및 납부계산서' 및 별지 제40호 서식(6) '종합소득세 과세표준확정신고 및 납부계산서'를 작성하여 공제받은 세액 상당액을 납부하여야 합니다.

210mm×297mm[백상지 80g/㎡ 또는 중질지 80g/㎡]

중소기업 취업자에 대한 소득세 감면

① 도입취지

청년층, 60세 이상의 노년층, 장애인 및 경력단절여성의 중소기업 취업을 유도하고 중소기업의 인력난 및 청년 취업난 해소를 위한 제도이며, 중소기업체에 2012년 1월 1일(60세 이상인 사람 또는 장애인의 경우 2014년 1월 1일)부터 2026년 12월 31일까지 취업하는 경우 취업일부터 3년(청년의 경우는 5년)이 되는 날(청년으로서 병역을 이행한 후 1년 이내에 병역 이행 전에 근로를 제공한 중소기업체에 복직하는 경우에는 복직한 날부터 2년이 되는 날을 말하며, 그 복직한 날이 최초 취업일부터 5년이 지나지 아니한 경우에는 최초 취업일부터 7년이 되는 날을 말한다)이 속하는 달까지 발생한 소득에 대해서는 소득세의 70%(청년의 경우에는 90%, 2012년부터 2013년도에 취업한 청년은 100%, 2014년부터 2015년까지 취업자는 50%, 2016년부터 2018년까지 취업자는 70%)에 상당하는 세액을 감면(과세기간별로 200만원 한도)한다. 이 경우 소득세 감면기간은 소득세를 감면받은 사람이 다른 중소기업체에 취업하거나 해당 중소기업체에 재취업하는 경우 또는 합병 · 분할 · 사업 양도 등으로 다른 중소기업체로 고용이 승계되는 경우와 관계없이 소득세를 감면받은 최초 취업일부터 계산한다(조특법 제30조).

② 감면요건

(1) 감면대상

근로계약체결일 현재 연령이 만 15세 이상 만 34세 이하인 청년[병역을 이행한 경우에는 그 기간(6년을 한도로 함)을 근로계약 체결일 현재 연령에서 빼고 계산한 연령이 34세 이하인 사람을 포함], 만 60세 이상인 사람 및 장애인, 경력단절여성으로서 구체적 범위는 다음과 같다. 경력단절여성은 2017.1.1. 이후 취업하여 지급받는 소득부터 적용한다.

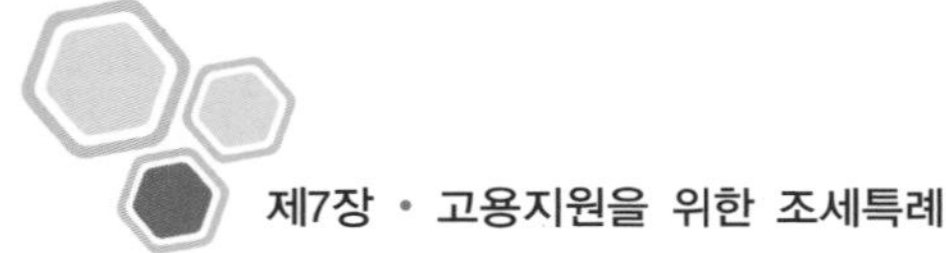

① 취업청년의 범위

병역[주)]을 이행하지 않은 경우	근로계약체결일 현재 연령이 만 15세 이상 만 34세 이하인 사람
병역[주)]을 이행한 경우	근로계약체결일 현재 연령에서 병역이행기간(6년 한도)을 뺀 연령이 만 34세 이하인 사람 포함

주) 「병역법」에 따른 현역병(상근예비역 및 의무경찰・의무소방원 포함), 사회복무요원, 「군인사법」 제2조 제1호에 따른 현역에 복무하는 장교, 준사관 및 부사관

여기서 만 29세(현재는 34세) 이하는 근로계약체결일 현재 만 30세(현재는 만 35세) 미만(병역 이행기간 차감)인 경우를 포함한다(기재부 소득세제과-163, 2013.4.1.). 즉 입사일 현재 나이가 만 34세 11개월인 경우 감면대상자에 해당한다.

② 60세 이상의 사람

근로계약 체결일 현재 연령이 60세 이상인 사람을 말한다.

③ 장애인

「장애인복지법」의 적용을 받는 장애인과 「국가유공자 등 예우 및 지원에 관한 법률」에 따른 상이자 및 「5・18민주유공자예우 및 단체설립에 관한 법률」 제4조 제2호에 따른 5·18민주화운동부상자, 「고엽제후유의증 등 환자지원 및 단체 설립에 관한 법률」에 따른 고엽제후유의증환자로서 장애등급 판정을 받은 사람를 말한다.

④ 경력단절여성

조세특례제한법 제29조의3 제1항에 따른 경력단절여성으로서 '제2절 경력단절여성 고용기업 등에 대한 세액공제'대상인 경력단절여성과 동일하며, 중소기업체에 취업하는 경우에 한한다.

⑤ 제외대상자

다음의 자는 감면대상에서 제외된다.

1. 「법인세법 시행령」 제40조 제1항 각 호의 어느 하나에 해당하는 임원[주1)]
2. 해당 기업의 최대주주 또는 최대출자자(개인사업자의 경우에는 대표자를 말한다)와 그 배우자
3. 제2호에 해당하는 자의 직계존속・비속(그 배우자를 포함한다) 및 「국세기본법 시행령」

제1조의2 제1항에 따른 친족관계인 사람[주2)]
4. 「소득세법」 제14조 제3항 제2호에 따른 일용근로자[주3)]
5. 다음 각 목의 어느 하나에 해당하는 보험료 등의 납부사실이 확인되지 아니하는 사람[주4)]
가. 「국민연금법」 제3조 제1항 제11호 및 제12호에 따른 부담금 및 기여금
나. 「국민건강보험법」 제69조에 따른 직장가입자의 보험료

주1) 법인세법 시행령 제40조 제1항 각 호
(1) 법인의 회장, 사장, 부사장, 이사장, 대표이사, 전무이사 및 상무이사 등 이사회의 구성원 전원과 청산인
(2) 합명회사, 합자회사 및 유한회사의 업무집행사원 또는 이사
(3) 유한책임회사의 업무집행자
(4) 감사
(5) 그 밖에 (1)부터 (4)까지의 규정에 준하는 직무에 종사하는 자
주2) 국세기본법 시행령 제1조의2 제1항
1. 4촌 이내의 혈족
2. 3촌 이내의 인척
3. 배우자(사실상의 혼인관계에 있는 자를 포함한다)
4. 친생자로서 다른 사람에게 친양자 입양된 자 및 그 배우자 · 직계비속
5. 본인이 「민법」에 따라 인지한 혼인 외 출생자의 생부나 생모(본인의 금전이나 그 밖의 재산으로 생계를 유지하는 사람 또는 생계를 함께하는 사람으로 한정한다)
주3) 일용근로자의 범위 : 근로를 제공한 날 또는 시간에 따라 근로대가를 계산하거나 근로를 제공한 날 또는 시간의 근로성과에 따라 급여를 계산하여 받는 사람으로서 다음 각 호에 규정된 사람을 말한다.
(1) 건설공사에 종사하는 자로서 다음 각목의 자를 제외한 자
가. 동일한 고용주에게 계속하여 1년 이상 고용된 자
나. 다음의 업무에 종사하기 위하여 통상 동일한 고용주에게 계속하여 고용되는 자
① 작업준비를 하고 노무에 종사하는 자를 직접 지휘 · 감독하는 업무
② 작업현장에서 필요한 기술적인 업무, 사무 · 타자 · 취사 · 경비 등의 업무
③ 건설기계의 운전 또는 정비업무
(2) 하역작업에 종사하는 자(항만근로자를 포함한다)로서 다음 각목의 자를 제외한 자
가. 통상 근로를 제공한 날에 근로대가를 받지 아니하고 정기적으로 근로대가를 받는 자
나. 다음의 업무에 종사하기 위하여 통상 동일한 고용주에게 계속하여 고용되는 자를 제외한 자
① 작업준비를 하고 노무에 종사하는 자를 직접 지휘 · 감독하는 업무
② 주된 기계의 운전 또는 정비업무
(3) (1) 또는 (2) 외의 업무에 종사하는 자로서 근로계약에 따라 동일한 고용주에게 3월 이상 계속하여 고용되어 있지 아니한 자
주4) 다만, 「국민연금법」 제6조 단서에 따라 국민연금 가입대상이 되지 아니하는 자와 「국민건강보험법」 제5조 제1항 단서에 따라 건강보험 가입자가 되지 아니하는 자는 제외한다.

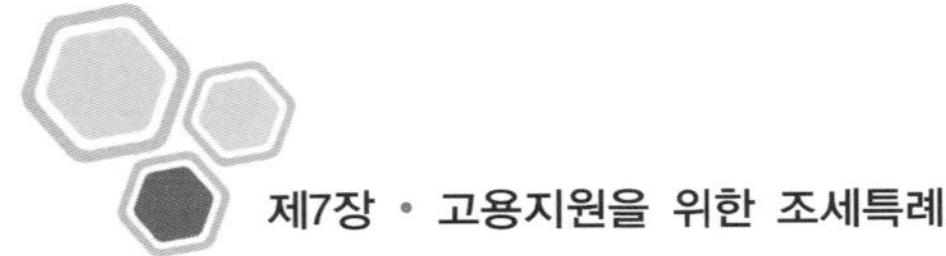

(2) 취업대상 중소기업체의 요건

① 중소기업체의 범위

취업대상 중소기업의 범위는 「중소기업기본법」 제2조에 따른 중소기업(비영리기업 포함)으로서 다음의 감면대상 업종을 주된 사업으로 영위하는 기업이어야 한다. 다만, 국가·지방자치단체(지방자치단체조합 포함), 「공공기관의 운영에 관한 법률」에 따른 공공기관 및 「지방공기업법」에 따른 지방공기업은 제외한다.

1. 농업, 임업 및 어업
2. 광업
3. 제조업
4. 전기, 가스, 증기 및 공기조절 공급업
5. 수도, 하수 및 폐기물처리, 원료재생업
6. 건설업
7. 도매 및 소매업
8. 운수 및 창고업
9. 숙박 및 음식점업(주점 및 비알코올 음료점업은 제외한다)
10. 정보통신업(비디오물 감상실 운영업은 제외한다)
11. 부동산업
12. 연구개발업
13. 광고업
14. 시장조사 및 여론조사업
15. 건축기술, 엔지니어링 및 기타 과학기술 서비스업
16. 기타 전문, 과학 및 기술 서비스업
17. 사업시설 관리, 사업 지원 및 임대 서비스업
18. 기술 및 직업훈련학원
19. 사회복지 서비스업
20. 개인 및 소비용품 수리업
21. 창작 및 예술 관련 서비스업
22. 도서관, 사적지 및 유사 여가 관련 서비스업
23. 스포츠 서비스업

② 제외되는 공기업 등

국가, 지방자치단체(지방자치단체조합 포함), 「공공기관의 운영에 관한 법률」에 따른 공

공기관 및 「지방공기업법」에 따른 지방공기업은 제외한다.

> 공공기관(2023년 현재 347개) 지정현황
> ⇨ 공공기관채용정보시스템(http : //job.alio.go.kr)〉 공공기관정보〉 공공기관 현황 참조

예규 Point

❑ **상호출자제한기업집단에 지정되어 중소기업에 해당하지 아니하게 된 경우, 중소기업 취업자에 대한 소득세 감면 적용범위**(사전법령해석소득2021-866, 2021.12.23.)

중소기업에 해당하던 기업이 같은 조 제1항 각 호 외의 부분 단서에 따라 그 사유가 발생한 날부터 중소기업에 해당하지 않게 된 경우, 조특법 제30조에 따른 소득세 감면은 본 건 기업이 중소기업에 해당하는 기간 동안 지급받은 근로소득에 적용되는 것임.

❑ **중소기업에서 중견기업으로 변경된 법인이 다시 중소기업으로 변경된 경우, 조특법 §30에 따른 소득세 감면 적용여부**(사전법령해석소득2021-697, 2021.6.30.)

중소기업체에 취업한 청년이 소득세를 감면받던 중 위 기업이 중소기업체에 해당하지 않게 되어 소득세 감면의 적용이 배제되었으나 이후 다시 중소기업체에 해당하게 되었다면, 다시 중소기업체에 해당하게 된 날부터 해당 기업에 취업하여 소득세를 감면받은 최초 취업일로부터 5년이 되는 날이 속하는 달까지 발생한 소득에 대해서는 세액을 감면하는 것임.

❑ **최다출자자 변동으로 법인의 '중소기업체' 해당 여부가 변경되는 경우 중소기업 취업청년 소득세 감면 적용방법**(서면법령해석소득2015-22597, 2015.10.4.)

중소기업이 중소기업체에서 제외된 기간에 근로자가 지급받은 근로소득에 대하여는 감면이 배제되는 것임. 또한 감면신청서 및 명단을 신청기한 경과 후 제출하는 경우에도 소득세 감면을 적용받을 수 있는 것임.

❑ **중소기업 유예기간도 중소기업에 해당하는 것으로 중소기업 취업 청년 소득세 감면 대상임**(조특, 원천세과-307, 2012.6.1.).

취업일이 속하는 과세연도에는 중소기업체에 해당하였으나 해당 중소기업체가 그 규모의 확대 등으로 그 다음 연도부터 중소기업체에 해당하지 아니하게 된 경우라도 유예기간까지는 중소기업체로 보아 「조세특례제한법」 제30조에 따른 감면규정을 적용.

❑ **실질적 독립성 기준 부적합으로 중소기업에 해당하지 않는 경우 중소기업 취업청년 소득세 감면 대상 아님**(조특, 원천세과-471, 2013.9.6.).

취업일이 속하는 과세연도에는 「조세특례제한법」 제30조 제1항에서 규정하는 중소기업체에 해당하였으나 실질적 독립성 기준 부적합으로 유예기간 없이 그 다음 연도부터 중소기업체에 해당하지 아니하게 된 경우 「조세특례제한법」 제30조에 따른 감면규정을 적용받을 수 없음.

❑ 감면신청기한 경과 후 신청서 제출시 중소기업 취업 청년에 대한 소득세 감면 적용 가능
(조특, 원천세과-428, 2012.8.17.)

중소기업 취업 청년 소득세 감면신청서를 신청기한까지 제출하지 아니하고 신청기한 경과 후 제출하는 경우에도 「조세특례제한법」 제30조에 따른 중소기업에 취업하는 청년에 대한 소득세 감면을 적용받을 수 있는 것임.

(3) 취업기간 요건 및 감면율

대상자	취업기간	감면율
청년	2012.1.1.부터 2023.12.31.까지 취업	90%주)
60세 이상자, 장애인	2014.1.1.부터 2023.12.31.까지 취업	70%
경력단절여성	2017.1.1.부터 2023.12.31.까지 취업	70%

주) 취업시점 기준 감면율 적용은 다음과 같다. 단, 2018년 귀속부터는 취업연도 상관없이 90% 적용함.

입사일	2012년~2013년	2014년~2015년	2016년~2017년	2018년~2024년
감면율	100%	50%	70%	90%

다만, 2011.12.31. 이전에 중소기업에 취업한 자가 2012.1.1. 이후 계약기간 연장 등을 통해 해당 중소기업체에 재취업하는 경우에는 적용 제외한다.

3 감면기간 및 방법

(1) 감면기간

취업일로부터 3년[청년의 경우에는 5년(중소기업 취업 청년이 군 복무 후 1년 이내에 동일기업에 복직하는 경우 복직한 날부터 2년이 되는 날을 말하며, 그 복직한 날이 최초 취업일부터 5년이 지나지 아니한 경우에는 최초 취업일부터 7년이 되는 날을 말함)]이 되는 날이 속하는 달까지 발생한 근로소득에 대해서는 70%(청년의 경우 90%)에 상당하는 세액을 감면한다(과세기간별 200만원 한도).

이때 감면기간은 소득세 감면받은 사람이 다른 중소기업에 취업하거나 해당 중소기업에 재취업하는 경우 또는 합병·분할·사업 양도 등으로 다른 중소기업체로 고용이 승계되는 경우에 관계없이 소득세를 감면받은 최초 취업일부터 계산한다(조특법 제30조 제1항).

또한 중소기업 취업청년이 병역을 이행한 후 1년 이내에 병역 이행 전에 근로를 제공한 중소기업체에 복직하는 경우에는 감면기간을 2년 추가한다(2015.1.1. 이후 재취업하는 분부터 적용).

(2) 감면방법

① 감면신청서 제출

감면을 적용 받으려는 근로자는 회사(원천징수의무자)에게 「소득세 감면신청서」를 취업일이 속하는 달의 다음 달 말일까지 제출한다. 다만, 퇴직한 근로자의 경우 해당 근로자의 주소지 관할 세무서장에게 감면 신청을 할 수 있다.

이때 병역복무기간이 있는 경우에는 병역복무기간을 증명하는 서류(병적증명서 등) 등을 첨부한다.

② 감면대상 명세서 제출

원천징수의무자는 감면신청을 받은 날이 속하는 달의 다음 달 10일까지 신청을 한 근로자의 명단을 원천징수 관할세무서장에 제출한다.

③ 감면부적격 통지

감면대상 명세서를 접수한 관할세무서장은 해당 근로자가 다음의 감면 요건 미비한 경우 감면부적격 사실을 원천징수의무자에게 통지한다.

㉠ 연령요건 미비

㉡ 감면 제외대상자 해당

㉢ 감면기간 초과 감면신청

㉣ 계약기간 연장 등의 재취업 해당 등

④ 원천징수 방법

원천징수의무자는 감면신청서를 제출받은 달의 다음 달부터 「소득세법」 제134조 제1항에도 불구하고 감면율을 적용하여 매월분의 근로소득에 대한 소득세를 원천징수할 수 있다(조특령 제27조 제5항).

단, 감면에 해당하는 경우에도 원천징수이행상황신고서의 '인원'과 '총지급액'에는 포함하여 신고한다.

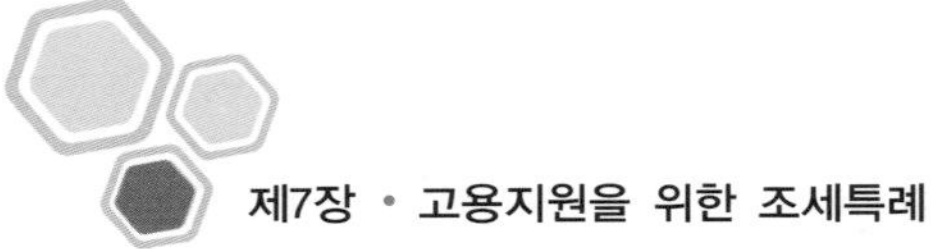

(3) 세액계산 방법

① 감면세액 계산

감면소득(감면대상 중소기업체로부터 받는 근로소득)과 그 외 종합소득이 있는 경우에는 해당 과세기간의 감면세액은 과세기간별로 200만원을 한도로 다음 계산식에 따라 계산한 금액으로 한다(조특령 제27조 제8항).

$$\text{감면세액} = \text{종합소득 산출세액} \times \frac{\text{근로소득금액}}{\text{종합소득금액}} \times \frac{\text{감면대상 중소기업체로부터 받는 총급여액}}{\text{해당 근로자의 총급여액}} \times \text{감면율}$$

② 근로소득세액공제

감면소득과 다른 근로소득이 있는 경우(감면소득 외 다른 근로소득이 없는 경우 포함) 근로소득세액공제방법은 다음과 같다.

「소득세법」 제59조 제1항에 따라 계산한 근로소득세액공제액[주)] × (1－감면세액/산출세액)

주) 근로소득세액공제액은 다음과 같다.
Min[①, ②]
①

근로소득에 대한 종합소득 산출세액	공제액
130만원 이하	산출세액의 55%
130만원 초과	71만5천원+(130만원을 초과하는 금액의 30%)

② 한도액은 다음과 같다.
1. 총급여액이 3천300만원 이하인 경우 : 74만원
2. 총급여액이 3천300만원 초과 7천만원 이하인 경우: 74만원－[(총급여액－3천300만원) × 0.8%]. 단, 근로소득세액 공제액이 66만원보다 적은 경우에는 66만원
3. 총급여액이 7천만원 초과 1억2천만원 이하인 경우: 66만원－[(총급여액－7천만원)×1/2]. 다만, 위 금액이 50만원보다 적은 경우에는 50만원으로 한다.
4. 총급여액이 1억2천만원을 초과하는 경우: 50만원 － [(총급여액 － 1억2천만원) × 1/2]. 다만, 위 금액이 20만원보다 적은 경우에는 20만원으로 한다.

(4) 농특세 비과세 및 최저한세

① 농특세 비과세

근로자가 감면받은 세액은 농특세 비과세대상이다.

② 최저한세

최저한세 대상 아니다.

4 부적격 감면세액 추징

(1) 계속근로자의 경우

감면부적격 통지를 받은 원천징수의무자는 통지를 받은 날 이후 근로소득을 지급하는 때에 감면추징 세액을 해당 월 원천징수세액에 더하여 징수하여야 한다.

감면추징세액 = 당초 원천징수하였어야 할 세액에 미달하는 금액 × 105%

(2) 퇴사자의 경우

회사는 감면부적격 통지받은 해당 근로자가 퇴직한 경우에는 「감면 부적격대상 퇴직자 명세서」를 원천징수 관할세무서장에게 제출하여야 한다.

해당 근로자의 주소지 관할세무서장은 과소징수 금액에 105%를 곱한 금액을 해당 근로자에게 소득세로 즉시 부과 · 징수한다.

예규 Point

❑ **중소기업 취업 청년 소득세 감면 적용 요건 관련 질의**(서면원천2022-4912, 2023.4.10.)

중소기업에 취업한 자가 해당업체에 실질적으로 계속하여 근무하고 있음에도 형식상 퇴사처리를 하여 해당 업체에 재취업한 경우에는 소득세 감면이 배제되는 것임.

❑ **중소기업 취업 청년 소득세 감면 적용 요건 관련 질의**(서면원천2022-2765, 2023.2.27.)

비영리법인이 「중소기업기본법」 제2조의 중소기업에 해당하고, 같은 법 시행령 제27조 제3항에 열거된 사업을 주된 사업으로 영위하는 경우 중소기업 취업자에 대한 소득세 감면을 적용받을 수 있음.

❑ **청년으로 중소기업 취업자 소득세 감면을 적용받은 자가 경력단절 여성으로 해당 감면을 적용받을 수 있는지 여부**(서면법규소득2021-5836, 2022.11.9.)

중소기업 취업자에 대한 소득세 감면(이하 "쟁점감면")을 적용함에 있어서 같은 조 제1항의 "청년" 및 "경력단절 여성"에 모두 해당하는 경우에는, "청년"으로 쟁점감면을 적용받은 기간을 제외한 나머지 기간에 대해서는 "경력단절 여성"으로 쟁점감면을 적용받을 수 있음.

❑ **최대주주였던 청년이 주식양도를 통해 최대주주가 아니게 된 경우 조특법 제30조에 따른 소득세 감면 적용여부**(사전법령해석소득2021-351, 2021.8.20.)

중소기업체에 해당하는 기업에 취업한 청년이 같은 법 시행령 제27조 제2항 제2호에 해당하여 중소기업 취업자에 대한 소득세 감면을 적용받지 못하던 중 동호에 해당하지 않게 된 경우에는, 감면요건이 충족된 이후 소득세를 감면받은 최초 취업일부터 계산하여 세액을 감면하는 것임.

❑ **중소기업에 재취업하기 전 다른 기업에 취업한 사실이 있는 경우 조특법 §30의 세액감면 적용 여부**(서면법령해석소득2019-3314, 2020.2.14.)

직전 근무한 기업에서 퇴사 후 미취업 상태에 있던 여성이 동일한 중소기업에 취업한 경우로서 감면요건을 모두 충족한 경우에는 조특법 §30의 세액감면을 적용받는 것임.

❑ **국민연금을 납부하지 아니하는 외국인의 중소기업 취업자에 대한 소득세 감면 적용 여부**
(기획재정부 소득-663, 2019.12.12.)

국민연금법에 따른 사회보장협정 체결에 따라 국내체류 외국인의 국민연금 납부가 면제되는 경우 중소기업 취업자에 대한 소득세 감면을 적용 받을 수 있는 것임.

❑ **대기업에서 분할 신설된 중소기업으로 고용승계된 근로자에 대한 조세특례제한법 제30조 적용가능 여부**(사전법령해석소득 2018-52, 2018.6.29.)

당초 대기업에서 분할신설 된 중소기업으로 고용승계된 근로자의 경우 적용대상에 해당되지 아니하며, 신규 취업하는 경우 소득세 감면을 적용 받을 수 있는 것임.

❑ **조세특례제한법 제30조의 감면을 적용받는 중소기업 취업 청년이 중소기업으로 이직하는 경우 나이제한 적용 여부**(기획재정부 소득-510, 2016.12.20.)

「조세특례제한법」 제30조 제1항 및 동법 시행령 제24조 제1항의 요건을 충족하여 중소기업 취업자에 대한 소득세 감면을 적용받은 청년이 다른 중소기업체로 이직하는 경우에 그 이직 당시의 연령에 관계없이 소득세를 감면받은 최초 취업일로부터 3년이 속하는 달까지 발생한 소득에 대하여 감면을 적용받을 수 있는 것임.

❑ **관세사업이 중소기업 취업자에 대한 소득세 감면 적용대상 업종인지 여부**
(서면소득 2015-1265, 2015. 7.23.)

관세사업은 조세특례제한법 시행령 제27조 제3항의 운수업에 포함되므로 중소기업 취업자에 대한 소득세 감면 적용대상 업종에 해당함.

❑ **일용근로자에서 상용근로자로 전환된 경우 중소기업취업자 감면 적용 여부**
(서면법령해석소득 2015- 22603, 2015.7.17.)

상용근로자로 전환된 날이 최초 취업일이 되고, 기타 감면요건을 만족하는 경우 그 날로부터 3년간 감면이 적용됨.

❑ **분할신설된 법인에 고용승계된 근로자에 대한 소득세 감면 여부**
(사전법령해석소득 2015- 22500, 2015.5.15.)

중소기업취업자에 대한 소득세 감면을 받던 근로자가 분할신설된 중소기업체에 고용이 승계되어 계속하여 근무하는 경우에는 당초 소득세 감면기간 동안 지속적으로 감면을 받을 수 있는 것임.

❑ **사업양수도에 따라 법인으로 전환된 경우 승계된 근로자의 중소기업 취업청년에 대한 소득세 감면**(법규소득 2014-288, 2014.8.29.)

2012년 1월 1일부터 2013년 12월 31일까지 개인 중소기업체에 취업하여 중소기업 취업청년에 대한 소득세 감면을 받던 근로자가 사업의 양도에 의하여 법인 전환된 중소기업체에 계속하여 근무하는 경우에는 근로소득세의 100%(현행은 90%)에 상당하는 세액을 감면받을 수 있음.

5 실무 Q&A

문제 1 **생애 최초로 취업한 경우에만 감면적용이 가능한지?**

해답 1

청년의 경우 근로계약 체결일 현재 연령이 만 15~34세 이하인 자가 2012.1.1.~2026.12.31.까지 중소기업체에 취업하는 경우 감면 적용이 가능하다(생애 최초 취업이 필요요건 아님).

문제 2 **청년 취업자의 범위는 어떻게 되며, 군복무기간은 어떻게 적용하는지?**

해답 2

- 청년취업자는 근로계약 체결일을 기준으로 만 15~34세인 근로자를 말한다.
- 군 복무기간이 있는 경우에는 근로계약체결일 현재 연령에서 복무기간(최대 6년)을 빼고 계산한 연령이 34세 이하이면 감면적용이 가능하다.

> (예) 군복무기간에 따른 소득세 감면대상 연령 한도 : (군복무기간 2년) 만 36세, (군복무기간 5년) 만 39세, (군복무기간 6년) 만 40세

문제 3 **취업 후 2013년 말까지 이직하는 경우 감면기간은 어떻게 되는지?**

해답 3

- 2012년부터 2013년 말까지 중소기업에 취업하는 경우 그 중소기업으로부터 받는 근로소득에 대해 3년간 근로소득세를 감면받는다.
- 근로소득세 감면을 적용받은 자가 2015년 말까지 다른 중소기업(중소기업외의 기업은 제외)으로 이직하는 경우 최초 감면을 적용받은 때로부터 3년간 소득세를 감면한다.

(예) 2012.4.15. 중소기업에 취업한 청년이 2013.4.15. 대기업으로 이직한 경우
⇨ 중소기업으로부터 받은 2013.4월분 급여까지만 소득세 감면
(예) ① 2012.4.1. A 중소기업에 취업한 청년이 2013.9.1. B 중소기업으로 이직한 경우
⇨ 2012.4.~2015.3월분 급여에 대해 소득세 감면
② 2012.4.1. A 중소기업에 취업한 청년이 2014.2.10. B 중소기업으로 이직한 경우
⇨ A 기업으로부터 받은 2012.4.~2014.2월분 급여까지 소득세 100% 감면
⇨ B 기업으로부터 받은 급여는 50% 감면(A, B기업 합쳐서 3년까지 감면)

문제 4 **다음 사례의 경우 감면적용 기간은?**

- A 중소기업체 2012.3.1. (취업)~2012.7.10.(퇴사), 감면 미신청
- B 중소기업체 2012.8.5. (취업)하여 계속근무, 감면 신청

해답 4

취업일로부터 3년이 되는 날이 속하는 달까지 발생한 소득에 대해서 소득세를 감면(2012년부터 2013년까지는 100%, 2014년 이후는 50%)하되 감면기간은 소득세를 감면받은 사람이 다른 중소기업에 취업하거나 해당 중소기업에 재취업하는 경우에 관계없이 소득세를 감면받은 최초 취업일부터 계산한다(조특법 제30조 제1항 단서).
따라서 사례의 경우에는 감면받은 최초 취업일인 2012.8.5.부터 기산하여 3년이 되는 2015.8월분까지 감면 적용한다.

문제 5 2011.12.31. **이전에 중소기업에 취업하여 계속근무하고 있는 경우 2012년부터 소득세 감면 가능한지?**

해답 5

2011.12.31. 이전부터 이미 중소기업에 취업하여 계속 근무 중인 경우에는 감면을 적용받을 수 없다. 또한 2011.12.31. 이전에 중소기업에 취업한 자가 계약기간 연장 등을 통해 해당 중소기업에 재취업하는 경우에도 감면 적용받을 수 없다.

문제 6 **취업청년이 감면적용을 받기 위하여 제출하여야 하는 서류는?**

해답 6

- 감면적용 받으려는 근로자는 원천징수의무자(회사)에게 「중소기업 취업청년 소득세 감면신청서」를 취업일이 속하는 달의 다음 달 말일까지 제출하여야 한다.
- 이때 주민등록등본, 병역복무기간을 증명하는 서류(병적증명서 등), 근로소득 원천징수영수증

(중소기업 취업 감면을 적용받는 청년이 2013.12.31.까지 다른 중소기업에 취업하거나 해당 중소기업에 재취업하는 경우)을 첨부하여 제출한다.

문제 7 취업청년 소득세 감면신청서를 제출받은 원천징수의무자가 알아야 하는 사항은?

해답 7

- 원천징수의무자는 감면대상 취업청년으로부터 감면신청서를 제출받은 달의 다음 달부터 매월분의 근로소득세를 원천징수하지 않으나 원천징수이행상황신고서 상 '인원'과 '총지급액'에는 감면대상을 포함하여 신고한다.
  이때, 감면신청을 받은 날이 속하는 달의 다음 달 10일까지 감면신청을 한 근로자의 명단을 「중소기업 취업청년에 대한 소득세 감면대상 명세서」에 의하여 원천징수 관할세무서장에게 제출해야 한다.
- 관할세무서장으로부터 감면신청 근로자에 대한 감면부적격 통지를 받은 경우, 통지를 받은 이후 근로소득을 지급하는 때에 감면세액을 추징하여 해당 월 원천징수세액에 더하여 징수한다.

(예) 2012.4.15. 중소기업에 취업한 청년이 2013.4.15. 대기업으로 이직한 경우
⇨ 중소기업으로부터 받은 2013.4월분 급여까지만 소득세 감면
(예) ① 2012.4.1. A 중소기업에 취업한 청년이 2013.9.1. B 중소기업으로 이직한 경우
⇨ 2012.4.~2015.3월분 급여에 대해 소득세 감면
② 2012.4.1. A 중소기업에 취업한 청년이 2014.2.10. B 중소기업으로 이직한 경우
⇨ A 기업으로부터 받은 2012.4.~2014.2월분 급여까지 소득세 100% 감면
⇨ B 기업으로부터 받은 급여는 50% 감면(A, B기업 합쳐서 3년까지 감면)

감면추징세액 = 당초 원천징수하였어야 할 세액에 미달하는 금액 × 105%

- 감면대상 근로자의 경우에도 연말정산을 실시하며 근로소득지급명세서상 감면소득을 ⑱－24(코드 T10)란에 기재한다.

문제 8 감면부적격 통지를 받아 감면세액을 추징하여 납부한 경우 연말정산 시 기납부세액으로 공제할 금액은?

해답 8

근로소득 연말정산시 결정세액에서 차감하는 공제하는 기납부세액은 '당초 원천징수하였어야 할 세액'을 공제한다.

(예) 근로자 甲에 대하여 감면추징세액 105만원(당초 원천징수하였어야할 세액 100만원 × 105%)을 징수 납부한 경우
⇨ 연말정산 기납부세액 공제 금액 = 1백만원

문제 9 **일용근로자도 소득세 감면을 적용받을 수 있는지?**

해답 9

- 일용근로자에 해당하는 청년 취업자는 감면대상에서 제외된다.
- 일용근로자 : 3월 미만(건설공사에 종사하는 근로자의 경우 1년 미만) 근로를 제공하면서 근로를 제공한 날 또는 시간의 근로성과에 따라 근로대가를 계산하거나 급여를 계산하여 받는 사람

문제 10 **중소기업기본법에 해당하는 중소기업에 취업하였다면 모두 감면 가능한지?**

해답 10

취업한 기업이 중소기업기본법에 해당하는 중소기업이라 하더라도 「조세특례제한법 시행령」 제27조 제3항으로 정하는 기업에 해당하는 경우에 한하여 감면 적용됩니다.

▣ 중소기업체에 해당하지 않는 기업 예시

- 중소기업기본법에 따른 중소기업에 해당하지 않는 기업
- 중소기업기본법에 따른 중소기업에 해당하는 경우로 금융 및 보험업, 보건업, 전문서비스업(법무서비스, 변호사업, 변리사업, 법무사업, 회계서비스업 등), 예술, 스포츠 및 여가관련 서비스업, 음식점업 중 주점 및 비알콜음료점업, 비디오물감상실, 기타 개인서비스업 등을 주된 사업으로 영위하는 기업
- 국가, 지방자치단체, 공공기관, 지방공기업

문제 11 **2013년에 취업하고 3년간 소득세 감면을 받아 이미 2016년에 감면대상 기간이 종료된 청년도 2018년도에 감면 가능한가요?**

해답 11

취업일로부터 5년이 되는 날이 속하는 달까지 발생한 2018년도 소득은 감면대상에 해당합니다.

- 2013년 5월 취업자의 경우 2018년 1월부터 2018년 5월 소득까지 감면

  ※ 개정세법은 2018년 이후 발생하는 소득부터 적용되므로 2017년까지 발생한 소득은 소급하여 감면 적용되는 것이 아님(경정청구 대상 아님).

문제 12 **2013년에 취업하고 3년간 소득세 감면을 받아 이미 2016년에 감면대상 기간이 종료된 청년도 2018년도에 감면 가능한가요?**

해답 12

취업일로부터 5년이 되는 날이 속하는 달까지 발생한 2018년도 소득은 감면대상에 해당합니다.

- 2013년 5월 취업 당시 30세인 경우 2018년 1월부터 2018년 5월까지 감면 가능
- 2017년 5월 취업 당시 34세인 경우 2018년 1월부터 2022년 5월까지 감면 가능

  ※ 문1과 동일한 사유로 2017년까지 발생한 소득은 감면대상이 아님에 유의(경정청구 대상 아님)

문제 13 **'17년 이전에 취업하여 70%의 감면율을 적용받고 있는 청년의 '18 귀속 근로소득에 대한 감면율은 몇 %인지요?**

해답 13

2018년 귀속 소득분부터는 감면율이 90%입니다.

문제 14 **감면대상기간 증가로 인하여 2018년도에 감면 요건이 추가로 충족된 기존 감면신청자의 경우 감면 신청을 새로 하여야 하나요?**

해답 14

법 개정 전 이미 감면 신청을 한 청년도 5년으로 개정된 감면대상기간을 적용받으려면 중소기업 취업자 소득세 감면 신청 절차를 새로 이행하여야 합니다.

※ 가급적 추가로 감면되는 기간에 대한 감면신청서를 제출받도록 안내(신청기한 경과후에 신청한 경우에도 감면이 가능)

문제 15 **기존 신청자의 감면대상 기간은 엔티스에서 자동으로 연장되나요?**

해답 15

감면 신청 대상기간이 엔티스에서 자동으로 3년에서 5년으로 연장되는 것은 아닙니다.

※ 감면 대상기간이 5년인 신청서를 새로 제출받아 전산 입력하는 것이 원칙

문제 16 **2016년 중소기업 A 취업당시 33세이고, 2018년 중소기업 B 취업시 36세인 경우 감면신청서는 어느 회사에 제출하여야 하는지?**
(2016년 A사 및 2018년 B사 근로계약 체결시점에는 연령초과로 감면요건이 충족되지 아니하지만, 세법개정으로 인하여 2016년 A사 근로계약일 기준으로는 소득세 감면요건이 충족된 경우에 대한 문의)

해답 16

현재 근무하는 중소기업 B사에 제출합니다.

- B사 입사 기준으로는 감면요건이 충족되지 아니함에도 감면신청서는 현재의 원천징수의무자인 B사에 제출
  ※ 부당 감면 신청으로 인한 추가부담세액(미달 징수세액의 100분의 5)은 근로자가 부담하므로 원천징수의무자의 협력의무 과도하지 아니함(조세특례제한법 제30조 제5항).

문제 17 **종전 중소기업 A에서 이미 3년간 소득세를 감면받았으나, 감면기간이 5년으로 개정됨에 따라 새로 취업한 중소기업 B에서 발생한 근로소득에 대하여도 추가 감면 적용이 가능해진 경우 소득세 감면신청서를 어느 회사에 제출하여야 하는지?**

해답 17

현재 근무하는 중소기업 B사에 제출합니다.

문제 18 **취업일로부터 5년이 되는 날이 속하는 달까지 발생하는 소득에 대하여 감면을 적용하는데, 2015.1.1. 취업자의 감면기간은?**

해답 18

2020.1.31.까지 감면됩니다.

• 2020.1.1.을 취업일로부터 5년이 되는 날로 보아 감면 적용

문제 19 **재취업자인 경우 중소기업취업자 소득세 감면신청서상의 '취업시 연령'은 재취업한 회사의 입사일을 기준으로 계산하는 것인지, 기존 회사의 입사일을 기준으로 계산하는 것인지?**

해답 19

기존 회사 입사일 기준으로도, 재취업 회사 입사일 기준으로도 감면요건이 충족된다면 근로자가 감면을 적용받고자 하는 회사의 근로계약 체결일 기준 연령으로 계산합니다.

■조세특례제한법 시행규칙 [별지 제11호서식](2023.3.20. 개정)

중소기업 취업자 소득세 감면신청서

※ [ ]에는 해당되는 곳에 √표를 합니다.

1. 신청인	①성명	② 주민등록번호	
	③주소	④취업자 유형	[ ] 청년(15세 ~ 34세) [ ] 60세 이상 사람 [ ] 장애인 [ ] 경력단절여성

2. 취업 시 연령	
⑤ 중소기업에 취업한 날 연령	년 월 일 (취업일: , 생년월일:)
⑥ 병역근무기간* (6년을 한도로 함)	년 월 일 (입대일 · 소집일: , 전역일 · 소집해제일:)
⑦ 병역근무기간 차감 후 연령*(⑤ - ⑥)	년 월 일

* ⑥ 및 ⑦은 '청년'만 작성합니다.

3. 감면기간	
⑧ 시작일*: 년 월 일 * 2012. 1. 1. 이후 소득세 감면을 받은 최초 취업일	⑨ 종료일*: 년 월 일 * 시작일부터 3년(청년 5년)이 되는 날(병역이행 후 1년 이내 동일 중소기업에 복직하는 경우 복직한 날부터 2년이 되는 날을 말하며, 그 복직한 날이 최초 취업일부터 5년이 지나지 아니한 경우에는 최초 취업일부터 7년이 되는 날을 말합니다)이 속하는 달의 말일

「조세특례제한법」 제30조 제1항 및 같은 법 시행령 제27조 제5항에 따라 위와 같이 중소기업 취업자에 대한 소득세 감면을 신청합니다.

년 월 일

신청인 (서명 또는 인)

원천징수의무자 귀하

첨부서류	1. 병역복무기간을 증명하는 서류 1부 2. 장애인등록증(수첩, 복지카드) 사본 1부 3. 「소득세법」 제143조에 따라 발급받은 근로소득 원천징수영수증 1부(「조세특례제한법」 제30조에 따라 중소기업 취업 감면을 적용받은 청년 등이 다른 중소기업체에 취업하거나 해당 중소기업체에 재취업하는 경우로 한정합니다)	수수료 없 음

유 의 사 항

1. 감면신청서를 사실과 다르게 신청하는 경우에는 부당하게 감면받은 세액에 가산세를 가산하여 추징하게 됩니다.
2. 장애인은 「장애인복지법」에 따른 장애인과 「국가유공자 등 예우 및 지원에 관한 법률」에 따른 상이자를 말합니다.
3. 2013. 12. 31. 이전에 취업한 청년이 해당 중소기업체에 계속하여 근무하는 경우 취업일부터 3년간 해당 중소기업체에서 받는 근로소득의 소득세 100%를 감면받을 수 있습니다.
4. 2014. 1. 1.부터 2015. 12. 31. 까지 중소기업체에 최초 취업자는 취업일부터 3년간, 재취업자는 소득세 감면기간 종료일까지 해당 중소기업체에서 받는 근로소득의 소득세 50%를 감면받을 수 있습니다
5. 2016. 1. 1. 이후 중소기업체에 최초 취업자는 취업일부터 3년간 해당 중소기업체에서 받는 근로소득의 소득세 70%를 감면(한도 200만원)받을 수 있습니다.
6. 청년의 경우 2018년 이후 귀속 근로소득부터는 취업일로부터 5년간 감면이 적용되며, 근로소득의 소득세 90%를 감면(한도 200만원)받을 수 있습니다.
7. 중소기업체 재취업자의 소득세 감면기간 ⑧ 시작일과 ⑨ 종료일은 최초 감면신청서상 감면기간의 시작일과 종료일을 적습니다.
8. 경력단절여성은 「조세특례제한법」 제29조의3에서 규정하고 있는 여성을 말합니다(동종업종 기업에서 1년 이상 근무하다가 결혼, 임신, 출산 ,육아, 자녀교육의 사유로 퇴직하고 2년 이상 15년 이내의 기간이 경과한 후 동종업종 중소기업에 재취업하는 여성으로서 최대주주 또는 최대출자자나 그와 특수관계인이 아닌 경우).
9. 「조세특례제한법 시행령」 제27조 제3항 각 호에 따른 사업을 주된 사업으로 영위하는 중소기업으로부터 받은 근로소득만 감면대상입니다.

210mm× 297mm[백상지 80g/㎡ 또는 중질지 80g/㎡]

■ 조세특례제한법 시행규칙 [별지 제11호의3 서식] (2015.3.13. 개정)

중소기업 취업자 소득세 감면 부적격 대상 퇴직자 명세서

1. 원천징수의무자	상 호	사업자등록번호
	사업장 소재지 (전화번호:)	

2. 감면 적용 부적격 대상 퇴직자 명세

성 명	주민등록번호	입사일	퇴직일	비 고

「조세특례제한법」 제30조 및 같은 법 시행령 제27조 제7항에 따라 중소기업 취업자 소득세 감면 부적격 대상자가 같은 법 제30조 제4항에 따른 통지일 이전에 퇴직하였음을 같은 법 제30조 제5항 단서에 따라 통지합니다.

년 월 일

원천징수의무자 (서명 또는 인)

세무서장 귀하

첨부서류	퇴직소득 지급명세서 1부	수수료 없 음

210mm× 297mm[백상지 80g/㎡ 또는 중질지 80g/㎡]

고용유지중소기업 등에 대한 과세특례

1 개요

경영상 어려움에도 일자리 나누기에 동참하는 중소기업・근로자에 대한 지원을 위해 ① 고용유지중소기업에게는 법인세・소득세(사업소득에 대한 소득세만 해당) 신고 시 세액공제를 적용해 주며, ② 근로자에게는 임금을 감소하여 고용을 유지하는 경우 감소된 임금의 50%를 근로자의 근로소득금액에서 공제해 준다(2026년까지).

2 고용유지중소기업의 세액공제

고용유지중소기업에 해당하는 경우 2026년 12월 31일이 속하는 과세연도까지 법인세 또는 소득세(사업소득에 대한 소득세만 해당)에서 세액공제할 수 있다. 또한 위기지역 내 중견기업의 사업장에 대하여 위기지역으로 지정 또는 선포된 기간이 속하는 과세연도에도 적용한다.

(1) 고용유지중소기업 등의 범위

다음의 요건을 모두 충족하는 기업을 '고용유지중소기업'이라 한다.

1) 중소기업의 범위

「중소기업기본법」 제2조에서 규정하는 중소기업을 말한다.

2) 고용유지에 해당하는 경우

- 상시근로자(해당 과세연도 중에 근로관계가 성립한 상시근로자는 제외) 1인당 시간당 임금이 직전 과세연도에 비하여 감소하지 않은 경우
- 해당 과세연도의 상시근로자 수가 직전 연도의 상시근로자 수와 비교하여 0% 이상 감소하지 않은 경우
- 상시근로자(해당 과세연도 중에 근로관계가 성립한 상시근로자는 제외) 1인당 연간 임금 총액이 직전 과세연도에 비하여 감소된 경우

① 상시근로자의 범위

상시근로자는 「근로기준법」에 따라 근로계약을 체결한 근로자로 한다. 다만, 다음 각 호의 어느 하나에 해당하는 사람은 제외한다(조특령 제27조의3 제4항).

> 1. 근로계약기간이 1년 미만인 자. 다만, 근로계약의 연속된 갱신으로 인하여 그 근로계약의 총기간이 1년 이상인 근로자는 상시근로자로 본다.
> 2. 「법인세법 시행령」 제40조 제1항 각 호의 어느 하나에 해당하는 임원
> 3. 해당 기업의 최대주주 또는 최대출자자(개인사업자의 경우에는 대표자를 말한다)와 그 배우자
> 4. 제3호에 해당하는 자의 직계존속・비속과 그 배우자
> 5. 「소득세법 시행령」 제196조에 따른 근로소득원천징수부에 의하여 근로소득세를 원천징수한 사실이 확인되지 아니하고, 다음 각 목의 어느 하나에 해당하는 보험료 등의 납부사실도 확인되지 아니하는 사람
>   가. 「국민연금법」 제3조 제1항 제11호 및 제12호에 따른 부담금 및 기여금
>   나. 「국민건강보험법」 제69조에 따른 직장가입자의 보험료
> 6. 「근로기준법」 제2조 제1항 제9호에 따른 단시간근로자로서 1개월간의 소정근로시간이 60시간 미만인 근로자

② 상시근로자 1인당 시간당 임금

직전 또는 해당 과세연도의 상시근로자(해당 과세연도 중에 근로관계가 성립한 상시근로자는 제외) 1인당 시간당 임금은 다음과 같다.

> 상시근로자 1인당 시간당 임금 = 임금총액[주1)] ÷ 근로시간 합계[주2)]

주1) 임금총액 : 직전 또는 해당 과세연도에 상시근로자에게 지급한 통상임금과 정기상여금 등 고정급 성격의 금액을 합산한 금액

주2) 근로시간 합계 : 직전 또는 해당 과세연도의 상시근로자의 근로계약상 근로시간(「근로기준법」 제2조 제1항 제8호에 따른 단시간근로자로서 1개월간의 소정근로시간이 60시간 이상인 경우에는 실제 근로시간)의 합계

③ 상시근로자 1인당 연간 임금총액

직전 또는 해당 과세연도의 상시근로자(해당 과세연도 중에 근로관계가 성립한 상시근로자는 제외) 1인당 연간 임금총액은 다음과 같다.

$$\text{상시근로자 1인당 연간 임금총액} = \frac{\text{임금총액}^{\text{주1)}}}{\text{상시근로자 수}^{\text{주2)}}}$$

주1) 임금총액 : 통상임금과 정기상여금 등 고정급 성격의 금액을 합산한 금액

주2)

$$\text{상시근로자 수} = \frac{\text{직전 또는 해당 과세연도의 매월말 현재 상시근로자 수의 합}}{\text{직전 또는 해당 과세연도의 개월 수}}$$

④ 상시근로자 수 및 상시근로자 1인당 연간 임금총액에서 제외 또는 포함되는 경우

구분	내용
제외되는 경우	• 직전 또는 해당 과세연도 중에 사망, 정년퇴직 및 이에 준하는 사유로 근로관계가 종료되어 상시근로자가 감소한 경우 그 감소인원 • 직전 또는 해당 과세연도 중에 분할 또는 사업의 포괄양도 등에 의하여 상시근로자가 감소한 경우 그 감소인원
포함되는 경우	• 직전 또는 해당 과세연도 중에 합병 또는 사업의 포괄양수 등에 의하여 종전의 사업부문에서 종사하던 상시근로자를 승계한 경우 그 승계인원

(2) 공제금액

세액공제금액은 다음과 같다(조특법 제30조의3 제2항). 해당 금액이 음수인 경우에는 영으로 본다.

세액공제금액 = (직전 과세연도 상시근로자 1인당 연간 임금총액－해당 과세연도 상시근로자 1인당 연간 임금총액) × 해당 과세연도 상시근로자 수 × 10%
\+ (해당 과세연도 상시근로자 1인당 시간당 임금 － 직전 과세연도 상시근로자 1인당 시간당 임금 × 100분의 105) × 해당 과세연도 전체 상시근로자의 근로시간 합계[주] × 15%

주) 직전 또는 해당 과세연도의 상시근로자의 근로계약상 근로시간(「근로기준법」 제2조 제1항 제9호에 따른 단시간근로자로서 1개월간의 소정근로시간이 60시간 이상인 경우에는 실제 근로시간)의 합계

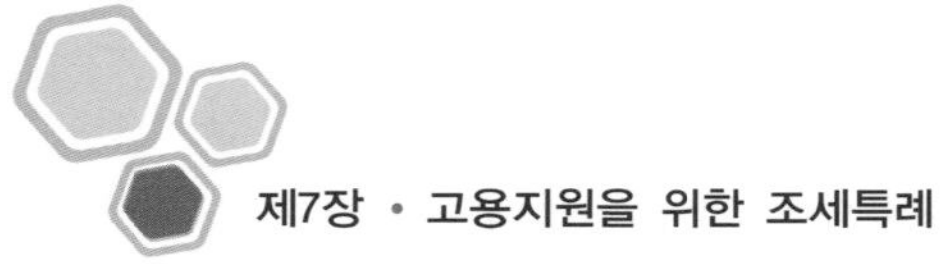

(3) 위기지역 내 중견기업

상기 (1), (2)의 규정은 다음 각 호의 어느 하나에 해당하는 지역(이하 "위기지역"이라 한다) 내 중견기업의 사업장에 대하여 위기지역으로 지정 또는 선포된 기간이 속하는 과세연도에도 적용한다(조특법 제30조의3 제5항).

> 1. 「고용정책 기본법」 제32조 제1항에 따라 지원할 수 있는 지역으로서 대통령령으로 정하는 지역*
> 2. 「고용정책 기본법」 제32조의2 제2항에 따라 선포된 고용재난지역
> 3. 「지역 산업위기 대응 및 지역경제 회복을 위한 특별법」 제10조 제1항에 따라 지정된 산업위기대응특별지역

* 「고용정책 기본법 시행령」 제29조에 따라 고용노동부장관이 지정·고시하는 지역을 말함(조특령 제27조의3 제11항)

(4) 공제신청

소득세 또는 법인세 과세표준신고와 함께 「세액공제신청서」에 사업주와 근로자대표 간 합의를 증명하는 서류 등을 첨부하여 납세지 관할세무서장에게 제출하여야 한다.

(5) 농특세 과세 및 최저한세

농특세 비과세대상이며, 최저한세 대상 아니다.

3 고용유지중소기업 근로자 소득공제

'고용유지중소기업'에 근무하는 상시근로자는 2026년 12월 31일이 속하는 과세연도까지 일정금액을 해당 과세연도의 근로소득금액에서 공제할 수 있다. 또한 위기지역 내 중견기업의 사업장에 대하여 위기지역으로 지정 또는 선포된 기간이 속하는 과세연도에도 적용한다.

(1) 고용유지중소기업의 범위

고용유지중소기업의 소득공제와 동일하다.

(2) 소득공제금액

소득공제금액은 다음과 같다. 단, 1천만원을 한도로 한다.

$$소득공제금액 = \left(\begin{array}{l}직전\ 과세연도의\ 해당\ 근로자\ 연간\ 임금총액^{주)} \\ -\ 해당\ 과세연도의\ 해당\ 근로자\ 연간\ 임금총액\end{array}\right) \times 50\%$$

주) 연간 임금총액 : 통상임금과 정기상여금 등 고정급 성격의 금액을 합산한 금액으로 한다. 이 경우 직전 또는 해당 과세연도 중 근로관계가 성립하거나 종료된 상시근로자의 연간 임금총액은 다음 각 호의 구분에 따라 산정한다(조특령 제27조의3 제10항).

(1) 직전 과세연도 중에 근로관계 성립한 상시근로자의 해당 과세연도의 연간 임금총액

$$해당\ 과세연도의\ 연간\ 임금총액 \times \frac{직전\ 과세연도의\ 총\ 근무일수}{해당\ 과세연도의\ 총\ 근무일수}$$

(2) 해당 과세연도 중에 근로관계 종료된 상시근로자의 직전 과세연도의 연간 임금총액

$$직전\ 과세연도의\ 연간\ 임금총액 \times \frac{해당\ 과세연도의\ 총\ 근무일수}{직전\ 과세연도의\ 총\ 근무일수}$$

(3) 직전 또는 해당 과세연도 중에 기업의 합병 또는 분할 등에 의하여 근로관계가 승계된 상시근로자의 직전 또는 해당 과세연도의 연간 임금총액은 종전 근무지에서 지급받은 임금총액을 합산한 금액으로 함.

(3) 공제신청

소득세 또는 법인세 과세표준신고와 함께 「세액공제신청서」에 사업주와 근로자대표 간 합의를 증명하는 서류 등을 첨부하여 납세지 관할세무서장에게 제출하여야 한다.

(4) 농특세 비과세 및 최저한세

농특세 비과세대상이고, 최저한세 대상 아니다.

4 사후관리

(1) 이월공제

해당 과세연도에 납부할 세액이 없거나 최저한세액에 미달하여 공제받지 못한 부분은 해당 과세연도의 다음 과세연도 개시일부터 10년 이내에 끝나는 각 과세연도에 이월하여 그 이월된 각 과세연도의 소득세(사업소득) 또는 법인세에서 공제한다.

(2) 공제순서

각 과세연도에 공제할 금액과 이월된 미공제 금액이 중복되는 경우에는 이월된 미공제 금액을 먼저 공제하고 그 이월된 미공제 금액 간에 중복되는 경우에는 먼저 발생한 것부터 차례대로 공제한다.

예규 Point

❑ **임금피크제 보전수당의 근로소득 과세 여부 및 고용유지중소기업공제 해당 여부**(원천-71, 2010.1.22.)

근로자가 「고용보험법 시행령」 제28조에 따라 지급받는 임금피크제 보전수당은 과세대상 근로소득에 해당하며 「조세특례제한법」 제30조의3 【고용유지중소기업 등에 대한 과세특례】을 적용함에 있어 임금피크제 보전수당은 임금총액에 포함되지 아니하는 것임.

❑ **고용유지중소기업 과세특례 질의에 대한 회신**(법인-1330, 2009.11.27.)

고용유지 중소기업에 대한 과세특례 적용 시 '임금총액'은 「근로기준법」에 의한 통상임금에 정기상여금 등 고정급 성격의 금액을 합산한 것을 말하며, '총근무일수'란 실제 근로관계가 지속적으로 유지된 기간의 일수를 뜻함.

■ 조세특례제한법 시행규칙 [별지 제11호의4 서식] (2019.3.20. 개정)

고용유지기업 세액공제신청서

❶ 신청인	① 상호 또는 법인명	② 사업자등록번호
	③ 대표자 성명	④ 생년월일
	⑤ 주소 또는 본점소재지 (전화번호:)	

❷ 과세연도	년 월 일부터 년 월 일까지

❸ 세액공제금액 계산내용		
⑥ 고용유지기업에 대한 세액공제 금액 [(⑨-⑫)×⑪×10% + (⑮-⑱×105%)×⑭×15%]		
1. 직전 과세연도 상시근로자 1인당 연간 임금총액		
⑦ 직전 과세연도 상시근로자 연간 임금총액	⑧ 직전 과세연도 상시근로자수	⑨ 직전 과세연도 상시근로자 1인당 연간 임금총액(⑦÷⑧)
2. 해당 과세연도 상시근로자 1인당 연간 임금총액		
⑩ 해당 과세연도 상시근로자 연간 임금총액	⑪ 해당 과세연도 상시근로자수	⑫ 해당 과세연도 상시근로자 1인당 연간 임금총액(⑩÷⑪)
3. 해당 과세연도 상시근로자 1인당 시간당 임금		
⑬ 해당 과세연도 상시근로자 연간 임금총액(=⑩)	⑭ 해당 과세연도 상시근로자의 근로시간 합계	⑮ 해당 과세연도 상시근로자 1인당 시간당 임금(⑬÷⑭)
4. 직전 과세연도 상시근로자 1인당 시간당 임금		
⑯ 직전 과세연도 상시근로자 연간 임금총액(=⑦)	⑰ 직전 과세연도 상시근로자의 근로시간 합계	⑱ 직전 과세연도 상시근로자 1인당 시간당 임금(⑯÷⑰)

「조세특례제한법 시행령」 제27조의3 제3항에 따라 고용유지기업 세액공제신청서를 제출합니다.

년 월 일

신청인 (서명 또는 인)

세무서장 귀하

첨부서류	사업주와 근로자대표 간 합의를 증명하는 서류 사본 1부	수수료 없음

210mm×297mm[백상지 80g/㎡ 또는 중질지 80g/㎡]

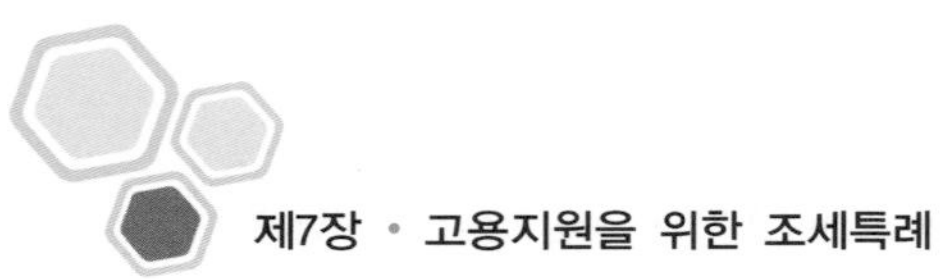

(뒤쪽)

작 성 방 법

1. 신청대상기업은 「중소기업기본법」 제2조에 따른 중소기업과 위기지역 내 중견기업(위기지역으로 지정 또는 선포된 기간이 속하는 과세연도)입니다.
2. ⑥란의 세액공제 금액을 계산할 때 '(⑮-⑱×105%)×⑭×15%'를 계산한 금액이 음수인 경우에는 해당 금액을 0으로 보아 세액공제 금액을 계산합니다.
3. ⑦, ⑩란의 "임금총액"이란 통상임금과 정기상여금 등 고정급 성격의 금액을 합산한 금액을 말합니다.
4. ⑧, ⑪란의 "상시근로자"란 「근로기준법」에 따라 근로계약을 체결한 근로자를 말하며, 상시근로자 수는 다음과 같이 계산합니다.
   가. 직전 또는 해당 과세연도의 상시근로자 수: 직전 또는 해당 과세연도 매월 말 현재 상시근로자 수의 합 / 직전 또는 해당 과세연도의 월 수
   나. 상시근로자 수 및 상시근로자 1인당 연간 임금총액을 계산할 때 직전 또는 해당 과세연도 중에 사망, 정년퇴직 및 이에 준하는 사유로 근로관계가 종료되어 상시근로자가 감소한 경우 그 감소인원은 직전 과세연도부터 근무하지 않은 것으로 보아 계산합니다.
   다. 상시근로자 수 및 상시근로자 1인당 연간 임금총액을 계산할 때 직전 또는 해당 과세연도 중에 합병 또는 사업의 포괄양수 등에 의해 종전의 사업부문에서 종사하던 상시근로자를 승계한 경우 그 승계인원은 직전 과세연도부터 승계한 기업에서 근무한 것으로 보아 계산합니다.
   라. 상시근로자 수 및 상시근로자 1인당 연간 임금총액을 계산할 때 직전 또는 해당 과세연도 중에 분할 또는 사업의 포괄양도 등에 의해 상시근로자가 감소한 경우 그 감소인원은 직전 과세연도부터 분할 또는 사업을 포괄양도한 기업 등에서 근무하지 않은 것으로 보아 계산합니다.
5. ⑭, ⑰란의 "근로시간 합계"란 직전 또는 해당 과세연도의 상시근로자의 근로계약상 근로시간(「근로기준법」 제2조 제1항 제8호에 따른 단시간근로자로서 1개월간의 소정근로시간이 60시간 이상인 경우에는 실제 근로시간)의 합계를 말합니다.

제9절

중소기업 사회보험료 세액공제

1 개요

(1) 고용증가 인원에 대한 사회보험료 세액공제

중소기업이 2024년 12월 31일이 속하는 과세연도까지의 기간 중 해당 과세연도의 상시근로자 수가 직전 과세연도의 상시근로자 수보다 증가한 경우에는 고용증가인원에 대한 사용자의 사회보험료 부담금액으로서 일정금액을 사업소득에 대한 소득세 또는 법인세에서 해당 과세연도와 그 다음해 과세연도까지 세액공제를 해 주는 조세특례제도이다(조특법 제30조의4 제1항).

(2) 고용증가 인원에 대한 사회보험료 추가 세액공제 배제

상기 '(1)'에 따라 소득세 또는 법인세를 공제받은 중소기업이 공제를 받은 과세연도의 종료일부터 1년이 되는 날이 속하는 과세연도의 종료일까지의 기간 중 전체 상시근로자의 수가 최초로 공제를 받은 과세연도에 비하여 감소한 경우에는 청년등 상시근로자 증가분과 청년등 외 상시근로자 증가분에 대한 세액공제 상당액 합계를, 청년등 상시근로자의 수가 최초로 공제를 받은 과세연도에 비하여 감소한 경우에는 청년등 상시근로자 증가분에 대한 세액공제액 상당액을 감소한 과세연도에 대하여 추가로 적용하지 아니한다.

또한, 최초로 공제받은 세액에 상당하는 금액을 소득세 또는 법인세로 납부하여야 한다(조특법 제30조의4 제2항).

(3) 사회보험 신규가입자에 대한 사회보험료 세액공제

중소기업 중 일정요건에 해당하는 기업이 2020년 1월 1일 현재 고용 중인 일정 요건에 정하는 근로자 중 2020년 12월 31일까지 사회보험에 신규 가입하는 근로자에 대하여 신규가입을 한 날부터 2년이 되는 날이 속하는 달까지 사용자가 부담하는 사회보험료 상당액(국가 등의 지원금은 제외)으로서 일정 금액의 50%에 상당하는 금액을 해당 과세연도의 소득세(사업소득에 대한 소득세만 해당) 또는 법인세에서 공제한다(조특법 제30조의4 제3항).

2 공제대상

(1) 중소기업의 범위

조세특례제한법 시행령 제2조에 따른 중소기업으로 '제2절 경력단절여성 고용 기업에 대한 세액공제'의 중소기업 범위와 동일하다.

(2) 상시근로자 등의 범위

1) 상시근로자란

상시근로자는 「근로기준법」에 따라 근로계약을 체결한 내국인 근로자로 한다. 단, 다음에 해당하는 사람은 제외한다(조특령 제27조의4 제1항).

> ① 근로계약기간이 1년 미만인 근로자(단, 근로계약의 연속된 갱신으로 인하여 그 근로계약의 총 기간이 1년 이상인 근로자는 상시근로자로 봄)
> ② 「근로기준법」 제2조 제1항 제9호에 따른 단시간근로자(단, 1개월간의 소정근로시간이 60시간 이상인 근로자는 상시근로자로 봄)
> ③ 「법인세법 시행령」 제40조 제1항 각 호에 해당하는 임원[주1)]
> ④ 해당 기업의 최대주주 또는 최대출자자(개인사업자의 경우에는 대표자)와 그 배우자
> ⑤ 제4호에 해당하는 자의 직계존비속(그 배우자 포함) 및 「국세기본법 시행령」 제1조의2 제1항[주2)]에 따른 친족관계인 사람
> ⑥ 근로소득원천징수부에 의하여 근로소득세를 원천징수한 사실이 확인되지 아니하는 사람
> ⑦ 4대사회보험에 대하여 사용자 부담금 또는 보험료의 납부 사실이 확인되지 아니하는 근로자

주1) ① 법인의 회장, 사장, 부사장, 이사장, 대표이사, 전무이사 및 상무이사 등 이사회의 구성원 전원과 청산인
② 합명회사, 합자회사 및 유한회사의 업무집행사원 또는 이사
③ 유한책임회사의 업무집행자
④ 감사
⑤ 그 밖에 ①부터 ④까지의 규정에 준하는 직무에 종사하는 자

주2) 1. 4촌 이내의 혈족
2. 3촌 이내의 인척
3. 배우자(사실상의 혼인관계에 있는 자를 포함한다)
4. 친생자로서 다른 사람에게 친양자 입양된 자 및 그 배우자 · 직계비속
5. 본인이 「민법」에 따라 인지한 혼인 외 출생자의 생부나 생모(본인의 금전이나 그 밖의 재산으로 생계를 유지하는 사람 또는 생계를 함께하는 사람으로 한정한다)

2) 청년 및 경력단절여성 상시근로자란

청년 및 경력단절여성 상시근로자란 15세 이상 29세 이하인 상시근로자[병역 이행한 경우에는 그 기간(6년 한도)을 근로계약 체결일 현재 연령에서 빼고 계산한 연령이 29세 이하인 사람 포함] 및 경력단절여성을 말한다.

여기서 경력단절여성은 '경력단절여성 고용 기업에 대한 세액공제' 적용대상인 여성을 말한다.

3) 청년 등 외 상시근로자란

청년 등 외 상시근로자란 청년 및 경력단절여성 상시근로자가 아닌 상시근로자를 말한다.

(3) 사회보험의 범위

사회보험이란 다음 각 호의 것을 말한다.

① 「국민연금법」에 따른 국민연금
② 「고용보험법」에 따른 고용보험
③ 「산업재해보상보험법」에 따른 산업재해보상보험
④ 「국민건강보험법」에 따른 국민건강보험
⑤ 「노인장기요양보험법」에 따른 장기요양보험

3 세액공제금액

(1) 고용증가 인원에 대한 사회보험료 세액공제금액

① 청년 및 경력단절여성(청년 등) 상시근로자의 경우

(해당 연도 청년 등 상시근로자 수 − 직전 연도 청년 등 상시근로자 수)[주1] × 청년 상시근로자 고용증가인원에 대한 사용자의 사회보험료 부담금액으로서 대통령령으로 정하는 금액[주2] × 100%

주1) 단, 해당 과세연도에 직전 과세연도 대비 증가한 상시근로자 수를 한도로 한다. 또한 그 수가 음수인 경우에는 '0'으로 봄.

주2) $\dfrac{\text{해당 과세연도에 청년 등 상시근로자에게 지급하는 「소득세법」 제20조 제1항에 따른 총급여액}}{\text{해당 과세연도의 청년 등 상시근로자 수}} \times \text{사회보험료율}$

해당 과세연도에 청년등 상시근로자를 대상으로 2. 공제대상 (3) 사회보험의 범위에 해당하는 사회보험에 사용자가 부담하는 사회보험료 상당액에 대하여 국가 및 「공공기관의 운영에 관한 법률」 제4조에 따른 공공기관이 지급했거나 지급하기로 한 보조금 및 감면액은 제외함.

② 청년 등 외 상시근로자의 경우

{(해당 연도 상시근로자 수－직전 연도 상시근로자 수)－(해당 연도 청년 등 상시근로자 수－직전 연도 청년 등 상시근로자 수)}주1) × 청년 등 외 상시근로자 고용증가 인원에 대한 사용자의 사회보험료 부담금액으로서 대통령령으로 정하는 금액주2) × 50%(대통령령으로 정하는 신성장 서비스업을 영위하는 중소기업주3) 75%)

주1) 그 수가 음수인 경우 '0'으로 봄.

주2) $\dfrac{\text{해당 과세연도에 청년 등 외 상시근로자에게 지급하는 「소득세법」 제20조 제1항에 따른 총급여액}}{\text{해당 과세연도의 청년 등 상시근로자 수} - \text{해당 과세연도의 청년 등 상시근로자 수}} \times \text{사회보험료율}$

주3) 다음 각 호의 어느 하나에 해당하는 사업을 주된 사업으로 영위하는 중소기업을 말한다. 이 경우 둘 이상의 서로 다른 사업을 영위하는 경우에는 사업별 사업수입금액이 큰 사업을 주된 사업으로 본다.

1. 컴퓨터 프로그래밍, 시스템 통합 및 관리업, 소프트웨어 개발 및 공급업, 정보서비스업 또는 전기통신업
2. 창작 및 예술관련 서비스업(자영예술가는 제외한다), 영화・비디오물 및 방송프로그램 제작업, 오디오물 출판 및 원판 녹음업 또는 방송업
3. 엔지니어링사업, 전문디자인업, 보안시스템 서비스업 또는 광고업 중 광고물 작성업
4. 서적, 잡지 및 기타 인쇄물출판업, 연구개발업, 「학원의 설립・운영 및 과외교습에 관한 법률」에 따른 직업기술 분야를 교습하는 학원을 운영하는 사업 또는 「근로자직업능력 개발법」에 따른 직업능력개발훈련시설을 운영하는 사업(직업능력개발훈련을 주된 사업으로 하는 경우로 한정한다)
5. 「관광진흥법」에 따른 관광숙박업, 국제회의업, 유원시설업 또는 법 제6조 제3항 제20호에 따른 관광객이용시설업
6. 제5조 제7항에 따른 물류산업
7. 그 밖에 기획재정부령으로 정하는 신성장 서비스업(「전시산업발전법」 제2조 제1호에 따른 전시산업, 그 밖의 과학기술서비스업, 시장조사 및 여론조사업, 광고업 중 광고대행업, 옥외 및 전시 광고업)

(2) 고용증가 인원에 대한 사회보험료 추가 세액공제 배제

고용증가 인원에 대한 사회보험료 세액공제를 받은 중소기업이 최초로 공제를 받은 과세연도의 종료일부터 1년이 되는 날이 속하는 과세연도의 종료일까지의 기간 중 전체 상시근로자의 수가 최초로 공제를 받은 과세연도에 비하여 감소한 경우에는 감소한 과세연도에 대하여 아래의 ①, ②를 적용하지 아니하고, 청년 등 상시근로자의 수가 최초로 공제를 받

은 과세연도에 비하여 감소한 경우에는 감소한 과세연도에 대하여 아래의 ①을 적용하지 아니한다.

구 분	추가 세액공제 배제
① 전체 상시근로자 수가 감소한 경우	상기 (1)의 ①, ②에 따라 공제받은 금액 상당액
② 청년 등 상시근로자 수가 감소한 경우	상기 (1)의 ①에 따라 공제받은 금액 상당액

이 경우 공제받은 세액에 상당하는 금액을 소득세 또는 법인세로 납부하여야 하며, "5 사후관리-(3)추가징수"에서 설명하기로 한다.

(3) 상시근로자 수 등의 계산

상시근로자 수와 청년 등 상시근로자 수는 다음과 같이 계산한다. 단, 상시근로자로 보는 1개월간의 소정근로시간이 60시간 이상인 단시간근로자 1명은 0.5명으로 하여 계산하되, 다음 각 목의 지원요건을 모두 충족하는 경우에는 0.75명으로 하여 계산하고 1% 미만의 부분은 없는 것으로 한다(조특령 제27조의4 제6항).

> 가. 해당 과세연도의 상시근로자 수(1개월간의 소정근로시간이 60시간 이상인 근로자는 제외)가 직전 과세연도의 상시근로자 수(1개월간의 소정근로시간이 60시간 이상인 근로자는 제외)보다 감소하지 아니하였을 것
> 나. 기간의 정함이 없는 근로계약을 체결하였을 것
> 다. 상시근로자와 시간당 임금(「근로기준법」 제2조 제1항 제5호에 따른 임금, 정기상여금・명절상여금 등 정기적으로 지급되는 상여금과 경영성과에 따른 성과금을 포함한다), 그 밖에 근로조건과 복리후생 등에 관한 사항에서 「기간제 및 단시간근로자 보호 등에 관한 법률」 제2조 제3항에 따른 차별적 처우가 없을 것
> 라. 시간당 임금이 「최저임금법」 제5조에 따른 최저임금액의 100분의 120 이상일 것

① 상시근로자 수의 계산

상시근로자 수는 다음과 같이 계산한다.

$$\frac{\text{해당 과세연도의 매월 말 현재 상시근로자 수의 합}}{\text{해당 과세연도의 개월 수}}$$

② 청년 등 상시근로자 수의 계산

청년 등 상시근로자 수는 다음과 같이 계산한다.

$$\frac{\text{해당 과세연도의 매월 말 현재 청년 등 상시근로자 수의 합}}{\text{해당 과세연도의 개월 수}}$$

③ 유의사항

청년 등 상시근로자 또는 상시근로자 증가인원을 계산할 때 해당 연도에 창업 등을 한 기업의 경우에는 다음에 따른 수를 직전 또는 해당 과세연도의 청년 상시근로자 수 또는 상시근로자 수로 본다(조특령 제27조의4 제7항).

<table>
<tr><th>구 분</th><th>직전 과세연도의 청년 등 상시근로자 수 또는 상시근로자 수</th></tr>
<tr><td>㉠ 창업한 경우(조특법 제6조 제10항 제1호부터 제3호[주1]는 제외)</td><td>0</td></tr>
<tr><td>㉡ 조특법 제6조 제9항 제1호(합병・분할・현물출자 또는 사업의 양수 등을 통하여 종전의 사업을 승계하는 경우는 제외)부터 제3호에 해당하는 경우</td><td>종전 사업, 법인전환 전의 사업 또는 폐업 전의 사업의 직전 과세연도 청년 상시근로자 수 또는 상시근로자 수</td></tr>
<tr><td>㉢ 해당 연도에 합병・분할・현물출자 또는 사업의 양수 등에 의하여 종전의 사업부문에서 종사하던 청년 상시근로자 또는 상시근로자를 승계하는 경우</td><td rowspan="2">• 승계시킨 기업의 경우 : 직전 과세연도 청년 등 상시근로자 수 또는 상시근로자 수－승계시킨 청년등 상시근로자 수 또는 상시근로자 수
• 승계한 기업의 경우 : 직전 과세연도 청년 등 상시근로자 수 또는 상시근로자 수＋승계한 청년 등 상시근로자 수 또는 상시근로자 수</td></tr>
<tr><td>㉣ 특수관계인[주2]으로부터 청년 등 상시근로자 또는 상시근로자를 승계하는 경우</td></tr>
</table>

주1) 조특법 제6조 제10항 제1호부터 제3호는 다음과 같다.

(1) 합병・분할・현물출자 또는 사업의 양수를 통하여 종전의 사업을 승계하거나 종전의 사업에 사용되던 자산을 인수 또는 매입하여 같은 종류의 사업을 하는 경우. 다만, 다음 각 목의 어느 하나에 해당하는 경우는 제외한다.

가. 종전의 사업에 사용되던 자산을 인수하거나 매입하여 같은 종류의 사업을 하는 경우 그 자산가액의 합계가 사업 개시 당시 토지・건물 및 기계장치 등 사업용자산(토지와 「법인세법 시행령」 제24조의 규정에 의한 감가상각자산)의 총가액에서 차지하는 비율이 50% 미만으로서 30% 이하인 경우

나. 사업의 일부를 분리하여 해당 기업의 임직원이 사업을 개시하는 경우로서 다음 각 호의 요건을 모두 갖춘 경우에 해당하는 경우

> 1. 기업과 사업을 개시하는 해당 기업의 임직원 간에 사업 분리에 관한 계약을 체결할 것
> 2. 사업을 개시하는 임직원이 새로 설립되는 기업의 대표자로서 「법인세법 시행령」 제43조 제7항에 따른 지배주주등에 해당하는 해당 법인의 최대주주 또는 최대출자자(개인사업자의 경우에는 대표자를 말한다)일 것

(2) 거주자가 하던 사업을 법인으로 전환하여 새로운 법인을 설립하는 경우
(3) 폐업 후 사업을 다시 개시하여 폐업 전의 사업과 같은 종류의 사업을 하는 경우
(4) 사업을 확장하거나 다른 업종을 추가하는 경우 등 새로운 사업을 최초로 개시하는 것으로 보기 곤란한 경우

주2) 「법인세법 시행령」 제87조 및 「소득세법 시행령」 제98조 제1항에 따른 특수관계인을 말한다.

(4) 사회보험료율

사회보험료율은 해당 과세연도 종료일 현재 적용되는 다음 각 호의 수를 더한 수로 한다.

구 분		요 율
① 국민건강보험료율[주1)]		7.09% × 1/2(=3.545%)
② 노인장기요양보험료율[주1)]		3.545% × 12.95%(=0.4590775%)
③ 국민연금보험료율		4.5%
④ 고용보험	실업급여 보험료율[주1)]	0.9%
	고용안정·직업능력개발사업의 보험료율	0.25% ~ 0.85%
⑤ 산재보험료율[주2)]		사업종류별로 상이

주1) 2024년 귀속 적용률
주2) 임금채권부담금률, 석면피해구제분담금률은 포함되지 않음.

4 공제신청 등

(1) 공제신청

① 공제신청

중소기업은 해당 과세연도의 과세표준 신고를 할 때 세액공제신청서 및 공제세액계산서를 제출하여야 한다.

② 세액공제와 중복 적용

세액공제와는 중복 적용한다. 특히 조세특례제한법 제29조의7 고용을 증대시킨 기업에

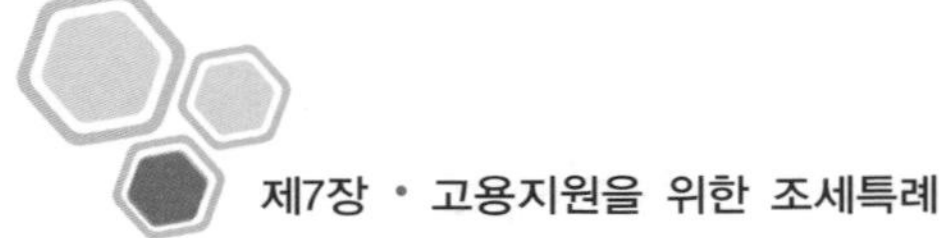

대한 세액공제와도 중복 적용가능하다.

③ 세액감면과 중복 적용

조특법 제7조에 따른 중소기업 특별세액감면을 제외한 나머지 세액감면은 중복 적용되지 않는다(조특법 제127조 제4항).

(2) 농특세 비과세 및 최저한세

농특세 비과세대상이나, 최저한세 적용 대상이다.

5 사후관리

(1) 이월공제

해당 과세연도에 납부할 세액이 없거나 최저한세액에 미달하여 공제받지 못한 부분은 해당 과세연도의 다음 과세연도 개시일부터 10년 이내에 끝나는 각 과세연도에 이월하여 그 이월된 각 과세연도의 소득세(사업소득) 또는 법인세에서 공제한다.

(2) 공제순서

각 과세연도에 공제할 금액과 이월된 미공제 금액이 중복되는 경우에는 이월된 미공제 금액을 먼저 공제하고 그 이월된 미공제 금액 간에 중복되는 경우에는 먼저 발생한 것부터 차례대로 공제한다.

(3) 추가징수

최초로 공제받은 그 다음연도에 전체 상시근로자 수가 감소한 경우와 청년 등 상시근로자 수가 감소한 경우에는 다음과 같이 계산한 금액을 추가 징수한다. 이 때, 최초 공제연도에 청년 등 상시근로자에 해당한 사람은 이후 과세연도에도 청년 등 상시근로자로 보아 청년 등 상시근로자 수를 계산한다.

① 전체 상시근로자 수가 감소한 경우: 다음 각 목의 구분에 따라 계산한 금액

가. 감소한 청년 등 상시근로자의 수가 감소한 상시근로자 수 이상인 경우: 다음의 계산식에 따라 계산한 금액

A − B + C

A: 최초로 공제받은 과세연도(이하 이 조에서 “최초공제연도”라 한다)에 비해 감소한 청년 등 상시근로자 수(최초공제연도에 청년 등 상시근로자가 증가한 수를 한도로 한다)에서 최초공제연도에 비해 감소한 상시근로자 수를 뺀 인원수(이하 이 계산식에서 “차감인원수”라 한다)에 대하여 법 제30조의4 제1항 제1호의 계산식을 준용하여 계산한 금액
B: 차감인원수에 대하여 법 제30조의4 제1항 제2호의 계산식을 준용하여 계산한 금액
C: 최초공제연도에 비해 감소한 상시근로자 수에 대하여 법 제30조의4 제1항 제1호의 계산식을 준용하여 계산한 금액

나. 그 밖의 경우: 다음의 계산식에 따라 계산한 금액

A + B

A: 최초공제연도에 비해 감소한 청년 등 상시근로자 수(최초공제연도에 청년 등 상시근로자가 증가한 수를 한도로 한다)에 대하여 법 제30조의4 제1항 제1호의 계산식을 준용하여 계산한 금액
B: 최초공제연도에 비해 감소한 청년 등 상시근로자 외의 상시근로자 수(최초공제연도에 비해 감소한 상시근로자 수를 한도로 한다)에 대하여 법 제30조의4 제1항 제2호의 계산식을 준용하여 계산한 금액

② 상시근로자 수는 감소하지 않으면서 청년 등 상시근로자 수가 감소한 경우: 다음의 계산식에 따라 계산한 금액

A − B

A: 최초공제연도에 비해 감소한 청년 등 상시근로자 수(최초공제연도에 청년 등 상시근로자가 증가한 수를 한도로 하며, 이하 이 계산식에서 “청년감소인원수”라 한다)에 대하여 법 제30조의4 제1항 제1호의 계산식을 준용하여 계산한 금액
B: 청년감소인원수에 대하여 법 제30조의4 제1항 제2호의 계산식을 준용하여 계산한 금액

예규 Point

❑ **중소기업 사회보험료 세액공제 적용 대상 상시근로자에 해당하는지 여부**(서면법령해석소득 2020-5976, 2021.6.17.)

내국법인이 고용하고 있는 만 60세 이상 내국인 근로자 및 「국민건강보험법」 제5조 제1항에 따라 국민건강보험 가입자에서 제외되는 내국인 근로자에 대하여 「국민연금법」 제88조 제3항 및 「국민건강보험법」 제77조 제1항에 따른 사용자 부담금 납부사실이 확인되지 않으나, 국민연금 또는 국민건강보험료 외 「조세특례제한법」 제30조의4 제4항 각 호에 따른 사회보험에 대하여 사용자가 부담하여야 하는 부담금 또는 보험료의 납부 사실이 확인되는 경우, 동 근로자는 「조세특례제한법시행령」 제27조의4 제1항 제7호에 해당하지 않는 것임.
※ 저자주: 상시근로자에 포함됨.

❑ **중소기업 사회보험료 세액공제 적용 대상 상시근로자에 해당하는지 여부**(사전법령해석법인 2021-366, 2021.3.30.)

내국법인이 고용하고 있는 만 60세 이상의 내국인 근로자에 대한 「국민연금법」 제88조 제3항에 따른 사용자 부담금 납부사실이 없는 경우로서 국민연금 외 「조세특례제한법」 제30조의4 제4항 각 호에 따른 사회보험에 대하여 사용자가 부담하여야 하는 부담금 또는 보험료의 납부 사실이 확인되는 경우, 해당 내국법인의 만 60세 이상 내국인 근로자는「조세특례제한법 시행령」 제27조의4 제1항 제7호에 해당하지 않는 것임.
※ 저자주: 상시근로자에 포함됨.

❑ **중소기업 사회보험료 세액공제 적용여부**(사전법령해석소득 2020-215, 2020.10.7.)

중소기업 사회보험료 세액공제를 받은 중소기업이 공제를 받은 과세연도의 종료일부터 1년이 되는 날이 속하는 과세연도의 종료일까지 기간 중 전체 상시근로자의 수가 공제를 받은 과세연도의 전체 상시근로자수보다 감소하지 아니한 경우에는 공제를 받은 과세연도의 종료일부터 1년이 되는 날이 속하는 과세연도의 소득세에서도 공제하는 것임.

❑ **외국인 근로자를 고용한 중소기업의 중소기업 사회보험료 세액공제 적용 여부**(사전법령해석소득 2020-239, 2020.6.24.)

「조세특례제한법」 제30조의4에 따른 중소기업 사회보험료 세액공제를 적용함에 있어 상시근로자는 「근로기준법」에 따라 근로계약을 체결한 내국인근로자로서, 외국인 근로자가 「소득세법」에 따른 거주자에 해당하는 경우 상시근로자에 포함되는 것임.

❑ **쟁점사업장에서 직원을 신규 채용한 것으로 볼 수 있는지 여부**(조심 2018부2726, 2018.9.5.)

청구인은 쟁점사업장을 개업하며 직원을 신규 채용하였다고 주장하나, 외관상으로는 기존사업장의 대표자가 사망함에 따라 신규의료시설 개설 허가를 받았으나 실제로는 청구인이 기존사업장이 사용하던 병원을 그대로 인수하여 업종은 물론 상호, 내・외관 및 전화번호까지 동일한 상태로 쟁점사업장을 운영한 것으로 보이는 점, 청구인을 포함한 직원 대다수가 기존

사업장에서 근무하다 쟁점사업장에 재고용된 점, 조특법 제29조의5 및 같은 법 제30조의4는 새로운 일자리 창출 등 고용증대에 대한 세제상 인센티브를 규정한 것으로, 사업의 동일성을 유지하며 기존사업장의 직원을 그대로 승계한 경우는 자연적 인력증가로 인한 일자리 창출로 보기 어려운 점 등에 비추어 이 건 처분은 달리 잘못 없음.

❑ 중소기업 고용증가 인원에 대한 사회보험료 세액공제 적용 시 상시근로자의 범위
(서면법인 2016-3937, 2016.12.01.)

「조세특례제한법」 제30조의4를 적용함에 있어서 상시근로자는 「근로기준법」에 따라 근로계약을 체결한 내국인 근로자를 말하는 것이며, 당초 근로계약기간이 1년 미만이었으나, 근로계약의 연속된 갱신으로 총 근로계약기간이 1년 이상인 근로자는 상시근로자에 해당하는 것임.

❑ 중소기업 고용증가 인원에 대한 사회보험료 세액공제 계산시 해당기간의 개월수 기산일
(서면소득 2015-2237, 2015.11.12.)

조세특례제한법」 제30조의4 제1항 및 같은 법 시행령 제27조의4 제5항에 따른 상시근로자수를 계산함에 있어 "해당 기간의 개월 수"는 「부가가치세법 시행령」 제6조 제3호에 따른 사업개시일로부터 해당 과세기간 종료일까지의 개월 수를 말하는 것임.

❑ 기존업체의 퇴직인력을 신규채용한 것은 고용증대세액공제의 적용대상이 아니라고 보아 경정청구를 거부한 처분의 당부(조심 2014서5648, 2015.3.4.)

기존업체에서 퇴직한 직원을 채용하였다 하여 청구법인이 기존업체로부터 사업을 양수한 것이라고 보기 어려운 점 등에 비추어 고용증대세액공제의 적용대상이 아니라고 보아 경정청구를 거부한 이 건 처분은 잘못임.

❑ 실질적 사업양수에 따라 상시근로자를 승계받은 경우 고용의 증가로 보지 않음
(법인-65, 2012.1.17.)

기존 사업체의 일부 사업부문의 실질적 양수를 통하여 종전에 근무하던 상시근로자 등을 승계받은 경우에는 고용증대세액공제를 적용 받을 수 없는 것임.

■ 조세특례제한법 시행규칙 [별지 제11호의5서식] (2022.3.18. 개정)

(3쪽 중 제1쪽)

중소기업 고용증가 인원에 대한 사회보험료 세액공제 공제세액계산서

❶ 신청인	① 상호 또는 법인명	② 사업자등록번호
	③ 대표자 성명	④ 생년월일
	⑤ 주소 또는 본점소재지 (전화번호:)	

❷ 과세연도	년 월 일부터 년 월 일까지

❸ 공제세액 계산내용

⑥ 해당년도 공제세액 합계(⑦+㉒)	

1. 청년 및 경력단절 여성 상시근로자 고용증가 인원의 사회보험료 부담증가 상당액에 대한 공제세액계산

⑦ 공제세액(⑩×⑮)	

가. 고용증가 인원 계산

⑧ 해당 과세연도 청년등 상시근로자 수	⑨ 직전 과세연도 청년등 상시근로자 수	⑩ 증가한 청년등 상시근로자 수 [(⑧-⑨), ⑩≦㉕]

나. 고용증가 인원 1인당 사용자의 사회보험료 부담금액

⑪ 해당 과세연도에 청년등 상시근로자에게 지급하는 「소득세법」 제20조 제1항에 따른 총급여액	⑫ 해당 과세연도 청년등 상시근로자 수(=⑧)	⑬ 사회보험료율 (=㉑)	⑭ 국가 등이 지급한 보조금 및 감면액의 1인당 금액	⑮ 사회보험료 부담금 (⑪/⑫×⑬-⑭)
		(%)		

다. 사회보험료율

⑯ 국민건강보험	⑰ 장기요양보험	⑱ 국민연금	⑲ 고용보험	⑳ 산업재해 보상보험	㉑ 계 (⑯+⑰+⑱+⑲+⑳)
(%)	(%)	(%)	(%)	(%)	(%)

2. 청년 및 경력단절 여성 외 상시근로자 고용증가 인원의 사회보험료 부담증가 상당액에 대한 공제세액계산

㉒ 공제세액(㉗×㉜×0.5, 신성장 서비스업을 영위하는 중소기업의 경우에는 ㉗×㉜×0.75)	

가. 고용증가 인원 계산

㉓ 해당 과세연도 상시근로자 수	㉔ 직전 과세연도 상시근로자 수	㉕ 증가한 상시근로자 수 (㉓-㉔)	㉖ 증가한 청년등 상시근로자 수 (=⑩)	㉗ 증가한 청년등 외 상시근로자 수 (㉕-㉖)

210mm×297mm[백상지 80g/㎡ 또는 중질지 80g/㎡]

(3쪽 중 제2쪽)

나. 고용증가 인원 1인당 사용자의 사회보험료 부담금액

㉘ 해당 과세연도에 청년등 외 상시근로자에게 지급하는 「소득세법」 제20조 제1항에 따른 총급여액	㉙ 해당 과세연도 상시근로자 수 - 해당 과세연도 청년등 상시근로자 수 (㉓-⑧)	㉚ 사회보험료율 (=㉑)	㉛ 국가 등이 지급한 보조금 및 감면액의 1인당 금액	㉜ 사회보험료 부담금 (㉘/㉙×㉚ -㉛)
		(%)		

3. 2차년도 세제지원 요건: ㉟ ≥0

가. 상시근로자 증가 인원

㉝ 2차년도(해당 과세연도) 상시근로자 수	㉞ 1차년도(직전 과세연도) 상시근로자 수	㉟ 상시근로자 증가 인원 수(㉞-㉝)

나. 2차년도 세액공제액 계산(상시근로자 감소여부)

직전 과세연도 대비 상시근로자 감소여부	직전 과세연도 대비 청년등 상시근로자 수 감소여부	㉠ 직전 과세연도 청년등 상시근로자 증가에 대한 사회보험료 세액공제액	㉡ 직전 과세연도 청년등 외 상시근로자 증가에 대한 사회보험료 세액공제액	㊱ 2차년도 세액공제액 (㉠+㉡)
부	부			
	여			
여				
㊲ 세액공제액: ⑥ 해당년도 세액공제액 + ㊱ 2차년도 세액공제액				

「조세특례제한법」 제30조의4 제5항에 따라 공제세액계산서를 제출합니다.

년 월 일

신청인 (서명 또는 인)

세무서장 귀하

첨부서류	없음	수수료 없음

210mm×297mm[백상지 80g/㎡ 또는 중질지 80g/㎡]

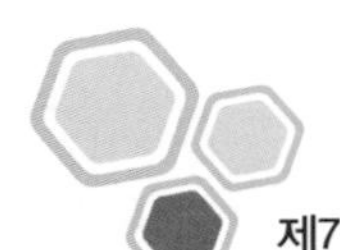

작 성 방 법

1. 상시근로자 수를 계산할 때 「근로기준법」 제2조 제1항 제9호에 따른 단시간근로자 중 1개월간의 소정근로시간이 60시간 이상인 근로자 1명은 0.5명으로 계산하되, 「조세특례제한법 시행령」 제27조의4 제6항 제2호 각 목의 지원요건을 모두 충족하는 상시근로자는 0.75명으로 하여 계산하며, 상시근로자 수 중 100분의 1 미만은 없는 것으로 합니다.
   가. 상시근로자 수: 해당 과세연도의 매월 말 현재 상시근로자 수의 합 / 해당 과세연도의 개월 수
   나. 청년 및 경력단절 여성 상시근로자 수: 해당 과세연도의 매월 말 현재 청년 및 경력단절 여성 상시근로자 수의 합 / 해당 과세연도의 개월 수
   다. 청년 상시근로자의 의미: 15세 이상 29세 이하인 상시근로자[「조세특례제한법 시행령」 제27조 제1항 제1호 단서에 따라 병역을 이행한 경우에는 그 기간(6년을 한도로 합니다)을 근로계약 체결일 현재 연령에서 빼고 계산한 연령이 29세 이하인 경우를 포함하며, 최대 35세까지 가능합니다]입니다.
   라. 경력단절 여성 상시근로자의 의미: 해당 중소기업에서 1년 이상 근무한 여성이 결혼·임신·출산·육아·자녀교육의 사유로 퇴직한 날부터 2년 이상 15년 미만의 기간 내에 해당 중소기업에서 상시근로자로 재고용하는 것을 의미합니다(「조세특례제한법」 제29조의3 제1항 각 호의 규정에 해당되는 자를 의미하며, 해당 중소기업의 최대주주 또는 최대출자자 등의 경우에는 제외됨).
   마. 청년등 상시근로자의 의미: 청년 상시근로자와 경력단절 여성 상시근로자를 의미합니다.
2. ⑩란의 “증가한 청년등 상시근로자 수”는 ㉕란의 “증가한 상시근로자 수”를 한도로 합니다.
3. ⑩, ㉗란의 수가 음수인 경우 영으로 합니다.
4. ⑭ 보조금 및 감면액은 국가 및 「공공기관의 운영에 관한 법률」 제4조에 따른 공공기관이 지급하였거나 지급하기로 한 보조금 및 감면액의 1인당 금액(청년등 상시근로자와 관련된 보조금 및 감면액/⑫)을 말합니다.
5. ⑯란부터 ⑳란까지의 사회보험료율은 해당 과세연도 종료일 현재 적용되는 보험료율을 말합니다.
   ⑯ 국민건강보험: 「국민건강보험법 시행령」 제44조 제1항에 따른 보험료율의 2분의 1
   ⑰ 장기요양보험: ⑯란의 보험료율에 「노인장기요양보험법 시행령」 제4조에 따른 장기요양보험료율을 곱한 수
   ⑱ 국민연금: 「국민연금법」 제88조에 따른 보험료율
   ⑲ 고용보험: 「고용보험 및 산업재해보상보험의 보험료 징수 등에 관한 법률」 제13조 제4항 각 호에 따른 수를 합한 수
   ⑳ 산업재해보상보험: 「고용보험 및 산업재해보상보험의 보험료 징수 등에 관한 법률」 제14조 제3항에 따른 산재보험료율
6. ㉒란의 신성장 서비스업을 영위하는 중소기업이란 「조세특례제한법 시행령」 제27조의4 제5항 각 호에 따른 업종을 주된 사업으로 영위하는 중소기업을 말합니다.
7. ㉛ 보조금 및 감면액은 국가 및 「공공기관의 운영에 관한 법률」 제4조에 따른 공공기관이 지급하였거나 지급하기로 한 보조금 및 감면액의 1인당 금액(청년등 외 상시근로자와 관련된 보조금 및 감면액/㉙)을 말합니다.

210mm×297mm[백상지 80g/㎡ 또는 중질지 80g/㎡]

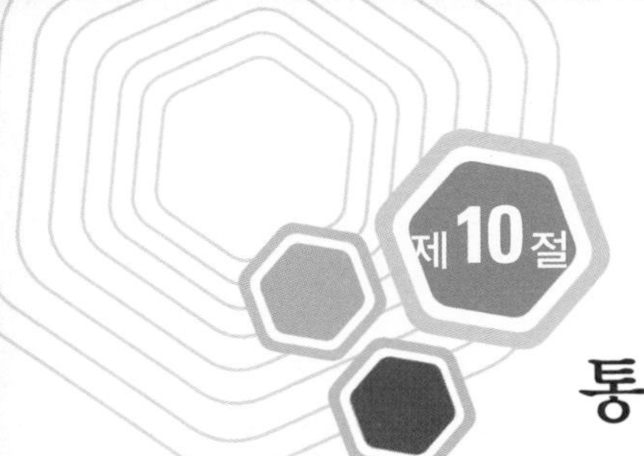

제10절

통합고용 세액공제

I 고용증대에 대한 세액공제

1 개요

내국인(소비성서비스업 등 일정 업종을 경영하는 내국인은 제외)의 2025년 12월 31일이 속하는 과세연도까지의 기간 중 해당 과세연도의 일정요건에 해당하는 상시근로자(이하 "상시근로자"라 한다)의 수가 직전 과세연도의 상시근로자의 수보다 증가한 경우에는 일정 금액을 해당 과세연도와 해당 과세연도의 종료일부터 1년(중소기업 및 중견기업의 경우에는 2년)이 되는 날이 속하는 과세연도까지의 소득세(사업소득에 대한 소득세만 해당한다) 또는 법인세에서 공제한다(조특법 제29조의8 제1항).

☞ 저자주: 통합고용세액공제는 2023.1.1.이후 개시하는 과세연도 분부터 적용하며, 2023년과 2024년 과세연도 분에 대해서는 "통합고용세액공제"와 기존의 "고용을 증대시킨 기업에 대한 세액공제" 및 "중소기업 사회보험료 세액공제" 중 선택하여 적용 가능함(중복 적용은 불가)

2 공제대상 등

(1) 공제대상 기업

「법인세법」에 따른 내국법인과 「소득세법」에 따른 거주자 모두 공제대상이다. 단, 다음의 소비성서비스업은 제외한다(조특령 제29조 제3항).

1. 호텔업 및 여관업(「관광진흥법」에 따른 관광숙박업은 제외)
2. 주점업(일반유흥주점업, 무도유흥주점업 및 「식품위생법 시행령」 제21조에 따른 단란주점 영업만 해당하되, 「관광진흥법」에 따른 외국인전용유흥음식점업 및 관광유흥음식점업은 제외)
3. 그 밖에 오락·유흥 등을 목적으로 하는 사업으로서 기획재정부령으로 정하는 사업

(2) 세액공제 요건 및 금액

2025년 12월 31일이 속하는 과세연도까지의 기간 중 해당 과세연도의 상시근로자의 수가 직전 과세연도의 상시근로자의 수보다 증가한 경우에는 다음에 따른 금액을 더한 금액을 해당 과세연도와 해당 과세연도의 종료일부터 1년(중소기업 및 중견기업의 경우에는 2년)이 되는 날이 속하는 과세연도까지의 소득세(사업소득에 대한 소득세만 해당한다) 또는 법인세에서 공제한다.

① 청년 정규직 근로자, 장애인 근로자, 60세 이상인 근로자, 경력단절 여성(이하 “청년 등 상시근로자”라 한다) 상시근로자 수가 증가한 경우

청년 등 상시근로자 수가 증가한 경우에는 다음의 금액을 공제한다(이하 “제1호의 금액”이라 함). 공제금액은 기업규모별로 다음과 같다.

청년 등 상시근로자 수의 증가한 인원 수 × 공제금액

구 분		공제금액
중소기업	수도권 내의 지역에서 증가한 경우	1,450만원
	수도권 밖의 지역에서 증가한 경우	1,550만원
중견기업		800만원
그 외의 기업		400만원

② 청년 등 상시근로자를 제외한 상시근로자 수가 증가한 경우

청년 등 상시근로자를 제외한 상시근로자 수가 증가한 경우에는 다음의 금액을 공제한다(이하 “제2호의 금액”이라 함). 공제금액은 기업규모별로 다음과 같다.

청년 등 상시근로자 외 상시근로자 수의 증가한 인원 수[주)] × 공제금액

주) 전체 상시근로자의 증가 인원 수를 한도로 함

구 분		공제금액
중소기업	수도권 내의 지역에서 증가한 경우	850만원
	수도권 밖의 지역에서 증가한 경우	950만원
중견기업		450만원
그 외의 기업		0원

(3) 상시근로자 등의 범위

① 상시근로자 범위

상시근로자는 「근로기준법」에 따라 근로계약을 체결한 내국인 근로자로 한다. 다만, 다음 각 호의 어느 하나에 해당하는 사람은 제외한다(조특령 제26조의8 제2항, 제23조 제10항).

1. 근로계약기간이 1년 미만인 근로자. 다만, 근로계약의 연속된 갱신으로 인하여 그 근로계약의 총기간이 1년 이상인 근로자는 상시근로자로 봄.
2. 「근로기준법」 제2조 제1항 제9호에 따른 단시간근로자. 다만, 1개월간의 소정근로시간이 60시간 이상인 근로자는 상시근로자로 봄.
3. 「법인세법 시행령」 제40조 제1항 각 호의 어느 하나에 해당하는 임원
4. 해당 기업의 최대주주 또는 최대출자자(개인사업자의 경우에는 대표자를 말함)와 그 배우자
5. 제4호에 해당하는 자의 직계존비속(그 배우자를 포함) 및 「국세기본법 시행령」 제1조의2 제1항에 따른 친족관계인 사람
6. 「소득세법 시행령」 제196조에 따른 근로소득원천징수부에 의하여 근로소득세를 원천징수한 사실이 확인되지 아니하고, 다음 각 목의 어느 하나에 해당하는 금액의 납부사실도 확인되지 아니하는 자
   가. 「국민연금법」 제3조 제1항 제11호 및 제12호에 따른 부담금 및 기여금
   나. 「국민건강보험법」 제69조에 따른 직장가입자의 보험료

② 청년 등 상시근로자 범위

청년 등 상시근로자란 상시근로자 중 다음 각 호의 어느 하나에 해당하는 사람을 말한다(조특령 제26조의8 제3항).

1. 15세 이상 34세 이하인 사람 중 다음 각 목의 어느 하나에 해당하는 사람을 제외한 사람. 다만, 해당 근로자가 조특령 제27조 제1항 제1호 각 목의 어느 하나에 해당하는 병역[주1)]을 이행한 경우에는 그 기간(6년을 한도로 함)을 현재 연령에서 빼고 계산한 연령이 34세 이하인 사람을 포함함.
   가. 「기간제 및 단시간근로자 보호 등에 관한 법률」에 따른 기간제근로자 및 단시간근로자
   나. 「파견근로자보호 등에 관한 법률」에 따른 파견근로자
   다. 「청소년 보호법」 에 따른 청소년유해업소[주2)]에 근무하는 같은 법에 따른 청소년

2. 「장애인복지법」의 적용을 받는 장애인과 「국가유공자 등 예우 및 지원에 관한 법률」에 따른 상이자, 「5·18민주유공자예우 및 단체설립에 관한 법률」 제4조 제2호에 따른 5·18민주화운동부상자와 「고엽제후유의증 등 환자지원 및 단체설립에 관한 법률」 제2조 제3호에 따른 고엽제후유의증환자로서 장애등급 판정을 받은 사람
3. 근로계약 체결일 현재 연령이 60세 이상인 사람
4. 조특법 제29조의3 제1항에 따른 경력단절 여성[주3)]

주1) 조특령 제27조 제1항 제1호 각 목은 다음과 같다.
가. 「병역법」 제16조 또는 제20조에 따른 현역병(같은 법 제21조, 제25조에 따라 복무한 상근예비역 및 의무경찰·의무소방원을 포함한다)
나. 「병역법」 제26조 제1항에 따른 사회복무요원
다. 「군인사법」 제2조 제1호에 따른 현역에 복무하는 장교, 준사관 및 부사관

주2) 「청소년 보호법」 제2조 제5호 내용은 다음과 같다.
5. "청소년유해업소"란 청소년의 출입과 고용이 청소년에게 유해한 것으로 인정되는 다음 가목의 업소(이하 "청소년 출입·고용금지업소"라 한다)와 청소년의 출입은 가능하나 고용이 청소년에게 유해한 것으로 인정되는 다음 나목의 업소(이하 "청소년고용금지업소"라 한다)를 말한다. 이 경우 업소의 구분은 그 업소가 영업을 할 때 다른 법령에 따라 요구되는 허가·인가·등록·신고 등의 여부와 관계없이 실제로 이루어지고 있는 영업행위를 기준으로 한다.
가. 청소년 출입·고용금지업소
1) 「게임산업진흥에 관한 법률」에 따른 일반게임제공업 및 복합유통게임제공업 중 대통령령으로 정하는 것
2) 「사행행위 등 규제 및 처벌 특례법」에 따른 사행행위영업
3) 「식품위생법」에 따른 식품접객업 중 대통령령으로 정하는 것
4) 「영화 및 비디오물의 진흥에 관한 법률」 제2조 제16호에 따른 비디오물감상실업·제한관람가비디오물소극장업 및 복합영상물제공업
5) 「음악산업진흥에 관한 법률」에 따른 노래연습장업 중 대통령령으로 정하는 것
6) 「체육시설의 설치·이용에 관한 법률」에 따른 무도학원업 및 무도장업
7) 전기통신설비를 갖추고 불특정한 사람들 사이의 음성대화 또는 화상대화를 매개하는 것을 주된 목적으로 하는 영업. 다만, 「전기통신사업법」 등 다른 법률에 따라 통신을 매개하는 영업은 제외한다.
8) 불특정한 사람 사이의 신체적인 접촉 또는 은밀한 부분의 노출 등 성적 행위가 이루어지거나 이와 유사한 행위가 이루어질 우려가 있는 서비스를 제공하는 영업으로서 청소년보호위원회가 결정하고 여성가족부장관이 고시한 것
9) 청소년유해매체물 및 청소년유해약물등을 제작·생산·유통하는 영업 등 청소년의 출입과 고용이 청소년에게 유해하다고 인정되는 영업으로서 대통령령으로 정하는 기준에 따라 청소년보호위원회가 결정하고 여성가족부장관이 고시한 것
10) 「한국마사회법」 제6조 제2항에 따른 장외발매소
11) 「경륜·경정법」 제9조 제2항에 따른 장외매장
나. 청소년고용금지업소
1) 「게임산업진흥에 관한 법률」에 따른 청소년게임제공업 및 인터넷컴퓨터게임시설제공업
2) 「공중위생관리법」에 따른 숙박업, 목욕장업, 이용업 중 대통령령으로 정하는 것
3) 「식품위생법」에 따른 식품접객업 중 대통령령으로 정하는 것
4) 「영화 및 비디오물의 진흥에 관한 법률」에 따른 비디오물소극장업

5) 「화학물질관리법」에 따른 유해화학물질 영업. 다만, 유해화학물질 사용과 직접 관련이 없는 영업으로서 대통령령으로 정하는 영업은 제외한다.
6) 회비 등을 받거나 유료로 만화를 빌려 주는 만화대여업
7) 청소년유해매체물 및 청소년유해약물 등을 제작・생산・유통하는 영업 등 청소년의 고용이 청소년에게 유해하다고 인정되는 영업으로서 대통령령으로 정하는 기준에 따라 청소년보호위원회가 결정하고 여성가족부장관이 고시한 것

주3) 다음의 요건을 모두 충족하는 여성

- 해당 기업 또는 해당 기업과 한국표준산업분류상의 중분류를 기준으로 동일한 업종의 기업에서 1년 이상 근무(근로소득원천징수부에 따라 경력단절 여성의 근로소득세가 원천징수되었던 사실이 확인되는 경우로 한정)하였을 것
- 대통령령으로 정하는 결혼・임신・출산・육아 및 자녀교육의 사유로 퇴직하였을 것
- 해당 기업에서 퇴직한 날부터 2년 이상 15년 미만의 기간이 지났을 것
- 해당 기업의 최대주주 또는 최대출자자(개인사업자의 경우에는 대표자를 말함)나 그와 대통령령으로 정하는 특수관계인이 아닐 것

③ 상시근로자 수 계산

상시근로자 수는 다음의 계산식에 따라 계산한 수(1% 미만의 부분은 없는 것으로 함)로 한다(조특령 제26조의8 제6항).

$$\frac{\text{해당 과세연도의 매월 말 현재 상시근로자 수의 합}}{\text{해당 과세연도의 개월 수}}$$

1개월간의 소정근로시간이 60시간 이상인 단시간근로자 1명은 0.5명으로 하여 계산하되, 다음 각 목의 지원요건을 모두 충족하는 경우에는 0.75명으로 하여 계산한다(조특령 제26조의8 제7항, 제23조 제11항 각 호 외의 부분 후단 및 제11항 제2호).

가. 해당 과세연도의 상시근로자 수(1개월간의 소정근로시간이 60시간 이상인 단시간근로자는 제외)가 직전 과세연도의 상시근로자 수(1개월간의 소정근로시간이 60시간 이상인 단시간근로자는 제외)보다 감소하지 아니하였을 것
나. 기간의 정함이 없는 근로계약을 체결하였을 것
다. 상시근로자와 시간당 임금(「근로기준법」 제2조 제1항 제5호에 따른 임금, 정기상여금・명절상여금 등 정기적으로 지급되는 상여금과 경영성과에 따른 성과금을 포함한다), 그 밖에 근로조건과 복리후생 등에 관한 사항에서 「기간제 및 단시간근로자 보호 등에 관한 법률」 제2조 제3호에 따른 차별적 처우가 없을 것
라. 시간당 임금이 「최저임금법」 제5조에 따른 최저임금액의 130%(중소기업의 경우에는 120%) 이상일 것

④ 청년 등 상시근로자 수 계산

청년 등 상시근로자 수는 다음의 계산식에 따라 계산한 수(1% 미만의 부분은 없는 것으로 함)로 한다.

$$\frac{\text{해당 과세연도의 매월 말 현재 청년 등 상시근로자 수의 합}}{\text{해당 과세연도의 개월 수}}$$

⑤ 창업 등의 경우

해당 과세연도에 창업 등을 한 내국인의 경우에는 조세특례제한법 시행령 제23조 제13항을 준용한다(조특령 제26조의8 제8항).

참고

조세특례제한법 시행령 제23조 제13항

⑬ 해당 과세연도에 창업 등을 한 내국인의 경우에는 다음 각 호의 구분에 따른 수를 직전 또는 해당 과세연도의 상시근로자 수로 본다.

1. 창업(법 제6조 제10항 제1호부터 제3호까지의 규정에 해당하는 경우는 제외한다)한 경우의 직전 과세연도의 상시근로자 수: 0
2. 법 제6조 제10항 제1호(합병・분할・현물출자 또는 사업의 양수 등을 통하여 종전의 사업을 승계하는 경우는 제외한다)부터 제3호까지의 어느 하나에 해당하는 경우의 직전 과세연도의 상시근로자 수: 종전 사업, 법인전환 전의 사업 또는 폐업 전의 사업의 직전 과세연도 상시근로자 수
3. 다음 각 목의 어느 하나에 해당하는 경우의 직전 또는 해당 과세연도의 상시근로자 수: 직전 과세연도의 상시근로자 수는 승계시킨 기업의 경우에는 직전 과세연도 상시근로자 수에 승계시킨 상시근로자 수를 뺀 수로 하고, 승계한 기업의 경우에는 직전 과세연도 상시근로자 수에 승계한 상시근로자 수를 더한 수로 하며, 해당 과세연도의 상시근로자 수는 해당 과세연도 개시일에 상시근로자를 승계시키거나 승계한 것으로 보아 계산한 상시근로자 수로 한다.
   가. 해당 과세연도에 합병・분할・현물출자 또는 사업의 양수 등에 의하여 종전의 사업부문에서 종사하던 상시근로자를 승계하는 경우
   나. 제11조 제1항에 따른 특수관계인으로부터 상시근로자를 승계하는 경우

3 세액공제신청 및 추징 등

(1) 세액공제 신청

① 공제신청

해당 과세연도의 과세표준 신고를 할 때 세액공제신청서 및 공제세액계산서를 제출하여야 한다.

② 세액공제와 중복 적용

다른 세액공제와도 중복 적용된다.

③ 세액감면과 중복 적용

조세특례제한법 제6조(창업중소기업 등에 대한 세액감면) 제7항에 따라 소득세 또는 법인세를 감면받는 경우에는 중복 적용하지 아니한다(조특법 제127조 제4항 단서).

(2) 세액공제 추징

① 추가공제 배제

소득세 또는 법인세를 공제받은 내국인이 공제를 받은 과세연도의 종료일부터 2년이 되는 날이 속하는 과세연도의 종료일까지의 기간 중 전체 상시근로자의 수가 최초로 공제를 받은 과세연도에 비하여 감소한 경우에는 감소한 과세연도부터 다음의 ㉠과 ㉡를 적용하지 아니하고, 청년 등 상시근로자의 수가 최초로 공제를 받은 과세연도에 비하여 감소한 경우에는 감소한 과세연도부터 다음의 ㉠을 적용하지 아니한다(조특법 제29조의8 제2항).

㉠ 청년 등 상시근로자 수 증가에 대한 세액공제(이하 "제1호의 금액"이라 함)

㉡ 청년 등 상시근로자 수를 제외한 상시근로자 수 증가에 대한 세액공제(이하 "제2호의 금액"이라 함)

② 추가납부세액

이 경우 납부하여야 할 소득세액 또는 법인세액은 다음의 구분에 따라 계산한 금액으로 하며, 이를 해당 과세연도의 과세표준을 신고할 때 소득세 또는 법인세로 납부하여야 한다(조특령 제26조의8 제4항). 이때 최초로 공제받은 과세연도에 청년 등 상시근로자에 해당한 자는 이후 과세연도에도 청년 등 상시근로자로 보아 청년 등 상시근로자 수를 계산한다(조특령 제26조의8 제5항).

1) 최초로 공제받은 과세연도의 종료일부터 1년이 되는 날이 속하는 과세연도의 종료일까지의 기간 중 최초로 공제받은 과세연도보다 상시근로자 수 또는 청년 등 상시근로자 수가 감소하는 경우: 다음의 구분에 따라 계산한 금액(해당 과세연도의 직전 1년 이내의 과세연도에 조특법 제29조의8 제1항에 따라 공제받은 세액을 한도로 함)

가) 전체 상시근로자 수가 감소하는 경우: 다음의 구분에 따라 계산한 금액

구 분	납부세액
㉠ 청년 등 상시근로자의 감소 인원 수가 전체 상시근로자의 감소 인원 수 이상인 경우	[최초로 공제받은 과세연도 대비 청년 등 상시근로자의 감소 인원 수(최초로 공제받은 과세연도의 청년 등 상시근로자의 증가 인원 수를 한도로 함) − 전체 상시근로자의 감소 인원 수] × (제1호의 금액[주1)] − 제2호의 금액[주2)]) + (전체 상시근로자의 감소 인원 수 × 제1호의 금액)
㉡ 그 밖의 경우	[최초로 공제받은 과세연도 대비 청년 등 상시근로자의 감소 인원 수(전체 상시근로자의 감소 인원 수를 한도로 함)×제1호의 금액] + [최초로 공제받은 과세연도 대비 청년 등 상시근로자를 제외한 상시근로자의 감소 인원 수(전체 상시근로자의 감소 인원 수를 한도로 함)×제2호의 금액]

주1) 청년 등 상시근로자 수 증가에 대한 세액공제
주2) 청년 등 상시근로자 수를 제외한 상시근로자 수 증가에 대한 세액공제

나) 전체 상시근로자 수는 감소하지 않으면서 청년 등 상시근로자 수가 감소한 경우: 최초로 공제받은 과세연도 대비 청년 등 상시근로자의 감소 인원 수(최초로 공제받은 과세연도에 청년 등 상시근로자의 증가 인원 수를 한도로 함)×(제1호의 금액 − 제2호의 금액)

2) "1)"에 따른 기간의 다음 날부터 최초로 공제받은 과세연도의 종료일부터 2년이 되는 날이 속하는 과세연도의 종료일까지의 기간 중 최초로 공제받은 과세연도보다 전체 상시근로자 수 또는 청년 등 상시근로자 수가 감소하는 경우: 다음의 구분에 따라 계산한 금액("1)"에 따라 계산한 금액이 있는 경우 그 금액을 제외하며, 해당 과세연도의 직전 2년 이내의 과세연도에 공제받은 세액의 합계액을 한도로 함)

가) 전체 상시근로자 수가 감소하는 경우: 다음의 구분에 따라 계산한 금액

구 분	납부세액
㉠ 청년 등 상시근로자의 감소 인원 수가 전체 상시근로자의 감소 인원 수 이상인 경우	[최초로 공제받은 과세연도 대비 청년 등 상시근로자의 감소 인원 수(최초로 공제받은 과세연도의 청년 등 상시근로자의 증가 인원 수를 한도로 함) - 전체 상시근로자의 감소 인원 수] × (제1호의 금액 - 제2호의 금액)×직전 2년 이내의 과세연도에 공제받은 횟수+(전체 상시근로자의 감소 인원 수×제1호의 금액×직전 2년 이내의 과세연도에 공제받은 횟수)
㉡ 그 밖의 경우	최초로 공제받은 과세연도 대비 청년 등 상시근로자 및 청년 등 상시근로자를 제외한 상시근로자의 감소 인원 수(전체 상시근로자의 감소 인원 수를 한도로 함)에 대해 직전 2년 이내의 과세연도에 공제받은 세액의 합계액

나) 전체 상시근로자 수는 감소하지 않으면서 청년 등 상시근로자 수가 감소한 경우: 최초로 공제받은 과세연도 대비 청년 등 상시근로자의 감소 인원 수(최초로 공제받은 과세연도에 청년 등 상시근로자의 증가 인원 수를 한도로 함)×(제1호의 금액 - 제2호의 금액)×직전 2년 이내의 과세연도에 공제받은 횟수

(3) 농특세 과세 및 최저한세

① 농특세 과세

농특세 과세대상이다. 따라서 감면받은 세액의 20%에 상당하는 금액을 당해 본세의 신고・납부서에 당해 본세의 세액과 농어촌특별세의 세액 및 그 합계액을 각각 기재하여 신고・납부하여야 한다.

② 최저한세

최저한세 대상이다.

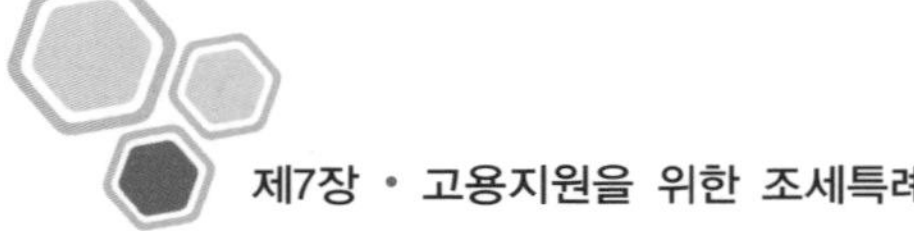

4 사후관리

(1) 이월공제

해당 과세연도에 납부할 세액이 없거나 최저한세액에 미달하여 공제받지 못한 부분은 해당 과세연도의 다음 과세연도 개시일부터 10년 이내에 끝나는 각 과세연도에 이월하여 그 이월된 각 과세연도의 소득세(사업소득) 또는 법인세에서 공제한다.

(2) 공제순서

각 과세연도에 공제할 금액과 이월된 미공제 금액이 중복되는 경우에는 이월된 미공제 금액을 먼저 공제하고 그 이월된 미공제 금액 간에 중복되는 경우에는 먼저 발생한 것부터 차례대로 공제한다.

Ⅱ 정규직 근로자로의 전환에 따른 세액공제

1 세액공제 내용

중소기업 또는 중견기업이 2023년 6월 30일 당시 고용하고 있는 「기간제 및 단시간근로자 보호 등에 관한 법률」에 따른 기간제근로자 및 단시간근로자(이하 "기간제근로자 및 단시간근로자"라 함), 「파견근로자 보호 등에 관한 법률」에 따른 파견근로자, 「하도급거래 공정화에 관한 법률」에 따른 수급사업자에게 고용된 기간제근로자 및 단시간근로자를 2024년 1월 1일부터 2024년 12월 31일까지 기간의 정함이 없는 근로계약을 체결한 근로자로 전환하거나 「파견근로자 보호 등에 관한 법률」에 따라 사용사업주가 직접 고용하거나 「하도급거래 공정화에 관한 법률」 제2조 제2항 제2호에 따른 원사업자가 기간의 정함이 없는 근로계약을 체결하여 직접 고용하는 경우(이하 "정규직 근로자로의 전환"이라 함)에는 정규직 근로자로의 전환에 해당하는 인원[해당 기업의 최대주주 또는 최대출자자(개인사업자의 경우에는 대표자를 말함)나 그와 일정한 특수관계에 있는 사람은 제외]에 1,300만원(중견기업은 900만원)을 곱한 금액을 해당 과세연도의 소득세(사업소득에 대한 소득세만 해당) 또는 법인세에서 공제한다. 단, 해당 과세연도에 해당 중소기업 또는 중견기업의 상시근로자 수가 직전 과세연도의 상시근로자 수보다 감소한 경우에는 공제하지 아니한다(조특법 제29조의8 제3항).

2 세액공제대상 등

(1) 공제대상 기업

「조세특례제한법 시행령」 제2조에 따른 중소기업 및 일정 요건의 중견기업으로서 '제2절 경력단절여성 고용 기업에 대한 세액공제'의 중소기업과 중견기업의 범위와 동일하다.

(2) 세액공제요건 및 금액

① 비정규직 근로자의 범위

다음에 해당하는 근로자를 말한다.

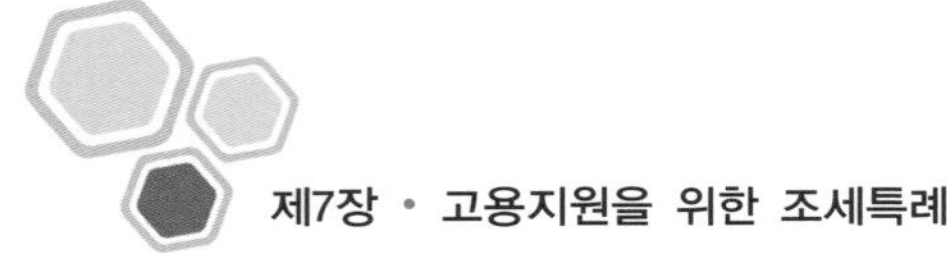

- 「기간제 및 단시간근로자 보호 등에 관한 법률」에 따른 기간제근로자 및 단시간근로자
- 「파견근로자 보호 등에 관한 법률」에 따른 파견근로자
- 「하도급거래 공정화에 관한 법률」에 따른 수급사업자에게 고용된 기간제근로자 및 단시간근로자

② 비정규직 근로자의 지위 판단시점

2023년 6월 30일 현재 기간제근로자, 단시간근로자, 파견근로자 등의 비정규직 근로자 지위여야 한다.

③ 정규직 근로자로의 전환기한

2024년 1월 1일부터 2024년 12월 31일까지 정규직 근로자로 전환하는 경우에 적용한다.

④ 적용제외자의 범위

해당 기업의 최대주주 또는 최대출자자(개인사업자의 경우에는 대표자를 말함)나 그와 「국세기본법 시행령」 제1조의2 제1항에 따른 친족관계에 해당하는 특수관계에 있는 사람이 아니어야 한다(조특법 제29조의8 제3항, 조특령 제26조의8 제9항).

「국세기본법 시행령」 제1조의2 제1항에 따른 친족관계의 범위

1. 4촌 이내의 혈족
2. 3촌 이내의 인척
3. 배우자(사실상의 혼인관계에 있는 자를 포함한다)
4. 친생자로서 다른 사람에게 친양자 입양된 자 및 그 배우자 · 직계비속
5. 본인이 「민법」에 따라 인지한 혼인 외 출생자의 생부나 생모(본인의 금전이나 그 밖의 재산으로 생계를 유지하는 사람 또는 생계를 함께하는 사람으로 한정한다)

⑤ 세액공제금액

세액공제액 = 정규직 근로자로의 전환 인원수 × 1,300만원(중견기업은 900만원)

(3) 세액공제신청

세액공제 적용받으려는 중소기업은 해당 과세연도의 과세표준 신고와 함께 세액공제신

청서를 제출하여야 한다.

(4) 세액공제 배제

해당 과세연도에 해당 중소기업 또는 중견기업의 상시근로자 수가 직전 과세연도의 상시근로자 수보다 감소한 경우에는 공제하지 아니한다.

여기서, "상시근로자"란 조세특례제한법 시행령 제23조 제10항에 따른 상시근로자를 말한다.

(5) 농특세 비과세 및 최저한세

농특세 비과세대상이며, 최저한세 대상이다.

3 사후관리

(1) 추가징수

세액공제받은 자가 정규직 근로자로의 전환을 한 날부터 2년이 지나기 전에 해당 정규직 근로자와의 근로관계를 종료하는 경우에는 근로관계가 종료한 날이 속하는 과세연도의 과세표준 신고를 할 때 공제받은 세액상당액(공제금액 중 제144조에 따라 공제받지 못하고 이월된 금액이 있는 경우에는 그 금액을 차감한 후의 금액을 말함)을 소득세 또는 법인세로 납부하여야 한다(조특법 제29조의8 제6항).

(2) 이월공제

해당 과세연도에 납부할 세액이 없거나 최저한세액에 미달하여 공제받지 못한 부분은 해당 과세연도의 다음 과세연도 개시일부터 10년 이내에 끝나는 각 과세연도에 이월하여 그 이월된 각 과세연도의 소득세(사업소득) 또는 법인세에서 공제한다.

(3) 공제순서

각 과세연도에 공제할 금액과 이월된 미공제 금액이 중복되는 경우에는 이월된 미공제 금액을 먼저 공제하고 그 이월된 미공제 금액 간에 중복되는 경우에는 먼저 발생한 것부터 차례대로 공제한다.

Ⅲ 육아휴직 복귀자를 복직시킨 기업에 대한 세액공제

개요

중소기업 또는 중견기업이 일정 요건을 모두 충족하는 사람(이하 "육아휴직 복귀자"라 함)을 2025년 12월 31일까지 복직시키는 경우에는 육아휴직 복귀자 인원에 1,300만원(중견기업은 900만원)을 곱한 금액을 복직한 날이 속하는 과세연도의 소득세(사업소득에 대한 소득세만 해당) 또는 법인세에서 공제한다. 단, 해당 과세연도에 해당 중소기업 또는 중견기업의 상시근로자 수가 직전 과세연도의 상시근로자 수보다 감소한 경우에는 공제하지 아니한다(조특법 제29조의8 제4항).

2 공제대상

(1) 중소기업 및 중견기업 범위

조세특례제한법상 중소기업 또는 중견기업으로서 '경력단절여성 고용 기업에 대한 세액공제'와 동일하다.

(2) 육아휴직 복귀자의 요건

다음의 요건을 충족하는 육아휴직 복귀자여야 한다.

1. 해당 기업에서 1년 이상 근무하였을 것(근로소득원천징수부에 따라 해당 기업이 육아휴직 복귀자의 근로소득세를 원천징수하였던 사실이 확인되는 경우로 한정)
2. 「남녀고용평등과 일·가정 양립 지원에 관한 법률」 제19조 제1항에 따라 육아휴직한 경우로서 육아휴직 기간이 연속하여 6개월 이상일 것
3. 해당 기업의 최대주주 또는 최대출자자(개인사업자의 경우에는 대표자를 말함)나 그와 대통령령으로 정하는 특수관계[주)]에 있는 사람이 아닐 것

주) 1. 4촌 이내의 혈족
2. 3촌 이내의 인척
3. 배우자(사실상의 혼인관계에 있는 자를 포함)
4. 친생자로서 다른 사람에게 친양자 입양된 자 및 그 배우자 · 직계비속
5. 본인이 「민법」에 따라 인지한 혼인 외 출생자의 생부나 생모(본인의 금전이나 그 밖의 재산으로 생계를 유지하는 사람 또는 생계를 함께하는 사람으로 한정)

참고

남녀고용평등과 일 · 가정 양립 지원에 관한 법률 제19조 제1항의 내용

사업주는 임신 중인 여성 근로자가 모성을 보호하거나 근로자가 만 8세 이하 또는 초등학교 2학년 이하의 자녀(입양한 자녀를 포함한다. 이하 같다)를 양육하기 위하여 휴직(이하 "육아휴직"이라 한다)을 신청하는 경우에 이를 허용하여야 한다. 다만, 대통령령으로 정하는 경우에는 그러하지 아니하다.

남녀고용평등과 일 · 가정 양립 지원에 관한 법률 시행령 제10조(육아휴직의 적용 제외)

법 제19조 제1항 단서에 따라 사업주가 육아휴직을 허용하지 아니할 수 있는 경우란 육아휴직을 시작하려는 날(이하 "휴직개시예정일"이라 한다)의 전날까지 해당 사업에서 계속 근로한 기간이 6개월 미만인 근로자가 신청한 경우를 말한다.

① 적용대상자의 범위

해당 중소기업 등이 육아휴직자를 2025년 12월 31일까지 복직시킨 경우를 말한다.

② 적용제외자의 범위

해당 기업의 최대주주 또는 최대출자자(개인사업자의 경우에는 대표자를 말함)나 그와 「국세기본법 시행령」 제1조의2 제1항에 따른 친족관계에 해당하는 특수관계에 있는 사람이 아니어야 한다(조특법 제29조의8 제4항 3호, 조특령 제26조의8 제9항).

「국세기본법 시행령」 제1조의2 제1항에 따른 친족관계의 범위

1. 4촌 이내의 혈족
2. 3촌 이내의 인척
3. 배우자(사실상의 혼인관계에 있는 자를 포함한다)
4. 친생자로서 다른 사람에게 친양자 입양된 자 및 그 배우자 · 직계비속
5. 본인이 「민법」에 따라 인지한 혼인 외 출생자의 생부나 생모(본인의 금전이나 그 밖의 재산으로 생계를 유지하는 사람 또는 생계를 함께하는 사람으로 한정한다)

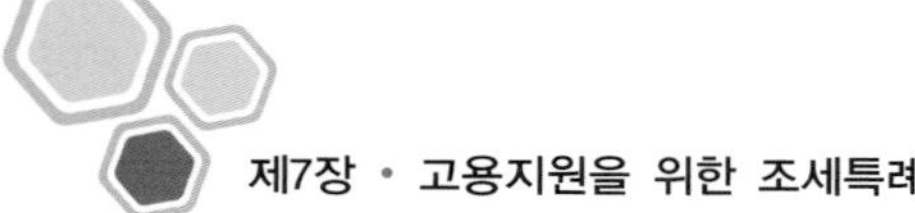

(3) 세액공제

① 세액공제금액

세액공제금액 = 육아휴직복귀자 인원수 × 1,300만원(중견기업의 경우 900만원)

② 적용시기

이 공제율은 중소기업 등이 2025.12.31.까지 육아휴직자를 복귀시킨 경우에 적용한다. 이는 육아휴직 복귀자의 자녀 1명당 한 차례에 한정하여 적용한다(조특법 제29조의8 제5항).

(4) 공제신청

기업은 해당 과세연도의 과세표준 신고를 할 때 세액공제신청서를 제출하여야 한다.

(5) 농특세 과세 및 최저한세

① 농특세 과세

농특세 과세대상이다. 따라서 감면받은 세액의 20%에 상당하는 금액을 당해 본세의 신고・납부서에 당해 본세의 세액과 농어촌특별세의 세액 및 그 합계액을 각각 기재하여 신고・납부하여야 한다.

② 최저한세

최저한세 대상이다.

(6) 사후관리

① 추가징수

소득세 또는 법인세를 공제받은 자가 육아휴직 복직일부터 2년이 지나기 전에 해당 근로자와의 근로관계를 종료하는 경우에는 근로관계가 종료한 날이 속하는 과세연도의 과세표준신고를 할 때 공제받은 세액에 상당하는 금액(공제금액 중 제144조에 따라 공제받지 못하고 이월된 금액이 있는 경우에는 그 금액을 차감한 후의 금액을 말함)을 소득세 또는 법인세로 납부하여야 한다(조특법 제29조의8 제6항).

② 이월공제

해당 과세연도에 납부할 세액이 없거나 최저한세액에 미달하여 공제받지 못한 부분은 해당 과세연도의 다음 과세연도 개시일부터 10년 이내에 끝나는 각 과세연도에 이월하여 그 이월된 각 과세연도의 소득세(사업소득) 또는 법인세에서 공제한다(조특법 제144조 제1항).

③ 공제순서

각 과세연도에 공제할 금액과 이월된 미공제 금액이 중복되는 경우에는 이월된 미공제 금액을 먼저 공제하고 그 이월된 미공제 금액 간에 중복되는 경우에는 먼저 발생한 것부터 차례대로 공제한다.

예규 Point

❑ **2022과세연도에 대해 고용증대세액공제를 적용한 중소기업이 2023년 이후 과세연도에 대한 세액공제 방법**(서면법인2023-1263, 2023.6.8.)

중소기업인 내국법인이 2022년 12월 31일이 속하는 과세연도에 대해 「조세특례제한법」 제29조의7(고용을 증대시킨 기업에 대한 세액공제) 따라 세액공제를 받은 경우, 2023년 12월 31일이 속하는 과세연도와 2024년 12월 31일이 속하는 과세연도까지 「조세특례제한법」 제29의7(고용을 증대시킨 기업에 대한 세액공제) 규정을 적용하여 세액공제하는 것임.

또한, 2023년 12월 31일(또는 2024년 12월 31일)이 속하는 과세연도(이하 '해당 과세연도')의 상시근로자 수가 직전 과세연도 보다 증가하는 경우, 해당 과세연도에는 「조세특례제한법」 제29조의7(고용을 증대시킨 기업에 대한 세액공제)과 같은 법 제29의8(통합고용세액공제) 중 어느 하나를 선택하여 세액공제를 적용하고 이후 과세연도의 추가 공제 시에도 당초 선택한 공제방법을 적용하는 것임.

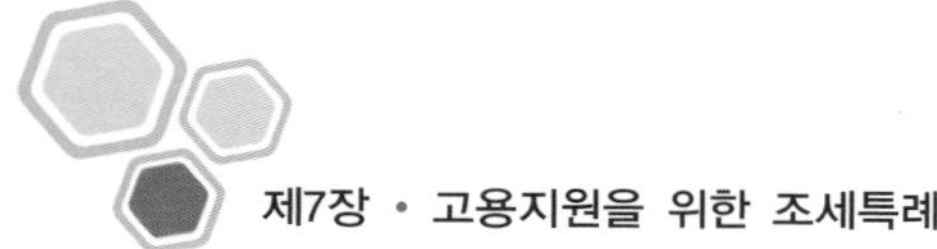

■ 조세특례제한법 시행규칙 [별지 제10호의9서식](2023.3.20 신설)

통합고용세액공제 공제세액계산서

(3쪽 중 제1쪽)

❶ 신청인	① 상호 또는 법인명	② 사업자등록번호
	③ 대표자 성명	④ 생년월일
	⑤ 주소 또는 본점소재지 (전화번호:)	

❷ 과세연도	년 월 일부터 년 월 일까지

❸ 상시근로자 현황 (작성방법 2,3번을 참고하시기 바랍니다.)

구분	직전전 과세연도	직전 과세연도	해당 과세연도
⑥ 상시근로자 수 (⑦+⑧)			
⑦ 청년등상시근로자 수			
⑧ 청년등상시근로자를 제외한 상시근로자 수			
⑨ 정규직 전환 근로자 수	–		
⑩ 육아휴직 복귀자 수			

❹ 기본공제 공제세액 계산내용

가. 1차년도 세제지원 요건: ⑬ 〉 0

1. 상시근로자 증가 인원

⑪ 해당 과세연도 상시근로자 수	⑫ 직전 과세연도 상시근로자 수	⑬ 상시근로자 증가 인원 수 (⑪–⑫)

2. 청년등상시근로자 증가 인원

⑭ 해당 과세연도 청년등상시근로자 수	⑮ 직전 과세연도 청년등상시근로자 수	⑯ 청년등상시근로자 증가 인원 수 (⑭–⑮)

3. 청년등상시근로자를 제외한 상시근로자 증가 인원

⑰ 해당 과세연도 청년등상시근로자를 제외한 상시근로자 수	⑱ 직전 과세연도 청년등상시근로자를 제외한 상시근로자 수	⑲ 청년등상시근로자를 제외한 상시근로자 증가 인원 수(⑰–⑱)

(3쪽 중 제2쪽)

4. 1차년도 세액공제액 계산

구분	구분		직전 과세연도 대비 상시근로자 증가 인원 수 (⑬상시근로자 증가 인원 수를 한도로 함)	1인당 공제금액	⑳ 1차년도 세액공제액
중소기업	수도권 내	청년등		1천4백5십만원	
		청년등 외		8백5십만원	
	수도권 밖	청년등		1천5백5십만원	
		청년등 외		9백5십만원	
	계				
중견기업	청년등			8백만원	
	청년등 외			4백5십만원	
	계				
일반기업	청년등			4백만원	
	청년등 외				
	계				

나. 2차년도 세제지원 요건: ㉓ ≥ 0

1. 상시근로자 증가 인원

㉑ 2차년도(해당 과세연도) 상시근로자 수	㉒ 1차년도(직전 과세연도) 상시근로자 수	㉓ 상시근로자 증가 인원 수(㉑-㉒)

2. 2차년도 세액공제액 계산(상시근로자 감소여부)

1차년도(직전 과세연도) 대비 상시근로자 감소여부	1차년도(직전 과세연도) 대비 청년등상시근로자 수 감소여부	㉔ 1차년도 (직전 과세연도) 청년등상시근로자 증가 세액공제액	㉕ 1차년도 (직전 과세연도) 청년등 외 상시근로자 증가 세액공제액	㉖ 2차년도 세액공제액
부	부			
	여			
여				

다. 3차년도 세제지원 요건(중소 · 중견기업만 해당): ㉙ ≥ 0

1. 상시근로자 증가 인원

㉗ 3차년도(해당 과세연도) 상시근로자 수	㉘ 1차년도(직전전 과세연도) 상시근로자 수	㉙ 상시근로자 증가 인원(㉗-㉘)

2. 3차년도 세액공제액 계산(상시근로자 감소여부)

1차년도(직전전 과세연도) 대비 상시근로자 감소여부	1차년도(직전전 과세연도) 대비 청년등상시근로자 수 감소여부	㉚ 1차년도 (직전전 과세연도) 청년등 상시근로자 증가 세액공제액	㉛ 1차년도 (전전 과세연도) 청년등 외 상시근로자 증가 세액공제액	㉜ 3차년도 세액공제액
부	부			
	여			
여				

❺ 추가공제 공제세액 계산내용

가. 세제지원 요건: ⑬ ≥ 0

나. 세액공제액 계산

구분	구분	인원 수	1인당 공제금액	㉝ 추가공제 세액공제액
중소기업	정규직 전환자		1천3백만원	
	육아휴직 복귀자			
	계			
중견기업	정규직 전환자		9백만원	
	육아휴직 복귀자			
	계			

❻ 세액공제액: ⑳ 1차년도 세액공제액 + ㉖ 2차년도 세액공제액 + ㉜ 3차년도 세액공제액 + ㉝ 추가공제 세액공제액	

「조세특례제한법 시행령」 제26조의8제11항에 따라 위와 같이 공제세액계산서를 제출합니다.

년 월 일

신청인 (서명 또는 인)

세무서장 귀하

작 성 방 법

1. 근로자 수는 다음과 같이 계산하되, 100분의 1 미만의 부분은 없는 것으로 합니다.
   가. 상시근로자 수: 매월 말 현재 상시근로자 수의 합 / 과세연도의 개월 수
   나. 청년등상시근로자 수: 매월 말 현재 청년등상시근로자 수의 합 / 과세연도의 개월 수
   다. 청년등상시근로자 외 상시근로자 수: 매월 말 현재 청년등상시근로자 외 상시근로자 수의 합 / 과세연도의 개월 수
2. ⑥란의 상시근로자란 「근로기준법」에 따라 근로계약을 체결한 내국인 근로자로서 다음의 어느 하나에 해당하는 사람을 제외한 근로자를 말합니다.
   가. 근로계약기간이 1년 미만인 근로자. 다만, 근로계약의 연속된 갱신으로 인하여 그 근로계약의 총 기간이 1년 이상인 근로자는 상시근로자로 봅니다.
   나. 「근로기준법」 제2조 제1항 제9호에 따른 단시간근로자. 다만, 1개월간의 소정근로시간이 60시간 이상인 근로자는 상시근로자로 봅니다.
   다. 「법인세법 시행령」 제40조 제1항 각 호의 어느 하나에 해당하는 임원
   라. 해당 기업의 최대주주 또는 최대출자자(개인사업자의 경우에는 대표자를 말한다)와 그 배우자
   마. 라목에 해당하는 자의 직계존비속(그 배우자를 포함) 및 「국세기본법 시행령」 제1조의2 제1항에 따른 친족관계인 사람
   바. 「소득세법 시행령」 제196조에 따른 근로소득원천징수부에 의하여 근로소득세를 원천징수한 사실이 확인되지 않고, 「국민연금법」 제3조 제1항 제11호 및 제12호에 따른 부담금 및 기여금 또는 「국민건강보험법」 제69조에 따른 직장가입자의 보험료에 해당하는 금액의 납부사실도 확인되지 아니하는 자
3. ⑦란 등의 청년등상시근로자란 상시근로자 중 15세 이상 34세 이하인 사람으로서 다음 각 목의 어느 하나에 해당하는 사람을 제외한 사람(해당 근로자가 병역을 이행한 경우에는 6년을 한도로 병역을 이행한 기간을 현재 연령에서 빼고 계산한 연령이 34세 이하인 사람을 포함)과 「장애인복지법」의 적용을 받는 장애인, 「국가유공자 등 예우 및 지원에 관한 법률」에 따른 상이자, 「5·18민주유공자예우 및 단체설립에 관한 법률」 제4조 제2호에 따른 5·18민주화운동부상자와 「고엽제후유의증 등 환자지원 및 단체설립에 관한 법률」 제2조 제3호에 따른 고엽제후유의증환자로서 장애등급 판정을 받은 사람, 근로계약 체결일 현재 연령이 60세 이상인 사람, 「조세특례제한법」 제29조의3 제1항에 따른 경력단절 여성을 말합니다.
   가. 「기간제 및 단시간근로자 보호 등에 관한 법률」에 따른 기간제근로자 및 단시간근로자
   나. 「파견근로자보호 등에 관한 법률」에 따른 파견근로자
   다. 「청소년 보호법」 제2조 제5호 각 목에 따른 업소에 근무하는 같은 조 제1호에 따른 청소년
4. 청년등 외 상시근로자란 상시근로자 중 청년등상시근로자가 아닌 상시근로자를 말합니다.
5. ⑳,㉖,㉜ 계산 시 각 공제금액(청년/청년 외)은 전체 상시근로자 수 증가분을 한도로 합니다.

210mm×297mm[백상지 80g/㎡]

| 저 | 자 | 소 | 개 |

▣ 김 경 하 (세무사 · 공인노무사) www.taxlaor.kr

- 고려대학교 정책대학원 경제학 석사
- 부산대학교 상과대학 회계학과 학사
- 금융자산관리사(FP)
- 증권투자상담사
- 선물거래상담사
- 프랭클린템플턴투자신탁운용㈜ 회계팀장, 인사팀장
- LG전자㈜ 인재개발실
- (사)한국재정정책학회 연구이사
- 한국세무사회 세무연수원 교수 및 운영위원
- 서울지방세무사회 연수위원
- 국세청 국세심사위원회 위원
- 마포세무서 과세전적부심사위원회 위원
- 서대문세무서 국세심사위원회 위원
- 서초세무서 국세심사위원회 위원
- ㈜크레듀 온라인 강사
- 한국재정경제연구소 세무회계전문위원 및 강사
- 한국세무사고시회 재무부회장
- 서울시 마포구청 지방세 과세전적부심사위원회 위원
- 서울시 은평구청 지방세 이의신청위원회 위원

〈현 재〉

- 대한상공회의소 세무회계분야 강사
- ㈜중앙경제HR교육원 강사
- 삼일아카데미 세무회계분야 강사
- ㈜아이파경영아카데미 교수
- 국세청 감사실 시민감사관
- 화성산업진흥원 비상임이사
- 나토얀세무노무컨설팅 대표
  E－mail : kkh4005@gmail.com

〈저 서〉

- 경리장부 작성연습(한국재정경제연구소)
- 계정과목 매뉴얼(한국재정경제연구소)
- 거래내역별 계정과목별 전표분개(한국재정경제연구소)
- 경리장부를 통한 기초경리실무(경제법륜사)
- 전산전표를 통한 계정과목별 회계와 세무실무(경제법륜사)
- 지급형태별 · 근로자유형별 인건비의 노무·세무실무(경제법륜사)
- 연말정산실무(공감스토리)
- 퇴사에 따른 노무 · 세무와 퇴직연금실무(삼일인포마인)

임금설계를 통한

2024년판 **급여와 4대보험 실무**

2018년 3월 21일 초판 발행
2024년 3월 22일 6판 발행

저 자 김 경 하
발 행 인 이 희 태
발 행 처 **삼일인포마인**

저자협의
인지생략

서울특별시 용산구 한강대로 273 용산빌딩 4층
등록번호 : 1995. 6. 26 제3 - 633호
전 화 : (02) 3489 - 3100
F A X : (02) 3489 - 3141
I S B N : 979 - 11 - 6784 - 236 - 7 93320

♣ 파본은 교환하여 드립니다.

정가 60,000원